レベニュー・マネージメント概論
ホスピタリティー産業の経営理念

中谷秀樹 訳

REVENUE MANAGEMENT FOR THE HOSPITALITY INDUSTRY

DAVID K. HAYES
&
ALLISHA A. MILLER

流通経済大学出版会

Revenue Management for the Hospitality Industry
by David K. Hayes & Allisha Miller
Copyright © 2011 by John Wiley & Sons, Inc. All Rights Reserved.
This translation published under license.
Translation copyright © 2016 by Ryutsu Keizai University Press

Japanese translation rights arranged
with John Wiley & Sons International Rights, Inc., New Jersey
through Tuttle-Mori Agency, Inc., Tokyo

目　　次

はじめに ………………………………………………………………………………………… vii

謝　　辞 ………………………………………………………………………………………… xv

第1部　レベニュー・マネージメントの原理 ……………………………………… 1

第1章　レベニュー・マネージメントの紹介 ……………………………………… 2

　　　　イントロダクション ………………………………………………………… 3

　　　　事業の目的 ………………………………………………………………………… 4

　　　　レベニュー・マネージメントの目的 …………………………………… 10

　　　　本書の目的と構成 …………………………………………………………… 12

第2章　戦略的価格設定 ……………………………………………………………… 32

　　　　価格とは何か？ ……………………………………………………………… 33

　　　　マーケティング分析の４Ｐにおける価格の重要性 ……………… 42

　　　　価格設定における需要と供給の役割 ………………………………… 46

　　　　価格設定における原価の役割 …………………………………………… 50

　　　　戦略的価格設定の実践 …………………………………………………… 58

第3章　価値 ……………………………………………………………………………… 64

　　　　価格設定にあたり、価値の果たす役割 ……………………………… 65

　　　　品質と価格の関係 …………………………………………………………… 72

　　　　サービスと価格の関係 …………………………………………………… 74

　　　　品質とサービスと価格の関連性 ……………………………………… 76

　　　　戦略的価格設定の科学と技術 ………………………………………… 80

第4章　階層価格 ……………………………………………………………………… 86

　　　　レベニュー・マネージメントの10原則 …………………………… 87

　　　　階層価格 ………………………………………………………………………… 88

　　　　階層価格の限界 ……………………………………………………………… 93

　　　　階層価格の適用 ……………………………………………………………… 97

　　　　レベニュー・マネージメントか、売上の最適化か？ ……………113

第5章　レベニュー・マネージャーの役割 ………………………………………120

　　　　ホスピタリティー産業のレベニュー・マネージャー ……………121

レベニュー・マネージメントの法律的側面 ········· 124

レベニュー・マネージメントの倫理的側面 ········· 128

レベニュー・マネージャーの地位 ················· 136

レベニュー・マネージメント・チーム ············· 144

第2部　ホテル事業者のレベニュー・マネージメント ········· 151

第6章　需要予測 ················· 152

需要予測の重要性 ················· 153

過去の数値 ····················· 155

現在の数値 ····················· 161

将来の数値 ····················· 171

需要予測と戦略的価格設定 ············· 178

第7章　在庫と価格管理 ··············· 192

マーケティング分析の再考 ············· 193

在庫管理 ······················ 193

最適在庫管理のための客室分類 ··········· 196

客室のコード化 ·················· 198

顧客の市場区分別分類 ··············· 198

在庫管理戦略としての売り越し ··········· 210

価格管理 ······················ 216

滞在制限 ······················ 231

在庫と価格管理の基本理念 ············· 234

第8章　流通経路管理 ················· 240

流通経路の管理 ·················· 241

非電子的流通経路 ················· 248

電子的流通経路 ·················· 259

流通経路管理の基本原則 ·············· 279

第9章　宿泊産業のレベニュー・マネージメント実績評価 ······· 286

宿泊収入の矛盾 ·················· 287

STAR（スター）報告書 ·············· 297

競合他社分析基準 ················· 303

市場占有率分析 ·················· 309

追加的評価項目 ·················· 311

売上最適化の常識 ················· 316

目　次　v

第3部　飲食サービス事業者のレベニュー・マネージメント ……………… 325

第10章　飲食サービスのレベニュー・マネージメント …………………… 326
飲食サービスの伝統的価格設定方式 ……………………………………… 327
飲食サービスの原価に基づく価格設定方式に対する反論 …………… 334
階層価格戦略の適用 …………………………………………………………… 339
飲食サービスにおける価値の評価に影響を与える要素 ……………… 347

第11章　飲食サービスのレベニュー・マネージメント実績評価 ……… 364
飲食業の売上分析 ……………………………………………………………… 365
収入源の調査 …………………………………………………………………… 366
売上変化の測定 ………………………………………………………………… 372
売上効率の評価 ………………………………………………………………… 380
飲食サービスの売上評価工程 ……………………………………………… 390

第4部　レベニュー・マネージメントの実践 ………………………………… 397

第12章　レベニュー・マネージメントの特別な応用事例 ……………… 398
レベニュー・マネージメントを応用する組織の特徴 ………………… 399
売上最適化戦略を適用するサービス産業 ……………………………… 407
レベニュー・マネージメントの専門的任務 …………………………… 409
レベニュー・マネージメントと観光振興 ……………………………… 417

第13章　より良い事業の創造 ……………………………………………………… 424
より良い事業構築への重要な鍵 …………………………………………… 425
穏やかな安定的市場または好況時における事業の課題 ……………… 438
軟調か不況下の市場における事業の課題 ……………………………… 445

索　引 …………………………………………………………………………………… 464
原著者注、出典（Endnotes） …………………………………………………… 476
翻訳者紹介 ……………………………………………………………………………… 485

はじめに

　本書「レベニュー・マネージメント概論」の出版は我々にとって特別名誉でやりがいのあることであった。その理由は、本書がホスピタリティー産業のレベニュー・マネージャーが持つべき知識と、レベニュー・マネージャーが成功するために何をなすべきかについて特別に研究した世界で最初の教科書であるからだ。

　レベニュー・マネージャーの仕事は研究対象として新たに出現したばかりの分野である。なぜなら、今日レベニュー・マネージメントの定義が定まっていないなか、将来の姿についても意見の相違が存在している。しかし、レベニュー・マネージメントの専門家同士の思想的対立がある中でも、レベニュー・マネージメントの目的は「適切な価格で、適切な顧客に、適切な商品を適切な流通経路と適切なタイミングで提示すること」と表現することには全員が賛成すると確信している。これを実際に行うことは生易しいことではなく、経験を積んだレベニュー・マネージャーなら誰でも、それが言うほど易しいことではないことを証言してくれるはずだ。本書は読者にレベニュー・マネージメントを適切に行う方法を教育する目的で準備されたものだ。

　本書はホスピタリティー産業についての事前の知識と理解を既に有する読者を対象として書かれたものである。レベニュー・マネージメントは独立した研究分野であり、また、刺激のあるホスピタリティー産業の現場でサービスや商品がどの様にして取引されているかを正しく理解している人たちにより最も研究されてきた分野であることを確信している。

　今後レベニュー・マネージメントの理論、原理、実践技術は進展を続ける。本書でとりあげたレベニュー・マネージャーが知っておくべき多くの事柄はレベニュー・マネージメントが形成された様々な現場から収集されている。人によっては、混乱をきたす内容もありうる。例えば、あるマーケティングの専門家にとっては、レベニュー・マネージャーはマーケティング理論を熟知する必要があると信ずるあまり、レベニュー・マネージメントと効果的なマーケティングを同義語ととらえている。しかし、これらは別物である。正直なところ、本書が書かれた目的を誤解されないためには、それらの違いを慎重に説明することが最善の方法だ。

　レベニュー・マネージャーにとって、消費者が何故、どの様にして乏しい金銭的財産をもとに購買の決断をするかを理解することが極めて重要であることは間違いないが、本書は経済学の教材ではない。しかし需要、供給、消費者の合理性、価格といった概念はレベニュー・マネージャーの最も基本的なテーマであるため、これらは他の経済概念と一緒に本書で取り上げられている。本書はまた戦略的価格と効果的なレベニュー・マネージメントの決定的な関連性を強調しているが、価格理論の教科書ではない。レベニュー・マネージャーは事業者がどの様にして価格を決定するか、また、それらの価格を顧客がどの様に受け止めるかということを熟知していなければならない。結果として、本書を構成する最も重要な部分は、レベニュー・マネージャーが効果的価格を導く微妙で複雑な要素を把握するために知らなければならないレベニュー・マネージメントの原理と概念である。

本書は経営のための会計学ではないが、レベニュー・マネージャーとしての仕事を効果的に行うために必要な会計の原理と手法を取り上げている。本書はまた、マーケティングや電子マーケティング、情報技術を目的とした書でもない。勿論レベニュー・マネージャーはマーケティングの概念を十分知る必要があることに異論はない。また、多くのホスピタリティー関連商品の販売にインターネットが広範に活用されていることから、それら IT ツールを有効に使う特別な知識が必要なことも否定するものではない。従って本書でもマーケティングや電子商取引、情報システムについても重要な項目として取り上げている。

本書は宿泊事業のフロント・デスクを管理するための教科書ではない。アメリカの多くのホテルではレベニュー・マネージャーとフロント・マネージャーを一人の人間が兼務しているが、だからといって、フロント・デスクとレベニュー・マネージメントが同一の仕事ではない。しかし、効果的なフロント・デスクの実務管理はホテルの売上最適化に極めて重要なことである。従って本書では、効果的なフロント・オフィス・マネージメントに関する情報を多く取り上げている。

本書はリーダーシップの教科書ではないが、多くの優秀なレベニュー・マネージャーは、目的を共有するためのコミュニケーション能力を発揮し、その目標を達成するために奮い立つチームを作り上げることが、彼らの最も重要な仕事のひとつであると考えている。従って本書ではレベニュー・マネージャーが身につけなければならない実践可能なリーダーシップ技術についても取り上げている。同様に本書は価格決定に直接影響を与える経営規範や倫理、法律を論じるものではない。従業員、顧客、社会一般が事業における価格戦略や手法の倫理的側面に深い注意を払っている事実はあるものの、法律や倫理を説くものではない。勿論レベニュー・マネージャーは商品の価格設定に関する特別の法律が存在することを知る必要があり、法律で求められている内容を熟知していなければならないことは言うまでもない。いかなる産業でも、価格と販売方法は公平で、法律に合致していると受け止められる必要がある。従って、価格決定の倫理と法律による規制についてもレベニュー・マネージャーの課題として、本書で取り上げている。

結論として、本書は経済学、価格論、マーケティング、電子商取引、情報技術、管理会計、ホテルのフロント・デスク管理、リーダーシップ、倫理、ホスピタリティー関連法律の教科書ではない。レベニュー・マネージメントは、前述した数々の既存の学問、研究分野の中から、特別で、非常に興味ある新たなマネージメント分野として切りだされ、確立した新たな研究分野である。

学生に対する言葉

レベニュー・マネージメントを学ぶことは退屈ではない。これはレベニュー・マネージメントが極めて刺激的な主題であるためだ。これは大変楽しく、且つまたやりがいを感じる内容だ。従って「レベニュー・マネージメント概論」も大変楽しく、意欲をかきたてる教科書だ。本書ではホスピタリティー産業だけでなく、様々な産業の情報を注意深く集めて紹介している。あなたが一生懸命勉強し、最善を尽くせば、本書の全ての情報を習得する事が出来る。その結果、ホスピタリティー産業のレベニュー・マネージメントを完璧に理解する極めて稀な人材となり、

非常に貴重な技術を身につけることが出来る。その知識はあなたの企業の業績向上に寄与し、あなた自身の経歴を上昇させる助けとなる。

教員に対する言葉

　新しい分野に関する教育は、確立された学問を教えるよりもやりがいを感じることができる。新しい分野の教育は、関連する情報を収集し、整理して学生が理解しやすく、楽しく学べる様にしなければならず、そのため献身的で革新的且つ意欲的な教員を必要とする。新たな教育分野における教育資源は乏しいが、同時に、何を教えるか、如何に上手に教育するか、どの様な順番で教えるかといった面で無数の教育学上の意思決定を自ら行う余地がある。「レベニュー・マネージメント概論」はあなたが技術的正確性を確保し、且つ極めて柔軟に教育出来る様、慎重に構成されている。本書に記載された内容に加え、レベニュー・マネージメントの教員は次に示すことを発見するであろう。

- 本書は読者の立場で書かれている。学部上級生と大学院生にとって最適な水準で、彼らに極めて興味深い内容だ。レベニュー・マネージメントは退屈なテーマではなく、本書により、その事が再確認できるはずだ。
- 本書はホスピタリティー関連の教員に対し、最大限の教育の自由度を提供し、様々な教育課程の構成に対応可能である。４部構成となっているため、例えば宿泊産業を担当する教員は、飲食産業のレベニュー・マネージメントを省くことも、加えることも自由に選択できる。同様に飲食産業を担当する教員は料理法や飲食サービスに関するレベニュー・マネージメントの授業からホテルのフロント・オフィスの管理や客室販売情報等を省略することも支障ない。
- レベニュー・マネージメントの概念を説明するために用意した多くの実例は現実の世界の現場から取り上げたものである。それらは全て刺激的で読み応えがある。これらの実例をもとに提起される問題は学生に新たに学んだ知識と技術を実際に活用する豊富な機会を与え、習得した水準を評価することが出来る。
- 章ごとの最後に示される質問や問題は極めて現実的なため、大変難解だ。それらは、学生に、レベニュー・マネージャーが日々業務のなかで行う計算や意思決定の技術を訓練する機会を与える。章の終りにある質問や教科書本体に記載された内容は習得に必要な最低限の数学の知識で理解できるレベルに止めたつもりだ。
- ほとんどのホスピタリティー関連教員は彼らの学生が仕事ですぐに活用できる実践的な知識を習得することを望んでいると思う。同時に、彼らが経験を積んで行くなかで直面する業界の変化を予想するための将来動向の知識を望んでいると思う。本書はそのどちらにも対応している。本書で紹介する情報を習得した学生はレベニュー・マネージャーとしての日常の業務を遂行する能力が備わったことになる。同時に、企業において顧客中心主義の売上最適化計画や文化の形成に必要な経営哲学と行動を理解したことになる。

　レベニュー・マネージメントはホスピタリティー産業において進展を続けるが、その結果ホスピタリティーの教育授業の教室内でも同様に進展することになる。レベニュー・マネージメ

ントにおける関心が売上そのものから売上の最適化に移行することで更に洗練され、技術的な側面より戦略的な面が重視される結果、レベニュー・マネージメントに期待される責任は幅広いものとなる。ルネッサンスが興った様に、ホテルやレストランはレベニュー・マネージメントを、顧客が商品にどの様な反応を示すかを理解する助けになると考え始めている。この顧客中心主義の思考はホスピタリティー産業の主導的企業に本書の主題である価格設定と顧客の受ける価値の本質を注目させることとなる。

本書の内容

　「レベニュー・マネージメント概論」はレベニュー・マネージャーが価格設定と在庫管理を効果的に行う上で必須となる実践の技術を詳細に検証するものである。従って読者は専門のレベニュー・マネージャーが知らなければならない様々な道具をどの様に活用するかを学ぶことが可能だ。そこで本書では、RevPAR、利益率推移（Flow-through）、RevPASH、ADR、稼働率（Occupancy rate %）、ネット・イールド率（Net Yield %）、稼働率指標（Occupancy Index）等について、産業の重要な経営尺度として詳しく述べる。著者がこれらの重要な評価基準を本書に含めることに関しては業界の専門家で反対する人はいない。同様に、全てのホスピタリティー関連教育者は、学生に実務で即座に適用可能な専門技能を伝授する価値を理解している。

　本書は、実践的な技術を学生に身につけさせるだけでなく、更に膨大なレベニュー・マネージメントに関連する理論を取り上げている。理論とは、今日起きていることから明日起きるであろうことを的確に予測するための道具である。レベニュー・マネージャーが決断する多くのことは、レベニュー・マネージャーが将来起こるであろうと確信する予測に基づいた判断でなければならない。従って彼らは理論的な根拠を持っていなければならない。世界的に著名な経営コンサルタントのウイリアム・エドワーズ・デミング教授は第2次世界大戦後の日本の製造業の生産手法の進歩に貢献したことで知られるが、経営における理論の価値について、次の言葉で簡潔に説明している。「道理にかなった行動は理論の裏付けが必要だ。」（Rational behavior requires theory.）著者は、理論の目的は他の人々に説明し、予測し、助言するためにある、と信じている。本書における理論に関係する記述は慎重に見直され、読者が説明、予測、助言の一つ以上を理解する上で明確な助けとなる場合のみ掲載している。

　その結果本書は実用的であるが、実用性とは、学生が興味を示す日常的な様々なホスピタリティーの分野の新しい知識を学生自ら適用することを可能とすることにより、学習を強化する効果がある。実用性とは堅苦しく理論的なものではない。何故ならレベニュー・マネージメントを含む如何なる現場の進歩も、過去の理論を慎重に研究し、それらを発展させた結果であるからだ。

　有能なレベニュー・マネージャーが知らなければならない実践的技術と理論的概念を効果的に指導する目的において、「レベニュー・マネージメント概論」は4部からなる13章で構成されている。

第1部：レベニュー・マネージメントの原理（Principles）

第1部は読者にレベニュー・マネージメントの基本理念を紹介するため、次の5章から構成されている。

第1章：レベニュー・マネージメントの紹介（Introduction）

第2章：戦略的価格設定（Strategic Pricing）

第3章：価値（Value）

第4章：階層価格（Differential Pricing）

第5章：レベニュー・マネージャーの役割（The Revenue Manager's Role）

基礎的な第1章で読者はレベニュー・マネージメントの歴史を学び、本書全体に含まれる研究対象に関する理解を習得することになる。第2章では価格の概念を研究し、第3章では、読者は、顧客が購買を決断する瞬間にどの様に価値を評価するかについて学ぶ。第4章は階層価格のみを取り上げる。ここで読者は、顧客の購買意欲にもとづき、レベニュー・マネージャーが価格と価値の概念を結合させ、如何に価格戦略を策定するかを学ぶ。第5章では企業における専門のレベニュー・マネージャーの役割を詳細に研究する。

第2部：ホテル事業者（Hoteliers）のレベニュー・マネージメント

第2部は宿泊産業に従事するレベニュー・マネージャーが用いる理論と実践に着目する。次に示す第6章から第9章で構成される。

第6章：需要予測（Forecasting Demand）

第7章：在庫と価格管理（Inventory and Price Management）

第8章：流通経路管理（Distribution Channel Management）

第9章：宿泊産業のレベニュー・マネージメント実績評価（Evaluation of Efforts）

第6章ではホテルの客室とサービスの将来の需要を予測する方法を学ぶ。第7章では客室在庫と客室価格を管理する手法を詳細に研究する。第8章は、宿泊商品とサービスの価格設定と販売にあたりレベニュー・マネージャーが用いる様々な流通経路の管理と評価の手法を研究する。これらは非電子的経路と電子的経路の双方を含む。第9章では、レベニュー・マネージメント関連の意思決定に関する質的内容を分析し、評価する様々な手法を学ぶ。

第3部：飲食サービス事業者（Foodservice Operators）のレベニュー・マネージメント

第3部はホスピタリティー産業の飲食サービス分野に従事するレベニュー・マネージャーに適用される理論と実践を取り上げる。次のふたつの章から構成される。

第10章：飲食サービスのレベニュー・マネージメント

第11章：飲食サービスのレベニュー・マネージメント実績評価

勿論飲食サービスにおいては特別の方法で適用されることになるが、飲食サービスの専門家は効果的なレベニュー・マネージメント戦略を販売の最適化に利用可能であり、実際に活用すべきである。彼らが利用可能な様々な戦略は第10章にまとめられている。第11章では、飲食サービス事業者がレベニュー・マネージメント関連の意思決定に関する質的内容を分析し、評価する手法を学ぶ。

第4部：レベニュー・マネージメントの実践

　まとめとなる第4章では、本書を通じて学んだ内容を様々な専門分野において、様々な経済環境のなかで如何に活用するかについて学ぶ。次の2章から構成される。

　　第12章：レベニュー・マネージメントの特別な応用事例（Special Applications）

　　第13章：より良い事業の創造（Building Better Business）

　第12章では読者が学んできた売上最適化理論がホテルや飲食サービスと同じ特徴をもつホスピタリティー事業でどの様に活用可能かを知ることとなる。例としてゴルフ・コース、クルーズ客船、アミューズメント・パークが取り上げられる。本章では複数店舗を担当するレベニュー・マネージャーの役割、フランチャイズ本部に雇用されるレベニュー・マネージャーの役割について研究し、観光地振興（Destination marketing）のレベニュー・マネージャーの役割を研究することで締めくくる。第13章は、レベニュー・マネージャーがもつ在庫と価格設定に関する詳細な知識を如何に企業の売上水準の改善に役立てるかを研究して本書のまとめとする。本章は顧客中心主義のレベニュー・マネージメント戦略と戦術に焦点をあて、レベニュー・マネージャーがそれらを活用することにより、事業が直面する経済環境に左右されず売上を拡大し、利益を改善することが可能であることを示す。

本書の特徴

　読者の立場では、書かれている内容と同様、その教科書の特徴が重要な場合がある。完璧な準備を行った教科書は読みやすく、理解しやすく、覚えやすい特徴をもっている。読者は「レベニュー・マネージメント概論」がずば抜けて読者の立場に立った教科書であることがわかるだろう。次に示す特徴は、読者がレベニュー・マネージメントの概念を学び、実践する上で有効である。

- 章の構成：各章の冒頭に取り上げるテーマと共に記載される章の項目は、章の内容を簡単に検索する手段となる。
- 章の要点：各章ごとに3つの要点を記載し、内容に触れる前に、読者がその章を終了した時点で達成できることを短い文章で明確に事前に示している。
- RMの報道記事：他の研究分野と違い、レベニュー・マネージメント関連の問題は頻繁に業界ニュースや一般の報道に記載され、議論され、事例紹介されている。本書に取り入れた報道記事は興味深く、本書で説くレベニュー・マネージメントの理論が現実の世界の実例として学生の理解を助ける役割をはたす。（以後、レベニュー・マネージャー並びにレベニュー・マネージメントをRMと記す場合がある）
- RMの実践：各章に複数のケース・スタディーを載せている。読者は学んだ知識を現実のレベニュー・マネージメントの業務で如何に活用するかを考え、理解を深めることが出来る。これらの現実的な課題をレベニュー・マネージャーの専門家が活用する様々な手法を用いて解決することにより、実践的訓練を積むことが出来る。
- RMのウェブサイト：本書で取り上げる様々なテーマに関する詳細な補助的情報として、イ

ンターネットの関連サイトを示している。この特徴は適切なサイトを示すことで、読者が検索することにより何をなすべきか、何を学ぶべきか、何を考えるべきかについて具体的な示唆や情報を入手可能だ。

● 重要な用語：専門分野に関してはレベニュー・マネージメントも例外ではなく、独自の専門用語が用いられる。読者がそれらの重要な用語を記憶し、概念を理解するために、教科書に最初に使用される場面で重要な用語の定義や解説が有効である。これらの用語は章の最後にも表記されているため、復習にも有効だ。

● 学んだ知識を応用しなさい：各章のまとめにある「学んだ知識の応用」は、章で学んだ典型的なレベニュー・マネージメントの問題を解決する機会を提供する。中には概念的回答を求める問題、適切な計算が必要な問題等がある。それぞれの問題は興味をおぼえる様に準備され、手ごたえもあり、各章で学んだ重要な概念を強化する役割もある。

● 重要な概念のケース・スタディー：本書の最大の特徴である楽しいケース・スタディーはダマリオの連続した行動を取り上げている。ダマリオは空想上のバルセナ・リゾート・ホテルの新任のレベニュー・マネージャーだ。ダマリオはリゾートの支配人ソフィア・デイヴィソンの直属だ。それぞれのケースは読者にその章で取り上げる重要な概念を説明し、レベニュー・マネージャーが日々の活動のなかで、実際どの様にその概念を活用するかを示している。

教員のための参考資料

　教員が適切に時間を管理し、学生の教育効果を強化する目的で、インターネットによるオンライン・マニュアルと幾つかの教育支援ツールが開発された。教員マニュアルは次の内容を網羅している。

● 各章の講義概要
● RM の実践で示すケース・スタディーの模範解答
● 各章末の「学んだ知識を応用しなさい」の質問の正しい回答
● 重要な概念のケース・スタディーの模範解答
● 試験問題の例題集と回答
　試験問題の例題集は特に教育管理システムの「レスポンダス」(Respondus) に適応できる形式で用意されている。レスポンダスは操作性の良いシステムで、試験問題の作成、印刷、管理が可能で、直接 Blackboard、WebCT、Desire2Learn、eCollege、ANGEL、その他 e-Learning のソフトウェアに配布可能である。「レベニュー・マネージメント概論」を利用する教員は無料で例題集をダウンロード出来る。その他ワイリー社の参考書も教員の LMS に無料で掲載出来る。パスワードで保護された本書専用のページから教員マニュアル他、関連教材がアクセスできる。www.wiley.com/college/hayes を参照のこと。パワーポイントのスライドもウェブサイトからダウンロード可能だ。

謝　辞

「レベニュー・マネージメント概論」はレベニュー・マネージメントに関して更に知りたいと願う読者に対し、技術的に正確で読者に親しみやすい最も包括的な教育ツールとして企画された教科書だ。本書の開発に協力を頂いた多くの人々に感謝する。

特別な感謝をペギー・リチャーズ・ヘイズに捧げる。彼女は本書が読みやすく、理解しやすく、応用しやすく、覚えやすい特徴を備えることに対する最も大きな責任を担った人物であるからだ。ペギーはこの企画において我々が求めることに完璧に対応した。彼女の洞察力に富み、時に優しく、また往々にして原稿のそれぞれのページに対する容赦ない指摘は、疑うことなく本書の成功を保証するものとなった。彼女は読者を啓蒙することを熱狂的に支持し、学術的記述に対しては冷酷残忍であった。彼女の慎重な原稿検閲の結果、複雑で困難なレベニュー・マネージメントの概念の表現が絶えず変更され、簡素化され、教科書として学生の読者だけでなく、学者の世界にも高く評価されるまで改良された。彼女の明晰な思考に対する気力と情熱に感謝する。

学生のみならず、実務に就いている専門家に向けた教科書を作る上の最も困難な局面のひとつは、業界との関わりを確立することだ。我々は学会と産業界の書評家の重鎮に加えて、ホスピタリティー企業のレベニュー・マネージメント担当役員、ミシェル・デイヴィスに一方ならぬ恩を受けた。ミシェルが働く企業とはジョージア州アトランタ市に本拠を置き、多くのホテルを所有し運営する非上場会社である。会社は現在12州に20ホテルを所有または運営している。その内の18ホテルはヒルトンまたはマリオットのブランドで営業している。我々は本書の著述に取り組むに先立ち、特に日々複数の施設に責任を持ち、困難な業務に取り組み、本書で紹介し、研究対象となる才能豊かで革新的なレベニュー・マネージャーの協力を仰ぐことが必要だと認識していた。我々はその様な人こそが我々に重要な指針を与え、レベニュー・マネージャーとしての実務の責任と日々発展する役割に関する複雑な質問に向き合う能力があることを知っていた。ミシェルは我々の期待する役割を引き受けることに同意し、完璧に役割を果たした。我々の発する数限りない質問に対する彼女の迅速かつ疲れを知らない回答は、本書の実用性に多大な貢献をした。ジョンソン＆ウェールズ大学のホスピタリティー学科を首席で卒業したミシェルは我々の提示する話題に鋭い知性と卓越した訓練、様々な経験を反映させた答えを返してくれた。彼女の洞察力を我々と共有しようとする意気込みと、本書を読む多くの学生や業界の専門家に分け与える意欲に対し、深い感謝を表明したい。

また、我々に本書を書き続ける意欲を与えたソフィアンナ・A・パストラーナに感謝をささげる。更にローラとデイヴィッド・バーガー夫妻、ヘロディーナとジョゼフ・チャンドラー夫妻に感謝する。彼ら全ては長期にわたる執筆の間著しい忍耐を示し、たゆみない協力を捧げてくれた。

長年にわたるレストランの専門家として、デイヴィッド・バーガーは特に飲食サービスにおけるレベニュー・マネージメントに向けた章の評論に参考となった。ノース・テキサス大学の

リー・ドプソン博士の会計に関する見識は極めて貴重であった。

　原稿の各ページについて検討し、見直しを行った学会並びに業界の専門家諸氏に対し特別に感謝を述べることは適切だ。彼らの意見、共同研究、建設的な批判に対し、感謝する。彼ら外部の書評家は、ボストン大学のエリック・ブラウニング、ナイアガラ大学のウイリアム・フライ、フロリダ国際大学のジョン・F・マルレイ、マリオットのチャールズ・デイ、ミズーリ州立大学のメリッサ・ダラス、フロリダ大西洋大学のピーター・リッチ、バージニア工科大学のマニシャ・シンガル、メンフィス大学のエリック・T・ブレイだ。

　経験を積んだ著者は、優れた原稿を卓越した著書に変化させる質の高い出版社の価値を理解している。我々はワイリー社の副社長で発行人のジョアンナ・タートルトーブの高い見識に敬意を示すとともに、この企画に対する彼女の限りない協力に対し感謝する。同じく、本書の企画の責任者で、ワイリー社のエキスパートのジュリー・カーに感謝を述べる。常に専門家として洞察力に富んだジュリーの協力のお陰で、本書の制作が計画通りに進捗し、新しい教科書が取り上げる膨大な詳細情報を掲載することができた。ワイリー社のジェームス・メッツガーは書評家からの意見をとりまとめ、また、本書のために作成した教員マニュアルの質の高さと明快さの実現に貢献した事を特別に評価したい。最後に著者は本書の完成にあたり、再びワイリー社の上級制作編集長のリチャード・デロレンゾとチームを組むことを幸せに思う。リチャードの苦痛を伴う詳細な検証努力は本書が我々の最高の成果であることを保証している。我々は新しい著書の原稿の装丁デザイン、校正、印刷に知性と技能と忍耐をもってあたってくれたワイリー社のスタッフ一同に本書を読む学生と同様、深い感謝の念を表明する。

　真の喜びは完成そのものではなく、完成に向けた行動の中に見出せることは自明の理である。勿論我々にとっても、このテーマに関する最初の包括的な教科書を作成する旅は目的地同様に忘れ難く素晴らしい経験であった。我々は読者の皆さんを「レベニュー・マネージメント概論」を探索することで、新しく、絶えず変化し続け、常に刺激に富んだ世界を発見する個人的な冒険旅行の出発に招待する。

デイヴィッド・K・ヘイズ博士　ミシガン州オケモス
アリッシャ・A・ミラー　ミシガン州ランシング

第 *1* 部

レベニュー・マネージメントの原理
(Principles)

第 1 章：レベニュー・マネージメントの紹介（Introduction）

第 2 章：戦略的価格設定（Strategic Pricing）

第 3 章：価値（Value）

第 4 章：階層価格（Differential Pricing）

第 5 章：レベニュー・マネージャーの役割（The Revenue Manager's Role）

第**1**章

レベニュー・マネージメントの紹介

第1章の構成

　イントロダクション

　事業の目的

　　利益の誤謬

　　投資利益の誤謬

　レベニュー・マネジメントの目的

　本書の目的と構成

　　第1部：レベニュー・マネージメントの原理

　　第2部：ホテル事業者のレベニュー・マネージメント

　　第3部：飲食サービス事業者のレベニュー・マネージメント

　　第4部：レベニュー・マネージメントの実践

　第1章の要点

1．オーナーの利益や投資資金回収に対する過度の関心がホスピタリティー事業の長期的成功に有害な理由。
2．事業が存在する目的は顧客の富を築くためにあることと、優秀なレベニュー・マネージャーはその目的を支援すべき理由の説明。
3．本書に掲載されているレベニュー・マネージメント関連の情報のあらまし。

イントロダクション

　レベニュー・マネージメントをいかに実現するかが企業の成功に重要であると考えるホスピタリティー産業の専門家が増えている。

　驚くべきことに、常に進歩的な思考を有するホスピタリティー産業において、専任のレベニュー・マネージャー（Revenue Manager）の地位が設けられたのは極めて最近のことである。何故長期間実現しなかったのか不思議である。進歩的な産業では、企業の組織の誰もがレベニュー・マネージメントに関して重要な役割を果たすべきだということをやっと発見するに至った。

　常に時代の最先端の情報を業界内部の人々に提供してきたホスピタリティー産業でも、レベニュー・マネージメントに特化したカリキュラム、資格制度、継続的教育、専門家の養成等の対応をつい数年前から始めたか、まだ始めてもいない会社があるのが現状だ。利用する教材も少なく、存在するものは、産業のなかでも宿泊部門に限られ、飲食業関連の教材は稀である。

　同様に、最近までホスピタリティー産業全般の教育機関は、単に全体の教育を網羅するために、多少詳しくレベニュー・マネージメントについて触れれば良いと考えていた。最近になってやっとレベニュー・マネージメントの基本的概念が全体の教育の中心に位置付けられ、組み立てられるべきことに気付き始めた。

　本書はホスピタリティー産業にかかわる企業、教育機関、また、レベニュー・マネージメントの専門家を志す人を支援するために用意されたものである。本書では、企業が決定する価格とは取引先企業や消費者に多くの情報をもたらし、企業が達成する売上額を決定づけるものであることから、効果的なレベニュー・マネージメントの重要な技術として、戦略的価格設定の必要性を強調している。

　事業において売上は重要な要素であることから、売上（レベニュー）の最適化を効果的な事業戦略で追求することが極めて重要で、論理的である。ところが、最適化は極めて重要であるが、様々な理由から、容易には実現可能なことではない。最も重大な理由は、ホスピタリティー産業の伝統的な管理職（マネージャー）はレベニュー・マネージメントの基本的な概念を理解していないばかりか、効果的なレベニュー・マネージメントを行う上で弊害となる様々な誤解や偏見を持っていることにある。本書はそれらに焦点をあて、誤解や偏見を一掃することを目的としている。これを行うことが事業の成功に不可欠で、分析の結果、企業の売上に責任を持つマネージャーは効果的に業務を遂行するために、次の３つを実践しなければならない。

1．レベニュー・マネージメントの重要性を認識すること。
2．レベニュー・マネージメントの戦略と技術に影響を与える複雑で様々な要素を理解すること。
3．競合他社よりも優れたレベニュー・マネージメントにおける判断・決定を行うこと。

　この３つの目標は特別斬新なものではない。商取引が始まった時から、事業に身をおくもの

❖重要な用語❖

レベニュー（売上）　一定の期間に達成する販売の合計金額。計算式は、販売個数×単価＝売上（レベニュー）

は、自分と同じような商品やサービスを提供する人や企業と競合する時に、自分の商品やサービスを最適の価格で提供するため、複雑に絡み合う条件と格闘してきた訳である。彼ら初期の事業家は戦略的価格設定の重要性を十分理解していたと思われる。何故なら彼らはサービス産業において、取引先や消費者が支払う価格の合計が即ち事業収入であることを知っていたからだ。これは最も単純な計算式である。

　数百年に及ぶ商取引や学問で培った経験にもかかわらず、不幸なことにホスピタリティー関連商品の価格設定は経験や単純な計算式で導き出され、その結果として主に会計担当者によって担われてきた。彼らの合理性は、ホスピタリティー関連商品の価格設定は原価プラス適正利潤であるべきとの考えに根差している。知識の豊かなレベニュー・マネージャーなら、原価と価格の関連性は勿論わかるが、価格は原価によって決定されるものではなく、またそうであってはならないことを理解している。迷信の様に強く染みついた、原価から価格を導くという彼らの信念は、今日の成熟したインターネット経済の複雑な環境で、ホスピタリティー関連商品を販売する難しさを十分理解できない人々のもつ誤解や偏見の代表的なものである。これから示す沢山の新しい概念に接すると、本書の読者は最初それらの概念が間違っていると受け止めるか、または直感的に逆であると思うかもしれない。第1章の後にでてくる次の文章を考えてみなさい。

　　　「事業の主たる目的は利益の創造にあると考える企業は、利益に注目すべきでないことを
　　　充分理解している企業に敗れ、市場から撤退を余儀なくされるということを認識すること
　　　が重要である。」

　この様な表現は容易には受け入れられないと思うだろうが、これらは事実で証明されるか社会の実例を以て示される。そうでない場合は、過去35年にわたり刺激に満ちたホスピタリティー産業のホテルのオーナーを経験し、飲食サービス企業の役員を務め、大学の教授として学生を指導してきた編著者が、その経験を通じて収集した無数の証拠とともに議論の俎上にあげることとする。

　これらの容易に認めがたい文章や概念はレベニュー・マネージメントに対する現状の認識を覆し、新しい認識に変えていく原動力となるが、最初読者の不信感や意見の相違を生むと思われる。しかし、これらについて激しく、偏見なく、真摯に議論することにより、ホスピタリティー産業におけるレベニュー・マネージメントの概念が洗練されることは、産業と顧客の双方にとって多大な利益となる。まさに、偏見のない読者と一緒に興味あるホスピタリティー産業のレベニュー・マネージメントを研究し、切り開くことは著者の望むところである。

事業の目的

　先ず、基本に立ち返って調査を始める。本書を手にしているあなたは現在すでに**ホスピタリティー事業**に身をおいているか、もしくは将来そのような立場になることを希望しているはずだ。それが正しければ、目的を質問されて然るべきである。語を変えて言えば、「ホスピタリティー事業を目指すならその目的は何か?」ということである。更に具体的に表現すると、ホ

スピタリティー事業の目的を問うことになる。ホスピタリティー事業の専門家にこの質問をすると、次の二つの答えが返ってくると思う。

1. 利益を得ること。
2. 事業に投資したオーナー（投資家）の見返りとして利益を創出すること。

どちらの回答も不完全である。もしホスピタリティー事業で効果的に売上を管理したければ、その理由を深く理解する必要がある。

利益の誤謬

もしホスピタリティー事業に身を委ねるとしたら、誰しも利益率の高い事業に携わりたいと思うはずだ。この考えは論理的な選択といえる。何故なら長い目でみると、利益の上がらない事業は勝ち残れない。しかし、事業の主たる目的は利益の創造にあると考える企業は、利益に注目すべきでないことを充分理解している企業に敗れ、撤退を余儀なくされるということを認識することが重要である。

前述の二つの文章は矛盾しない。特にホスピタリティー事業においては、企業の利益率最大化に努力することを事業運営の判断基準とするべきではない。企業が注目すべき点は他にある。企業が注目すべき点を理解するためには、利益（プロフィット）の定義を分析し、利益の概念を深く理解する必要がある。

ホスピタリティー事業の多くの企業のオーナーや経営者は、利益とは事業の全収入（レベニュー）から、事業の全費用（コスト、エクスペンス）を差し引いたものと定義している。この定義は論理的と思われる。会計の基礎知識があれば、ホスピタリティー産業の会計係や管理職は経費（エクスペンス）とコストを同義語として用いていることを知っているはずだ。経費の詳しい種別は様々に識別されている。例えば固定費、変動費、管理可能経費、管理不能経費等々となるが、所詮全てが費用（コスト）と考えられている。同様に、販売（セールス）や収入（インカム）は売上（レベニュー）の代用に用いられる。その結果、会計上は利益を次の二つの数式で表現する。

会計上の利益数式　売上（セールス）＝費用＋利益

これを変形して表せば次の通りとなる。

利益（プロフィット）＝売上（レベニュー）－費用（エクスペンス）

会計上の数式は完璧に正しいわけではないが、一面、利益に対する正しい理解といえる。あなたも利益の正確な意味としては不十分ながら、この様な一般的に受け入れられている説明を良く知っていると思う。しかし、これらの概念を知っていることと、利益の概念を十分理解していることは、必ずしも一致することではない。ホスピタリティー事業で現実に多くの利益を

❖重要な用語❖
ホスピタリティー事業　家庭から離れた人々に飲食、宿泊、旅行、娯楽サービスを提供する事業。

6   第1章　レベニュー・マネージメントの紹介

上げるため、また、売上の管理で成功するためには、レベニュー・マネージャーが更に利益の意味を完璧に理解する必要がある。

　最初に知っておくべきことは、成功した事業家は、どの様な合理的な商取引においても、売り手と買い手の双方が**利益**を求めていることを理解している。この定義を注意深く読むと、成功した商取引においては、売り手も買い手も双方が得をすることを表していることが分かる。もし本書を優秀なレベニュー・マネージャーの手引きとして読んでいるなら、先ず立ち止まって、この利益の定義を暗誦することが極めて重要である。レベニュー・マネージメントにおいて最も重要な基礎であるが、利益を追求するための価格設定に捕らわれ、実社会では無視されがちな概念である。

　一見、異端とも思われる利益の定義は、実は新しい概念ではない。1900年代初期、ニーマン・マーカス百貨店の伝説的な共同創立者のハーバート・マーカス（Herbert Marcus）が息子のスタンレー（Stanley）に言い聞かせたアドバイスを考えてみなさい。「ニーマン・マーカスにとって、購入した顧客が満足しない限り、その販売は成功したとはいえない。」

　良く考えてみれば、このアドバイスが正しいことを理解できる。購入する側は売り手と同様に利益を求めている。例えばあなたが10ドル持っていて10ドルの品物を買ったとする。この時、あなた（購入者）は自分が持っている10ドルを持ち続けるよりも、その品物を購入した方が得で、価値があるものを探し求めて購入する。もし持っている10ドルを手放すとすれば、その商品を購入することにより10ドル持っているよりも10ドル以上の価値があると認めた場合である。もっと分かりやすい例をあげてみよう。表1.1を参照。ある営利企業が提案する3種類の商取引に対し、購買側がどの様な興味を示すかを示した表である。ここでは有望な購買者は10ドル紙幣を一枚所持している。実社会では、3つの条件を聞いた購入者は明らかに1ドル儲かる(3)の商取引にのみ強い興味を示す。同様に、販売側にのみ1ドルの利益があがる(1)には全く興味を示さない。重要なことは、ここで示した取引を理解することであり、例にあげた現金ではない。

　事実、ここでとりあげた現金を交換の対象とした例は、先端技術を駆使した21世紀の経済が、人類が古代から行ってきた**物々交換**とあまり変わらない基本的な商取引の本質を明確に表現し

表1.1　10ドルにまつわる商取引の3条件

販売側企業の 提示する条件	商取引完了後の収支	購買側の取引意欲と継続意欲
(1) 1ドル札9枚と 　　10ドル札の交換	販売側に1ドルの利益	ゼロ
(2) 1ドル札10枚と 　　10ドル札の交換	販売側、購入側のどちらにも増減なし	可能性がないとはいえないが、 現実はほとんど無
(3) 1ドル札11枚と 　　10ドル札の交換	購買者に1ドルの利益	極めて高い

❖**重要な用語**❖

利益（プロフィット）　売る人と買う人の双方が、商取引において獲得する正味の価値。
物々交換、バーター・システム（barter system）　貨幣を使わず、お互いの商品やサービスを相互に直接交換・取引する仕組み。

ている。レベニュー・マネージャーは時代をこえて人類が行ってきた物々交換から重要なこと
を学ぶことができる。

　全ての商取引は物々交換から発展した。物々交換は単に二人の間で一つのものを相互に交換
する商取引である。この様な取引では双方が売り手と買い手の二役を演じるため、売り手、買
い手という表現は適切でない。貨幣を使わない物々交換の例として、パン屋が2斤のパンと、
農夫の鶏1羽と交換するとする。ここではパン屋と農夫の双方が売り手であり、また買い手
である。ここでは売り手と買い手の境がないと同様、売り手のコストと利益という概念もない。
もし、両者双方が自発的に交換をするとすれば、鶏1羽のコストは2斤のパンと言い換える
ことができ、また1斤のパンのコストは鶏半分となる。パン屋と農夫にとっては物々交換時の
利益は然（さ）したることではない。取引に同意した双方が利益を達成したことになる。即ち、
売り手と買い手の双方が正味の利益を得ることとなる。農夫の利益は求めるパンを手に入れる
ことであり、パン屋の利益は欲しい鶏を手に入れることである。

　物々交換は優れた商取引手段であるが、課題も内蔵している。物々交換の例では、農夫は今
日2斤の内1斤パンを食べはじめ、残った1斤は、はじめの1斤が食べ終わった来週、焼き立
ての状態で受け取りたいと思っているかもしれない。同様にパン屋も今日鶏の半分を料理し、
残った半分は来月料理したいと思っているかもしれない。物々交換の限界が明らかになったと
思う。他の例としては、物々交換取引では、リンゴ生産農家の人が自分の収穫したリンゴを靴
と交換したいと思っても、リンゴが欲しい靴屋を見つけることも、リンゴが収穫できた時にリ
ンゴを探している靴屋を見つけることも困難である。**貨幣**の発明は、これら二つの課題を解決
してくれる。

　重要なことは、貨幣そのものに本来の価値はないことである。誰も硬貨や紙幣を食べられ
ないし、貨幣を持っている人も貨幣そのものは、硬貨や紙幣に用いる素材そのものの利用価値
以上の価値は得られない。しかし、貨幣の価値を認める人が現れれば、貨幣経済社会において
様々な商取引を迅速に成立させる極めて有効な手段となる。物々交換方式より効率的で便利で
ある。

　貨幣は物の価値を決める「はかり」ではなく、蓄積された価値を表すものでもないことが明
確になったと思う。貨幣は単に、ある物を手に入れたいと欲した時、自分が所持している貨幣
のどれだけをその品物と交換するべきかを簡単且つ容易に定量化できる取引手段となる。この
ことをホスピタリティー産業に適用すると、あるレストランの経営者がチキンの夕食をセール
の10ドルで提供したからといって、チキン・ディナーの価値が10ドルと考えることは馬鹿げて
いる。もし仮にある顧客が喜んで10ドル支払って、この店のチキン・ディナーを注文したとし
たら、単に、顧客はチキン・ディナーに10ドル以上の価値を認め、レストランの経営者は10ド
ルをチキン・ディナーより価値があると認めたことを意味するだけのことである。もし、この
取引が成立したとしたら、ある時、ある場所でこの取引が両者間で執り行われたということが
歴史的事実となる。この歴史的事実は別にあなたや私にとって、チキン・ディナーの本来の普
遍的価値が10ドルであるということを確立することにはならない。もし、あなたがベジタリ

◈**重要な用語**◈

貨幣　商品やサービスの価値を換算し、交換の媒体として広く認められたもの。

8　第1章　レベニュー・マネージメントの紹介

アン（菜食主義者）なら、チキン・ディナーに自分のお金を少しも払うことはないだろう。もしあなたが、その時ものすごく空腹だったら、10ドル以上価値があると考えるだろう。覚えておくべき点はある顧客のチキン・ディナーに対する価値判断は他の顧客が同じチキン・ディナーに支払った値段に影響されることもあり、また全く影響されないこともある。ここで取り上げた購入側の顧客の購買意欲に関する多様性については、本書では特別の概念として別途取り上げる。

　物の価値の可変性について更に考えを深めるため、再度物々交換取引を取り上げることとする。ある朝、パン屋が起きると、チキンに強い拒否反応（アレルギー）を覚えたとする。

　そうなった時にもパン屋は鶏にパン2斤の価値があると考えるだろうか？　このパン屋に限ってそんなことはない。取引において、参加する双方の意欲に影響を及ぼす要素が数限りなく存在することは驚くにあたらない。ホスピタリティー産業に従事する人々にとって極めて重要なことは、好ましい取引とは、常に取引参加者双方が何を得て、対価として何を放棄する（支払う）かの判断を人に頼らず、自ら決定するということである。

　今日のインターネット経済社会ではかつてない多数の潜在的取引参加者がかつてない大量の取引情報を有している。その結果、消費者はかつてないほど慎重に取引条件の選択肢を注意深く考慮する必要がある。事実、一般消費者が取引条件に関する大量の情報をインターネットから享受することになった現在、かつて物々交換取引が貨幣経済で激しく変化したのと同様に、貨幣経済が激しく変貌している。（特にホスピタリティー産業の中の宿泊産業の取引に関し大きな変化が起きており、この現象は本書で別途取り上げる。）

　物々交換取引、貨幣経済、取引参加者の役割についての知識が整理できた段階で表1.1を再度検証してみることとする。売り手（セラー）、買い手（バイヤー）という言葉の重要性が薄らいだと思う。むしろ、取引に参加する相手（パートナー）のAとB、と呼ぶ方が、売り手、買い手よりも落ち着くかもしれない。そこに思い至った時、ホスピタリティー産業で多くの人が理解していないことを認識できると思う。即ちホスピタリティー産業には買い手（顧客）は存在しない。また、売り手（事業者）も存在しない。存在するのは潜在的取引相手のみとなる。取引相手双方にとって何を意味するかは別として利益とは重要な取引の要素ではない。何が重要かというと、取引相手双方が、何を手放し、その一方、何を得るかのみである。しかし、著者がホスピタリティー産業とは単に一つの幸福な企業の集団が無上の喜びをもって志を同じくする取引相手を救う目的でパートナーを探す産業であると提案していると読者が思い始める恐れがあるので、RM（レベニュー・マネージメント）の報道記事1.1に掲載されているレッド・ロブスターの事例を紹介する。

　このレッド・ロブスターの事例では、取引相手の顧客が実に自然に振る舞い、僅かな支払で取引相手レッド・ロブスターから得るものを最大化したことを学んだことになる。一方、レッド・ロブスターは逆で、相手に与えたものがあまりにも多く、代わりに得たものが少なかった。業界の専門家は、前任の社長がこの失敗のおかげで高い代償を払わされた、と結論付けた。

　読者は、利益（価値）とは、商品やサービスを売る側が関心を示す要素であり、また同時に、商品やサービスを買う側が関心を示す要素でもある、ということを理解し、また、一方の側に立った会計上の利益に関する数式の限界点を理解できたと思う。前述したハーバート・マーカスが残した格言も、内容が容易に理解できる様になったと思う。「ニーマン・マーカスにとって、購入した顧客が満足しない限り、その販売は成功したとは言えない。」

事業の目的　　9

RM の報道記事　1.1　食べ放題と宣伝するのは、やりすぎだ。

親会社は直接の関連性を否定している。しかし関係筋は、販売促進で大損をしたため、レッド・ロブスターの最高経営者が賊になったと考えている。

全米最大のシーフード・レストラン、レッド・ロブスターは2003年にテレビコマーシャルで、「レッド・ロブスターの際限ない蟹」「熱く蒸しあげたスノー・クラブの足を食べ放題」と宣伝した。645店舗を有するチェーンの経営陣は、おびただしい数の顧客がお店の蟹を食べつくし、同時にチェーン全体の利益も食いつぶしてしまうとは考えもしなかった。

キャンペーンは2003年7月21日から9月7日まで行われたが、経営陣の多くは、期間中に顧客が食べるアラスカン・キング・クラブの量を少なく見積もっていた。その結果、チェーン最大のフロリダ州オーランド市ダーデン店の社長が更迭された。

業界アナリストとの電話会見で、レッド・ロブスターのジョー・R・リー（Joe R. Lee）会長は「二皿目までは良かったが、3皿目が痛かった。」と述べた。レッド・ロブスターの最高執行役員（COO）のディック・リヴェーラ（Dick Rivera）氏は、多分、4皿目もひびいた。」と付け加えた。リヴェーラ氏は後に社長に就任した。

「蟹祭り」の承認をした前任社長は、在任18か月であったが、その後他の事業に転身するという理由で、会社を去った。

多くの店がキャンペーンを20ドルで始めたが、利益が傾き始めると、店舗によっては5ドル値上げしたが、値上げは十分ではなかった。

投資利益の誤謬

事業経営の経験者が本書をここまで読み進めると、事業の目的は利益を最大化することが主体となるべきではないことに賛同するか、積極的にではないにしろ、理解すると思う。顧客が全ての取引において平等の取引相手（パートナー）であり、従って、全ての取引において、取引相手の顧客も等しく利益を得ることを保証することが、仕事の一環である。しかし、ビジネスマンの多くは投資家の投資に対する利益を最大化することが真の事業目的だという考えに固執する。現実には**経済**書の多くに事業経営の目的を富の創造とするものが多く見受けられる。富の研究において、経済学者は事業と事業利益に焦点をあてる。会計学同様、経済学者もレベニュー・マネージャーが理解すべき利益の数式を次の様に表している。

経済学の利益数式　利益＝リスクに対する報酬

経済学者がこの数式によって表現したいことは、事業は利益が保証されていない、ということだ。語を変えて言えば、利益は失敗を覚悟で事業に進出する事業家に対して、自然に生じる報酬である。従って、利益はおろか、損失を被ることを恐れず、その危険を受入れ、望んで事業に進出する経営者が、結果として利益を得ることとなる。経済学は個人がいかに財産を手に入れ、その財産（お金）を使うかを表現した学問の分野だ。投資家が、ある事業に投資する判断をする時、初期投資総額に加えて投資家の財産が増えることを達成するために決断する。投

❖重要な用語❖

経済（Economics）　生産、消費、富の移転に関する学問分野。

資家の**投資利益率**は初期投資額に対する利益の比率で表現され、次の式となる。

投資家の利益÷初期投資総額＝投資利益率（ROI）

　この数式を説明すると、投資家が80万ドル事業に投資し、20万ドル利益が出たとすると、投資家のROIは20万ドル割る80万ドルで25％となる。現実にはROIの計算は大変複雑になる。計算する前提として、利益の課税を加味するか否か、または初期投資に負債や株式発行による資金調達を含めるか、資産をどの様に評価するか等、法律に従って判断する必要がある。ROI計算の優れた点は、「事業の目的は事業主（投資家）の富を増加させること」といってよいが、逆もまた真なり、といえる。事業の唯一の目的は、顧客の富を増加させることである。事実、事業とは、単に効率的に、経費を管理し、仕事を沢山創出するだけのために存続し続けることが目的ではない、といえる。事業の目的は、ある程度の利益を顧客に創出するために存続するべきであるといえる。著名なコンサルタントのピーター・ドラッカー（Peter Drucker）は次の様に表現している。「事業の目的は顧客をつくり、顧客を維持することである。」事業は、全ての取引が、顧客に利益を与えることを保証しなければならない。時として経営者は、生き残るためには利益を上げることが必要なことを顧客が認めてくれないことを嘆いている。事実、顧客が企業の利益やROIや売上目標に無関心なことは驚くに値しない。そればかりか、事業の原価や長期収支目標、内部作業工程、等々、直接取引において顧客の利益に影響がない限り、関心を示さない。顧客に聞けば、事業の収益性が低ければ低いほど、取引において顧客の利益が高くなり、そうなることを願っている、と答える。従って、社員が取引で利益がなかったことを嘆いたら、顧客は同情するどころか、むしろ、ほくそ笑むことだろう。事業利益に注目することは、事業として近視眼的戦略であり、投資家や株主利益の最大化を強調しすぎた経営となる。もし、この章で事業が行ってはいけないことに研究の時間を割き過ぎたと思ったら、その理由は往々にして経営専門家の多くが事業目的を誤解していることにより、レベニュー・マネージメントの目的に関する考え方にも影響を与えるからである。

レベニュー・マネージメントの目的

　利益は次の二つの仕事の結果である。売上をはかることと、経費を抑制すること。経営の時間の半々を、それぞれこの二つの工程に割いている人々にとって、道理にあった主張と思われる。しかし、本書を購入したレベニュー・マネージャーなら、全く疑うことのない顧客に対して狡賢く売値を上げることにより企業の利益の最大化をはかることが我々のレベニュー・マネージメントの方法論ではないことに気付いていると思う。ここまで読者は正しいホスピタリティー事業の目的は企業の利益ではなく、顧客に利益をもたらし、顧客の富を増やすことにあることを学んだ。顧客の求めるサービスを適切に、効果的に提供する企業は、高い事業利益をあげ、魅力的なROIを生みだすことが出来る。ヘンリー・フォード（Henry Ford）は次の様に要約している。

❖重要な用語❖
ROI（Return on investment）**投資利益率**　投資家の投資利益比率。自己資本利益率とも呼ぶ。

「無条件にサービスに捧げる企業は、利益に対し、たったひとつの心配しかない。その心配とは、利益がとまどうほど巨大化してしまうことだ。」　ヘンリー・フォード

この概念は、ホスピタリティー産業の著名な指導者たちに、良く理解されている。マクドナルドの創立者、レイ・クロック（Ray Kroc）は、次の様に表現している。

「もし、お金のために働くなら、決してお金は手に入らない。しかし、自分の仕事に愛着を持ち、常に顧客第一を貫いたら、成功すること間違いなしだ。」　レイ・クロック

熟練したレベニュー・マネージメントの専門家の目的は先進的なレベニュー・マネージメントの理論と価格戦略の技術を使い、企業の利益やオーナー、投資家の ROI を著しく増やすことだ。この場合の技術とは、常に顧客の求めることを優先することが重要で、会社の利益優先で考えてはならない。**レベニュー・マネージャー**は効果的に収入を管理しなければならない。それでは、収入を管理するとはどの様なことだろう？　答えは一言や二言では表せない、極めて複雑なことである。真にホスピタリティー産業の収入管理の専門家になるためには、本書の全ての内容を十分理解しなければならない。本書は**顧客中心主義のレベニュー・マネジメント**を説くものである。

以上、顧客に真の利益を提供出来る企業でないと、事業の継続は出来ないことを理解できたと思う。その結果、全ての取引において、顧客が真の利益を得ることを保証することで、企業の成功を助ける役割がレベニュー・マネージャーの目的といってよい。

その目的は、ホスピタリティー産業が、価格戦略技術を使い、顧客が求める商品を、必要なだけ、適切な**流通経路**（販売チャネル）と適切なタイミングで、顧客が支払いたいと思う金額を提示することを意味している。レベニュー・マネージメントとは、顧客に提供する価値に対応する総合的な戦略と考えることが出来る。戦略的価格とは、顧客に提供する価値を最適に伝達出来る販売価格を設定することである。

企業は、顧客の欲する販売価格を設定する時、顧客が求めている商品の価値を認識し、顧客が購入に至れば企業の富が増えることを確認できる。しかし、その価格を設定する工程は複雑である。それを実現するには、レベニュー・マネージャーや、マーケティングに携わる人たち全てが、顧客を理解し、熟達した価格戦略を適用しなければならない。本書は正にその方法を説明する。

※**重要な用語**※

レベニュー・マネージャー　顧客の支払い意欲に釣り合った価格を設定する責任を担う個人またはチーム（以後、レベニュー・マネージャー並びにレベニュー・マネージメントを RM とも表記する）

顧客中心主義のレベニュー・マネジメント　レベニュー・マネージメントの決断において、企業の短期的な収入の増加を考える前に、顧客の利益を優先する概念。

流通経路、チャネル　事業の顧客となる源泉。顧客と意思疎通する手段。販売経路。

本書の目的と構成

　最初に顧客を繁栄させることで、企業とオーナーとあなた自身が繁栄することを実現することがレベニュー・マネージャーの役割であることに同意できれば、レベニュー・マネージャーとして顧客が求める価格を設定する方法を学ぶ準備が整ったことになる。顧客を豊かにさせる方法を分かり易くするため、本書は4部構成とした。

　　第1部：レベニュー・マネージメントの原理
　　第2部：ホテル事業者のレベニュー・マネージメント
　　第3部：飲食サービス事業者のレベニュー・マネージメント
　　第4部：レベニュー・マネージメントの実践

　第1部から第4部の全てはレベニュー・マネージャーが理解すべき必要な情報を有している。例えばホテルのレベニュー・マネージャーは客室価格の設定にあたり最初航空会社の仕組みを参考にしたが、今日では飲食産業から学ぶことも多々ある。また、飲食産業も宿泊産業を研究することが重要だ。全てのレベニュー・マネージャーがレベニュー・マネージメント戦略の適用と評価を十分理解することが重要である。次に本書で取り上げる各章の内容を説明する。また、何故それらが重要か、理由を説明する。

第1部　レベニュー・マネージメントの原理

　第1部の構成は5章からなる。それぞれの章ではレベニュー・マネージメントの基本的原則を紹介する。事業の収入を管理するということは、事業が提供する商品やサービスの販売価格を設定し、管理するという誠に複雑な仕事を達成することを意味する。いかにしてこの仕事を適切に遂行するかを深く理解することが、事業の成功にとって極めて重要なこととなる。第1章の「レベニュー・マネージメントの紹介」はほぼ終盤に来ている。第2章の「戦略的価格設定」では、顧客の利益を優先する思慮ある価格設定が事業に重要な役割を持つことについて学ぶ一方、伝統的な需給や原価に基づいた価格設定に関する深刻な限界について学ぶ。ホスピタリティー事業において、需給バランスをもとに考える経済一般の理論に従って価格設定する方法は容易であるが、詳しく分析すると、それらは収入管理のための価格政策の確固たる基盤とはならないことが明らかになる。第2章ではそれらの理由について学ぶことになる。

　第2章ではさらに「利益＝収入－費用」という数式をもとに、事業の利益に最も影響を与える唯一のものが費用であると考える伝統的なコスト・ベースの価格設定の合理性についても考察する。伝統的に、企業の利益を最大化するためには、経費の抑制を注意深く行うことが重要だと考えられていた。USスチールの創業者アンドリュー・カーネギー（Andrew Carnegie）が、「経営にあたり、費用を注意していれば利益はおのずとついてくる」と言ったアドバイスに従った考えだ。一見カーネギーのアドバイスは妥当と思われるが、第2章では過度の費用重視や、生産コストを販売価格設定と関連付けることが如何に不適切で非効率なレベニュー・マネージメントかを学ぶ。

第3章の「価値」では、売主が理解しなければならないこととして、消費者が受け止める商品の価値と、その商品がもたらす利益が、支払う値打ちがあると判断する重要な根拠であることを学ぶ。合わせて、消費者が受け止める価値は、商品の供給量や在庫の欠乏状態、企業の生産原価、経営計画の利益のどれよりも重要であることを学ぶ。第3章では、意味深い思想であるが、時に理解されない次の言葉の意味を考える。「価値は美と同様、それを見る人の目の中に存在する。」また、eBay で行われている一般公開オークションから、消費者の購買行動や戦略的価格設定に関する重要な事柄を学ぶことができる。eBay のオークションでは、価格が低い水準にある時は入札者の数が多い。金額が上がるにつれて、入札者の数が減っていく。最後に一人の落札者を除き、全ての入札者が振り落とされる。結果として学ぶべきは、高額で商品を求める消費者の数は少ない、ということではなく、むしろ、全く同じ情報を持ち、全く同じ商品を、種々の人々が、それぞれの購買状況において、それぞれ同じ商品に対して別々の異なる価値を見出すことを eBay オークションは端的に物語っている。

　事実、地球上に存在するどの商品も、消費者ひとりひとりが、それぞれその価値に対して異なった意見を持っていると言ってよい。だから、人によってはロシア皇帝最高級カスピ海キャビア（Tsar Imperial Beluga caviar）1 ポンド（約454グラム）に喜んで1,000ドル以上も支払うが、他の人はたとえ1ドルたりとも支払って食べたいとは思わないし、無理やり食べさせられるぐらいなら1,000ドル払っても断りたいと考える。

　eBay オークションの例をレベニュー・マネージメントに適用すると、顧客の種類と価格を識別できるようになる。こうして見ることで、あなたが設定した商品・サービスの販売価格を喜んで支払う顧客と、値段はともかく、あなたから購入することを拒否する顧客の識別が出来るようになる。

　この章では、ホスピタリティー商品を購入する人々の重要な4分類と、それらの区分の購買者が最も重視する要素を学ぶ。ここでは、品質、サービス・レベル、販売価格が直接購買者の価値判断に与える影響と、購買者に商品とサービスの価値を如何にして伝えるかについて学ぶ。ホスピタリティー産業では、熟練したレベニュー・マネージャーの中に、売上最適化の工程でデータの分析と管理が重要であることを強調するものがいる。その結果、彼らにとって数式と基本形が非常に重要な観点となる。また別のレベニュー・マネージャーは自分自身の洞察力、技術、経験が売上最適化の判断に重要な要素であると強調する。第3章では、売上最適化の目的に、データの収集と分析が果たす役割を詳しく研究し、結論を下す。次に、これらのデータ収集と分析の工程の重要性と対比して、将来のレベニュー・マネージメントの決断を成功させるために、同様に重要となる洞察力、経験、直感の適用方法を学ぶ。

RM のウェブサイト　1.1

　事業の価格を戦略的に設定することは、全ての産業において重要な業務である。価格専門家協会（PPS：Professional Price Society）は多くの事業分野における価格設定と売上に責任を持つ専門家で組織された協会である。PPS は会員に研究会、会議、教育訓練を提供し、資格証明を発行している。協会の詳細は www.pricingsociety.com で検索できる。サイトの Pricing Experts Directory をクリックすると、価格関連のコンサルタントを専門に行う企業の一覧が閲覧できる。

14　第1章　レベニュー・マネージメントの紹介

　第4章の「階層価格」(Differential Pricing) では、最初に、これまで学んだレベニュー・マネージメントの基本を復習する。(原語のディファレンシャル・プライシングを直訳すると差別価格、格差価格、相違価格となるが、本書の翻訳においては階層価格と表現する。) 次に、消費者の価値に対する様々な受け止め方の相違を反映し、論理的に、ある特定の価値観を持つ消費者にある特定の価格を適用し、別の価値観の消費者に別の価格を適用する価格設定の手法を詳しく調査する。優れたレベニュー・マネージャーは、ある商品に一つの価格を設定するのではなく、見込み客全ての要望を満たすいくつかの価格を設定する方法を模索している。優秀なレベニュー・マネージャーは要望が相違する消費者に対し、多様な価値観に対応した様々な販売価格を提供することにより企業の売上を最大化するため、確立した階層価格手法を用いている。勿論、階層販売価格の適用は慎重に計画され、実行されなければならない。第4章では、階層価格適用の限界を学び、同時に、階層価格設定を有効に行うための8つの技術を学ぶ。学生優遇料金や、シニア料金といった消費者の分類に応じた価格、または、販売地域、販売時期、購買数量等に応じて相違させる価格設定は、思慮深い計画と深い理解をもって適用することができる。レベニュー・マネージャーが用いるこれらの方法について、詳しく調査をおこなう。

　第3者のウェブサイト経由、フランチャイズのウェブサイト、または旅行会社経由の販売といった商品の流通経路（チャネル）も販売価格に影響を及ぼす。また、流通経路に適した、特別な商品を販売することも可能となる。包括価格による割引や、支払い方法による価格設定も、多様な階層価格設定に有効な手段となる。第4章では多様性のある階層価格の設定により個別の価値観に相当する商品やサービス価格を選択する消費者の数が最大化される結果、商品価値や商品寿命が向上し、全ての市場参加者が利益を享受できることを理解する。最後に、売上管理（レベニュー・マネージメント）と、売上最適化（レベニュー・オプティマイゼーション）双方の根本的理念の相違を研究し、どちらが優れているかの結論を導く。

　第5章の「レベニュー・マネージャーの役割」ではホスピタリティー産業のレベニュー・マネージメントが独立した研究分野であることの合理性を学ぶ。ここでは、「ホスピタリティー商品とサービスの販売において、効果的な価格設定と管理に関する特別な知識は必要であるか？」という単純な質問の答えを導く。

　第5章では、宿泊産業や飲食産業の商品とサービスは即座の**供給増困難な性質**があるため、他産業の商品と区別して考える必要があることを学ぶ。他の消費材一般は需要が増加すれば、それに応じて生産を拡大できる。もし、アップルの最新型 iPhone の需要が著しく増加したら、即座に増産を決断出来る。しかし、400室のホテルは、どんなに顧客が多くても、一晩に400部屋以上の販売は不可能である。同様に、飲食業も200席のレストランは、顧客が混みあう時期でも、閑散期でも、一度に200席しか提供できない。ホテルや飲食業の例で分かるように、どちらのレベニュー・マネージメントも、需要の増加に対応して供給量を拡大することは出来ない。この現実から、供給が逼迫した状況で行う戦略的価格設定には高度で特別な知識が要求される。しかし、**硬直的供給制限**や、**弾力的供給制限**における複雑な価格設定の概念を会得したとしても、レベ

❖重要な用語❖

供給制限（Constrained Supply）　消費者の需要が増加し、販売する商品やサービスの供給が逼迫しても、販売側が供給を容易に増加させることが困難な状況。

ニュー・マネージャーは商品やサービスの販売価格を自由に決められる訳ではない。

　米国では事業者は自分の売りたい商品の値段を自由に決定する裁量を持っている。しかし、レベニュー・マネージャーは、商品やサービスの販売価格決定に関し、全く自由である訳ではない。また、そのようなことが許されるべきでない。例えば、販売価格を顧客の宗教、人種、国籍によって設定することは許されない。これは道徳にも反するばかりでなく連邦法違反となる。ホスピタリティー産業の価格設定は、様々な監督官庁や広く社会一般の影響を直接受けて行われる。ホスピタリティー産業の販売価格や売上最大化の決断は連邦法、州法、地方自治体の法律や条例で規制されている。第5章では社会の共通理念や価格設定に関する法律を無視した場合の罰則についても例示する。

　全てのレベニュー・マネージャーは売上の最適化（Revenue Optimization）は合法的に実施可能だと思うだろうが、著者は法律の規制に加え、倫理的にかなうものでなければならないことを強調したい。第5章ではレベニュー・マネージメントの倫理面について深く研究する。レベニュー・マネージャーの負う責務や役職につけられる名前の違いはあるが、彼らの仕事には共通点が存在する。それは、全てのレベニュー・マネージャーに共通する5つの重要な工程であり、これについて説明する。またホスピタリティー産業の多くのレベニュー・マネージャーが持つ別の共通点は、レベニュー・マネージメントの判断に影響を与える大きな集団の中で、

RM の報道記事　1.2　宿泊料金は ???　いくらですか？

　レベニュー・マネージャーは自社の商品に販売価格を自由に設定可能か？　少なくともテキサス州では不可能だ。ハリケーン・リタが急接近し、ヒューストンの住人が避難先を探した時、テキサスで起こったことを思い起こしてほしい。旅行者がハリケーンの暴風雨を避けるため、ホテルに泊まろうとした時、通常の2倍の料金を請求された。次の文章は、新聞の見出しと、実際に起こった事をまとめた記事だ。

　「テキサス州司法長官は代金搾取の訴えに判決を下した。サン・アントニオ市のセント・アンソニー・ホテルに消費者賠償金19万ドル支払い命令」テキサス州司法長官グレッグ・アボット氏（Greg Abbott）は、ホテルが自然災害に乗じてテキサスの被災者から利益を巻き上げることは出来ない、と述べた。今日では災害から避難するテキサスの住民はホテルの通常料金で滞在できることが合意されている。州は、強引な手法で金銭を巻き上げることを禁止した法律を厳格に適用する。

　テキサスの詐欺取引禁止法はガソリン、食品、宿泊、医療、その他必要なものを災害に乗じて法外な金額で販売することを禁止している。違反者は一件当たり最高2万ドルの罰金刑を受ける。

　セント・アンソニーだけが違反をした訳ではなく、他にも同様なケースがあった。第5章では、ホスピタリティー産業の価格決定を注意深く監視しているのはテキサス州だけでないことを学ぶ。

❖重要な用語❖

硬直的供給制限（Hard Constraint）　需要に関係なく、供給の拡大が不可能な状態。ホテルの客室数や天然ガスのパイプライン供給量など。

弾力的供給制限（Soft Constraint）　一定の時間や経費をかければ、ある程度需要に対応した供給増が可能な状態。この例は、民間航空輸送業、レンタカー業、タクシー会社、多くの飲食業など。

16　第1章　レベニュー・マネージメントの紹介

たった一人の存在であることだ。顧客も含む大きな集団は、それぞれが同じ課題を共有する訳
ではないが、ホスピタリティー産業のレベニュー・マネージャーが日常下す判断に大きな影響
を与える。従って、集団に属する多くの人々の多様な役割や目標を理解することが重要である。
第1部の完了は、あなたが既に学んだことと、これから学ぶことを、ホスピタリティー産業の
レベニュー・マネージメントに適用する準備が整ったことを意味する。

第2部　ホテル事業者のレベニュー・マネージメント

　第2部ではホスピタリティー産業のなかの、特に宿泊事業におけるレベニュー・マネージメ
ントの戦略と技術について述べる。「ホテル事業者のレベニュー・マネージメント」と題する
が、大手フル・サービス型ホテルに限らず、マンション個室宿泊型（コンドミニアム滞在）、宿泊
特化型のサービス限定ホテル（ビジネス・ホテル）、B＆B（ベッド＆ブレックファスト）、モーテル
（モーター・ロッジ）、遊覧船（クルーズ）、その他供給逼迫型の宿泊業や、収容座席数限定の劇場
のコンサート、映画館、ホールでの宴会、スポーツ・イベント等に共通する内容が含まれる。

　第6章の「需要予測」では、正確な需要の予測が宿泊産業のレベニュー・マネージャーに
とって重要であることを学ぶ。滞在する顧客の人数予想、将来の特定の日程に宿泊を希望し
ている見込み客の予想はホテルの運営と、収入最大化目標を達成する戦略判断に大きな影響を
与える。正確な需要予測を行う上で、過去の実績と同様、目下需要が強い商品やサービスを分
析する必要がある。次に様々な要素を分析する手法を学ぶ。ここでは、レベニュー・マネー
ジャーが需要予測に用いる特定のツールを紹介する。それらのツールが作成するデータをどの
様に分析し、対応するかを学ぶ。第6章では、レベニュー・マネージャーが需要をもとに販売
価格を導くことは、一般に生産的ではないことを説明する。著者はホテル業界でイールド・マ
ネージメントを使った価格戦略が長年用いられていることを承知しているが、これは効果的価
格設定手法でない事を学んでもらう。

　イールド・マネージメントは無数の手法で説明され、実施されてきたが、ホスピタリティー
産業では、硬直的な供給に対し需要に変動があることを前提に提供するサービスの売上を最大
化する技術、と定義する。本書では全てのレベニュー・マネージメントの戦略は顧客中心主義
に基づくことを前提としているが、イールド・マネージメントがレベニュー・マネージメント
と同義語の様に間違って使われていることから、先ずイールド・マネージメントを開発した航
空会社が歴史的にどの様にとらえてきたかを詳しく調べる必要がある。第6章では、航空会社
が最初にイールド・マネージメントを導入した頃は画期的概念で、顧客側に販売価格に関する
知識が乏しかった時代に効果的であったことを学ぶ。今日、顧客は宿泊産業の販売価格に関す
る豊富な知識をもっている。従って、本章では、最近までホテル業界が行ってきたイールド・

❖重要な用語❖

イールド・マネージメント（Yield Management）　元々は民間航空会社が行った需要をもとにし
　たレベニュー・マネージメントの手法。需要に応じ販売価格を操作することにより、収入を最大
　化する手法。空席を削減し、巧妙な方法で売上を最大化することから、イールド・マネージメン
　トと呼ばれる。

マネージメントの手法が顧客の信頼を勝ち得ることや、固定客を増やすことには全く効果がないことを証明する。業界の専門家も、イールド・マネージメントの手法は一般の消費者から見て、人の弱みに付け込むご都合主義で、強欲なやりかただと思われていることを認めている。

第6章では、正確な需要予測はレベニュー・マネージャーが日々行う適切な価格設定手法に極めて重要なことを学ぶ。また、宿泊産業のレベニュー・マネージャーが常に最も硬直的な供給能力を宿命としている一方、飲食業関連のレベニュー・マネージャーの供給は硬直的ではあるが、多少の柔軟性を持っている。従って、宿泊産業のレベニュー・マネージャーが行うきめ細かい様々な需要予測や分析は、飲食産業のレベニュー・マネージャーの需要予測とは全く異なるものだ。宿泊産業のレベニュー・マネージャーにとって、販売価格に影響される需要の変化、需要が販売価格に与える影響、需要予測が収入の最大化戦略に及ぼす影響のそれぞれ全てが重要な概念である。第6章を終了すると、将来の需要を何故、また如何にして予測可能か理解できる。

第7章の「在庫と価格管理」では、宿泊産業のレベニュー・マネージャーが、どの様に販売可能な客室の在庫状況を把握し、それらの客室の販売価格を監視しているかを学ぶ。適切な在庫管理により、レベニュー・マネージャーは客室の販売価格を値上げしなくても、収入の最大化を達成し、ホテル全体の売上を増加することが可能だ。実際にはレベニュー・マネージャーの効果的在庫管理による総売上増は、むしろ客室を値下げした時に実現する。

RM の報道記事　1.3　不名誉な言葉

USA Today 誌（アメリカの全国紙）が旅行の様式を変換させた極めて重要な25の事例を掲載した。25の事例の14番目に「イールド・マネージメント」がリスト・アップされ、次の様に説明された。

> 「イールド・マネージメントは旅行者にとって苦々しい言葉であるが、今日、航空、ホテル、レンタカー業界で広く一般的に用いられている。」

記事では、これらの産業が、需要に影響を与える様々な要素に基づき、商品販売価格を調整している、と説明している。

苦々しく、汚く、不名誉な言葉として扱われた記事から、ホテル業界が旅行客一般に対して、価格設定の合理性や正当性をきちんと説明出来ていないことが窺える。これは、消費者の理解力の問題ではなく、ホテル側の広報、宣伝、マーケティング活動の落ち度である。

事業費や商品価値が上昇したという理由ではなく、単に需要の変動を理由に販売価格を操作することを消費者がどの様に受け止めるかということが理解できないとしたら、仮に本日の USA Today に次の様な記事が載った時に、自分自身がどう思うかを考えてみなさい。

ガソリン・スタンドが週末値上げを発表

主要石油会社数社が祝日を挟んだ週末、多くの車が利用されることを予測し、ガソリンの通常料金を約35%値上げすることを本日発表した。

米国最大の石油会社の1社である Acme（アクミ石油会社）の報道官、トム・ジョーンズ（Tom Jones）氏は「我が社の過去の実績や、将来需要予測から判断し、今週末のガソリン需要が急上昇するため、我々は大量販売する。多くの人がガソリンを求めてスタンドに殺到することから、金曜日の午前8時に販売価格をガロン当たり1ドル値上げすることにした。週末が過ぎて交通量が平常に戻れば、ガソリン価格も元の値段に戻す。」

もし、あなたが週末の祝日に車で遠出を計画している時にこの記事を読み終わったら、ジョーンズ氏や石油会社を罵るだろう。

18　第1章　レベニュー・マネージメントの紹介

　レベニュー・マネージャーの客室管理は、部屋を購入する顧客の類型に影響される。第7章ではレベニュー・マネージャーが顧客の類型として、個人客に販売する場合、ある特定の団体に属する顧客に販売する場合、また、ホテルと特別契約を持つ顧客に販売する場合の在庫管理技術を紹介する。

　宿泊産業のレベニュー・マネージャーにとって最も大きな問題の一つが、客室が残っていないにも関わらず販売してしまうことだ。ホテルの**空売り**は業界にとっても悩ましい問題であり、顧客にとっても、ホテルの従業員にとっても、双方に極めて大きなストレスとなる。第7章では、**オーバー・ブッキング**に関連する経済的収支、法律による規制、倫理、道徳上の問題を研究する。

　レベニュー・マネージャーは価格設定の概念を完璧に理解する必要がある。第7章では、最も重要なホテル産業の伝統的な宿泊料金設定理論と戦略の見直しを行う。将来を予測する前に過去を振り返ることは、様々な研究分野でも重要であり、ギリシャの哲学者アリストテレス（Aristotle）は「何かを知りたい時は、先ず、それがどの様にして生まれ、どの様にして発展したかを観察することだ」と述べている。

　本章では現在ホテルがルーム・レート（客室の販売価格）をどの様に設定しているかを学ぶと同時に、ホテルが客室売上に影響を与える特別販売条件をどの様に適用しているかを学ぶ。まとめとしてレベニュー・マネージャーにとって重要な在庫と販売価格管理の基本理念を学ぶ。

　ホテルは顧客が出来る限り簡単に予約が出来る方法を絶えず探究している。その結果、現在では顧客は多岐にわたる方法で予約を取ることが出来る。第8章、「流通経路管理」（ディストリビューション・チャネル・マネージメント）では、レベニュー・マネージャーが様々な予約の経路を管理する手法を学ぶ。それぞれの経路（チャネル）はひとつひとつ特徴が異なるため、個別に管理する必要がある。例えば、ある流通経路では、ホテルのセールス担当者が直接顧客に販売する。一例をあげると、予約のない個人顧客が突然ホテルを訪れ、空室や、宿泊代金を問い合わせることがある。一方で、インターネット経由の予約では、直接顧客との接触はないにも関わらず、重要な情報を顧客にきちんと伝えることが出来る。

　第8章では、様々な流通経路を電子的経路と、それ以外の経路に二分類することを学ぶ。電子的経路以外の経路は、直接ホテルを訪れる顧客や、直接ホテルに電話する顧客が含まれる。これらの顧客に直接挨拶し、対応するスタッフや、電話に応じるスタッフに加え、ホテルの営業や、マーケティング担当者も、電子的経路以外の代表例となる。更にこの分類の重要な経路として、ホテルが所在する地域の観光振興を行う非営利の観光局を上げることが出来る。第8章ではこれらの非電子的経路がホテルの売上の最適化に重要な役割を演じることを学ぶ。

　直接顧客と接することは重要であるが、ホテルの情報を電子的手段で収集し、ホテルの客室や会議室を有効に予約する顧客が増え続けている。インターネットが代表例であるが、インターネット経由の予約は、少なくとも3つ特徴の相違する経路があり、それぞれ別の対応や管理が必要である。またインターネット以外にも重要な電子的経路が存在することを知り、それ

❖**重要な用語**❖

空売り（オーバー・ブッキング Overbook）　実際の客室数や、残室数を超えて予約を受け付けること。オーバー・セル、オーバー・ソールドとも呼ばれる。

らを十分理解する必要がある。第8章では主な流通経路全てについての知識を得ることと、それら全ての流通経路を如何に合理的に使い分け、管理するかを学ぶ。同時に、売上の最適化のため、各々の流通経路を管理する根本的理念を学ぶ。

第9章の「宿泊産業のレベニュー・マネージメント実績評価」では、ホテルがどの様な方法でレベニュー・マネージャーの業績を評価するかを学ぶ。レベニュー・マネージメント・チームの業績評価は、内部評価、外部評価、定期評価、臨時評価、詳細評価、概要評価等々、様々であるが、レベニュー・マネージャーはこれらの評価に一般的に用いられる全てのツールに精通する必要があり、それぞれのツールの長所、短所も理解することが肝心である。

第9章はADR（Average Daily Rate、平均客室単価）の最大化と**客室稼働率**（Occupancy Percentage、販売済み客室比率）の最大化を同時に達成するレベニュー・マネージャーにとって相反する課題を研究することから始める。

ホテル事業ではほとんどの市場でレベニュー・マネージャーがADRを値上げすることは容易であるが、販売価格を値上げすることは客室販売を抑制することになり、一般的に稼働率（Occupancy Percentage）は下落する。逆に稼働率を上げることも容易だが、そのためには、ADRの著しい減少をきたす。この相反する目標を達成するレベニュー・マネージャーの判断を評価するために、ホテル業界では様々な洗練された評価方法が開発されてきた。第9章ではそれらの全てを学ぶ。多くの場合、これらの評価ツールはレベニュー・マネージャー個人の業績評価を示すことになり、ツールに関する正しい知識を持つことが重要である。同時に、これらのツールは特定のホテルの経営実績、財務実績を内部ならびに外部から評価するために用いられる。

今日、レベニュー・マネージャーは業界標準の売上実績評価ツールとして、次に示すものの一つまたはそれらの組合せで評価されている。

RevPAR　　RevPOR　　GOPPAR

加えて、第9章では経営管理会計の専門家が、個々のホテルとそのレベニュー・マネー

❖重要な用語❖

平均客室単価（ADR：Average Daily Rate）　日、週、月、年といった一定期間内の客室販売価格の平均。平均販売価格（Mean Selling Price）とも表現する。
ADRの計算式：総客室販売収入÷総販売客室数＝ADR

客室稼働率（Occupancy Percentage）　日、週、月、年といった一定期間内の販売可能客室数のうち、実際に販売された客室数の比率。
Occupancy Percentageの計算式：販売済客室総数÷販売可能客室総数＝客室稼働率

RevPAR（Revenue per available room）　ある一定期間内の販売可能客室総数に対する1室あたりの平均客室売上。RevPARを示す数式の2つを示す。
ADR（平均客室単価）× Occupancy Percentage（稼働率）＝RevPAR
客室販売総収入÷販売可能客室総数＝RevPAR
特に説明がない場合、ここでは客室販売総収入とは、客室料金のみである。

販売客室平均売上総収入 RevPOR（Revenue per occupied room）　一定期間内に実際に販売された客室1室あたりの平均売上総収入。計算式は次の通り。
客室販売総収入÷実販売客室数＝RevPOR
特に説明がない場合は、客室販売総収入とは客室売上及び客室以外の売上合計を指す。

ジャーが売上総額の拡大を営業利益の拡大に繋げる能力をどの様に査定するかを学ぶ。売上の拡大を如何にして利益の拡大に結び付けていくかという能力は極めて重要であり、売上増を効果的に実現するレベニュー・マネージャーの本領が現れる。ホテル業界の競合は熾烈である。第9章ではスミス・トラベル・リサーチ社（STR: Smith Travel Research Company）の様々な宿泊分析報告書（STAR: Smith Travel Accommodations Report）を参考に**競合他社グループ**と自社のホテルの業績を比較する方法を学ぶ。スミス・トラベル・リサーチ社や同様の企業は様々な宿泊産業の売上評価に特化した報告書を発行している。それらの報告書はホテル単体や、ホテル・グループの業績評価報告を競合他社と比較可能な型式で分析評価している。STAR や、これに準ずる評価報告書を読み、的確に情報を汲み取る能力は、ホテル事業者にとって自社のレベニュー・マネージメントに対する取り組みや成果を判断する上で、極めて重要である。第9章では客室稼働率、ADR、RevPAR、市場占有率等を含む重要な売上形成の要素を取り上げ、それらを分析し、競合他社との比較に必要な実践的情報を紹介する。競合他社の売上構成要素を評価することにより、自社の属する市場環境や目標数値の有効性を深く認識することが可能となる。第9章では、それらを如何に正しく実施するかを示す。

　経験を積んだレベニュー・マネージャーは自社の売上に貢献する旅客がどの**市場区分**に属する顧客であるかを、自社のホテルの外観や特徴から割り出し、想像することができる。自社の売上構成要素を完全に理解しようとするレベニュー・マネージャーは自社の様々な顧客の流通経路を注意深く把握し、同時に、それら経路に費やす流通経費を把握する必要がある。レベニュー・マネージャーにとって、顧客の市場区分と流通経路の評価が重要であることから、第9章では、それらの重要な概念をどの様に評価するかに光をあてる。第9章のまとめとして、ホテルを利用した顧客が否定的なコメントや、推薦のコメントを書き込む **UGC** サイトの

RM のウェブサイト　1.2

　全米ホテル宿泊協会（AH&LA：American Hotel and Lodging Association）の下部組織、非営利教育機関の EI 学校（The Educational Institute）では、様々な宿泊産業の専門知識に関する教材の提供や専門資格認定を行っている。EI 学校の最新の資格認定プログラムの一つがレベニュー・マネージャー対象である。www.ei-ahla.org を検索すると、資格認定の必要条件等を詳しく知ることが出来る。サイトの専門資格認定欄をクリックし、次に、管理者（マネージャー）に進み、その中から認定ホスピタリティー・レベニュー・マネージャー（Certified Hospitality Revenue Manager）を閲覧すると、認定条件を知ることが出来る。

※重要な用語※

客室平均粗利益（GOPPAR：Gross operating profit per available room）　ある一定期間内の販売可能客室数1室あたりの平均営業利益。GoPAR とも表現される。

（総売上－管理可能販売経費）÷販売可能客室総数＝GOPPAR 客室平均粗利益

ここで、総売上とは客室売上及び非客室売上の合計を指す。営業売上合計。

競合他社グループ（Competitive set）　ホテルの業績を比較する対象となる自社と類似した企業や直接競合する企業の数社から構成されるグループ。自社の競合先モデル（Comp set）と呼ばれる。

市場区分（Market Segment）　顧客の年収、性別、旅行目的など、容易に個人を特定可能な特徴の一つ以上が共通する顧客の集団を市場区分と呼ぶ。

ツイッター、トリップ・アドバイザー、フェイスブック、マイスペース等による影響をレベニュー・マネージャーが監視する事が、今日益々重要となっている点を研究する。

　自社の業績を完全に評価したあと、レベニュー・マネージャーは**ペース・レポート**（予約状況報告書）を参考に今後の売上目標を検討する。あくまでも正しい情報をもとに、専門家としての洞察力をもって、適切な将来の販売価格と最適な流通経路を決定することができる。最新のホテル事業者は様々な価格戦略を駆使し、自社が提供する価値を顧客に伝える。顧客に提示される価値は複雑であり、様々な重要な要素に左右される。

- 加盟チェーン（Franchise affiliation）
- 立地・所在地（Location）
- 流通経路（Distribution channel）
- 施設　（Facility）ホテルの建物、設備、客室の質。
- その他のサービス

　これらの特徴が客室の**ラック・レート**や値引き価格、その他の戦略的価格設定に影響を与える要素となる。

　専門のレベニュー・マネージャーは、自社の事業を熟知し、入手可能な情報を駆使して、意思決定を上達させているかを、絶えず評価されることとなる。そのため、ホテルの売上最適化と業績向上を業界の専門家らがどの様に評価するかを十分知りつくすことは、レベニュー・マネージャー自身、自己の成功の上で極めて重要である。第9章はそのことを理解してもらうために用意されている。

RM のウェブサイト　1.3

　HSMAI（The Hospitality Sales and Marketing Association International）はホスピタリティー産業に従事するマーケティングの専門家による非営利団体だ。この団体の使命は次の通り宣言されている。

　「観光、旅行、ホスピタリティー分野の専門家に販売、マーケティング情報、事業開発知識、相互協力機会を提供する最大の情報源となること。」

　団体の HSMAI 大学を通じ、会員に対し、レベニュー・マネージメントを含むホスピタリティー専門家養成活動を展開している。この専門家集団とレベニュー・マネージメントの教育の詳細は、www.hsmai.org/Americas.cfm を参照のこと。

※重要な用語※

UGC（User Generated Content）　ウェブサイト上に顧客自身が作成する情報。通常、顧客が取引した企業や事業に対し、顧客自身の発信する体験談、特定のニュース、情報、意見、噂、批評、顧客評価等をまとめて表示するサイト。第8章 web2.0の CGM（Consumer-generated media）を参照。

予約状況報告書、ペース・レポート（Pace Report）　個々のホテルの客室、その他サービス、価格等の将来の予約をとりまとめた報告書。別名 Booking Pace Report。

ラック・レート（Rack Room Rates）　如何なる値引きも適用していない客室販売価格。定価又は正価。

22　第1章　レベニュー・マネージメントの紹介

RM の実践　1.1

　チャールス・ローは、「何がご不満ですか？」と聞いた。「先月の客室稼働率は76％で、前年同月対比5％向上し、ADR も $114.85で前年比、4ドル上回りました。その上、顧客満足度も先月は過去最高です。先月は素晴らしい業績と言ってよいと思います。」と続けた。

　チャールスは大きな商業地区に隣接する225室のフル・サービスを提供するブランチウォーター・ホテルのフロント・オフィス・マネージャーだ。チャールスは同ホテルのレベニュー・マネージメント・チームのリーダーを兼務している。チームの役割は、同ホテルの管理システム PMS（Property Management System）が作成する客室在庫情報と同ホテルの営業部門が提供する販売情報をもとに客室価格を決定することである。チャールスは自分の執務室でホテルの支配人、サラ・アーゴウテと面談中だ。

　サラは、「去年と比べている訳ではありません。」と答え、さらに、「私は競合他社の業績変化と我がホテルの変化を比較して言っているのです。」と続けた。「確かに前年対比5％客室稼働率が向上しましたが、競合他社は10％以上も上昇しています。」

　すると、チャールスは「それでは、相手の値段はいくらですか。値上げしたのか、値下げしたのか、一体値上げ、値下げの金額の幅はいくらでしょう？」と訊き返した。

　サラは、次の様に答えた。「それを調べてみましょう。そして、先月一体何が起こったのかを調べ、今後の価格戦略に変更が必要か否かを検討しましょう。」

レベニュー・マネージャーの考察：

1. 競合他社の ADR が先月7％以上向上したとしたら、ブランチウォーターの売上実績は競合他社に比べ、どう評価できますか？
2. 競合他社の ADR が先月10％以上減少したとしたら、ブランチウォーターの売上実績は競合他社と比べて、どう評価できますか？
3. もし、あなたがブランチウォーターの支配人だとしたら、レベニュー・マネージメント・チームの業績を判断するために、更にどの様な情報が必要ですか？

ブランチウォーター・ホテル（225室）			競合グループ1	競合グループ2	競合グループ3
	2013	2012	ADR*107%	ADR*90%	ADR*100%
稼働率	76%	71%	81%	81%	81%
販売客室数	171	160	182	182	182
未使用客室数	54	65	43	43	43
ADR	$114.85	$110.85	$118.61	$99.77	$110.85
総客室売上	$19,639	$17,708	$21,617	$18,182	$20,202
RevPAR	$87.29	$78.70	$96.07	$80.81	$89.79

第3部　飲食サービス事業者のレベニュー・マネージメント

　第3部では、飲食関連の専門家がレベニュー・マネージメントを適用し、どの様な戦略的価格設定を行っているかを学ぶ。宿泊産業の顧客と同様に、飲食産業の顧客は自らの価値観に基づく欲求を満たす目的で飲食店に足を運ぶ。従って、常に顧客のニーズを満たす店は繁栄し、それに失敗する店は市場から撤退することになる。第10章ならびに本書全体の一貫した主題は、顧客に価値を提供する目的でのみ事業は存続する、ということだ。これに成功すれば、おのずと利益がついてくる。第3部の10章と11章では、飲食産業で成功している事業主は、自社の提

供する商品やサービスに対し、顧客が抱く価値を高める様に戦略的価格設定を行い、その結果、利益を増やしていることを学ぶ。

　興味深いことに、歴史的にホテル事業者と飲食産業の事業者では、収入と利益の最適化において全く違う手法をとってきた。第10章の「飲食サービスのレベニュー・マネージメント」では、メニューの価格を決定する最も一般的な３つの手法を紹介し、同時に、それぞれの手法を推奨する専門家が主張する理性的な根拠を述べる。これら３つの手法に共通する伝統的な価格設定は、食事や飲み物の原価が、顧客に提示する販売価格決定に最も強い影響を与える点である。これら飲食産業の伝統的な価格設定方法は、レベニュー・マネージャーにとって頻繁に遭遇する問題であり、十分認識しておくことが重要である。

　原価をもとにメニューの販売価格を決定する伝統的な手法を知っておくことは、今後飲食産業の事業主が商品の仕入れに支払った原価に基づき価格決定する従来の方法を、注意深く且つ丁寧に別の手法に変えなければならない理由を理解する上でも重要である。飲食産業の最先端のレベニュー・マネージャーは、宿泊産業のレベニュー・マネージャーが行っているのと同じように、売上の最適化をはかるため、階層価格体系を導入する必要がある。これは、原価に対する考慮は必要ないという訳ではなく、原価は、顧客が受ける価値に影響を与える様々な要素の一つにしか過ぎない点である。

　更に飲食産業の伝統的な価格と原価の関連性に対する理解を深めるために、飲食産業の専門家の多くは、食事の質と食事の価値が同義語であると考えていることを知る必要がある。一例をあげると、彼らは、USDA プライム・ステーキは、USDA セレクトより品質が高く、従って、プライムはセレクトより価値が高いと主張する。この考えは正しくない。何故正しくないかといえば、飲食産業の顧客のほとんどの人が、食事の価値と食事の品質は同義語ではないと考えているからである。ホスピタリティー産業に従事する人を除いて、いつも一緒に食事に行く友人がいたら、USDA プライムと USDA セレクトの違いを答えられるか試してみれば良く分かると思う。その友人が、飲食産業の顧客を代表していることを忘れてはならない。とにかく、飲食産業の顧客は、今日極めて多様化している。多様化しているグループのなかで、さらにそれぞれのグループから小分けされる小さな集団に至るほど、飲食店での食事に対する個人的な利益の定義や価値観は様々である。勿論のこと、ある顧客にとって、最高級の食事や飲み物が極めて重要であることに異論はない。しかし、一方で、飲食店の利便性、低価格、店の雰囲気、サービスの速さと言った要素をより重要視する顧客も多く存在する。第10章で学ぶ点は、原価が販売価格決定に影響を与えることはあるが、顧客にとって、また同時に売上の最適化にとっては、原価以外に少なくとも他の10の要素が更に重要な影響を及ぼすことだ。第10章では、それら重要な10項目の要素を詳しく研究し、メニュー価格設定にあたり、何故それらを十分検討する必要があるかを学ぶ。

　第11章の「飲食サービスのレベニュー・マネージメント実績評価」では、F&B（Food & Beverage Services）業界の専門家が、どの様な方法で、彼らの事業の売上構成の特性を観察し、評価するかを学ぶ。それには次に示す３つの行程を実施する必要がある。

● 収入源区分の調査
● 売上変化の測定

24　第1章　レベニュー・マネージメントの紹介

●売上効率の測定

収入源区分の調査

　飲食業には、一見したところ、収入源としてたった一つしか見いだせないと思われる場合がある。一例をあげると、小さな食堂は、恐らく狭い一部屋しかないと思われる。しかし、だからといってそのレストランのレベニュー・マネージャーが食堂を一つの収入源区分とみなすことにはならない。この例では、食堂そのものは、物理的に一つの収入源として存在するが、食事を提供する時間帯により、収入源が朝食、昼食、夕食に分かれる。同様にQSR産業に従事するレベニュー・マネージャーは、事業収入の最適化を図る時、ドライブ・スルーの顧客の売上と店内飲食型の顧客売上を区別して分析評価する必要があることを熟知している。飲食産業のレベニュー・マネージャーのなかで、最近、全く斬新な革新的手法で彼らの独特の収入源を分析する必要性の認識が増加している。テキスト・メッセージによる情報交換や携帯電話を使った電子メールなどの新技術を使いこなす顧客が増えれば増えるほど、レベニュー・マネージャーにとって、収入源区分をどの様に定義するのが適切か、挑戦が続くことになる。

売上変化の測定

　飲食部門の売上は増加しているか？　減少しているか？　変動幅はいくらぐらい？　何の収入源区分だ？　その理由は何だ？　レベニュー・マネージャーは、所属する組織のなかでこれらの質問に専門家として即座に正確に応えられなければならない。第11章ではこれらの難しい質問に応えるためレベニュー・マネージャーが使用する数式と計算方法を学ぶ。

売上効率の測定

　全飲食部門はある程度の売上を計上している。しかし、レベニュー・マネージャーにとっては、それらが如何に効率的に売上を計上しているかという点に関心がある。様々な重要な要素が効果的な売上に影響を与える。例えば、大型飲食部門は、当然小型飲食部門より多い売上を計上する。レベニュー・マネージャーの関心は、大型部門が小型部門を凌ぐ売上額について、大型店舗を収容する大きなビルを維持する経費を含む事業費を賄うに足る売上であるか否かにあり、それが正当化されるか知りたい訳である。同様に、ある部門が他の部門より多くの収入を上げている場合、そのために、多くの人件費を費やしていることがある。事業の利益目標を考える時、売上対費用の均衡は効果的だろうか？　第11章では、レベニュー・マネージャーとしてこれらの質問にどの様に応えたらよいかを学ぶ。最終的に飲食部門の効率的売上管理は売上計上能力に影響する。飲食事業の経営者の効率性を評価する業績特性や指標は数多く存在す

❖重要な用語❖

QSR（Quick-service restaurant）　一般的に限定されたメニューを提供し、客席でのサービスは行わない。QSRの顧客は店舗のカウンターか、ドライブ・スルーの窓口で食事を注文する。食事の提供には、一般的に使い捨ての包装、お皿、食器、飲み物のカップが使用される。QSRはホスピタリティー産業の外部では、ファスト・フード店と呼ばれている。

収入源区分（飲食産業）　事業の総収入を構成する要素として、明確に分類できる市場別小区分。飲食産業の収入源の典型例として、販売商品、営業時間帯、注文・配達別収入等がある。

本書の目的と構成　25

> **RMの報道記事　1.4　収益拡大を目的に新たな流通経路を開拓するレストラン経営者**
>
> 　流通経路（チャネル）の開拓はホテル業界のレベニュー・マネージャーに広く行きわたっているが、今日ではホスピタリティー産業全般、あらゆる分野のレベニュー・マネージャーに重要となっている。
>
> ミシガン州アナーバー、11月27日：同地に本社を置くドミノ・ピザは現在携帯電話から入るテキスト・メッセージでオンライン注文を受け付ける全米約2,700店舗の売上が、数パーセント急上昇している。このシステムの利用方法は、携帯電話から www.mobile.dominos. com にログインし、ピザの種類、サイド・オーダー、飲み物の注文のほか、配達先住所を入れるだけでよい。注文を受け付けると、店舗検索システム（Store Locater）が起動し、顧客の携帯電話登録住所をもとに、どの店舗が最適か判断する。
>
> 　皆大事な教訓をくみ取ったと思うが、常に顧客に焦点をあて、注文の受付を改革することは、価格設定や売上を管理するレベニュー・マネージャーにとって新たな流通経路開拓の挑戦につながる。

る。レベニュー・マネージャーの観点から見ると、それらの中で RevPASH の計算と適用が最も優れている。

　第11章ではシェリル・E・カイムス博士（Dr. Sheryl E. Kimes）が開発した飲食産業に特化した全く新しい、斬新なレベニュー・マネージメント手法の計算と評価法を学ぶ。

第4部　レベニュー・マネージメントの実践

　ここでは、ホスピタリティー産業並びに関連産業のレベニュー・マネージャーがそれぞれの固有の目標達成にあたり、本書が示す売上最適化のための斬新な戦略を適用可能か否かについて学ぶ。第12章の「レベニュー・マネージメントの特別な応用事例」では、商品やサービスを提供するあらゆる事業に対し、本書が示す売上最適化行動指針と理念を活用できるかを知ることが出来る。例を示すと、ゴルフ・クラブ、ナイト・クラブ、スキー・リゾート、コンサート会場、など沢山ある。例で示したように、一定の特徴や容易に特定可能な特徴を持つ事業で働くレベニュー・マネージャーは、需要予測、在庫割当、多様性のある階層価格体系等の売上最適化の概念が、ホテルやレストランで働くレベニュー・マネージャー達と全く同じように有効に機能することを知ることが出来る。本章ではレベニュー・マネージメントの原理が当てはまる企業や業態に共通する一定の特徴を学ぶ。

　本書を読み進むにつれ、本書は、一つの事業所において、売上の最適化に責務をもち、仕事に取り組むレベニュー・マネージャーのために書かれていることに疑いの余地がないことを認識したことと思う。しかし、現在では複数の事業を統括し、全ての売上最適化を任される才能豊かで有能なレベニュー・マネージャーが増加している。従って、数カ所のホテルや数カ所の

❖重要な用語❖

RevPASH (Revenue Per Available Seat Hour) 　一定の時間内に計上される収入をその時間と提供可能な座席数をかけた数で割った値。数式は次の通り。

一定時間内の売上÷提供可能座席数×座席提供可能時間 =RevPASH

26　第1章　レベニュー・マネージメントの紹介

レストランを運営する企業が、個々の事業所のレベニュー・マネージメント関連の業務を統括して、全体の事業の売上最適化を監督する役目に一人のレベニュー・マネージャーを任命することがある。第12章では、個々の事業ではなく、複数の事業所を統括するレベニュー・マネージャーの役割の特性と難題を学ぶ。

　更に、フランチャイズのオーナーからレベニュー・マネージメント関連の戦力を預り、個々の加盟店のレベニュー・マネージメントを支援する特別な立場のレベニュー・マネージャーの役割も存在する。ホスピタリティー産業はフランチャイズ化が広く普及している。本章では、どの様にフランチャイズの本社企業に雇われたレベニュー・マネージャーが、個々の加盟店舗を支援するか、また、どの様に社内外の重要な取引先や提携先を支援するかを学ぶ。

　第12章のまとめとして、特別な分野のひとつである**観光地振興**に取り組むレベニュー・マネージャーの責務と挑戦を紹介する。ニューヨークをビッグ・アップルと呼び、フロリダをサンシャイン・ステートと聞いた人は誰でもその地域に存在する一つの事業ではなく、その地域一帯の旅行や観光を促進する目的で実に巧く計画されたプロフェッショナルな販売促進活動だと認めると思う。地域の特性はホテルやレストランの特性と多くの共通点がある。例えば、提供する商品やサービスの供給が需要の増減に柔軟に対応できないという供給の硬直性が強いこと、需要の季節変動が大きいこと、また潜在顧客の類型が多岐にわたることがあげられる。そのため、本書で様々な技術を学んだ読者は、観光地振興に関わる仕事に直接対応することが出来る。

　第13章、「より良い事業の創造」は本書の最終章である。本章では、はじめにレベニュー・マネージャーにとって質の高い売上の重要性を強調する。全ての売上は同じように得られる訳ではない。ある類型の収入は事業にとって好ましく、別の類型の収入は好ましくないことがある。例えば、ある顧客から1,000ドル収入があり、100ドルの利益が計上される一方、別の類型の顧客から同額の収入があり、こちらでは200ドルの利益が得られる場合がある。これらの類型別収入源を最適化することがレベニュー・マネージャーの究極の目標で、単に収入を最大化することと混同してはいけない。第13章では、レベニュー・マネージャーが自社の売上において、より良い事業を組み立てるための4つの重要な戦略を学ぶ。経済環境が好ましい時には、自社の商品やサービスを求める潜在顧客の中から、事業に最適の類型の顧客を選別することが容易にできるが、不景気には顧客が用心深くなり、好況時と比べ最適の類型の顧客を選ぶことは困難を極める。本章では、レベニュー・マネージャーが提供出来る様々な商品やサービスの中から金額や品質に応じて選択し、顧客を選別する技術を学ぶ。それらの情報をもとに、レベニュー・マネージャーは瞬時に、ある類型の顧客を別の類型の顧客に振り替えた場合の売上排除の影響を判断する。また、本章では、好況時に売上の最適化をはかる上でレベニュー・マネージャーが考慮すべき二つの経営概念を研究する。事業には周期変動がつきもので、ほとんど全てのレベニュー・マネージャーは好況時と同様、不況下でもより良い収入を確立しなければならないと考える。そのため、顧客が慎重になる不況下では多くのレベニュー・マネー

❖重要な用語❖

観光地振興（Destination Marketing）　限定された特定地域への旅行・観光を宣伝・販売促進すること。観光目的地の振興。

ジャーが、高い売上レベルを維持するために値下げに走る。本章では、そのような値下げ戦略が事業の最終利益にマイナスの影響を与えることを学ぶ。また、値下げが事業収支に与える影響を評価するツールの使い方を学ぶ。

2008年と2009年はホスピタリティー産業にとって不運な年であった。そのような時代においても、前年対比の売上レベルを維持した会社や前年実績を上回る業績を上げた会社がある。しかし、ほとんど全ての会社が世界不況のあおりを受け、売上を大幅に落とした。そのような業界全体の売上の大幅下落はよく起こることではないが、企業に勤めている間には、需要が強い時期、穏やかに安定した時期、弱い時期を経験すると思う。そのため、不況下でもより良い事業を行うため、(値引きの適用に加え) レベニュー・マネージャーが考慮すべき二つの概念を研究する。本書全体を通して、ホスピタリティー産業における売上最適化の戦略適用の事例は科学であり、かつ技術であることを明らかにする。技術に関して説明すれば、先ず、個々の顧客について十分な知識を持つに従って、**目標市場区分としての販売対象の顧客**を幾つかの集団に分類することが可能となる。それらの分類の内、購買に高い意欲を示す集団に対しては、より高い価格を設定し、購買意欲の低い集団に対しては、低い販売価格を設定することが可能となる。科学的側面について説明すると、レベニュー・マネージャーに要求されることは、販売価格を需給状況に照らして設定・変更することにより、購買意欲の相違する集団それぞれから収入を最適化するために必要な様々な分析手法を用いる能力である。これら最先端の分析ツールを使いこなす上では、科学的知識、とりわけ数学の素養が重要となる。本書では、基本的な利用法に限定して説明するので、基礎から中級の代数の知識があればよい。

本書で紹介する情報は、全ての場面において、レベニュー・マネージャーが最高の能力を発揮する支えとなることを基準に選別してある。ただし、情報と知識は別のものであることを認識する必要がある。今日、レベニュー・マネージャーが必要な情報は簡単に探し出すことが可能である。しかし、それらをどの様に分類し、分析し、適用するかを十分理解することが、レベニュー・マネージャーの成功を決定づける。従って本書はレベニュー・マネージャーにとって、概念的な取り上げ方と合わせて、実践的取り組みを示している。本書の掲載内容選別に当たっては、鋭い洞察力をもつ、世界的経営コンサルタント、エドワーズ・デミング博士 (W. Edwards Deming) の次の言葉を念頭に実施した。「自己のベストを尽くすだけでは不十分である。先ず、何をなすべきかを正しく理解した上でベストを尽くすことが重要だ。」この言葉を胸に、先へ進みましょう。

❖重要な用語❖

目標市場区分 (Target Market)　事業の販売促進活動や宣伝広告を行う相手として特定する見込み客集団の市場区分。

28　第1章　レベニュー・マネージメントの紹介

RM の実践　1.2

「私の計算では、配達に、1件当たり2ドル55セントかかります。」とコニーが言った。

「それは全部の費用を加えていますか？人件費や車代、包装等色々あるけど？」とチャドが聞き返した。

「全部よ。」と返事をするコニー。

　コニーとチャドは「キャンパス内ピザ宅配サービス事業」の立ち上げの関連経費を話し合っている。コニーとチャドは全米最大のピザ・フランチャイズのひとつの店舗の共同経営者だ。

　事業は好調で商品の評判も良く、その上彼らの店舗はキャンパスの近隣に位置し、大学は食欲旺盛な需要を抱えた市場だ。新事業は、今の事業を更に拡大するため、寄宿舎への宅配サービスを見込んでいる。

　そこで、チャドは「それなら、ピザ一枚あたり最低2ドル55セント値上げが必要だね。」と言った。

「その必要はないわ。寄宿舎は大抵、部屋ごとに2枚以上注文するから、1回あたり2ドル55セントの一律配達料金でいいでしょう。」

「コニー、それなら、配達1回3ドルにしよう。新しいサービスは利益が出なきゃ、やらない方がましだ。そうだろう。」とチャドが言った。

RM の考察

1　コニーの計算違いで、配達1回あたり、2ドル55セントではなく、正しくは3ドル55セントであった、と仮定する。この場合、学生へのピザ配達を1ドル値上げするべきですか？あなたの考えを述べなさい。

2　学生が「寄宿舎宅配」サービスに期待する価値は、直接コニーとチャドが計算する配達原価と結び付くと思いますか？またその理由は？

3　学生が「寄宿舎宅配」に期待する最も重要な要素は何だと思いますか？もし、コニーとチャドが学生の期待する要素について深く知りたい場合、どの様な手順を踏んで説明しますか？

重要な用語

■売上（Revenue）　■ホスピタリティー事業（Hospitalitybusiness）　■利益（Profit）　■物々交換（Barter system）　■貨幣（Money）　■経済（Economics）　■投資利益率（ROI）　■レベニュー・マネージャー（Revenue manager）　■顧客中心主義のレベニュー・マネージメント（Customer-centric revenue management）　■流通経路（Channel）　■供給制限（Constrained supply）　■硬直的供給制限（Hard constraint）　■弾力的供給制限（Soft constraint）　■イールド・マネージメント（Yield management）　■空売り、売り越し（Overbook）　■平均客室単価（Average daily rate, ADR）　■客室稼働率（Occupancy percentage）　■RevPAR、全客室平均売上（RevPAR）　■販売客室平均売上総収入（RevPOR）　■客室平均粗利益（GOPPAR）　■競合他社グループ（Competitive set）　■市場区分（Market segment）　■UGC、ユーザー発信情報（User-generated content, web site）　■予約状況報告書（Pace report）　■ラック・レート、定価（Rack room rates）　■QSR、ファストフード店（Quick-service restaurant）　■収入源区分（Revenue source, foodservice）　■RevPASH、供給座席時間平均売上（Revenue Per Available Seat Hour）　■観光地振興（Destination marketing）　■目標市場区分（Target market）

学んだ知識を応用しなさい

1．非営利のホスピタリティー事業に従事する経営者には、レベニュー・マネージメントの手法は重要ではないと考える専門家がいる。その理由は、第一に、非営利分野は一般に事業運営予算が低く、顧客も他に選択の余地がない、逃げられない顧客を対象にしていることを指摘している。

　　しかし、別の専門家は、他に選択肢のない逃げられない顧客の立場を擁護し、逃げられないからこそ、顧客側が取引で手にする価値や支払う金額についての要求が高くなり、下がることはない、と指摘する。

　　あなたはどちらに賛成しますか？　ホスピタリティー事業の実例を示し、説明しなさい。

2．第1章では利益（profit）という言葉に様々な提起を試みたが、物々交換の場合、取引に参加する双方が利益を享受すると述べた。この双方が同じ価値を分け合う概念は、貨幣経済下の金銭取引にも成立するか否かを述べなさい。この概念はホスピタリティー商品やサービスを求める消費者と、価格設定に責任を持つホスピタリティー事業の専門家の両者にどの様な関わりを及ぼすか答えなさい。

3．第1章では硬直的供給制限（hard constraint）の概念を手短に紹介した。端的に説明すると、客室数を上回る予約があれば、どのホテルも供給困難に直面する。この様な売切れ状態では、ホテルの特性として事業費は固定費の比率が高いため、一室あたりの客室販売原価は減少する。しかし、客室販売価格は減少せず、上昇するのが一般的だ。これを、ホテルの会計担当の立場で、見込み客に対し、ホテルの価格戦略を説明すると仮定する。営業費用が上昇すれば、それにつれ販売価格が上昇するのは正当で、やむを得ないことだが、営業費用が減少しても販売価格を減額しないという概念をどの様に説明すればよいか？　また、顧客の立場でも考えてみなさい。原価主義に基づく価格設定の説明にどの様に反論しますか？

4．あなたが混雑する国際空港のホテルを所有し、経営していると仮定する。ホテルは直接ビジネス旅行者に部屋を提供している。また、過去6カ月、火曜日と水曜日は満室で売切れだとする。ホテルの販売部長が、今後6カ月間、火曜日と水曜日が満室となる予想を報告してきた。ビジネス旅行者が特定の曜日に宿泊する情報から、何を学びますか？　火曜日と水曜日は価格を変更して、他の曜日より値上げすることに道義的、倫理的責任を感じますか？　経営者の立場を説明しなさい。

5．ホテルの予約が増え、需要が強くなると一般的にホテルの平均客室価格が上昇する。
　　しかし、飲食産業では伝統的にそのような現象はみられない。一般に消費者の需要変動（土曜日の晩は混み合い、日曜日の晩は暇となる）でレストランのメニューの金額に変動は起こらない。ホテルとレストランは共にホスピタリティー産業の一員であるが、価格戦略の根

30　第1章　レベニュー・マネージメントの紹介

本的な違いをどの様に説明しますか？　顧客の立場なら、どちらの戦略に対し、より価値
観を共有できますか？　説明しなさい。

重要な概念のケース・スタディー

　「ダマリオ、どう思いますか？」とバルセナ・リゾートの支配人、ソフィア・デイヴィソンが訊
いた。ダマリオは手つかずの自然が残るカリビアン・ビーチの高級4つ星リゾートホテル・バル
セナに最近採用されたレベニュー・マネージャーだ。バルセナは480室で築5年だ。物理的立地は
魅力的である。リゾートのオーナーにとって、今日までの財務実績は失神するほど悲惨な状況だ。
　ソフィアも新任の支配人としてオーナーから選ばれ、8週間前に着任した。ダマリオはソ
フィアが採用した最初の社員のひとりで、レベニュー・マネージャーの役職は、ホテルで初め
ての肩書きである。ダマリオは着任後、1週間が過ぎたところだ。
　「今のところ、分かったのは次の通りです。」とダマリオが答えた。「リゾートは5年前に
開業して、以来、そこそこ顧客が入っているが、オーナーの満足するほど財務状況が良くな
い。」「開業2年後、新任の支配人が着任し、社員の配置転換や戦略的経費削減を実施して、売
上が多少伸びたが、利益はあまり上がらなかった。そこで、再度支配人が代わり、効率一辺倒
の人物が着任し、厳しい経費管理を行った。社員の再々配置転換や削減に加え、部門長の交代、
予算削減、経費削減を徹底した財務管理の専門家だった。問題は、経費が下がった分、売上も
落ち、その結果利益も減少してしまった。オーナーは経営管理数値比率には理解を示したが、
結果には従来以上に落胆し、あなたが差し向けられた。」
　「大変な仕事になるわよ。」とソフィアが答えた。
　ソフィアはホテルの執行委員会と毎週行うスタッフ会議を終了したところだった。会議には
新任のレベニュー・マネージャーのダマリオが出席し、全員に紹介された。ソフィアとダマリ
オはソフィアの執務室に戻り、会議の要点を話し合った。
　「あなたは、最近のホテルの業績につき、オーナーが落胆していることと、そのため来年度の
ホテル運営経費全般に影響が及ぶ懸念を巧く全員に説明したと思います。」とダマリオが発言した。
　ソフィアは「ありがとう。」と礼を述べた。「マネージャー達は不愉快だと思うだろうけど、
ここにきて8週間いる間に気がついたことがあるわ。飲食部門は食事、飲み物共に経費比率を
正しい範囲に収めている。」
　「それでは、サムの部門は良くやっているということですか？」とダマリオが飲食部門長の
サムの名前をあげて確認した。
　ソフィアは、「そうでもない。良くても収支均衡がやっと。食事や飲み物の品質は最高だけ
ど、人件費が高すぎて、飲食部門の利益を食いつぶしてしまっている。これは、客室部門も同
じですね。」と続けた。「ビバリーは稼働客室のアメニティー経費を目標通り管理し、客室の掃
除も行き届いていて、検査結果も最高点よ。」
　「では、ベブ（ビバリーの愛称）の部門はうまく行ってる訳ですか？」と熟練ハウス・キーパー
役員のビバリーの名をあげて質問した。
　「やっぱり宿泊部門も問題があるわ。ベブの使用客室清掃時間は素晴らしい。一部屋平均35

分で、予算目標値通り。だけど、週末はいつも売切れ状態で、ベブは土曜、日曜、月曜には、週末の延泊対応や翌週の準備で社員に残業をさせ、残業代を払っている。それが、客室清掃経費を押上げて、予算超過となっている訳。」と説明した。

「それでは、社員を増やせば、週末の残業を減らせませんか？」とダマリオが質問した。

「そんなことをしたら、週末はいいとして、平日は社員をどう使うの？　月曜から木曜までの稼働率は、私が来てから 8 週間で55％を超えたのが 2 回あるだけよ。」とソフィアが言う。

「パートで雇ったらどうですか？」とダマリオが発言。

「今の雇用環境では運に任せるしかないわ。」とソフィア。「それに、多くのパートに頼ったら、従来の客室清掃基準の高品質を維持できるか心配がある。特に忙しい時期はなおさら心配です。」

「それでは一体、飲食部門と宿泊部門はうまくやっていると言っているのですか？　それとも、出来が悪いと言っているのですか？」とダマリオ。

「両部門ともに、割り当てられた範囲で、きちんと管理できている。だけど、両部門でホテル全体の80％以上の社員を使って、ホテルの運営予算のほとんどが割り振られている。」

「ミーティングの席上、あなたから、オーナーがホテル全部門を通して来年度10％削減の事業経費予算を提出する様指示したと聞かされた時、皆が驚いた様子だったのはそのためですか？」とダマリオ。

「その通り。誰も予算カットは嬉しくないわ。私の知る限り、今まで、縮小され、組織変更が行われ、もう削るところがないぐらい外部発注までやっている。肉も切り、筋肉はおろか骨しか残っていない状態です。これ以上運営経費を削ると、顧客の滞在印象に悪影響がでることが心配だわ。今まで、ゲスト・サービスの質を落として、シェアを伸ばし成功したホテルなんて聞いたことがない。ここの問題は非効率ではなく、収入不足だと思う。」とソフィアが言った。

「わかりました。それではどうしましょう。」とダマリオが質問した。

「執行委員会の皆さんに会ったでしょう。先ず、その中から、レベニュー・マネージメントの特別チームを編成してください。」とソフィアが答える。

考慮すべき項目

1．人件費が高い中で、飲食部門の経費率目標を達成するためには、どの様な筋書きが考えられますか？　また、バルセナ・リゾートの状況はどのケースに当てはまりますか？　どの様な事実を根拠に評価しましたか？

2．ビバリーの立場にたって、来年度予算10％削減を申し渡された場合、具体的な対策と、取るべき手段は何ですか？　また、それぞれを実行した場合、滞在中、顧客が支払う金額と、顧客が受け取る価値に与える影響はどの様なことが考えられますか？

3．ソフィアが経験を積んだ才能あふれる支配人だと想定する。ホテルに到着する新しい顧客の視点で考えると、ホテルの運営経費を削減するソフィアの能力はどれほど重要ですか？　また逆に、ホテルの従業員を増やし、提供するサービスの価値を高めるソフィアの能力は彼らにどの様に評価されますか？

4．経験豊かな支配人のソフィアは、ダマリオの仕事内容と彼に編成を指示したレベニュー・マネージメント特別チームの活動から何を勝ち得ると思いますか？

第 **2** 章

戦略的価格設定

第 2 章の構成

価格とは何か？
　売り手側の価格に対する視点
　買い手側の価格に対する視点
マーケティング分析の 4 P における価格の重要性
価格設定における需要と供給の役割
価格設定における原価の役割
　損益分岐点（Break-Even Point）
　原価をめぐる混乱
戦略的価格設定の実践

第 2 章の要点

1．価格に対する売り手側の視点と買い手側の視点を研究する。
2．需給環境や原価のみをもとに価格設定を考えるレベニュー・マネージャーが劣った
　　価格選択を避けられない原因を詳しく検証する。
3．戦略的価格設定においてレベニュー・マネージャーが果たす役割。

価格とは何か？

　商品やサービスに効果的な価格を設定する能力は、レベニュー・マネージャーにとって最も重要な技能のひとつだ。第1章ではレベニュー・マネージャーは、企業の設定する価格が、顧客側の支払い意欲に釣り合うことを保証する個人またはチームであると学んだ。これが適切に行われると、顧客は支払う金額に対し十分な価値と公平感を得ることになる。その結果として事業は収入と利益の最大化を達成する。この目標を達成するため、レベニュー・マネージャーは、価格とは何かということを十分認識する必要がある。これは表面上容易に思えるが、実際は複雑怪奇である。

　最初に、ホスピタリティー産業では価格のことを特別の用語を用いて呼ぶことを知る必要がある。様々な販売価格に付けられた用語は、一般的に販売される商品をもとに決められている。これらは表2.1に示された通りである。本書ではホスピタリティー産業の部外者でも理解できるように、ホスピタリティー産業が販売する商品やサービスに対し、買い手側が支払う金額を普遍的な総称として価格と呼ぶ。しかし、特に産業の中の特別の業態を取り上げて価格を示す時には、その業態で一般的に用いられる用語を使用する。従って、一例をあげれば、宿泊産業で客室料を示す時、ルーム・レート（room rate）を用い、また、飲食で食べ物や飲み物の価格を示す時には、メニュー価格（menu price）を用いる。しかし、辞書で価格の意味や定義を調べようとするレベニュー・マネージャーは、ジレンマに陥るだろう。何故なら、価格という言葉の意味は、使う人によって受け取り方が様々であるためである。経済学者の価格の定義は「ある物を手に入れるための費用」である。会計士は「ある物が販売される時、支払われる金額」と定義する。ホスピタリティー産業のマーケティングの専門家は、価格の定義を次の様に聞いたことがあるはずだ。

表2.1　ホスピタリティー産業で用いられる価格に関する一般的用語

業種 （Industry Segment）	販売商品 （Product sold）	価格の名称（用語）（Price）
宿泊 （Lodging）	客室 （Guest rooms）	レート、ルーム・レート
宿泊 （Lodging）	会議室 （Meeting rooms）	会議室貸出料 （Room rental）
宿泊 （Lodging）	電話 （Telephone service）	電話料金 （Toll charge）
飲食業 （Foodservice）	飲食 （Food and beverages）	メニュー （Menu price）
飲食業 （Foodservice）	特別サービス （Special guest service）	特別料金 （Special charge）
劇場 （Theaters/Special events）	入場料 （Admission）	チケット （Ticket price）
ゴルフ・リゾート （Golf courses）	ゴルフ （Rounds of golf）	グリーン・フィー （Green fee）
アミューズメント・パーク	入園 （Park admission）	パス、フィー （Pass price）
スキー・リゾート （Ski resort）	スキー場入場 （Access）	リフト券 （Lift ticket price）
駐車場 （Parking lots）	駐車スペース （Space）	時間料金 （Charge）
タクシー （Taxi）	運送 （Transportation）	運賃 （Fare, zone rate, flat）
航空 （Airlines）	運送 （Transportation）	航空運賃 （Airfare）
レンタカー （Car rental）	車賃貸 （Use of vehicle）	レート （Daily, weekly rate）
カジノ （Casino）	ゲーム参加 （Games）	最低賭け金 （Minimum bet）

34　第2章　戦略的価格設定

　　価格：商品やサービスに企業が付ける価値。
　　価格：商品やサービスに付けられた金額。

　それぞれの定義に長所がある。しかし、レベニュー・マネージャーにとっては、どちらも言葉足らずである。取引上、矛盾に感じた場合や他の概念に出会ったら、仏陀の次の言葉を思い出すと良い。「自分が納得し、自分の常識に当てはまるもの以外は、何処で読んでも、誰から聞いても、仮に私が言ったとしても、何も信じてはいけない。」
　レベニュー・マネージャーは更に深いレベルで価格の意味を理解する必要がある。事実、効果的な価格設定はレベニュー・マネージメント成功の基礎であるが、ホスピタリティー産業において、レベニュー・マネージャーは価格と価格設定理論に関し、経理部長、DOSM（営業・マーケティング部長）、社長、オーナーの誰よりも深く知る必要がある。驚く必要はない。ホテルの料理長であれば、フロント・オフィスのマネージャーよりクレーム・ブリュレの作り方に関する技術や知識を知り尽くしている。同様にホテルの主任技師なら、ボイラーの電気的故障の原因について飲食部長より遥かに高度な診断能力を持っている。事業の目的を知るためには、先ず取引に参加する売り手と買い手双方の価値観を理解することが必要であるのと同様に、価格の熟達には売り手の価値判断と買い手の価値判断に関する特別な知識が必要となる。優秀なレベニュー・マネージャーは、それらの知識を身につけなければならない。
　最初に、レベニュー・マネージャーは**価格**（Price）という用語には名詞と動詞の二つあることを理解することが重要となる。本書で定義する価格を注意深く研究すると、次の重要な2点が現れる。

　1．売り手、買い手双方が定義を構成する。
　2．双方が譲り渡す（交換する、又は原語で given-up）価値の尺度の概念が、名詞であれ、動詞であれ、価格という用語が用いられる時に提起される。

　この価格の定義では、とりわけて、原価回収（cost recovery）、利益、投資利益率（return on investment）、又は需要・供給などは、省かれている。これは、意図的に省かれている。ほとんどのレベニュー・マネージャーは価格を名詞であれ、動詞であれ、算数の計算と同義語と考えているが、しかし、そうではない。
　ホスピタリティー産業の適切な価格設定の重要性を説明するにあたり、ホテルのレベニュー・マネージャーが、ある金曜日の晩、団体客に提示する100室の宿泊代金を設定する様

◈重要な用語◈

DOSM（Director of sales and marketing）　営業統括部門長。企業の営業並びに販売促進（マーケティング）活動を統括する部門長。営業担当役員。営業部長。販売マーケティング部長の総称。

価格（Price）　名詞として、ある取引において、売り手が譲り渡し、買い手が受け取る（交換する）価値の尺度。例として、宿泊代金の価格は1泊245ドルです。
　　動詞として、取引において、売り手が譲渡し、買い手が受け取る（交換する）価値の尺度を設定すること。例として、大晦日の晩餐会の価格を設定するために、レベニュー・マネージメント・チームと打ち合わせ会議をする必要がある。

求められたと仮定する。もし、このレベニュー・マネージャーが様々な方程式から適切な手法を選択し、計算して決定した金額が、このグループに対する適切な宿泊代金だと信じているとすれば、効果的な戦略的価格設定は概念であり、単なる数値ではないという基本的事実を理解できていないことになる。この様なレベニュー・マネージャーが、団体に提示する100室の価格を決定した後で、彼らに質問すべき次の事柄について考えてみなさい。

- 今回提示する団体価格が、将来、同じ購買業者が当ホテルを再度利用する時に、どの様な影響を及ぼすか？
- 仮に、今回提示した価格が購買業者に受け入れられた場合、その金曜日の晩は客室が売切れ状態となるため、他の個人客からの予約申し込みを断らざるを得なくなり、殺到する予約申し込みに与える影響はどの様になるか？
- 今回提示した価格は、団体が希望する客室のタイプ（種類）に適合しているか？
- 今回提示した価格は、次に示すリスク（危険）を考慮しているか？
  - 直前でキャンセルする可能性はないか？
  - 連絡なしに、予約日に現れない可能性（no show）はないか？
  - チェック・イン時間前に到着する可能性はないか？
  - 連泊の可能性（stay over）はないか？
- 今回提示した価格は、購買業者が恐らく見積もりを取ったと思われる競合他社のホテルがこの団体に提示した価格を考慮しているか？
- 今回提示した価格が受け入れられた場合の二次的収入（飲食部門売上、会議室利用料、その他）の見積金額は計算されているか？
- 当ホテルにおける団体との過去の取引実績があるか？
  - この団体との取引実績はあるか？
  - これに類似する団体との取引実績はあるか？
- 提示価格は、団体個人の宿泊代金決済方法を考慮しているか？　支払方法は期限内にまとめて団体支払されるか？
- 販売価格は、この団体契約を取扱う業者（channel）や、団体の特性、素性（source）を考慮しているか？

　これらの質問は、数学的手法のなかで適切に考慮されることはない。この例から分かるように、レベニュー・マネージャーが適切な価格を設定する場合、これらの質問に全て応え、それ以上に湧き出る質問にも答えなければならない。そのためには、価格の概念を完全に理解する必要がある。

　17世紀の作家ジョナサン・スウィフト（Jonathan Swift）は「ガリバー旅行記」で最も有名だ。価格の意味を完全に理解しようとするレベニュー・マネージャーにとっては、スウィフトの透視能力のある次の声明を考える必要がある。「洞察力（vision）の技は、他の人には見えない物を見る力だ。」価格設定を行う管理職の多くが見落とすことは、価格とは売り手と買い手の、全く立場が異なり、同時に相補う関係の双方の観点から考えることによって真に理解されることである。

36　第2章　戦略的価格設定

　面白いことに価格設定を行う管理職の中には、実際には習得していないにも関わらず、自分の（売り手側の）観点から価格については十分習得したと信じている人がいる。本書全体の主要課題の一つは、レベニュー・マネージャーは売り手の利益同様買い手側の利益を考慮する必要があり、顧客側の価格に対する決断を考えなければならないということだ。買い手側の価格に対する見方は、売り手側の価格に対する見方の後に提示されているが、これは売り手、買い手それぞれの関係における重要性を示す順序ではない。レベニュー・マネージャーにとっては、顧客側の理解をはかる前に、自分自身の立場を理解することが不可欠であることから、この順とした。

売り手側の価格に対する視点

　全ての売り手は販売価格を設定しなければならない。ホスピタリティー産業の洗練された売り手の立場で価格を研究するにあたり、次の質問を考えなさい。
　レストランは食事に出すワインを値下げすれば沢山売れるのに、何故高い値段を設定するのですか？
　別の表現をすれば、何故ワインの値段をめぐって、レストラン同士が価格競争を積極的に行わないのですか？　消費者が酒屋に行けば、レストランで飲む同じワインをメニューに表示される値段の四分の一から、三分の一で買うことが出来る。業界の評論家は、次の6つの答えを説明するだろう。

1．競合がない。顧客は一度店に入ってしまうと逃げられない状態となり（captive audience）、顧客は自分で店にワインを持ちこむことはできない。
2．お店がワインを出すためには、酒類取扱い免許の取得、在庫確保、ワイン・セラー貯蔵庫の設置、付随する道具、その他ソムリエや店員教育に多大な投資と経費が必要だ。
3．レストランにとってワインの売上は利益の重要な源泉である。
4．レストランで出すワインはオーナーや経営幹部が厳選した高品質なものである。一般消費者が酒屋で買う場合は、悪いワインを買ってしまう危険があるが、レストランで飲む場合は、その危険を避けることが可能で、消費者は危険回避料を負担する意味もある。
5．晩餐にワインを加えると、晩餐全体の体験が豊かになる。
6．ほとんどの顧客が請求された金額を支払う。

　これらは、一見全て正しい様に見える。しかし、ひとつ、ひとつ検証してみよう。最初の回答に対して、一般的な反応としては、レストランの顧客が逃げられない状態で、他に選択の自由がないとすれば、有料トイレを設置したらいいじゃないか、と聞こえる。確かに、顧客は逃げられない状態にある。しかし、レストランは有料トイレを設置しないことは当然だ。勿論、有料トイレを設置した場合の売上増と、それによる顧客喪失の売上減を認識しての判断だと思う。
　第2の回答に対しては、確かにワインを提供する場合の経費は嵩む。酒類取扱い免許、貯蔵庫、在庫管理経費は事実莫大である。しかし、それがワインに高い値段をつける理由として、

満足できる答えになっているか疑問だ。何故なら、レストランは貯蔵庫だけでなく、店舗も購入し、その上、食品を調理する。ところが、食事は、食材を調達する費用とさほどかけ離れた価格で請求されることはない。

　第3の答えでは、ワインは確かに利益の源泉であるが、食事も同様である。レストランはワインを飲まない顧客に提供する料理の売上からも、ちゃんと利益を上げている。従って、料理の値段をもう少し値上げして収益性を上げ、その一方、ワインは少し値下げして、その分多く販売すればいい、という意見も一理ある。

　第4の答えについて、品質の高いワインを厳選して顧客を喜ばせるとすれば、値段を少し下げて、更に顧客を喜ばせることを考えたら如何か、と反論したい。

　第5の理論が正しいとして、ワインが晩餐の体験を大変豊かにするのであれば、全ての晩餐の価格にワインを含めて提供し、豊かな晩餐で顧客の人数の最大化を目指した方が良くはないか。また、第6が事実なら、もっと請求すればいいじゃないか？

　ワインの販売で売上を拡大し、利益を上げているレストランは、重要なことを知っていて、実に単純で誠に手際が良い。彼らは、「ある顧客は、他の顧客よりワイン好きだ。」という事実を知っている。この事実は、あらゆる産業の熟練した販売価格設定責任者が知っている。もし、ワインの値段を少し下げれば、料理の値段を少し値上げしても、ワイン好きの顧客を元気づけることは間違いないが、一方で、食事だけを目的にレストランを訪れる顧客を締め出す結果になりかねない。そして、もし食事だけを目的にレストランを訪れる顧客の数が沢山いたとしたら、価格戦略の変更は期待に反して失敗するだろう。

　洗練されたレストランは、売上がどの様に構成されるかを熟知している。ワインに高い値段を設定することは、顧客当たりの平均売上単価を上げるのが目的ではない。仮に顧客平均売上単価を上げる目標を達成するなら、ワインを少し値下げして、その減額分を食事のメニューに上乗せすることで解決する。自宅で飲んだり、酒屋で買ったりするより遥かに高いお金を払ってレストランで飲む理由は、単にワインを飲みたいからではない。もう一度読んでみなさい。彼らは単にワインだけを買っている訳ではない。彼らがレストランでワインを注文する理由は、優雅な晩餐の体験の価値を高めるためだ。顧客は、ワインのおもてなしを望み、また、喜んでお金を払う。勿論、彼らは無理やり高いお金を支払わされている訳ではない。事実、この様なワインと一緒に食する晩餐に高い価値を求めるワイン好きな顧客は、その体験を実現するために喜んで更なる負担に応じる。これらの顧客が求める優雅な晩餐の体験を提供することは、レストランの務めである。優雅な晩餐の体験が実現すれば、その顧客はまた戻ってくる。しかし、それは単にワインを買うためではない。それらのワインは自宅で飲めば、ほとんどの場合、レストランで飲むより経済的である。顧客が求め、喜んで支払いたいものは、ワインそのものではなく、ワインと共に食する優雅な晩餐の体験である。

　洗練されたレストランのワイン価格戦略の最終目標は、それぞれの顧客の求める晩餐に対する目的は別々であり、従ってそれぞれの顧客にはそれぞれが認める価値にふさわしい価格を設定することにある。続けて説明すると、ある顧客の支払い金額は増えるが、レストランに来る顧客全員の支払いが増える訳ではない。

　レストランにとっては、顧客が来店した段階で、この顧客は喜んで沢山消費するかどうか、容易に判断することはできない。多くの顧客、例えば、大人数の家族連れや学生、また、低所

38　第 2 章　戦略的価格設定

得者達がワインに高額を支払う候補とはなりにくい。レストランはこれらの顧客も重要であり、彼らが支払うメニュー価格を値上げすると、これらの顧客が逃げてしまう結果となる。その結果、効果的な価格設定は、来店する全ての顧客に、全員二通りの選択を提供すること、即ち、食事だけをおいしくいただく選択と食事をワインと一緒においしくいただく選択である。収入に責任を持つ者は、これを**二階層価格**（two-tiered price）と認識している。二階層価格は効果的であり、一般に普及しているもので、みな間違いなく経験している。カントリー・クラブは慣例として一時金の入会料を取り、それとは別に、月額料金を取る。カントリー・フェアーを行うアミューズメント・パークでは先ず入園料を徴収し、入園後、園内の乗り物、ゲーム、食べ物、飲み物、お土産等、個々に追加料金を取る。航空会社も、旅行者に航空券を販売し、その後、搭乗客が手荷物を預ける場合は、追加で手荷物料金を徴収する。ブロードウェーの劇場は、入場料（観劇料）を徴収し、休憩時間に販売する飲み物は追加料金となる。コンドミニアム・ホテル（マンション）は、購入する個々の部屋の販売代金を取り、それとは別に月額管理費を徴収する。一時的に利用するホテルでは、決められた客室料を課金し、それとは別に、顧客が客室のミニ・バーから取り出した飲み物や有料テレビ等の料金を徴収する。

　化粧品の「ボディー・ショップ」創業者で、ビジネス書の著者として名高いアニータ・ロディック女史（Dame Anita Roddick）は、次の様に言っている。「ビジネスは金融工学ではない。ビジネスは取引で、売り買いです。ビジネスで成功するためには、人が買いたいと思う様な優れた商品やサービスを創りだすことです。」

　二階層価格では、顧客は自由に、料金を支払ってでも追加商品や追加サービスを買う価値があるかどうか、選択することが出来る。二階層価格は売る側の企業にも、買う側の顧客にも、双方に利便性を提供する。もし、二階層価格が法律で禁止されていると仮定して、次の事例が存在可能か考えてみなさい。その場合、事業者は従来の収入と利益を維持するため、顧客全員が支払う料金の値上げを行うことになり、追加サービスを希望する顧客も、そうでない顧客も一律の料金となる。その結果、裕福な顧客に影響はないが、高額な料金を負担する能力のない顧客が影響を被ることになる。全ての顧客に多様性のある販売価格の中から求める商品を自由に選択する仕組みを禁止すると、低所得所帯、高齢者、子供達が被害を受けることになる。

　ここで、レストランが何故ワインの値段を高く設定しているかという質問の答えを、レストランが提供するワインの原価が問題ではなく、レストランの顧客の購買行動に基づいていると考えたとしたら、正解だ。更に、本書で示す顧客中心のレベニュー・マネージメント概念と戦略的価格設定を学ぶことに興味が沸いただろう。しかし、売り手側の戦略的価格設定を十分理解する前に、先ず購買者側の観点で価格を考えることが不可欠だ。

買い手側の価格に対する視点

　もし、洗練された販売者が価格を購買者の購買意欲を決定する様々な要素の一つとして、活

❖重要な用語❖

二階層価格（Two-tiered price）　戦略的価格設定のひとつで、購買者が追加商品を手に入れるために追加料金を支払う方式。

用出来るとしたら、購買者は価格をどの様に受け止めるであろうか？　購買者の価格に対する考えを理解するために、最初に**消費者の合理性**の概念を理解することが重要である。

　消費者の合理性とは、購買者が首尾一貫、合理的で明確な行動をとるとの考えである。即ち、圧倒的に大多数の場面で、購買者は、購買により利益を得られるとの嘘偽りのない確信から、購買の決断を下す。レベニュー・マネージャーにとって、消費者の合理性の概念を正しいと受け入れることは重要だ。合理性が間違いないと考えることにより、レベニュー・マネージャーは消費者の一挙一動を消費者の熟慮の結果と理解することが出来る。それにより、レベニュー・マネージャーは、彼らが即座に理解できない顧客の行動に対し、合理的ではないとして見逃すことなく、それらを発見し、洞察力を働かせることが可能となる。優秀なレベニュー・マネージャーは安易な解決を退け、何故顧客がそのような行動をとるのかを、直接注意深く、また創造性豊かに追求する。これが、優秀なレベニュー・マネージャーが常に取る行動の特性である。

　消費者の合理的概念を受け入れることは、如何に買い手が取引により利益を得ると確信するかということを広い心で、事象を超えて探求することに他ならない。これは容易なことではない。レベニュー・マネージャーは、買い手は多くの場合極めて非合理的だ、と宣言したい誘惑に耐えなければならない。消費者の合理性を拒絶する人は、困難だが、買い手の行動に関する別の説明を準備しなさい。

　勿論、合理性の仮説は、販売者側の特徴でもある。前述で、何故レストランはワインの値段を高く設定するのか、という質問に対し、即答の中には、安くすれば多く売れる可能性があり、レストランの判断は合理的でない、と言う答えがあったと思う。しかし、レストランのワイン価格設定の背後にある真の合理性は、顧客を分類するための極めて合理的な手法である。優秀なレベニュー・マネージャーは、合理的な購買者は皆、購買にあたり、取引で受け取る**価値**を高めることに専念していることを理解している。

　ここに示す価値の定義がどの様なものかを示すと、顧客が中サイズのピザにいつも９ドル99セント支払っていたと仮定する。そこで、大サイズのピザが同じ価格であれば、価値が増大したことになる。また、小サイズのピザが同じ価格であれば、その場合、価値が減少したことになる。同様に、中サイズのピザが９ドル99セントから６ドル99セントに減額されれば、価値は増大したことになる。通例として、購買者は売り手の**価値の条件提示**に対する極めて個人的な評価基準をもとに、購買の価値判断を行う。

※重要な用語※

消費者の合理性（Consumer Rationality）　購買により、個人の利益につながると言う確信をもって、消費者が購買の決断をする傾向。

価値（Value）　買い手、売り手双方の取引において、受け取る利益の合計から、支払う価格を差し引いた残り。数式は次の通り。　　手に入れる利益－価格＝価値

価値の条件提示（Value Proposition）　受け取る商品やサービスの説明とそれらのために支払われるべき価格を示す計算書。一例をあげると、次の一般的なメニューに掲載される品目の表示は、販売される品物が明確に説明され、品物と交換に支払われる価格が宣言されている。

20オンスのティーボーン・ステーキ・・・・29ドル99セント

40　第2章　戦略的価格設定

　購買者側の視点を述べると、価格は売り手側の価値の条件提示の中で重要な部分である。売り手側が、「もし、あなたがそれだけ支払えば、これを差し上げます。」と宣言した時、三つの購買決定の内、結論をどれか一つに導く購買評価を行う。売り手側の示す価値の条件提示に対し、これら三つの反応が予想される。表2.2を参照。

　ほとんどの場合、価値の条件提示を始めるのは買い手側ではなく、売り手側である。(第3章では購買者側が価値の条件提示を始める特別な場合について詳しく研究する) 合理的消費者は彼らが受け取る価値の合計と売り手が示す価格を自動的に同等視することはない。事実、経験から培われた買い手の智恵が、そうしてはならないと囁く。一般常識として、また、法律的観点からも、価値の提示に対する買い手側の評価は、売り手を信用するなかれ、と慎重である。その結果ラテン語のケイヴィアト・エンプター (Caveat Emptor)、即ち「買主をして注意せしめよ」とい

表2.2　販売側の価値の条件提示に対する購買側の評価

購買側の査定	購入判断
1　受け取る利益−価格＝ゼロに達しない価値	買わない
2　受け取る利益−価格＝ゼロに等しい価値	ほとんどの場合買わない
3　受け取る利益−価格＝ゼロを超える価値	買う

RM の報道記事　2.1　購買者は合理的か？

　レベニュー・マネージャーは、消費者の行動分析に注意をもって当たらなければならない。事実、経験豊かなレベニュー・マネージャーは、購買者の中には、完全に理性を欠いていると思える判断をする場合があることを知っている。しかし、レベニュー・マネージャーにとって理性的でないと思う行動が、消費者にとっては完全に合理的だと言う場合がある。消費者の複雑怪奇な合理性を判断するのは常に挑戦である。その証拠は次のとおりだ。あなたは、ここに示すスポーツ関連のオークション記録に関する消費者の合理性をどの様に説明しますか？

販売された商品	購買金額
アリゾナ・ダイヤモンドバックス野球チームの ルイス・ゴンザレスが提供した使用済みチューインガム	10,000ドル
デトロイト・タイガーズ、タイ・カッブの入歯	8,000ドル
メッツ他で活躍したノーラン・ライアンのサポーター	25,000ドル
O・J・シンプソンが乗って逃げた白色フォード・ブロンコ	75,000ドル
ジョー・ディマジオと結婚した日に マリリン・モンローが身に付けたストッキング	5,600ドル

　非合理的だと思いますか？　これらの購入者にとっては、合理的である。しかし、恐らくここで示された購買者の判断は、何故マーケティング研究の多くが購買者の行動を深く理解する事に重点を置くかを説明する助けとなる。

価格とは何か？　41

う言葉が消費者のほとんどに知られている。

　買い手は売り手の価値の条件提示に対し、当然のことながら用心深いため、レベニュー・マネージャーとしての大切な仕事は、買い手が支払うべき価格を理解するのと同様に、取引により何を得るのか？　それが、一体どの様な価値があるのか？　といった極めて論理的な疑問に、買い手が十分理解出来る様保証することにある。そうなって初めて購入者、特に今日ではインターネットに精通し、洗練されている消費者は、取引に当たり、手放すお金以上の価値を首尾一貫手に入れることを確信する。

　本章の大事な部分を締めくくるにあたり、取引に参加する売り手、買い手の双方が、それぞれ手放すものに比べ、それぞれが手に入れる物の価値が大きいと感じた時にのみ、相互に利益をもたらす取引が成立することを再度強調する。価値が、支払われる価格を常に凌ぐものでなければ、理性的な購入者が取引に戻ることはない。買い手の視点からすると、売り手が決めた価格は、買い手の認める個人的な価値を自動的に反映するものではない。しかし、売り手が決める価格は、消費者が理性的に評価する上で、迅速且つ手短で、便利な道具となる。

RM の実践　2.1

　「飲み物は何にしますか？」カウンターの係はタマラ・ヘンドリックスに質問した。タマラはメトロポリタン空港で、乗り継ぎ時間が短いため、忙しそうなデリカテッセンの店頭ですぐに食べられる出来合いのサンドウィッチを買ったところだ。「小さいボトルの水を一つください。20オンスじゃなくて、12オンス（約355ミリリットル）の方よ」とタマラは答えた。

　「これおいしそう。ぺこぺこだわ。」タマラはカウンターから離れながら幸せを感じた。コピー・プラス事務センターの新任地区担当マネージャー、タマラは業務出張が多いが、彼女はこの仕事を楽しんでいる。デリ専用の食事エリアのカウンター席にいたジェローム・オディに合流したタマラに、ジェロームは「それいくらした？」と聞いた。ジェロームはタマラと同じコピー・プラスに10年以上在籍していて、タマラと同じ地区担当マネージャーだ。ジェロームもタマラと一緒に地区の販売会議に出席するため旅行中で、タマラ同様、同じデリでサンドウィッチと飲み物を注文した。今度はタマラのお盆を熱心に見つめている。タマラは「サンドウィッチ？」と聞き返すと、「いや、水はいくら？」と聞いた。「2ドル50セント、ジェロームのソーダと同じ値段よ。」と答えた。「まさか？　水だったら飲料水の蛇口がすぐそこにあるじゃないか？」といって、カウンターの反対側にある女性用と男性用洗面室の入口の中間にある水飲み場を指差した。「どうして只で手に入る水に大事なお金を払うんだい？」とジェロームがタマラに訊いた。

1．タマラは2ドル50セントで何を買ったのですか？　購入時点でタマラは取引に満足したと思いますか？
2．ジェロームはもし仮に価格を10％値下げしたら、この店で水を買ったかもしれないと思いますか？　もし、半額だったらどうですか？
3．ジェロームは55歳。タマラは25歳。人は年齢や人口統計上の特徴等が、売り手の価値の条件提示に対する買い手の見方に影響すると思いますか？　自分自身が経験したことのある例または、顧客の例を上げて、あなたの考えを説明しなさい。

マーケティング分析の４Pにおける価格の重要性

　ここまでの売り手、買い手のやりとりにおいて、価格が大きな役割を演じていることを学んだ。その結果価格は企業や組織全体のマーケティング上、重要な部分を構成していると考えられる。米国マーケティング協会（The American Marketing Association）、即ちマーケティング専門の協会はマーケティングを次の様に定義している。マーケティングとは顧客、依頼人、仲間、また大きくとらえれば社会に対し、彼らに価値をもたらす提案を創造し、伝え、送り届け、交換する活動、制度、工程である。

　事業の成功にマーケティングはどれほど重要であるか？　経営コンサルタントのピーター・ドラッカー（Peter Ferdinand Drucker）のマーケティングに対する視点を考えなさい。「マーケティングと技術革新は事業の重要な２大機能である。顧客を創ることでお金をもらえる。それこそがマーケティングだ。また、新たな次元の性能を創造することでお金をもらえる。これが技術革新だ。これもマーケティングだ。その他は全てお金を使う部門のコストセンターだ。」

　本書では**マーケティング**を「企業が価値の条件提示を特定の**市場**に伝えるために行う全ての様々な活動をまとめたもの」として、単純に定義する。価格はどの様な事業においても、販売により提供する価値を伝達する努力の重要な一つの要素であるが、その他に極めて重要な要素が存在する。それらはマーケティングの４Pとして知られている。

　　プロダクト（Product）：買い手に届けられる商品及びサービス。
　　プロモーション（Promotion）：売り手と買い手の意思伝達手段。広告宣伝、販売促進。
　　プレイス（Place）：販売される商品やサービスの場所や流通経路、配達手段。
　　プライス（Price）：商品やサービスの交換にあたり、買い手が手放すもの。

　表2.3はマーケティングの４Pに関連する多くの具体的要素のいくつかを示す。
　４Pは全体に単純なため、サービスより商品の交換に適用する方が向いているとの批評があるものの、４Pは買い手側に関連する極めて重要な質問に対応している。

　　プロダクト（Product）：提供される商品やサービスは何か？
　　プロモーション（Promotion）：売り手の価値の条件提示はどの様に伝達されるのか？
　　プレイス（Place）：仮に合意に至れば、どこで価値の交換は執り行われるのか？
　　プライス（Price）：交換を表す会計的な用語は？

　ホスピタリティー産業では商品（Product）が重要である。ホテルは客室や共用エリアの色、形、大きさ、材質等に気を配る。宿泊産業では、彼らの販売する商品の特徴が顧客にとって決

※重要な用語※

マーケティング　価値の条件提示を売り手の視点で市場に伝える工程。
マーケット（市場）　売り手の商品やサービスを購入する顧客と、見込み客の集団。

マーケティング分析の4Ｐにおける価格の重要性　　43

表2.3　マーケティング要素の４Ｐ

マーケティング要素の４Ｐの概念	概念を形成する要素
商品　Product	特徴と恩恵（Features and benefits） 商標名（Brand name） 品質（Quality） 安全性（Safety） 商品機能の取り纏め（Packaging） サービス（Service） 保証（Warranty）
販売促進　Promotion	広告宣伝（Advertising） 個別販売（Personal selling） 販売促進（Sales promotions） 広報活動（Public relations） 直接販売（Direct marketing）
場所　Place	店舗構成・飲食（Units, foodservice） 土地建物（Properties, lodging facilities） 立地（Locations） 施設（Facilities） 流通経路（Channels of product distribution） 在庫管理（Inventory management）
価格　Price	価格戦略（Pricing Strategy） 客室レート（Room rates） メニュー（Menu prices） 割引価格（Discounts） 値引き余地（Allowance） 与信条件（Credit terms） 支払い猶予期間（Payment terms）

定的に重要なことを知っている。宿泊産業の商品の重要性は1999年にウエスティン・ホテルが
「天国のベッド」を導入したことが実例である。宿泊客が素晴らしく改善されたベッドの快適
さを好んだ。同価格帯のホテルは皆同じベッドに置き換えざるを得ず、以来睡眠の質を構成す
る要素に対する宿泊客の受け止め方が一変した。

　飲食産業も同様で、経営陣の膨大な努力と配慮が販売する商品、即ちメニューにのせる料理
と飲み物に注がれてきた。料理長はじめ、全ての形態の飲食専門家は高品質の料理や飲み物を
創りだす技術に関し、多大な時間と努力を注いできた。その結果、ホスピタリティー産業にお
ける飲食提供関連分野では、先進的料理法、膨大な調理法を載せた料理書、地域ごとの小さな
醸造所のビールへの関心、更には特に食事や飲み物のサービスに関連する**ワインの研究**（イナラ
ジー）等全てが提供する商品の質を高め、品質を維持するために重要であると考えられてきた。

　　マーケティングの二番目のＰは販売促進（Promotion）である。販売促進の内、特に広告宣伝

※**重要な用語**※
価格帯（Price points）　高低の中で、ある特定の幅に価格が落ち着く所。
イナラジー（Oenology）　ワインの研究とワイン醸造学。

44　第2章　戦略的価格設定

は、ホスピタリティー産業において重要性が増している。その理由としてブランドの統合、規模の拡大、更にはインターネットが多くの企業に対し、目的とする市場に直接且つ経済的に働き掛けることを可能にしたことが上げられる。

　マーケティング要素の三番目のP、場所・立地・流通（Place）の重要性に対するホテルとレストランの経営者が抱く理想は、よく聞かれる質問に対する心とは裏腹な答えから見出すことが出来る。

　　「レストランまたはホテルの場所を選ぶ上で重要な三つの要素は何ですか？」

　この質問に対して必ず帰ってくる答えは、「好立地（Location）、好立地（Location）、好立地（Location）！」だ。

　勿論、ホスピタリティー産業において、立地・流通（Place）は、単に事業を展開する物理的な立地以上のものである。この言葉には、施設そのもの、施設の設計、施設の雰囲気、更に販売する商品とサービスを提供する施設の従業員をも含む。その結果、レストランやホテル施設の設計陣は、ホスピタリティー産業の実業家のなかから、特別に高度に専門化された人材で構成される。

　商品（Product）、販売促進（Promotion）、場所・立地・流通（Place）の三要素は常に経営者の関心を支配してきた。面白いことに、マーケティング要素における価格（Price）の力と重要性についてホスピタリティー産業の専門家が理解し始めたのは、つい10年ぐらい前からだ。

　本書は、戦略的かつ効果的価格の重要性を明確に伝えることを目的とした最初の書物の一冊だ。この目的を達成するために、現在快適な環境で、専門家により適切に提供されている食事、飲み物、宿泊施設の品質の重要性をないがしろにするものではない。商品、販売促進、立地、流通経路は勿論重要な要素である。

　しかし、有能なレベニュー・マネージャーは顧客の側に立って考える時、マーケティング要素のなかで、価格が最も容易に目に入り、力強く訴え、理解しやすい要素であることが分かると思う。価格の力を確認する手段として、レストランのメニューの値段を見ただけで、その店には行かないと決め、広告の宿泊料の金額を見て、そのホテルには滞在しないと決めることを考えれば理解できる。

　一般的に、販売者は何を売るかを自由に決め、何処で販売するか、また、どの様に見込み客に接触するかも決めることが出来る。それでは、販売者は価格も自由に決めることが出来るだろうか？　実際には自由に価格を決めていても、経営者は一般に「価格は自由に決められない」と考えている。彼らは価格を、いくらなら買い手に受け入れられ、いくらなら受け入れられないかという答えを導く要素を考慮して決定するものと考えている。

　これまでのところ、販売者が適切と信じる価格を完全に自由に決定する力を持つという、販売者側の視点から価格を研究してきた。この様な販売者は自由に市場に参入し、商品の設計や販売促進にマーケティングの4Pを活用する。そこで、市場が彼ら販売者の努力に反応する。彼らはそこで初めて、紀元前1世紀、金言集を書いたプブリリウス・シルス（Publilius Syrus）の格言を体験することになる。「全てのものには、購買者が支払うだけの価値がある。」別の表現を用いれば、販売者は自由に販売価格を設定できるが、彼らの価値判断が、購買者には受け

マーケティング分析の4Pにおける価格の重要性　45

RM の報道記事　2.2　ピジョン・フォージにハト（ピジョン）はいない

　ハト（ピジョン）の定義のひとつは、騙されやすい人のことである。多くの自治体が、域内の事業者に対し、消費者や旅客から詐欺まがいの手法でお金を巻き上げることをさせない様、監督強化を進めている。テーマ・パークのドリウッドで有名なテネシー州のピジョン・フォージでは、宿泊料金を宣伝するホテルが必ずその料金で宿泊できる部屋を用意しないと裁判所に出頭させられることになりかねない。

　ピジョン・フォージの市議会は、最近、ホテルは店頭に掲示した客室料金を尊重しなければならない法律を可決した。この法律が可決される前は、覆面警察の調査によると、ピジョン・フォージのホテルの2割以上が恒常的にレートを実際より低く掲示して、レートを見てホテルにやってくる顧客に高いレートを請求していた。法律は、掲示レートを見てホテルにやってきた顧客が、掲示より高い料金を支払わされた、との苦情に対応したものであった。この地域は、観光に依存しているため、地域の議会が強制措置を取ったことは驚くにあたらない。

　「これは消費者保護の措置です。市としては、消費者保護を強化しました。掲示したレートを尊重するよう、指導しています。」と、ピジョン・フォージの観光部長のレオン・ダウニー氏（Leon Downey）は述べた。

　ピジョン・フォージでは、旅客が掲示されたレートでのホテル滞在を拒否されることがあれば、警察に届ける様促している。

　ホテル事業者が、宣伝に使ったレートを実際に守ることがどれだけ重要であるか？　少なくともピジョン・フォージでは、もし、裁判所に召喚されたくないなら、ホテル事業者にとって極めて重要なことである。

RM のウェブサイト　2.1

　啓蒙されたレベニュー・マネージャーが、自らの商品とサービスに適正な価格を設定するに当たり、専門的な助言を求めるケースが増加している。効果的価格に関する複雑さを考えれば、価格設定の工程を助ける洗練されたソフトウェアを開発し、提供する会社があらわれても不思議ではない。そのような会社を探すには、www.zillant.com を検索しなさい。

　サイトの「About Zillant」を見ると、ソフトウェアの機能詳細を知ることが出来る。

入れられない可能性に直面する覚悟が必要だ。もしも、全てのものは購買者が支払うだけの価値がある、という格言が正しいとすれば、取引が成立しない場合、購買者が単に販売者側の提示した価格に値しないと判断したか、提示価格よりも低い価格の選択肢が存在する。

　自分自身の考えで自由に価格を設定することは出来ないと考える経営者は、販売者は価格を設定する自由を持っているということに疑問を呈する。例えばある経営者は、主に、需要と供給の法則が価格を導くと考えている。また、一方では、ホスピタリティー産業の経営者の多くは、販売者が商品やサービスを準備するために費やした費用が価格に反映されるべきだと考えている。

　どちらの考えも一見論理的に聞こえるが、間違いである。実際には、ホスピタリティー産業では、レベニュー・マネージャーは次の二つの所見を理解する必要がある。

1．需要と供給は価格を決定する主な要素であってはならない。

46　第2章　戦略的価格設定

２．費用は価格を決定する主な要素であってはならない。

　これらの正当性にも関わらず、これらふたつは一見疑いを持たれることがある。その理由は、これらは特に経済や会計を学んだ人々にとって直感的に逆に見えるからで、レベニュー・マネージャーはそのことを十分理解する必要がある。需給と費用を売り手の価格を導く要素として認めてはならない理由を説明できれば、その時初めて、これらの要素が事実、販売価格に影響を与える重要な要素であると考えることが出来る。

価格設定における需要と供給の役割

　人々がどの様にお金を使用するかについて研究した経済学者たちは、購入者が販売者の商品をどの様に評価するか、また、喜んでその商品に支払う金額に関し、一貫したいくつかの現象を発見した。経済学の初歩を学んだ人は、時の試練を経た需要と供給の法則と名付けられた、売り手と買い手の二つの現実を良く知っていると思う。これらの二つの法則は、ケンブリッジ大学のアルフレッド・マーシャル（Alfred Marshall）経済学教授が1800年代後半に最初に図にまとめた。**供給の法則**、即ち商品がどれだけあるか、と**需要の法則**、即ち買い手の購入意欲の強さ、（図2.4参照）が、一つの鋏（はさみ）の様に描写され、鋏の一方の刃が（S：Supply）商品の供給量を表し、もう一方の刃が（D：Demand）買い手の購買意欲を表している。マーシャル教授は二つの刃が自然と交差する点に最も興味を抱いた。マーシャル教授は、自然に交差した点が、価格軸Pの最適な点P_0で、供給軸Qの最適な供給量Q_0と重なると考えた。マーシャルの自然価格の重要性をよりよく理解するため（自然価格は現在では**均衡価格**として知られるようになった）、次の状況を考えなさい。価格が均衡価格を下回ると（図2.4の三角形Aの部分）その価格に対し商品に対する購買意欲が在庫を上回り、すぐに商品供給が追い付かない状態となる。

　反対に、価格が均衡価格を上回った場合、（図2.4の逆三角形Bの部分）、その価格に対し、商品に対する購買意欲は薄れ、すぐに供給過剰の状態となる。

　後に経済学者がマーシャルのモデルに修正を加え、直線の鋏の刃を弓なりにして、現在経済学、商業関連の入門的教科書で見かける需要、供給曲線となった。（図2.5）マーシャル教授とは違い、後の経済学者はある商品の需要曲線D_1と供給曲線Sの交差する均衡価格P_1が、需要が強まりD_2となったり、または弱まった場合、どの様に変化するかについて、最も興味を示した。図2.5が示す通り、需要が強まった場合、需要の法則と供給の法則は、P_1よりも高いP_2を予想する。航空運賃は図2.5の需要と供給の法則が現実の社会で成立する優れた例となっている。例えば、もし、ある目的地に向けた消費者の航空座席に対する需要が強い場合、次の二つのことが起こると予想される。

◈重要な用語◈

供給の法則（law of Supply）　需要が強いほど、販売者は商品の生産を増加する。
需要の法則（law of Demand）　商品の価格が高いほど、購買者の購買意欲は低下する。
均衡価格（Equilibrium price）　商品の供給と、需要が均衡する価格。

図2.4 マーシャルの鋏（はさみ）

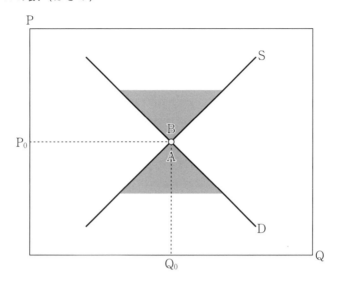

図2.5 需要と供給の曲線

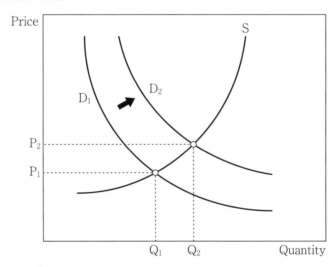

1．新しい、強い需要を表す需要曲線 D_2 は、高い航空券価格をもたらす。
2．新たな高い価格 P_2 となると、航空会社は販売可能な座席の供給数を、増便や大型機材への変更により、増加させることが予想される。

どちらの場合においても、売り手は商品の供給を増やし、増販することが自然な傾向として考えられる。
　需要曲線と供給曲線は、需要の変化が価格に与える影響を観察する場合有効であるが、しかし、最初に適切な価格を設定する場合、それほどの効果は見込めない。マーシャルが最も興味を示した点は、需要と供給が均衡価格を規定するのではなく、確認することを描写することに

48 第2章 戦略的価格設定

あったことを思い起こしてほしい。ホスピタリティー産業の一般のレベニュー・マネージャー
が需要曲線と供給曲線を用いて実際に販売価格を決定しているなどということは全く考えられ
ない。これはレベニュー・マネージャーが理解すべき次の二つの理由により確認出来る。

1. 商品の供給は容易に予想できるが、ホスピタリティー産業の需要は予想困難である。レ
 ストランの座席数、市街地のホテルの客室数、空港に配備されたレンタカーの台数は数
 えることは出来る。市場における商品の供給を把握することは重要な概念だ。第9章で
 学ぶレベニュー・マネージャーの戦略的価格設定の有効性を評価する上で、供給可能な
 商品の数を把握することは大きな助けになる。しかし、ホスピタリティー関連商品の正
 確な需要を推し量るためには、購買者を動かす三つの要素を考慮する必要がある。
  ● 購買意欲
  ● 支払い能力
  ● 支払い意欲
 ホスピタリティー関連商品の場合、購買者が商品やサービスを求めるだけでは十分では
 ない。多くの人が、素敵なレストランで食事をしたいと思い、高価なリゾート・ホテル
 に滞在を希望する。彼ら、潜在顧客は、しかし、支払い能力があり、また、支払い意欲
 がなければならない。もし三条件が全て整わなければ、需要は生まれない。経験豊かな
 販売者は多くの購買者が商品を求めるが、一方で、彼らの支払う意欲は全く別の問題だ
 と知っている。宣伝は販売者が消費者を単に商品を欲する段階から購買意欲を行動に移
 させるための試みのひとつである。効果的な価格設定はこの試みを支援することは言う
 までもないが、そうでない場合、むしろ購買意欲を損ねる結果となる。しかし、全てに
 おいて個別の商品に対する需要の複雑さと需要に影響を与える要素を正確に測定するこ
 とや図式化することは困難である。その結果、不幸なことにホスピタリティー関連の専
 門家の多くが、需要を競合他社が設定した価格と等しくしてしまう。さらに、競合他社
 の値段が自社を下回った場合は、競合条件を維持するため、需要と供給の関係から自社
 の価格を減額せざるを得ないと結論付けてしまう。
 加えて、ホスピタリティー産業の需要測定は更に複雑となるなか、需要は供給と違い、
 即座に変化する。例えば2009年の景気後退により、いくつかのホスピタリティー産業商
 品の需要は前年対比30％以上落ち込んだ。
 この問題を更に難しくするのは、需要には明らかに種類の違う二つの変化があることだ。
 先ず、価格が値下がりした時、商品に対する需要が変化することだ。例をあげると、9
 ドル99セントのピザがセールで4ドル99セントになれば、ピザの需要は増し、沢山売れ
 る。二番目は、販売価格には関係なく、商品に対する需要が変化することがある。例と
 して、毎年 NFL（National Football League）のスーパー・ボウルが開催される都市のホテ
 ルの客室需要は増加する。結果として、その地域のホテルの客室レートも需要につれて
 上昇する。バーモント州のスキー・リゾートの様に、季節に特化したリゾートを運営す
 るホテルは、これら予想可能な需要の変化に十分慣れている。
 これら、測定の複雑さ、影響する要素の多様性、季節変動性等々の理由により、実際に
 は販売数の実績が出た後で需要が把握されることとなり、販売価格が設定される前では

なく、その後、均衡価格の図式化が可能になる。

2. 均衡価格は商品の価値を確立するものではない。唯一買い手が決定するものである。レベニュー・マネージャーは購買者が商品を手に入れるため喜んで支払う価格は、主観的であり、常に変わりやすいことを知っている。1999年に倒産し、連邦破産法チャプター11を申請した、ハリウッド映画をテーマにしたレストラン・チェーン「プラネット・ハリウッド」を知っている人は、この意味を良く理解できると思う。「プラネット・ハリウッド」は全米人気トップの最高級、高額ハンバーガーを売りにした。更に、映画を連想させる装飾を施した店内で、サンドウィッチや雑貨を販売した。広く宣伝された開店時には、店のコンセプトが大成功であると思われた。マーケティングの4要素を思い出すと、先ず商品は誰でも知っているハンバーガー、次の広告宣伝は申し分なく行われ、場所は独特のものであった。ところが、顧客は一度訪れるだけで、食事の質も、値段に不釣り合いに貧弱だと思った。当初わくわくした顧客も1、2度くると、店のコンセプトを見終わった感じとなり、ちょうど映画を見終わった様な感じと一緒で店に戻ることはなかった。ハンバーガーは高需要商品であるという事実は、長期にわたりプラネット・ハリウッド・チェーンを運営する経費を賄う保証には十分とはいえなかった。プラネット・ハリウッドの一号店のハンバーガーに対する需要を追跡した経済学者も、需要が強いのか、弱いのか、判断に苦労したことと思う。

需要曲線の交差点は顧客が喜んで商品を購入する価格を示すものではなく、むしろ、ある時点で、購入され得る行きわたった価格を推定したものといえる。ホスピタリティー商品の価格は、購買者が示す行動と、それに反応して販売者が示す行動により変動する。ホテルは開業し、レストランは閉鎖されるが、需要・供給曲線はおおよその市場の動きを描くことが出来る。これを認識することは重要であるが、曲線が描くものは、購買者の行動の結果であって、購買者の行動を促すものではない。ププリリウス・シルスの格言を再度思い起こしなさい。

「全てのものには購買者が支払うだけの価値がある。」

価格設定に関する需要と供給の役割は、価格を規定するものではなく、価格設定の指針となるものである。例えば、恒常的な供給過剰で客室の売れ残りが発生している地域に、ホテル開発業者が新たな投資を行うことに慎重になるかといえば、当然そうなる。しかし、仮に更なる進出を決定したと仮定して、さらなる供給過剰がその地域のそれぞれのホテルのレートを押し下げることが避けられないとは限らない。ホスピタリティー産業は小麦の様な商品を生産する農家とは似ていない。更なる開墾をおこない、耕作面積を増やせば、需要・供給曲線が示す様に、その地域から市場に出荷される小麦価格が低下することになる。しかし、ホテルの進出は、事実その地域への訪問者数を増加させる要因ともなり、逆にその地域のホテルの客室レートを上昇させることも起こりうる。例えば、テネシー州ナッシュビルのゲイロード・オプリーランド・リゾート会議場に数千室を増設するとナッシュビル全体の客室レートを下げる、などと議論するホテル事業者は少ない。リゾートは多くの会議開催を引き寄せ、その結果、ナッシュビル地区の全てのホテルの客室レートが上昇した。

50 第2章 戦略的価格設定

> **RMの報道記事 2.3 ニューヨーク**
>
> 　ニューヨーク市のホテルは、しばしば稼働率の記録を塗り替える。一貫して平均85％を超え、他の都市と比べて20％も高い。そんな時、需要と供給曲線が価格を引き下げることを促すと思いますか？　勿論その通りです。最近のニューヨークのホテルの宣伝を見てください。
>
> **日曜日を特別に！**
>
> 　NYC日曜日滞在（NYC Sunday Stays）は、多くのニューヨークのホテルが提供する日曜日限定の割引レートと特別付加価値設備やグッズのキャンペーンです。通常の2～3割引の客室レートとルーム・サービス、レストランの割引、朝食無料等の特典があります。
>
> 　ニューヨークの日曜日は暇です。そこで、ニューヨークのホテルは、日曜日の弱い需要に対し、誰もが考える様に価格の値下げをおこないました。キャンペーンの価格は、需要を喚起する力があります。インターネットの普及により、この様な価格変更は即座に広まり、結果として需要が変化します。

　最後に、ホスピタリティー関連商品の需要と供給を評価する時、レベニュー・マネージャーは、供給が少なくて欠乏状態にあると物の価値は上がり、販売価格は上昇すると思い込んではいけない。これは、古代彫刻や高級ワインについては正しいかもしれないが、それが正しければ、小学校3年の時に書いた絵は、今では大変値が上がっている、ということになる。その絵は、それしかなく、今となっては珍しいものには違いない。

　更に一般的な例をあげると、長期間にわたりある商品の欠乏の状態が続くということは、その商品に対する興味が薄れたことを意味する場合があり、消費者は商品に対する価値判断を下げ、結果として販売価格の下落をきたす。もし仮に長期間にわたり、品薄状態が続き、価値が上がっているなら、需要と供給の曲線の法則が示す様に、生産者が増産することは間違いない。ダイヤモンドやピカソの絵は別として、ホスピタリティー関連商品なら、結果はそうなる。ホスピタリティー関連商品の欠乏という状態は、自由市場経済の世の中にあっては、長く続くことはない。

価格設定における原価の役割

　ホスピタリティー産業では、需要と供給の法則が商品に付けるべき価格を規定するものではないことは明らかだが、経験豊かなホスピタリティーの専門家は、商品の供給、需要、また、消費者が喜んで支払う価格とは別に、販売者は商品の生産に必要な金額より多くの価格を消費者に支払ってもらわないと、何れ市場から撤退を余儀なくされ、商品の生産も止まってしまうと指摘する。その結果、彼らは企業の費用が販売価格を決定すべきだと主張する。そのような主張をする人は費用の維持のためには正しいが、価格設定に関しては誤解している。事業を継続し、消費者を維持するためには、取引において利益を上げなければならない、という考えは新しいものではない。

　生産者が将来の生産に興味を持ち続けるためには、利益を上げる必要があるという概念は、恐らくアダム・スミスの著書、「国富論」（Wealth of Nations）が有名だろう。スミスは「我々が食事にありつけるのは、肉屋、パン屋、ビール醸造者たちの好意によるものではなく、彼らの

価格設定における原価の役割　51

自らの利益に対する執念のお陰だ。我々が謝辞を述べるのは、彼らの人間性に対してではなく、彼らの利己主義に対してであり、我々の必要性に関する窮状は彼らに決して話さず、彼らの得る利益のみを彼らに説明すればよい。」と書いている。

　肉屋、ビール醸造者、パン屋に限らず、全ての事業者は、彼らが行う売り手と買い手の取引で利益を上げることを考えている。事業は利益を渇望する。どんな事業でも、商品の生産経費を上回る価格で商品を販売できなければ、生産性の効率性に関係なく、最終的に事業の運営を取りやめることになる。収入が最終的に経費を上回らなければならないというのは、道理にかなった考えだが、そのことが、しばしば販売価格決定に関し、費用が役割を果たしていると誇張してしまう人がいる。本書の目的のため、事業の**費用**（コスト）は、単に事業の費用と定義する。ある面、大変複雑であるが、実際は多数の類型のコストが存在することを理解することが重要である。そのため、会計士は事業コストを役に立つ幾つかに分類している。それらの中で重要な項目を次に示す。

- 固定費と変動費（Fixed and variable costs）
- 複合費（Mixed costs）Y＝A＋BX
     Y＝mixed costs　　A＝fixed costs　　B＝variable cost per unit　　X＝# units
- 階段的変動費（Step costs）
- 直接、間接費（Direct and indirect (overhead) costs）
- 管理可能費、管理不能経費（Controllable and uncontrollable costs）
- その他費用：
  - 結合費用（Joint costs）
  - 増分費用（Incremental costs）
  - 標準費用（Standard costs）
  - 回収不能費用（Sunk costs）
  - 機会損失費用（Opportunity costs）

　これら様々なコストは単に会計士が**原価会計**に使うものを列挙したものだが、コストが価格決定に与える影響を学ぶ前に理解する必要がある。

　最も価格形成に与える影響の強い費用の要素を研究する前に、レベニュー・マネージャーは、全ての事業費用が容易には客観的に決定出来ないことを理解する必要がある。例えば、カントリー・クラブの飲食部長がゴルフ大会に USDA の高級ステーキ1,000ドル分の配達を注文する場合、飲食部長は注文するステーキのコストを正確に知っている。請求書に金額が載っている。しかし、他の場合は費用も主観的になる。この例で、ゴルフ大会が計画通り実行されたとする。大会終了後、最終費用の請求書を準備し、大会の後援者の会社に送付する。請求書を受け取ったスポンサーは請求内容について質問をする。そこで、請求書を準備し、支払いを行う

※重要な用語※

費用（Cost）　事業の運営に不可欠なものを入手するための支出金額
原価会計（Cost accounting）　事業により発生した費用を専門に記録し、分析する会計業務の一分野。

52   第2章　戦略的価格設定

大会のスポンサー宛に送付するカントリー・クラブの従業員の給与を考えてみなさい。スポンサーの請求書に関する質問に対応するカントリー・クラブの従業員の仕事は、一般のホスピタリティー企業が当然行う仕事の一例であるが、一概に明確な費用として計上できない。あるスポンサーは請求書の質問をするが、他の顧客は質問を必ずしもしない。この場合、顧客からの請求書に関する質問に対応するカントリー・クラブの従業員の仕事の費用はどの様に求められるか？　また、関連の質問としては、請求書一件あたりの質問に対する経費を知ることが、それを計算するために費やす時間を考えた時、どれほどの意味があるか？　ゴルフ大会の例の様な費用の計算は勿論行われている。

　経費専門の会計士は、この様な場合、一例を上げると、従業員一人一人の行う仕事を分類し、それぞれに費やす時間を割り出し、費用を計算する。彼らは従業員自身から、彼らの仕事と所要時間を聞き取る。（食事の準備、調理、ゲスト・サービス、請求事務、等々）費用担当会計士は、従業員一人一人が大会の仕事に費やした時間と給与の比率を集計し、それぞれの仕事に要した総合時間と費用を決定する。この工程は行動分析型費用計算法（activity based costing）と呼ばれ客観的な費用や、主観的な仕事として考えられる様々な費用、例えば企画、編成、指揮、管理といったホスピタリティー産業の経営的仕事の費用まで求めることが出来る。行動分析型費用計算法は、経営者が経費を調査し、事業の成功を達成する上で、よりよい判断を下すために、会計士が用いる手法の一例といえる。

　事業の**損益分岐点**を把握することは極めて重要である。なぜなら、一貫して、費用を上回る収入を計上出来ない企業は存続できないことを見てきた。しかし、個々の取引においては、必ずしも常に収入が費用を上回る必要はない。勿論、事業の全取引を合計して、長期間にわたり収入が費用を上回ることは必要である。

損益分岐点

第1章で会計士が使う一般的な利益に関する次の数式を学んだ。

利益＝収入－経費

　今までの学習で、この数式はわかりやすく見える。経験を積んだレベニュー・マネージャーは、ホスピタリティー産業では、多くの取引の内、ある取引は他の取引に比べ利益が多いことがあり、取引の利益率は変化することを知っている。一つの理由は、ホスピタリティー産業の多くの事業において、繁忙期と閑散期がある。一例は、コロラド州のスキー・リゾートはスキー・シーズンに途方もない売上を計上するが、夏場は大きく売上を落とすか、休業する場合もある。同様に中西部のカントリー・クラブは、夏場、グリーン・フィーやコンペ収入、飲食収入等の売上が非常に高いが、冬場は数カ月閉鎖することがある。

　様々な都市のホテルも、売上水準の増減をしばしば経験する。ビジネスマンを対象とするホテルでは、大型連休期間には出張が減り、客室売上が減少する。一方でレジャー主体の家族向け

❖**重要な用語**❖

損益分岐点（Break-even point） 企業の収益が正確に経費と一致する点。

ホテルは伝統的に学校が休みとなる夏に家族が休暇を取り、最も忙しい季節を迎える。カンクンやフロリダといった年中訪問者が絶えない旅行先でも、大学の休暇やクリスマス・シーズンには需要が沸騰する。また、需要の変化により、経費率も変化することを認識する必要がある。経費率は経費÷売上で表現され、売上が高いと、典型的に低下し、売上が低下すると、経費率は上昇する。これは、食材、飲料等の経費は需要に応じ**変動**するが、賃料、保険料、労務費等は変動しないため、需要が高い時も、低い時も同じである。その結果、繁忙期には企業の経費率は低下し、取引当たりの利益は拡大するが、閑散期は経費率が上昇するため、取引当たりの利益は減少する。ここで表される販売数、収入、費用、利益等は図2.6を参照すると容易に理解できる。水平のX軸は販売数を示す。レストランでは顧客の数又は売上金額を表す。ホテルでは販売客室数を示す。垂直のY軸は売上を創りだすための費用を示す。総売上の斜線はゼロから始まる。これは、顧客が一人も来店しなかった場合、また、一部屋も宿泊がなかった場合、売上が皆無であることを示す。総費用の斜線はY軸のかなり上から始まる。これは、顧客が一人も来店しない場合でも、客室が一部屋も予約がない場合でも**固定費**が発生するためだ。総収入斜線と総費用斜線の交差する点が損益分岐点である。営業収入と事業費用が一致する点である。別の表現を用いると、売上額が売上を達成するための固定費と変動費の総額と一致したところが損益分岐点となる。分岐点の下は、収入よりも費用が上回り、損失が発生する。分岐点の上は、収入が、収入を実現するための固定費と変動費の合計を上回り、利益が発生する。個々の取引において損益分岐点を計算する経営者は少ないが、多くが一日単位、週単位、月単位の分岐点を知りたいと願うはずだ。損益分岐点を決定すると、「利益がでるまで、あと幾ら売上を上げる必要があるか？」と言った質問に応えることが出来る。損益分岐点を突破すると、「利益目標達成には、あと幾ら売上金額と販売数を上げる必要があるか？」といった質問にも答えられる。これらの質問に応えるには、損益分岐点に達するための必要販売数を予想する費用／販売数／利益分析を行う必要があり、それが、既知の費用を賄う利益となる。レベニュー・マネージャーは損益分岐点を計算し、分析する方法を知る必要がある。更に別の方式が良ければ、飲食事業のレベニュー・マネージャーは**必要最低売上**（MSP: Minimum sales point）を計算し、分析できる。MSPは単に損益分岐点に到達するための必要販売数、販売金額、または、与えられた期間内で、収支を正当化可能な売上と定義される。販売に要する費用を知り、損益分岐点が決定できれば、それらの情報をもとに、レベニュー・マネージャーは販売価格を設定することが出来る。しかし、最高のレベニュー・マネージャーは、如何に費用と経費管理の証明が重要であろうとも、それらが不当に価格設定の決断に影響を与えてはならないことを良く理解している。

※重要な用語※

変動費（Variable cost） 販売数の増加に応じ増加し、販売数の減少に応じ減少する費用。ホスピタリティー産業で一般的な変動費は、料理の食材仕入れ、飲料の仕入れ、客室に常備するアメニティー、備品の仕入れ等。

固定費（Fixed cost） 販売の増減に関係なく、一定の状態で継続する費用。ホスピタリティー産業で一般的な固定費は、店舗の外装の宣伝用ネオン・サインの費用、バックグラウンド・ミュージック費用、酒類賠償責任保険料等。

必要最低売上（MSP: Minimum sales point） 一定の期間内に損益分岐点を達成するために必要な売上水準。

図2.6 費用と数量と利益の相関図

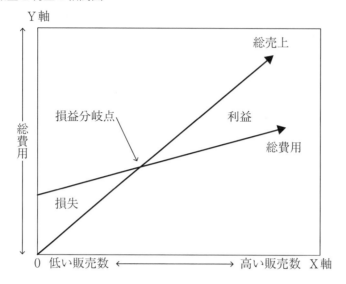

原価をめぐる混乱

おそらく、経費の計算方法や、損益分岐点の計算を学んだため、ホスピタリティー産業の経営者は従来、経費をもとに販売価格設定を行ってきた。彼らの理論的根拠は一見当然に思われる。もし、企業が費用を把握し、損益分岐点を決めれば、既に確立している数式や、経験則を使って、一貫して商品やサービスの販売価格が商品の生産費用を上回る様に販売価格を設定できる。価格決定の方法としては正しく思われる。しかし、それは間違いだ。ロッコ・フォルテ・ホテルの会長、ロッコ・フォルテ卿（Sir Rocco Forte）は次の様に述べている。「最近多くのホテルが、普段費用ばかり見ている会計士に経営を任せている。今日、ホテルは利益を上げなければならない。もし、売上がなければ、費用を好きなように管理できるが、決してそこから利益は生まれない。」フォルテ卿の発言が健全な正論であることを研究する前に、先ず、何故**費用志向価格**設定（cost-based pricing）が、過去ホスピタリティー産業の専門家の多くにとって主流の概念であったか、その理由を研究することが早道だ。

ホスピタリティー産業で経費志向価格の人気が高く、普及している理由。
- 熟練した会計士は比較的正確に費用を計算することが出来、従って比較的簡単に正確な価格と思われる金額を計算可能である。
- 合理的利益を決定するに当たり、事業家は企業経営の実費用をもとに考えるのが正当だと

❖重要な用語❖

費用志向価格（Cost-based pricing） 商品（又はサービス）生産に必要な費用に望ましい利益を加えて販売価格を決定する概念。別名、コスト・プラス方式。数式は次の通り。

費用＋望ましい利益＝販売価格

の理由から、経費志向価格が正に適切だとの信念。
● これまでのところ、不当価格として当局の干渉を受けることがほとんどないのが費用をもとに設定した価格であった事実。
● もし、費用プラス適正利益を上回る販売価格を設定したら、顧客があまり買わず、売上が落ち込み、利益も減少するとの強迫観念。
● もし、費用プラス適正利益を下回る販売価格を設定したら、業界で価格競争が起こり、利益は縮小するとの信念。
● 費用志向価格は単純で利用しやすく、他の人にも簡単に教えられるという事実。

　費用志向の価格設定手法は当初、本来の理論とみなされ、人気があったが、ジョージ・パットン陸軍大将（General George Patton Jr.）の次の有名な所見を思い起こすことが有効である。

　「もし、万人が同じ事を考えているとしたら、自分では全く考えない人間がいる。」

　経験を積んだレベニュー・マネージャーは、費用をもとに販売価格を決める手法は単に効果的ではないと認識している。その理由は、根本的な問題だ。先ず、販売価格を決定する前に商品の費用を決めることはほとんど不可能である。もう一度読み直して見なさい。経験を積んだレベニュー・マネージャーや正直な会計士は、商品一つ一つの原価は販売数量により変動することを認識している。これは、ホスピタリティー産業の事業経費の多くの部分は固定費であるためだ。従って、固定費の部分は、販売される商品一つ一つの合計の総経費に配分される必要がある。その配分費用は、販売数により変動する。マーシャル教授が価格の変動について指摘した通り、本当の商品一つ当たりの原価は、販売単価により変動せざるを得ない。
　レベニュー・マネージャーは販売価格が収入を決め、収入が経費に影響を与えることを知っている。消費者の需要が弱い市場で費用志向の価格設定を行うと、多くの消費者が買いたい価格を上回る。また、消費者の需要が強い市場では、多くの消費者が望む価格より低い販売価格を導くことになる。これが有能なレベニュー・マネージャーが考えるべき価格設定の論理と全く逆転していると即座にわかれば、全く正しい。
　第二番目の費用志向の価格の根本的欠陥は、事業者が商品やサービスに費用を追加したら、商品やサービスを値上げできるという仮説だ。この例は、ホテルが客室に寝台を一つ追加したら、２台目の寝台の費用を回収するために、客室レートを値上げするのは合理的だ、ということになる。同様に、レストランはハンバーガーにチーズを載せたから、チーズの費用を回収するために値上げは合理的だとなる。
　事業主にとっては誠に不幸なことだが、費用増は自動的に購買者が商品に認める価値の上昇をもたらす訳ではない。これは、絶えず売上を費用が上回る経営を強いられている事業主が良く理解している事実だ。費用の増加を自動的に販売価格に転嫁されることは許されない。事実はその反対である。商品やサービスの適切な販売価格が、商品やサービスを生み出す費用の許容範囲を決定しなければならない。
　事業に伴う費用を確実に満たし、その一方で長期的に事業を継続可能な水準の利益が出ている時、はじめて販売価格は消費者の価値判断を正確に反映しているといえる。品質が同じで、

大きさも一緒のダイヤモンドが2粒あれば、それらは同じ価値だと認識出来るだろう。たとえ、一方は偶然発見され、もう一方は鉱山会社が一年の歳月をかけ、労働力と発見のための機材を投入しても、その費用がダイヤモンドの価格を決める訳ではない。むしろ、ダイヤモンドの価値、即ち価格をもとに、鉱山業者が投資できる経費の範囲を決めるべきである。

費用志向の価格理論に頼りすぎる三番目の欠陥は、最も致命的といえる。それは、彼らが顧客、即ち対外的な要素よりむしろ身内、即ち内部的問題に焦点をあてている傾向が強いことである。これは、ホスピタリティー産業の多くの経営者が費用効率と事業効果を混同しているためである。大きな間違いだ。違いは明白で、ホスピタリティー産業と関連性のある外部の業界の例で説明しよう。音響・映像機器（Audiovisual equipment）の賃貸業を考えてみると良く分かる。会議施設を有するホテル・チェーンでは、会議場目的の顧客が様々な AV 機器を必要とする。5 年程前は、ホテルの AV 事業部が使用する DVD プレーヤー、レコーダーの修理やレンタルは、契約会社に任せていた。その会社は社員の重労働と誠実な費用管理、卓越した経営手腕で他を圧倒した AV レンタル会社で、その会社に外注することが最も効果的であった。彼らの努力の結果、他の業者より早く、安く、良い仕事を提供した。その結果、市場を独占した。今でも DVD 関連の貸し出しやサービスについては最も優れていると言ってよい。しかし、今や彼らの顧客はほとんどいない。問題は、この会社が間違ったことを、大変うまくやっていることだ。今日、競争の激しい会議場市場では、最早、DVD の時代は終わって久しい。今では、デジタルビデオ投影機が主に利用されている。

AV 関連保守サービスの優良会社でも、顧客に焦点をあてないと将来はない。この例ではホテルが何を求めているかを絶えず注意していないと業界に残れない。そうでないと、DVD、VHS、スライド映写機や時代遅れの馬車の鞭の製造会社になる道しかない。事実、顧客が関心を持たないところに費用効率をあげる努力をしても、何れ事業から撤退することの予兆でしかない。歴史を振り返ると、企業の過度の運営費用削減は最終的に顧客に負担を負わせ、終焉する。現実の社会では、費用削減の圧力が強くとも、事業を極限まで縮小することは不可能なことをレベニュー・マネージャーは認識すべきだ。

ホスピタリティー事業で商品やサービスの質を落とし、それにもかかわらず、顧客の認める価値を下げずに、削減可能な費用など、そう見当たらない。顧客に影響を与えず、サービスや品質を落とすことが可能だと信じるのは、あまりにも世間知らずだ。これについてはパネラ・ブレッド（Panera Bread）で大成功を収めた料理長のロン・シェイク（Ron Shaich）氏が述べている。レストラン・チェーンの多くが売上の減少を経験した2009年、ウォール・ストリート・ジャーナル新聞がシェイク氏にパネラの顧客が増え続けている理由を聞いたところ、「よそのチェーンは商品の量を減らしたり、品質や労働時間を削減している。その結果は最終的に顧客が気付くということだ。うちの店は品質を上げている。」と述べた。

有能なレベニュー・マネージャーにとって、顧客の価値を高めることに焦点をあてることが成功する上で重要だ。その結果、費用の削減よりも、双方にとって長期的利益が生まれる。費用は販売価格を決定する支えになるが、決定をする主役であってはならない、ということが理解出来れば、価格設定において費用の果たす役割に関する混乱が整理できると思う。

価格設定における原価の役割　　57

RM の実践　2.2

「あんた、うちの料理長でしょう？　どうして彼らはそんなことが出来るのですか？」とケビン・グスタフソンは７店舗あるブルックリン・ピザ・ハウスの事業部長、ドミニク・カーボーンに質問した。ブルックリン・ピザの値段は安くもなく、高くもなく、中間だが、高品質のニューヨーク・スタイル・ピザで有名だ。州立大学のメイン・キャンパスに隣接していて、大学生に狙いを定めた市場だ。チェーンの営業部長ケビンが考案したキャンペーンは良く考えられていて効果絶大だ。事業は利益も好調だ。しかし、彼らは今、競合相手が開始した５ドル99セントのキャンペーンについて話し合っているところだ。

「ケビン、相手はピザにのせるチーズの配合を変えたんだ。」とドミニクが答える。「相手はピザ・チーズを25％増量した。仲間の一人が相手の調理センターで働いている。そこで材料を下ごしらえし、各店舗に配送している。彼女の話だと、相手はモッツァレラとピザ・チーズの比率を75/25から50/50に変更した。うちは100％モッツァレラでやっている。」

「どうして相手はそんなことをするのですか？」とケビンが質問する。

「実は、わが国ではトウモロコシを原料にエタノール燃料を生産しているが、燃料費は安くなるものの、家畜の食糧となるトウモロコシが減ってしまい、飼料価格が高騰している。その上、オーストラリアの干ばつで、輸入が減り、去年のチーズの値段の４割増しになってしまった。ピザ・チーズは加工・低温殺菌されたもので、良く溶けるが、味はモッツァレラとは比べ物にならないよ。ピザ・チーズは本物のチーズが51％しか入っていない。ピザ・チーズの分量比率を増やせば、ピザ一枚当たりの原価が下がり、それで、大ピザを５ドル99セントにしたんだ。チーズが高騰している分、利益率を維持するためには、うちは値上げも仕方ないかと思っているところだ。」

「エッ、それを先に相談すべきですよ。」「相手が６ドル99セントの時は、うちが７ドル99セントでも大丈夫だった。しかし、今度は配合を変えて５ドル99セントだと、うちの売上に影響しますね。そうなると問題だ。ここでうちが値上げすれば、市場から締め出されてしまう。」とケビンが言った。

1．相手がピザを値下げした背景に、生産費用の果たした役割はどの程度だと考えますか？

2．チーズの原価高騰は大学生の食べるピザの品質を下げることに直結したと思いますか？　また、競合相手が品質を下げ、価格を下げた戦略について、どの様に評価しますか？　もし、近い将来チーズの原価が元の通常の価格に戻ると知っていたら、考えは変わりますか？

3．あなたがブルックリン・ピザのレベニュー・マネージャーだったと仮定して、質問に応えなさい。現在直面している具体的な価格設定に関連する意思決定は何ですか？　それに対し、どの様に対応しますか？

58　第2章　戦略的価格設定

RMの報道記事　2.4　顧客志向の価格設定

　ホスピタリティー産業は販売価格を決定する上で、消費者の行動パターンの重要性に気付いた唯一の産業ではない。本報告書に示した、小売店が価格最適化ソフトウェアを利用する取り組みを見なさい。

価格ソフトは小売店を変貌させられるか？

　小売業の経営で全てが洗練される中、価格の設定に関してはしばしば単純な数式が使われている。小売店の仕入れ値（原価）に、一定の利益（Mark-up）を加えた価格とし、利益を確保する。往々にして計算も省略される。しばしば、競合他社の値段に合わせて価格を決めたり、前年の値段と同一にすることもある。全ての商品に対し、一律のマージンを加える方式の問題点は、商品により価格に対する敏感性が違うことだ。例えば、毎日必要な牛乳は、高いマージンをのせられない。さらに、目玉商品は赤字覚悟で、原価を回収できずマージン程度しか収入がないか、それすらない場合もある。

　データ収集方法と分析手法の進歩で、小売店も多様性のある階層価格の導入に期待を示している。商品が、ある地域では高めに設定され、その他の地域では安く設定されていることがよくある。これは、価格最適化ソフトウェアが、地域により需要に与える影響をきめ細かく分析しているためである。また、箱詰で本来まとめて買ってもらいたい商品の蓋をあけて、高級ワインお買い上げ毎にお気に入りのチーズをサービスします、といったキャンペーンを小売店に促すこともある。デマンド・テック社のダン・フィッシュバック（Dan Fishback）CEOは従来よく目にした来店客にマヨネーズ一本無料、といった単純な販促ではなく、最も価値のある顧客に焦点をあてた販売促進を実施する様、小売店を指導している。

　小売店、食料雑貨商、コンビニ等、ホスピタリティー産業の競合相手を思い出しなさい。

　ホスピタリティー産業の専門家で、食事の価格は原価の4倍、客室レートは建設費1,000ドルあたり1ドルが販売価格決定の基礎で最良の方法だと信じている人がいたとしたら、この様なやり方が他の産業の伝統に縛られない専門家に太刀打ちできると思いますか？今日の価格決定の現状を肯定し、満足する人は、ゼネラル・モーターズ（General Motors）で27年間研究担当副社長を務めたチャールス・ケタリング（Charles Kettering）の洞察力に満ちた言葉を熟考しなさい。「もし、あなたがずっとそのようにやってきたとしたら、それは、恐らく間違っている。」

戦略的価格設定の実践

　本章では、価格は売り手、買い手双方のつり合いのとれた視点で決定されなければならないということを学んだ。洗練されたレベニュー・マネージャーはその通り行っている。価格について彼らは、次の通り理解している。

- 市場の価格は売り手、買い手双方に対する取引のきっかけや合図の役割をはたす。市場の価格が買い手の購買能力より十分低く、買い手がその価格でなら商品を手に入れる代わりに喜んでお金を手放すとしたら、その価格は買い手（顧客）に「買い」の合図を送っていることになる。一方、市場の価格がかなり高い場合、商品やサービスを供給し、利益の最適化を目指している生産者側（売り手）に「売り」の合図を送っていることになる。

- 市場の価格は効率的な生産を促進する。価格は、事業者に対し、商品やサービスを最も少ない費用で生産することを促す。生産コストが販売価格を決定するといった非合理的な思考にも関わらず、生産コストが低ければ低いほど、生産者は利益を上げることは事実である。生産費用効率の高い企業は、生産費用効率の低い会社に比べて、少ない材料と少ない労力で多くの商品を生産出来る。このことは明らかに売り手側にとって、最大の関心事であるが、買い手側にも、欲しい品が持続可能な最も安い価格で手に入り、直接利益をもたらす。
- 価格は資源の不足を合理的に配給、制御する。価格は経済全体、あるいは企業が生産する商品やサービスを誰が受け取るかを決める助けとなる。ある商品に付けられた値段は、ある買い手にとっては支払い能力と支払い意欲を超える場合がある。その結果、価格は、基本的に一番高い価値を認める買い手に商品やサービスを提供することを保証する。

　精通したレベニュー・マネージャーは、価格に対する買い手の受け止め方は、売り手の受け止め方より重要だと知っている。結局は、買い手が、購入する商品の価値を判断する。買い手は、売り手が極端に利益を上げる場合でない限り、売り手の利益に興味はないばかりか、売り手の生産費用や費用構造には全く興味はない。買い手にとっては、自分が手放す価格で受け取る商品が自分にとってどれだけ価値があるか、が重要である。

　価格は（本書では最も重要と位置付けるが）企業のマーケティング要素の中でも重要な部分となる。従って、企業の商品やサービスの価格設定に責任をもつものは、企業の成功に極めて重要である。しかし、一体企業の誰が**戦略的価格設定**の責任を担うにふさわしいか？　価格はマーケティング要素の４Ｐのなかで重要性が高く、ホスピタリティー関連のマーケティング専門家のなかには、企業のマーケティング部門が担当するのが正しいと思っている人がいる。また別のマーケティングの専門家のなかには、価格はマーケティングの領域を超える重要性から、経営者が決断するものだという間違った考えを支持する人間もいる。

　ホスピタリティー産業の費用を担当する会計の専門家がこれらの考えに反対することは驚くに当たらない。会計の専門家は、もし販売やマーケティング部門に価格設定を任せると、競合他社の価格に影響されてしまうと考え、本来価格設定は原価をもとに計算すべきであり、数字を分析する能力に長けた彼らが行うべきだと主張する。価格がマーケティング要素の４Ｐの一つである事実や、価格の決定に当たり費用を考慮すべきことは別として、どちらも、往々にして価格設定は企業のマーケティングや会計の専門家に委ねられるべきレベルを超越した重要性を持っていることを無視する傾向がある。価格設定が適切に取り扱われた場合、価格は企業全体の戦略を推進し、企業の経営理念を消費者に伝える有効な手段となる。従って、ホスピタリティー産業のレベニュー・マネージャーは、今日、自らが創造する商品と、それらの商品を提供する顧客について、深く認識する必要がある。そのため有能なレベニュー・マネージャーは企業内の広範な分野から抜擢可能である。しかし、ホスピタリティー産業の事業運営部門以

❖重要な用語❖

戦略的価格設定（Strategic pricing）　データ分析と洞察力を適用し、顧客の価値判断に相当する販売価格を効果的に設定すること。

60 第2章 戦略的価格設定

外の職域の人間が顧客ニーズに対する感受性を独占することは出来ない。事実、顧客に最も近い立場で働いている人間から、有能なレベニュー・マネージャーが輩出する。具体例として、2007年、122軒のハイアット・ホテル全体のレベニュー・マネージメント本部長は、27年前ニューヨーク・ハイアット・ホテルのハウス・キーピング部の現場主任をやっていた。

　明らかに、レベニュー・マネージャーは販売、マーケティング、経理、現場等の経験が必要だ。レベニュー・マネージャーは適切に整えられたレベニュー・マネージメントの仕組から特定の価格が売上最適化の実現と利益の向上につながるか否かをデータ分析と洞察力で汲み取り、決断することが出来る。多くの場合、彼らは価格設定を自分一人で行うことはない。重要な販売価格の決定は、販売、マーケティング、経理、現場、企画、さらにはオーナー等経営陣を代表可能な人物やチームで判断されるべきである。戦略的に価格を設定するためには、特に経歴が重要なのではなく、レベニュー・マネージャーがその企業の顧客と、顧客がどの様な価値を最も重視するかを熟知していることが重要である。そのため、本書の第3章では、顧客の価値に対する視点と、戦略的価格設定に対する顧客の見方が及ぼす影響について学ぶ。

RMのウェブサイト　2.2

　ホスピタリティー産業における戦略的価格設定の能力に関する説明と研究が確立した。コーネル大学は、これらに関する講義を行う機関のひとつである。コーネル大学はレベニュー・マネージメントと戦略的価格設定の講義を米国、ベルギー、シンガポールで実施していると宣伝している。詳細は次を検索。

www.hotelschool.cornell.edu/industry/executive/pdp/course-desc/html?id=SPH

セミナー項目：
● 価格とはなにか？　如何に価格を設定するか？
● 価値の概念。より高い価格を設定するために、価値の受け止め方を高める方法。
● 消費者の購買意欲を見極めるための消費者動向調査の利用法。
● 消費者心理と意思決定ならびに、企業がより良い価格設定を行うための利用知識。
● 企業が対象とする市場における企業の位置づけと競合構造の理解。
● 企業内でレベニュー・マネージメントの概念を容易に普及させる方法。

　参加者ひとりあたり、2,000ドルから2,500ドル。コース受講料は安くないが、コースの教育陣がいつも口にするのは「もし、高いと思うなら、無知のままで居なさい」だ。

重要な用語

■営業統括部門長（DOSM, Director of sales and marketing）　■価格（Price）　■二階層価格（Two-tiered price）　■消費者の合理性（Consumer rationality）　■価値（Value）　■価値の条件提示（Value position）　■マーケティング（Marketing）　■市場（Market）　■価格帯（Price points）　■イナラジー、ワイン醸造学（Oenology）　■供給の法則（Supply, law of）　■需要の法則（Demand, law of）　■平衡価格（Equilibrium price）　■費用（Cost）　■原価会計（Cost accounting）　■損益分岐点（Break-even point）　■変動費（Variable, cost）　■固定費（Fixed,

cost）■必要最低売上（Minimum sales point, MSP）■費用志向価格（Cost-based pricing）
■戦略的価格設定（Strategic pricing）

学んだ知識を応用しなさい

1．来月の第一金曜と土曜の晩、ニューヨークの独立系ホテル（ブランドではなく、ロジャー・ス
  ミスのようなホテル）シングル・ルーム１室を予約する、と想定する。ニューヨークで友人
  の結婚式に出席する目的。次の旅行サイトを検索し、２泊の宿泊料金（部屋代、税金、サー
  ビス料合計）を調べなさい。

  www.orbiz.com
  www.expedia.com
  www.rogersmith.com
  www.priceline.com

  ２泊合計で、どのサイトが最安値を提示しているか？　また、最高値を提示したサイト
  は？　最安値と最高値の開きは何パーセントか？　何故金額の開きがあるのか答えなさい。

2．マーケティング要素の４Pは、満足できる最終製品を生産する場合、熟練した手腕によっ
  てこれらの４要素を調合する料理に例えられる。それらの要素のどれかひとつを適切に
  配合することは必ずしもそれ自体で成功する訳ではない。４つのPそれぞれが重要であり、
  どれかひとつの要素の配合を間違えただけで、多くの場合事業は失敗する。もし訊かれた
  ら、宿泊産業の成功における最も重要な要素は何だと答えますか？　また、その理由は何
  ですか？　次に、飲食産業においては、どの要素が最も重要ですか？　また、その理由を
  述べなさい。

3．ホスピタリティー産業ではリピート客（常連客）を生むための重要な要素は、一貫した卓
  越したサービスだということが一般に合意されている。消費者の需要の３要素（購買意欲、
  購買能力、支払い意欲）の観点から、リピート客を増やすためには、サービス・レベルより
  も販売促進（マーケティングの４Pの一つ）がより重要か、あるいはサービス・レベルがより
  重要か、どちらだと信じますか？　経験から例を上げて答えなさい。

4．ホスピタリティー産業の熟練したレベニュー・マネージャーは、顧客が支払う金額は、飲
  食に対する空腹を満たす以上の価値、あるいは夜安全な寝床を確保する以上の価値に対し
  支払われることを理解している。もし、そうだとすれば、具体的に顧客は何を求めて支払
  いをしたのですか？　この取引における売り手、買い手の関係から、顧客が受け取る利益
  を考え付くだけ列挙しなさい。

62　第2章　戦略的価格設定

5．第2章で、価格には限られた資源を最適に配分する役割があることを学んだ。そのことにより、避けられない結果として、ある顧客には商品やサービスが支払い能力、支払い意欲を越えてしまうことが起きる。あなたから買いたいが、高くて手が出ないこの様な顧客に対して、どの様に対応しますか？　出来ればクラスのなかから、顧客の役を誰かにお願いして、練習し、顧客役の学生があなたの対応や説明にどの様に感じたかを聞いてみなさい。ホスピタリティー産業の専門家にとって、顧客に価格を説明することがどれほど困難な挑戦か、理由を述べなさい。商品やサービスの固有の価値について完璧な知識があれば、この様な状況における対応の助けになると思いますか？　また、もしそれらの商品やサービスの本来の価値についての知識不足が、対応を損ねる原因となると考えますか？

重要な概念のケース・スタディー

「あなたは、面白くなる、と言いましたが、どうして面白くなるのか分かりません。」とダマリオが言った。

ソフィアは「このリゾートは別に他と変わらない。色んな施設で働いた経験があるけど、どこでも費用担当マネージャーと顧客満足に責任を持つ現場部門と対立するのは普通のことです。」と言った。

「それは、マークとパムのことですか？」とダマリオが遮った。

「そうよ。ちょうどマークとパムね。だから、少し面白くなってきたわけ。マークもパムも両方ともリゾートの最善を心から考えていることは間違いないわ。彼らは彼ら自身がおかれた立場で私たちの抱えている問題に直面しているの。」

バルセナ・リゾートのレベニュー・マネージャーに着任したダマリオとリゾートの支配人ソフィアの二人は、新規に立ち上げた戦略的価格設定とレベニュー・マネージメント委員会の初会合の総括をしていた。ソフィアが初会議の議長を務め、今後委員会の取りまとめをダマリオが行うことを周知した。

たった今終了した初会合では、経理担当役員のマークと販売・マーケティング部長（DOSM）のパムが何度か激突した。マークの立場は、ホテルの運営費を賄い、オーナーの望む適切な利益を確保するために、現在の比較的高い販売価格を維持することにある。パムは、値下げをして集客を増やし、売上を最大化すべき、との立場だ。

ソフィアは続けた。「売上と利益の目覚ましい改善を成し遂げるには、リゾートの戦略的価格設定に当たって、コスト・センターとプロフィット・センターの双方を巻き込む必要があるわ。マークとパム、それから他の人も一丸とならなければだめよ。」

「それでは、皆が妥協をする必要がある、と言うことですか？」とダマリオが確認する。

するとソフィアは、「そうじゃない。妥協では決してない。価格の妥協は、我々の目標に対して、また、我々のリゾートが顧客に提供する価値に対して、全員が基本的に賛成していないことになる。そうなったら、価格決定にあたり、皆の意見の中間を探そうと言うことになってしまう。そんなことは絶対に認められません。」とソフィアが答えた。

ダマリオは「そうは言っても、二人の発言を聞いていると、中間点すら探し出すのも難しい

と思いますが。その上、二人の激突で、他の人まで気づまりになっていると思います。」と述べた。

「今はそうかもしれない。しかし、二人も、それから他の人も、お互いの先入観を戦わせることで、状況が変わったことを認識しようとしているのだと思います。大事なことは、委員会のメンバー全員が、我々の業界の利益をもたらす要因を理解し、全員が賛成することです。」とソフィアが答えた。

するとダマリオは、「そんなこと実現可能ですか？」と聞いた。

「勿論可能だわ。私はあなたがちゃんとやってくれることを信じています。しかし、会議で気まずい思いをするなんて、大きな問題じゃない。それより大事なことは、価格設定プロジェクトを急いで正しい方向に進めることです。」とソフィアがダマリオに指示した。

「船長（キャプテン！）、了解しました。絶対やります。」とダマリオが答えた。

考慮すべき項目

1. ダマリオになったつもりで考えなさい。パムが言う様に激しい競合状況のなかで利益を上げるには値引きにより売上を伸ばすという主張について、経理担当役員のマークと二人だけで話し合ったと仮定する。マークはどの様な態度を示すか想像しなさい。また、マークの主張に賛成しますか？

2. ダマリオになったつもりで考えなさい。今度は、販売・マーケティング部長のパムと二人だけで、マークの主張を議論したとする。マークは利益を確保するために価格を維持するか、または値上げし、今まで販売部門が行ってきた顧客への無料奉仕の数々を切り落とす考えだ。パムはどの様な態度を示すか想像しなさい。また、パムの主張に賛成しますか？

3. バルセナ・リゾートは480室の客室と関連施設に加えて３つのレストランとラウンジを運営している、と仮定する。新しく設置されたダマリオの委員会のメンバーとして、経理担当部長と販売・マーケティング部長の担当する部門以外に、リゾートのどの様な部門を代表するメンバーの参加が必要だと考えますか？　それぞれ必要と思われる部門をあげ、その理由を述べなさい。

4. ソフィアは価格戦略において、皆の中間をみつけ、妥協する方法はリゾートに対する破壊的行為だと信じている。価格に関する学習から学んだ知識をもとに、ソフィアの考えに賛成か反対か答えなさい。また、その理由を述べなさい。

第**3**章

価値（Value）

第3章の構成

価格設定にあたり、価値の果たす役割
　　eBay の教訓
　　購買者の持つ多角的価値観
品質と価格の関係
サービスと価格の関係
品質とサービスと価格の関連性
戦略的価格設定の科学と技術
　　データ管理の科学
　　洞察力の適用技術

第3章の要点

1．購買検討にあたり、購買者が個人的に用いる価値評価手法の詳細研究
2．購買者の価値判断にあたり、品質、サービス、価格の果たす役割
3．戦略的価格設定を行う際のデータ分析と個人の直観的洞察力の理論的根拠

価格設定にあたり、価値の果たす役割

　第2章で戦略的価格設定を「販売者が設定する販売価格を購買者（すなわち買い手）が受け止める価値に効果的に釣り合わせる事を目的にデータを分析し、洞察力を働かせる技法」と定義した。また、第1章では、「成功する取引の条件は売り手と買い手双方が利益を達成すること」を学んだ。買い手にとって取引における利益は、取引により手に入れる恩恵から支払う価格を差し引いた残りである。

　多くの経済書では恩恵（benefit）、又は価値（value）を買い手の利益（profit）という用語を用いて説明する。そのことは、売買の取引における買い手の受け取るものを表現する上で役立つ。同様に、売り手にとっては、商品につけた価格から商品を創りだすために費やした費用を差し引いたものが売り手の利益と等しいとする。

　サービス産業では買い手の利益又は受け取ったサービスの価値から支払い金額（price）を差し引いて残ったものは、多くの場合、触れることのできない**無形の利益**（intangible benefit）だ。それに対し、事業の利益は有形の利益で、容易に金額換算可能である。売り手と買い手の取引に対する受け止め方の相違は次の二つの数式で表現できる。

　　　売り手側の売上に対する見方　販売価格－費用＝組織の利益（有形利益）
　　　買い手側の購買に対する見方　受け取った価値（無形の利益）－支払い金額＝個人の利益

　売り手側にとって重要なことは、買い手側の感じる取引の成功とは、売り手側の費用や売り手が有形の利益を欲する気持ちを全く考慮しないことを認識することである。理性的な買い手は取引に対する自分の受け止め方と支払い金額の二つで、この二つの要素から直接買い手自身が受け取る利益を決断する。レベニュー・マネージャーのなかには買い手が受け止める価値の概念と購買者の期待値は同義語だと見るものがいる。これは容易に説明できる。何故なら買い手は物を買う前にその利益を査定し、購買の結果、ある特定の利益を受け取ることを期待する。例えば、ホテルの顧客は清潔な客室を期待する。これは当然のことだ。レストランの顧客はおいしい料理を期待する。しかし場合によっては、販売価格の金額により、顧客の期待値は実際的でないことがある。リゾートの最安値のレートで客室を予約した顧客が、最上級の部屋や広い部屋を期待すべきではない。経験豊かなホテルの経営者は顧客が常に理性的であることを知っているが、不幸なことに彼らは例外として理性的でない場合も知っている。事実、買い手が期待することと、実際に受ける内容との相違は、売り手と買い手の争いの元となる。自分が受ける価値と事前に期待した内容が一致しない場合には購買の決断を考え直すことになる。この様な誤解を避けるためには、売り手側は買い手に対し提供する商品の価値を明確に伝えることが必要だ。それにより、買い手がいくら支払い、その代わりに何を受け取るかが明瞭になる。

❖重要な用語❖

無形の利益（Intangible benefit）　有形の特性を欠き、触ったり見たりして確認できないが、それにも関わらず受け取ったと感じることが出来る利益。

66　　第3章　価値

　価格は買い手が受け取る価値の受け止め方に基づいて設定されるべきである。何故なら、買い手の受け取る商品やサービスがもたらす無形の利益は定量化が困難であるが、販売側は企業自身の経費と利益の正当性を理由に価格を一方的に決めてしまう傾向があるからだ。有能なレベニュー・マネージャーはこの様な傾向を退け、顧客の振る舞いに理解を示し、顧客中心に判断すべきである。そうすれば、効果的にデータを分析し洞察力を適用し、顧客の受け取る価値と一致する価格を設定することが可能となる。また、同時に、同じ商品やサービスに対して、顧客毎に受け止める価値観の相違があることを直ぐに発見することが出来る。顧客毎の価値判断の相違が理にかなっているか否かは別にして、最終的には取引が成功したか否かの判断は顧客の受け止め方次第であり、重要である。この事実と、それによりレベニュー・マネージャーが受ける試練については、オーストリアの経済学者、ルートヴィヒ・フォン・ミーゼス（Ludwig von Mises）の言葉に良く表されている。

　　「消費者は貧しい者を金持ちにし、金持ちを貧者にする。消費者は精密に何を製造するべきか、どの様な品質であるべきか、どれだけの量を生産すべきかを決定する。消費者は気まぐれで空想的で、変わりやすく、見当もつかない、残酷、無慈悲な支配者だ。」

　この言葉に表される買い手の力に関する根本的な真実とは、有能なレベニュー・マネージャーは価格を単なる数字と見るべきではないということを意味している。むしろ、売り手が決める価格は名詞でなく、動詞としてとらえ、価格とは潜在的顧客一人一人に自分たちが販売する商品の真の価値を一連の戦略により決定し伝えることである。これは、買い手の価値観が様々な見方に分かれる時、レベニュー・マネージャーにとって特に困難を極める仕事となる。

eBay の教訓

　ニューヨークの鮨店「マサ」で夕食を食べる時、料理長兼オーナーの高山雅氏は、お客様にメニューは出さず、好みも聞かない。顧客はシェフが選んで出す物をただ黙って食べさせられることになる。料理の値段は、旬の季節やネタの入荷の状況で上下する。一人あたりの値段は現在だいたい400ドルで、これとは別にお酒1本18ドル、税、サービス、チップは別だ。「マサ」は間違いなくニューヨークで一番高いレストランだ。ランチでも夕食でも二人で1,000ドルは軽く超える。理性ある顧客が何を食べるか正確にわからずにそんな大金を支払うと思うか？
　答えはイエス（支払う）である。彼らは、ゴッホ（Vincent van Gogh）が1890年に描いた「医師ガシェの肖像」にも1億2,970万ドルを支払う。この関連性がないと思われる二つの例から何が証明出来るだろう。賛成しない人もいるだろうが、これは、「マサ」の食事やゴッホの「医師ガシェの肖像」が彼らに価値をもたらすため、支払う金額は極めて理性的だと考えるからである。
　ゴッホの「ガシェ」はニューヨークのクリスティーのオークションで販売された。レベニュー・マネージャーにとって、eBayで毎日何百万件もの取引が行われるオークションは顧客の価値に対する受け止め方の多くを教える教材になる。オークションでは、金額が低いうちは大勢の人が買い注文を出す。当然のことながら、金額が低いうちは、潜在購入者は強い買い意欲を示す。しかし、オークションの最も面白い局面は、潜在購入者に買い注文を止めさせる理由だ。

eBay のオークションに出品される品物の値段が上昇するにつれ、取引参加者の潜在購入者は落ちこぼれていく。彼らは単に商品購入により手に入る利益を評価し、支払い金額が上昇するにつれ、受け取る価値が支払い金額より低いと、理性的に判断する。別の表現を用いれば、彼らは「この値段じゃ、その品物は私にとって価値がない。」となる。勿論、一番高い金額を付けた人が購入することになるが、その人は「他の人より、喜んで高値を付けるつもりだ。私にとってこの品物は落札価格を大きく超える価値を持っている。」と述べる。

インターネット・オークションでは取引参加者全員が、販売される商品に関する全く同じ情報を提供されることを考えなさい。全員が全く同じ物に値をつける。潜在購入者の間で何が違うかと言えば、それぞれの参加者がそれぞれ自分自身で商品の購入により手に入る利益や価値を評価することだ。レベニュー・マネージャーとして認識すべきは、一人一人の潜在購入者が振り落とされて行く理由はそれぞれの個々の理由によるものだという点である。別の表現を用いれば、必ずしも全員が、商品の値段が高すぎるから振り落とされたと言うわけではない。この点が理解すべき最も重要な部分だ。

第 2 章で、買い手の購買判断は、購買意欲、支払能力、支払い意欲に影響されることを学んだことを思い起こしてほしい。購買意欲とは、どれほど買い手がその商品の入手を欲しているかの度合いである。支払能力とは、支払い金額だけではなく、支払い条件をも含む。支払い意欲は、他にも購買意欲をもった人がいると影響される。

eBay のオークションでは、彼らにとって購買が理性的でないと確信すると、潜在的購入者の購買意欲や支払い意欲が消失し、その時点で「せり」を中止する。戦略的価格設定の観点から、これが、買い手に関する事実としてレベニュー・マネージャーが認識すべき唯一最も重要な点である。例えば、最近セールで買った消費財を考えなさい。あなたはセールで安くなるまで待ったのに、他の人は何故正価で購入することを選んだのか？　そこで、あなたの購買意欲、支払能力、支払い意欲に関する答えを考えなさい。

株式市場は eBay オークションの事例とは別の学習例となる。全ての株式取引においては、売り手、買い手の双方が、取引時点でそれぞれが最も利益を享受できると確信している。売り手は将来その株式を手放した方が良いと確信して売る。買い手は勿論全く逆の考えをもっている。買い手は、他に数千もの株式の取引機会があるにもかかわらず、その時取引する株式が最も自分のお金を使うのにふさわしいと考えている。レベニュー・マネージャーとして、eBay のオークションからは、買い手の価値判断に価格がどれだけ強い影響を及ぼすかを学んだ。eBay オークションでは、顧客に提示する価格設定手法に関し、単一料金や固定価格は明らかな間違いであることを学んだ。事実、それぞれ別の顧客はそれぞれ別の価格を課金されるべきだ。この概念が、第 4 章で研究されることになるが、レベニュー・マネージャーとしては、商品に付けられる適切な価格は、買いたい人の購買意欲により変化するものだと認識しなければならない。その結果、販売価格は一つの数字で表せるものではなく、売上を最適化するために準備される一連の金額と販売条件となる。

全ての買い手は利益を自分独自の考えで受け止めるため、売り手が価格を低く設定してしまうと、事業の利益を投げ出してしまうことになるし、あまりにも高い価格を設定してしまうと、買い手が限られてしまい、その結果売上が減少してしまうことになる。それでは、中庸の値段が論理的に正しいと思われそうだが、その戦略は、取り扱う商品やサービスの多くを安く売ってしまう結果となる傾向がある。

購買者のもつ多角的価値観

　購買者は購入を決定するにあたり、彼ら独自の方程式で価値を計算する。面白いことに、ほとんどの購入者は購入に幸福を感じるが、売りつけられることには強い不快感を表す。例えば、「さあ、見てくれ。今買わされた品だ。」と誇らしげに声を上げる購買者はいないが、「さあ、これが今買った品だ。見てくれ。」と誇らしげに声をあげる。

　優秀なレベニュー・マネージャーやセールスマンはこの事をよくわきまえている。彼らは、彼らの商品やサービス固有の本来の価値を顧客が見つけ出すことを助けることによって取引を成功させる。そうすることによって、顧客に自ら購入判断を促すことが出来る。有能なレベニュー・マネージャーは自ら販売に集中しない。彼らは顧客の購買判断に集中する。これが重要だが、なかなかうまく出来るものではない。経済学者のミルトン（Milton Friedman）とローズ・フリードマン（Rose Director Friedman）夫妻が、彼らの著書「選択の自由、自立社会への挑戦の個人的見解」に購買行動を理解することの複雑さについてつぎの様に書いている。人が購入を考える時、購入で得る価値を決める４通りの数式を用いる。価値を導く特定の方程式は、誰のお金で購入し、誰がその取引による利益を享受するかによって決定される。ホスピタリティー産業では多くの購入者が商品やサービスを必ずしも自分が利用するために買うとは限らない。面白いことに、これはホスピタリティー・マーケティング関連書物ではほとんど触れられることはない。ホスピタリティー産業のレベニュー・マネージャーにとって、フリードマンの観察は誠に洞察力に富む貴重なものと言える。フリードマンの価値の方程式は表3.1に表される。

価値方程式Ａ

　この方程式は、購買者が自分のお金で自分が利用する商品やサービスを購入する場合に適用される。この場合、目標は最大限の個人的利益または価値を見出すことにある。この方程式の例として、自分のお金で休暇旅行を計画する人々が、航空運賃やホテル宿泊料金、レストランの食事代金等の最良の商品（しばしば、最低価格と表現される）を探す努力に多くの時間を費やすことが上げられる。この例は、どんな購入も最高の条件で取引する努力をし、成功すると大変自慢する。例えば、出発時間や到着時間は多少妥協することもあり、レストランで特別価格のサービスが受けられる時間帯に旅程を合わせることもいとわない。有能なレベニュー・マネージャーはこの種の顧客特有の融通性を良く理解している。彼らは、戦略的価格設定のなかで主に季節はずれ商品や閑散時間帯商品の対象となる顧客だ。

価値方程式Ｂ

　この方程式は、購買者が自分のお金で、他の人のために商品やサービスを購入する場合に適用される。配偶者や子供、両親、または、大切な人、それとも唯の友人かも知れない。この場合の購入者にとって商品の価値は勿論重要な要素であるが、更に品質や誇りが大事となる。方程式Ａの購買者は、最も安い買い物をしたことを自慢するが、方程式Ｂでは、贈答品を渡す相手や、品物を受け取る人から最も安い品物を選んだと思われたい購買者はいない。自分で贈答品を買う場合を考えなさい。12本のバラとか、それに類する品質に相違がある品物を贈り物に

価格設定にあたり、価値の果たす役割　69

表3.1　購買の価値を決める4方程式

支払い者（誰のお金）	受益者（誰のために支払われるか）	
	自分（あなた）本人	他の人
自分（あなた）のお金	A	B
他の人のお金	C	D

選ぶ時、受け取る人から一番安い物を探すために時間をかけたと思われたいか？

　別に全ての贈り物は最高額の品を選ぶべきだと言っている訳ではないが、むしろ、ここでは、ギフトを受け取る人が喜んでくれることを期待するか、少なくとも落胆させないことを祈ると言うべきだろう。面白いことに、この強い願望から、粗末な贈り物を選ぶより、お金と同等の価値のあるギフト・カードを贈るケースも増えている。これらの顧客に対応するレベニュー・マネージャーは、彼らの扱う商品やサービスが顧客の個人的な期待を満たすこと、即ち顧客の大切な人を確実に喜ばせるに足ることを確信させる手助けをしなければならない。これが達成できれば、売上は大きく増加する。

価値方程式C

　この方程式は購買者が他人のお金で自分の物を購入する場合に適用される。購買者の視点にたてば、物を手に入れることが重要だ。この価値の方程式は紀元前350年の皮肉屋で知られる哲学者ディオゲネス（Diogenes）の言葉に表される。彼は、どんな種類のワインを飲むのを好むか聞かれると、「人のお金で飲むワイン」と答えた。

　ホスピタリティー産業では、この方程式に当てはまる購買者はありふれている。会社が社員の宿泊代金や飲食代金を直接支払うことを認める例は最も当てはまる。**弁済補償支出**で、後ほど会社が精算する場合も、例としてあげられる。これらの事例では、購買者は経済的な（価格の安い）購買に努力するより、むしろ、より良い商品を求める。方程式Cでは、購買者は、甚だしい料金の増加に気遣うこともなく、ホテルの客室をより高額のタイプに格上げしたり、食事にアピタイザーやカクテル、デザートを付け加えたり、客室内に設置されているミニ・バーの高額な飲み物や食べ物を頻繁に利用する。経験豊かなレベニュー・マネージャーは会社払いの顧客の特徴として、購買時に方程式Cを適用し、購入する商品の格上げをすることを知っているので、レストラン、ホテル、レンタカー、航空会社にとって、彼らは大変魅力的なお得意さんである。世界経済全体の様々な産業を考えた時、ホスピタリティー産業、旅行業は方程式Cの恩恵を最も受けていると言える。

❖重要な用語❖

弁済補償支出、立替払い（Reimbursable expense account）　購買者が、購入とそれに要する費用を別の人や企業から事前に承認され、事後、購入に要した費用の全額を承認した人や企業が払い戻し精算をする仕組み。

70　第3章　価値

価値方程式D

　この方程式は、他の人のお金で、他の人のために購入する場合に適用される。ホスピタリティー産業の全てのDOSM（販売・マーケティング部長）は、方程式Dが**会議企画者**や旅行会社、その他多くの人々に適用されることを知っている。

　会議企画に類する専門業者等は主に、企業や協会、政府関連機関に雇われている場合が多い。勿論個人ベースのフリー・ランサーも沢山いる。しかし、形態はともかく、全てに共通することは、契約先企業や団体にとっての価値を重視していることだ。それに加え、彼らのアレンジした内容は、会議出席者全員の目にさらされるため、彼らのために請け負った商品やサービスの品質が彼ら専門家の目にかなうものでなければならないし、その結果次第で、彼らがその後、上得意となってくれる。これらの購買者の価値方程式を十分理解することが、戦略的価格設定において極めて重要である。彼らの価値判断と方程式は関係ないが、しかし、全ての購買者は最終的に次の3つの要素で、価値の判断を行う。

1．品質
2．サービス
3．価格

　従って、会社は商品やサービスを提供するにあたり、これら3要素の正確な構成比率を、提供する価値に見合ってどの様に結合させるかを判断しなければならない。

　全ての企業が事業を存続させるために優れた品質とサービスを競合に耐えうる料金で顧客に提供している。しかし、現実には会社が品質やサービス・レベルを引き上げようとすれば、ほとんどの場合、購入者にとって価格が上昇する結果となる。ヒルトン・コーポレーションではウォルドルフ・アストリア・ホテルの宿泊体験をヒルトン傘下のハンプトン・コートよりも高いレベルに設定している。しかし、ウォルドルフの高品質サービスの提供には、それなりのお金がかかる。品質と価格の綱引きは価格の変化を生み、購買者に公平感を与える一方、金額の変化に対しては消費者が判断に迷うところである。何故なら、ホテルにしてもレストランにしても、実際に購入した後でないと体験出来ない商品であるためだ。これらを扱うレベニュー・マネージャーは、自動車販売店の店頭で車に触れながら品定めをしたり、八百屋の店先で新鮮なイチゴを選ぶのと比べると、ホスピタリティー・サービスの価値の評価は、例えば将来滞在するホテルの品質を予約時点で正しく評価する様に、大変困難を極めることを理解しなければならない。車やイチゴは触ったり、においを嗅いだり、購入前に体験することが可能だ。ホテルの客室はそうはいかない。そのため、レベニュー・マネージャーにとっては、ホスピタリティー商品を購入する顧客が特別慎重に購入を考えること自体驚くに当たらないことである。これらの購買者の間の相違は、3章の冒頭で取り上げたレストラン「マサ」で食事をす

❖重要な用語❖

会議企画者（Meeting planner）　会議用の部屋や宿泊施設、食事、また会議に参加する人々が必要とする様々な要求を満たす施設を確保する責任を負う個人。Meeting Professionalと呼ばれる。

価格設定にあたり、価値の果たす役割　71

る顧客が示す本当の信頼や、ゴッホの肖像画を買う人の気持ちを知れば明確に理解できると思う。「マサ」の顧客はシェフとシェフが提供する商品の価値に信頼を置いている。ゴッホの絵を買う人は、絵を手にするずっと以前から、正確に、どの様な価値を手に入れるかを知っている。レベニュー・マネージャーはホスピタリティー産業の商品品質、サービス・レベル、販売価格の複雑な関係を考える上で、この信頼ということを思い起こす必要がある。

　国際会議企画・立案の専門家の要望や期待を理解することは、会議誘致を行うホテルで会議関連商品の戦略的価格設定に責任を持つレベニュー・マネージャーや地域で開催される会議の食事を請け負う飲食関連企業のレベニュー・マネージャーにとって、極めて重要な業務である。

RM の報道記事　3.1　　与え続ける贈り物

　レベニュー・マネージャーは誰でも必ず、自分が働くホテルやレストランに商品券（Gift card）の販促が組み込まれていることを再確認する必要がある。次の文を「シーフード・ビジネス」誌の記事から引用する。

　全国飲食店協会（NRA: National Restaurant Association）によると、衣料品、図書、CD、DVD、花、香水、菓子等を含めて、レストランの商品券が最も消費者の間で人気が高い。商品券の取扱いは様々な事業で人気があり、商品券をもらった62％の人が商品券の額面以上消費している。

　商品券はホテル業界でも大きな商売になっている。しかも、創造的販促機会が生じる。例えば、商品券が使われた段階で籤が当たるスワイプ・アンド・ウィン宝くじは、追加購入を促す優れた効果を発揮する。この様に考えてみなさい。人はそのもの自体に価値を持つ商品券を購入し、その商品券を受け取った人はその商品券の価値に相当する商品やサービスを手に入れるだけでなく、場合によっては更に賞金が当たる可能性も手に入れる。皆、受け取った人が賞金を稼ぐ可能性のある商品券を人に贈りたいと思うのは当然だ。

RM の報道記事　3.2
1 時間1,000ドルの宿泊、1 オンス1,000ドルのワイン。これは泥棒か？

　世界で一番高額なホテルは1泊いくらするか？　バハマのアトランティス・パラダイス・アイランドのブリッジ・スイートは1泊25,000ドルだ。1時間に換算すると1,000ドルになる。それでは、一番高いワインはいくらか？　ワインの愛好家の間では、アメリカで製造されたワインでは1941年製のカリフォルニア州ナパ・バレー、イングルヌックのカベルネ・ソーヴィニオンが一番高額と言われている。1941年のイングルヌックは通常の750ミリ・リットル瓶で1本25,000ドルする。1オンス1,000ドル換算だ。（1オンスは約30ミリリットル）

　これらの商品の購入は価値があると思いますか？　それとも、こんな買い物をする奴は馬鹿だ、と思いますか？

　もし、購買者の行動様式を本当に知っていれば、答えはそれぞれ最初の質問に対し「はい」であり、また次の質問に対し「いいえ」である。

　一般的に、この様な買い物が出来る人は、馬鹿ではそのような地位につけない。では、アトランティスのブリッジ・スイートに泊まった人は誰かというと、雑誌「フォーブス」の世界で一番高いホテルの記事によると、オプラ・ウィンフリー・ショーの司会として有名なオプラ・ウィンフリー（Oprah Winfrey）やマイケル・ジャクソン（Michael Jackson）達である。フォーブスの記事では、二人が部屋でワインを注文したかどうかまでは、わからない。

　レベニュー・マネージャーにとって、冗談ではなく、真面目な教訓であることは明らかだ。価値は購買意欲があり、支払能力があり、支払い意欲がある人の目によって決定される。そして、その購入を決断出来る人は、自分を馬鹿だとは決して思っていない。

72 第3章 価値

RMのウェブサイト　3.1

　テキサス州ダラスに本拠をおくMPI（Meeting Professionals International）グループは国際会議企画公認の専門家の会員により組織された協会である。協会の目的は、会員相互の知識と着想、友好と市場を結び付け、会員の成功を実現することにある。ウェブサイト www. mpiweb.org を参照のこと。

品質と価格の関係

　ホスピタリティー産業で高品質を提供することに関しては、多くの著書があふれている。その結果、最高品質の食事を準備する方法や最高品質のサービスを提供する方法に関する記事はいたるところに存在する。戦略的価格設定の責任を担うレベニュー・マネージャーにとって、顧客の視点にたった場合、**品質**と価値は同義語ではないことを認識する必要がある。

　ホスピタリティー産業では品質と価格と価値の関係は複雑である。高品質が必ずしも価値の高さとは限らないし、割安価格が価値の高さを表すわけでもない。

　例えば、マクドナルドのバリュー・セットの1ドルのチーズ・バーガーが最高品質のハンバーガーだと言う飲食業の専門家はいないし、逆に、一番値段の高いハンバーガーとして有名なアンガス・レストラン・チェーンの3分の1ポンドバーガーが最高品質だと言う人もいない。事実多くの人々が、これら二つを全体のハンバーガーの品質の中で最高に位置付けることはない。しかしながら、マクドナルドやアンガスの高い売上から考えれば、ファスト・フード店（QSR）の顧客の多くが、比較的品質の低いハンバーガーを支払う金額に比べて極めて高い価値があると受け止めていると言える。同時に、只安いからというだけで、ホスピタリティー商品やサービスを求める顧客が自動的に高い価値を認めることにはつながらないことを認識する必要がある。事実、値段が安すぎると感じると、顧客は全く逆の受け止め方をする。「ドンキホーテ」を著したスペイン、16世紀の作家、ミゲル・デ・セルバンテス（Miguel de Cervantes）は人間の心理を単純に次の様に述べた。「値段の安いものに価値はない。」もし、車で田舎を走っている時、道端に1泊19ドル99セントのモーテルの看板を見たら、その値段で一体どんなサービスを受けられるか心配になるはずだ。ホスピタリティー産業では、最高品質と最安値のどちらもが、最高の価値をもたらすとは限らない。戦略的価格設定の目標が顧客の価値判断と一致する価格にあるとすれば、ホスピタリティー産業のレベニュー・マネージャーは、販売する商品やサービスの相対的品質を十分認識する必要がある。勿論例外はあるものの、一般的に表3.2で示す様に、品質の相違、**サービス**・レベルの相違、価格の相違は顧客の価値の受け止め方に影響を及ぼす。

❖重要な用語❖

品質（Quality）　他の同様な品物と比較して、優れている尺度、程度を表す。例としては、USDAは牛肉の切り身の最高品質を表す等級だ。また、ホテルの寝台にかけられるシーツの織のスレッド（番手）は、1インチ角の糸の密度、繊細さを表す等級である。日本ではマンダリン・ホテルは500番手、リッツ・カールトン400、フォー・シーズンズ300と言われる。

品質と価格の関係　73

表3.2　品質・サービス・価格の変化が価値判断に及ぼす影響

- ●品質が一定で、価格が上昇すれば、価値は減少する。
- ●品質が一定で、価格が減少すれば、価値は上昇する。
- ●品質が上昇し、価格が減少すれば、価値は上昇する。
- ●品質が減少し、価格が上昇すれば、価値は減少する。
- ●サービスが一定で、価格が上昇すれば、価値は減少する。
- ●サービスが一定で、価格が減少すれば、価値は上昇する。
- ●サービスが上昇し、価格が減少すれば、価値は上昇する。
- ●サービスが減少し、価格が上昇すれば、価値は減少する。

RM の実践　3.1

「一体、変えるにはいくら必要ですか？」とタマラ・スティーブンスが質問した。

タマラは「フィフティー・ヤード・ライン・ステーキ・ハウス」のオーナー経営者だ。タマラはレストランの料理長ステーシー・ブラックとステーシーが新たな仕入れ先の候補として期待している食肉業者のセールスマン、フェイ・カバナと話し合いをしている。

ステーシーは「それは、肉のカット（切り方）次第です。フェイが細かい点を説明します。ただ、要点は、メニューに USDA ではなく、認定アンガス牛肉しか出しませんと印刷出来れば、お客さんは、喜んで今以上の金額を支払うと思いますよ。」と答えた。

フェイも「顧客は値段に比べ、品質の優れた牛肉を食べられると思うに違いありません。」と言った。

タマラは、「それでは、高級 USDA ステーキより認定アンガスの品質が高いと言うのですか？」とフェイに質問した。

「正確には、そうではありません。認定アンガスの内のあるものは USDA の最高品質と同等ですが、ほとんどは USDA のプライムと同等です。」とフェイが答えた。

「それでもお客さんは認定アンガスに今以上の値段を支払うって言うのですか？」とタマラが質問した。

「勿論です。」とフェイが答える。ステーシーも「同感です。」と言った。

1．ホスピタリティーの専門家として、最高級 USDA のニューヨーク・ストリップ・カットと認定アンガスのニューヨーク・ストリップ・カットの相違をお客さんに質問されたら、答えられますか？

2．USDA からアンガスに切り替える判断が行われる前に、フェイとステーシーが提案する品質の向上がこのレストランの顧客に受け入れられるか否か知ることに、どれだけの意味があると思いますか？

3．戦略的価格設定判断の立場にはないが、ある分野の専門家が、（ここではステーシーがその立場になるが、）品質の要素の変更を任されることに関し、レベニュー・マネージャーが直面する困難とはどの様なことだと思いますか？

◈重要な用語◈

サービス（Service）　購入する製品と一緒か、または個別に購買者に提供される、目に見えない行為や利益。例としては、滞在先のホテルのコンシェルジュから宿泊客に提供されるサービス。

74 第3章 価値

サービスと価格の関係

　多くの場合、ホスピタリティー商品の特徴とそれにまつわる品質は比較的容易に顧客に伝達することが可能だ。20オンスのビール（591ml）は16オンスのビール（473ml、又は1パイント）より多い。海岸の見渡せるホテルの客室は多くの顧客にとって、海岸の見えない部屋とは明確に違い、好ましい。顧客に商品の特徴を明確に伝達できる場合は、レベニュー・マネージャーはその商品の価値に見合った価格を設定しやすい。

　一方、サービス・レベルの相違を伝えることは、商品の品質を説明するのと比べて難しいため、戦略的価格設定も同様に困難となる。既にサービスは顧客に目に見えない価値を提供することを学んだ。それは、購入する前は、手に持つことも、触ることも、見ることも出来ない。ほとんどの場合サービスは、商品というよりは行為である。その結果、レベニュー・マネージャーにとって、購入する顧客に提供するサービスの価値を伝えることは困難を極める。しかし、無形（Intangibility）のものとは、一般に知られている**サービスの4つのI**の内の、たった一つである。

　無定形（Inconsistency）とは、一般にサービスの品質は、提供する個人によって変わる事実から説明できる。商品を提供する場合と比べて、サービスの提供には、個人差による変化が大きい。例えば、スポーツ・バーでテレビのゲームを観戦しながら注文して飲むハイネケンのビールは、何本飲んでも一定の品質だが、ビールを給仕するバーテンダーの技術レベルや容姿、態度はそれぞれ違う。ビールを給仕する場合のこれらの相違はビールを注文した顧客が体験する品質に直接影響を与える。一貫性のあるホスピタリティー関連商品やサービスを提供することの重要性に鑑み、レベニュー・マネージャーは自社の標準化の努力と標準に合致した教育制度を確認し、常に最大限の情報を取り入れる必要がある。

　不可分（Inseparability）とは、消費者にはサービスの品質を、実際にサービスを提供する個人と同一視する傾向があることだ。その結果、無愛想なカウンターの社員に接遇を受けた顧客は粗末なサービスを受けたと感じてしまい、明るい表情で接遇した社員に対しては、実際の細かな事務手続きがほぼ同様か、全く一緒でも、良いサービスを受けたと感じる。その結果、ホスピタリティー・サービス関連の経営者は社員の採用にあたり、スキルの高さよりも態度を重視する。彼らは、サービスの提供に携わる職業人としての実際の仕事は次の通りだと理解している。

- 顧客に重要だと感じさせる。
- 顧客に特別だと感じさせる。
- 顧客を快適にさせる。
- 顧客の期待に応えられていない状況で、改善が必要な時、心からの関心を示す。

❖重要な用語❖

サービスの4つのI　サービスの4つの特徴。(1)無形 Intangibility、(2)無定形 Inconsistency、(3)不可分 Inseparability、(4)在庫 Inventory である。

●サービスが足りていない時、積極的な姿勢で即座に修正する。

　在庫（Inventory）とは、サービスの提供にあたり、二つの困難があるため、4つのIの一つにあげられている。第一に、在庫の消滅性があげられる。第二に、閑散期においてもサービスを提供しなければならない点だ。第一の問題を説明する例に、靴の小売店をあげる。月曜日に売れ残ってしまった靴は、翌日の火曜日に、また売る機会がある。これを100室のホテルと比較する。このホテルは年間36,500室販売する在庫を有している。（100室×365日＝36,500泊販売可能）しかし、仮にある日曜日の宿泊が50室売れ残ったとしたら、あたかも売れてしまったのと同じように、その50室はホテルの在庫から消滅してしまう。在庫は消滅してしまう一方で、売上の回収は出来ない。一定の数の席を持つレストランも同様の難しさを有する。サービス業では商品が使用されないと、在庫から消滅するのと同等となる。この様な**在庫の空転**（Idle production capacity）はホスピタリティー事業において多大の費用をもたらす。サービス事業は、閑散期に顧客の需要が弱いにもかかわらず、消滅する恐れのある在庫を整え、サービス要員を抱え、設備を整えておくための費用を負担しなければならない。この例として、人件費が比較的高く（パイロット）、設備（航空機材）が高額な民間の航空会社にとって、在庫の空転（即ち機材が飛ばない状態や、空席が多くある状態）は多大な出費となる。その一方、街角の小さな居酒屋なら、閑散期に従業員一人か二人に最低限の賃金を支払っても、在庫の空転費用負担はささやかで済む。どちらの場合にしても重要な点は、サービス事業では閑散期といえども従業員数をゼロにはできない。その理由は、ほとんどの人が、今自分が買おうと思っているのに、待たされることに我慢がならないからだ。それは、どんなお客でも、レストランで食事を注文したのに、異常に長く待たされ、一人しかいない給仕が予期せぬ多数の顧客を迎え、顧客と厨房の間を走り回っても対応できない状態になってしまう時に抱く気持ちだ。

　表3.3はサービスの4つのIを示した表だ。レベニュー・マネージャーにとって、サービスの価格設定を行う上で極めて重要な4つのIのそれぞれの特徴を示した表だ。

表3.3　サービスの4つのI

サービスのI	特徴
無形 Intangibility	購入するまでは、触れることが出来ず、見ることも出来ないサービス。
無定形 Inconsistency	提供する個人の技量の格差によるサービスの質の変動。
不可分 Inseparability	サービスの内容とサービスを提供する個人を分離して考えることが困難なこと。
在庫 Inventory	売れ残った在庫が消滅してしまうにもかかわらず、失った商品を生産するための多大な費用を負担せざるを得ないこと。

❖**重要な用語**❖

生産又は、在庫の空転（Idle production capacity）　サービスの提供は可能だが、需要はほとんどないか、全くない状態。一つの例として、昼食（ランチ）から夕食（ディナー）まで継続して営業しているレストランで、ランチの顧客が全て帰ってしまい、ディナーの顧客が入ってくるまでの時間。

品質とサービスと価格の関連性

　ほとんどの場合、サービス産業と分類されているにも関わらず、ホスピタリティー産業の経営者は高品質の商品と高品質のサービスの提供を模索している。明らかに素敵なレストランで顧客に提供されるステーキとグラスに注がれたワインは商品である。ホテルの客室で宿泊客に購入される室内映画も商品だ。素敵なレストランでステーキとワインを給仕すること、またホテルの部屋に室内映画を電子的に届けることは明らかにサービスだ。おそらく、ホスピタリティー産業がサービス産業と分類される理由は、顧客が支払う金額と顧客が享受する価値は、商品とサービスの両方を合わせた品質の重要性に関係するからだ。有能なレベニュー・マネージャーは次の言葉が真実だと理解している。

　　「顧客の価値に対する受け止め方に関しては、ホスピタリティー産業では商品の品質以上
　　にサービスの品質が重要である。」

　ホスピタリティー企業は、たとえ商品が最高品質のものではなくとも、全ての顧客に対し、最高のサービスを提供することが可能だ。全てのホテルが四ツ星ではない。全てのレストランが最も高価な食材を使い、最も高額のワインを出すわけではない。ホスピタリティー産業は支払い能力がある人、支払い意欲がある人と同様に、予算が限られたお客にも商品を提供しなければならない。勿論全ての商品は最低限の許容限度の品質を満たさなければならない。だから、その結果提供する食事は全て安全で、健康に良いものでなければならない。ホテルの客室は清潔でなければならない。だが、その基準を満たせば、ホスピタリティー産業で提供する商品の品質は、顧客の要求の幅を反映して様々販売されている。レベニュー・マネージャーの仕事に携わる中で、中級の商品、高級の商品、または一番低級の商品の販売価格を設定する責任を任されることがあるだろう。競合他社が提示する金額は高いかもしれないし、安いかもしれない。自分で設定する販売価格は有形の商品の品質だけでなく、無形のサービスの品質も考慮して決定しなければならない。商品の品質とサービスの品質が向上すればするほど、全ての品質レベルの商品を買い求める顧客が、支払うお金に対し大きな価値を享受できたと思うだろう。素晴らしい商品を提供することに心から興味を示しても、商品の品質の大きな変化は顧客の受け止める価値を変えさせる大きな手段にはならないことがレベニュー・マネージャーにとっての現実だ。この文章を再度読み直し、次の商品を販売する事業部長やレベニュー・マネージャーを考えなさい。

　　マクドナルド・サンドウィッチ
　　イタリアン・レストラン「オリーブ・ガーデン」のメイン料理
　　チリーズ・レストランのアピタイザー（各種前菜）
　　ケンタッキー・フライドチキンの骨付きチキンのセット
　　ドミノ・ピザ

次は、レベニュー・マネージャーが客室の価格設定に責任をもつホテルの部屋の構造・間取り、仕上げ、アメニティーを考えなさい。

フォー・シーズンズ・ホテル
ハイアット・ホテル
コンフォート・イン
ハンプトン・イン
ホリデイ・イン・エクスプレス・ホテル
レッド・ルーフ・イン
アメリカズ・ベスト・バリュー・イン

ここに示した飲食業、並びに宿泊業の例は実在する企業が現実に扱っている商品で、フランチャイズの規定に合致し、部屋の構造等も標準で、レベニュー・マネージャーが基本的に商品の品質を上げ下げ出来ないものを引用している。しかし、品質に関しフランチャイズや高度に組織化された事業の有能な経営者には売上増に影響を及ぼす手立てがないと言っている訳ではない。勿論可能だし、事実彼らは実行している。彼らが売上増を目指して行っているのは、商品の品質に変化を持たせることではなく、サービス・レベルの向上であり、それが著しい効果をもたらす。飲食業で経験を積んだ経営者はレストランで最も苦情の多いことは食事が悪いということではなく、サービスが悪いとか不衛生であるということだと知っている。同様に宿泊産業でも、顧客の苦情は客室の狭さや古さということではない。苦情は期待したサービスが提供されないことで、清潔さ、客室清掃の実施時間帯、部屋の安全面の対策等である。ホスピタリティー産業では、顧客の価値判断の基準は、商品の品質、サービスの品質から受ける彼らの個人的な視点で決定される利益から彼らが支払う価格を差し引いたものとなる。この関係は次の数式であらわされる。

受け取った利益－価格(支払金額)＝価値

ホスピタリティー・サービスは無形の利益を提供することから、利益の計算式は表3.4に示す様に容易に転換する。数学の基礎があれば、次の様に表現できる。

$$（A＋B）－C＝D$$

A＝有形商品から受け取る利益（Perceived tangible product benefit）
B＝無形のサービスから受け取る利益（Perceived intangible service benefit）
C＝価格（Price）
D＝価値（Value, Profit）

表3.4　購買者の価値判断に関する数式の別の見方

元の購買者の価値数式	受け取り利益－価格＝価値
改定された購買者の価値数式	有形商品の利益＋無形サービスの利益－価格＝価値

この数式を使うと次の通りとなる。

Aが増加すればDは増加する。

Bが増加すればDは増加する。

AとBが増加すればDは増加する。

Cが減少すればDは増加する。

商品（A）とサービス（B）の増加が一貫して、また著しく価値（D）の増加に影響することが分かっていながら、残念なことに、レベニュー・マネージャー始め多くの経営者が購買者の価値（D）に変化を与えるために価格（C）の引下げに傾注してしまっている。

商品の品質やサービスの品質の変化は長期間をかけてやっと購買者に知られることを認識しなければならない。しかし、価格の変化は驚くほど即座に購買者の価値判断を変えさせる力がある。不幸なことに価格の持つ異常な力は誤解される場合が多く、そのため誤用され、効果を損ねることがある。

価格はマーケティングの4Pのなかで、最も力強い要素だ。レベニュー・マネージャーはほとんどの消費者との取引において価格があたかもスパイダーマンのごとく振舞うことを知っている。価格は正に力強く、信じられない速さで大きな効果を上げることが出来る。戦略的価格設定は事業の商品（Product）や場所・流通（Place）とは無関係に売上の最適化を実現することが可能だ。なによりも良いことは、戦略的価格設定はレベニュー・マネージャーが即座に且ついつでも利用可能な道具である。

数式で示した通り、価格の減少はほとんどの購買者に価値の増加を信じさせる。しかし、問題も引き起こす。レベニュー・マネージャーは低い価格が自動的に購買者の高い利益につながると間違って結論付けることがある。数式上ではそうかもしれないが、購買者の価値の視点に関する現実の世界での反応はしばしばその通りにはならず、逆の効果をもたらすことがある。大きな意味で品質とサービスと価格の関係に関する混乱は価格の持つ恐ろしく大きな力が直接の原因である。極端に高い価格は同様に消費者の価値の受け止め方を高い水準にすることはない。ほとんどのレベニュー・マネージャーはそれを理解している。また、低い価格設定は必ずしも購買者の高い価値判断や、売り手側の利益と同義語ではない。この事実はプロクター＆ギャンブルのCEO、A.G.ラフリー（A.G. Lafley）氏がウォルマートの言う「価格が世界を制す」にコメントを求められて言った言葉に良く表現されている。

「世界を制するのは、価格ではなく価値だ。それには、数多くの証拠がある。多くの消費者は、よいデザイン、よい品質、高い価値、素敵な体験に多くのお金を払う。しかし、価格は支払う決断をする一部の要素ではあるが、多くの場合、決定的な要素ではない。」

顧客はゆるぎなく低価格を好むか？　勿論それはその通りだ。君もそうだろう。低価格は購買を力強く刺激する。マクドナルドが上級コーヒー市場に参入した時、スターバックスより種類は少なかったが、価格をスターバックスより40セントから80セント安くしたことにより、即刻戦略的価格設定の効果をあらわした。戦略的価格設定はレベニュー・マネージャーが購買者の価値判断に価格を合わせる必要があることを証明した。また、別の言い方をすれば、戦略

品質とサービスと価格の関連性　　79

RM の報道記事　3.3　コカ・コーラかペプシ・コーラかどちらですか？

　米国ではソフト・ドリンクが販売される飲み物のなかで圧倒的に人気がある。コカ・コーラ・クラシックが売上ナンバー・ワンで、次にペプシ・コーラが続く。コーク（コカ・コーラ）もペプシも優れた商品だ。どちらの会社も我が社の商品の味が最高だと主張する。レベニュー・マネージャーが勤務する会社でコークかペプシのどちらを販売しているかという事実が必ずしもソフト・ドリンクに関する戦略的価格設定の根拠になることはない。コークをペプシよりも高く販売することに意味はない。彼らが販売する多くの他のホスピタリティー商品に関しても、基本的概念が当てはまることを認識することが重要だ。その基本的概念とは、商品が明らかに独創的で、品質の差が歴然と識別される場合に限り、その商品の品質が戦略的価格設定の判断要素となることが許される。極めて品質の高い商品には常に高額の値札が付けられ、一方低品質の商品は値引き販売される。

　しかし、レベニュー・マネージャーが認識すべきは、戦略的価格設定に最も影響を及ぼす重要な要素は商品の品質ではなく、サービスの品質だということだ。レベニュー・マネージャーにとっての朗報は、サービスの品質を左右する要素は遠方の製造会社ではなく、自分達自身だということだ。

RM の実践　3.2

　「来週末、まだ販売可能な客室は幾つ残っていますか？」とレノックス・スイーツのベン・ハンフリー支配人は質問した。

　「165室です。」とレノックスのフロント・マネージャーのヒラリーが答えた。

　「少し強気過ぎたようだね。」とベンは言った。

　ベンとヒラリーが来週末の客室レートを相談しているのは、木曜の午後で、問題の金・土・日の8日前である。問題の3日はレノックスの立地する地域の会議場で開催される国際家畜飼育協会の大会と完全に重なっている。

　ベンとヒラリーの二人はレノックスのレベニュー・マネージャーの職を担い、客室レートの打ち合わせを行っている。

　「大会の関係者は会議の参加者数が増えると言っていた。だから、レートを通常料金のラックレートの2割増しで暫く様子を見るつもりでいた。もし、これほど参加者が弱含みだと知っていたら、もっと早く値下げできたのに。しかし、今日現在200室しか予約がなく、残っている165室を売り切るには、早く動かなければならない。」とベンは言った。

　ヒラリーは、「どうしましょう？」と質問した。

　「とにかく、1泊299ドルのレートを199ドルに値下げしよう。すぐウェブに乗せてくれ。来週の木曜までに完売できなければ、更に50ドル値引きしよう。それで、全室完売できるはずだ。」と答えた。

1．購買者の価値方程式を思い起こしなさい。ベンの価格戦略は著しく購買者の利益を押し上げ、その結果、完売に寄与すると思いますか？
2．ベンの価格戦略は、既にレノックスを予約してしまった顧客の価値判断にどの様な影響を与えるか考えなさい。
3．既にレノックスを予約している顧客が、値下げされた新しいレートに気付く可能性はありますか？　もしあるとすれば、どの様な方法で気付きますか？　ヒラリーになったつもりで、既に予約してしまった顧客から電話があり、新しい値引きレートに変えてくれる様に依頼されたら、どの様に対応するか、答えなさい。

80　第3章　価値

RMの報道記事　3.4　コーヒー戦争

　2008年にマクドナルドは高級コーヒー市場に大規模に進出すると発表した。高級コーヒー市場で業界首位のスターバックスはすぐに気付いた。ウォール・ストリート・ジャーナルはスターバックスの反応を掲載した。

　安売り販売業者の競合が増えてきたため、スターバックスは本拠地の店舗で実験的に小カップのドリップ・コーヒーを1ドルで販売し、おかわり自由とする。これは、シアトル地区の店舗が通常8オンス（2分の1パイント）のコーヒーより50セント安いことに相当する。

　記事の続きを読むと、スターバックスは昨年、乳製品の原価高騰を受け、コーヒーの平均価格と他の新鮮な飲み物を9セント値上げした。この値上げは、全米の消費者の来店数の伸びを止め、スターバックスの歴史で初めて業績が下降を見せるなか、売上を支える役目を果たした。

　スターバックスのCEOに返り咲いたハワード・シュルツ（Howard Schultz）会長は、会社の主要な問題点は顧客視点を離れ、成長に走ったことだ、と述べた。

　有能なレベニュー・マネージャーなら、原価の上昇と、販売価格の値下げは一般的に企業の利益を損なうことを知っている。しかしながら、シュルツ会長は、スターバックスの中核の顧客に対するサービスよりも、売上偏重に傾いた失敗を指摘した。

的価格設定はレベニュー・マネージャーが、顧客が喜んで支払う金額に価格を合わせることだ。しかし、理性ある多くの顧客が皆一致して低価格を求めていることを認識した時、レベニュー・マネージャーの仕事は大きな挑戦となる。市場の現実を良く理解しないと、戦略的価格設定は非常に複雑となる。事実、消費者の価値判断に基づく価格設定に対する欠陥の指摘は、どの様な顧客が商品やサービスに喜んで支払うかを正確に知ることが極めて困難なためだ。市場に低価格の選択肢が存在する場合は特に困難だ。戦略的に価格を設定することを学ぶことは極めて困難だが、だからそれを学ばないと言う理由にはならない。イギリスの作家で数学者、哲学者のバートランド・ラッセル（Bertrand Russell）氏は次の様に指摘している。

　「研究者にとって最大の困難は、解決法を見込んで問題を設定することだ。」

戦略的価格設定の科学と技術

　レベニュー・マネージャーは分析の最終段階で、困難はあるものの、価値を評価し、販売する商品やサービスの戦略的価格を設定する責任がある。第2章では、購入者の価値の受け止め方に合致する戦略的価格設定にデータ分析と洞察力の活用が必要なことを学んだ。レベニュー・マネージャーの中には、戦略的価格設定は純粋な科学ととらえ、データ収集や分析面に傾注する者がいる。おそらくこれが原因で、数学的方程式主導の価格設定が彼らの間で人気がある。また、別のレベニュー・マネージャーは戦略的価格設定を技術だと考えている。これらのレベニュー・マネージャーは、売上最適化の意思決定に、彼らの経験や直観、洞察力が重要だと強調する。これらは共に対立するものではなく、それぞれの観点は思慮ある考察に利益となる。

データ管理の科学

事業の多くの分野で科学対技術に対する提起がなされる。例えば、「並はずれた力量の料理人は養成出来る」と言う信念は、優れた料理人になりたい人は誰でも科学的な教育を受けることにより希望を実現出来ることを意味している。一方、「並はずれた力量を持つ料理人は、育てることはできないが、見つけ出すことは出来る」と言う信念は、才能ある歌手や運動選手の様に、シェフが先天的な能力を持っていることを意味している。

同様に、基本的なレベニュー・マネージメントに関する質問は、「有能なレベニュー・マネージャーは洗練された数学的手法と科学的理論の先端的教育による効果的な価格戦略の技術を身につけなければならないか？」と言うものであり、多くの人がその通りだと信じている。

素晴らしい著書「価格設定と売上最適化」の序章で、ロバート・フィリップス（Robert L. Phillips）は次の様に書いている。「本書はコロンビア大学とスタンフォード大学で開発された価格と売上最適化の教育コースから生まれた。本書の主な読者は MBA のマスターや学部の学生である。受講生は確率モデリングや最適化理論、微積分等に精通している学生を想定している。しかし、ホスピタリティー産業の多くのレベニュー・マネージャーはここにあげた数学、統計の知識はない。それでもレベニュー・マネージャーになれますか？と問えば、ほとんどの場合、答えは勿論その通りだ。」

大多数のレベニュー・マネージャーはデータ分析を慎重に行い、効果的な戦略的価格設定を行うことが出来る。事実、そのために用いられる特別の手法は第 6 章から第11章の大部分を構成する。また第 3 章で紹介したように、初歩の数学を適用するだけでも、レベニュー・マネージメントの便利な技術となる。また、レベニュー・マネージャーの中には価格設定にあたり、高度に洗練された数学のモデルを駆使する者もいる。この類のデータ管理は非常に助けになる。しかし、レベニュー・マネージメントのコンサルタントには、最も洗練された統計学者でなければ確立モデルや対数モデルを用いるホスピタリティー商品の価格設定は理解不可能だと言う人がいる。そのような指摘や見方は現実的でなく、根拠がない。

ホスピタリティー産業のレベニュー・マネージャーのほとんどにとって、日々収集、蓄積、分析するデータがあればレベニュー・マネージメントの意思決定に十分だ。収集した情報を適切に適用する分析技術は、平均的レベニュー・マネージャーの理解を超えるものではないし、またそうであってはならない。何故なら、レベニュー・マネージメントはロケットを飛ばす科学の複雑さとは比較にならない。しかし本当にそうだろうか？ レベニュー・マネージメント「市場独占のための中核技術」の著者ロバート・クロス（Robert Cross）は、ロケット以上に複雑だと信じている。彼は次の様に表現している。「純粋に数学的観点から見ると、レベニュー・マネージメントに用いられる予測と最適化は、宇宙船の発射より遥かに複雑だ。地球から月面までの物理の法則は変わらないが、アメーバの様な市場の非協調主義的消費者は絶えず変化し続けるからだ。」

クロスのコメントを注意深く読めば、クロスがデータ管理の適用の重要さと同時に、戦略的価格設定にあたり、レベニュー・マネージャーの洞察力が重要なことを認識していることが明らかになる。クロスの言葉は正にその通りだ。何故なら消費者は絶えず変化し続け、アメーバ

市場が存在するなかで、レベニュー・マネージメントと戦略的価格設定の決定的な局面はデータ管理と洞察力だ。

　戦略的価格設定に携わるレベニュー・マネージャーは、関連するデータから集めたデータを収集し、分析し、適用する能力がなければならない。彼らは天文学者のカール・セーガン（Dr. Carl Sagan）博士が言った言葉の重要性を認識しなければならない。「沢山のことを知っていることと賢いことは同じではない。知能は情報のみではない。情報を如何に収集し活用するかを判断する能力が必要だ。」レベニュー・マネージャーが商品やサービスの値段を決める時、彼らの経験と洞察力を適用し、収集したデータを活用することが重要である。

洞察力の適用技術

　定義が示す通り、データ管理は戦略的価格設定に必要な要素である。しかし、価格設定の過程で洞察力を動員することも同様に重要である。洞察力とは、複雑な人間の性質、実態、立場を明確に且つ直観的に見極める能力と定義できる。これは、ホスピタリティー産業で働くレベニュー・マネージャーにとって求められる技術そのものを表現する完璧な言葉だ。レベニュー・マネージャーは戦略的価格設定を決断するにあたり、複雑な人間の性質をもつ彼らの顧客と、現実に彼らが行う商品に対する価値判断を明確に、そして直観的に見極めなければならない。

　幸いなことに、戦略的価格設定に関連する洞察力は価格設定の経験を積むごとに増加する。では、一般的に言って経験を積んだレベニュー・マネージャーは、経験の浅いレベニュー・マネージャーより、戦略的価格設定を上手に行うことが出来るだろうか？　多くの場合、答えは「はい」だ。何故なら、経験を積んだレベニュー・マネージャーは分析の最終段階で、価格は主観的価値観に付ける客観的な数字だということを認識しているからだ。戦略的価格設定は技術（art）と考えられる一方、同時に技能（skill）と分類される。技能は練習により上達するのと同様、レベニュー・マネージャーも経験を積むことにより上達する。しかし、彼らがデータの分析と同時に洞察力の適用が重要だと認識した時、最も進歩する。イリノイ大学ケント・モンロー（Kent Monroe）教授は彼の卓越した著書「価格：利益を上げる意思決定」で、次の様に書いている。「価格設定は単純に数式にまとめられるものではない。価格設定には沢山の相互作用する要素がある。成功を収める価格設定には、内部的要素、外部的要素の全てを考慮し、変化が起これば適切に対応することが要求される。成功する価格設定とは適応の手順と言ってよい。」

　多くの場合、如何に適応するかを学ぶことは、基本技能を習得したあと、実務経験から学ぶ手順と言える。車の運転は、実際に車の操作ができても、本を読んで交通ルールを勉強し、免許を取るまで一般の道路での運転は許可されないのと同じで、レベニュー・マネージャーも実際の業務にあたる前に、戦略的価格設定の手順を完全に理解する必要がある。

　以上、第2章の価格と第3章の価値双方の複雑な概念を把握したことにより、第4章の唯一重要な経済概念である階層価格（differential pricing）を研究する準備が整ったことになる。

　複数の事業所の価格設定に責任を持つレベニュー・マネージャーのために、複数の事業所、施設からデータを集積し、一覧にまとめる手法に注目しなさい。様々な事業所のデータを、利用しやすい形式で取りまとめることができれば、レベニュー・マネージャーの戦略的価格設定に洞察力を働かせることが容易となる。

学んだ知識を応用しなさい　83

RM のウェブサイト　3.2

　戦略的価格設定関連のデータ管理能力を強化する目的で、先端技術システムを導入するホテル経営者が増加している。この分野で最も革新的な会社の1社はデータビジョン・テクノロジー社だ。この会社の技術は、傘下のホテル施設で使われている施設管理システム (PMS: Property Management System)、販売システム (Sales)、宴会システム (Catering)、給与計算システム (Payroll)、ゴルフ場管理システム (Golf)、ヘルス・美容システム (Spa)、その他 POS 情報等の様々なシステムのなかからデータを収集し、データ貯蔵庫 (Data warehouse) の構築を可能にする。詳細は www.datavisiontech.com を参照のこと。

重要な用語

■無形の利益 (Intangible benefit)　■弁済補償支出、立替払い (Reimbursable expenses account)
■会議企画者 (Meeting planner)　■品質 (Quality)　■サービス (Service)　■サービスの
4つの I (Four I's of Service)　■生産・在庫の空転 (Idle production capacity)

学んだ知識を応用しなさい

1. ホスピタリティー商品の販売において、商品の品質とサービスの両方が重要であることを学んだ。あなたが最近購入したホスピタリティー商品を考えなさい。その際、販売側の会社のなかで、品質とサービスがあなたの期待に合致したかどうかについて、最も影響を及ぼした個人は誰であったか答えなさい。

2. 商品の品質、サービス、価格の3つが購買者の価値判断を決定する主な要素であることを学んだ。AとBの価値の方程式を対比してみなさい。A：あなたが10分で済む昼食を探している。B：あなたが恋愛感情を抱く相手と豪華な晩餐を楽しみたい。あなたがそれぞれの価値を評価する要素と方法は不変であったか？　あなたの答えとホスピタリティー産業のレベニュー・マネージャーの思考との関係を答えなさい。

3. 第3章では購買者の受ける利益の認識は購買者の期待と同等であることを学んだ。自分自身の期待に反する買い物をしてしまった時のことを考えなさい。その時、自分自身の責任か、又は販売者側の責任か、どちらが期待を裏切った原因と考えるか？　その購買で、あなたが落胆したことを仮に販売者が取り除くことが出来るとすれば、具体的に販売者がどの様な手順を取らなければならないか説明しなさい。

4. 研究の結果、普段は節約する購買者が、自分のものを他人のお金で購入する時は（価格方程式C）、普段より価格に無頓着になる。この様な場合、ホスピタリティー産業関連でこれらの購買者がとる普段とは違う購買行動を具体的に3つ以上証明しなさい。また、この様な購買行動における変化をレベニュー・マネージャーが認識することの重要性はどこにあ

84 第3章 価値

るか答えなさい。

5．ホスピタリティー産業の宿泊業分野では、多くのホテルの経営者が直接ホテルにやってきた
顧客や電話をしてきた顧客に対し提示する客室のレートをフロント・デスクのスタッフや夜
勤の帳簿係に任せている。レベニュー・マネージャーの立場から考えて、彼らスタッフが提
示するレートを決断する助けになると考えられる具体的な価格と価値に関する訓練は何か？
また、ホテルのなかで、その様な教育を行う責任のある部署はどこか答えなさい。

重要な概念のケース・スタディー

「貴重な時間を割いて出席いただき、ありがとうございます。」と、バルセナ・リゾートのレ
ベニュー・マネージャーのダマリオは言った。ダマリオは新設された戦略的価格設定とレベ
ニュー・マネージメント諮問委員会のメンバーに挨拶していた。「ご存知のように、支配人の
ソフィアから諮問委員会の議長を任せられました。来月作成する売上最適化計画と戦略的価格
決定に直接影響する様々なご意見をお聞きしたいと思います。」と続けた。

ホテルの経理担当役員のマーク・チャップリンは「私の考えを言いたい。」と言った。「ホテル
のオーナーの期待と、ホテルの経理的苦境を考えると、我々は高額の支払い能力があり、高級な
商品を求め、高額支払意欲のある最上級の顧客をビジネスの対象にすべきだ。即ち、リゾート
に保養に行く人々のうちで、上位15％のマーケットだ。この市場のお客は我々のレートに文句を
言ったりしない。そうすれば、我々の運営経費を賄えるだけの販売価格の値上げが達成可能だ。」

「マーク、そのようなお客さんは事情に精通していて、彼らの要求する水準は極めて高いで
す。我が社の提供する商品が常に彼らの期待を満たせるか、疑問です。」とホテルの販売部長
のパムが言った。

すると、ホテルの客室マネージャーのアドリアンは、「私は競合他社に十分対抗できる部屋
を提供できます。顧客は我々が傑出した品質の商品を提供すれば、高額でも問題にしないはず
です。」と反論した。

「我々の部門の最高の商品とは正に我々の調理する最高の料理と同様、特別に訓練を受けた
スタッフがサービスを提供することだ。肉を焼き過ぎたりしないし、給仕は好意的で、知識も
豊富だし、有能だ。それが我々の高品質の料理の秘密だ。」と飲食部長のサムが言った。

「その通りです。良いサービスの提供は、その一つ一つが我々の商品の品質に極めて重要で
す。したがって、従業員教育は大変重要です。」とダマリオが応え、人事部長のシンジ・ラ
クーニを見た。「シンジさん、あなたは全部門のスタッフ全員に既定の教育・訓練を実施して
いますか？」

シンジは俯き加減で困った様に目の前に広げた資料を見ながら応えた。「多分、各部門の責
任者に聞いてもらった方がいいと思います。皆、私よりもそれぞれの部門の最新の情報を持っ
ているはずです。」

「ホテルを開業した当時は、従業員教育に力をいれました。その後、予算がきつくなると、
多分他の部門も含め、皆教育を削減していると思います。」とアドリアンが答えると、他の部

門長も皆うなずいた。

　ダマリオは即座に競合他社の状況を考えた。それらのいくつかはバルセナより新しく、バルセナにはない近代的な設備を備えている。中にはバルセナより古く、年代を感じさせる老朽化したホテルもあるが、しっかり手入れが施され、しかもバルセナより安いレートで販売している。全体でみれば、競合相手は新しいホテルも古いホテルも存在する。サービスは競合相手の彼らが提供していないものもあれば、彼らが提供していてバルセナが行っていないものもある。バルセナは開業5年の施設としては、この地区のなかで、それなりの商品の品質を提供出来ている。しかし、そう考えると、問題はサービスの品質が足りないことだ、とダマリオは感じた。

　「その通りです。」とフロント・オフィスのマネージャー、アマンダが発言した。「人件費がぎりぎりで、チェック・インやチェック・アウトの必要最小限の配置しか出来ないから、教育・訓練にスタッフを出す余裕が全くありません。」

　「アマンダがぴったり言い当てた。」とリゾートのハウス・キーパー部門長のベブが言った。「スタッフの人数にゆとりがないから、部屋の準備で精いっぱい。予算があれば、スタッフに教育・訓練を受けさせたいわ。そうすれば、客室の品質も上がるし、客室点検の時間も短縮できる。」

　「それが最上級顧客市場に特化しなければいけない理由です。そうすれば、教育・訓練に回す費用も賄える売上が期待できるし、その他の様々な問題も解決できます。」とマークが言った。

　パムを除いて全部門長が同意してうなずいた。

　パムは「今の経済状況で値上げが出来ると思いますか？」と大声で言った。「それはいいかもしれないけど、営業部隊は値上げしたら、売り切る自信はありません。」と困った素振りでダマリオを見ながら切り上げた。

考慮すべき項目

1．ダマリオは最新の競合状況報告を見て、バルセナの客室の物理的品質や食事の品質は地域のなかで、中間の水準だと知った、と仮定して考えなさい。購買者の見る価値に関する方程式を思い出し、マークが提案した価格戦略に沿い即座に値上げを実施した場合、どの様な影響がでるかを考えなさい。

2．ダマリオは諮問委員会でバルセナが正規のスタッフの教育・訓練を実施できない理由が予算の不足と時間の不足の二つであることを認識した。ダマリオの究極の目標は競合他社より相対的に高価な商品を販売可能な能力を備えることにある、と仮定して答えなさい。目下のスタッフ教育・訓練不足に起因する平均以下の顧客サービスと商品提供状況で、ダマリオの目標は達成可能と思いますか？　また、その回答の理由を答えなさい。

3．現在、バルセナより新しいホテルとほぼ同等の販売条件で400泊の受注競争をしている、と仮定して次の質問に答えなさい。マークはパムが提出する見積もりにどの様な助言を与えると思いますか？　この取引において、あなたが顧客の立場であれば、パムの提案にどの様な反応を示しますか？　第3章で学んだ内容をもとに、答えを補足しなさい。

4．マークの価格戦略は、即時値上げを実施することにより、商品品質とサービスの改善を賄う売上を確保することであると仮定して次の質問に答えなさい。あなたはマークの仮説が実現可能だと思いますか？　購買者の価値の方程式を用いてあなたの答えを説明しなさい。

第4章

階層価格（Differential Pricing）

第4章の構成

レベニュー・マネージメントの10原則
階層価格
階層価格の限界
階層価格の適用
　　顧客特性
　　場所
　　時間
　　量
　　流通経路
　　商品の加工による多様化
　　包括価格
　　支払い条件
レベニュー・マネージメントか、売上の最適化（Revenue Optimization）か？

第4章の要点

1．階層価格の詳細説明；同じ商品や同等のサービスを、異なった価格で異なった顧客
　　に販売する手法。
2．レベニュー・マネージャーが階層価格を適用する8技法の研究。
3．レベニュー・マネージャーの行動や目標を定義する新しい用語の検証。

レベニュー・マネージメントの10原則

　第1章から第3章で全てのレベニュー・マネージャーが理解しなければならない二つの概念として、価格と価値の基本原則を学んだ。第4章では効果的な事業収入の管理に求められる戦略、戦術、意思決定の手順を学ぶ。これらの技法を学ぶ前に準備が重要である。ここまで学んだあなたは、効果的なレベニュー・マネージメントの基礎についての多くを既に理解している。先ず、あなたがこれまで学んだ重要な情報は次の10の原則としてまとめることができる。

1. 事業は顧客の利益を創造するためにのみ存在する。
2. 成功する事業は、内面、即ち自分の欲求に注目するのではなく、外部、即ち顧客の要求に焦点をあてる。
3. 消費者は自分が支払う金額に対し、自分が受け取る価値が見合うか否かに基づき、理性的な購買の決断を行う。
4. 商品やサービスの真の価値は購買者が商品やサービスに示す支払い意欲と同じである。
5. 商品の品質は重要だが、ホスピタリティー関連の商品とサービスの価値を顧客に届ける時、商品の品質同様、サービスの品質が重要である。
6. 商品の品質、サービスの品質、販売価格の如何なる変更も、購買者の価値判断に直接影響を及ぼす。
7. 一見単なる数字に思えるが、価格は売り手から買い手に対する力強い意思表示だ。
8. 同じ商品やサービスに異なった購買者が異なった価値を認める結果、彼らは異なった価格に購買意思を示す。
9. 戦略的価格設定は、データと洞察力を適用して、効果的に購買者の価値判断と支払い意欲に見合った販売価格を求めることである。
10. レベニュー・マネージャーは事業の収入と利益を最適化する直接の責任を負う個人またはチームである。

　これらレベニュー・マネージメントの10の原則を知ることは必要なことであるが、十分ではない。レベニュー・マネージャーはこれらを適用する技術と知識を身につけなければならない。9番目の原則を考えなさい。

　　「戦略的価格設定は、データと洞察力を適用して、効果的に購買者の価値判断と支払い意欲に見合った販売価格を求めることである。」

　レベニュー・マネージャーが報告される様々なデータにまつわる決断を行う前提として、レベニュー・マネージメントのデータを取りまとめ評価する基礎となる財務会計、管理会計、経費管理、基礎数学等を深く理解することが必要だ。
　例えば、団体予約取扱業者が50室の予約を申し込んできたと仮定する。この業者は1泊179ドル99セントの客室レートを了承した。しかし、そのレートに翌朝のフルメニューの朝食バイ

キング（バッフェ Buffet）を含める様依頼している。この例では、特定の朝のフルメニューの朝食バイキング50人分に必要な固定費、変動費を十分理解する必要がある。食材、人件費、その他顧客の要望を満たすための費用の正確な計算が必要なことを認識することが重要だ。しかし、正確な計算は意思決定者に貴重なデータを提供するが、そのような情報は朝食のバイキングを準備する費用の計算に精通した責任者からしか得られない。

　今説明した会計や経費に関する系統的教育課程は整っているので、当然のことながら読者はこれらの教育課程を修了しているか、または、実務経験を通じて同等の知識を習得しているものと理解する。より専門的なレベニュー・マネージャーの中には、更に沢山の技術を必要とするレベニュー・マネージメントのツールを駆使する人もいる。彼らは、最適化理論、微積分学、重回帰分析や更に先進的数学や統計学の技法を利用する。著者は読者にこれら先端の学問分野にまで精通することを求めるものではない。これら先端の数学に対する理解は、レベニュー・マネージャーの更なる目標の達成を助ける知識ではあるが、実際はパソコンを使う時にコンピュータのプログラムを理解していること以上にホスピタリティーの効果的なレベニュー・マネージメントに不可欠なものではない。

　データの解読に必要な経験の他、9番目の原則では販売価格の決定とレベニュー・マネージメントにとって、洞察力の適用が重要だと指摘している。そのためには、ホテルの運営、飲食部門管理、宴会管理、経済状況、顧客の選別を行うためのマーケティングやサービスのマーケティング、消費者心理、企業倫理、消費者価格に関する法規制等に関する知識が要求される。そのため、これらのレベニュー・マネージメントに関する法律や規制については第5章で取り上げるが、それとは別に、当然これらに関する洞察力を正式な教育課程修了か、実務（OJT: On the job training）を通して修得しなければならない。

　経験豊かなレベニュー・マネージャーにとって収入管理は最も理解されている問題であるため、今後本書に出てくる用語、概念、技法を理解するには産業における十分な経験、経歴が必要になる。あなたが正規の教育課程を受講する場合、講師はあなたが精通していない分野についても、全ての面で教える能力がある。あなたが独自にレベニュー・マネージメントを勉強する場合、データの分析や洞察力等に関する分野の教育・訓練が不足しても、それらに関する豊富な教育機会を利用すれば問題ない。その結果、価格と価値についての理解とホスピタリティー産業に関するゆるぎない理解を得ることが出来れば、売上最適化のためにレベニュー・マネージャーが如何に戦略的価格設定を適用するかを学ぶ準備が整ったと言ってよい。

階層価格（Differential Pricing）

　4番目の原則では「商品やサービスの真の価値は、それらに対し購買者が示す支払い意欲と等しい。」と言っている。従って、企業の価格戦略は**価値基準価格**を基礎としなければならない。ここでの目的はレベニュー・マネージャーが**階層価格**を活用した場合の相乗効果を研究することにある。業界の専門家には価値を基本に販売価格を導くことは出来ないし、そうあってはならないと考える人もいる。経理部門の経歴が長い経営者は、しばしば数学的な手法で価格設定する。この様な手法の典型は、固定費、変動費、望まれる利益率、オーナーの初期投資等

階層価格（Differential Pricing）　89

を念頭に置く。これらの専門家が熟知した用語はハバート式客室レート計算、レストランのための貢献利益価格（限界利益価格 contribution margin pricing）、投資利益率等である。これらの用語になじみのない読者やこれらが価格判断に与える影響を知りたい読者はホスピタリティー関連の書籍から簡単に見つけることが出来る。

　同様に、価格設定をマーケティング関連の仕事ととらえる経営者は、マーケティングの目標に応じて様々な価格決定手法を用いる。これらの手法には、上層吸収価格（skim pricing）、市場浸透価格（penetration pricing）、中立価格（neutral pricing）、費用基準価格（cost-oriented pricing）、需要対応価格（demand-oriented pricing）、競争基準価格（competitive pricing）等がある。

　経理志向価格やマーケティング志向価格はあるものの、どちらも**固定価格**を推奨している。

　経験豊かなレベニュー・マネージャーは固定価格よりも階層価格のほうが競争力を持つことを知っている。事実有能なレベニュー・マネージャーの極めて重要な仕事のひとつに**在庫管理**があるが、階層価格は理性的な在庫調整能力をもつ。

　階層価格の威力に関する理解を深めるため、先ず、中規模都市の500室の**ブランド・ホテル**のレベニュー・マネージャーになったつもりで考えなさい。ホテルの経営を担う立場として様々な責任を持つが、先ず重要な情報は、RevPAR と GOPPAR を決定する次の二つとなる。

　　１．稼働率（Occupancy rate）毎晩、全客室のうち何室販売しているかの比率
　　２．ADR（Average Daily Rate）販売された客室の平均販売価格

　フランチャイズ参加契約をしているブランド・ホテルの場合、レベニュー・マネージャーはオーナーの許可があれば、自分が正しいと思う価格を自由に設定することが可能だ。米国ではフランチャイズ本部が傘下の加盟ホテルの販売価格を先導することを禁止している。

　ホテルの知名度や競合他社に関する市場調査を行った結果、このホテルが提供する客室の品質やサービスに対し、この都市を訪れる旅行者は１泊150ドルの支払い意欲を示すと仮定する。また、１客室を販売した場合の管理可能経費（客室変動費）は75ドルと仮定する。

　以上の前提で販売の選択肢を考える。販売価格をいくらにするか？　販売数にこだわれば、１泊１ドルのレートにすると、毎晩500室全室完売となる。これにより客室稼働率は最大化される。毎晩稼働率100％を達成可能だ。勿論様々な理由からその様な判断はしない。第一に、

❖重要な用語❖

価値基準価格（Value based pricing）　企業の取り扱う商品やサービスに対し消費者が感じる価値判断をもとに価格を設定する手法。

階層価格（Differential pricing）　同じ商品やサービス、又は少し加工した商品やサービスを、異なった価格で異なった購買者に販売する。需要対応価格、市場区分価格、多様価格、差別価格と呼ばれることもある。（原語のディファレンシャル・プライシングは直訳では差別価格、格差価格となるが、翻訳では階層価格を用いる。）

固定価格（Fixed pricing）　同一価格販売。同じ値段で全ての購買者に販売する手法。一物一価。

在庫管理（Inventory management）　様々な価格で様々な流通経路に在庫商品を引き当てる業務。また状況により引き当て数を変更すること。

ブランド・ホテル（Branded hotel）　業界用語で、全国チェーンに参加契約しているホテル。

売上金額がホテルを運営するために必要な費用を賄うことが出来ないことが最大の理由だ。一方で、レートを300ドルとすると、支払い意欲の2倍であり、あまり売れないと思うが、もし1室でも売れれば、ADRは最高になる。ここで、固定価格手法をとれば、支払い意欲と一致する多くの顧客に客室を販売することで収入の最大化が可能となるであろう1泊150ドルが論理的な選択になる。販売客室数と支払い金額の交差点は図4.1の通りである。

レートを150ドルとした場合、一日250室販売出来ると仮定する。第1章で学んだホテル関連の計算式を使い客室稼働率を計算すると、50％となる。

客室稼働率＝販売客室数250÷総販売可能客室数500＝50％

同様に、ADRは150ドルとなる。

ADR＝客室総売上150ドル×250室(37,500ドル)÷販売客室数250室

RevPARは75ドルとなる。

RevPAR＝客室総売上(37,500ドル)÷総販売可能客室500室

稼働率50％、ADR 150ドル、RevPAR 75ドルが250室の販売から示され、図4.1のAとなる。更にGOPPARは37ドル50セントとなる。

GOPPAR＝(収入(37,500ドル)−管理可能経費(250室×75ドル))÷総販売可能客室500室

ここで、固定価格又は単一価格の問題点をふたつ指摘しておく。第一に、支払い意欲が150ドルを超える顧客から支払われる収入の上積みがない。図4.1のBで示される高級志向の顧客は、あなたの客室に対し一般の顧客が感じる価値より高い価値を見出し、その結果一般の顧客より高い金額を支払う意欲を示す。eBayの例で学んだように、あなたの客室に対し、ある人が考えた価値より、更に高い価値を認める人がいることは驚くにあたらない。超過分、または

図4.1 階層価格の可能性

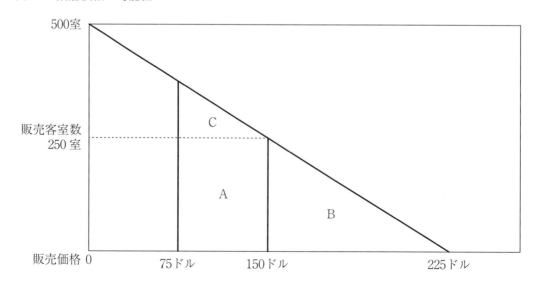

差額は、この例では225ドル支払う意欲がある顧客がいると仮定し、75ドルとなる。その結果、225ドル支払っても良いと感じていた顧客は実際には150ドルしか支払わず、75ドル節約したことになる。経済学者は購買の節約を**消費者余剰**と呼ぶ。

　消費者余剰は単に支払い意欲と、それよりは実際に少なく支払った金額の差である。この例で、客室販売にあたり、消費者余剰の全てまたは一部でも獲得出来れば、大きな収入増を達成することを考えなければならない。図4.1のBは、市場において、150ドルの固定価格により消費者余剰を受ける顧客を示している。特筆すべきは、固定価格の場合、本来合法的に獲得できる消費者余剰を除去してしまうことだ。その結果、ホテルの清潔さ、素晴らしいサービス、能力が高く前向きなスタッフの態度等に特別に配慮を行い、ホテルの特色を顧客の評価の増加につなげる努力をしているにもかかわらず、あなたのホテルはその対価を全く回収することはない。その結果、固定価格戦略は故意にホテルの売上を減らすことになる。

　固定価格に関する二番目の重大な問題は、図4.1のCで示される多くの顧客を獲得出来ないことだ。彼らは150ドルまでの支払い意欲はないが、ホテルの客室を提供するための変動費を上回る支払い意欲を持っている。その結果、仮に76ドルで販売すれば、変動費の75ドルを賄い、残りの１ドルは固定費を賄う収入に貢献することが出来る。ホテルの特性として、固定費の比率が高く、この様な顧客への販売は魅力的であり、実際に設定する販売金額によっては大きな利益となる。これは、放っておくと客室が売れ残る場合、特に重要だ。この場合も固定価格戦略は故意にホテルに損失を負わせる結果となる。何故なら、150ドルは払えなくても75ドル以上は支払える顧客に販売できるのに、販売をする努力をしないからだ。問題を複合的にとらえると、固定価格の場合、低価格志向の企業の市場参入を促すことになり、もしそのような競合相手が既に存在する場合、彼らの競争力を強化することになる。仮に149ドルか、それを下回るレートにすれば、多くの販売数につながるだろう。

　経験豊富なレベニュー・マネージャーは一般論として、全体の市場に一つの価格を設定するよりも、市場を分割し、それぞれに適した価格を設定する方が良いと知っている。勿論、それでは一体市場を幾つに分類し、価格帯を幾つ設定すればいいかと言う質問が起こる。この質問には個々の施設の環境をもとに答えるのが最良だが、少なくともここでは、最低限の設定で、階層価格の力を示すため３段階の価格戦略を実行してみよう。先ず低・中・高に分け、低を100ドル、中を150ドル、高を200ドルのレートとする。この場合、中の150ドルは、今まで通り、一日250室販売継続できる。更に低の100ドルの客室は100室、高の200ドルは販促の結果25室販売できたとする。その結果１日375室（低100室、中150室、高25室）完売となり、ホテルの稼働率は50％上昇し、50％から75％となった。

稼働率の変化＝（新しい稼働率－古い稼働率）÷古い稼働率　（75－50）÷50＝50％

　ADRとGOPPARへの影響は表4.2に示す通り、ADRは6.7％下落するが、GOPPARは30％増加した。この表から二つ学ぶことがある。第一に、ADRの増減がGOPPARとの関連にお

❖重要な用語❖

消費者余剰（Consumer surplus）　購買者が商品やサービスに喜んで支払う金額と実際にはそれより少なく支払った金額の差額。

92　第4章　階層価格

表4.2　単一価格と３段階価格戦略

戦略　レート	販売客室	客室収入	ADR	GOPPAR
単一価格				
150ドル	250	$37,500.00	$150.00	$37.50
階層価格				
低　100ドル	100	$10,000.00	$100.00	$5.00
中　150ドル	250	$37,500.00	$150.00	$37.50
高　200ドル	25	$5,000.00	$200.00	$6.25
階層合計	375	$52,500.00	$140.00	$48.75
変化	125	$15,000.00	−$10.00	$11.25
％	50%	40%	−6.7%	30%

いて適切に担保されているか慎重に分析する必要がある。この例では、階層価格がADRを6.7％減少させたが、一方でGOPPARは何と30％も向上した。経験豊かなレベニュー・マネージャーなら、階層価格により、企業の利益率は機械的に10から100％上昇することを知っている。

　第二は階層価格の力の重要性を改めて認識することだ。高のレート200ドルの客室の販売をみると、変動費75ドルを除いた125ドルがGOPPARの計算に貢献する。中の150ドルの場合、GOPPARに貢献する額は75ドルで、中・高それぞれの客室の利益に50ドルの相違があり、利益率に換算すると66.7％上昇する。どこから利益が来たかと言えば、消費者余剰である。この例から分かる様に、消費者余剰を確保することの重要性は、直接利益に貢献することにある。消費者余剰は事業に100％の利益をもたらすが、階層価格でしか獲得できない。

　階層価格は異なった顧客に異なった価格を課金する。従って、この方式の倫理的側面については第5章でとりあげることとするが、重要なことは、あなたの顧客も、あなたのホテルも双方とも階層価格がもたらす利益を享受することを認識することだ。この例で500室のホテルを示したが、階層価格を適用しても、250人の顧客は150ドルで購買した。彼らには階層価格は全く効果なかったと言える。

　加えて言うと、低価格の商品を購入した顧客100人は、150ドルの支払い能力がなく、当初市場から締め出されていた訳だが、階層価格の設定により100ドルで購入することが出来た訳である。この観点からみると、階層価格は売り手、買い手双方にとって双方が勝利するウィン・ウィンの関係となる。第2章のワインの値段を思い出してほしい。レストランの経営者はワインの付加価値により豪華な晩餐の体験を望む顧客から消費者余剰を獲得する一方、そこまでの支払い能力のない顧客に対しても夕食を提供し、事業の定める利益目標を達成した。この例もレストランと幅広い層の顧客双方がウィン・ウィンの関係であることを示している。

　ホテルの例に戻るが、200ドル支払った顧客も、彼らにとって、支払った金額以上、十分満足できて価値のある客室に泊まれたことで、利益を享受した。

階層価格の限界

　異なった顧客が異なった価値を同じ商品やサービスに付ける。そこで、階層価格がそれほど力のある方式なら、何故全ての販売者が積極的にその方法を取らないのか？　答えは簡単である。「それは、それほど容易ではないからだ。」

　知識の豊富な購買者が高い値段を見積もられていることに気が付いたら、価格を下げさせる強い刺激を受ける。実は、購買者が高い価格を支払う意欲を見せるのは、もし、安い値段で同じ商品が手に入ることが保証されていれば、それでも高い価格を払いたい、と言う意味ではない。あなたがジーンズを50ドルで買いたいとする。ところが、セールで40ドルの価格を見つければしめたと思う。仮に40ドルで買う決心をして会計を待っていると、前の人が30ドルで買っているのを見て、落胆する。また、高額を支払いたいと思っている顧客は自動的に売り手の利益を増やす意思を示している訳ではない。実はどちらの類型の顧客も安い値段を支払いたい人か、安い価格を受ける資格がある人と見せかけることに長けている。ホテルの**フロント・デスクのマネージャー**（FOM）やチェック・イン・デスクのスタッフは、それらの顧客の一般的な行動を見抜くことに慣れている。例えば、年齢をごまかして、シニア・シチズン（高齢者）割引を要求したり、割引対象会員のAAA（American Automobile Association）やAARP（American Association of Retired Persons）のメンバーを偽る行動をとる。更に込み入ったことであるが、特に宿泊産業では、事情に精通した卸売業者は未熟なレベニュー・マネージャーから安い価格で商品を仕入れ、高級志向市場のお客様に高額で再販する。この様な消費者余剰の獲得は、宿泊産業に害を及ぼすばかりか、顧客全体に不利益となる。何故なら、既に学んだ通り、本来消費者余剰は全ての宿泊顧客に低価格商品を提供するものであるからだ。卸売業者が格安で商品を販売すると、商品を提供するホテルの消費者余剰が失われ、その代わり、卸売業者がそっくり獲得してしまうことになる。ホスピタリティー産業では、卸売業者が一般の製造業と違い、必ずしも商品をAからBに届ける訳ではなく、むしろ、ホテルの予約業者の様な立場で、もともと特定の顧客のために仕入れた商品を、一般の顧客と競わせて販売することがある。この場合、彼らによる消費者利益の獲得は更に一層ホテルの財務体質の健全性を悪化させ、顧客の不利益ともなる。

　もし、レベニュー・マネージャーが異なる顧客が同じ商品に対し異なる価値観を認め、異なる金額を喜んで支払うことを認識しているとすれば、販売価格の設定は顧客の異なる価値判断を反映し、それに従うべきだ。難しいことではあるが、ホスピタリティー産業で働くレベニュー・マネージャーは、利益の最大化を目指し、価格設定に関連する次の4つの難問を克服し、階層価格戦略を学ばなければならない。

1．不十分な知識。残念だが、購買者が購買したい商品に一体いくらの金額を支払いたいかは正確にわからない。交渉に長けた購買者は彼らの真の意思を見事に隠すことが出来

❖重要な用語❖

FOM（Front Office Manager）　ホテルのフロント・オフィス、フロント・デスク業務の責任者。業界用語でフロント・オフィス・マネージャーのこと。

る。その結果、レベニュー・マネージャーは顧客の類型から判断し、その顧客が示す平均的支払い意欲を前提に商品やサービスの販売価格を決めることになる。目の前の顧客の支払い意欲がレベニュー・マネージャーの設定した価格より上か又は下になることは避けられない。しかし、レベニュー・マネージャーは誰にでも同じ値段で販売する誘惑に負けてはならない。レベニュー・マネージャーはそれより良い結果を出さなければならない。もしそうしないと、もっと洗練された競合相手が、必ずやってしまう。一方で、一ダースやそれ以上の市場グループに対し、何百もの異なる価格を提示する戦略はすぐに扱いきれない状況になってしまう。そこまで行ってしまうと、優れた能力があるセールスマンやマーケティング部員でも顧客に効果的に価格戦略を伝えることが困難になる。ホスピタリティー産業の宿泊部門では、優れたコンピュータの手助けがあったとしても沢山のレートが存在する場合、たとえホテルのフロントの専門家でも効果的にホテルのレートや価格戦略を顧客に理解させられなくなる。

2. 共食い。利益率の高い階層価格戦略に対する重大な脅威は、高額な値段を避けるため、高級志向の顧客が低級志向の顧客を装うことだ。レベニュー・マネージャーが階層価格戦略を取る時は、いつも、どの顧客が階層価格に適合するかを正確に見分ける方法がある。ホスピタリティー業界で、お客は実際に共食い的行動を取るだろうか？　答えはその通りだ。そのような場合、レベニュー・マネージャーは効果的な対抗措置を取れるだろうか？　勿論出来る。RM の報道記事4.1の例を読みなさい。

3. 裁定取引（鞘取り）。もし、ある購買者が同じ品物に他の人より多く支払う意欲を示している時、同じ品物を再販業者から安く買えると知ったら、その人は安く買えること

RM の報道記事　4.1　全国レストラン品評会（The NRA Show）

NRA 大会（The NRA Show）といえば、ホスピタリティー産業に長期間いる人は誰でも米国レストラン協会年次総会（The National Restaurant Association's annual convention）のことだとわかる。この大会は世界最大の飲食業とホスピタリティー事業の行事で、毎年５月にシカゴで開催され、全米50州及び海外100カ国から７万人が参加し、2,000社の出展がある。

行事の準備に当たり、NRA 大会準備委員はシカゴのホテル事業者と大会参加者や出展者が滞在するための膨大な数の客室予約の打ち合わせを行う。当然のことだが、大量の客室を予約するため、同じ日にシカゴを訪れる一般の人のホテル宿泊料金よりずっと安いレートが適用される。これは大量販売に適用される階層価格の一例だ。しかし、大会のために確保した安いレートの部屋を、大会とは無関係の一般の利用者が横取りする危険にさらされることはないのだろうか？　その様な危険は事実存在する。この様な共食いを防ぐため、NRA の大会公式サイトでは次の様な警告を発している。

全国レストラン協会は NRA 年次総会に出席する出展者やレストラン、飲食関連の購買者のために割引レートのホテル客室を押さえている。仮に出展者ではない企業や参加登録を済ませていない人が NRA の確保した割引レートの部屋を予約したら、NRA はその企業や個人に対して文書で通知するとともに NRA の予約レートを解除する権利を有する。

NRA の様な洗練された割引レートの購買者は、ホテル業者が偽会員を見つけ出し、共食いを防ぐことに協力することが自分達の利益になることを自覚している。レベニュー・マネージャーと協力して仕事をする賢い購買者は、この様に対応している。

を知る前と同じように高い金額を支払うと思いますか？　ほとんどの場合はあり得ない。簡単なことだが、鞘取りはレベニュー・マネージャーの階層価格戦略に否定的な影響を与える。第8章にでてくるが、9/11直後、米国の多くのホテルの稼働率が減少した。その状況に対応して、インターネットを利用する新興の再販業者に大量の客室を低価格で販売したホテルがあった。再販業者は格安の仕入れ値に利ザヤを上乗せして、それでも購買者にとって充分魅力的な安い再販レートでインターネットを通して販売した。その結果、再販業者に販売したホテルはほとんど全てのケースで、自分達が独自に獲得を目指す顧客との取引をその裁定取引業者と競合する羽目に陥った。

4．法規制と倫理。評論家のなかには階層価格に関する法的あるいは倫理的問題を提起する人もいる。どうして企業は同じまたは基本的に同一の商品やサービスに別の値段をつけることが許されるのか？　また同様の質問として、それでも公平な取引と言えるのか？これらの質問に対してはホスピタリティー産業の中ですら一般的な合意が得られていない。しかし、階層価格の意味は、顧客の価値観に応じて、異なった価格を異なった顧客に提示することだ。多くの場合、ホスピタリティー企業は同等の商品を同等の顧客に対し、異なった価格で提示することを弁護できない。しかし、売り手は商品やサービスを創造的に変化させ、基準を設けて、資格を有する消費者のみに特別の価格で提供することが可能だ。この方法の例をあげると、レストランは売上増進策としてピザを5ドルで販売することにしたが、その前提として、顧客が3枚同時に購入することに同意することを条件とした。

　　同様にゴルフ場は、割引のグリーン・フィーを適用することが出来るが、条件として、午前8時前か午後4時過ぎのスタート（ティー・オフ）を前提とする。この戦略は、勿論プレーヤーの少ない時間帯に顧客を呼び込むことを目的としたものだ。割引グリーン・フィーを適用することにより、ゴルフ場が閑な時間帯にラウンドしてもいい顧客を探すための特別販売促進策だ。

　ホテルでの階層価格の例は沢山ある。ハイアット・ホテルの例をあげると、米本土とカナダの販促プログラム参加ホテルでは、62歳以上のシニア・シチズンに対して、通常料金の最大5割引レートを適用することが出来る。ハイアットの価格戦略は特別の市場（シニア層）を目的にしたもので、年齢に該当しない顧客には適用されない。

　これらの例は、創造的な販売部門やマーケティング部門が、それぞれ価値判断の異なる顧客に直接特別なメッセージを提供する手助けをすることが出来ることを示している。この場合、営業やマーケティングの専門家は顧客に対し、特別価格条件は資格保有者のみであること、即ち**価格提供範囲**を慎重に顧客に伝える必要がある。

❖重要な用語❖

裁定取引（鞘取り）（Arbitrage）　商品を安値で買い、ほぼ同時に高値で、利益をのせた販売価格で売ること。

フェンス、価格提供範囲（Price fence）　特別価格が誰に適用され、誰に適用されないかを明示すること。障壁（hurdle、barrier）とも呼ばれ、合法的でなければならないし、また、合理的でなければならない。

96 第4章 階層価格

　在庫がきかない、時間が過ぎると消滅してしまう商品を扱う航空業界、ホテル、レンタカー、クルーズ等では、階層価格戦略に非常に熟達していることは驚くにあたらない。しかし、彼らの価格戦略は消費者から極めて混乱を招くとか、理不尽だとか、倫理的でないとか、がめつく略奪的と受け止められることがある。階層価格戦略が適切に行われないと、この様な消費者の反発を招く恐れがある。

　例えば、シニア割引に反対する消費者は少ない。しかし、仮に人種、民族、宗教をもとに階層価格を設定することには、全ての消費者が反対する。それらは、倫理に反するばかりか、法律違反となる。価格設定の倫理観は重要な問題だ。同様に法律遵守も重要である。そのため、第5章では米国で法的に禁止されている価格設定手法を説明するが、レベニュー・マネージャーはそれらに精通していなければならない。しかし、階層的価格設定は適切に運用される限り、完全に合法である。

RM の報道記事　4.2　「女性の晩」（Ladies' Night）をあきらめるか？

　シニアの外食頻度を上昇させる手段として「アーリー・バード」と呼ばれる早い時間に入店したシニアの顧客に割引を適用するサービスがあるが、これに文句をつける人は少ない。同様に、大人や無関係の人が同室する場合、ホテルは頭割料金を徴収するが、18歳以下の人が親と一緒に滞在する場合、ホテルは追加料金を取らないことに不満を言う人は少ない。それでは、「女性の晩」はどうだろうか？　この場合、階層価格は顧客の性別を基準にしている。歴史的に性別を基準にした階層価格戦略は、次に示すABCニュースにある様に非難に晒されている。

　ニューヨークの弁護士、デン・ホランダー（Den Hollarnder）氏は「女性の晩」の飲み物並びに入場料割引は憲法違反であり、個人的にも被害を被っている、と訴えている。「私は権利を侵害され、2等市民の様に扱われることにうんざりしている。」と述べ、集団訴訟を連邦裁判所に提出する準備をしている。

　訴訟でホランダー氏は、2004年以降マンハッタンの特定のナイト・クラブが、21歳以上の女性に割引料金を適用し、自分自身は通常料金をとられた経験のある21歳以上の男性全員を代表して争う姿勢を示している。

　これに対し、差別待遇で訴えられたナイト・クラブの立場を代表するバネッサ・エリオット（Vanessa Elliott）弁護士は法廷に提出した書類で、女性が来ないナイト・クラブは男性も来たがらないと認識していると述べ、この論理から、男性客は「女性の晩」でむしろ利益を享受している訳で、その晩男性客が来るよう促している、と指摘した。

　適切に設定された階層価格は合法だ。例えば、軍人に対するホテルの客室レートは一般の人より値段が安い。これは、世間一般に合意されている。ところが、合法でもなく、倫理にかなっていない価格戦略もある。例えば顧客の国籍で値段を変えることは違法であり、不適切である。

　先程の訴訟の例以外にも、市場を区分する価格設定方式の適法性は、良心的な論争と様々な法解釈が議論され、裁判所の判決が示されることとなる。この分野の法律も進化し続けるため、レベニュー・マネージャーは、これらの議論について最新の情報を把握することが重要だ。

階層価格の適用

　固定価格戦略の大きな欠点の一つは、全ての顧客が同じであるとの観点に立脚していることだ。一見公平に見えるし、さらに平等主義者は全ての顧客を標準のお客として扱うが、繁盛する事業では、その様なことはしない。良い企業はむしろ顧客を個人として待遇する。全ての顧客は同一ではない。ある顧客は価値が高い。それらの顧客はあなたのレストランで定期的に食事をし、街を訪れる時にはいつも必ずあなたのホテルを予約する。この類の顧客は他の人と同じに扱われることを期待していないし、そうであってはならない。そのため、ホスピタリティー事業では、これらの特別の顧客を特定し、報いるための洗練された**報奨制度**（rewards programs）を実行している。逆説的に言えば、ある企業は最低の顧客に最安値を提供している。この様な顧客はどの様な売り手に対しても最安値を強要することが権利だと考えていて、絶えず値下げ圧力をかけ、値下げに応じないと他の会社から買うと脅し続ける。絶えず価格の不満をぶつけ、要求に応じないと販売機会を逃してしまうことを恐れるセールス・スタッフから譲歩を引き出し、割引を確保している。

　しかし、経験を積んだレベニュー・マネージャーは、単に顧客が言うままに販売価格を下げてはいけないことを知っている。その様な行いは、提供する商品やサービスの価値を認め、もっと支払っても良いと思っている他の優良顧客を欺くことになる。同時に、公平な金額を支払わない顧客に対する値下げは、絶えず最低の料金しか支払わない最低の顧客を助成してしまう結果となる。

　最安値だけを評価する顧客は、売り手の商品価値を全く認識しない客で、決して誠実な顧客（loyal customers）ではない。彼らに安い価格を提供すると、事業の損害は不可避となる。米国第25代大統領ウィリアム・マッキンレー（William McKinley）は次の様に指摘している。「安い値段は、安物商品を生む。」望ましい顧客は、提供する商品やサービスの値段の安さではなく、品質を求める。商品やサービスの品質が常に変わらず提供され続ければ、顧客は喜んで戻ってくる。

　顧客は標準として取り扱われることがあってはならない。従って可能であれば、本来一人一人に合った価格が個々に設定されてしかるべきであるが、最低でも同じ特徴を持った顧客ごとの価格が設定されるべきである。ホスピタリティーの専門家のなかには、特別の特徴を持った顧客毎に戦略的に価格を決める方式を市場区分価格（segment pricing）と表現する。この、マーケティング関連の用語は便利だが、重要なことを指摘しておく。それは、階層価格戦略が往々にして売り手側の考える市場区分で適用されていることだ。例えばホテルの個人顧客区分では、個人顧客という大きな集団を細かく分類し、該当する分類により、価格に大きな差をつけている。経験豊かなレベニュー・マネージャーは、ホスピタリティー産業で適用する階層価格設定

❖重要な用語❖

報奨制度（Rewards program）　企業にとって最も重要な顧客に対する特別認定価格やその他の特典を提供する公式な制度。

98　第4章　階層価格

を論理的に行う方法が実に沢山あることを知っている。これらの戦略は階層価格に影響を与える8部門にグループ分けできる。分類は図4.3に示すが、それぞれについて詳細を研究する。

RM のウェブサイト　4.1

　ホスピタリティー企業は優良顧客に対し如何に感謝しているかを知ってもらうための活動を行っている。手法は様々だが、どの様な手法でも、顧客が重要であることと、更に今後取引を継続してくれた場合に、特別な待遇が受けられることを知らせている。ホテルが重要な顧客に感謝を伝える例として、www.hyatt.com を参照しなさい。サイトを検索したら、Gold Passport.com で優良顧客のための特典を調べなさい。

RM の実践　4.1

　ダン・フラッドはベスト・ウエスタン・ホテルに到着し、部屋からフロント・デスクに電話すると、フロント・マネージャーのシビルが電話にでた。ダンは次の様に話した。「テレビの近くにライス・クリスピー菓子と水のボトルがあります。」

　シビルは「何か困ったことでもありますか?」と聞いた。

　ダンは「私はベスト・ウエスタンの会員ですが、何時もベスト・ウエスタンは完璧です。」と答えた。

　「そうですか。実はそれが、世界80カ国、4,200軒以上の世界最大のブランドを維持している理由です。」とシビルは答えた。

　「その通り。そのことは知っています。」とダンは答えた。「私が報奨制度の会員になっている理由の一つです。航空会社のマイレージや無料滞在、ギフト・カードとか、色々知っていますが、それは別として誰かテレビのそばにライス・クリスピーとミネラル・ウォーターを置き忘れている様ですが?」

　「それは、当ホテルからのサービスです。ベスト・ウエスタンにようこそ。もし良ければチョコレート・チップ・クッキーもありますよ。」とシビルは答えた。

1. 二つの類似する商品が同じ値段で販売されている時、片方の売り手は常連客優遇制度を導入していた場合、一方の売り手の商品は高額に受け止められる。シビルのホテルの様な個人経営の場合、フランチャイズが設定したサービス以上の差別化が出来る。その結果顧客の期待度は予想を超える。あなたは、報奨制度として、ホテルが会員に更なる価値を提供するため、費用のかからない、又は費用の僅かな特典として、どの様なものが考えられますか?　レストランが報奨制度の会員に、購買の価値を高めるための、費用がかからない、又は費用が僅かな特典はどの様なものが考えられますか?

2. ダン・フラッド氏が、今後この特別なブランドのホテルに対し、どの様に感じると思いますか?　仮にベスト・ウエスタンがこの地域に複数あったとして、フラッド氏は将来このシビルのホテルに戻ってくると思いますか?

3. 戦略的価格設定は、正しい価格を適切な時に、ふさわしい顧客に、適切な商品を提供することだと言われる。常連優遇の報奨制度は顧客が戻ることを動機づける他に、過去利用した顧客の名前や住所を検索できる。レベニュー・マネージャーは会員情報をどの様に活用することで、過去利用した会員や上顧客に特別企画や適切な価格を宣伝し、販売促進できますか?

図4.3 階層価格に影響を与える要素

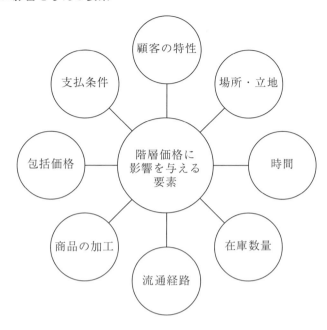

顧客特性

階層価格戦略の最も一般的なもののひとつは、同じ商品を異なった価格で異なった購買意欲をもつ特定のグループに販売することである。レベニュー・マネージャーがその様なグループを特定するためには、特定の市場の購買者の特性を熟考することが必要となる。ホスピタリティー産業では、それらグループの共通の例として次の項目が上げられる。

シニア・シチズン
学生
家族
常連客（Frequent Customers）
特別優遇客（Favored Customers）
特別な組織の会員（Membership of select organizations）
クーポン券や特別な優遇条件を持っている顧客

階層価格戦略で顧客特性を有効に使うためには、次の考慮が不可欠だ。

1. 顧客の特性を証明する特別な方法が必要。年齢が確認できる身分証明書や、顧客か店舗が利用回数・購入回数を記録しているカード、企業の発行する会員カードが優遇資格対象顧客か、そうではない一般の顧客かを正確に区別する手段になる。
2. 販売された商品やサービスが購買者同士で簡単に交換・やり取り出来ないこと。これは、再販・転売防止のため重要だ。そのための方法の一つが「お一人様にひとつのみ」とい

100　第4章　階層価格

RM のウェブサイト　4.2

　当然のことながら、クーポン券の収集マニアは他の消費者と比べて自分の集めたクーポンの対象商品を購入する場合、他の人より低い支払い意欲を示す。この認識にたって、レベニュー・マネージャーが更に倹約家の消費者に直接販促する方法はどの様なものが考えられるか？

　一つの方法は旅行関連クーポン収集家向けのサイトに宣伝を掲載するインターネットの活用だ。幾つかある中で、www.travelcoupons.com を参照しなさい。

　サイトを検索したら、あなたに近い州を選び、顧客特性に特化した購買者を対象とする企業を見なさい。

う制限を設けることだ。これにより、最安値で大量購入し、高額で再販することを防ぐことができる。演奏会やスポーツの買い占めが、鞘取り・再販の一例だ。また、インターネットの格安ホテル販売も別の例としてあげられる。

3. 特徴を条件とする販売は、他の顧客の防御にもなり、また承認を得られる。例えば、高齢者を優遇する場合、遊園地に孫を連れてくるシニア・シチズンに割引入場を認める。これは、遊園地では一般的に行われている戦略だ。遊園地を訪れる他の顧客は高齢者が人気のある乗り物にはあまりのらないことを知っているので、高齢者が割引で入場しても苦情を呈さない。自分達の権利が侵害されるとは感じないからだ。しかし、レベニュー・マネージャーは慎重に運用しなければならない。レストランが週末の夜、混み合う時間帯に、シニア・シチズンの優遇策として、お年寄りが優先的に空いた席に案内されたとしたら、長時間順番を待たされている他のお客は我慢して受け入れてくれると思うか？　あなたが待たされているとしたら、どう感じるか？

　多くのホスピタリティー事業では、クーポンを持っている顧客に特別割引価格を提供する方法は、数を制限し、他の顧客と明確に区別する優れた方法として定着している。クーポンの所有自体が割引対象者を特定する効果がある。歴史的にはクーポンの分配は新聞や雑誌の印刷物を利用してきたが、今日のレベニュー・マネージャーはインターネットを活用する機会が増え、消費者にクーポンを印刷させることで、販売促進費用を抑えることにも効果をあげている。

場所

　階層価格設定は売り手の場所をもとに行われることがある。大手宿泊チェーンのレベニュー・マネージャーは、マンハッタン地区のホテル購買者はウィスコンシン州ミルウォーキーのホテルの同じ商品の購買者より、様々な理由から高い支払い意欲を示すことを知っている。同じ理由で、空港の生ビールやプロ・チームの野球場で販売される生ビールは、家の近くの居酒屋で出される生ビールと全く同一の製品であっても、居酒屋より高い値段で販売される。この様に、商品やサービスは売り手の場所によって値段が変化することがある。

　場所を基本とする手法の特徴は、ある特定の場所の購買者は別の場所の購買者とは明らかに別の特徴を有する時に有効となる。スキー場がこの手法を取り入れている。年間料金として、

各地のリゾートの地元のスキーヤーはリフト乗り放題のシーズン・パスを購入できる。ところが、スキー場を訪れる一般の顧客にはとても購入困難な仕組みになっている。シーズン・パスの販売は夏の終わりから開始され、雪が降り始める前には終了してしまう。多くの場合、購入は個人で、しかも一人一枚だ。その上、購入時に身分証明用の顔写真をとられ、その写真がシーズン・パスに張り付けられる。シーズン・パスの販売対象顧客区分はリゾートの地域の住人だ。この戦略はうまく機能している階層価格の概念だ。また、詳細に研究することで、レベニュー・マネージャーは階層価格がどの様に機能するか理解することが出来る。

先ず、販売先を個人に限定し、発売を降雪前に終了することで、ほとんどの場合、リゾートの地元のスキーヤーしか購入しない。第二に、シーズン・パスを持っている人は、わざわざ混雑する時間に出かけず、空いた時間を見計らって出かける。理由は、混んだ時出かければ、リフトを長時間待たなければならないし、地元に住んでいるから、空いた時間や別の日にいつでも行ける。その結果、リゾートは高額の利用料を払う顧客に対し、スキーのピーク時に対応能力を増加することが出来る。最終的に、地元のスキーヤーもリゾートでスキー用品の買い物をし、飲食もする他、リゾートの様々なサービスを利用することになる。本来、高額なために切り捨てられてしまう区分の顧客を救うことで、地元のスキーヤーのもたらす売上を伸ばすことが出来る。

現在はあまり行われていないが、レストラン業界のレベニュー・マネージャーも彼らの顧客の場所ではなく、顧客が食事の体験をする場所に基づいた価格設定を真剣に考えるべきだ。現在のところ、顧客が料理を注文して持ち帰って食べる場合、レストランの運営費が節約できるにもかかわらず、安い価格で販売しているお店はまだ多くない。今始まっているのは、ピザの様な比較的安い商品で、しかも、レストラン内の飲食ではなく、持ち帰りの場合に限り適用されている。

QSR（ファスト・フード店）の初期は、ドライブ・スルーの利用者は、便利で時間もかからないから、店内で食べる人と同じ金額を喜んで支払っていた。しかし、今日、テイク・アウトや道端での受け取り、ドライブ・スルー、宅配等の消費者が増えている状況を考えると、RevPASH の最適化の機会が認められる。今後店舗の運営経費を抑え、店舗内の席の活用に貢献することで、RevPASH の最適化を支援する消費者に対する優遇策を真剣に検討することがレベニュー・マネージャーの考える重要な概念であり、第9章で詳しく研究する。

時間

価格戦略の方程式に時間を融合させると、レベニュー・マネージャーは、ある特定の時間に商品やサービスを手に入れることに高い価値を見出す購買者から消費者余剰を獲得することが出来る。その一方で、レベニュー・マネージャーは、たとえ彼らが最終的にその時間に商品やサービスが手に入るか、安く手に入る保証もないにも関わらず、待つことが可能な顧客や、むしろ待ちたい顧客に対しては、節約の恩恵を提供することができる。時間を合体した市場区分型価格設定は閑散期生産能力を持つ売り手を助けることが出来る。映画館の経営者は昼興業の時間帯、大幅割引を行う場合に、この価格戦略を実行する。航空会社は需要の変化に対応し、利用者が好む、最も搭乗客が多い日中や夕刻の時間帯の料金を高く設定している。勿論この戦略により、特定の時間に対し大きな価値を見出さない旅行者に、航空会社の閑散期生産能力（即ち空席）の影響を最小化するための割引料金の恩恵が与えられる。

102   第4章　階層価格

　時間に敏感な価格戦略は、多くの事業に影響を与えるため、広く一般に用いられる階層価格技法のひとつだ。ホテル、レストラン、長距離電話会社、美容室、理髪店、駐車場等は、時間に敏感な業種の一例だ。しかし、商売に抜け目のないレベニュー・マネージャーは、顧客の多くが閑散期に集中する状況で割引価格を設定するのは、適切な方策ではないことを直ぐに認識する。

　ビジネスホテルの日曜日の晩は、伝統的に需要が弱い。しかし、月曜日の朝、重要な会議に出席するため、前もって日曜の晩からホテルで待機するビジネス旅客は、同じ状況で火曜日の重要な会議に備えて、最も需要の強い月曜日に滞在するビジネス旅客が月曜日の滞在に価値を認めるのと比べて、決して劣らない価値を日曜日の晩の客室に認めている。

　日曜日の晩、全ての旅客に割引レートを提供することは、ホテルの全体の売上を減少させるだけだ。また、大幅値下げは、月曜日に滞在予定の旅客が、あまりの低価格につられて、前日の日曜日から連泊する様な結果となる。それよりも、効果的な価格戦略は、例えば日頃ホテルを利用することのない地元の住民に目を向け、この様な新たな市場を安い価格で開拓し、一方で、日曜日の晩の客室の価値を認めるビジネス旅客等に対しては通常のレートを維持することが考えられる。

量

　販売数量は、売り手の価格多様化の理由として、広く一般に認められているもののひとつだ。購買者が注文数量を増やす、一回に購入する金額を増やす、購入総額を増やす、あるいは一定期間に購入する金額を増やす場合、購入数量に応じて、売り手が販売価格の値引きにより変化をつける。売り手が販売数量に応じて価格を下げる目的は主に次の三つである。第一に、あなたから商品やサービスを大量購入する優良顧客に対し謝意を表す。第二は、値引きにより、購買者の更なる購買を促す。大量購入をする顧客は一般的に購買に慣れているため、価格に敏感で知識が豊富である。その上、価格交渉の経験が豊富だ。これらの顧客は大量購入がもたらす値下げを評価する。このため、バーベキュー・レストランでは6杯のビールをピッチャーで出し、1杯ずつ6杯注文するより安い値段で提供する。顧客は1杯当たりの料金が安くなるメリットがあり、一方でレストランも商品を数多く販売できる効果がある。第三の目的は、大量購入の顧客を獲得することは困難だが、万一獲得できれば、他の購買者に対応するよりも手がかからず、費用もかからない。この様に、大量販売の場合は、セールスとサービスに費やす経費が一般の販売に比例して増加することがない。そのため、小量販売に比べて大量購入の単位コストは低減する。大きな袋のポテトチップを買う顧客は小さい袋と比べてグラム当たり単価が低いことを知っているし、大量購入の理論的根拠を理解している。顧客は数多く買えば買うほど節約が出来る。顧客は沢山お金を払う訳だが、一方で安い単価で買っていると感じている。

　面白いことに、ホスピタリティー産業のそれぞれの事業では、大量に購入する顧客に対し、それぞれ異なった対応を取っている。例えばホテルの経営者はレストランと比べて全く違う対応を示す。顧客がある晩、10室予約したいとすると、ホテルはグループ販売部門に連絡する。グループ販売部門は、同じ晩、一部屋予約する顧客に提示するレートより割安なレートを10室まとめて予約する顧客に提示する。しかし、同じ顧客がレストランに入って、対応したマネージャーに10人まとめてステーキを注文するから値引きをしてくれと頼んでも、ホテルの様な対

応は期待できない。事実、ほとんどの飲食業は顧客の注文数に対して中立なメニュー価格を貫くことが基本で、顧客の大量購入意欲を減退させる。レストランは通常6人から8人以上のグループに対しては**サービス料金**（service charge）を必須とし、課金を行う。現実には、このサービス料の請求により、多人数の食事の総額は増加することになる。正当性や必要性を度外視して大勢のグループにサービス料を課金する場合は、結果として個々の顧客の支払いが増加する訳で、十分考慮の上判断することが望まれる。

多くのレストランは顧客報奨制度を通じて多く利用する顧客に報奨を行っている。レストランが行う一般的な割引技法は、量に基づいた値下げではあるが、最初の注文ではなく、注文を重ねた場合に実施する。キャンペーンとして最初の食事の注文は正規料金で、二度目の食事は半額にする手法で、二度目の注文を値引きすることで、顧客の数を増やす効果があり、一人の顧客には誠実さを維持しながら正規料金を請求することが可能となるため、うまく機能している。

第2章で学んだ二階層価格は量による値引き概念の一種である。二階層価格は最初に購入した顧客に対し、追加の購入をするか否かの選択を与える。二階層価格は複数のはっきり識別できる商品を扱う事業に、階層価格の結果としての効果をもたらす。事例として、コメディー・クラブをあげるが、顧客は喜劇の立ち見とアルコール飲料の購入ができる。この場合、単一価格を用いて、入場無料だが、アルコール飲料は喜劇料金を上乗せして、高めに設定する。ところが、アルコールを飲まない顧客は只同然で喜劇を楽しめるが、お酒好きの顧客は高い料金を払い続ける結果となり、不利な立場に置かれてしまう。この様な価格設定ではお酒好きはよそのクラブに行ってしまい、クラブは喜劇の費用をあまりお酒は飲まない顧客だけに頼ることになり、その結果費用回収が困難となり継続不能となる。この様な事態を防ぐために、娯楽クラブはカバー・チャージと飲食料の二つを課金している。この方式により、沢山飲食する人だけが不利な立場に置かれることはなくなる。

流通経路（Distribution Channel）

第1章で述べたとおり、流通経路とは事業の顧客の源であり、又は、顧客の源と意思疎通するための媒体である。ほとんど全てのホスピタリティー産業の販売主は彼らの商品を様々な経路で宣伝し、提供する。これらの典型的なものは、販売主自身の事業運営主体、他の旅行会社、又は電子店舗、即ち彼ら自身のウェブサイトだ。図4.4はホテルの**中央予約システム**（CRS: Central reservation system）や個々の**ホテル管理システム**（PMS: Property management system）に予約を伝える様々な経路を示したものだ。

ホテル事業者は様々な種類の流通経路を持つが、ホテルにとって、それらの経路の管理は極

❖重要な用語❖

サービス料金（Service charge）　顧客の請求書に必ず付け加えられる販売側が顧客に提供するサービスに対する課金。チップ（tip）。

中央予約システム（CRS: Central reservation system）　ホテル・チェーン全体の予約を取りまとめ、傘下の個々のホテルの管理システム（PMS）と連動を取り、予約内容を伝えるシステム。

ホテル管理システム（Property management system）　個々のホテルの運営を統括する情報システム。

図4.4　ホテルの流通経路（販売チャネル）

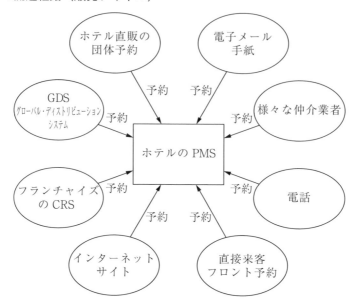

めて重要であるので、第8章で詳しく研究する。階層価格の観点から見ると、流通経路を活用することにより、販売拠点が増え、その結果、価格と販売の条件と複雑さが増加する。異なった流通経路は異なった特性の顧客をもつため、複数存在する。ホスピタリティー産業の流通経路は一般的に直接販売と間接販売に分類される。**直接流通経路**とは、購買者が直接、販売主から商品やサービスを購買することを表す。従って直販の場合は**仲介業者**が間にはいらない。例えば、顧客が直接ホテルに電話して予約をする場合、彼らは、電話を直接流通経路として利用する。顧客がピザの店舗を訪れ、テイク・アウトの注文をする時は、顧客は対面販売を直接流通経路として使うことになる。多くの観点から、直接流通経路は、売り手に対し、顧客と一対一の状況を提供するため、優れている。何故なら、一対一の状況により、売り手は顧客に関し深く学ぶことができる。また、多くの場合、直接販売は、販売に関わる経費の面で有利となる。顧客との間に仲介業者が入らないため、売り手にも、顧客にも彼らの予約の労をとる仲介手数料を支払う必要がない。

　間接流通経路は一つか複数の仲介業者を活用し、様々な形態をとる。表4.5はそれらの仲介業者を指す用語と彼らの仕事の内容を表したものだ。

　宿泊産業では旅行会社が、間接流通経路を形成している。Trevelocity.com や Expedia.com、Hotels.com のウェブサイトも間接流通経路として、ホテルに利用されている。

　階層価格の観点から見ると、流通経路は二つの決定的理由から重要だ。第一に、購買に当た

❖**重要な用語**❖

直接流通経路（Direct channel）　仲介業者を伴わない販売形態。
仲介業者（Intermediary）　売主と直接売買することが出来ない場合や直接交渉を好まない場合、売主と顧客の間に入り、双方の要望を取りまとめる存在。
間接流通経路（Indirect channel）　一つまたは複数の仲介業者を介在させて販売する手法。

階層価格の適用　105

表4.5　仲介業に関する用語と機能

用語	機能
代理店、代理業（Agent, Broker）	法律で認定された、売主に代わり販売する仲介業者
卸売り業者（Wholesaler）	仲介業者に販売する仲介業者
小売業者（Retailer）	直接顧客に販売する仲介業者
中間商人（Middleman）	売主と購買者の間の様々な仲介をする業者

RM の報道記事　4.3　最低価格とは？

　インターネットに掲載された数えきれないほどの旅行サイトの中から最も安いレートの部屋を探して予約するには、一体どのサイトを検索すれば良いか混乱する消費者がいても不思議ではない。彼らの混乱に対応し、ほとんどのホテル・チェーンは「最低価格保証」を行っている。コンフォート・イン、クラリオン・ホテルその他のブランド・チェーンを運営するチョイス・ホテル・インターナショナルの最低保障は代表的な例だ。彼らのウェブサイトは次の様に表示している。

　「私たちは全てのチョイス・ホテルのインターネット最低価格を保証します。こちらで予約してください。もし仮に、あなたが他の認定インターネット・サイトで、同じホテルの同じ部屋が同じ日に、安いレートで表示されているのを発見したら、私たちはそのレートに更に10%割引を行います。」

　再販業者のサイト www.ratestogo.com の保証を目にするまでは、一見筋が通った様に聞こえる。このサイトでは、他の再販業者のサイトと同様に、次の様に表示している。

　「もしあなたが他のサイトで、同じホテルの同じ部屋が同じ日に "Rates to Go" の最低価格より低い価格を表示しているのを見つけたら、私たちはそのレートを尊重し、差額を返金します。」

　混乱しましたか？　それは、あなただけではない。利益目的の再販業者が、正規の品質の商品に対し、実際に商品を提供する売主自身の販売価格より安い値段で出せる可能性は極めて稀にしかありえない。

り特定の流通経路を好んで利用する購買者が存在する。彼らはその経路の金額が高いことを承知しているか、または割安だと感じている。この例を説明するにあたり、地元の夫妻が結婚20周年を祝うためホテルを予約したいとする。この場合、実際に地域内の幾つかのホテルを回り、レートを調べ、色々な部屋と特徴を見て、気に入ったホテルに戻り個人的に予約することも出来る。または、いくつかのホテルに電話し、費用の見積もりを取り、それらの中から気に入ったホテルに電話して予約することも可能だ。しかし、どちらも時間がかかる。

　今日のコンピュータを熟知した消費者にとってはインターネットを使った方がよほど簡単であり、便利だと思う。幾つか違うサイトを検索し、条件を比較し、その中から気に入ったホテルをインターネットで予約する。これらの顧客は、直接ホテルから見積もりを取って金額を比較するより、ウェブの方が便利だといった理由だけで、インターネットが提示する金額を払うと思うだろうか？　ほとんどの場合、そうする。顧客は購入したい商品を買いたい時、すぐ利用出来る様々な流通経路を活用可能である。そのため、それらの流通経路は顧客に販売する商品やサービスに付加価値を提供している。その場合、それらの流通経路は階層価格の手法を効果的に利用している。

　今日、多くの間接流通経路はインターネットを利用している。この事実はホスピタリティー

106　第4章　階層価格

産業のレベニュー・マネージャーにとって朗報である。何故なら、購買者にとって安い価格を探しやすいことと、また一方で売主にとっても、支払い意欲の高い買い手を見つけやすいからだ。それに加えてインターネットで販売価格の値下げを宣伝する場合、**価格の伝達経費**はほとんど皆無だ。

　流通経路が価格に及ぼす影響の第二の理由は、全ての仲介業を含む流通経路の事業者が彼らのサービスを売主に課金するからだ。どの様な産業においても仲介業者は売主に提供するサービスに課金する権利がある。場合によってサービス料を、商品を購入する人から徴収することもある。そうでない場合は、これらはその流通経路を利用する売主から徴収する。

　売主が支払う経費は、利用する流通経路により劇的に相違する。従って経験豊かなレベニュー・マネージャーは流通経路により変化する費用を管理する必要性を認識している。どの経路を利用するかを慎重に選別することもレベニュー・マネージャーの経費管理の方法の一つとなる。また、別の方法もある。例えば、宿泊産業のレベニュー・マネージャーが直面する重要な流通経路に関する仕事の一つは、流通経費の高額な経路から常連客をネット ADR 率（net ADR yield）の良い経路に移行させる価格管理が上げられる。有能なレベニュー・マネージャーは流通経路の経費の相違により、売上金がいつも同じように生みだされる訳ではないことを知っている。表4.6は仮想の 6 つの流通経路のそれぞれ典型的な**ネット ADR 率**を示している。

　表4.6を説明すると、ネット ADR 率（net ADR yield）の高い流通経路 1（Channel 1）で販売された299ドル99セントの部屋は、ネット ADR 率の著しく低い流通経路 6 で販売された部屋より利益率が高い。理由は経路 1 の販売は 1 室あたりのネット売上が高いからだ。レベニュー・マネージャーはどの様な流通経路が利用可能かを認識し、それら経路ごとに商品価格を戦略的に設定しなければならない。また、同時に、可能な限り、常連の顧客を流通経費の高い経路から低い経路に移すことにより、ネット売上の最大化を行うべきである。

表4.6　流通経路ごとのネット ADR 率（Net ADR Yield）

流通経路	ネット ADR 率	レート	ネット・レート	販売客室数	ネット売上
流通経路 1	98%	$299.99	$293.99	100	$29,399.00
流通経路 2	95%	$299.99	$284.99	100	$28,499.00
流通経路 3	90%	$299.99	$269.99	100	$26,999.00
流通経路 4	88%	$299.99	$263.99	100	$26,399.00
流通経路 5	85%	$299.99	$254.99	100	$25,499.00
流通経路 6	80%	$299.99	$239.99	100	$23,999.00
合計				600	$160,794.00

❖重要な用語❖

価格の伝達経費（Communication costs, pricing related）　新価格を顧客に伝えるための経費。例えばパンフレット、チラシ、価格表の印刷等。

ネット ADR 率（Net ADR yield）　客室レートに対し、客室レートから流通経路経費を除いた実売上の比率。計算式は次の通り。

$$\text{Net room Rate} \div \text{Standard ADR} = \text{NetADR yield}$$
$$\text{Standard ADR} - \text{Distribution channel costs} = \text{Net room rate}$$

商品の加工による多様化

　これまで、階層価格は同一の商品を異なった価格で異なった購買者に販売できることを学んだ。商品の加工や改造は、商品やサービスの形式を変形させることにより、価格を変化させる手法である。車の運転をする人は、ガソリン・スタンドが日常的に商品のクラス分けにより販売価格を変えていることを知っている。何のことかと言えば、レギュラー・ガソリンよりハイオク・ガソリンをガロン10セントから20セント高く販売していることだ。この手法では、ハイオク入手のために、ガソリン・スタンドはガロン３セントから５セント増しの仕入れ代金を支払う。商品のクラス分けは強力な階層価格技法だ。商品の加工に要する費用は僅かであっても、購買者への効果は絶大である。戦術を効果的に行うためには、高級車に乗っているお金に無頓着な顧客にとって、安いレギュラー・ガソリンは満足できる要求レベルに達しない様に設定する。その一方で、価格に敏感な顧客には十分満足の得られる水準とする。

　スポーツの観戦チケットも商品のクラス分けの優れた例となる。初心者はヤンキーズの試合の切符はどれも同じだと信じているかもしれないが、一塁側に座っている観客たちは、バックネット裏より遥かに高い価値の切符を入手したことになる。フットボールの試合なら50ヤード・ライン付近が最高、ボクシングはリング・サイド、バスケットならコート中央が最も貴重な切符となる。

　常に売主が商品を品質別に良質、高級、最高級のクラス分けを行う時は、購買者ごとの異なる購入意欲に対応して商品の加工とクラス分けを行っていることになる。クラス分けにより、売主は戦略的に上級の商品を中級や下級と同じ値段で優良顧客に提供し、顧客の義理堅さに報いることが出来る。このことは単に顧客に報いるだけではなく、従来から購入している商品より高級な商品のサンプルを体験させることにより、将来顧客が高額な高級商品に移行することを促す効果がある。

　航空会社はファースト・クラス、エコノミー・クラスの座席でクラス分けを行っている。中にはビジネス・クラスを投入し、中間帯のクラスを顧客の選択肢として提供している会社もある。レンタカー会社は車のサイズや品質でクラス分けを行っている。飲食業では、通常の半分の分量の食事を通常の価格の半額か、半額より若干高めの料金で提供している。興味深いことは、レストランの場合、彼ら自身がクラス分けの恩恵を享受していると言える。レストランの料理長は、有名ブランドの高額な野菜や果物の缶詰や食材を、有名ブランド名ではなく、シスコ食品、ゴードン・ラムゼイ、US フーズ等の卸業者の商標で安い価格で購入している。

　商品のクラス分けは、顧客が売主の示すクラス分けされた商品の品質の相違を容易に判断できる場合に有効となる。ホテルは商品のクラス分けを広範囲に行っている。表4.7は架空の「ホテル・パストラーダ」のクラス分け概念を示している。パストラーダは海岸に位置したフル・サービスのホテルで、客室の**ルーム・タイプ別**（クラス別）料金が表示されている。

❖**重要な用語**❖

ルーム・タイプ（Room Type）　宿泊産業で客室の間取りや構成を特定する用語。例えば、キング・ベッド対クイーン・ベッド、標準客室（Standard rooms）対次の間つき客室（Suites）、海岸眺望（Ocean view）対庭園眺望（Garden view）又は通常客室等。

108　第4章　階層価格

表4.7　ホテル・パストラーダの客室レート

Hotel Pastrada Room Rates: Effective 1/1/20XX　ホテル・パストラーダ　ルーム・レート　20XX年1月1日より有効	
Room Type（ルームタイプ）	Rate
Single Queen　クィーン・ベッド1台（シングル）	$199.99
Double Queen　クィーン・ベッド2台（ダブル）	$209.99
King　キング・ベッド1台（シングル）	$229.99
King Parlor Suite　キング・ベッド1台、パーラー・スイート	$249.99
King Parlor Suite with Ocean View　キング・ベッド1台、パーラー・スイート、オーシャンビュー	$299.99
Honeymoon Suite　ハネムーン・スイート・ルーム	$349.99

　パストラーダの場合、客室のタイプの違いによる販売、清掃、維持管理等に要する費用の差は僅かであることを前提とする。自然環境が客室のタイプに効果を与えるホテルに勤めるレベニュー・マネージャーは、積極的にそれら自然条件を取り入れるべきだ。客室の面積、特徴、設備等の全てが創造的な商品のクラス分けの基礎となる。著者の知る限り、長方形のホテルで西に面している部屋は「夕陽を望む部屋」（Sunset Rooms）、東に面する部屋は「朝日を望む部屋」（Sunrise Rooms）、南北に面する部屋は標準のスタンダードとする例が多い。

　レストランのワイン・リストは商品のクラス分けの優れた例と言える。伝統的なワイン・リストの値段は、高低の**価格帯**に収まり、安い値段のワインを好む顧客にも、特別高級な高額ワインを求める顧客にも対応できる様に準備されている。

　レベニュー・マネージャーの中には、低価格のクラスの商品を提供すると、全顧客に最低価格商品の購入を促すことにつながるのではないかと過度の心配をする人がいる。実際にはそれと反対の場合が多い。世の中一般に、欲しいものを可能な限り最低の価格で手に入れたいという心理がある一方で、是非とも欲しい商品を探している時に最も安い品物を勧められたら気分の良い人はいない。安い値段で販売されている品物は、売主が推奨する高級商品の機能や品質が欠落していることを思い起こす必要がある。たとえホスピタリティー産業でなくても、あなたはアメリカで生産された最も安い車を買いたいか、それとも品質や機能が充実した適切な値段の車を買いたいか考えれば分かることだ。他の環境で考えてみなさい。自分の心臓移植を地域で一番安い外科医に頼むか、それとも一番名声の高い外科医を望むかどちらですか？

　商品のクラス分けは多才なレベニュー・マネージャーに創造的で柔軟性のある様々な機会を提供する。階層価格の設定にあたり、クラス分けを考える場合は、少なくとも次の一つかそれ以上を取り入れることを勧める。

● 機能の追加：これは、顧客に提供する商品の品質向上、増量、サービス・レベルの向上を含む。

● 機能の削減：そうすることにより、安い価格で新しい顧客を獲得することが可能となるが、その際、従来の顧客に影響を与えない配慮が必要になる。

● 商品にサービスを追加する：多くの場合、サービスは顧客の待ち時間を短縮したり、満足を与えたり、購買にまつわる面倒を避ける効果がある。例えばエンタープライズ・レン

❖重要な用語❖

価格帯（Price band）　最低価格から最高価格までの幅。

タカー社はお客を迎えに出向くピック・アップ・キャンペーンを展開している。商品やサービスのクラス分けに顧客の時間を短縮する戦略は、時間はないがお金はあるお客に対し、大きな効果が期待できる。アメリカの作家・事業家（American author/businessman）に取り上げられたポール・ホーケン（Paul Hawken）氏はそれらの顧客を次の様に表している。「我々はゆっくり立ち止まり、楽しむための時間を買うという無駄な努力のために日々忙しく仕事をしている。」顧客にゆっくりと人生をくつろぐ時間を与えることは良いことであるが、それだけではなく、彼らはあなたを頼りにし、そのためにはお金を惜しまない。

●メニューに選択肢を載せる：多くの場合、商品の選択肢は顧客の好みで容易に組合せられる。顧客自身に商品を良質・高級・最高級に定義させることにより、顧客の求める商品に完全に適合させることが可能となる。数多くの中から顧客が選んだ食材に基づいて金額を決めるピザの例は一般に普及している。

RM の実践　4.2

「唯単に20ドルだって。信じられない。」とラルフが言った。

「本当です。私は聞きました。」とカレンは答えた。

「ジェームスさんがチェック・インした時、カウンターのスタッフがキング・スイートとデラックス・スイートの違いを聞かれて、うちのカウンター・スタッフが…」とラルフが言いかけると、カレンはラルフを遮って「20ドルです。」と言った。

ジェームス氏は、新しいお客様で、つい先ほどラマー・ホテルにチェック・インした。ジェームス氏は到着すると、フロントのスタッフのマイクに予約したキング・スイートのレートを確認した。マイクは「179ドル99セントです。」とホテルのコンピュータ（PMS）を確認して答えた。

次にジェームス氏が広告で見かけたデラックス・スイートのレートを尋ねると、マイクは許可されている値段である199ドル99セントを提示した。

そのあと、ジェームス氏がマイクに二つのスイーツの違いを質問すると、マイクは「20ドルです。」と答えた。

フロント・オフィスのマネージャーを務めるカレンはマイクの答えを聞きとめた。そして、ホテルの支配人のラルフ・ブラウンと支配人室でこの一件について話し合っている。

「しかし、デラックス・スイートは大型デスクと人間工学に基づいた設計の椅子があり、48インチの高画質フラット・スクリーンのテレビがあり、ジェット・バスもある。」とラルフが言った。「キング・スイートと比べると遥かに沢山のグレード・アップだ。それで、一体ジェームスさんはどうしました？」とラルフが聞いた。

「キング・スイートを選び、20ドル節約しました。」とカレンは答えた。

1．マイクは誠実な従業員を目指していると仮定する。何故マイクは顧客の質問に対し、この様な答えをしたと思いますか？

2．ジェームス氏はラマー・ホテルの価格設定をどの様に感じたと思いますか？

3．顧客に接し、販売機会がある全ての従業員は、自社のホテルの商品のクラス分けの努力を十分理解する必要がある。スタッフの顧客対応がホテルの売上努力に重要な役割をはたすと言うことを、このホテルでは誰がマイクに理解させる責任があると思いますか？

包括価格（Bundling）

　商品やサービスを個々に、また組み合わせたセット商品の双方で販売することにより売上を増加させることが可能で、顧客は複数の商品やサービスをまとめて購入することにより支払総額を減少させることが出来る。この**包括価格**概念は、包括された商品の金額が、個々の商品を個別に購入する場合の合計金額より低い場合、効果が最も高い。ほとんどの消費者はファスト・フード店（QSR）で包括販売に親しんでいる。ファスト・フード業界では、サンドウィッチ、フレンチ・フライ、飲み物のセット・メニューが、3点を個別に注文するより安く設定されている。実際には、レベニュー・マネージャーが気付くより多くの場面で包括販売が行われている。ホテルの駐車無料サービスも客室レートと駐車料金が包括されている。フル・サービスのレストランの**セット・メニュー価格**（prix fixe）やコース・メニューは前菜、スープ、サラダ、メイン、野菜、デザートの全て一式が包括料金となっている。劇場や競技場も都度切符を購入するより、期間パス（年間パスや季節パス）は、ずっと安く販売されている。ホテル事業者も彼らの作る包括商品を**パッケージ**と名付けている。例えばゴルフ・リゾートのホテルは一泊の滞在費と夕食、朝食、ゴルフ18ホール・プレイ・フィーの包括商品を作成可能だ。表4.8はホテルのカップルを対象にしたパッケージの例を示している。

　パッケージは含まれる内容を明記し、例外や制限事項も明記することが重要である。パッケージは購入する側にとって、時間を節約できる。例えば個々のメニューを選ぶための時間も節約できる。多くの購買者にとって、個々の商品を購入した場合の総額より、パッケージの方

表4.8　バルセナ・ホテル・アンド・リゾート

Romance and Relax Package　ロマンス・パッケージ
20XX 年12月27日まで。　　　一泊349ドルから。 本パッケージはお客様のビーチ・リゾートでの滞在を特別な記憶として残していただくため、次の内容となります。 デラックス・ルーム、クラブ・ルーム、又はスイート・ルーム　一泊 到着時にシャンペンとウェルカム・バスケット・ルーム・サービス ルーム・サービスの特別メニュー夕食 お部屋かビーチでのロマンティックな朝食 室内映画1本
パッケージ料金は1室1名又は2名。朝食チップ込み、ただし税別。他のサービス券との併用は不可。日程により、対象外期間あり。10部屋以上は適用除外。グループ予約は1+(767)123-4567にご連絡ください。

❖重要な用語❖

包括価格（Bundling） 個々の商品やサービスを組み合わせて、まとめた一つの価格で販売すること。通常は個々の商品やサービスをそれぞれ個別に購入する場合の合計金額よりも、包括した料金を安く設定する。

セット・メニュー価格（Prix fixe） メニューの個々の料理をコースにまとめ、一つの価格で販売される。フランス語で英語の固定価格を表す。または table d'hote.

パッケージ（Package） 宿泊産業の用語で、複数の商品やサービスを組合せ、一つの商品として、単一価格で販売される。

階層価格の適用　111

> **RM のウェブサイト　4.3**
>
> 　包括購入顧客は価格面の節約以上に得る価値がある。リッツ・カールトン・ホテル・チェーンは他のホテルに比べて最も高額の客室を販売している。リッツのお客様は極端に金額にこだわらない。それでもリッツはパッケージを販売するのか？　当然である。リッツのパッケージ販売に興味があれば、www.ritzcarlton.com を参照のこと。
>
> 　ホームページのパッケージを検索。裕福な顧客にパッケージを販売する理由は？　これらの顧客は往々にして時間に追われている。パッケージは完璧な旅行や休暇の体験に必要な要素を組み立て、準備する時間を節約できるからだ。彼らは時間に価値を見出し、時間を保留する特権に喜んでお金を払う。

が安いことが明確に計算できると、パッケージの販売力が効果的となる。節約効果が大きいと認識されれば、消費者は個々の購入よりも一括購入を選ぶ傾向が強まる。顧客が包括購入することにより、その取引から得る売上は増大する。

支払い条件

　ホスピタリティー産業では支払い条件が階層価格の設定にあたり、あまり活用されていない。宿泊産業で GOPPAR の最適化を目指す経験豊かなレベニュー・マネージャーは商品やサービスに対する支払い方法や支払い期限が事業の利益に直接影響することを認識している。飲食産業のレベニュー・マネージャーも支払い方法が彼らの収入に直接影響することを知っている。ホスピタリティー事業では一般に、現金支払いに比べ顧客がクレジット・カードやデビット・カードを利用すると 1 ％から 5 ％の利用料を負担している。これらの**割引料金**（Discount fees）は金額がかさむ取引において利益率に大きな影響を与える。

　ほとんど全ての宿泊事業主とレストラン経営者はファスト・フード店（QRS）を含め、利用料負担が発生するにも関わらず、毎日プラスチック支払い（クレジット・カード支払い）を容認している。レストランのなかには、例えばニューヨークの 7 番街と55丁目の交差する場所にある有名なカーネギー・デリの様に、現金支払い限定を押し通している店もある。何故なら、現金は売主にとって最も安上がりだからだ。現金取引の利点は、勿論クレジット・カード会社の返金要請クレームから解放され、カード料もなく、不渡り小切手の心配もない。

　一方、ほとんどの顧客は、支払い方法の選択肢を望んでおり、勿論尊重されてしかるべきである。ここで、レベニュー・マネージャーは、支払い方法によっては、販売経費が増加することを認識しなければならない。また、顧客の支払い方法を尊重するためには、販売商品やサービスの価格設定にあたり、価格のクラス分けを要する場合がある。

　どの様に購買者が支払うかは大きな問題だ。また、何時支払うかも重大だ。レベニュー・マネージャーは人の心理として、商品やサービスを消費することは、それらに支払うことより楽

◈**重要な用語**◈

割引料金（Discount fees）　顧客が支払いにクレジット・カードやデビット・カードを利用した場合、売主がカード会社に支払う利用料。

112　第4章　階層価格

しいことを心得ておく必要がある。従って商品やサービスを消費した後で支払いを回収することは、消費する前に回収するのと比べて、手間暇がかかり、費用もかかり、困難となることをわきまえなければならない。

　ほとんどの顧客は航空券や映画館の入場券を買うにあたり、実際に飛行する前、また実際に映画を見る前に支払いを求められても不服を言わない。何故なら彼らは先ず支払い、その後支払ったことに対する体験をするのである。逆に最初に体験を済ませてから、あとで支払うとなると、多くの苦情がでることは間違いない。何故なら、誰しもたとえ合法であろうとも、喜んで支払いをする人は存在しない。経験豊かなホスピタリティーの経営者たちは、顧客の中に商品やサービスを消費した後で支払いを拒否する人が少なからずいることを知っている。彼らは、何故支払う必要がないか、様々な理由をあげる。

　支払いに対する抵抗を最小限に止めるためには、提供する商品やサービスを良く理解してもらい、それらに対する支払い金額を、購入前に納得してもらうことだ。最高の筋書きは、商品やサービスを提供する前に、金額を説明し、支払いを済ませていただくことだ。何故なら、購買者は、購入を約束してしまったあとで、購入に要する金額を知らされることは望んでいない。購買者が購入以前に請求される金額と支払い条件を理解していれば、購買者の支払い方法の選択肢に対する価格のクラス分けも容易に行うことが出来る。

　売主と買い手の取引における支払い時期がどの様な影響を及ぼすか、表4.9を見て考えなさい。

　この表は宿泊客が支払いを済ませる時期により、変化する危険をあらわしている。宿泊業とその他の事業分野で消費者が許容される支払い方法の相違に基づく価格のクラス分けの合理性を示している。

　支払いに関する争議がホスピタリティー産業の訴訟で一番多い。戦略的価格設定が商品やサービスに関係した争議を防ぐことは出来ないが、経験を積んだレベニュー・マネージャーは、購買者が利用する支払い条件によっては、購買者が支払う金額に影響を及ぼすことも許されることを理解している。

　経験を積んだレベニュー・マネージャーは、効果的な階層価格が事業利益の最大化の鍵になることも知っている。ほとんどの場合、消費者に真の支払い意欲を示させる秘密は、先ず正規価格から始め、その後、更に購買者の好みを表す特性や行動に沿って価格の変化を提示する方法だ。表4.3で示した価格変化の8要素の戦略的活用と、ここで述べた詳細により、レベニュー・マネージャーは顧客が最大の価値を見出す商品やサービスの価格設定にあたり大きな柔軟性を与えられたはずだ。

表4.9　宿泊産業の支払い時期の変化

支払い時期	購買者の危険	売主の危険	価格に及ぼす影響
事前支払い （一部または全額）	全て。全面的に売主の誠実さ次第。	なし。	値下げがふさわしい。
商品・サービス提供後（Check out 時）	ほとんどなし。 約束通りサービスが実施されないことがありうる。	ほとんどなし。 購買者が支払いを拒否する可能性あり。	中立価格。
信用払い。 商品・サービス提供後、日をおいてから。	なし。	全て。全面的に顧客の誠実さ次第。	値上げがふさわしい。

レベニュー・マネージメントか、売上の最適化か？

　第4章の終盤になって、なおレベニュー・マネージメントの公式な定義がなされていないことは異常と思うかもしれない。これには正当な理由がある。レベニュー・マネージメントを本当に理解するためには、レベニュー・マネージャーは第1に価値、戦略的価格設定、在庫管理、階層価格技法の活用について理解する必要がある。これらの概念を十分理解した段階で、ホスピタリティー産業で代表的なレベニュー・マネージメントの様々な定義について評価しうる準備が整ったと言える。同時に、これら代表的な定義の有効性を評価する前提が整ったと言える。
　業界の専門家の中にはレベニュー・マネージメントを次の様に定義する人がいる。

　　価格設定と在庫管理の工程を調和させることにより、売上を最大化する目的で、人とシステムを結びつけること。

他の専門家は次の様に定義する。

　　与えられた需要と供給条件のなかで、巧みに、注意深く行動し、機敏に経営・管理し、収入の源泉と能力を監督すること。

更に次の定義がある。

　　最も収益性の高い顧客に、消滅しやすく限定的な在庫を割り当てる方法論。

　これらすべての定義が有効な側面を含んでいることは疑う余地がない。総合的にみると、レベニュー・マネージャーは事業収入を最適に管理するため、人の重要性、システム的手順、商品の在庫管理、目的を持った価格設定に重点をおくと定義している。著者の**レベニュー・マネージメント**の定義とは普遍的に一致するものではないが、業界の専門家の多くは、レベニュー・マネージメントの工程は次の4つの特徴で特定出来ると考えている。

1　レベニュー・マネージャーによる広範囲に戦術的且つ洞察力に富んだ、積極的で戦略的な意思決定の工程。
2　レベニュー・マネージャーの戦略的価格設定の意思決定に応じて、購買者に焦点をあて、購買者の要求を予想すること。
3　可能な限り売上を最大化するために必要な効果的な商品の在庫管理。
4　主目的は事業収入を増加させること。

❖重要な用語❖
レベニュー・マネージメント（売上管理）　購買者の価格に対する反応を予測し、商品の在庫（availability）を最適化し、最大の事業収入を生みだすための専門的戦術を適用すること。

114　第4章　階層価格

　著者は、一般に広まった定義であっても、あっという間にレベニュー・マネージメントの用語や定義は更に進化したものに置き換わることを予言する。それは良い変化であるが、英国の小説家イーノック・アーノルド・ベネット氏（Enoch Arnold Bennett）は次の様に言っている。「如何なる変更も、たとえ良い変更であっても必ず欠点や不快を伴うものだ。」

　以前業界で使われていた「イールド・マネージメント」が、たとえそれ自体混同や不快な意味があったとしても、既に視野の広いレベニュー・マネージメントにとって代わられ、更に現在に至っては、彼らが戦略的に価格設定を行い商品やサービスを販売する行動を表現するため、**売上の最適化**（Revenue Optimization）と呼ぶレベニュー・マネージャーが増えている。

　ほとんど全ての場合、レベニュー・マネージャーがなすべき仕事を表現する用語としてはレベニュー・マネージメントより、**レベニュー・オプティマイゼーション**の方が優れた表現だ。何故なら売上の最適化（Optimization）ではなく、売上管理（Management）のためにレベニュー・マネージャーが行う努力は、目の前の需要に対応する在庫調整を計算する数式と手順ばかりが過度に強調される結果になる。そのため、伝統的なレベニュー・マネージメントの手法は、しばしばレベニュー・マネージャーが既に獲得した事業を最大化させることの教育に向けられる。

　レベニュー・オプティマイゼーション（売上の最適化）は、先を見越して事前に有利に導く手法だ。単に目の前の需要に対応するのではなく、売上の最適化は将来の利益を求める。「まだ取り扱っていない新しい分野の取引を獲得するためには、情報をどの様に使ったらいいだろう？」売上の最適化は RevPAR に焦点をあてるのではなく、GOPPAR に注目する。事業の成功を理解する洞察力のあるレベニュー・マネージャーはその相違を容易に認識できる。利益を考えずに売上最大化のために市場占有率を上げることは向う見ずな愚行と言うしかない。洗練されたレベニュー・マネージャーの技術として、次の言葉が適切だ。「取引を拡大せよ。ただし目標はよりよい取引の獲得だ。」

　レベニュー・マネージャーは単により多くの顧客を獲得することや、売上を拡大することが事業の目的ではないことを知るべきだ。全米で最も収益力があり、最も経営に長けたサウス・ウエスト航空の共同創業者、会長、前 CEO のハーブ・ケラハー氏（Herb Kelleher）は次の様に発言している。「市場占有率は利益に全く関係ない。市場占有率を求めることは、我が社は巨大になりたい、それで儲からなくても関係ない、と言うに過ぎない。市場占有率を5％伸ばすために事業費が25％上昇した会社がある。もし利益の確保が会社の目的なら、全く矛盾しているとしか言えない。」

　経験豊かなホスピタリティー産業の専門家は、市場占有率の増加が自動的に企業の利益を増加させるものではないことを知っている。もしそうであるなら、世界最大の自動車メーカーとして知られるゼネラル・モーターズが破産するはずはない。その代わり、第1章で学んだ通り、顧客の富の拡大に注目することだけが顧客を増やすことにつながり、その結果市場占有率が上がり、最終的にあなたの会社の利益が増える。レベニュー・マネージャーは次の言葉を良く記憶しなければならない。

❖**重要な用語**❖

レベニュー・オプティマイゼーション（売上の最適化）　購買者の価格に対する反応を予測し、
　商品の在庫を最適化し、最大の事業利益を生みだすための専門的戦術を適用すること。

「利益の増加は市場占有率増加の結果ではない。むしろ市場占有率は、あなたが顧客に届けた価値の増加の結果、増加するものだ。」

　この概念をしっかり理解できない専門家もいる。彼らの見方は、企業の固定費が回収されれば、変動費以上の追加売上は必ず利益に貢献する、と言う考えによる。これは会計上正しいに違いないが、現実の世界ではうまく機能しない。何故なら、市場占有率の探求は、往々にして企業の固定費のみならず変動費も相当増加させる結果となる。

　第2章で学んだ通り、ある商品の原価は販売価格と販売数量により変化を避けられない。経験豊かなレベニュー・マネージャーは、販売価格が売上を規定し、売上は原価に影響を与えることを知っている。サウス・ウエスト航空のハーブ・ケラハー会長が指摘した通り、往々にして販売数量の追加は、総経費の減少ではなく、増加を招く。

　本書の残りの章で学ぶことになるが、不合理な市場占有率の追及は会計上は勿論、また会計上以外でも様々な事業の負担につながる。利益の追求を売上拡大にのみ求めることは、悲劇的な結果をもたらす。そのため著者は、利益率（GOPPAR）に注目する売上最適化の概念が売上偏重のレベニュー・マネージメントに取って代わることを信じている。

　本書では今後も一般に認知されているレベニュー・マネージメントという言葉を使うが、一方で同時に、売上の最適化（optimization）の概念を強調していく。これは、顧客中心のレベニュー・マネージメントのみが、利益率最大化達成の鍵となるからである。

重要な用語

■価値基準価格（Value basedpricing）　■階層価格（Differential pricing）　■固定価格（Fixed pricing）　■在庫管理（Inventory management）　■ブランド・ホテル（Brandedhotel）　■消費者余剰（Consumer surplus）　■FOM、ホテル受付責任者（Front Office Manager）　■裁定取引、鞘取り（Arbitrage）　■フェンス、価格提供範囲（Price fence）　■褒賞制度（Rewards program）　■サービス料金（Service charge）　■中央予約システム（Central reservation system, CRS）　■ホテル管理システム（Property management system, PMS）　■直接流通経路（Direct channel）　■仲介業者（Intermediary）　■間接流通経路（Indirect channel）　■価格伝達経費（Communication costs, pricing-related）　■ネット ADR 率、販売価格から流通経費を除いた実売上率（Net ADR yield）　■ルーム・タイプ（Room Type）　■価格帯（Price band）　■包括価格（Bundling）　■セット・メニュー価格（Prix fixe）　■パッケージ（Package）　■割引料金（Discount fees）　■売上管理（Revenue management）　■売上の最適化（Revenue optimization）

116　第４章　階層価格

学んだ知識を応用しなさい

1．シャロン・クローニンは、ホリデイ・インのフル・サービス・ブランド・ホテル５軒を所
有し、運営する会社のレベニュー・マネージャーだ。それぞれ高速道路の出口にあり、平
均、築20年が経過している。それぞれのホテルの近くに新築した宿泊特化型のサービス限
定ホテル（ビジネスホテル）が、彼女のホテルの稼働率を削り取っている。シャロンは中規
模フル・サービス・ホテルの機能やサービスを求める顧客の特徴を見極めようとしている。

A　シャロンの顧客となり得る購買者の特徴を５つ上げなさい。

B　顧客となり得る特徴を持った顧客の市場全てに接触し、販売する手段として、シャロ
ンが活用できる特別な流通経路を上げなさい。

C　シャロンは特定した市場区分の顧客に提供する客室レートを新興のサービス限定ホテ
ルのレートより低く設定すべきか、または高く設定すべきか？　その理由を説明しな
さい。

2．トム・ロジャースはダート工業の購買部長だ。トムは本社を訪れる社員や関係者のために、
市内に毎月1,000室予約確保する責任がある。トムは地元のホーソーン・スイート・ホテ
ルの営業部長（DOSM）兼レベニュー・マネージャーのあなたに提案をもって接触してき
た。トムは、あなたのホテルの企業取引に使う通常レート１泊159ドル99セントではなく、
次の価格体系を提示した。

１ヶ月の予約室数	客室レート
1室から100室まで	$159.99
101室から400室まで	$139.99
401室から600室まで	$119.99
601室から1,000室まで	$109.99

A　トムが次の様に予約した場合、客室売上はそれぞれ総額いくらか計算しなさい。

Ⅰ　一カ月250室

Ⅱ　一カ月350室

Ⅲ　一カ月401室

B　仮に客室販売に伴う変動費は１室65ドルだとすると、変動費を除いた売上はAのⅠ、
Ⅱ、Ⅲそれぞれ幾らになるか計算しなさい。

C　ホーソーン・スイート・ホテルの営業部長兼レベニュー・マネージャーとして、あなた
はトムの提示した大量購入割引プログラムを支持しますか？　その理由を答えなさい。

3．サンディー・マイレーはフォックス・メドーズ・ゴルフ・クラブを所有している。18ホー
ル、ワンラウンドのゴルフ料金は現在一人75ドルだ。増販策として、サンディーは地元の
６つのホテルがホテルの利用客に販売するゴルフ・パッケージの提携をしている。それぞ
れのホテルはパッケージの料金の中から、サンディーに別々のゴルフ料金を支払う。サン
ディーは次の計算式でそれぞれのホテルの１ラウンド当たりネット売上率を計算したい。

学んだ知識を応用しなさい　117

パッケージ料金÷正規料金＝パッケージ1ラウンドのネット売上率

正規料金−流通経費＝パッケージ料金

フォックス・メドーズ週間売上

提携ホテル	正規料金	パッケージ料金	流通経費	ネット売上率	販売数	ネット売上
コンフォート	$75.00	$69.00	$6.00	0.920	40	$2,760.00
ハンプトン	$75.00	$67.00	$8.00	0.893	30	$2,010.00
ヒルトン	$75.00	$65.00	$10.00	0.867	30	$1,950.00
スプリングヒル	$75.00	$61.00	$14.00	0.813	20	$1,220.00
シェラトン	$75.00	$60.00	$15.00	0.800	40	$2,400.00
ハイアット	$75.00	$59.00	$16.00	0.787	20	$1,180.00
合計	$75.00	$64.00	$1,980.00	0.853	180	$11,520.00

A　サンディーの流通経費を経路（提携ホテル）ごとに計算しなさい。

B　サンディーのネット売上率を計算しなさい。

C　サンディーのネット売上を計算しなさい。

D　サンディーの180ラウンドの平均ネットラウンド料金を計算しなさい。

E　どの流通経路がサンディーにとって最も効果的ですか？　その理由を述べなさい。

4．ララはメトロ空港のハーフポンドの炭焼きバーガー店のオーナー経営者である。ララのメニューは限られている。バーガーとフレンチ・フライと飲み物だ。先週ララは1,000人のお客があった。ほとんどのお客が少なくともバーガーと飲み物を注文し、あるお客はバーガーとフライと飲み物を注文する。フライと飲み物だけの人もたまにある。先週の売上データは次の表の通りだ。

炭焼きバーガー　来客数1,000人　"The Char-burger" 1,000 Customers Served					
商品	販売数	販売単価	商品原価	貢献利益	総利益
バーガー	822	$2.99	$1.45	$1.54	$1,265.88
フレンチ・フライ	640	$1.49	$0.44	$1.05	$672.00
飲み物	972	$1.19	$0.22	$0.97	$942.84
合計	2,434				$2,880.72

商品貢献利益＝商品販売価格−商品原価

この売上集計から、ララが先週達成した顧客一人あたりの商品貢献利益と同額となるバーガー、フライ、飲み物3点の組合せ価格で最も安い金額はいくらになるか計算しなさい。この結果をふまえ、ララが3点の包括価格で販売した場合、売上が伸ばせると思いますか？

5．キースは400室、フル・サービスのトリプルツリー・ホテルの団体販売マネージャーだ。カーラはフロント・オフィスのマネージャーだ。支配人のレオーナとともに、ホテルのレベニュー・マネージメントの議論をしている。丁度1週間後の土曜日の晩、180室予約なしの空室状態だ。キースは180室全ての予約を希望する団体契約の申込を受けたいと思っ

ている。キースは「全室完売できます。そうすれば大きな RevPAR を達成できます。」と宣言した。

カーラは、通常の客室レート179ドルを20ドル値下げして、1泊159ドルで販売したいと考えている。

レオーナは「そのレートで何室販売できる見込みがありますか？」と聞いた。

「120室は販売可能だと思います。」とカーラは答えた。

「それでは依然60室の売れ残りがでてしまい、RevPAR も下がりますね。」とキースが不満げに言った。

トリプルツリー・ホテルでは、客室の販売・清掃や準備に1室35ドル費用がかかる。次のデータをもとに質問に答えなさい。

キースの提案					
販売客室数	ADR	客室売上	稼働率	RevPAR	GOPPAR
220	$179.00	$39,380.00	55%	$98.45	$79.20
180	$109.00	$19,620.00	45%	$49.05	$33.30
400	$147.50	$59,000.00	100%	$147.50	$112.50
カーラの提案					
220	$179.00	$39,380.00	55%	$98.45	$79.20
120	$159.00	$19,080.00	30%	$47.70	$37.20
340	$146.15	$58,460.00	85%	$146.15	$116.40

A．それぞれの案のホテル稼働率はいくらですか？

B．ADR はそれぞれいくらになりますか？

C．RevPAR はそれぞれいくらですか？

D．GOPPAR はそれぞれいくらですか？

E．あなたが支配人のレオーナなら、どちらの提案を取りますか？

F．トリプルツリーはフル・サービスのホテルだ。仮にホテルが宿泊限定のビジネスホテルであったら、立場が変わりますか？　その説明を述べなさい。

重要な概念のケース・スタディー

480室のバルセナ・リゾート・ホテルの客室マネージャーのアドリアンは言った。「もしも、うちのホテルの通常料金を支払えるお客がいるとすれば、その人達はシニア・シチズンです。あなたは、うちのレベニュー・マネージャーでしょう？　だとしたら、経済動向を絶えず注視していると思いますが、今の人は歳を取るほど、とてもお金を持っています。そして60歳になるベビー・ブーマーは前の世代より沢山お金を消費する様になるそうですよ。何が言いたいかと言えば、シニア割引なんか、泥棒にお金をあげる様なものです。」

アドリアンはリゾートのレベニュー・マネージャー、ダマリオとホテルのレストランでコーヒーを飲みながら話をしている。彼らは、前回の価格戦略とレベニュー・マネージメント委員会でダマリオが提案した考えを話し合っている。ダマリオは販売・マーケティング部門に、シ

ニア旅行者を対象とした平日滞在パッケージの導入を働きかけている。ところが、アドリアンはそれが良い考えとは思えない。

アドリアンはなおも続けた。「彼らがチェック・インをしている時に傍にいましたが、彼らは大変お金をもっていました。」

「その通りです。シニアの旅行者は、我々のお客の中で一番裕福です。」とダマリオが言った。

するとアドリアンは「それでは、何故彼らに特別割引を提供するのですか？」と聞いた。

「その理由は、私たちが空室を抱えているからです。シニアはお金持ちだとは知っていますが、彼らはそれ以上に我々にとって重要なものを持っています。それは時間です。」とダマリオが答えた。

「えっ。時間ですか？」とアドリアンが聞く。

「時間ですよ。彼らはずっと働き通し、その間お金をためたから、その分使えるお金を沢山持っている訳です。それは、最近の不況下でも変わりません。その上、彼らの多くは旅行好きです。勿論シニアも割引が大好きです。どの市場区分の人たちも割引好きで、お金持ちの市場もやはり割引好きは変わりません。しかし、シニアは直前に予約をします。彼らは計画を変えやすい。彼らは子供の学校の休暇を心配する必要もない。既に退職しているので仕事の休暇を心配することもない。永遠に。勿論週末の旅行も良いが、彼らの多くにとって、平日の旅行も同じように良い。彼らは自由に選択できる。一つ質問しますが、うちのホテルは何時一番利用客が少ないですか？」とダマリオが言った。

「平日です。週末はほとんど何時も満室です。良くご存じじゃないですか。」とアドリアンが答えた。

「そうですね。では、我々は一体何時、時間の自由がきくお客さんに来てもらいたいですか？」とダマリオが聞いた。

「平日です。」とアドリアンが答えて、次にゆっくりとつぶやいた。「やっと分かった。」

考慮すべき項目

1. ダマリオは委員会の他のメンバーにも全員にシニア向け平日パッケージの考えを説得できたと仮定する。このパッケージを平日のシニア以外に適用させないため、考えられる防御策は具体的にどの様なものが助言できますか？
2. ホテルには現在も通常料金で利用するシニアの顧客が存在すると仮定する。彼らは週末も、また平日も通常料金で滞在することがある。今まで通常料金を支払ってきた彼らに、バルセナで消費してきたお金が引き続き同じ価値をもたらすと信じさせる特別な手立てがあれば答えなさい。
3. あなたがダマリオだと仮定する。このシニア向け平日パッケージに対し、あなたは具体的にどの様な階層価格戦術を設定できるか答えなさい。
4. 価格はあなたの提供する商品やサービスの価値を力強く顧客に伝えることが出来る。仮に安すぎる価格を設定した場合、顧客にとって商品やサービスの品質を疑う原因になる。ダマリオはどの様にして対象とするシニアが、良い商品にしては安過ぎないか、といった疑念をもたない方策を講じられるか答えなさい。

第5章

レベニュー・マネージャーの役割

第5章の構成

ホスピタリティー産業のレベニュー・マネージャー
  硬直的供給制限の管理
  弾力的供給制限の管理
レベニュー・マネージメントの法律的側面
  連邦独占禁止法
  州と自治体の法的規制
レベニュー・マネージメントの倫理的側面
レベニュー・マネージャーの地位
  役割と義務
  報告義務と指示命令系統
レベニュー・マネージメント・チーム

第5章の要点

1. ホスピタリティー産業のレベニュー・マネージャーが直面する増減の困難な硬直的供給制限と多少融通可能な弾力的供給制限に関する説明
2. レベニュー・マネージメントを拘束する法律的、倫理的側面
3. レベニュー・マネージャーの典型的な仕事と報告義務、業務指示命令に関する説明

ホスピタリティー産業のレベニュー・マネージャー

　本書の存在が示す様に、ホスピタリティー産業のレベニュー・マネージメントは、第1章で定義した「購買者の需要に応じて価格を変化させることにより、売上の最大化を狙うイールド・マネージメント」の単純な適用を行った初期の段階から今日まで、大きな進歩を遂げた。レベニュー・マネージャーが真に効果を上げるためには、単に顧客に対応するだけではなく、更に多くの仕事を行わなければならない。今日宿泊産業のレベニュー・マネージャーは、客室に必要な費用総額だけでなく、施設全体を見渡して考える俯瞰的取り組みが求められる。飲食産業のレベニュー・マネージメントとは戦略的価格設定と生産並びにサービス能力の効果的管理により、売上の最適化を行うことを意味する。

　レベニュー・マネージメントは、単に販売する商品に対する様々な需要の変化に注目することから、顧客や流通経路（販売チャネル）が販売価格にどう反応し、その情報をもとに、消費者行動を如何に管理するか注目することに進化した。このことは、今日のレベニュー・マネージメントの概念と戦略のなかで、レベニュー・マネージャーが需要予測、流通経路管理、企業内情報交換、従業員教育に、今まで以上に注目する必要があることを意味する。そうすることにより、多くの事業において良識が養われる。その結果当然質問されることは、「何故ホスピタリティー産業のレベニュー・マネージメントは他の産業のレベニュー・マネージメントとは違うのか？」ということだ。

　レベニュー・マネージメントがホスピタリティー産業のなかで、特別に研究されなければならない分野である論理的根拠は、他の産業と違い、ホスピタリティー産業では、硬直的供給制限と多少柔軟性のある弾力的供給制限の双方を管理する必要があるからだ。第1章を思い起こすと、硬直的供給制限とは、短期間では商品の入手が如何なる価格であれ引き当て不可能な状態を指し、一方で多少柔軟性のある弾力的供給制限とは、資金を投入することにより、追加的な商品の入手が可能な状況を指し示す。このホスピタリティー産業固有の硬直的供給制限と弾力的供給制限の関係を理解することが、他の産業と違い、ホスピタリティー産業のレベニュー・マネージャーの仕事を特別なものにしている。

硬直的供給制限の管理（Hard Constraint Management）

　ある場合、売主は販売可能な限り、商品の生産を行うことが出来る。その場合、生産者は製造コストを計算し、購買者の需要を予測し、生産コストを吸収する販売価格を設定し、収入を最大化させ、利益を確保する。これを説明するために朝食のシリアルの製造業者を考えなさい。売上の最適化を図るためには、製造業者が決める販売価格が極めて重要な要素となる。全てに当てはまるが、シリアルの値段が下がると販売数は増加するが、販売された1箱当たりの利益は減少する。逆に販売価格が増加すると販売数量が減少するが、販売された1箱当たりの利益は増加する。

　シリアルの販売企業には適切な販売価格を決定し、販売数量が増加すれば生産量を増やし、販売数が減少すれば生産量を減少する決断が求められる。更に深く考えると、1日の終わりにシリ

アルの生産量と販売量を調べ、その情報をもとに翌日の生産量の調整を行うことが可能となる。その様な事業では、レベニュー・マネージャーの仕事は複雑ではない。基本的に適切な販売価格を設定し、販売数量を監視し、1日ごとの購買者の需要と一致する様、生産量（在庫）を調整することになる。ここで、シリアル生産業者が次に示す環境の変化に直面したと仮定する。

- シリアルの製造工場が完成すると、前日の販売数に関係なく、毎日生産する量の増減が不可能となった。
- シリアルの需要が年間、及び曜日で、大幅に変化する。
- どの種類のシリアルも売れ残ると、翌日に販売するとはできない。その日売れ残ってしまったシリアルは在庫として永遠に消滅してしまうことになる。

まとめると、生産量は変更できない、需要は大幅に変動する、今日販売できない商品は、明日販売できない。明らかに、このシリアル製造業者は今や重要な挑戦を要する全く別の世界におかれたことになる。その世界こそが、宿泊産業のレベニュー・マネージャーの日常である。何故ならホテル経営は次の通りだ。

- 毎日販売可能な客室数は変更できない。
- 客室の需要は年間、曜日で大幅に変動する。
- 当日予約のない**客室宿泊**（室泊）は、永遠に在庫から消滅してしまう。

宿泊産業のレベニュー・マネージャーは硬直的供給制限に直面する。需要が増加しても、短期間では、たとえ投資しても客室数を増やすことはできない。そればかりか、需要の弱い時期に、販売する客室数を減らすことすらできない。一方、シリアル製造業は需要の弱い時期に生産を抑制することや、売れ残ったシリアルを保存し、需要が強い時期や予想外の需要があった場合に販売することが出来るが、ホテルでは不可能だ。

硬直的供給制限を受けるのは宿泊産業だけではない。パイプラインから供給されるガスを販売する事業も、パイプラインのサイズ（容量）で供給を制限される。ヘア・サロンも椅子の数と美容師の人数で供給量を制限される。これらの事業では、硬直的供給制限を受ける他の事業と同様、需要の強い時期にレベニュー・マネージャーが取らなければならない収入管理の選択肢は次の3つとなる。

1. 一つの固定的価格を設定し、商品在庫がある限り、早い者勝ちで販売する。
2. 限りある在庫を有資格顧客のみに限定して割当て販売する。（例えば、大量購買者、常連顧客、または、その他優良顧客に該当する資格保有者）
3. 値上げにより需要が減退し、供給と釣り合うまで商品価格を値上げする。

❖重要な用語❖

ルーム・ナイト（室泊） 客室利用泊数。例として、3日連続して1室販売された場合、3室泊（three room nights）となる。

レベニュー・マネージャーはこれら１、２、３の選択肢のどれかを選ぶことは出来るが２と３は相互に排他的ではないので、２と３を、戦略的に組合せ対応することも可能である。第４章で学んだ効果的と思われる方法の一つは、階層価格戦略を取り入れ、限られた供給に高い価値を認める顧客の市場区分に優先的に割り当てることだ。事実宿泊産業で働くレベニュー・マネージャーの目標は、この様な方法で事業利益を最大化させることだ。

弾力的供給制限の管理（Soft Constraint Management）

宿泊産業のレベニュー・マネージャーは硬直的供給制限に直面する。一方、飲食産業の多くのレベニュー・マネージャーは弾力的供給制限に直面する。その結果、飲食産業のレベニュー・マネージメントは、ホテルとは別の問題に直面する。第一の相違は許容量に関係する。米国のホテルの75％に相当する宿泊特化型のサービス限定ホテルが取り扱う商品は客室のみである。フル・サービスのホテルは客室以外にも販売する商品があるが、客室の硬直的供給制限に関しては、同業のサービス限定ホテルと変わらない。ある一晩に販売出来る客室の数を増加させることは、価格と関係なく、不可能だ。ホテルの客室数の供給と違い、飲食産業の供給は一つの商品というより、二つの要素から成り立っている。テーブルで座って食事をするレストランの供給は次の式で表現される。

供給可能な座席数×座席の供給可能時間＝総供給座席時間

従って12時間営業で150席のレストランは、総供給量が1,800座席時間となる。1,800供給座席時間のなかで、時間のかかる夕食は顧客の数を減少させる要因となり、早く済む食事は、顧客の数を増加させる要因となる。

この例では省略するが、飲食事業では、供給増をテイク・アウトや宅配で補うことも出来る。また、供給座席時間の拡大は、営業時間の延長で行うことも可能だ。現在10時閉店の店は、閉店時間を11時に変更することで供給座席時間の増加を実現できる。勿論その場合、事業費が多少増加するが、供給座席時間を増やすことで供給能力が上昇する。供給増は良い話であるが、一方10時から11時に来店する夕食の顧客はそれほど多く期待できない。

硬直的供給制限や弾力的供給制限がレベニュー・マネージャーの意思決定に影響するのは需要が供給を超えた場合となる。また、レストランが供給座席時間を増加することは重要ではあるが、そのことで売上が伸びる訳ではなく、供給座席時間を利用する顧客がどれほど沢山お金を使うかによることを認識することが重要だ。そのため、飲食産業のレベニュー・マネージャーは第11章で詳しく説明する RevPASH（Revenue per available seat hour）の概念に特に注目すべきである。

レベニュー・マネージメントの観点から言うと、ホテルとレストランでは顧客の消費に関する知識に大幅な相違がある。ホテルは、客室を使用する顧客がチェック・インした時点で事前に確認したレートが支払われることを知っている。それとは対照的に、レストランは座席を占有する顧客がレストランの収入にどれだけ貢献するか、注文をとるまで分からない。勿論この点は、飲食産業のレベニュー・マネージャーにとって追加的課題となる。不利な点もあるが、レストランはホテルと比べて有利な点もある。例えば、売れ残った客室はその晩消滅してしまう訳だが、熟成したサーロインのポーターハウス・ステーキが、ある晩売れ残っても、翌日販

124　第5章　レベニュー・マネージャーの役割

表5.1　ホスピタリティー産業のレベニュー・マネージメントの特徴

項目	シリアル製造業	ホテル	レストラン
供給制限	なし	硬直的供給制限	弾力的供給制限
供給拡大能力	無制限に可能	不可	制限付き可能
供給縮小能力	無制限に可能	不可	制限付き可能
余剰分の翌日繰越	可能	不可	サービス不可、商品可
短期需要対応価格変動	任意	常時可能	ほとんど不可
RM 効果	あり	あり	あり

売する機会は残されている。商品が傷んだり、縮んだりすることにより、多少費用はかかるものの、少なくとも前日の損失の一部を回収することは出来る。

　最後に、宿泊産業と飲食産業の相違は、日々の価格変化である。宿泊産業で働くレベニュー・マネージャーは需要の変化により、月、週、曜日、日、更に時間毎に価格が変動することに慣れている。それに対し飲食業では需要に応じ価格を変動させるやり方は取っていないが、レストランによっては、同じメニューを昼食と夕食で値段を変えている。

　表5.1はホスピタリティー産業のレベニュー・マネージャーを特徴付ける他の産業、この例では朝食のシリアル製造会社との大きな相違点、共通点並びに一般的習慣を一覧にまとめた。

　本章の冒頭、「何故ホスピタリティー産業のレベニュー・マネージメントは他の産業のレベニュー・マネージメントと違うのか？」と言う質問で始まった。その質問には答えたが、レベニュー・マネージャーが硬直的供給制限や弾力的供給制限に対応する様々な技法に必要となる社会的制限を学ぶことが残っている。

レベニュー・マネージメントの法律的側面

　経済を理解する者は、事業と**資本主義**は手と手を取り合っていることを認識している。純粋資本主義の仕組みではレベニュー・マネージャーは事業主の意思に沿い、自由に価格を管理することが許される。その様な手法はLSE（ロンドン・スクール・オブ・エコノミックス）のケネス・ミノーグ教授（Kenneth Minogue）の所見と一致している。ミノーグ教授は「資本主義とは、野放しにした人間が行うこと」と表現している。ミノーグ教授の所見の正当性は議論のあるところだが、全てのレベニュー・マネージャーの行動は社会的制限や政府の法律に規制されることは言うまでもない。レベニュー・マネージャーが直面する社会的制約とは法律や倫理・道徳の形で表され、彼らが仕事に就く前から広く認識されている。レベニュー・マネージャーは彼らの行動に関係する法律を知る必要があるが、また、同様に彼らの行動を規制する倫理・道徳を知る必要がある。法律の中には、彼らの行動に関し、許されること、許されないことを詳細に規定したものもあるが、倫理的な規制は、彼らがなすべきか、なすべきではないかを示している。レベニュー・マネー

※◆重要な用語◆※

資本主義（Capitalism）　商業ならびに産業が国家主導ではなく、営利目的の国民の事業主により経営される経済の仕組み。

レベニュー・マネージメントの法律的側面　　125

ジメント関連の倫理はトマス・ジェファーソン（Thomas Jefferson）の意見と一致している。ジェファーソンは「私は倫理や宗教を人間の統治を司る法律を補うものと理解している。」と書いている。ここで我々はレベニュー・マネージメントに関連する法律と倫理の側面を研究する。

連邦独占禁止法

　1800年代後半、米国経済は幾つかの極めて巨大な事業や裕福な事業家を生みだす状況にあった。それらの中には鉄鋼のアンドリュー・カーネギー（Andrew Carnegie）、不動産王のジョン・ジェイコブ・アスター（John Jacob Astor）、金融のJ・P・モーガン（J.P. Morgan）、石油のジョン・D・ロックフェラー（John D. Rockefeller）、鉄道のコーネリウス・バンダービルト（Cornelius Vanderbilt）等がこの時代に巨万の富を蓄え、産業の大企業家と呼ばれた。しかし、人々から、彼らは悪辣な手口を使い権力と富を手に入れるため賄賂をばらまいた泥棒貴族とののしられた。国に害を与える事業に対する国民の疑念を和らげるため、1890年に議会はシャーマン**独占禁止法**（the Sherman Antitrust Act）を通過させた。

　独占禁止法の独占とは当初企業合同のトラストと戦うために命名されたが、今日では企業連合の**カルテル**（Cartel）として言及される。今日ほとんどの先進国で、カルテルの特定と解体が独禁法の重要な使命となっている。違法なカルテルの例として、価格協定、入札談合、顧客割当がある。価格協定は2社以上が競合する場合、お互い価格をある一定の額以上に値上げし、ある価格以下では販売しないことに合意する取り決めである。入札談合は、入札業者間であらかじめ決めた業者を確実に落札させる金額で応札することである。これらは、自治体、州政府、連邦政府の契約で行われる。顧客割当は競合企業同士が競合を緩和する目的で顧客を地域で分割し、お互い割当外の顧客を浸食しない方法である。カルテルは秘密裏に締結されるため、実際は競合しないにも関わらず、顧客には競合していると思わせ、欺く手法である。カルテルや他の不正取引は市場が決める適正価格よりも、顧客に高い価格を支払わせることにより害を与える。これらの行為による影響は本来の価格より10％以上価格が上乗せされると見積もられ、どの国でも政府が不正な商取引の排除に取り組んでいる。米国では次の連邦独占禁止法がレベニュー・マネージャーの日常業務に影響を与えている。

- シャーマン独占禁止法
- 連邦取引委員会法（The Federal Trade Commission Act）
- クレイトン法（The Clayton Act　1914年　シャーマン法を補完する法律）
- ロビンソン・パットマン法（The Robinson-Patman Act　差別価格の禁止）

❖重要な用語❖

独占禁止法（Antitrust legislation）　不公平な価格を含む不正な事業行為や反競争的価格を排除する法律と規制。国際的には競争法として知られる。

カルテル（Cartel）　生産調整、流通調整、価格調整等により、競争を制限する目的で独立した企業・組織が連合すること。例はOPEC。オペックは石油の生産と価格をコントロールしているため、カルテルとみなされることが多い。

126　第5章　レベニュー・マネージャーの役割

シャーマン法

シャーマン独占禁止法は1890年に法案を提出したオハイオ州のジョン・シャーマン（John Sherman）上院議員にちなんで命名された。この法律は全米の取引で不当に競争を抑制する契約や共謀を違反とする。特に競合会社間の価格協定、不正入札、顧客割当は明確に規定されている。シャーマン法違反は重罪と規定されている。**司法省**が管轄する。個別の違反は1件あたり35万ドル以下の罰金と連邦監獄3年以下の刑を受ける。企業の場合、1件1,000万ドルまでとなる。司法省の弁護士のなかにはFBIと協力し、裁判所の許可のもと、入札談合や価格協定など、独占禁止法に該当すると思われる電話の盗聴、電子メールの監視、密告者からの情報を収集している。この法律はホテル事業者が他のホテルと宴会や団体の取引等に関連した客室レートを談合し、インターネットを含め、連絡し合うことを禁止している。

連邦取引委員会法

1914年に通過した連邦取引委員会法はシャーマン法の執行を明確にするため連邦取引委員会を設立した。委員会は事業がある活動に手を染めることに対し、単に違法を宣告し、不正を防止する権限がある。通常裁判所が疑わしい取引を審査する場合、時間がかかるが、委員会は即座に違法宣告をすることにより、時間のロスを防ぐことが出来る。委員会は法廷が違法の判決を下さない状態でも企業や団体に対し、不公平が疑われる行為を即座にやめさせることが出来る。もし、仮に「法律で禁止されていない。」と弁明しても、委員会が公平な競争を阻害すると感じれば、全く言い訳にならないことをレベニュー・マネージャーは認識しなければならない。

クレイトン法

クレイトン法の草案を書いたアラバマ州出身の国会議員ヘンリー・クレイトン（Henry Clayton）にちなんで命名された。クレイトン法はシャーマン法を補完する目的で準備され1914年に議会を通過した。特に企業の取引、組合、合併等に注目している。最も重要な部分は価格関連の条項だ。特にクレイトン法は企業に公平な価格の適用を命じており、違法に差別する価格政策を禁止している。

ロビンソン・パットマン法

1936年のロビンソン・パットマン法は、再度クレイトン法で詳細に規定された価格設定に関する要件を修正する目的で提出された。この法律は零細企業保護法としても知られている。ルーズベルト大統領のニュー・ディール政策期に提出されたこの法律は、小企業を大企業との競争から守る目的で制定された。大量販売に対する割引を行う場合、大量商品の供給能力が限定された大企業に限られる場合、反競争的と見なす法律だ。この法律は一般的に法廷で証明することが困難な**略奪的価格**（Predatory pricing）を違法としている。レベニュー・マネージャー

❖**重要な用語**❖

司法省（Department of Justice）　連邦政府機関で、米国の利害にかかわる全ての刑事訴追、民事訴訟等を監督する。この機関が連邦法全ての執行を行う。

が認識すべきは、連邦法が企業同士の**共謀・談合**や差別的価格を明確に禁止していることと、一方で階層価格は禁止の対象ではないことである。また連邦法では生産者が同一商品の価格設定を行う場合、公平性の確保を重視していることを認識することが重要だ。別商品や、同一商品の改定版またはサービスの価格については連邦法に取り上げられていない。一般的に売主が法律違反を犯していない限り、同じ商品に対し、異なる購買者が異なる価格を支払うことは可能である。仮に購買者の人種、宗教、道徳的背景で販売価格を変更したら、1964年にジョン・F・ケネディ（John F. Kennedy）大統領が導入した公民権法に違反することになる。ケネディ大統領は法案提出の演説で、「全ての国民が、ホテル、レストラン、劇場、小売店、その他公共の場で平等の待遇を受ける権利」と説明している。

州と自治体の法的規制（State and local Constraints）

　米国の州や地方自治体はホスピタリティー産業を含む様々な商品やサービスの価格を監視、制限、指導することに深く関与している。例えば電気、ガス、上下水道等の価格は地方政府の強い監視下にある。また、アルコール飲料の卸価格も地方政府が一般に制限している。売主は販売する商品やサービスの価格を自由に決めることが出来るが、多くの州が顧客から不当値上げにより金銭を巻き上げることを法律で禁止している。多くの場合、消費者保護法は緊急事態が宣言されたなかで価格の**不当値上げ**の訴えに対し州政府の司法長官が調査することを認め、

RM の報道記事　5.1　ホテル事業者がカルテルの可能性を否定
連邦法により、多くの国と同様、米国ではカルテルは違法となっている。しかし、往々にしてカルテルを成立させる条件が不透明である。また、カルテルの存在を証明することは極めて難しい。何故なら、企業はカルテルに関する取り決めを記録に残すことはないからだ。その結果、ニュース報道で伝えられるインドの宿泊産業の行動が示す様に、極めて不明瞭なことになる。 **ニュース：インド、ムンバイ発。** 　ホテル事業者は自由に価格を値下げさせないためには、カルテルを行うのが最も有効だと考えている。ムンバイの主導的ホテル事業者は「我々ホテル業者間には共有する価格情報がある。これはカルテルではない。単にホテル業者間の協定だ。」と述べた。 　国際的にはドバイやクエートはカルテルが全く合法である。上級幹部が年１回集まり、客室レートを決め、情報によれば、このレートが厳格に守られている。 　カルテルの存在と合法性は人々の目に晒されているが、それぞれの国がそれぞれの流儀で対応している。したがって、国際的な環境で働くレベニュー・マネージャーは、彼らが従わなければならない地元の価格設定に関する規則を十分理解する必要がある。

※重要な用語※

略奪的価格（Predatory pricing）　企業が将来市場を独占し、価格を著しく値上げする目的で、消費者に原価割れの価格で販売し、競合相手を駆逐する企業の行為。

共謀・談合（Collusion）　違法な商行為を目的に、企業または個人が秘密裏に取り交わす契約。

128　第5章　レベニュー・マネージャーの役割

表5.2　レベニュー・マネージメント関連州法

州	適用範囲	関連法	禁止内容	罰則
カリフォルニア	健康、安全、福利に致命的な商品・サービス	加州刑法396	大統領、州知事、郡・市長高官が非常事態宣言を出した場合、事前申告または、仕入費用の増加を除き、10％を超える値上げ禁止。	地区・市検察に届けがあれば、1件につき2,500ドルの罰金、差止、返還。違法行為は1年以下の投獄・1万ドルの罰金のどちらか又は両方。
ハワイ	不可欠な生活用品の販売・賃貸	HRS 209-9	知事が州の災害を宣言した時、また州が重大な気象警報の対象となった時。	違反により、1件500ドルから1万ドルの罰金。
アイオワ	災害犠牲者に必要な商品	IAC 63-31.1 (714) IC 714.16(2)a	災害期間及び復旧期間（最長60日）不当な値上げ。	1件4万ドルの罰金と返還命令。高齢者をだました場合、追加で5,000ドルから4万ドルの罰金。
ミシガン	資産及びサービス	UDAP Statute MCL 445.903 (1)(z)	災害時に関わらず、同一の商品が購入できる金額を大きく超えた場合。	2万5,000ドル以下の罰金。
バージニア	必需品やサービスの販売、賃貸、免許	Va. Code 59.1-525 et seq	非常事態宣言の期間。必需品やサービスを不当な価格で販売、賃貸、リース、免許すること。	州法の消費者保護法に違反した場合、1件2,500ドルの罰金。

罰金や刑罰を認めるばかりか、違法行為を発見したら金銭の返還を命ずることを認めている。表5.2は幾つかの州で法制化された不当値上げの例を取りまとめたものだ。

レベニュー・マネージメントの倫理的側面

　レベニュー・マネージャーは勿論意思決定に影響を与える全ての法律を遵守しなれればならない。しかし、多くの場合、価格や販売の意思決定に影響を与えるのは法律より、むしろ**倫理**的、道徳的側面である。レベニュー・マネージャーは彼らが設定する価格や、それらの管理が公平に行われていることを確保しなければならない。そこで難しいことは、正確に、何が公平を構成する要素となるかを決めることだ。この問いは次の理由により重要だ。

- 購買者は、将来また利用するためには、彼らが支払う金額は公平だと確信する必要がある。
- 企業の従業員は、彼らが良いセールスマンになるためには経営者が決める価格が公平だと確信する必要がある。
- 事業の経営者は、彼らが事業を継続するためには、彼らが販売するサービスや商品の価格は公平だと確信する必要がある。
- 監督機関は、価格が公平だと確信する必要がある。そうでないとホスピタリティー産業を含む全ての産業で不公平と思われる価格の検査や監視強化が促されることになる。議会は

❖重要な用語❖

不当値上げ（Price gouging）　自然災害や緊急事態において、社会が一般に認める水準を超えて値段を上げること。

倫理（Ethics）　他人に対する行為の善悪を決める道徳上の規準。

RM の報道記事　5.2　増大する州の監督と影響力

　州の法律はレベニュー・マネージャーに価格設定の幅広い自由裁量を与えているが、それらは絶対的な権利ではない。スーパー・ボウルの様な大イベントが開催される時期のフロリダのホテル事業者を考えてみなさい。歴史的に、それらの試合の開催される都市の競技場付近のホテルのレートは、その時期急騰する。基本的にホテルが自由に価格を変動させることが認められているものの、この場合、ある種制限が存在する。制限は、フロリダ・サン・センティネル新聞の見出しの様な形で現れる。

　「ホテルは100％まで高騰したレートに言い訳をしない。」ハランデール・ビーチのハンプトン・インは何と2,400ドルの値段を付けた。これは1泊599ドルで、最低4泊滞在が最低条件であるが、今月初めのレートは1泊170ドルから229ドルであった。

　レートの急騰の理由を聞かれたホテルの支配人は、一切弁明することなく、「単に需要の変化に対応しているだけです」と答えた。新聞はスーパー・ボウル開催で他のホテルのレートも急騰している詳細を紹介し、さらに、州政府として消費者保護への取り組みを記事にした。

　1990年代、ホテルの不当な値上げに対抗して、NFL（ナショナル・フットボール・リーグ）は、スーパー・ボウル開催期間中NFLが予約する17,000室について、ホテルに最大ラック・レートの10％増しまでしか支払わない方針を決定した。しかし、NFLが予約するホテル以外はこの方針とは無関係に、ホテルが自由に値段を決められる。ただし、フロリダでは、値上げ5日前までに州政府に申請しなければならない。申請を怠った場合や申請したレートを超えて課金した場合は第2級犯罪となる。

　客室の購買者、州政府の議会、監督機関がレベニュー・マネージャーの価格戦略を知るに従い、ホテルは客室レートの厳重な検査や監督が強まるとみている。この様な状況で、イベント期間中は多数の消費者がホテルの不当なレートを非難する見解を共有することになる。先程の見出しを掲載する新聞は、これらの見解を形成する大きな要素となる。

　　航空会社が手荷物に課金した場合、課税対象とする法律に賛成している。従って、ホスピタリティー産業のレベニュー・マネージャーは不公平な価格に対する法的拘束力並びに報道面の影響を注視する必要がある。

　何が公平な価格を構成する要素かという質問は、誰が公平な価格と判断すべきかという質問と密接に関係している。既に学んだ通り、長期的にみれば、価格の公平性を判断するのは明らかに購買者である。買うべきか、買わざるべきかという判断は、何が公平価格かという概念をつくるだけでなく、市場におけるその商品やサービスの存続性を決定する。購買者がお金を出してまで欲しいと思わない商品は、その値段で売主が売れないことになり、その結果売主が事業を継続するために必要な利益を確保することが不可能となる。

　多くの場合、購買者が公平か否か疑うのは、販売価格そのものではない。むしろ、不当に値を吊り上げて利益を上げていると購買者が感じることで、売主が社会の非難を浴び、政府の干渉を招く結果となる。面白いことに過大な利益は高額な販売価格と認定される。しかし、一般の投資家は**S&P500**で構成される企業に投資し、表5.3に示す配当を受け取っている。その資本利益率（平均キャピタル・ゲイン）は10.16％になる。

　注目すべきは20年間の平均値は9％だが、資本利益率の変動幅は大きい。1995年の過大な利益率を非難する消費者団体や政府機関は、同時に2002年、2008年の損失も見逃してはいけない。

130　第5章　レベニュー・マネージャーの役割

20年間の平均利益の9％を多すぎると非難する人はいないだろう。究極的に、ほとんど全ての例では企業が設定する価格が単に高すぎると指摘することは不可能で、仮に不当に高ければ、購買者が単にその企業の商品やサービスを拒否することになる。その場合、彼らは企業そのものを拒絶する。レベニュー・マネージャーの観点から、価格の設定にあたり、倫理的な側面で考慮すべき4点をあげる。

RM の報道記事　5.3　需要の変動で価格を吊り上げるのは公平か？

　航空業界は消費者の需要の変化に応じて価格を変えることにより売上の最大化をはかるイールド・マネージメントの基本概念の先駆者の一人と認識されてきた。これは丁度「混雑時離着陸料金」と呼ばれる空港の離着陸混雑時に航空機の離着陸料を上げ、閑散時には値下げする概念と同じ考えである。この概念は、混雑時の旅客機発着の遅れを緩和するとして、ウォール・ストリート・ジャーナル紙にも支持された。第2期ジョージ・ブッシュ（George W. Bush）大統領の政権で、大統領は米国運輸省のメアリー・ピーターズ（Mary Peters）長官に混雑時離着陸料金について調査を命じた。その時、イールド・マネージメントの専門家である航空会社は空港の混雑時離着陸料金を支持したと思いますか？

　ピーターズ長官宛に出された航空輸送協会（ATA）のジェームス・メイ（James May）会長の2007年9月の手紙を引用する。

　「ATA と ATA 会員の航空会社は旅客機の遅延を防止する目的で導入が検討されている混雑時離着陸料金に対し、確固たる反対の意思を示します。混雑時離着陸料金は、一般の旅行者を一部の金持ちのために追い出す仕組みです。公共の福利に悪い影響を及ぼします。」米国運輸省（DOT）は混雑時離着陸料金の実施計画を取り下げる、と USA Today 紙は報じた。DOT は次の声明を出した。「空港の混雑時離着陸枠を競売にかけ、最も高値で購入する航空会社に販売する方法は大きな論争となり、意見を申し出た多くが、競売の導入に反対した。」新聞は、運輸取引企業がその決定を称賛したことを伝えた。

　ホテルのレベニュー・マネージャーは ATA の需要に基づいた価格設定を特に注目すべきである。需要の変化により商品の価格を値上げすることは、たとえ自らの事業で取り入れている航空会社からも、全く歓迎されない。

表5.3　S&P500 Rates of Return 1989 – 2009　S&P500社の株式投資利益率

年 Year	投資利益率 % Return	年 Year	投資利益率 % Return	年 Year	投資利益率 % Return
2009	27.11	2001	-13.04	1993	9.80
2008	-36.55	2000	-10.14	1992	4.47
2007	3.81	1999	19.51	1991	27.25
2006	12.80	1998	26.67	1990	-6.85
2005	3.01	1997	31.02	1989	28.44
2004	9.00	1996	20.27		
2003	26.39	1995	34.11		
2002	-23.37	1994	-1.47		

❖重要な用語❖

S&P500　アメリカの様々な産業を代表する大手企業500社で、その株式価値が毎日計算され、他の株式の実績を判断する比較基準となる。S&P 株式はアメリカ二大株式取引所である、ニューヨーク株式取引所とナスダックで取引される。（New York Stock Exchange and NASDAQ）

レベニュー・マネージメントの倫理的側面　131

1　私の行動は倫理的か？
2　私の行動で獲得する利益は倫理的か？
3　私の提示する価格は公平か？
4　私の提示する価格は購買者に公平と受け止められるか？

私の行動は倫理的か？

「私のとる行動は倫理的か？」はレベニュー・マネージャーが日々直面する倫理的葛藤に向けられたものだ。300室のホテルのレベニュー・マネージャーの例を考えなさい。ある特定の日に200名の来客（200室の予約）がある。また、100室は既に使用されている。その結果、満室の状態だ。しかし、レベニュー・マネージャーは過去の実績から、予約客の5％が**ノー・ショー**することを知っている。

午後2時に、レベニュー・マネージャーはホテルの営業・マーケティング部門からラック・レートで11室、常連顧客の予約を受け付けても良いか否かの判断を求められる。あなたはレベニュー・マネージャーに予約を認める様助言するか？　あなたが必要な計算をする時、この質問に対する答えがレベニュー・マネージャーにとって会計上の問題と同様、倫理的な問題であることの理由が分かる。

倫理的行動に関する質問のほとんどがそれらの性格上二つに分類できる。第一に判断が容易で、ほとんどのレベニュー・マネージャーが同じ行動をとる。例えば、レベニュー・マネージャーは顧客に割引を行う見返りにリベートを受け取っても良いか？　この様な行為は、企業人としての倫理に違反することはどのレベニュー・マネージャーにも分かる。もっと難しい倫理の問題が第二の類型だ。これらには明快な答えがない。レベニュー・マネージャーは自らの倫理行動規範に照らして決断しなければならない。この様な場合、何が倫理的な行動かという答えは不透明だ。これら倫理的葛藤の判断は極めて困難で普遍的な答えはないが、レベニュー・マネージャーは次の質問を利用しながら判断を導き、取るべき行動を決断する。

- 取ろうとしている行動は法律に違反しないか？
- 上司は了解し、そうすることを私に助言するだろうか？
- 近い将来、上司は私の取った行動を知り、喜んでくれるだろうか？
- 翌朝の地方紙の一面に私の取った行動が掲載されたら、満足できるだろうか？
- 私の取った行動が、仮に私自身か、私の家族に向けられたら、満足できるだろうか？
- 私の取る行動は、この事案に関係する全ての人に公平だろうか？

もし、これらの質問全てに「はい」と答えられるなら、あなたの行動はまず倫理的であると言ってよい。もし、そうでないなら、実際に行動に移す判断を下す前に更に熟考を要する。何

❖**重要な用語**❖

ノー・ショー（No-show）　予約した顧客がキャンセルを怠るか、予約した日にチェック・インに現れない。

132　第5章　レベニュー・マネージャーの役割

故なら自分自身、倫理的疑念が残っているからである。

私の行動で獲得する利益は倫理的か？

　二番目の質問「利益は私の倫理的な行動から生まれたものか？」と言う質問は、残念ながら十分問いかけられていない。この質問に対する答えは容易ではない。何が公平な利益、又は正しい利益を構成する概念かについては、何世紀にもわたり、哲学者、宗教家、政治家、事業家を悩ませてきた。本書全体を通して我々は、「自由な市場は、購買者が認識する商品の真の価値に見合う支払い意欲に従い、公平な価格を決める」と言う立場を取っている。

　あなたが学んだように、価格の不当な値上げは法律に違反する場合があり、また一般に不道徳であると考えられている。困難なのは、一体誰が公平な価格かを決め、その結果生みだされる利益が真に合理的か、不合理か、と言う問題である。

　事業家の中には、消費者が安い値段を支払うことが不道徳でないなら、生産者が割増価格を付けることが不道徳とはならないと主張する人がいる。また、別の人は、公平な価格とは、購買者に選択の自由があるか否か次第だと言う。例えば、12オンスの水のボトルを通常時に10ドルで販売することは、ほとんど売れない結果となり、単に稚拙な商売だ。しかし、ハリケーンの後、他に手に入れる手段のない場合1本10ドルで販売するのは明らかに不道徳であるし、時に法律違反となる。

　レベニュー・マネージャーは、顧客が単に他の選択肢がないという理由から高い価格を支払う場合、顧客が本当に喜んで購入するのではないことを認識しなければならない。しかし、価格は限られた資源を分配する合法的な手段であることも事実である。例えば、町にボール・

RM の実践　5.1

　スプリングデール市が運営している市街地の会議場の支配人トニヤ・ロバーツが「オースティンの結婚式の契約は済みましたか？」と聞いた。

　会議場の DOSM（営業部長）のララは、「はい。昨日先方と話し合った後、電子メールで確認を済ませました。」と答え、「なにか、問題がありますか？」と聞き返した。

　「実は今市長の事務所と電話で話したところです。彼らは市長の再選の運動で、オースティンの結婚式の予約と同じ晩に、同じボール・ルーム（宴会場）で資金集めパーティーをやりたいそうです。結婚式は200人でしょう？」とトニヤが続けた。

　「そうです。200人です。一人150ドルですから、良い取引ですよ。30,000ドルの売上です。」とララは言った。

　「市長は1,000人の参加を予定しています。一人100ドルで。それに市長は我々のトップだと言うことも忘れる訳にはいかない。結婚式と両方一緒にやることは出来ないから、オースティンに電話して断ってください。既に予約済みだったと言って、他を探していただくよう、伝えてください。」

1．市長のパーティーは会議場にいくら売上を増加させることになりますか？
2．もし、あなたがララからトニヤの指示にどう対応するのがよいか聞かれたら、ララにどう助言しますか？
3．二番目の予約が市長の事務所からきた事実は、ララへの助言に影響しますか？　それが影響するとしたら、理由は何ですか？

ルーム（宴会場）のある結婚式場を備えたホテルが一軒しかない場合、結婚式の集中する6月は、その他の月と比べ、当然利用料金が高くなる。

レベニュー・マネージャーはしばしば何が倫理的な価格を構成する要素かと言う質問に遭遇する。これは硬直的供給制限をもつ宿泊産業で働くレベニュー・マネージャーにとって特に顕著だ。その様な環境でレベニュー・マネージャーは価格設定方針を正当化し、弁護することが極めて重要だ。道徳とは、人が誰も見ていないところで正しい行いをすることだと言われる。しかし、レベニュー・マネージャーの行動は、絶えず顧客、上司、経営者たちに見られている。それも、すぐそばで監視されている。

経験豊かな事業家は口先で褒められるのとは裏腹に、誠実と清廉は短期間では成功しないことを知っている。これらの誠実な行いを維持するためには、実際に費用もかかる。この費用とは、可能な限り高い値段をつける代わりに値下げをすることで利益が減少したり、取引を逃したりする損失を意味する。これらの費用は道徳的観点からのみ支払う価値がある。これを事業的にみれば、誠実や清廉のための費用が長期的に実を結ぶことは疑問の余地がない。だからこそ、レベニュー・マネージャーにとって価値があり、彼らの倫理的行動規範、申し分のない清廉さは、金額に代え難い。顧客はたまたまではなく、常に売主の清廉・誠実さを期待している。これはベストセラー作家のトム・ピーターズ氏（Tom Peters）が「美徳の探求」で次の様に表現している。「完全高潔には、僅かな間違いも許されない。」

私の提示する価格は公平か？

「私の価格は公明正大に表示されているか？」と言う質問は重要だ。レベニュー・マネージャーは、顧客が価格にどの様な反応を示すかと言う消費者行動に関する知識を利用することに問題はない。したがって、宿泊産業で働くレベニュー・マネージャーが客室レートに0.99ドルを追加して記載するのは道理にかなっている。理由は、顧客が1泊299.00ドルと書いても1泊299.99ドルと書いても、ほとんど差額を意識しないことを知っているからだ。この現象は金額が小さくなっても同様だ。例えば、1泊59.00ドルのレートは1泊59.99ドルと同等に受け止められる。同じ方法でレストランは0.95ドルとか0.99ドルで終わるメニュー価格を使う。顧客は最初の数字に注目し、その数字が低ければ、顧客が受ける価値が高いと受け止める特性を理解しているからだ。その結果7.99ドルは8.00ドルより遥かに安く感じる。これは7.99ドルの商品を7.92ドルとするより、顧客にとっては印象が強い。これらの例はどちらも価格が正しく公表され、偽る意思も感じさせない。価格は常に正しく表示されなければならない。しかし、公平性の立証があろうとも、顧客は隠れた費用や後から知られる費用に反発する。この点をレベニュー・マネージャーは知っておかなければならない。顧客はこの隠された費用を嫌う。どれほど激しく嫌うか？　それに対し、どの様に反発するか？　ホスピタリティーの一例として、RMの報道記事5.4を考えなさい。

私の提示する価格は購買者に公平だと受け止められるか？

最後の質問「私の価格は顧客に公平だと受け止められているか？」は最も難しい。理由は、ほとんどの顧客が少しでも安い価格を求めることが自然で、その結果、目にする価格全てが高すぎると感じる傾向があるためだ。これは、あなたも同じだろうが、彼らが欲する商品や購入

134　第5章　レベニュー・マネージャーの役割

RM の報道記事　5.4　追加料金は無料となる。

　全く悪意のない企業でも、度々価格の公平性で失敗することがある。1990年代初めに、エネルギー費用の高騰を受け、多くのホテル・チェーンが導入した価格政策を考えなさい。多くのホテルは、顧客のチェック・アウト時にエネルギー付加料金として、事前に説明のない費用を徴収した。その結果はどうなったか？

　ロイターに掲載されたロサンジェルス高裁の判決を考えなさい。
　更に4社がエネルギー付加料金に対する訴訟に基づく和解に暫定合意した。マリオット、スターウッド、ヒルトン、ハイアットは将来6,000万ドルの割引を合意した。
　ロイターによれば、マリオットが2,100万ドル、スターウッドが1,300万ドル、ヒルトン2,600万ドル、ハイアット150万ドルとなった。割引は認定された600万人以上の顧客に将来利用出来るクーポン券として支払われることとなった。
　付加料金は認められたが、一方で、問題は事前に顧客に告知されていなかった点だ。客室レートとは別に付加料金がどの様に課金されるかを事前に説明することが求められた。
　今日エネルギー付加料金は目にしないが、客室内金庫料金、リゾート利用料金、インターネット接続料金、プール利用料金等々、様々な付加料金が存在する。もし、顧客に事前にこれらの付加料金が告知されていない場合は、明らかな倫理違反となり、場合により法律違反となるばかりか、事業運営に悪影響を及ぼす。事前とは、顧客がホテルに到着した時ではなく、予約時点を意味する。

しなければならない商品を少しでも安い値段で買うことを好むということだ。長年やっているレベニュー・マネージャーはこの様な自然の傾向を知っている。前にも述べたが、顧客が高すぎると感じることは即ち値引きを求めることの合理性を示すものではない。価格が高すぎると言う問題は、価格が不公平だと言うこととは全く別の問題だ。価格は時として購入意欲金額を大きく超えることがあるが、それが不公平だと言うことでは全くない。

　レベニュー・マネージャーといえども、購買者の元来持つ低価格志向を抑えることは困難だ。しかし、レベニュー・マネージャーは、購買者が公平な価格と受け止めることについては大きな力を持っている。一般的に購買者は二つの観点から価格の公平性を判断する。第一に、購買者は売主が取引により入手する利益を見る。第二は、購買者は他の購買者が同じものを購入した値段を見る。

　ほとんどの購買者は売主が異常に高い価格を設定することは、たとえ多くの購買者がその金額を喜んで支払ったとしても、公平ではないと信じる。**相互の権利**は次の様に説明する。消費者は、彼らが合理的な価格を受ける権利を持ち、また売主は合理的な利益を得る権利を有する、と感じている。消費者は、価格が合理的な水準を超えて売主の利益を増大させる目的でのみ設定されたと思えば、その価格は不当と見なす。したがって、仮に売主が仕入れ価格の高騰を受けて高い価格を設定した場合、消費者は公平な価格とみなす。利益拡大のために値上げしたとみなされれば、

❖重要な用語❖

相互の権利（Dual entitlement theory）　(1)消費者は合理的な価格を受けるべきだ。(2)事業者は適正な利益を得るべきだ。(1)と(2)の二つの権利が同時に達成される時、消費者は取引が公平であると考える。

レベニュー・マネージメントの倫理的側面　135

多くの場合価格は不当とみなされる。消費者の見方を無視すると、往々にして大失敗となる。

　例を上げると、金物屋が普段25ドルの除雪用シャベルを吹雪の翌朝35ドルに値上げした。この様な行為と新価格は公平か？　82％の購買者から不当との回答があった。一方、同じ質問に対し、シカゴ大学の経済学部の学生の76％は公平と回答した。このことは、当面、価格設定の大失敗と消費者の猛反撃はなくならないことを示している。購買者は金物屋の新価格を不当値上げと言い、価格設定に携わる可能性の高い経済学部の学生は強い需要が販売価格の上昇を正当化すると考える。

　レベニュー・マネージャーは、購買者が売主の在庫が払底することよりも、売主の仕入れ経費が上昇することに同情することを忘れてはならない。従って、通常ありふれた品の在庫がひとつかふたつになった時、（最も人気の高いビデオ・ゲームとか、ホテルの最後の1室等）売主は十分気をつけなければならない。勿論大幅値上げや、競売にかけて高値の落札を目指すことも可能だが、消費者のほとんどから不公平な商慣行と見なされることになる。購買者は様々な情報から**参考価格**（Reference price）や、彼らが考える公平な価格を設定する。その上で、購買者は同じ商品に対する様々な価格を参考価格と比較して評価する。

　これにより、通常の価格からの値引きは、仮に通常価格が高く設定されていたとしても、消費者に大変人気がある。老練な売主は参考価格を高く設定しておくことで、状況が有利な時に参考価格からの値引きを行う方法が効果的なことを知っている。

　次に消費者が公平な価格と認識するケースは、他の人がその価格を支払っている場合だ。購入した商品の価格に満足している消費者は、同じ品物を安く買った人を知った途端に、ひどく憤る。この現象は特に人事関係を含む多くの専門家に知られている。ある従業員が年収５万ドルで満足していても、他の人が全く同じ仕事をしながら年収６万ドル支給されていることを知ると、必ずや憤慨する。同様に、5,000ドルの昇給を与えられた従業員は有頂天になるが、同じ仕事をしている他の人が10,000ドルの昇給を受ければ、その限りではない。明敏な読者は、純粋に経済の観点に立てば、これら価格関連の反応は実に馬鹿げていると認識すると思う。消費者自身の消費者余剰は、その消費者が購入した金額により決まるもので、他の人が支払った金額とは関係ない。しかし、レベニュー・マネージャーは次の原理を思い起こす必要がある。「消費者は、例外を除き常に理性的な行動をとる。」

　価格の公平性に対する受け止め方と売上の最適化の重要な関係は幾つかあり、レベニュー・マネージャーはそれらが規定する価格の重要な６概念を忘れないことが成功に不可欠だ。

1．価格は公平に提示されなければならない。隠れた費用や購入後徴収する料金は不公平と判断される。
2．購買者は罰より報酬を好む。顧客が沢山購入するか度々購入する場合、報酬を与えられることを歓迎するが、顧客が沢山買わないか、頻繁に買わないからと言って罰を受けることは受け入れられない。
3．割引は付加料金より好ましく思われる。

❖重要な用語❖
参考価格（Reference price）　消費者が商品やサービスに対し、正常と受け止める価格。

136　第5章　レベニュー・マネージャーの役割

4．商品の供給不足や消費者需要の増大を理由にする値上げは不公平とみなされる。
5．値下げした価格は対象となる条件（フェンス）を満たすことを欲する全ての消費者に提供されなければならない。もし全消費者に値下げ価格が提供されたら、消費者は、自分がその条件に該当することを望むか否かを自分で判断可能となる。
6．もし伝統的な価格設定と違う方法を取る場合は、消費者に分かりやすく説明し、理解を得る必要がある。伝統的な方法を回避する時は、消費者に念入りに、全てを説明し、彼らから公平だと認めてもらう必要がある。

　もし、これらの概念が自明の理と思えれば、コカ・コーラの元会長ダグラス・アイベスター氏（Douglas Ivester）の事件を考えなさい。1999年にアイベスター会長は、外気温度に反応して、ソーダの値段を自動的に変えることの出来る温度感知自販機の計画を発表した。外気温度が上昇すれば、商品の価格も上がり、外気温度が下がれば商品の値段も下がる。彼はブラジルの雑誌「ヴェハ」（Veja）との会見で温度対応価格の合理性を説明した。

　　「コカ・コーラは、その時、その時で価値が変化する商品だ。真夏のサッカーのチャンピオンシップ最終大会の冷えたコーラは非常に価値が高い。従って、普段より価格を上げることは合理的である。自販機はこれを自動的に行うものだ。」

　アイベスター会長の計画は公平な価格の6つの概念のいくつかに違反している。アメリカやカナダの出版業界の反応は予想された通りであった。

喉の渇いた善良な消費者を食い物にする例証すべき策略だ。（サンフランシスコ・クロニクル）
馬鹿げた計画だ。（ホノルル・スター・ブレティン）
世界がみるみる落ちぶれる最新の証拠だ。（フィラデルフィア・インクワイアラー）
いらいらさせるな。（エドモントン・サン）

　アイベスター会長の任期はその後まもなく終了したが、「ヴェハ」との会見が直撃したと言う人もいる。アイベスター氏は心底公平な計画だと疑わなかったと思われるが、レベニュー・マネージャーが知っておかなければならないことは、自分達がどう考えるかではなく、顧客が価格を公平と感じるかどうかが問題である点だ。

レベニュー・マネージャーの地位

　本書はホスピタリティー産業のレベニュー・マネージャーのために書かれた。ホスピタリティー産業の多くの専門家が事業の売上管理に影響を与える一方で、専任のレベニュー・マネージャーが増加している。過去10年において、ホスピタリティー産業の専門家のレベニュー・マネージメントに関する考え方が大きく変化した。その変化は専任のレベニュー・マネージャーの仕事や用語に影響を与えた。将来更なる変化が予想される。変化の度合いに

レベニュー・マネージャーの地位　137

圧倒されるのではなく、今日のレベニュー・マネージャーはアブラハム・リンカーン大統領（Abraham Lincoln）の言葉を思い起こすとよい。「将来が素晴らしいことは、ある日、一日にして全てが実現することだ。」レベニュー・マネージャーの地位は絶えず進化することは間違いないが、今日レベニュー・マネージャーの役割と指示命令系統は広範に相違している。それにも関わらず、多くのレベニュー・マネージャーや教育者は、彼らが個人的に理解するレベニュー・マネージャーが本来の姿だと主張している。もし、彼らが個人的信念に基づいてレベニュー・マネージメントの本来の概念を正しいと考えているなら、それでよい。イギリスの政治家ジョン・ラボック男爵（John Lubbock）は次の様に述べている。「我々が目にするものは、主に我々が求めているものだ。」

役割と義務

　何故レベニュー・マネージャーの役割と義務を正確に定義することが困難かと言えば、ホスピタリティー産業、さらには、その傘下の事業区分ごとに仕事の名称すら大きく相違することを考えれば理解できる。表5.4はホスピタリティー産業で用いられる13の役職名を表にまとめたものだ。これらの名称は現在ホテル業界で使われており、アメリカで毎年開催される CRM 旅行会議のスポンサーがまとめた名称だ。いくつかは非常に似た名前が付けられているが、それぞれ導入する企業の哲学が反映されている。同様にそれぞれの経営者のレベニュー・マネージメントに対する考え方の違いにより、レベニュー・マネージャーに対する仕事の内容も相違しているものと思われる。名称の違いはあるものの、全ての事業区分のレベニュー・マネージャーはそれぞれ同じ様な結果を達成する目的で、同じ様な仕事をしている。彼らの仕事は図5.5に示すレベニュー・マネージメントの連続した５つの工程を繰り返す。

　著者はウォルト・ディズニーの顧客至上（Customer Centric）を最も支持する。最も適切に行われるレベニュー・マネージメントは顧客の利益を考えることから始まる。

　売上最適化の恒常的な改善を求めるレベニュー・マネージャーは次の工程に従う。

ステップ１　価格設定。　価格と戦略的価格の重要性については本書で既に詳しく取り上げた。価格と言う言葉は売主が商品の価値を顧客に伝える強い力を持っているため、レベニュー・マネージャーの仕事のなかで、適正な価格を設定する能力は特に重要である。読者のなかには、ステップ２で説明する需要予測を考慮して決めればよいと考える人もいるかもしれないが、その様に考える読者は第２章で説明した様に、消費者の需要はある特定の価格で消費者が求める商品やサービスの量を変化させることを思い出しなさい。その結果、価格を抜きにしては、消費者の商品に対する需要を把握することは不可能でないとしても極めて困難である。
ステップ２　需要予測。　価格が設定されると、商品やサービスに対する消費者の需要を予測

※重要な用語※
顧客管理、カスタマー・リレーション・マネージメント（CRM: Customer relations management）
　企業が顧客と直接意思疎通を行う目的で実施する多くはコンピュータ化された、様々な仕事の工程や取り組みに対する用語。

第5章 レベニュー・マネージャーの役割

表5.4　レベニュー・マネージャーを表すベイカーズ・ダズンの名称
（ベイカーズ・ダズンとはパン屋の一ダース、即ち13のこと）

役職名称	企業
レベニュー・マネージメント部長	ハラーズ・ホテル
レベニュー・マネージャー	ゲイロード・オプリーランド・リゾート
イールド・マネージメント・マネージャー	プリンセス・クルーズ
売上最適化本部長 Corporate Director of Revenue Optimization	デスティネーション・ホテルズ・アンド・リゾート
ホテル・イールド＆レベニュー・マネージャー	フォー・シーズンズ　ホテル＆リゾート
上級レベニュー・マネージメント・コンサルタント	アマデウス・ノース・アメリカ
上級部長　ブランド・プライシング	アコー・ノース・アメリカ
セールス＆レベニュー・マネージャー	ベスト・ウエスタン（Listel Whistler, Canada）
売上最適化マネージャー Revenue Optimization Manager	リゾートクエスト　ハワイ
インベントリー・マネージャー Inventory Manager	ベイル・リゾート（Vail Resorts）
価格マネージャー　Manager Pricing	カナダ・ヴィア鉄道（VIA Rail）
市場分析部長　Director of Market Analysis	ハイアット・ホテル
顧客至上レベニュー・マネージメント Customer Centric Revenue Management	ウォルト・ディズニー

図5.5　レベニュー・マネージメント・工程

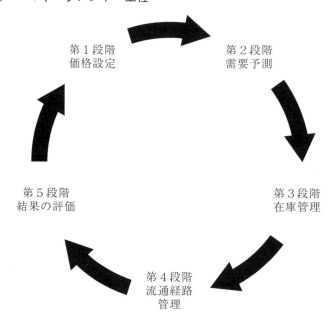

することが可能となる。勿論価格が変動すれば、それに応じて需要は変動する。この分野に特化したレベニュー・マネージャーは先進的な数学的分析手法を用いて予測する。売上の最適化を目指すレベニュー・マネージャーは、皆商品やサービスの需要を予測する能力を必要とする。

ステップ3　在庫管理。　レベニュー・マネージャーにとって、在庫に残る商品やサービスを如何にして特定の顧客に割り当てるか、または保留するかを理解することが、この工程の決定的な要素となる。この工程が難しいのは、売上最適化は長期的観点に加え、短期の見通しも合わせて考える必要があるためだ。

ステップ4　流通経路の管理。　ホスピタリティー産業のほとんど全ての分野では、仲介業者に販売を委ねている。販売価格から仲介業者に支払われる金額の率は、仲介業者の付加価値により変動する。その結果、売上の最適化にあたり、流通経路の管理は重要であり、同時に販売関連費用を抑制することも重要である。顧客が売上に貢献する度合はそれぞれ異なる。例えば、あるホテルの顧客は客室を長期にわたり予約して、他の顧客より長く滞在する。同様にレストランの顧客のある特性を持った人は、他の顧客より、食事中、多くの料理を注文し、多くの飲み物を購入する。これらを分析し、ある流通経路を通じて送客された顧客が他の流通経路を通じて送客された顧客と比較して、明らかに購買量が高いか低いかと言う消費の特性を知り、流通経路を管理し、取捨選択しなければならない。

ステップ5　結果の評価。　結果を思慮深く分析し、評価することは、レベニュー・マネージャーが生産性を改善するために最も有効な手段の一つとなる。過去に行ったレベニュー・マネージメントに関連する判断を検証することは、将来行う決断の質を向上させる助けとなる。

　レベニュー・マネージャーの努力を詳細に評価することは困難だ。売上最適化判断の成功を確認する尺度や測定法ははっきりしない。同様に、ある測定による成功は、別の観点で判断される失敗を覆い隠してしまうことにもなる。その結果、レベニュー・マネージャーに矛盾する情報を提供することもある。しかし、最も優秀なレベニュー・マネージャーは彼ら自身の業績を評価することの重要性を認識しており、うまく行っている。ウインストン・チャーチル首相（Winston Churchill）は次の様に言った。「真の天才は、不確実で危険で、矛盾する情報を評価する能力を持つ。」不確実で矛盾する情報を分析するという本来的困難にも関わらず、レベニュー・マネージャーは、彼らの実績や顧客の反応、競合他社の動向、一般経済状況等を見据え、将来の行動を改善する努力を学ばなければならない。

　5つの工程のどのステップが最も重要かを論じるのは意味がないが、レベニュー・マネージメントが工程の連続であることを認識出来れば、企業ごとにレベニュー・マネージャーの仕事が大きく違うことを理解出来るだろう。ホスピタリティー産業の中でも、どの様な事業に携わるかにより、工程のどの部分に重点を置くかが変わる。更に事業の規模により、ある会社では工程の一つか二つに一人の専任を置くこともあれば、一人で全ての工程を任される場合もある。最後に、レベニュー・マネージメントの重要性の認識が高まるにつれ、レベニュー・マネージャーの仕事の幾つかを専門的に支援するコンサルタント会社も出現している。これらのコンサルタント会社を利用する決定は、その企業で働くレベニュー・マネージャーの日々の仕

140　第5章　レベニュー・マネージャーの役割

事にも大きな影響を与える。**職務記述書の詳細**を見ることにより、レベニュー・マネージャーの典型的な仕事を知ることが出来る。表5.6は**フル・サービス・ホテル**で働くレベニュー・マネージャーの役職と内容をまとめたものだ。彼らは、客室売上、飲食部門売上、会議・宴会売上その他、ホテルの売上全てを管理する。一方、**宿泊特化型のサービス限定ホテル**の場合は、客室販売に集中した管理となる。

RM のウェブサイト　5.1

　スミス・トラベル・リサーチ社（STR: Smith Travel Research）は宿泊産業のレベニュー・マネージャーによく知られている。STR 社は、レベニュー・マネージメントの工程、ステップ5の部分に相当するホテルの売上管理の業績評価支援で成功している。STR が開発したレベニュー・マネージャーを支援する幾つかの手法（ツール）については第9章で詳細に説明する。それらの概要は www.strglobal.com を参照のこと。

　サイト検索後、Product をクリック、その後、Revenue, Sales, Marketing を参照。

表5.6　フル・サービス・ホテルのレベニュー・マネージャー職務記述書（Position Description）

職務名称（Job Title）：レベニュー・マネージャー
職務内容（Job Description）：　レベニュー・マネージャーの主な職務は、支配人、営業担当役員（DOSM）、フロント・オフィス責任者（FOM: Front Office Manager）と密接に連携し、これら関連部門のチーム全体で合意された戦略を実施することにより、ホテルの売上最適化を達成する。
職務責任（Job Duty）：次に上げる項目は職務の業績の成功に必須となる特別な責任と貢献。
●需要予測の分析と効果的な販売戦略の立案により、RevPAR の最適化を達成すること。
●営業部長（DOSM）やホテルのチームと協力し客室売上を増大する戦略を立案すること。
●内外全ての流通経路（販売チャネル）と予約源市場（Reservation source）の商品情報と販売戦略を管理し、改善すること。
●週ごとの売上戦略会議の実施。
●競合他社の販売価格を分析し、適正価格を確認し、維持すること。
●売上報告を日報、週報、月報に取りまとめ、関連部門に適宜提出すること。
●全ての流通経路（販売チャネル）の市場分析、時系列情報を維持管理すること。
●常に全ての旅行関連ウェブサイトを閲覧し、販売可能客室数と価格の競合性を確認すること。

職務資格・技術
●過去レベニュー・マネージメントの実務経験があることが望ましい。
●強い分析能力、分析技術に精通していること。
●ホテルの売上に影響を与える推論を引き出すデータを特定し、活用する能力。
●優れた意思疎通の能力と円滑な対人関係能力。
●売上を予想し、計画を実行し、最適化戦略を評価するための情報システム、施設管理システム PMS、予約システム、売上管理システムの知識と、それらを活用する能力。

❖**重要な用語**❖

職務記述書（Position description）　人事管理の用語。仕事における地位と、主な担当業務、職務に必要な資格・技術をまとめたもの。

フル・サービス・ホテル　客室のほか、広範囲な飲食や会議、宴会等のサービスを提供するホテル。日本ではコンシェルジュ・サービス、ルーム・サービスを条件とする場合もある。

宿泊特化型サービス限定ホテル（Limited service hotel）　客室の他は、食事、飲み物、会議等のサービスは全くないか、限定的に提供するホテル。アメリカでは近年、セレクト・サービス又は特化サービス（Focused service）と呼ばれ、日本ではビジネス・ホテルがこの範疇となる。

表5.7は現在ホスピタリティー産業が採用している産業区分とレベニュー・マネージャーが絶えず監視を要する商品やサービスをまとめた表だ。表5.7の情報から、レベニュー・マネージャーが売上を管理すべき多数の商品とサービスを知ることが出来る。ホスピタリティー産業の中で、レベニュー・マネージャーの技術を最も駆使する産業区分は宿泊関連だ。その結果、彼らの宿泊産業の活動に関連することに加え、飲食産業のレベニュー・マネージャーの仕事が、本書の残りの相当な部分を構成することになる。

重要なことは、宿泊産業と飲食産業のレベニュー・マネジメントに共通する概念と原則は他の多くの事業区分に適用可能である。その理由は硬直的供給制限に対応する宿泊産業と弾力的供給制限に対応する飲食産業のレベニュー・マネジメント技術の双方が、同じ供給制限を受ける商品やサービスを扱う他の事業区分のレベニュー・マネジメントに直接応用可能であるためだ。

表5.7 産業区分ごと典型的な職務責任

ホスピタリティー産業の事業区分	レベニュー・マネージャーの職務責任
フル・サービス・リゾート	客室 Guest rooms 会議スペース Meeting space 飲食事業 Food and beverage operations リゾート運営 Resort activities
フル・サービス・ホテル	客室 会議スペース 飲食事業
宿泊特化型サービス限定ホテル	客室
マンション・タイムシェアリング	客室 飲食事業
クルーズ船	キャビン 飲食事業 船内活動
レストラン	食事 飲み物 会議スペース
プライベート・クラブ（ゴルフ場等）	ティー・タイム（スタート時間） 飲食事業 会議スペース
プライベート・クラブ（食事）	飲食事業 会議スペース
会議場 Convention centers	会議スペース 飲食事業
スポーツ、娯楽施設	入場券 会議、イベントスペース 飲食事業
カジノ	入場券 飲食事業
テーマ・パーク、娯楽施設・プール等	入場券 飲食事業 乗り物他アクティビティー
スパ	スパ・サービス サロン・サービス
仲介業・サービス	サービス、コンサルタント

142　第5章　レベニュー・マネージャーの役割

RM のウェブサイト　5.2

　レベニュー・マネージャーの職務記述書の具体的項目は範囲が広い。レベニュー・マネージャーの様々な職務項目は www.hcareers.com を参照のこと。
　サイトを検索したら、１. マネージメント・ポジションをクリック。２. レベニュー・マネージャー。
　レベニュー・マネージャーの指揮命令系統の表示については、事業区分により多岐にわたる。

RM のウェブサイト　5.3

　米国ホテル＆宿泊教育協会（EI: The Educational Institute of the American Hotel and Lodging Association）はレベニュー・マネージメントの資格認定を開発した。CHRM（The Certified Hospitality Revenue Manager）について、次の様に説明している。
　CHRM の称号を取得する主な目的は、ホスピタリティー産業のレベニュー・マネージャーの専門職を育成するためである。CHRM の教育参加は専門能力開発意欲と産業に於ける卓越性の確立を目指すものと認定する。詳しくは www.ei-ahla.org/content.aspx?id=29346を参照のこと。

RM のウェブサイト　5.4

　HSMAI（The Hospitality Sales and Marketing Association International）も CRME（The Certified Revenue Management Executive）と呼ばれる資格を開発した。こちらは、宿泊産業でレベニュー・マネージメントに従事する人が HSMAI の資格に適合するかを検定する。候補者はインターネットの試験で知識、経験、実務能力を認定される。詳しくは www.hsmai.org/resources/certification.cfm を参照のこと。

報告義務と指示命令系統

　全てのレベニュー・マネージャーの職務記述を一つに表現することが出来ない様に、最善の**指示命令系統**を一つに示すことは出来ない。実際に同じ事業区分の中でさえ、レベニュー・マネージャーの指示命令系統は大きく異なる。これらの相違は、レベニュー・マネージャーを採用する事業の目的や、経営者のレベニュー・マネージャーに対する具体的な概念を反映するものだ。多くの場合、レベニュー・マネージャーの指示命令系統は次の二つとなる。

● **販売・マーケティング部長（DOSM）直轄型**　この場合、レベニュー・マネージャーの役割は需要予測と販売工程に重きが置かれる。また、DOSM は**団体客室販売**の責任を負う場合が多く、特に宿泊産業の中でも、団体売上の多い事業所で見受けられる。顧客の名

❖重要な用語❖

指示命令系統（Reporting relationship）　ある人を監督し、指示を与える役割を持つ人。
団体客室販売（Group room sale）　ホテルの客室販売で、一つの予約で多くの客室を団体で扱う場合。

称はゲスト、食事をする客、依頼主、参加者等となるが、レベニュー・マネージャーが DOSM を支える役割は変わらない。

- **客室部長**（Rooms manager）**直轄型**　宿泊産業に限定されるが、**客室部長**は伝統的にホテルのフロント・オフィスと客室管理を統括する。また、フロント・オフィス部長（FOM）直轄の場合もある。FOM 直轄のケースは短期滞在の**個人対象客室販売**中心のホテルで多く見受けられる。この場合のレベニュー・マネージャーの主な役割は、客室レートの設定、予約管理、様々な仲介業者・流通経路（販売チャネル）の維持管理が中心となる。
- **経理部長**（Controller）**直轄型**　経理部長はホテルの会計処理の責任を持つ。レベニュー・マネージャーを経理部長直轄とする場合、レベニュー・マネージャーの役割を特に価格設定とその結果の分析に重点を置く場合が多い。仕事としては、企業の財務的な予測や評価、売上管理に関わる各種報告書の作成が主体となる。
- **支配人**（General Manager）**直轄型**　レベニュー・マネージャーの重要性を高く評価する企業では、支配人やオーナー直轄とする場合が見受けられる。
- **本社重役**（Corporate-level executive）**直轄型**　複数店舗を展開する企業では、施設に配属されたレベニュー・マネージャーが該当地区や地域の担当重役直轄となる場合がある。同じ地域、市場に複数の店舗を展開する場合、全店舗を通じて、一貫したレベニュー・マネージメントを行い、本社レベルの売上管理体制を支援する。施設に配属されたレベニュー・マネージャーの支援をする仲介業者・流通経路（販売チャネル）も同様な指示命令系統を採用する場合が多い。

RM の報道記事　5.5　誰が誰に指示を仰ぐか？

　宿泊産業では、レベニュー・マネージャーの仕事に最適な組織形態に対する共通の認識は存在しない。この事実は HSMAI が実施したレベニュー・マネージャーに関する調査結果で明らかにされた。HSMAI が実施した調査の質問に対する回答は次の通りであった。

質問「あなたの直属の上司は誰か？」
36％：支配人（general manager）
23％：施設の他の人、DOSM、客室部長（rooms manager）、フロント・オフィス部長（FOM）
16％：本社役員（Corporate vice president）
16％：地域担当売上管理部長、DRM（director of revenue management）
　9％：オーナー、CEO（chief executive officer）

　本調査はミシガン大学ホスピタリティー事業学部の研究員により実施された。調査はレベニュー・マネージメントを担当する250人から得た回答をもとにまとめられた。新しい分野の場合、企業ごとに対応が変わることは驚くにあたらない。レベニュー・マネージャーにとって、成功の鍵となるのは、様々な指示命令系統、組織に対し、柔軟性と適応能力を持つことを学びとることだ。

❖重要な用語❖

客室部長（Rooms manager）　ホテルのフロント・オフィスと客室管理部門を統括する責任者。
個人対象客室販売（Transient room sale）　団体ではなく、個人の旅客を対象とする販売。

144　第5章　レベニュー・マネージャーの役割

　ホスピタリティー産業のレベニュー・マネージャーの指示命令系統でも普遍的な型はあるの
か？　この疑問を国際ホスピタリティー・販売・マーケティング協会（HSMAI: Hospitality Sales
& Marketing Association International）がミシガン大学に研究委託した。その結果、現段階では産
業全体で共通したレベニュー・マネージャーの指示命令系統は存在しない、とのことであった。
RM の報道記事5.5を参照のこと。

レベニュー・マネージメント・チーム

　レベニュー・マネージャーが直面する幅広い任務、責任分野、指示命令系統を前提に、レベ
ニュー・マネージャーの役割を確認する効果的な方法は、極めて重要なチームの各メンバーを
調べることだ。表5.8は全てのレベニュー・マネージャーに当てはまるチームの関係を示した
ものだ。

表5.8　レベニュー・マネージメント・チーム

　レベニュー・マネージメントの各メンバーは、それぞれ重要な仕事を担う。

レベニュー・マネージャー：　レベニュー・マネージメント・チームのレベニュー・マ
　ネージャーの役割は主に企画、編成、監督、並びにチーム全体の活動の評価。

組織体の責任者（Organization administrators）：　企業のオーナーや本社並びに各施設の支配
　人、部門長等は皆レベニュー・マネージメントに関する意思決定に意見を述べる。彼ら
　全員は、あなたの行動を知らされていなければならないし、あなたは彼らの目標を知っ
　ていなければならない。

販売マーケティング部員：　価格設定と売上管理業務は絶えず販売マーケティング部員と
　密接に連動して行う必要がある。ほとんど全ての場合、販売マーケティング部門の社員
　はチームの一員となり、彼ら自身の目標がチーム全体の活動に強い影響を及ぼす。また、
　多くの場合、レベニュー・マネージャーは販売マーケティング部門長の直属となる。

経理部長：　企業の会計担当役員、経理部長、財務部長等、会計部門の部門長はレベ
　ニュー・マネージメント・チームの重要なメンバーとなる。歴史的に、この部門の人々
　は価格やレベニュー・マネージメントを商品の価値ではなく、費用をもとに考えるが、
　彼らの考えや視点を常に理解し、評価する姿勢が重要だ。

第一線の社員：　**第一線の社員**や中間管理職は常に顧客との応対を担当する。多くの場合、
　彼らが目的や情報を充分説明されていないか、適切に顧客に対応する訓練を受けていな
　いと、レベニュー・マネージメントの計画は失敗する。彼ら一線の社員があなたの戦略
　や戦術を十分理解して実行できる準備を整えるのは、あなたの役割だ。

仲介業者と流通経路（販売チャネル）：　あなたの会社が直接雇用している訳ではないが、あ
　なたの成功にとって、彼ら専門家の協力は不可欠だ。彼らとの情報交換、彼ら固有の事
　情の理解、友好関係の維持等は全てあなたの成功にとって極めて重要な要素だ。

顧客と購買者（Guest and buyers）：　レベニュー・マネージメントの工程における顧客の
　重要さは、本書で繰り返し取り上げる主題だ。顧客、依頼人、購買者の要求をレベ
　ニュー・マネージメント・チームの中心に据えておくことが、目標達成の唯一の条件だ。
　彼らがあなたの商品やサービスを彼ら自身のためか、又は他の人のために購入する時の
　彼らの反応は、あなたの将来の意思決定の質を上げる重要な要素となる。

RM の実践　5.2

　「この吹雪は信じられない。」とクオリティー・スイートのフロント・デスク勤務のシャニクワが言った。クオリティー・スイートは高速道路 I −96号線の15番出口に位置している。「もう30分も電話が鳴りっぱなしです。」

　フロント・デスクで勤務中の主任タラは「あと何室販売可能な部屋が残っていますか？」と聞いた。

　「45室とスイートが３室です。」とシャニクワが答えると、タラは「どのレートで答えているのですか？」と聞いた。

　「あなたに言われた通り、ラック・レートで対応しています。だけど、２倍にしても売り切れると思いますよ。」とシャニクワが答えた。

　高速道路は１時間以内に閉鎖されると思うし、そうなれば、ロビーは部屋を求めるお客で溢れかえります。」とシャニクワが言った。

1．もし、あなたがタラなら、ラック・レートより値上げしますか？　値上げするなら、いくらまでですか？
2．この場合、倫理的な問題は発生しますか？　あなたの考えを答えなさい。
3．もし、州法や地方自治体の法律が直接ホテルのレート決定に影響があるとすれば、タラはどの様に情報を得ることができますか？

　さらに、レベニュー・マネージメント・チームの重要な役割が**戦略会議**の調整と取りまとめである。多くの場合、レベニュー・マネージャーが議長や司会を務め、通常月例、毎週、毎日実施され、時間ごとに行われることもある。直接レベニュー・マネージメントに責任を負うメンバーがチームの活動を調整することが主な開催目的だ。チームではどのメンバーが最も重要か？　勿論全員だ。この事実を理解しないメンバーや、チームワークの概念を具現化することを理解しないメンバーが多い。フットボールのチャンピオン、グリーン・ベイ・パッカーズの伝説的監督、ヴィンス・ロンバルディ氏（Vince Lombardi）が述べた言葉を考えなさい。「グループの努力のための個人の覚悟がチームワークを形成し、会社の仕事を作り、社会を形成し、文明社会を作る。」これが、レベニュー・マネージメントの成功に不可欠の要素だ。レベニュー・マネージメント・チームの中心で、才能あふれる個人が献身的に努力する企業は、彼らの望む業績目標を達成することが出来る。続く章では、レベニュー・マネージメント・チームで突出した貢献を行うために必要な個人の能力や技術を教えることとする。

❖重要な用語❖

現場の第一線の社員（Line-level employees）　彼らの仕事は管理職ではなく、第一線の仕事として、顧客に直接商品やサービスを提供し、事業収益を上げる立場の社員。

戦略会議（Strategy meetings）　定期的に行われる公式会議。価格設定、レベニュー・マネージメント戦略・戦術が開発され、評価される。

146 第5章 レベニュー・マネージャーの役割

重要な用語

■ルーム・ナイト、室泊（Room night）　■資本主義（Capitalism）　■独占禁止法（Antitrust Legislation）　■カルテル、企業連合（Cartel）　■司法省（Department of Justice）　■略奪的価格（Predatory pricing）　■共謀・談合（Collusion）　■不当値上げ（Price gouging）　■倫理（Ethics）　■SP株式指標（S&P500）　■ノー・ショー、予約した顧客がキャンセルせずに来店しない事（No-show）　■相互の権利（Dual entitlement, theory）　■参考価格（Reference price）　■顧客管理（Customer relations management）　■職務記述書（Position description）　■フルサービス・ホテル（Full service hotel）　■宿泊特化型ホテル（Limited service hotel）　■指示命令系統（Reporting relationship）　■団体客室販売（Group room, sale）　■客室部長（Rooms manager）　■個人客室販売（Transient room, sale）　■現場の第一線社員（Line-level employees）　■戦略会議（Strategy meetings, revenue management）

学んだことを応用しなさい

1．本章で空港の繁忙時間帯の航空会社に対する離着陸価格設定概念を紹介した。あなたが、テレビで放映されたニュースに登場した大手航空会社の社長であると仮定し、新しい価格概念の公平性を質問された場合どの様に答えますか？　宿泊産業のレベニュー・マネージャーの意思決定の過程にてらして、航空会社の社長の答えに当てはめる項目はどれが該当しますか？

2．チャック・スタウト氏はホリデイ・イン・エクスプレスのレベニュー・マネージャーだ。通常火曜日の晩は、全220室の85％がADR 141ドル50セントで販売できている。販売に要する1室あたりの変動費は55ドルだ。ホテルのDOSMが来月の火曜日の晩、109ドルで125室の団体販売応札を提案している。チャックは団体販売が成立すれば、残った客室は141ドル50セントの個人販売で、全室完売出来ると確信している。

A．ホテルの総客室売上は、いくらになりますか？

もし、団体販売が成立した場合：

もし、団体販売が失敗した場合：

B．団体販売が成立した場合、変動費を除いた純売上は、総額いくらになりますか？

C．団体販売が失敗した場合、変動費を除いた純売上は、総額いくらになりますか？

D．この団体販売を進める上で、DOSMとチャックが考慮すべき重要な点は何ですか？

ホリデイ・イン　エクスプレス

業績比較	通常火曜日	DOSM 団体案
客室総数	220	
個人客販売客室数	187	95
個人客レート	$141.50	$141.50
団体客販売客室数		125
団体レート		$109.00
客室総売上	$26,460.50	$27,067.50
変動費	$10,285.00	$12,100.00
稼働率	85%	100%
ADR	$141.50	$123.03
RevPAR	$120.28	$123.03
GOPPAR	$73.53	$68.03

3．ブルックシャー・カントリー・クラブは結婚式のために宴会場の貸し出しと飲食を提供する。昨年は結婚式を25回実施している。昨年の結婚式の総売上は22万5,000ドルであった。飲食の費用は結婚式一回あたり平均31.5％であった。その他の変動費は平均48.5％であった。結婚式1回あたり、クラブの変動費を除いた純売上はいくらで、何％ですか？

ブルックシャー・カントリー・クラブ

昨年の結婚式収支	
結婚式回数	25
売上合計	$225,000.00
飲食費用	$70,875.00
その他費用	$74,750.63
営業利益	$79,374.38
結婚式1回の利益	$3,607.93
結婚式1回の利益率	35%

4．ジーン・モンテ氏は、エル・レイ・タクエリア（メキシコ料理タコス）5店舗のレストラン・チェーンの社長だ。彼の店舗は店内飲食とドライブ・スルーのテイク・アウトの両方を提供するQSRだ。ジーンは夜の閉店時間を1時間延長しようと考えている。売上予想から店舗ごとに次の追加売上が期待できる。ジーンの商品変動費用が30％でその他の変動費用が45％だと仮定する。

店舗ごとの時間延長による固定費の支払いに貢献する純売上はいくらになりますか？

総固定費の支払いに貢献する純売上はいくらになりますか？

時間延長を決定するにあたり、他に考慮すべき重要な要素は何ですか？

148　第5章　レベニュー・マネージャーの役割

エル・レイ・タクエリア

レストラン	1	2	3	4	5	合計
売上増	$850.00	$700.00	$650.00	$750.00	$900.00	$3,850.00
飲食費用	$255.00	$210.00	$195.00	$225.00	$270.00	$1,155.00
その他変動費	$267.75	$220.50	$204.75	$236.25	$283.50	$1,212.75
営業利益	$327.25	$269.50	$250.25	$288.75	$346.50	$1,482.25

5．ジョン・フラワーズ氏はケネリーズ・アイリシュ・パブのオーナーだ。今度のセント・パトリック・デーには、満席になると期待している。ジョンは通常給仕4人で運営している。セント・パトリック・デーには、満席を考慮し、更に給仕4人まで追加可能だ。給仕一人1時間12ドル経費がかかる。飲み物の変動費は25%だ。給仕一人あたり8時間働くと、飲み物売上追加600ドルとなる。売上詳細、給仕費用、飲み物費用、その他変動費、利益を給仕追加一人、二人、三人、四人毎に一覧にしなさい。何人追加するか決定する前にジョンが考慮すべき要素は何ですか？

ケネリーズ・アイリッシュ・パブのセント・パトリック・デー追加売上収支

増員給仕数	1	2	3	4
売上増	$4,800.00	$9,600.00	$14,400.00	$19,200.00
人件費	$96.00	$192.00	$288.00	$384.00
飲料費用	$1,200.00	$2,400.00	$3,600.00	$4,800.00
営業利益	$3,504.00	$7,008.00	$10,512.00	$14,016.00

重要な概念のケース・スタディー

「今日は一日、何をしていましたか？　誰にも気づかれない様に値上げする方法を考えてください。」と、サムは屈託のない笑いを浮かべて言った。サムはバルセナ・リゾートの飲食部長で、ホテルのレストランで、最近採用されたレベニュー・マネージャーのダマリオとコーヒーを飲んでいる。ダマリオとは同僚で、親しくなった。

「嘘じゃありません。お客さんは値上げをすると直ぐに察知します。」とダマリオは答えた。

「それは客室の問題でしょう。値段を変えすぎじゃないですか？」とサムは言った。

「それはどういう意味ですか？」とダマリオが聞いた。

「私がここにきてから、リゾートが混む都度、客室レートは値上がりしている。客室担当者はみな当然だと思っている様だ。もしレストランが満席になった時、私が食事を値上げしたら、お客さんがどんな反応を示すと思うか想像出来ますか？」とサムが答えた。

「どこのホテルでも客室のレートとレストランの値段は別物ですよ。」とダマリオが言った。

「それでは、どうして違うのですか？」とサムが聞いた。

「どうしてって、何がですか？」とダマリオが言った。

「あなたはコンサルタントとして将来があるからいいですね。」とサムが笑った。「コンサル

タントは質問に質問で答える。私が聞いたのは、何故客室レートはそれほど頻繁に変えなければいけないか、ということです。私の部門の値段に関するモットーは、決めたら忘れろ、です。少なくとも次のメニューが印刷されるまではね。私は、頻繁に値段を変えたらお客様が混乱すると思う。その上、給仕が今日の料金はいくらか覚えるのに気が狂いそうになるのが心配だ。」

考慮すべき項目

1．あなたがダマリオになったつもりで答えなさい。サムに硬直的供給制限と弾力的供給制限の違いによりそれぞれの商品に対する価格設定に違いがあることや、全く供給制限のない商品との相違をどの様に説明しますか？

2．第1問の答えをバルセナ・リゾートに滞在している顧客が聞いたとしたら、その顧客は、あなたがサムに話したリゾートの価格設定の内容を公平で倫理的にも正しいと感じると思いますか？

3．レベニュー・マネージャーが硬直的供給制限か弾力的供給制限のある商品の価格を需要増に対し10％値上げした場合、公平で倫理的と思いますか？　値上げが50％であればどうですか？　100％か、それ以上であればどうですか？

4．第3問に関し、政府が価格設定の責任者の意思決定に影響を与えるとすれば、どの様な役割が相応しいと考えますか？　硬直的供給制限の商品や弾力的供給制限の商品の価格設定に全く専門知識のない政治家が口をはさむことは合理的だと思いますか？　ホスピタリティー産業の中で、誰が連邦政府や州政府、地方自治体で制度や法律を決める議員に対し、価格設定の理解を促す役割を担うべきだと思いますか？

第**2**部

ホテル事業者のレベニュー・マネージメント

第6章　需要予測
第7章　在庫と価格管理
第8章　流通経路管理
第9章　宿泊産業のレベニュー・マネージメント実績評価

第**6**章

需要予測

第6章の構成

需要予測の重要性

過去の数値（Historical Data）

現在の数値（Current Data）

　稼働率と在庫状況報告書（Occupancy and Availability Reports）

　団体予約報告書（Group Rooms Pace Reporting）

　非宿泊部門売上予約報告書（Non-rooms Revenue Pace Reporting）

将来の数値（Future Data）

　将来の需要に影響を与える要素（Factors Affecting Future Demand）

　需要予測（Forecasting Future Demand）

　予測の誤用（The Misuse of Forecasts）

需要予測と戦略的価格設定

　需要が価格に与える影響

　価格が需要に与える影響

　需要予測がレベニュー・マネージメント戦略に与える影響

第6章の要点

1．宿泊産業の商品やサービスの需要に関するデータの収集と分析が将来の販売予測に重要な理由。

2．レベニュー・マネージャーが利用する客室在庫の過去、現在、将来の需要データを観測、追跡するツールを紹介する。

3．客室レートやサービスの価格決定判断に需要予測が与える影響を研究する。

需要予測の重要性

　賢明な読者は本章以降、主題が変わったことに気付くだろう。第１部の五つの章では、レベニュー・マネージメントの概念の重要性を学んだ。これからは、レベニュー・マネージメントの実務、つまりレベニュー・マネージャーが彼らの知識を適用し、日々業務として行う任務を学ぶことになる。その目的は、あなたが、売上の最適化に長けた、顧客を最優先するレベニュー・マネージャーとなることだ。

　何故顧客を中心に考えることがレベニュー・マネージメントにそれほど重要であるか？　それは、顧客の信頼を得ることが短期的な売上の最大化より重要であるからだ。信頼を寄せる顧客は何度でも繰り返し足を運んでくれる。その上、彼らの体験したことを他の人々に伝えてくれる。実際、長期的に売上を最大化する方法は唯一信頼してくれる顧客を増やすことで、彼らがたとえ他で安い商品やサービスを見つけたとしても、あなたから買う方が良いと思うことだ。これを証明するものは沢山あるが、ベストセラー作家ジェフリー・ギトマー氏（Jeffery Gitomer）がニューヨーク・タイムズから出版した「顧客満足は意味がない、顧客の信頼こそが、かけがえのないものだ。」という本に適切にまとめられている。「如何にして顧客にあなたを愛させるか？　また、如何にして彼らを繰り返し戻ってこさせ、知っていることを他の人皆に宣伝させるかが重要だ。」最高のレベニュー・マネージャーは当然、常に最安値を求める顧客より、信頼してくれる顧客を選ぶ。

　信頼してくれる顧客を獲得し、維持する事業は成功する。ほとんど全てのレベニュー・マネージャーは将来の販売を正確に予測できれば、価格を適切に管理することに役立つことを直観的に知っている。しかし、優秀なレベニュー・マネージャーの正確な販売予測は、更に大きな効果がある。ホテルが顧客の信頼を得る経営判断を行う助けになる。従って、ホテルの運営に関連する数値を収集し、適切に評価することは極めて重要なことだ。効果的なデータ分析は正確な**需要**予測につながる。即ち、販売可能な在庫を現在の価格で、どれだけの顧客が購買を求めているかを知ることだ。購入の可能性の高い顧客の数を知ることは、正確な販売予測を可能とする。ホテルの経営者にとって、将来の客室需要を正確に知ることは、事業の運営にあたり、次の理由により極めて重要である。

- 正確な売上予測は、ホテルの各部門長に部門ごとの顧客対応従業員数を効果的に編成（シフト調整やスケジュール調整）させることに有益だ。適切な従業員の配置は、顧客に所期の水準のサービスが提供されることを保証する。顧客中心主義のレベニュー・マネージャーは売上最適化と同様、顧客満足を保証することに気を配っている。
- 正確な売上予測は、備品や必要なものを購買する責任者に、正確な発注数量を知らせることが出来る。顧客が到着した時に必要なものがそろっていることは、顧客満足に重要な影響を与える。

❖**重要な用語**❖

需要（Demand）　ある企業が提供する商品を特定の価格で購入可能で、購入意欲があり、購入の可能性の高い顧客の数。

- 正確な売上予測はホテルのオーナーや経営者に将来の利益予想を可能とさせる。そのことにより、**施設改善**や資本支出に影響する利益率やキャッシュ・フローの意思決定に必要な情報を提供する。
- 正確な需要予測は、レベニュー・マネージャーが彼らの商品やサービスに対する価格の修正や管理を容易に決断することの助けになる。

レベニュー・マネージャーが正確で有用な需要予測を作成するためには、情報源の過去の数値、現在の数値、将来の数値の3種類を検証しなければならない。表6.1はそれぞれの情報の分類とデータの内容をまとめたものだ。

レベニュー・マネージャーは顧客の需要予測のためにデータを使う。図6.2は効果的な需要予測の4要素を示している。どのデータの種類も正確な予測に不可欠だ。それぞれの種類のデータが何を示すかを分析する上では洞察力が重要となる。

表6.1 データの種類

情報の種類	内容
過去のデータ（数値）	既に起こった事象
現在のデータ	現在起こっている事象、又は直近の事象
将来のデータ	将来起きる事象

表6.2 効果的な需要予測の4要素

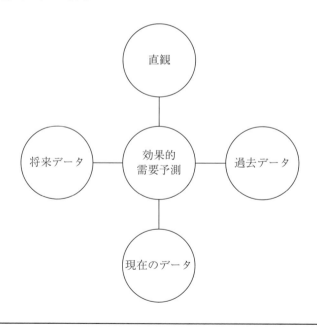

※**重要な用語**※

施設改善（Capital Improvement） 施設の価値を高め、耐用年数を延長するための追加投資。具体例は屋根の補修や家具の新調等。

過去の数値（Historical Data）　　155

RM の実践　6.1

　　ディー・ハーディーは激怒しており、ランディー・モランも同様激怒している。

　　「彼らは、大失敗だと言っている。最悪のサービスで食事も品切れだ。」とディーが言った。

　　「あなたは一体何を期待していたのだ。そっちの責任だ。こちらはやるだけのことはやった。」とランディーが言い返した。

　　ディーとランディーは昨日の朝食について話している。ディーは500室のホテルの DOSM で、ランディーは飲食部長だ。昨日の朝6時半から7時半に5百人以上の滞在客が250席のレストランに入ろうとした。当番の給仕の数も僅かで、用意された食事も少なく、顧客は長く待たされ、給仕は遅く、調理場は朝食のメインの料理が品切れ状態となった。

　　「あの団体客は、先週のレベニュー・マネージメント会議でディーが説明した予定に全く入っていなかった。1室4人で150室追加して、何も連絡がなかったら、一体何が出来ると思うんだ。」とランディーが叫んだ。

　　「三日前に団体の契約がとれたんだ。しかも良いレートだった。それなのに、少しお客が増えたら朝食の対応が出来ないと言って商談を断れると思うか？」とディーが答える。

　　「冗談じゃない。こっちは顧客が1,000人増えたってきちんと対応出来る。但しそちらが、そちらの仕事をきちんとやってくれていればの話だ。」と言いながら大股で出て行った。

1．ランディーが600人の追加を到着の2日前に知っていたと仮定する。出発の朝、彼らが十分満足出来る朝食サービスを受けることを保証するため、ランディーが取るべき手順はどの様なものであっただろうか？

2．あなたは、予想外の600人の追加を、僅かな追加と定義出来ますか？　この場合、ディーのホテルに対する責任は何だと思いますか？　顧客中心主義のレベニュー・マネージャーとして、到着する600人の追加の顧客に対するディーの責任は何でしょう？

3．レベニュー・マネージャーの責任の一部として、顧客が支払った対価として受け取るサービスを保証する責任が含まれる。あなたがこのホテルの支配人と仮定する。将来同様の状況が発生したとしたら、あなたはレベニュー・マネージメント・チームに何を期待しますか？

過去の数値（Historical Data）

　　データ収集と需要予測の工程を始めるにあたり、営業する全てのホテルは、仮にデータが記録されていないか、または分析されていなくても、**過去のデータ**を生みだしていることを理解することが重要だ。

　　レベニュー・マネージャーの重要な役割は将来を見通すことであり、そのため、過去の実績データを理解することは極めて重要である。ホテルの過去の実績を知ることは将来の業績に対する決断をする上で最も効果がある。別の言い方をすれば、レベニュー・マネージャーは将来を定義するために過去を研究する、ということになる。これは、過去の業績が良かったからとか、悪かったから、とは全く無関係だ。実際のところ、優秀なレベニュー・マネージャーは、

❖重要な用語❖

過去のデータ（Historical Data）　過去に発生した事象に関するデータ。実データ（Actual）、または実績データ（Results）とも呼ばれる。

156　第6章　需要予測

多くの場合、過去の失敗が将来の決断に智恵を与えてくれることを良く理解している。過去のデータの重要性を示すため、あなたがレベニュー・マネージャーを務める200室のホテルの過去8週間の日々のADR、稼働率を収集したと仮定する。この8週間の**追跡データ**が表6.3となる。

　表6.3のデータは過去8週間の平均稼働率、毎日の実績に基づくADRが表され、曜日ごとのRevPARが計算されている。例えば月曜日の稼働率は88％だ。何故過去のデータが重要であるか？　あなたが、このホテルのレベニュー・マネージャーだとして、次の質問に答えなさい。

　ツアー・オペレーターから、3週間後の月曜日、109ドルのレートで100室予約したいとの要請があるが、あなたはレベニュー・マネージャーとして、受けるべきだと助言するか？

　この質問や同種の質問に答えるに当たり、レベニュー・マネージャーは次の工程を用いる。

ステップ1：先ず、ツアー・オペレーターの商談を抜きにして、3週間後の月曜日の予想RevPARを計算する。

ステップ2：次に、ツアー・オペレーターの商談を受けた場合の予想RevPARを計算する。

ステップ3：ステップ1とステップ2のRevPARを比較し、判断する。

それぞれの工程に、さらに説明を加えると、

ステップ1：他に情報がないので、3週間後の月曜日は、過去の実績から判断するのが最も賢明だ。即ち月曜日の平均稼働率を適用し、RevPARを計算すると、次の通りだ。

$$\$158.75\,(\text{trailing ADR}) \times 0.88\,(\text{trailing occupancy}) = \$139.70\ \text{RevPAR 予測}$$

ステップ2：仮に100室が$109.00で販売されると、残りは$158.75で完売できる。この場合のRevPARは次の通り計算できる。

$$\$109.00 \times 100\text{rooms} \div 200\text{rooms} = \$54.50$$

これに、残りの100室のRevPARを加える。

$$\$158.75 \times 100\text{rooms} \div 200\text{rooms} = \$79.38$$

表6.3　あなたのホテルの営業実績　過去8週間の追跡データ

平均	過去8週間の月曜日	過去8週間の火曜日	過去8週間の水曜日	過去8週間の木曜日	過去8週間の金曜日	過去8週間の土曜日	過去8週間の日曜日
稼働率	88%	91%	78%	67%	45%	51%	29%
ADR	$158.75	$188.75	$148.75	$138.75	$155.75	$159.75	$129.75
RevPAR	$139.70	$171.76	$116.03	$92.96	$70.09	$81.47	$37.63

◈重要な用語◈

追跡期間（Trailing Period）　データ収集の方法の一つ。ある一定期間を決め、新しいデータを追加し、期間を過ぎたデータを削除することで、絶えず直近の一定期間のデータを把握する方法。追跡期間内のデータは見直し、移動平均（Rolling Average）が計算される。

過去の数値（Historical Data）　　157

　即ち、合計は $54.50＋$79.38＝$133.88（Total RevPAR）となる。

ステップ3：ステップ1とステップ2の差は $5.82（$139.70 − $133.88 = $5.82）となる。この結果、ツアー・オペレーターの商談を受けると、断った場合より RevPAR が減少することになる。経験豊かなレベニュー・マネージャーは更に別の要素も検討した上で、ツアー・オペレーターの商談について結論を出す。他の要素とは、

● 売上に与える影響
● 費用面の影響
● 将来の価格設定に与える影響

　これらの要素を例題に当てはめて考える。

- **売上に与える影響**。これは、追加販売がホテル全体の売上に与える影響である。もし、宿泊代金以外に飲食、ルーム・サービス、スパ、その他が販売可能だとすると、通常の月曜日の稼働率88% の176室と満室の200室の差、24室分の追加売上が期待出来る。この例では、24室の追加売上がツアー・オペレーターの商談を受ける根拠とはならない。しかし、この計算の重要性に関しては第13章で詳しく学ぶ。

- **費用面の影響**。この場合、追加の24室を準備するための変動費を考慮することになる。部屋の清掃、備品、アメニティー、その他の分野での追加人件費等が発生する。

- **将来の価格設定に与える影響**。仮に月曜の晩、100室しか残っていない場合の販売価格だ。予想 RevPAR は稼働率88% で$158.75だが、もし、完売を求める場合、値引きが発生することがあり、将来のラック・レートに影響することも考えられる。また、仮にツアー・オペレーターの商談を受け入れた場合は、残室100室しかない状況となり、その場合は、値下げが減少することにより、団体以外の部屋の ADR が改善し、施設全体の ADR も上昇することも考えられる。

　この例はレベニュー・マネージャーが過去のデータや他のレベニュー・マネージメントに必要な要素を当てはめ、総売上、事業費用、将来の価格に与える影響を評価する方法を示した。レベニュー・マネージャーが特別興味を持つ過去のデータとして、常に収集しなければならないものは、施設の形態により変化するが、典型的なものは次の通りだ。

- 予約件数。毎日予約される室泊数。（room nights）
- **予約拒否**件数。毎日予約を断った室泊数。
- 毎日の平均キャンセル件数。
- 合計キャンセル室泊数。
- チェック・イン件数。到着件数。
- チェック・アウト件数。出発件数。
- ノー・ショー件数。（キャンセルの連絡なしにお客があらわれないこと）
- **直接予約なしに訪れる顧客の件数**。（ウォーク・イン）

◈**重要な用語**◈

予約拒否（Denied Reservation）　客室が満室、準備の都合が付かない、又は客室のタイプが希望と合致しない、希望の金額に対応不可能、等の様々な理由で顧客の予約を受けられないこと。

直接来店（Walk-in）　顧客が予約なしに直接施設に来訪し、宿泊を希望すること。

158　第6章　需要予測

- ADR 実績。
- 稼働率実績。
- 施設全体の稼働実績。
- 客室種類毎の稼働実績。
- 1室ごとの平均宿泊人数。
- 平均滞在日数。

　多くの場合、レベニュー・マネージャーは収集したデータを集約したい。従って、ADR の推移や他の数値を日報、週報、月報の単位でまとめる。彼らは追跡データを平均値で評価する。経験の乏しいレベニュー・マネージャーは計算間違いを起こすことがある。何故なら ADR を見る時、月曜日は300ドルでも、火曜日は320ドルと言う場合がある。この様な場合にミスを犯しやすい。ここで、月曜日と火曜日の ADR をきちんと合計せずに、月曜日と火曜日の ADR 平均を単純に310ドルとしてしまうことがある。しかし、これは間違いだ。ADR の計算式は、**客室総売上÷総販売客室数＝ADR** となり、次の表6.4が正しい平均の数値となる。

　第3章で学んだ様に、平均は二つ以上の数を加えて、合計の数値を加えた数の回数で割った値だ。この例では、分母は500室である。ADR の $300 と $320を加えて2で割った値ではない。正しい計算は $312.00であり、$310.00ではない。

　レベニュー・マネージャーにとって、次の二つの平均値を理解することは重要である。それらは**固定平均**と**移動平均**である。

　固定平均はレベニュー・マネージャーが特定の期間を決定し、例えば毎月1日から14日までの間、客室販売売上の平均や客室販売数平均、その他適切な項目の実績値をもとに平均を計算することで、固定平均と呼ばれる理由は、1日から14日までが、毎月固定されるためである。例として、比較的小規模のラファイエット・リンカーン・ロッジのレベニュー・マネージャーが月の1日から14日までの平均売上を計算したいとする。表6.5はこの間の売上と1日あたりの平均が表示されている。ここで、平均売上は総売上÷日数となり、$19,980÷14日＝$1,427.14となる。これは固定で、不変の平均である。即ちラファイエット・リンカーン・ロッ

表6.4　平均 ADR 計算

Date 曜日	Revenue 売上	Room sold 販売客室数	ADR	Calculation 算式
Monday（月）	$60,000.00	200	$300.00	= $60,000.00/200
Tuesday（火）	$96,000.00	300	$320.00	= $96,000.00/300
Total　合計	$156,000.00	500	$312.00	= $156,000.00/500

❖**重要な用語**❖

追跡データ（Track）　絶えず収集する特定のデータ。
固定平均（Fixed average）　過去の特定の固定期間におけるデータの平均値。
移動平均（Rolling average）　過去の一定の期間の平均値を様々な時期のデータをもとにそれぞれ計算し、比較する。例）過去10日間の移動平均値は、毎日、過去11日目のデータを捨て、昨日のデータを加えて計算し、更新される。

過去の数値（Historical Data）　159

ジが特定の14日を決め、平均を計算したからである。$1,427.14は利用価値のある数値である。
何故ならレベニュー・マネージャーが、それが来月の最初の14日の売上を予想するのに最もふ
さわしいと考えたからである。

　移動平均は売上、販売室数、その他の変化する期間の平均値である。本質的に固定平均は特
定のデータをもとに計算するが、移動平均は絶えず変化する数値を追跡しながら計算する。移
動平均を説明するために、あなたがダグラス・ロッジのレベニュー・マネージャーであると仮
定する。ダグラス・ロッジも小規模なホテルであるが、レベニュー・マネージャーは直近の7
日間の平均売上を知ることに興味を持っている。この場合、1日過ぎるごとに、データは1日
進んでいく。重要なことは、当初過去1週間の1日平均売上（固定）を知りたいと思っていた
かもしれないが、そうではなく、むしろ過去7日の平均売上を知りたくなった。そのためには
先週と今週の両方のデータを使い、その中から最新の過去7日の平均売上を計算することにな
る。表6.6の売上追跡データを使い、表6.7の移動平均を計算することになる。それぞれの7日
の平均売上は、毎日の売上データをもとに計算するが、期間が変わるごとに元のデータも変わ
る。最初の1日から7日の平均売上は、1日から7日までの売上を合計（$9,828）して7で割っ
た$1,404.00となる。毎日、前日のデータを加え、8日前のデータを削除して再計算する。こ
れにより、絶えず直近の7日の平均売上を知ることが出来る。移動平均は固定平均より複雑で、
時間と手間がかかるが、その分、過去のデータを収集し、将来の売上予想、客室販売数予測、
その他を効果的に行うことが可能だ。実際、固定平均より、移動平均は最新の情報であり、適
切な予想に役立つことが多い。

　あなたが、実際のレベニュー・マネージメント計画を策定する時、ある情報については固定
平均を用い、ある情報に関しては移動平均を使う組合せが考えられる。例えば前月の最初の14
日の平均販売客室数を知り、その上で、直近の14日の平均販売客室数を計算し、比較すること
は有効となる。例えば前月の数値が大きい場合、近い将来下落することがあるかもしれない。
また、直近の14日の数値が大きければ、販売客室数の増加が期待できる。どちらにしても、あ
なたが収集したデータを分析することにより、将来の販売客室数の傾向を予測することが可能
となる。どちらの平均値を使うにしろ、現在並びに将来の事業運営データの予想を行うために
は、レベニュー・マネージャーは日々発生する過去のデータを収集することが必須である。

RMのウェブサイト　6.1

　第5章でスミス・トラベル・リサーチ社（STR）が、レベニュー・マネージャーに様々な
情報の報告書を提供していることを学んだ。STRは各週、月次の宿泊需要と実レートを国
内、海外の様々な地域について提供している。次のサイトで直近の需要報告を見ることが
できる。

　www.strglobal.com　検索後、Newsを参照。

160　第6章　需要予測

表6.5　ラファイエット・リンカーン・ロッジ固定平均計算

Lafayette-Lincoln Lodge　ラファイエット・リンカーン・ロッジ	
Day（日）	Daily Revenue（1日当たりの売上）
1	$1,350.00
2	$1,320.00
3	$1,390.00
4	$1,440.00
5	$1,420.00
6	$1,458.00
7	$1,450.00
8	$1,460.00
9	$1,410.00
10	$1,440.00
11	$1,470.00
12	$1,460.00
13	$1,418.00
14	$1,494.00
14-day Total（14日合計）	$19,980.00
Average（平均）	$1,427.14

表6.6　ダグラス・ロッジ　14日間の売上

Douglas Lodge　ダグラス・ロッジ			
Date（日）	Revenue（売上）	Date（日）	Revenue（売上）
1st （1日目）	$1,350.00	8th （8日目）	$1,460.00
2nd （2日目）	$1,320.00	9th （9日目）	$1,410.00
3rd （3日目）	$1,390.00	10th （10日目）	$1,440.00
4th （4日目）	$1,440.00	11th （11日目）	$1,470.00
5th （5日目）	$1,420.00	12th （12日目）	$1,460.00
6th （6日目）	$1,458.00	13th （13日目）	$1,418.00
7th （7日目）	$1,450.00	14th （14日目）	$1,494.00

表6.7　ダグラス・ロッジの7日間の移動平均

Douglas Lodge Seven-Day Rolling Average　ダグラス・ロッジ7日間移動平均

Date	1-7	2-8	3-9	4-10	5-11	6-12	7-13	8-14
1	$1,350.00							
2	$1,320.00	$1,320.00						
3	$1,390.00	$1,390.00	$1,390.00					
4	$1,440.00	$1,440.00	$1,440.00	$1,440.00				
5	$1,420.00	$1,420.00	$1,420.00	$1,420.00	$1,420.00			
6	$1,458.00	$1,458.00	$1,458.00	$1,458.00	$1,458.00	$1,458.00		
7	$1,450.00	$1,450.00	$1,450.00	$1,450.00	$1,450.00	$1,450.00	$1,450.00	
8		$1,460.00	$1,460.00	$1,460.00	$1,460.00	$1,460.00	$1,460.00	$1,460.00
9			$1,410.00	$1,410.00	$1,410.00	$1,410.00	$1,410.00	$1,410.00
10				$1,440.00	$1,440.00	$1,440.00	$1,440.00	$1,440.00
11					$1,470.00	$1,470.00	$1,470.00	$1,470.00
12						$1,460.00	$1,460.00	$1,460.00
13							$1,418.00	$1,418.00
14								$1,494.00
Total	$9,828.00	$9,938.00	$10,028.00	$10,078.00	$10,108.00	$10,148.00	$10,108.00	$10,152.00
7-Day Rolling Average	$1,404.00	$1,419.71	$1,432.57	$1,439.71	$1,444.00	$1,449.71	$1,444.00	$1,450.29

現在の数値（Current Data）

　過去のデータは過去発生した状況を理解する助けとなる。一方、**現在のデータ**は今何が起こっているかを知る助けとなる。現在のデータは次の3種類の報告書に整理することにより、調査が容易となる。１．稼働率と在庫状況報告書。(Occupancy and Availability Reports) ２．団体予約報告書。(Group Rooms Pace Reporting) ３．非宿泊部門売上予約報告書。(Nonrooms Revenue Pace Reporting)

❖重要な用語❖

現在のデータ（Current data）　現在起きている事象を表すデータ。

稼働率と在庫状況報告書（Occupancy and Availability Reports）

　第3章で学んだ通り、ホスピタリティー産業で働くレベニュー・マネージャーは、レベニュー・マネジメントの意思決定を行う上で、日々発生するデータを収集し、蓄え、分析することを要求されている。データの収集と管理を怠ると、業界で言われる次の言葉を思い起こさせるもととなる。

　「平均的なレベニュー・マネージャーは直前に起こったことを知り、上級のレベニュー・マネージャーは現在起こっていることを知る。傑出したレベニュー・マネージャーは将来起こるであろうことを知ることが出来る。」

　現在何が起こっているかを知るには、次の重要な4項目を監視する必要がある。

　1．販売可能客室数

　2．予約済み客室数

　3．既に押えられている、あるいは**ブロック**されている客室数

　4．予想 ADR。これは予約済み客室とブロックされた客室から計算する。

　これらのデータの詳細は定期的、自動的にホテルの CRS（集中予約管理システム）と PMS（施設の管理システム）に記録されている。表6.8は1,400室のマッカリスター・プラザ・ホテルの PMS から14日間の販売済みとブロック済みのデータを印刷した表だ。表の項目は次の通り。

　1．作成日（Run Date）報告書を作成した日付。

　2．年月日（Date）特定の年月日。

　3．曜日（Day of the week）。

　4．総販売可能客室数（Rooms Available）販売可能な客室総数。この場合1,400室。

　5．予約済み（Reserved）作成日時点で予約が確認済みの客室数。

　6．ブロック（Blocked）一つまたは複数の団体向けに押えられている客室数。具体的な宿泊者名は、まだ入っていない。

　7．予約総数（Total Held）予約済みとブロックの合計客室数。一般販売不可となった客室数。

　8．現在の稼働率（Current Occupancy Rate）現在予約されているか、ブロックされている客室数の総客室数に対する比率。これが100％を超える場合もある。予約通り全てが当日来客すれば、当日の稼働率となる。

　9．合計（Total）各項目の14日間の合計。

　レベニュー・マネージャーによっては、予約総数に代えて販売可能客室数を表示させる。**総販売可能客室－予約総数＝販売可能客室数**　表6.9を参照。欄8については、表6.8が現在の稼働率を表示していることに対し、表6.9では現在の販売可能客室残数を表示している。その他の欄については同一である。

　表6.8と表6.9はレベニュー・マネージャーにとって重要な4つの概念を示している。

※重要な用語※

ブロック（Block）　特定の団体に引き当てるために、ホテルの在庫から取り除かれた客室。それらは、ブロックされたと呼ばれる。

現在の数値（Current Data）　　163

表6.8　マッカリスター・プラザ・ホテル　予約状況

McAllister Plaza Hotel 14-Day Occupancy Detail　June 20xx						
1. Run Date: May 1, 20xx						
2. Date	3. Day	4. Rooms Available	5. Reserved	6. Blocked	7. Total Held	8. Current Occupancy %
6月2日	月曜日	1,400	825	60	885	63.2%
6月3日	火曜日	1,400	715	250	965	68.9%
6月4日	水曜日	1,400	610	210	820	58.6%
6月5日	木曜日	1,400	800	700	1500	107.1%
6月6日	金曜日	1,400	475	1100	1575	112.5%
6月7日	土曜日	1,400	450	650	1100	78.6%
6月8日	日曜日	1,380	275	125	400	29.0%
6月9日	月曜日	1,380	925	0	925	67.0%
6月10日	火曜日	1,380	850	250	1100	79.7%
6月11日	水曜日	1,400	725	400	1125	80.4%
6月12日	木曜日	1,400	875	400	1275	91.1%
6月13日	金曜日	1,400	550	50	600	42.9%
6月14日	土曜日	1,400	500	50	550	39.3%
6月15日	日曜日	1,400	325	75	400	28.6%
9. 合計		19,540	8,900	4,320	13,220	67.7%

1．総販売可能客室数は、部屋の改装や修繕により変動する。6月8日から6月10日までの3日間は20室が改装のため**使用不可（OOO: Out-of-Order）**となっている。

2．販売可能客室数や団体引当済客室数を計算する場合は、予約済みとブロック済みの内容を詳細に検証する必要がある。

3．場合により、予約済みとブロック済みを合計すると、総販売可能客室数を超える場合がある。6月5日と6月6日は販売超過（Over Sold）となっている。販売超過とその対策については次章で説明する。

4．レベニュー・マネージャーの好みで稼働率、販売可能客室数で表現が分かれるが、現在のデータ（Current Data）がレベニュー・マネージャーに提供する最も重要な情報は、残り何室販売可能かである。

※重要な用語※

使用不可（OOO: Out-of-order）　通常の清掃等以外の理由で販売出来ない客室。改装や修繕等が行われる場合が多い。

164　第6章　需要予測

表6.9　マッカリスター・プラザ・ホテル　予約状況

McAllister Plaza Hotel 14-Day Occupancy Detail　June 20xx						
1. Run Date: May 1, 20xx						
2. Date	3. Day	4. Rooms Available	5. Reserved	6. Blocked	7. Total Held	8. Available for Sale
6月2日	月曜日	1,400	825	60	885	515
6月3日	火曜日	1,400	715	250	965	435
6月4日	水曜日	1,400	610	210	820	580
6月5日	木曜日	1,400	800	700	1,500	-100
6月6日	金曜日	1,400	475	1,100	1,575	-175
6月7日	土曜日	1,400	450	650	1,100	300
6月8日	日曜日	1,380	275	125	400	980
6月9日	月曜日	1,380	925	0	925	455
6月10日	火曜日	1,380	850	250	1,100	280
6月11日	水曜日	1,400	725	400	1,125	275
6月12日	木曜日	1,400	875	400	1,275	125
6月13日	金曜日	1,400	550	50	600	800
6月14日	土曜日	1,400	500	50	550	850
6月15日	日曜日	1,400	325	75	400	1,000
9. 合計		19,540	8,900	4,320	13,220	6,320

　　PMSの表示形式はホテルごとに多少の違いはあるが、現在のデータを用いて状況を把握する概念は容易に計算可能である。次の数式はレベニュー・マネージャーに将来特定の日に販売可能な客室数を分析する上で必要な情報を知らせる。

総販売可能客室数－総販売不可客室数(OOO)－予約済み、ブロック済み各室総数＝販売可能客室数

　　ほとんどのホテルは予約台帳で個人予約を1年先までしか受け付けないため、レベニュー・マネージャーは52週の情報または1年間の現在のデータを常時監視すればよい。場合によっては、52週先の方までは、あまり予約が入っていないこともある。しかし、レベニュー・マネージャーは将来のレベニュー・マネージメント戦略に狂いを生じない様、**予約残数**については常時、定期的に注意して監視する必要がある。優れたPMSはレベニュー・マネージャーが現在のデータを監視し、また将来の特定の日に、特別な配慮を必要とする状況を知るための重要な助けになる。更にホテルの経営者が売上を管理するための洗練されたソフトウェア・パッケージは、業界で利用されているほとんどのCRS（集中予約管理システム）やPMSと連動して使うこ

とが出来る。

　2014年6月23日、オラクル社に買収されたマイクロス・フィデリオ社は売上管理を含むホテルのコンピュータ・システムを開発したドイツの先駆者だ。現在人気のある ORMS（Opus Revenue Management System）を次の様に紹介している。特に過去のデータに関連する部分。

　「ORMS は主要 PMS、CRS、S&C（sales and catering）システムと連動する。ORMS の中核は正確で自動的な予測モデルを解決する部分だ。我が社の世界水準のシステムは、自動的に過去データの傾向を把握し、これをもとに将来の個人予約の形態や最適価格を予測することが出来る。」

　ORMS は、個別システムとして購入しても、CRS や PMS と連動するシステムを購入しても、どちらの場合もホテルの過去の売上データや現在のデータと連携して次の情報を提供する。

RM の実践　6.2

　ベイタウンの200室のホリデイ・イン・エクスプレスのオーナー、バジル・ベイカル氏は「あなた冗談でしょう？」と言った。

　「決して冗談ではありません。彼が全室販売してしまいました。」ホテルの DOSM サンディー・ラミアは答えた。

　バジルとサンディーは共にホテルのレベニュー・マネージメント・チームの一員だ。

　問題は、2月6日におきた。サンディーはバジルに、昨晩遅く、新人の夜間予約係のマイク・ブレナンが17の個別の予約を受けてしまった、と説明した。それぞれ9室ずつで、全て11月22日、一泊の予約だ。

　予約を申し込んだ人は皆大口注文のため、10％割引を適用した。これはバジルとサンディーが予約係に認めているボリューム・ディスカウントである。マイクは11月22日の全ての部屋を売りつくしてしまった。

　「だけど11月22日は年次ボート展示会の週末でしょう？　街はお客であふれ、毎年満室で、値引き販売なんかしたことはない。その上、何時も全室最低宿泊日数（MLOS）を3泊にしている。」

　「よく分かっています。ただマイクは新人で、ボート展示会のことは知らなかったと言っています。誰もマイクに伝えていませんでした。」とサンディーが答えた。

1．熟練のレベニュー・マネージャーとして、あなたは何故バジルとサンディーが年次ボート展示会の週末、最短滞在日数を3日に設定したかを答えなさい。
2．階層価格を知っている前提で、何故ボート展示会の週末は割引を適用しないか答えなさい。
3．どの様にすれば、バジルとサンディーは将来の特別な日を予約スタッフ全員に知らしめることが出来たか答えなさい。特に注目すべき将来の重要な日程を、他のスタッフ全員と共有するためにどの様な解決策があるか答えなさい。

◈重要な用語◈

予約済み（On-the-books）　業界用語でブックとは将来の予約を記録した台帳。コンピュータ化される以前は台帳に記入していたため、現在でも将来の予約残をオンザブックと呼ぶ。9月8日は200室予約がブックされています、と言った使われ方をする。

166　第6章　需要予測

- 客室販売数を最適化する推奨レートの提案。
- 売上最適化を達成するための特別レートの提案。
- ある期間内で売上を最適化するための特別な予約制限（**最低滞在日数**、MLOS: Minimum length of stay）等の提案。
- 特別な価格設定を考慮すべき、需要が極めて高い日を特定する。

　現在のデータを分析することにより、レベニュー・マネージャーは客室需要を予想し、価格設定に必要な情報を得る。ホテルのコンピュータ・システムは経営者やレベニュー・マネージャーよりも沢山の重要な日を記憶することが可能だが、先ず、それらの日を特定し、現在の稼働率や販売可能数の情報を用いて定期的に監視することが重要だ。本当に優秀なレベニュー・マネージャーは、将来の販売期間を日単位で見直し、毎日確認している。これは、毎日新しい予約を受け付ける以上、当然のことだ。ところが、未熟なレベニュー・マネージャーは週単位でしか確認しない。更に未熟なレベニュー・マネージャーは将来の限られた日しか注目しないばかりか、月次や、更に希にしか現在データを確認しない場合も見受けられる。しかし、システムに格納された現在データの稼働率や販売可能数を絶えず確実に監視しない場合は、レベニュー・マネージメントの意思決定にあたり、大きな失敗が避けられない。

団体予約報告書（Group Rooms Pace Reporting）

　表6.10に示す様に、主要ホテルとアメリカ国内で運営するほとんどのホテルが個人の予約を一年先までしか受け付けない。表6.10には全てのホテル・チェーンが表示されている訳で

表6.10　ホテルが予約を受け付ける将来の期間

ホテル・ブランド名	ブランド・ホテル数	予約受付期間
チョイス　Choice	5,376	364日先迄／（52週）
ベスト・ウェスタン　Best Western	3,952	350日先迄／（50週）
IHG	3,741	350日先迄／（50週）
ヒルトン　Hilton	2,935	364日先迄／（52週）
アコー　Accor	4,121	406日先迄／（58週）
マリオット　Marriott	2,832	350日先迄／（50週）
ウインダム　Wyndham Hotel Group	6,473	ブランドごとに相異 一般に6ヶ月から1年先迄
合　計	29,430	

※重要な用語※

最低滞在日数（MLOS: Minimum length of stay）　レベニュー・マネージメント戦略の一つで、設定された日数以下や、設定された日数を超過する場合も予約を拒否すること。9月17日の予約はMLOS前後2泊までとする、と言った使われ方をする。

現在の数値（Current Data）　167

はないが、ほぼ全てが同様の方針である。従ってアメリカに295,000以上もあるホテルのレベニュー・マネージャーは現在のデータの365日先まで監視すればよいことになる。しかし、現実にはどのホテルのレベニュー・マネージャーでも団体予約についての予約室数や団体需要を管理する必要があり、365日で済む訳ではない。第1章では、ペース・レポートは、宿泊施設の客室とその他のサービスの将来需要をまとめたものと学んだ。**団体予約報告書**（Group rooms pace report）は将来の団体予約を取りまとめた報告書である。この報告書については単に将来の予約と言うことに止まらず、何年先であれ、既に客室が現時点で押さえられている現在のデータであることを示している点を十分理解することが重要だ。記載されている客室は、将来販売出来ないことを認識する必要がある。恐らく宿泊産業に精通していない人々が最も誤解していることの一つが、ホテルの予約がどの様に行われているかである。多くの人は、ホテルの予約は個人によって行われていると考えている。場合によっては正しいが、ほとんどの場合は、主に個人のグループや特定の団体のために多くの客室が予約されている。これらの場合、予約は数週間から数年先の幅で行われている。勿論、数年先の予約を受け付けるPMSシステムも存在するが、ほとんどは対応できていない。そのため、多くの場合、これらの予約は団体予約報告書に取りまとめられ、施設の営業・マーケティング部門で維持・管理されている。従って、レベニュー・マネージャーはPMSの現在データと同時に団体予約報告書を監視する必要がある。

　定期的に分析する団体予約報告書を作成することの合理性を更に理解するために、SEC所属大学のある都市で営業するホテルのレベニュー・マネージャーについて考えなさい。（SEC: South Eastern Conference サウス・イースタン・カンファレンスは、アメリカ合衆国の大学スポーツにおけるカンファレンスのひとつ。1932年に創設された。南西部の12校で構成されている。NCAA の Division I、Division I-A のメンバーである。）

　この大学は隔年、地元で対戦相手の大学とフットボールの試合を行い、翌年は相手の地元で対戦する。地元のスタジアムで試合が行われる時は、それぞれの都市のホテルは満室となってしまう。この例では、ホテルのレベニュー・マネージャーは対戦相手の大学のチームと団体契約を取り交わす。この様な場合、2年先、4年先、更には6年先まで客室をブロックで押えておく必要がある。これらの予約は1年しか記録できないPMSでは取り扱えない。対戦相手の大学チームとの団体契約はホテルの営業部門が管理する団体予約報告書に記録されることになる。

　極めて大規模な会議を取扱うホテルでは、団体予約報告書に記載する客室のブロックを10年先、あるいはそれ以上先まで記録する。それらの日程とブロックされている客室数を把握することは、レベニュー・マネージャーにとって、個人予約の顧客に販売する客室の価格設定や在庫管理に関する意思決定の助けとなる。適切に維持・管理されている団体予約報告書は、更に重要な役割を担う。

　レベニュー・マネージャーは、ホテルの営業・マーケティング部門が月内に成約した将来の団体予約に関する全ての案件を団体予約報告書（ペース・レポート）に正しく記載していることを、定期的に絶えず確認する必要がある。勿論、案件によっては、その月に当月内の団体予約

※重要な用語※

団体予約報告書（Group rooms pace report）　団体予約をまとめた報告書で、団体が将来何室どのレートで予約しているかという将来の団体需要を示す。

168　第6章　需要予測

を受ける場合もある。しかし、多くの場合は、数か月から数年先の案件である。これらの全て
はレベニュー・マネージメントの意思決定に重要な影響を与える可能性がある。従って、関連
する日程の価格設定、在庫の割当等の判断にあたり、全ての案件を考慮する必要がある。さら
に、過去成立した団体予約のキャンセルや客室数の大幅削減等が発生した場合も、即座に団体
予約報告書を訂正する必要がある。

　営業・マーケティング部門と協力して仕事をするレベニュー・マネージャーは、毎月必ず、
仮予約の査定を行わなければならない。個人に関しては、仮予約は存在しないが、団体販売に
おいては、様々な理由から仮予約の状態が発生する。例えば2年後のある期間500室を予約す
る希望のある顧客が、契約前に内容を検討する必要があるとする。この場合、ホテルと顧客の
間で、検討に要する期間を設定し、その期間が終了するまで、ホテル側としては、とりあえず、
500室を押えておく処置をとる。これを怠ると、500室が他の顧客に割り当てられて、検討期間
が終了した時、500室が不足してしまう間違いが生じる。団体予約報告書に仮予約が記載され
る場合は、仮押え期間と契約予定日、更には、仮押え解除の日程を明記し、確実に実行するこ
とが必要である。同様に、ホテルが将来の団体予約を希望するある機関の案件に対して提案を
行う場合は、**提案要請（RFP）** に記載された評価期間終了まで、提案した客室を仮押えする必
要がある。その様な手続きを踏まないと、仮に成約した場合、提案した客室が他の顧客に割り
当てられてしまう間違いが発生する。また、仮に契約が成立しなかった場合や、評価期間が終
了してしまった場合、ホテルはその顧客の仮予約を解消する権利を有する。

　将来の予約を評価するにあたり、レベニュー・マネージャーは次の二つに関心を持っている。
　1．現時点で、どれだけの客室が販売されているか？
　2．残室を如何に速やかに売り切るか？
　レベニュー・マネージャーのなかには、将来の団体予約や団体仮予約の客室数を**団体予約簡
易版**（Position report）にまとめている。団体予約簡易版は将来の予約済み客室数をまとめた簡
易表であるが、過去の販売実績、販売達成率との比較は行っていない。団体予約簡易版は、既
に達成済みの将来の販売量を知る上で有効である。しかし、予約報告書（Pace report）と比較
すると、予約報告書は、レベニュー・マネージャーに対する2番目の質問、「残室をどれだけ
速やかに売り切ることが出来るか？」の助けになる。第1章で学んだ通り、予約報告書（Pace
report）には、過去の実績と比較して、残った客室が販売されるスピードが記載されている。
団体販売が成約する歩調（ペース）を分析するためには、レベニュー・マネージャーは最新
で、正確な月次、または、更に頻繁な予約報告書を準備する必要がある。表6.11はマッカリス
ター・プラザ・ホテルの団体予約報告書をまとめたものだ。この報告書には、現在の団体予約
達成と、昨年同期の団体予約成立実績との対比が現れている。報告書では20XY年利用の客室
を20XX年12月に何室販売したか、が記載されている。また、20XY年利用の客室を、20XX

❈**重要な用語**❈

仮予約（Tentative sale）　将来契約を見越して、特定の日を団体のために確保する。
提案要請（RFP: Request for proposal）　ホテルに対する公式な提案要請。ホテルは提案要請にもと
　づき、購買者の要望を満たす部屋数と提供価格を文書で提出する。
団体予約簡易版（Position report）　将来の団体販売で利用する客室または、ブロックで押えられて
　いる客室数をとりまとめた表。ペース・レポートの様に、前年対比等の情報は含まれない。

現在の数値（Current Data）　169

年12月末までに累積何室販売したか（YTD: Year-to-date）が記載されている。

欄１：予約（販売または仮予約のブロックを含む）された客室の利用月。

欄２：20XX 年12月中に販売された20XY 年各月に利用される客室数と年総数。

欄３：20XX 年12月を含み、過去販売された20XY 年各月に利用される客室数。

欄４：20XW 年12月に販売された、20XX 年各月ごとに利用される客室数。

欄５：20XW 年12月を含む、過去に販売された、20XX 年各月毎に利用された客室数。

団体予約報告書の数値を用いて、売上の変化を比率で表す次の数式を当てはめることが出来る。（本年の販売－昨年の販売）÷昨年の販売＝昨年比販売％

この式の販売額を販売客室数に置き換えて表すと、

（本年12月の販売客室数－昨年12月の販売客室数）÷昨年12月の販売客室数＝昨年12月比販売客室数％

となり、（21,925－20,675）÷20,675＝ 6 ％

従って、20XX 年12月は団体販売に関しては20XW 年12月よりも好調であった、と言える。ただし、20XY 年利用される団体販売客室累計は105,900室で20XX 年と同数である。

優れたレベニュー・マネージャーは団体予約報告書を詳細に分析することから学ぶことが沢山ある。表6.11から読み取れる重要な点は少なくとも次の二つだ。

表6.11　マッカリスター・プラザ・ホテル　20XX 年12月団体予約報告書

20XY 年に使用される団体客室予約数					20XX 年使用の団体予約数	
1. 月 欄１	2. 20XX年12月の月間予約数 欄２	前年12月対比	3. 20XX年12月末迄に予約された20XY年の最終予約数 欄３	前年対比	4. 20XW年12月の月間予約数 欄４	5. 20XW年12月末迄に予約された20XX年の最終予約数 欄５
1 月	150	200%	950	850%	50	100
2 月	800	33%	2,250	13%	600	2,000
3 月	950	-17%	3,500	-7%	1,150	3,750
4 月	725	-15%	2,900	-6%	850	3,100
5 月	600	-33%	1,800	13%	900	1,600
6 月	150	-75%	1,400	17%	600	1,200
7 月	10,800	23%	22,800	17%	8,800	19,500
8 月	1,900	4%	18,500	12%	1,825	16,500
9 月	1,500	7%	15,500	-31%	1,400	22,500
10月	1,300	8%	9,000	-14%	1,200	10,500
11月	1,850	-3%	9,800	2%	1,900	9,600
12月	1,200	-14%	17,500	13%	1,400	15,550
合計	21,925	6%	105,900	0%	20,675	105,900

170　第6章　需要予測

1．来年（20XY年）の7月並びに8月の需要は今年（20XX年）と比べて強い。それらの月の内、特に需要の強い日を特定し、それらに該当する日のレートの見直し、更には流通経路である販売チャネルごとの在庫引き当てを研究することが重要な課題となる。
2．来年の9月は今年と比べて需要が弱い。この場合、需要が落ちた原因を究明し、価格戦略の見直しや、流通経路に対する在庫の引き当てを再検討する必要がある。

　団体予約報告書は販売客室数、または販売客室売上をもとに作成できるが、両方を反映した報告書の作成も可能である。さらに、将来利用される客室の特定の時期を加えて作成することも可能である。表6.11の報告書は、本年12月に予約された来年1年間の団体販売の客室数をもとに作成されている。

　レベニュー・マネージャーの多くは、団体予約のキャンセルの報告は、当初予定された利用月ではなく、キャンセルが発生した月に報告されることを望んでいる。例えば、100室の団体予約が1月にキャンセルされた場合、予定利用月が6月であっても、キャンセルされた100室の情報は1月の報告書に反映することになる。同様に、仮予約に関しては、当然監視が必要であるが、調印終了までは一般的に契約成立とは見なされないため、調印するまでは団体予約報告書に記載しないのが一般的である。団体予約報告書はレベニュー・マネージャーに将来価格設定の機会と課題が何処に存在するかを知らせてくれる。勿論団体予約に関しては、実際に予約に沿って客室が利用されるまでは、単なる予想の域を出ない場合もある。従って、営業・マーケティング部門の作成する団体予約報告書の客室数に関しては実際に利用されるまでの間は慎重に受け止めることが重要だ。もし、営業・マーケティング部門が、**予約通り実際に利用される（ピック・アップ）確率**を高く見積もれば、団体予約報告書は意図的に膨張してしまい、その結果、レベニュー・マネージメントの意思決定に悪影響を及ぼすことになる。

非宿泊部門売上予約報告書（Non-rooms Revenue Pace Reporting）

　宿泊産業のレベニュー・マネージャーにとって、客室の価格設定が主な関心事であるが、フル・サービスのホテルで働くレベニュー・マネージャーの場合は、ホテルの客室以外の商品やサービスの販売についてもきめ細かく注視する必要がある。そのため、客室以外の商品やサービス専用に用意された非宿泊部門売上予約報告書で、会議・宴会の飲食等、客室の価格設定にも影響を与える大きな収入を監視する。

　理解を深めるために、1,000人収容可能な宴会場（ballroom）を持つ300室のフル・サービス・ホテルの例をあげる。仮に宴会部門が最近婚約したカップルから宴会場の予約を受けたとする。結婚式とディナー・パーティーが14カ月後に実施される。祝宴には1,000人の参加が見込まれ、新郎、新婦の地元の中間地点の当ホテルが会場に選ばれ、招待客のほとんどが、それぞれの地

❖重要な用語❖

ピック・アップ、実予約（Pick up）　予約の摘み取り。団体予約枠としてブロックされた客室が実際に団体の個々の会員により、予約されること。仮に200室の団体予約ブロックがあった場合、実際に予約した顧客が100人しかなく、100室しか利用しなければ予約の摘み取り確立は50%となる。
実利用客室100÷ブロック室数200＝0.5（50%）

元から到着し、宿泊することになる。新郎・新婦は招待者の多くが宿泊を要すると言っているが、宿泊に関しては、招待者自身の判断となる。この場合、結婚式と披露宴に出席する招待者の多くに、当ホテルの客室が利用される可能性は極めて高い。多くの招待者は披露宴と同じホテルに滞在希望するだろう。仮に宴会部門とレベニュー・マネージメント・チームの連携が十分でないと、CRS や PMS に反映されないこと（システムの登録期間は通常12カ月先まで）、また、団体予約報告書にも反映されないこと（客室の予約がなく、宴会場予約時に客室は予約されなかった）から、披露宴当日のレベニュー・マネージメントに反映されず、残念な意思決定をもたらすこととなる。

　フル・サービスのホテルで働くレベニュー・マネージャーの多くは、宴会部門のスタッフと協力して月ごとの食事、飲み物の売上予想や営業・マーケティング部門が販売する会議室の情報を反映し、宴会予約報告書を作成している。これらのペース・レポートやポジション・レポートは、レベニュー・マネージャーが客室レートに影響を及ぼすと考える全ての事業分野ごとに作成されるべきである。

　過去においては、レベニュー・マネージメントとは客室に限った見方がなされてきた。しかし、成功しているホテルの収入源は、宿泊売上だけでなく、レストラン、バー、会議、宴会、スパ、他多岐にわたる事業分野に広がっている。多くの場合、客室販売活動の監視や、それを目的に開発されたソフトウェアやツールは、それ以外の分野について全く欠落している。有能なレベニュー・マネージャーは次の質問が正にレベニュー・マネージメントの本質だと言うことを知っている。

- 会議の重要な購買者は誰か？
- 彼らはどれだけ先立ってスペース（会議場）を予約するか？
- 見込み客を購買者に変えるための価格の役割は何か？
- 会議室ごとの最も効果的な利用方法は何か？
- それらのスペースの最も利益率の高い構成は何か？
- 最近会議室の受注に失敗した原因は何か？
- 会議室や大会の申込を断った理由は何か？

これらの質問は勿論レストラン、バー、結婚式等、ホテルの他の事業にも当てはまる。本人が責任を任された分野に関係なく、経験を積んだレベニュー・マネージャーは、客室と客室以外の予約報告書の示す力強い状況から、営業・マーケティング部門の月次、あるいは年度の業績が向上していることを知ることが出来る。また、数値の力強さに欠ける報告書から、業績の横ばいや下落を知ることになる。現在の報告書と昨年同期の報告書を比較することにより、施設の PMS や CRS からは得られない貴重な情報を得ることが可能である。

将来の数値（Future data）

　過去のデータと現在のデータを慎重に且つ継続的に監視することにより、レベニュー・マネージャーは過去と現在の客室需要を知ることが出来る。このデータは将来の客室需要を予想し、意思決定を行う指針となることから、極めて重要である。勿論最も優秀なレベニュー・マ

172　第6章　需要予測

ネージャーでも、未来を予想する水晶玉がはっきり見えないことがある。しかし、彼らの仕事は過去に学び、現在を管理し、そのことを通じて将来を定めることだと知っている。将来に備えることの重要さに関し、アメリカの科学者でゼネラル・モーターズの研究所長をつとめた、チャールス・F・ケタリング氏（Charles F. Kettering）は次の様に述べている。「私の興味は将来にある。何故なら、私がこれから過ごす残りの人生がそこにあるからだ。」

将来の需要に影響を与える要素

　第2章で、レベニュー・マネージャーの重要な仕事はデータと洞察力をレベニュー・マネージメントの工程に適用することだと学んだ。将来の客室需要データを正確に評価するためには、洞察力と経験が重要である。これは様々な要素がホテルの客室やその他サービスの需要に直接大きな影響を与えるためだ。個々の施設の相違により、特定のホテルの客室の将来の需要に最も影響を与える要素を正確に特定することは困難であるが、どのホテルにも共通する要素には次の項目が含まれる。

- 需要創出要素（Demand generators）
- 需要喪失要素（Demand drains）
- 地域社会あるいは国の経済の強弱
- 施設の特定のサービス追加または廃止
- 競合ホテルの新設や撤退
- 道路建設計画や季節変動と言った予想可能な要素
- 荒天、道路工事、突発的現象等の予想不可能な要素
- 競合他社の価格戦略
- 当ホテルの価格戦略

需要予測

　レベニュー・マネージャーは**将来予測データ**を用いて将来の需要を予測する。将来データと情報の重要性に関する理解を深めるために、フル・サービス、500室のプラザ・プレース・ホテルで働くレベニュー・マネージャーを考えなさい。このホテルは南部の大都市にある大規模会議場に隣接している。このホテルは主に団体ならびにビジネスマンを対象にサービスを提供しているため、平日は忙しいが、週末はビジネスマンの利用が少なく、閑である。そこで、金曜日と土曜日の稼働率を50%から60%達成を目途に運営している。この目標達成は、地元の

❖重要な用語❖

需要創出要素（Demand generator）　事業の需要を著しく増加させる事象や存在。例えば大学のある地域では春の卒業式が需要増の要素となる。この時期、ホテルの滞在需要が急増する。

需要喪失要素（Demand drain）　事業の需要を大きく損なう事象や環境。例えば、週末のビジネスマン向け提供サービス。週末旅行するビジネスマンはほとんどいないため。

将来予測データ（Future forecast data）　将来予定される行事等を記述した情報。予想情報と呼ばれるが、予測は、過去情報、現在情報、予想情報の全てを用いて行われる。

将来の数値（Future data）　173

住人向けの大幅割引「ロマンティック逃避行」のプロモーションに全面的に依存している。このパッケージは客室をラック・レートの３割引で設定している。ホテルの支配人は地元の**観光振興局**（Convention and visitors' bureau）から、３年後の国際ホスピタリティー教育者協会の大会開催受入地に選出されたと聞かされた。この協会がこの都市で会議を開くのは初めてのことで、過去の情報は全く存在しない。協会の会員数は5,000人だ。協会の大会は全て市の会議場で７月の第３週末に行われる。会議場に隣接しているプラザ・プレースは参加者に最も望まれる滞在先だ。地域のホテルは皆、ラック・レート満額で売り出す。プラザ・プレースとしてはこの情報をもとに、教育者協会の大会が開催される週末を特別指定し、すぐさま「ロマンティック逃避行」の対象から外すべきだろうか？　有能なレベニュー・マネージャーは、その週末が教育者協会の会員で満室になると思われることから、その週末の「ロマンティック逃避行」パッケージを取りやめるだろう。この決断は次に示す事実にも関わらず実施される。

- 教育者協会に関するPMSの過去データは存在しない。
- PMSによれば、現在のところ、該当する週末には１件の予約も入っていない。
- 大会関連の団体契約は調印されていないばかりか、仮予約の状態にも至っていない。
- 大会が開催される週末は３年先である。

レベニュー・マネージャーの需要予測に影響を与える全ての事象を特定することは不可能だが、過去データと現在データを注意深く監視し、合わせて今後予定される需要創造、需要喪失事象を定期的に見直す必要がある。この段階でレベニュー・マネージャーは、

- 該当ホテルの需要に影響を与え得る全市、地域全体の特別な企画やイベントを知っていなければならない。
- 地域の競合他社の需要について知っている必要がある。
- 地域に新規参入ホテルがあるか、撤退するホテルがあるかを考える必要がある。
- 大きな需要変動要素に直面した時は速やかに需要予測を調整する必要がある。（例えば、予期せぬイベント、荒天、停電、空港・高速道路閉鎖等）

　特別な場合は将来の需要予測は不可能だ。世界的に有名なマイケル・ジャクソンの急死を受け、カリフォルニア州ロサンジェルス市のステイプルズ・センターで葬儀が行われるとの発表があった直後、付近のホテルに与えた需要の影響を考えなさい。

　ステイプルズ・センターの向い側にあるホリデイ・インのジョン・ケリー支配人（John Kelly）は、「かつて経験したイベントに較べ、10倍から100倍の威力があった。」と語った。「木曜日の発表から48時間以内に195室全室が予約された。」

　不確実性が含まれることはあっても、将来の需要を予測することは宿泊産業にとって極めて重要なことである。幾つかその理由があるが、例えば、長期にわたる収入計画、従業員の採用計画、教育計画、施設の改装・修繕計画等だ。その中で、長期にわたる需要予測の開発が最も重要な根拠は、それが客室総売上に影響をあたえる客室の価格設定に影響するからだ。経験から述べると、ホテルの宿泊売上を予想する客室需要予測は、実際に達成される宿泊売上の１％

❖重要な用語❖

観光振興局（CVB Convention and Visitors Bureau）　指定された地域の旅行や観光の促進、振興に責任を負う地域の組織。主に非営利団体。

174　第6章　需要予測

から5％の範囲内の精度で行われている。

　経験豊かなレベニュー・マネージャーは需要予測を1年以上に延長するが、それらの予想を毎月入手する新しい情報やデータ、洞察力をもって修正する。この様な手法により、ホテルの7日先、30日、60日、更に90日先の将来需要予測の正確さが増してゆく。表6.12で示す様に、有能なレベニュー・マネージャーは一つではなく、それぞれ内容の違う3種類の将来予測の作成を要請される。それぞれの特徴と目的を示す。加えて、3種類の予測は正確性を最大限に高めるため、過去データ、現在データ、将来データに基づいている。現実にレベニュー・マネージャーがこれらの予測を行う場合、先ず元となる要素に対する明確な理解と、それらの要素を含める理由を明らかにしなければならない。具体例として典型的な300室のホテルで用いられる予測方式、表6.13を考えなさい。

　ほとんどのホテルは客室利用と販売可能客室の予想を、個々の客室種類別（第4章参照）に行う。このため、正確な予想は困難となり、重要性が増す。重要性を理解するために次の例を考えなさい。男児二人を連れた両親がクイーン・ベッド2台の客室を予約してホテルに到着した。ところが、ホテルにはキング・ベッド1台の部屋しか空いていないとしたら、どうなるだろう。同様に、新婚旅行用のブライダル・スイート客室を1室備えたホテルで、同じ日に二組の新婚カップルの予約を受けてしまったとしたら、どうなるだろう。

　客室の種類を注意することもレベニュー・マネージャーの重要な仕事となる。何故なら予想ADRは販売客室の種類によって変化するため、部屋の種類別に予測を立てることで正確なADRを算出出来る。しかしながら、レベニュー・マネージャーは基本的な予測手順において、客室種類ごとの空室予測も総客室での空室予測も変わりがないことを認識しておかなければならない。

　また、表6.13の情報は、PMSで維持管理されているため、常に見ることが出来る。販売可能客室数、使用不可客室数（OOO）、延泊客室数、予約済み客室数は全てCRSやPMSに記録

表6.12　将来予測基本形

予測種類	目的と特徴
稼働率予測	●少なくとも1日、2日、7日、14日、21日、30日までの予想。 ●1日単位、1週間単位の稼働率予測を作成。 ●100％を超えない。 ●スタッフの割当計画に有効。 ●宿泊客の到着と出発を示す。
需要予測	●稼働率が100％を超える期間を明示する。 ●需要が低い期間を明示する。 ●30日、60日、90日まで先を予測する。 ●少なくとも1週間単位の稼働率を作成する。 ●客室レートの戦略作成に有効。
売上予測	●30日まで、またはそれ以上を予測。 ●RevPARを予測。 ●既定の予算対比を作成する。 ●ホテルのキャッシュ・フローを予測する進化した手法がある。 ●実存する客室数を超える売上予想を行ってはいけない。

将来の数値（Future data）　175

表6.13　10月1日の稼働率予想

10月1日（月曜日）		
客室総数		300
OOO: Out-of-order 使用不可客室数	（マイナス）	0
使用可能客室数		300
延泊数　Stayovers		40
予約　Reservations（到着客）	（プラス）	150
予約済み客室と販売済み客室合計		190
予想調整		
ノー・ショー No-shows	（マイナス）	15
延泊中止早期出発　Early departures	（マイナス）	5
超過滞在 Overstays	（プラス）	10
調整後の予約・販売客室数		180
予測		
販売客室数		180
稼働率		60%
販売可能客室残　Rooms available		120
残室率		40%
予想 ADR		$185.00
予想宿泊売上　（$185×180室）		$33,300.00
予想 RevPAR		$111.00

されている。従って、新しいホテルでレベニュー・マネージャーの職責を任される場合、フロント・オフィス・マネージャーと面談し、ホテルの予約システムや PMS から、どの様な稼働率や売上他、統計・管理帳票が得られるかを確認することが最初の仕事となる。

　表6.13に示される**ノー・ショー**、**早期出発**、**超過滞在**は将来起きる可能性があることを示した数値であり、現実には存在しないデータである。しかし、これらの過去のデータについては、手順通り記録されている。その結果、注意深くそれらに関する過去データを分析するレベニュー・マネージャーによって、正確に予想されることとなる。

※重要な用語※

延泊（Stayover）　宿泊客が当日チェック・アウトしないこと。その場合、宿泊客は最低1日延泊する。
ノー・ショー（No-show）　予約した顧客が当日キャンセルをせずに姿を見せない。
早期出発（Early Departure）　宿泊客が、当初の予約期間より早くチェック・アウトすること。
超過滞在（Overstay）　宿泊客が当初の予約を超えて滞在し、その後チェック・アウトする。

176　第6章　需要予測

RMのウェブサイト　6.2

　ノー・ショーの罰金や課金の収入に関し、ホスピタリティー産業の会計手法では、客室売上に計上すべきか、その他の費目で計上すべきか議論が続いている。

　フランチャイズでは、そのほとんどがノー・ショー課金を客室売上に含める様、傘下のホテルを指導している。これは客室売上総額に対して、フランチャイズ料金が計算されるためで、この様な指導の背景は驚くにあたらない。

　これらの収入に対する課税の方法については、州ごとに大きな相違がある。例えばテキサス州では、ノー・ショー課金として、宿泊料金全額を徴収した場合、州の宿泊税の対象となる。仮に宿泊料金の半額であれば、無税となる。それぞれの州がどの様に税金を取りきめているかの詳細は window.state.tx.us/taxinfo/hotel/matrix/hotel_rm_rev.pdf を参照のこと。

　勿論フランチャイズや課税当局の態度を知ることも重要だが、レベニュー・マネージャーにとって最も重要なことは、ホテルが客室売上と見なす全ての収入は、レベニュー・マネージャーの客室売上予想の対象となることだ。従って、ノー・ショー課金や罰金が客室売上と見なされる場合は、当然それらも予想に含まれなければならない。

予測の誤用

　正確な予測は正しい意思決定を導く。しかし、全ての予測が正確とは限らない。また、場合によっては、不正確な予測が恣意的に行われることがある。意図的な予測により、恣意的に間違った方向へ仕向ける例を示す。1,000室のホテルのレベニュー・マネージャーが、ある特定の日、800室販売可能と確信しているが、仮にレベニュー・マネージャーが700室と予想を出すか、900室と予想を出した場合、一体何が起こるだろう。この問いに対する答えは、予測の誤用に関係する。あなたが学んだ様に、様々な理由からレベニュー・マネージャーは極めて正確な客室販売と売上予測を作成する努力をしているが、不幸なことにレベニュー・マネージャーに対して、不正確な予想を示す様な圧力がかかることがしばしば出現する。圧力とは、次の二つのうち、どちらかの予測を強く促すものだ。

- 現実的でない低い予測をする。
- 現実的でない高い予測をする。

現実的でない低い予測

　予測が極めて低く設定された場合、予測を凌駕することに対する報奨金が存在する可能性が高い。それを評価する人々はホテルのレベニュー・マネージメント・チームではなく、外部にいる場合が多い。これらの人々はホテルのオーナー、株主、又はホテルの運営を受託している企業であったりする。これらの人々は、ホテルが設定された予測水準を超えた実績をあげた場合に報奨金や別の形の報奨を与えることがあり、それが、レベニュー・マネージャーに低い予測を促すことになる。同様にホテルの支配人や**経営委員会**が、予測を超える実績を達成したと見なす個人に報奨金を支払う内部決定をすることもある。この様な報奨金が高額な場合はレベニュー・マネージャーに対する低い予測作成圧力が一層強まる。

現実的でない高い予測

　現実的でない低い予測同様に、現実的でない高い予測も外部あるいは内部の目標達成のために作成される。ホテルを購入する場合、又は資金を貸し付ける場合、又は投資する場合、対象となるホテルの将来の売上に大きな興味を抱いていることを理解することが重要だ。売上と稼働率の予測は、施設の価値だけでなく、所有または投資するに値するかの資産価値判定に決まって用いられる。宿泊施設の売上予測はしばしば、購入や、購入金額、継続投資価値等の判断に極めて重要となる。この様な場合、売り手側は投資側に対し、非現実的な高い収入予測を宣伝したい誘惑にかられる。2009年後半の現象を考えなさい。全米のRevPARは前年対比15%以上減少した。多くのホテルが借入返済に窮し、オーナーは売却を強制された。購買側は、ホテルの売上能力の可能性をもとに困窮したホテルの購入金額を決めた。この様な状況で、ホテルのオーナー達がレベニュー・マネージャーに対して現実よりも楽観的で膨張しきった予測を作成するよう圧力をかけたことが容易に想像できる。これまで多くの場面で、宿泊産業の正確な将来予測の方法に知識がなく、予測の確実性を確かめる洗練された知識を持たない地方政府機関等に大幅に楽観的な売上予測が示され、購買を促した。

　作為的な高い売上予測は、組織内部の人材活用に利用される場合がある。宿泊産業の専門家のなかには、水増しされた売上予測は、売上に責任を負う役割の社員に対し、必要以上に努力を強要する、と感じる専門家がいる。従って、稼働率75%の予測が現実的である時、80%を予測することで、販売部隊に過度の業績を強いることがある。もし、この様に予測が営業促進のために操作される様であれば、最早予測は営業を強制するための道具であり、決してレベニュー・マネージメントの目的に値しない。勿論、達成困難な目標やゴールを設定し、営業を鼓舞することが本質的に悪とか反倫理的であると言うつもりはないが、不正確な予測を作成することはレベニュー・マネージャーの究極の目標ではない。むしろ、レベニュー・マネージャーは自分自身の目標を、入手可能なデータを真に反映させ、誠意ある洞察力を適用して、正確な売上予想予測を行うことにあることを明確にすることが重要だ。正確な予測とは、予測戦略を踏みにじり、希望や欺瞞、欲望に基づいて作成できるものではない。レベニュー・マネージャーに、上司からの将来予測の訂正命令を拒否しろとは言わないが、もし、その様な命令を受け入れて予測の改竄を行うとすれば、永い専門家としての信用を危険にさらすことを覚悟しなければならない。

※重要な用語※

経営委員会（Executive committee）　ホテル全体の目標達成に責任を持つ経営陣により形成される委員会。

178　第6章　需要予測

RM の報道記事　6.1　売上予測は馬鹿げているか？

　将来の稼働率予測や ADR 水準予測はホテルや市全体にとって重要な仕事だ。ケンタッキー州レキシントン市に提出された物議を醸す将来予測報告について考えなさい。次は、レキシントン・ヘラルド・リーダーの一面に掲載された記事だ。

　ケンタッキー州レキシントン市のホテル経営者達はウエスティン・ホテル・会議センターが提案する9,000万ドルの融資は馬鹿げている、と主張している。ウエスティン・ホテルは新しいホテルの進出をレキシントン市に提案した。開発側は2010年に開業し、稼働率81% で ADR195ドルのホテルになると言っている。

　記事はレキシントン市の現状を記している。現在マリオットが営業しているが、良いホテルで、稼働率64%、ADR136ドルだ。ところが、ウエスティンはマリオットを遥かに凌ぐと豪語している。レキシントン市北区のホリデイ・インの支配人マイク・カード（Mike Curd）氏は「ウエスティンがマリオットの業績をそこまで凌ぐとは、馬鹿げた空論だ。」と言っている。

　何故、ウエスティンの成功が納税者の関心を集めるのか？　その理由は、ウエスティンはレキシントン市からの借り入れを返済する義務を負うが、万一失敗した場合は、レキシントン市の財政（納税者である市民）が差額を負担する。

　ウエスティンの売上予測は正確であったか？　あるいは、馬鹿げていたか？　マイク・カード氏はウエスティンのオーナーに雇われた専門家より正しい予想が行えるか？　ケンタッキーの納税者は誰の予測を受け入れるか？　この例は、正確で現実的な予想が如何に重要かを物語っている。

需要予測と戦略的価格設定

　第2章で供給に関する経済原理を学んだが、商品に対する需要が強いほど、販売者がその商品を多く生産することを示している。この経済原理は、宿泊産業では、面白いことに正しくもあり、同時に正しくない。長期的にみれば、高い宿泊需要を示す世界の地域は、客室の急激な増加を経験することになる。例えば、アラビア半島東部の、アラブ首長国連邦ドバイは、旅行者の人気が増加している地域で、この地域のホテルの拡張は2005年から2009年の5年間で、毎年20% を超えている。従って、ホテル事業者は、長期的にみれば、需要の強さに対応して、ホテルの建設を行う。

　しかし、ほとんどのレベニュー・マネージャーにとっては、供給の法則は通用しない。何故なら、短期的にみれば、単に需要が増加しても、販売出来る客室の数を増やすことは不可能だ。この硬直的供給制限の状況は、伝統的なホテル、時間割共有型ホテル（タイムシェアリング・コンドミニアム）、ベッド・アンド・ブレックファスト（B&B）、クルーズ船、その他顧客収容施設型のホスピタリティー産業に従事するレベニュー・マネージャーの多くが直面する問題だ。現実には、この状況は、有限な商品の供給を管理するレベニュー・マネージャー全てが直面する。

　よく言われるのは、「偉人は考えることが似ている。」という諺だが、多分その通りだろう。しかし、「偉人はじっくり考えることが好きだ。」というのも真実だ。もし、あなたもじっくり考えることが好きなら、極めて硬直的な供給制限のあるなかで売上の最適化を求めるレベニュー・マネージャーが立ち向かう極めて重要な3つの問題が明確になるはずだ。

1．需要が価格に与える影響
2．価格が需要に与える影響
3．需要予測がレベニュー・マネージメント戦略に与える影響

需要が価格に与える影響

　誠実なレベニュー・マネージャーは、同じ商品に対して通常より高い金額では購入を求める顧客がほとんど見受けられない場合は、単に品薄状態は一時的なものだと認める。特にこの傾向が現れる場合は、購買者が商品の欠乏は売主の製造費用増が原因ではないことを知っている時である。

　説明を加えると、日曜の朝、あなたが１ガロン（3.7854リットル）の牛乳を買いにスーパーマーケットへ行ったとする。その日、牛乳を求めるお客が大変多く来店したため、価格を通常の２倍にすると言われたら、あなたは嬉しくないだろう。店は、限られた牛乳の在庫に対し、数限りない顧客が求める状況から、値上げは当然だと正当化する。消費者の代表的な反応は否定的となるだろう。何故なら、消費者には、店がその様な売り方で利益をあげることが理解できないからだ。実際あなたがその様な目にあったら、足元を見られていると思うだろう。

　勿論、事業者や産業そのものが、購買者の需要に応じて直接価格設定を行うことは可能ではある。昔、世界で最初に民間航空会社が、硬直的供給制限を有する航空座席やサービスの販売にあたり、売上の最大化をはかるため、一定でない需要に対して価格を変化させたイールド・マネージメントと呼ばれる手法を開発したことが、正にその戦略である。最初に導入された時代はこの方法の価値があったが、インターネットの出現により、この価格戦略はすっかり時代遅れとなってしまった。

　基本的に最先端の数学を駆使して絶えず価格を変動させることで売上の最大化を図るイールド・マネージメントが機能するためには、様々な売主の選択肢を購買者が知り得ないことが前提となる。航空会社がイールド・マネージメントを導入した当初は、消費者は様々な航空会社の航空運賃を容易に比較検討することが不可能だった。インターネットが普及する以前の時代には、消費者にはその様な情報を直接入手することはできなかった。今日、無数の旅行ウェブサイトの専門家のなかに、航空座席やホテルの客室レートの安値商品の選択肢に関する情報を消費者が知らずにいると主張する人はいない。様々な売主が提供する商品やサービスが全く同じだと見なされることは、どの産業にとっても有り難い話ではない。アメリカン航空の元CEOで、イールド・マネージメント生みの親と呼ばれるロバート・クランドール氏（Robert Crandall）が航空業界について語った一言が、この点を皮肉にも鋭く指摘している。「顧客は、ある航空会社は他の航空会社と全く同じだと考えている。その結果、顧客は常に最安値を求める。」

　もし、出発時間、到着時間、発着空港がほぼ同一なら、ほとんどの消費者は、どの航空会社でも内容は一緒だと考えることは間違いない。

　宿泊産業で働くレベニュー・マネージャーにとって最善の行動とは、需要を直接価格に反映させないことがその一つと言える。著者も、この言葉は宿泊産業にとって異説として認識されることを理解している。しかし、注意深い読者は、ここで示された価格概念は最初第２章で紹

180 第6章 需要予測

> **RMのウェブサイト　6.3**
>
> 　今日ホテルの客室を求める購買者は、過去とは比べ物にならないほど、客室レートに関する情報を入手可能だ。それぞれのブランドのホテルのウェブサイトで客室レートを検索するだけでなく、たった一つのサイトを検索するだけで、様々な旅行サイトが掲載する同一ホテルのレートを全て知ることが可能だ。例として、宿泊日を決めてマンハッタンのホテルのレートを次のサイトから検索してみなさい。www.kayak.com
>
> 　予約日を入力し、ホテルを選択する。（ここに掲げる例ではクラリオン・ホテル・パーク・アベニューだ。）全ての価格をクリックすると、滞在日に様々な会社が提示する沢山のレートが表示される。サイトには、当日のクラリオン・パークのレートは $287.99の choicehotels.com から $331.11の agoda.com まで、$43.12または、15％ の幅があります、と表示される。

介され、その後、第5章で再び説明されたことを覚えていると思う。（除雪シャベルの例）

　需要は割引に影響を与えられるし、また影響を与えることを許されるべきである。これら二つの考え方はお互い互角に見えるが、論争を招く元でもあり、またレベニュー・マネージャーの中にはたとえ間違っても意見を変えない人もいるが、著者は次の通り考える。既に航空業界で失敗が証明された様に、結局は需要を直接販売価格に反映させることを許すやり方は、宿泊産業における売上の最適化に破滅的な結果をもたらす。

　我々の立場は、「価格設定と売上の最適化」の著者であり、また、スタンフォード大学のMBAプログラムで「価格設定と売上の最適化」を教えているロバート・L・フィリップス博士（Dr. Robert L. Phillips）の次の指摘にまとめられている通りだ。

　「もし、仮に売上全体を上昇させる行動が望まれるなら、最も論争を避ける方法は、割引を廃止するか、限定的に行うことだ。これがレベニュー・マネージメントの背景にある概念だ。ある顧客の特定の市場に対して価格を下げ、他の市場の価格は下げない場合の最適な方法は、ある特定の市場を対象とした流通経路で特別割引を実施することだ。」

　ホスピタリティー産業で働くレベニュー・マネージャーに対し、フィリップス博士の概念は次の様に言い換えることが出来る。

　需要が一時的に向上した時期にADRとRevPARを最適化する場合、レベニュー・マネージャーはラック・レートを上げるのではなく、割引を廃止することを考えるべきだ。

　宿泊需要が上昇した場合、レベニュー・マネージャーが需要の変化に対応して、如何に販売価格を管理するかと言う問題は極めて複雑で、第7章の在庫と価格管理で更に詳しく述べることとする。

価格が需要に与える影響

　商品やサービスに対する需要は購買者の次のものに作用すると、第2章で学んだことを思い起こしなさい。

- 購買意欲（Desire）
- 支払い能力（Ability to pay）
- 支払い意欲（Willingness to pay）

需要予測と戦略的価格設定　181

　需要が販売価格を支配することは許されないが、価格の変化は購買者の需要を変化させることが確かめられている。これを例にすると、パリ滞在7日間の航空運賃、宿泊、食事代に対するあなたの支払い能力、購買意欲が、しめて4,000ドルとする。もし、仮に同じ商品が2,000ドル、または50％割引で購入出来るとなれば、全く別の話になる。この例で示す様に、大幅な価格の変化はあなたの購買意欲に変化をもたらす。購買者の購買意欲は販売価格に影響を受ける。レベニュー・マネージャーは購買者の購買意欲が影響される項目を理解する必要がある。

●支払い価格の減少
●支払い価格の増加

支払い価格の減少

　宿泊サービスの価格設定に責任を持つレベニュー・マネージャーにとって、この問題は次の様に表現可能だ。

　客室の販売価格を減少させれば、需要は増加するか？

　多くの場合、答えは単純である。明らかにノーである。

　ここまで学んできて、客室レートを減少させても、売上や利益の上昇に結び付かない、と言うことは一見不思議に聞こえるかもしれない。しかし客室を販売するレベニュー・マネージャーは、客室レートの減少が何故需要を活性化できないか、また、経験の浅いレベニュー・マネージャーが客室レートの影響を誤解しやすい傾向があることを理解することが重要だ。

　需要の低迷する時期に、レベニュー・マネージャーのなかに、レートを下げることが需要を押し上げると言う誤解に基づいて運営するものがいる。これは業界の迷信だ。不幸にも、この迷信を信じるホテルの業界人が多い。この迷信を信じている人が多いことの証明として、稼働率が低下した時期に、業界全体のADRが急速に下落した。

　重要なことは、ホテル自体が需要創出価値を持つ場合は極、限定的であることを認識することだ。圧倒的なケースは、先ず人々は旅行先の地域を決め、その後で滞在するホテルを決める。この逆はあり得ない。賢いレベニュー・マネージャーは、顧客の多くが彼らのホテルに滞在する必要があるかと言う理由を理解している。その上で、その条件に合う集合の顧客に対して、彼らのホテルの販売促進を行う戦術を開発する。知識の増加と需要創出を持つ特定の市場を対象にした販売戦略こそが売上や利益の拡大に効果があるわけで、決してレートの値下げでは成し得ない。この点を説明するために、インディアナ州西ラファイエットのコンフォート・スイートの客室が今週の土曜日の晩1泊199ドルで販売されていると考えなさい。このホテルに宿泊する目的で、あなたはインディアナに旅行しますか？　さて、この施設のレベニュー・マネージャーは1泊99ドル99セントに値引きを考えている。正に半額だ。あなたは5割引きの価格を見て、このホテルを予約しようと心変わりをしますか？　多分その様なことはないだろう。

　パリか中部インディアナ（大変魅力ある地域だが）のどちらに旅行するかで対応が変わるのは、本来都市が持つ固有の需要のためだ。ほとんどの人は、もともとパリに旅行をしてみたいと考えている。ところが、旅行代金が高すぎて、多くがパリに旅行出来ない。価格が下がれば、もともと存在する購買意欲が満たされ、価格を支払う意欲が増加し、あなたも同様だろうが、喜

182 第6章 需要予測

RM の報道記事　6.2　私の言うことを繰り返しなさい。

　レベニュー・マネージャーの中には値下げ戦略を実行することによって客室需要を飛躍的に拡大出来ると思っている人がいる。宿泊産業の専門家の多くは、需要が弱い時に価格を下げることは、ほとんど全ての場合失敗する、との意見に賛成する。

　世界のホテル産業の専門誌、「ホテルズ」の編集長、ジェフ・ワインスタイン氏（Jeff Weinstein）の最近の記事の要点を考えなさい。記事の最初の文章で、ワインスタイン氏はユーモアをこめて、需要の低迷している期間には次の呪文を唱える様、ホテル事業者に助言を与えている。

　私の言うことを繰り返しなさい。「私は値引きをいたしません。狼狽売りもいたしません。何故なら値下げは需要の拡大にはつながらず、値段を際限なく下落させるからです。」

　ワインスタイン氏は何故経済低迷時期や需要が軟化した時に客室レートの値下げが悪い手法かと言う理由を詳細に説明している。ワインスタイン氏は記事の最後に、まとめとして、レベニュー・マネージャーに次の呪文を覚える様助言を与えている。

　「私は値引きをいたしません。狼狽売りもいたしません。何故なら値下げは需要の拡大にはつながらず、値段を際限なく下落させるからです。」

　信じなさい。

んでその旅行を契約したくなる。ところが、アメリカ中西部の特定の都市への旅行の場合、皆の反応が同じとは限らない。従って、インディアナのホテルの客室レートが大幅に値下げされても、もともと存在していない需要が強まることにはならない。うまく行っても、一軒の店が始めた値下げは周囲の競合相手を巻き込んだ値下げ競争に火をつけ、値下げを手段とした売上最大化の戦略は実りのない試みに陥る。

　もし、値下げが需要の拡大につながらない概念が理解できたなら、RM の報道記事6.2を読みなさい。次に示すレベニュー・マネージメントと戦略的価格設定の基本概念のひとつを十分理解できれば、次に進む準備が整ったといえる。

　客室レートの値下げは、ホテルの客室需要を拡大させず、売上や利益の拡大には結び付かない。

　レベニュー・マネージャーの中には、客室レートの値下げが需要の喚起にはつながらなくとも、値下げにより、存在する需要の多くを獲得し、市場占有率が上がることにより、自社の売上増に貢献すると主張するものもいると考えられる。この考えの合理性を知るために、特定の地域で、毎日1,100人の訪問者が宿泊施設を探していると想像しなさい。そこで、旅行者の数が10% 落ち込んだと仮定する。即ち990人が宿を探している。この場合、客室レートの値下げは、990人の旅行者の多くが値下げしたホテルに集中し、その結果売上の拡大が実現すると考えることが論理的だと思いますか？　歴史と研究の結論は否である。その理由は、一軒の店が始める値下げは、あっという間に競合他社全ての価格競争につながる場合がほとんどであるからだ。その結果、売上のパイは際限なく減少する。もし、値下げによりパイの大きな一切れを獲得しようとすれば、シェアの拡大努力は結果としてパイ全体の大きさを縮ませることになる。

支払い価格の増加

　もし、客室レートの値下げは需要あるいはRevPARを拡大させないなら、理論的には、値上げも効果がないか？　答えは、全く効果がない。事実客室レートの値上げは、需要に重大且つ全く異なる効果を与える。eBayオークションの例を考えると分かるが、値段が上がるにつれ、入札者は次々脱落していく。同様にあるホテルの客室を確保しようとする時、その費用が跳ね上がると、客室を予約しようとする入札者は減少する。この現象は需要が低迷している時も、通常の場合も、更に需要が強い時も同様である。需要が特に強い時期、需要を取りまとめると、供給可能な客室数を遥かに凌ぐ場合は、入札者の数も多く、多少減少しても、在庫一掃に影響を及ぼすまで至らない。従って、客室毎に支払われる実際の金額が増額されるため、特に需要の強い期間においては、総売上（RevPAR）の拡大は達成される。しかし、需要が低迷または通常の場合、値上げにより振り落とされる入札希望者が急増し、その結果、客室総売上は減少する。

　需要予測データの評価に基づく様々な客室レート戦略の効果を見るため、レベニュー・マネージャーが特定の日の正確な需要予測を作成したと考えなさい。表6.14はその当日のレートをレベニュー・マネージャーが平均よりも減少させるか、増加させるかによって発生する結果の可能性をまとめたものだ。

　表6.14が示す様に、売上の最適化を目的にADRとRevPARの増加達成が許されるためには、レベニュー・マネージャーが需要の強い時期を正確に予測することが重要だ。何故なら、需要が弱いか平常時にADRを増やすと、RevPARはレートを変更しない場合に比べて実際には減少してしまう。

　需要予測により、購買者数が供給可能客室数を大きく凌ぐと知っても、レベニュー・マネージャーは自動的にラック・レートの値上げを行ってはならない。著者はこの文章に対する異論があることを知っている。客室需要が供給を凌ぐ場合は、レベニュー・マネージャーは、次の10項目の質問に対するレベニュー・マネージメント・チームの答えを検討する必要がある。

1．どの様な特性の顧客が需要の増加を構成しているか？
2．それらの顧客は、どの商品を購入しようと希望しているか？
3．それらの顧客はどの流通経路で一般的に購入するか？　また、その流通経路はどの様に管理されているか？

表6.14　レベニュー・マネージャーの様々なレート戦略による影響

RM 価格戦略	客室需要効果	ADR に対する効果	RevPAR に対する効果
1．平均レートの値下げ	購買者増は無視すべき範囲内	マイナス	一般的にマイナス
2．需要増に応じた値上げ	施設を選ぶ可能性のある購買者減少	増加	一般的に増加する。需要が供給を上回るため。
3．需要低迷、平常時の値上げ	施設を選ぶ可能性のある購買者減少	増加	一般的に減少する。供給が需要を上回るため。

184　第6章　需要予測

4．それらの顧客に対し、どの様にすれば、価格の変化を効果的に伝えることが出来るか？

5．それらの顧客は、一般的に、何時予約を行うか？

6．それらの顧客に対し、同様の商品を提供しているホテルはあるか？　それらの顧客は何故競合相手の商品ではなく、当社を選ぶのか？

7．この時期に適用すべき効果的在庫管理戦略とは何か？

8．この様な需要の強い時期に取るべき効果的なレート管理戦略とは何か？

9．この様に需要が強い時期に、我々の優良顧客（リピーター）はどの様に取り扱われるか？

10．顧客中心のレベニュー・マネージメントを標榜する当施設にとって、この様に需要が強く販売価格が高い時期、如何にして全ての顧客の当施設に対する価値を維持し、増加させることができるか？

　特に需要の予測が強い時期については、これらの質問の答えは、顧客中心の価格戦略を確実に行うために極めて重要である。この様な需要の強い時期に、これらの質問を無視して、全ての商品のレートを値上げするレベニュー・マネージャーはホテルのためにもならないし、レベニュー・マネージャーと言う職業のためにもならず、宿泊産業にとっても害を及ぼす。

需要予測がレベニュー・マネージメント戦略に与える影響

　需要予測とは、客室売上の最適化を目的にレベニュー・マネージャーが評価し、査定する唯一、最も重要なデータと言ってよい。正確な需要予測の作成こそが、ホテルの特別なRevPAR と RevPOR目標を達成するための価格戦略に著しい変化を与えるに十分な需要増か、あるいは需要減かをレベニュー・マネージャーに対して知らしめることが出来る。

　仮に正確な需要予測の計画が実施されていない場合、レベニュー・マネージャーは一貫して情報不足による誤った判断を行い、絶えず施設の成長を阻害し、顧客にも害を与える方向に導くこととなる。その様な一貫した誤った行動は中国の諺にある結果を生むこととなる。「進む方向を変えられない人は、到達した地点で終わりを遂げる。」正しい方向を目指すレベニュー・マネージャーは次のことを実行している。

- ●需要に影響を与える施設の特徴を良く理解している。
- ●客室需要に影響を与える地域や市の特別なイベントを知っている。
- ●地域の競合他社の需要を理解している。
- ●地域の競合他社の価格戦略を考えている。
- ●需要予測を実施する場合、天候、道路工事、季節変動、その他特別行事等、影響する要素全てを考慮する。
- ●需要に影響を与える事象が発生した場合、即座に予測修正を実施する。
- ●客室価格に関する全ての決定にあたり、顧客の利益と反応を第一に考える。

　過去データの分析はレベニュー・マネージャーが過去に起こった事実を理解する助けとなる。現在データは同様に現在起きている事象を理解する助けとなる。そして、将来データは将来起きる事象を予測する助けになる。それぞれのデータ形式や情報を理解することはレベニュー・マネージャーが将来起きるであろうことを形作り、将来に影響を及ぼす助けとなる。彼らが収集したデータに彼らの洞察力を適用することにより、彼らの施設の将来を形作り、レベ

需要予測と戦略的価格設定　185

ニュー・マネージメントに関する意思決定を助けることとなる。何故なら優れたレベニュー・マネージャーは全ての売上が平等に創造されないことを理解しているからだ。

　単純にある収入は良く、ある収入は悪いとする。良い売上は利益を生む。一方で、悪い売上は利益を生まない場合が多い。悪い売上は、高い流通経費を伴う。また、悪い売上は、大変安い値段で販売されて在庫を食いつぶし、販売コストが嵩み、良い売上となる取引を妨げる。従って予測を習得したレベニュー・マネージャーは、次に在庫管理を学ぶことが極めて重要となる。これは、特定の商品や客室が、しかるべき金額で販売される様、決断することに他ならない。この二つ（在庫と販売価格管理）については第7章で詳しく説明する。第7章を学んだ後は、レベニュー・マネージャーは商品を何処で、どの様に販売するかを決断しなければならない。そのため、第8章では、流通経路管理（Distribution Channel Management）について学ぶことになる。

RMの報道記事　6.3　友か敵か？

　世界の洗練されたレベニュー・マネージャーは良い売上と悪い売上、または、表現を変えると、良い売上と、より良い売上の違いの認識を増している。ここで、より良い売上とは、経費の少ない流通経路で予約された売上を指す。オーストラリアで働くレベニュー・マネージャーは次の記事に示されている大変良い例を提供してくれる。

　ホテル事業者はインターネット・予約手数料を攻撃している。ホテル事業者は第3者のインターネット予約手数料を下げる様、圧力をかけている。地域最大のホテル・グループ、アジア・太平洋アコー社と傘下のホテルは手数料を20%もとる人気予約サイトの要求を押し返しつつある。記事はオーストラリアのホテル事業者が、伝統的な仲介手数料10%を維持する努力を詳細に報告している。記事では、世界最大級のアコーホテルが、法外な手数料をとる米国の最大予約サイト・エクスペディア（EXPEDIA）の「優遇参加契約」を破棄したと伝えた。

　第3者の客室再販業者に支払う手数料金額についての論争は続くことになる。良い売上とより良い売上の相違をレベニュー・マネージャーが理解することも、彼らがホテルと顧客双方の利益を重視する限り、同様に続くことになる。

重要な用語

■需要（Demand, consumer）　■施設改善・保善（Capital improvement）　■過去のデータ（Historical data）　■追跡期間（Trailing period）　■予約拒否（Denied, reservation）　■予約なしに直接来店（Walk-in）　■追跡データ（Track, data）　■固定平均（Fixed average）　■移動平均（Rolling average）　■現在のデータ（Current data）　■ブロック・仮押さえ（Blocked）　■使用不可（Out-of-order, OOO）　■予約済み（On-the-books）　■最低滞在日数（Minimum length of stay, MLOS）　■団体予約報告書（Group room pace report）　■仮予約（Tentative, sale）　■提案要請（Request for Proposal, RFP）　■団体予約簡易版（Position report）　■ピック・アップ、実予約（Pick up）　■需要創出要素（Demand generator）　■需要喪失要素（Demand drain）　■将来予測データ（Future, forecast, data）　■観光振興局（Convention and visitors bureau, CVB）　■延泊（Stayover）　■予約最終日前の退去（Early departure）　■超過滞在（Overstay）　■経営委員会（Executive committee）

186　第6章　需要予測

学んだ知識を応用しなさい

1．リー・レイは200室のヒルトン・ガーデン・インのレベニュー・マネージャーだ。彼女は毎日稼働率とADRのデータを記録している。次に示すのはホテルの過去7週間の木曜日の業績だ。これをもとに、ABCDの稼働率、ADR、RevPARを計算しなさい。
　　A：第1週～第4週、B：第2週～第5週、C：第3週～第6週、D：第4週～7週
　　E：リーの予測する最も適切な来週木曜日のRevPARを説明しなさい。

木曜日	第一週	第二週	第三週	第四週	第五週	第六週	第七週
稼働率	69.5%	73.5%	66.5%	72.0%	72.5%	69.0%	77.0%
ADR	$151.50	$145.95	$161.50	$178.50	$179.95	$129.95	$159.95
Rooms sold	139	147	133	144	145	138	154
RevPAR	$105.29	$107.27	$107.40	$128.52	$130.46	$89.67	$123.16
売上合計	$21,058.50	$21,454.65	$21,479.50	$25,704.00	$26,092.75	$17,933.10	$24,632.30

木曜日	Week 1-4	Week 2-5	Week 3-6	Week 4-7
稼働率	70.4%	71.1%	70.0%	72.6%
ADR	$159.32	$166.49	$162.87	$162.41
Rooms sold	563	569	560	581
RevPAR	$112.12	$118.41	$114.01	$117.95
売上合計	$89,696.65	$94,730.90	$91,209.35	$94,362.15

2．アマンダ・サイプは500室のダブルツリー・ホテルのレベニュー・マネージャーだ。彼女は施設のレベニュー・マネージメント委員会の会長を兼務している。アマンダは毎週開催される委員会の資料を準備しているが、その席で5月第1週と第2週の稼働率予想を委員に説明したいと考えている。残念ながら、報告書の情報が一部欠落している。委員会に備えて、彼女の稼働率予測完成を手伝いなさい。最終行の合計も計算しなさい。

日	曜日	総客室	予約	ブロック	ホールド	稼働率
5月1日	月	500	210	60	270	54.0%
5月2日	火	500	175	245	420	84.0%
5月3日	水	500	200	50	250	50.0%
5月4日	木	500	90	110	200	40.0%
5月5日	金	500	220	80	300	60.0%

日	曜日	総客室	予約	ブロック	ホールド	稼働率
5月6日	土	500	100	275	375	75.0%
5月7日	日	500	275	25	300	60.0%
5月8日	月	500	100	250	350	70.0%
5月9日	火	500	200	250	450	90.0%
5月10日	水	500	60	210	270	54.0%
5月11日	木	500	245	175	420	84.0%
5月12日	金	450	210	60	270	60.0%
5月13日	土	450	175	245	420	93.3%
5月14日	日	450	200	25	225	50.0%
合計		6,850	2,460	2,060	4,520	66.0%

レベニュー・マネージメント委員会のメンバーには、稼働率の代わりに販売可能客室数を見たい人もいる。従って、上記の表をもとに表を作り直しなさい。

日	曜日	総客室	予約	ブロック	ホールド	販売可能
5月1日	月	500	210	60	270	230
5月2日	火	500	175	245	420	80
5月3日	水	500	200	50	250	250
5月4日	木	500	90	110	200	300
5月5日	金	500	220	80	300	200
5月6日	土	500	100	275	375	125
5月7日	日	500	275	25	300	200
5月8日	月	500	100	250	350	150
5月9日	火	500	200	250	450	50
5月10日	水	500	60	210	270	230
5月11日	木	500	245	175	420	80
5月12日	金	450	210	60	270	180
5月13日	土	450	175	245	420	30
5月14日	日	450	200	25	225	225
合計		6,850	2,460	2,060	4,520	2,330

188　第6章　需要予測

3. ウェンディー・パーカーはホーソーン・スイートの営業・マーケティング部で働いている。ウェンディーは彼女の仕事の一部として、団体予約報告書の維持管理を任されている。この報告書に、将来にわたり利用される団体の客室数の予約を全て月ごとに記録する。ウェンディーは8月末に来年分の報告書を作成した。しかし、既に9月となった今、9月の団体予約受注分も反映して最新の情報にする必要がでた。ホテルの営業・マーケティング部長からウェンディーが受け取った9月の販売実績を、8月に作成した報告書に反映して、ウェンディーの作業を手伝いなさい。

本年9月の団体予約実績

団体	キャンセル	利用日	1泊室数	合計室数
カリフォルニア消防団		2/5、2/6	75	150
骨董カップ収集家団体		5/2、5/3	50	100
NRC社		4/15−4/20	60	360
リトルリーグ・ソフト・ボール大会		6/10−6/14	80	400
州精神衛生カウンセラー協会		8/2、8/3	150	300
不動産投資講習会		6/6−6/9	40	160
東部スター大会		10/31−11/2	100	300

ホーソン・スイート翌年分団体予約ペース・レポート（8月末現在）
Hawthorn Suites Group Rooms Pace Report for Next Year

月	8月実績	来年利用合計
1月	40	1,250
2月	60	1,800
3月	140	5,620
4月		850
5月	600	975
6月	220	850
7月		2,200
8月		3,400
9月	180	1,900
10月		2,800
11月		5,500
12月	440	620
合計	1,680	27,765

8月31日現在、パーカー作成　　　Last update: 8/31 this year　　　Prepared by Wendy Parker

ホーソン・スイート翌年分団体予約ペース・レポート（9月末現在）
Hawthorn Suites Group Rooms Pace Report for Next Year

月	9月実績	来年利用合計
1月		1,250
2月	150	1,950
3月		5,620
4月	360	1,210
5月	100	1,075

月	9月実績	来年利用合計
6 月	560	1,410
7 月		2,200
8 月	300	3,700
9 月		1,900
10月	100	2,900
11月	200	5,700
12月		620
合計	1,770	29,535

9月30日現在、パーカー作成　　Last update: 9/30 this year　　Prepared by Wendy Parker

4．200室のコンフォート・インのオーナー経営者、ニガール・パテルは客室係、飲食部門、フロント・デスク・マネージャーと共有する客室予想日報を準備している。今日は月曜日だ。ニガールがまとめた過去データ、PMS の現在データ、今日起こるかも知れない客室販売に関連する出来ごとをニガールの洞察力で加えた情報をもとに、ニガールが行っている火曜日の客室予測報告の完成を手伝いなさい。

Rooms Forecast Report for June 3rd　　　　　　　　　　　　　Tuesday this week
　　（明日の客室利用予想）　　　　　　　　　　　　　　　　　　　　　（火曜日）

| Total rooms available | （販売可能客室総数） | 200 |
| Out-of -order rooms | （使用不可客室数） | 0 |

| **Net Availability** | （使用不可客室を除く客室総数） | 200 |

| Stayovers | （滞在中客室数） | 85 |
| Reservations（Arrivals） | （予約済客室数） | 60 |

| **Room Sold or Reserved** | （販売済・予約済客室数） | 145 |

| **Adjustments** | （調整） | |

Overstays	（延泊予想）	15
Early departures	（期日前チェック・アウト）	10
No-shows	（ノー・ショー予想）	5

| **Total Forecast Sold or Reserved After Adjustments** | （調整後） | 145 |

A．ニガールは火曜日の利用客室数を何室と予想していますか？

B．ニガールは火曜日の稼働率をどの様に予想していますか？

C．ニガールの ADR 予想が $160.99 とすると、火曜日の客室総売上金額はいくらですか？

D．ニガールの ADR 予想から RevPAR を計算しなさい。

190　第6章　需要予測

5．ボストンのローガン空港にある400室のホテルは、日曜日に大幅割引を行い、ラック・レートの50％となることもある。日曜日は過去のデータを見ても平均100室しか販売できない。PMSから取った過去2カ月の日曜日の稼働率は平均して25％を若干下回る。今日は日曜日で現在110室の予約がある。天気予報によれば、本日は大吹雪で、過去の例だと空港閉鎖やフライトの遅延が発生する。この様な晩ホテルは、航空会社が立ち往生した旅客やフライト遅延のための乗務員の宿泊が必要となり、完売するケースをしばしば経験している。ホテルのレベニュー・マネージャーとしては即座に需要予測を修正し、日曜の晩の残室について大幅値引きを取りやめるべきですか？　この様な場合、倫理的問題は起こらないですか？　答えを説明しなさい。

重要な概念のケース・スタディー

「こんにちは、アドリアン。今日の新聞は読みましたか？」とダマリオが聞いた。ダマリオは480室のバルセナ・リゾートのレベニュー・マネージャーで、携帯電話から話している。丁度朝9時で、アドリアンのオフィスに電話をかけた。

「冗談じゃない。今新聞なんか読む時間があると思うかい？　Eメールだって読み切れないよ。」とバルセナ・リゾートの客室マネージャーのアドリアンが答えた。

「いや、今朝のビジネス欄に載った記事について話し合う必要があると思って連絡したんです。勿論ここに来たばかりですが、我々に大変影響があると思います。」とダマリオが言った。

「一体何ですか？　ここで起こることがホテルに影響することはあまり信じられないが。ホテルの顧客は皆飛行機でやってくるからです。ホテルはキャリビアン・アイランドにあるから、ほとんどの顧客はアメリカ、カナダ、南米、ヨーロッパからの休暇の団体旅行か個人旅行ですよ。」とアドリアンが言った。

「その通りです。記事はインター・コンティネンタル航空の動向で、燃油の高騰と需要の低迷のため今年度の第三四半期からこの島への航空定期便を20％削減するらしい。」ダマリオはアドリアンが考える時間を考慮して暫く間をおいた。

「それは大変悪いニュースだね。」彼は電話の重要さに気がついた。「私の知る限り、インター・コンティネンタル航空は、毎週末20から30便飛んでいると思う。」

「インター・コンティネンタルはほとんど木曜、金曜着だと思います。」とダマリオが答えた。

「その通りです。」とアドリアンが言った。「到着客は皆カップルで2泊か3泊する。その上、皆キング・ベッドの客室を希望する。第三四半期には相当な予約が入っているが、インター・コンティネンタルの利用者もいるはずだ。一体その顧客はどうなるんだろう。」とアドリアンが言った。

「記事によると、既に航空便の予約をしている人は別のフライトに変更する様に連絡を受ける様ですが、変更がだめなら返金する様です。一体何室ぐらい影響がでるか、わかりますか？」とダマリオが聞いた。

「我々の顧客はインター・コンティネンタルを使う個人客よりもチャーターの団体が多いが、もし、インター・コンティネンタルが半年間20％もカットしたら大変なことになる。」とアド

リアンが言った。

「とにかく一緒に話しましょう。」とダマリオが言った。

「分かった。直ぐにそちらに行きます。」とアドリアンが電話を切った。

ダマリオのオフィスに向かいながらアドリアンはインター・コンティネンタルの決断による影響を考え始めた。「インター・コンティネンタルを利用してやってくる顧客の予約に相当影響することは間違いない。それに加え予約客室タイプが問題だ。第三四半期まで一カ月しか時間がない。間違いなくこれは大ニュースだ。」

考慮すべき項目

1．ホテルのレベニュー・マネージメント・チームが作成した需要予測にインター・コンティネンタルのフライト削減計画が与える影響はどの様なものか説明しなさい。

2．レベニュー・マネージメント・チームが航空会社の決定による影響を考える上で、具体的にどの様な過去のデータが参考となると思いますか？

3．レベニュー・マネージメント・チームが航空会社の決定による影響を考える上で、具体的にどの様な現在のデータが参考となると思いますか？

4．この筋書きでは、インター・コンティネンタル航空で来島する見込み客の減少が懸念される。もしそうなったら、需要を喚起するための客室レートの大幅値引きがホテルの第三四半期、第四四半期のRevPARにどの様な影響を及ぼすと思いますか？　答えを説明しなさい。

第7章

在庫と価格管理

第7章の構成

マーケティング分析の再考
在庫管理
最適在庫管理のための客室分類
　位置
　客室面積と種類
　寝台（ベッド）の構成
　パッケージ
客室のコード化
顧客の市場区分別分類
　個人予約用客室
　団体予約用客室
　特別契約または協定レート用客室
在庫管理戦略としての売り越し
　売り越し実施の条件
　売り越し戦略に対する反論
価格管理
　歴史的観点
　客室レートの設定
滞在制限
在庫と価格管理の基本理念

第7章の要点

1　在庫管理戦略を適用したレベニュー・マネージャーの売上最適化の詳細研究
2　在庫管理戦略の手法の売り越し（オーバー・ブッキング）の賛否に関する意見
3　価格管理の理念を適用したレベニュー・マネージャーの売上最適化手法の詳細研究

マーケティング分析の再考

　第6章では、あなたから商品を買いたい顧客の数を計測し、予想する方法を学んだ。第2章ではマーケティングを、あなたとあなたの購買者との間で商品とサービスをやり取りする全ての工程、と定義した。また、如何にマーケティングが行われるかを示すひとつの方法として、マーケティングの4Pについて学んだ。そのうちの3つは、

　プロダクト（Product）：販売される商品、サービス。

　プライス（Price）：販売の金融的用語。価格。

　プレイス（Place）：何処で、どの様に取引が行われるか。流通経路、場所。

　最後のPのプロモーション・Promotion（販売促進）は、あなたの市場または、あなたの潜在購買者の集合とあなたの間で、全ての情報を伝達する仕事と紹介された。販売促進はマーケティングを強化する重要な要素として本書でも取り上げているが、これは売上最適化と明らかに関連するものの、全く別の工程である。

　本章の前半は、如何にレベニュー・マネージャーが商品に対応するべきか、または在庫管理に対応するべきかに焦点をあてる。後半は、価格管理に焦点をあてる。ホスピタリティー産業において、プレイス・Place（場所）は、具体的なホテルの立地と、流通経路と呼ばれる販売チャネルの双方の意味を持つ。この流通経路の管理については極めて重要なテーマであり、第8章に単独で記載する。

在庫管理

　宿泊産業では客室が販売される最も重要な商品だ。その結果、宿泊産業のレベニュー・マネージャーは、売上の最適化にあたり、特有の商品である客室（ゲスト・ルーム）在庫の管理を意欲的に行う。業界で使われる**客室在庫**管理（rooms inventory management）は、単に在庫管理（inventory management）と呼ばれるものと同一の概念である。第4章では、在庫管理とは様々な価格で、様々な流通経路を通じて、販売可能な商品を引き当て、またそれらの数の修正を行う工程、と紹介した。レベニュー・マネージャーにとって、在庫管理とは、客室の種類、客室レート、販売条件をホテルのあらゆる流通経路に割り当てる工程だ。在庫管理とは、販売可能な商品の引当（コントロール）と、販売する商品がなく引当が出来ない状況を管理することとみれば分かりやすい。

　レベニュー・マネージャーがどの様に、また何故、在庫戦略を用いて効果的に商品を管理するのかを更に深く理解するため、シャナとルイスの例を考えなさい。シャナとルイスは、それぞれ200室のフランチャイズ傘下のホテルを運営している。それぞれのホテルはキング・ベッド1台の100室と、**DDルーム**（ダブルまたはクイーンサイズ2台）100室の構成だ。どちらのタイ

❖重要な用語❖

客室在庫（Rooms inventory）　宿泊事業が販売可能な全ての種類の客室商品。

194 第7章 在庫と価格管理

プの部屋もラック・レート1泊199.99ドルだ。表7.1は、それぞれのホテルが全室ラック・レートで完売した場合の客室売上、ADR、RevPARを示している。どちらのホテルも週末は稼働率が低く、平均50%程度のことも珍しくないため、シャナもルイスも週末は20%割引を行っている。シャナとルイスは将来の土曜日の需要予測を行い、75%の稼働率達成が可能と判断した。ルイスはPMSが出力するホテル全体の客室販売予想から週末の需要予測をおこなった。シャナは客室のタイプ別の客室販売予想に基づいて週末の需要予測をおこなった。そのなかで、シャナはＤＤの客室に対する需要が強く、一方でキングの需要が平常値より弱いと判断した。

　ルイスと彼のレベニュー・マネージメント・チームは、将来の特定の週末の割引レート159.99ドルを据え置く決定をおこなった。彼は、もともとその日は完売出来ないし、50室売れ残る予想が出ている以上、値引きにより、迷っている顧客を引き寄せる効果があると判断した。

　一方シャナはその週末だけＤＤの割引を取りやめた。彼女が割引を取りやめた理由は、彼女が分析した個人の予約報告書が、その晩の予約の内、2対1でＤＤを希望する顧客が多いことを示していたからだ。シャナはその特定の土曜日にＤＤの需要創出要素として、10歳から14歳の女子の全州体操競技会が開催されることを突き止めた。競技会に参加する少女は、両親と一緒に旅行する場合がほとんどだ。それらの両親はベッド2台の客室に高い評価を与える。そのため、ＤＤの需要はキングを遥かに凌いでいるのだ。

　その土曜日が近づいてきた。ルイスのホテルはＤＤをほぼ20%割引にしたため、直ぐに完売した。驚くなかれ、購買者は皆安い価格に魅了された。シャナもやがてＤＤを売りつくした。ＤＤの需要が強かったお陰だ。どちらのホテルも75%の稼働率を達成した。ところが、シャナのホテルのレベニュー・マネージメント・チームはＤＤの割引を早い段階で中止したため、ＤＤの50室はラック・レートで販売出来た。その土曜日のそれぞれのホテルの収入を表7.2にとりまとめた。

　このケースにおける筋書きの相違は、シャナのホテルの達成したRevPARに現れている。特定の土曜日の売上増は何と8.3%に及ぶ。計算は次の通り。

（RevPARシャナ－RevPARルイス）÷ RevPARルイス＝RevPAR相違

　この例の場合、（\$129.99－\$119.99）÷ \$119.99＝8.3%

　客室在庫とは、ホテルの販売可能な全ての種類または特徴のある客室であり、この場合は4つの異なる種類の客室が存在した。それらは、

1．キング
2．割引キング
3．ＤＤ
4．割引ＤＤ

　ここで重要なことは、シャナは彼女の客室在庫に対して価格は変更していない、と言う事実だ。彼女は価格ではなく、引き当て数を変更しただけだ。二つのホテルのその土曜の晩の在庫の状況を表7.3に取りまとめる。

❖重要な用語❖

DD Room　ダブル・ベッド2台、又はクイーンサイズ・ベッド2台から構成される寝室。

在庫管理　195

　この例では、シャナの需要予測手法に基づいた在庫管理能力が RevPAR を改善する意思決定につながった。シャナはこの土曜日の販売レートについては一切変更していない。ただし、シャナは割引ＤＤの客室はラック・レートの客室とは別の商品であることを認識していた。彼女の成功は、その土曜の晩の割引ＤＤの**販売を締め切った**ことだ。

表7.1　ラック・レートの客室売上比較

	シャナのホテル		ルイスのホテル	
Rack ADR	販売客室	売上	販売客室	売上
$199.99	100 Kings	$19,999.00	100 Kings	$19,999.00
$199.99	100 DD	$19,999.00	100 DD	$19,999.00
Total	200	$39,998.00	200	$39,998.00
稼働率	100%		100%	
RevPAR		$199.99		$199.99

表7.2　在庫管理を反映した客室売上比較

	シャナのホテル		ルイスのホテル	
Rate	販売客室	売上	販売客室	売上
$159.99	50 Kings	$7,999.50	50 Kings	$7,999.50
$159.99	50 DD	$7,999.50	100 DD	$15,999.00
$199.99	50 DD	$9,999.50		
Total	150	$25,998.50	150	$23,998.50
稼働率	75%		75%	
RevPAR		$129.99		$119.99

表7.3　土曜日の晩のシャナとルイスの在庫状況

客室在庫	レート	シャナの在庫	ルイスの在庫
King	$199.99	有り	有り
割引　King	$159.99	有り	有り
DD	$199.99	有り	有り
割引　DD	$159.99	無し	有り

※重要な用語※

販売の締め切り（Close out）　販売から取り除く、または販売を中止する。例）我がホテルは、8月3日のキング・ベッドの寝室の販売を締め切る。

最適在庫管理のための客室分類

　専門的な客室の在庫管理のためには、レベニュー・マネージャーが客室毎の特徴を理解し、それらの特徴を最も高く評価してくれる顧客に引き当てる能力が要求される。それぞれ特徴の異なる沢山の客室を販売するホテルは多く、そのため施設ごとに多くの**ルーム・コード**が用いられている。特別な特徴を持つ客室商品の具体的な要素は施設ごとに違いがあるが、レベニュー・マネージャーが階層価格設定で用いるものと同一の要素が使われる場合が多い。それらの要素は、次の通り。

　　部屋の位置（Location of room）
　　客室面積と種類（Room size or type）
　　寝台の構成（Bed configuration）
　　パッケージ（Package）

位置

　多くのホテルでは、それぞれの客室は全く平等に設計していると主張するが、事実ではない。ビーチリゾートの場合、顧客の評価は、海岸に面し海岸を望む客室の方が、海岸が見えない部屋より高いのは疑いがない。ホテルの中では、エレベーターに接した部屋はエレベーターから離れた部屋より価値が低い。山岳リゾートでは上層階の部屋から眺望が望めるため、一般に低層階より価値が高い。それに対し、ビーチリゾートでは直ぐに海岸にでられる低い階の部屋の価値が高い。ホテルの中心から離れた部屋は、顧客の評価が高い場合と低い場合がある。ホテルによっては、**貴賓室や貴賓階**（VIP Floor）を設定し、特別対応による効果を最大化している。この様なホテルでは、貴賓室に滞在する顧客に特別の設備や備品を用意し、貴賓室の滞在客しか立ち入れない区域を設定している。

　有能なレベニュー・マネージャーは施設を詳しく調べ、ホテルの好ましい位置にある客室を特定する必要がある。それらの部屋には、価値にふさわしい特別なコードを付けてそれらの部屋の価値を認定し、価値に見合う価格を支払う顧客とコードにより客室の特徴の意思疎通が出来ることが望まれる。

❖重要な用語❖

ルーム・コード（Room code）　ホテル内で特別な客室の種類を表現する短縮、符号名。例）NSDD（禁煙、ダブル・ダブルベッド客室）、SSP（喫煙可、スイート、プール眺望、最初の S=Smoking、次の S=Suite、最後の P=Pool）

貴賓階、コンシェルジュ・フロアーまたは VIP フロアー　ホテル内で、ある特別な区画または階にある客室に滞在している顧客以外は立ち入りが制限される区域。多くの場合、その区域の滞在者のための専用の設備やバトラー・サービスが提供される。

客室面積と種類

ほとんどの顧客は狭い部屋と比較して、広いスペースの部屋に、より高い価値を付ける。この傾向に対応して、レベニュー・マネージャーは施設で最大の広さを持つ部屋を特定し、それらの部屋を特徴づける特別な設備やサービスを提供することが出来る。次に、それらの部屋に特別のコードを設定し、顧客に特別価値のある部屋として提示し、価値を反映した価格をつけて顧客の購買意欲を促す。一般的には、ジャグジ浴槽付きスイート、応接室付きスイート、新婚用スイート、ジュニア・スイート（通常の客室より大きく、二部屋構成だが、大型スイートよりは狭い）などで、一般の部屋と区別してこれらと似た名称で呼ばれる。広い部屋が顧客の価値観に影響することは当然だが、レベニュー・マネージャーは、客室準備の観点からも広い部屋の特性を考える必要がある。施設の**客室担当責任者**（ハウス・キーピング）がレベニュー・マネージャーに教えると思うが、広い部屋は清掃や準備時間が通常の部屋より多くかかり、備品の補充も大変である。売上の最適化やGOPPARの改善を求めるレベニュー・マネージャーが客室割当や**アップ・グレード**、価格決定等を行う場合、広い客室の準備に要する追加経費や追加人件費を考慮する必要がある。

顧客は客室の寝台（ベッド）の種類と数を重視するため、ホテルの広い部屋は特別二種類の特徴を表すコードが付けられ、部屋の広さ（種類）とベッドの構成を知ることが出来る。例えば、海を眺望するスイート・ルームでキングサイズのベッドが備えられた客室は、ホテルのCRSやPMSでOVSKと表現され、Ocean-View Suite with a King bedと分かる。同様に海岸に面したスイート・ルームでダブル・ベッドが2台備えられていれば、OVSDDとなる。

RMのウェブサイト　7.1

ニューヨークのウォルドルフ・アストリア・ホテルは顧客に提供する部屋の面積の重要性を認識する優れた例といえる。顧客に如何に情報提供しているかを知るには、次のサイトを見なさい。www.waldorfnewyork.com

サイトが表示されたら、日程を入力し、次の部屋の価格の相違をみなさい。

1. キング・ベッド1台、デラックス・ルーム（230スクエアフィート、21.367平米）
2. キング・ベッド1台、ミニ・スイート（315スクエアフィート、29.2635平米）
3. キング・ベッド1台・スイート（450スクエアフィート、41.805平米）

面積の詳細を記載する理由は、同じ種類の部屋でも面積に相違があり、それに応じて価格も変化することを正当化している。

❖重要な用語❖

客室担当責任者（Executive housekeeper）　顧客や従業員に、専門的知識と技術を以て清潔で安全で健康的な環境を担当全域に提供する部門の責任者。

アップ・グレード　顧客に対し、価格の高い高級な商品を、低い価格で提供する行為。アップ・グレードは優良顧客に対する報奨として行われる場合と、施設のサービスが十分提供できないお詫びに提供されることが多い。

寝台（ベッド）の構成

たった今示した通り、全く同じ場所で同じ面積の部屋でも、**寝台構成**が商品の在庫に重要な役割を果たすため、どのホテルでも区別して表示する。例えば二部屋が隣り合わせで全く同じ面積でも、もしキング・ベッド1台ならKと呼び、一方がダブル・ベッド2台ならDDと呼ぶ。

パッケージ

パッケージの考案は宿泊産業が商品を加工、改造（versioning）する手段として一般的である。商品やサービスをまとめる手法、例えば客室と二人分の夕食、翌朝の朝食をセットにすると、経済的にも、客室選定にも特別な商品となる。ホテルの新婚パッケージは小型ベッド2台ではなく、大型1台とすることで、高い価値を生むことが出来る。

独創的なパッケージには特別な価格や部屋の選択を要するが、パッケージは特別な商品となるため、在庫管理戦略が必要となる。

客室のコード化

特徴ある客室商品はホテルのCRSやPMSでコード付けされている。表7.4は、ビーチリゾート・ホテルの例で、海岸に面した沢山の部屋とプール側に面した部屋があるが、それぞれ10種類のコードで示されている。レベニュー・マネージャーが客室コードを設定する時には、最高のものを作らなければならない。それぞれのコードは、ホテルの営業やフロントのスタッフが一目で他の部屋と明確に判別できなければならない。あまりコードの多くないホテルは、一般的に自社の商品の差別化が出来ていない証拠である。そうは言うものの、コードが多すぎてもいけない。ホテルのCRSやPMSは、コードがいくらあっても、それぞれ区別してデータを記録できるが、ホテルで働くスタッフの人間は、商品を区別して販売するコードの数に限界がある。あまりにもコードが多すぎると、効果的な需要予測や客室割当が扱いにくくなり、間違いやすくなる。

顧客の市場区分別分類

優れた客室在庫管理は、在庫を構成するそれぞれの客室の特徴を把握し、顧客ごとに最も相応しい部屋を引き当てることである。レベニュー・マネージャーがこれを実現する具体的な方法は様々だ。これらの戦術を理解するには、顧客が求める部屋をどの様に引き当てられたかを

❖重要な用語❖

寝台構成（Bed configuration） 特定の客室に配置する寝台の台数と大きさの構成。

表7.4　ビーチリゾート・ホテルの客室コード例

客室詳細説明	ベッド構成	客室コード
1．スタンダード、プール眺望、300スクエアフィート	キング KING	KP
2．スタンダード、プール眺望、300スクエアフィート	ダブル・キング Double-Double	DDP
3．スタンダード、オーシャンビュー、 300スクエアフィート	キング KING	KO
4．スタンダード、オーシャンビュー、 300スクエアフィート	ダブル・ダブル Double-Double	DDO
5．ジュニア・スイート、オーシャンビュー、 小応接室、ＴＶ２台、400スクエアフィート	キング KING	JKO
6．ジュニア・スイート、オーシャンビュー、 小応接室、ＴＶ２台、400スクエアフィート	ダブル・ダブル Double-Double	JDDO
7．グランド・スイート、オーシャンビュー、 大応接室、ＴＶ２台、600スクエアフィート	キング KING	GKO
8．グランド・スイート、オーシャンビュー、 大応接室、ＴＶ２台、600スクエアフィート	ダブル・ダブル Double-Double	GDDO
9．グランド・スイート、オーシャンビュー、大応接室、 ＴＶ２台、600スクエアフィート、VIPフロア	キング KING	GKOV
10．グランド・スイート、オーシャンビュー、大応接室、 ＴＶ２台、600スクエアフィート、VIPフロア	ダブル・ダブル Double-Double	GDDOV

研究することだ。勿論ホテルを利用する顧客は施設の立地、サービス形態（フル・サービスか限定サービスか）、あるいは目標とする市場により異なるが、一般にホテルの顧客は次の３つの市場の一つに属すると分類できる。

個人顧客

団体顧客

特別契約顧客

従って、レベニュー・マネージャーは個人、団体、契約別の売上最適化戦略を適用することが可能だ。

個人予約用客室

個人顧客は単純に、団体ではなく契約でもないと定義する。個人顧客に対する売上の最適化を目的とした在庫管理は、顧客の到着前、顧客の到着時の二つに分けて考えられる。

到着前の戦略

顧客が到着する前に、在庫管理戦略を使って売上の最適化を行うためには、先ず、ホテルの

200　第7章　在庫と価格管理

様々な種類の客室の中から、明確に販売可能な商品を購入希望者に伝えることと、その結果販売された客室を速やか且つ正確に記録することが重要だ。流通経路が多い場合、この二つを実行することだけでも大変である。これらの客室関連データ処理をホテル内で実際に行うことを考えると、更に大変な仕事になる。

　例を以って説明すると、オーランドに立地するキング・ベッドの客室を提供する施設を考えなさい。ある特定の日に、5部屋が、レベニュー・マネージメント・チームが設定した価格で販売可能だとする。ホテルは客室販売のために沢山の仲介業者を利用している。その日の正午にニューヨークの仲介業者である旅行会社から5部屋の予約が入った。この予約を受けると、ホテルの精密な仕組みで、在庫から取り除かれ、その情報が全ての仲介業者に伝えられ、彼らの在庫情報が更新される。仲介業者は全世界に点在しているが、速やかな情報交換は必須である。客室予約のキャンセル情報も重要である。もし、販売された客室の情報が在庫から取り除かれないと、ホテルは、提供出来ない客室を販売してしまう危険がある。同様に、販売可能情報と価格関連の判断がホテルの仲介業者に伝わらないと、間違った部屋が、間違った顧客に、間違った値段で販売されてしまう。以上の理由からレベニュー・マネージャーは個人顧客用の客室の在庫情報の更新を確実に行い、即刻**リアル・タイム**で全ての仲介業者に伝える努力を全身全霊で行わなければならない。リアル・タイムの情報交換が困難な原因は施設の CRS や PMS が仲介業者の情報システムと連結されていない場合に発生する。フランチャイズの本部が指定する互換性のない独自の PMS を傘下のホテル全てに強制的に使用させる場合、特に顕著だ。従って、様々なブランドのホテルの予約を取扱う仲介業者は自社のシステムが取り扱う全てのブランドのシステムと連動することを確認する必要がある。

　ホテルの在庫情報と流通経路のシステムの**結合の度合い（インターフェース）**は、顧客到着以前の売上最適化戦略に多大な影響を与える。最も避けなければならないのは、ホテルの在庫管理システムと仲介業者のシステムが全く連動しない関係だ。この様な状況は、ノー・ウェイ、または、非接続システム、と呼ばれる。

　つい最近までは、接続なしの仲介業者はファクシミリや電子メールを使って、予約やキャンセルをその都度ホテルに連絡するか、最悪の場合は、仲介業者の当日の業務終了時にまとめて情報が伝えられていた。そのため、情報の更新は、ファックスやメールを見てから手作業でホテルの CRS や PMS に入力されることとなる。在庫管理上の多くの間違いはこれら電子化されていない情報交換によるところが顕著である。今日でも独立系のホテルやブランド傘下ではないホテルでこれらの情報交換手段が使われてはいるが、情報更新の都度、名前の書き損じや、重複予約、到着日の間違い等、手作業による間違いの危険性を伴う。同様に、間違ったノー・ショー請求が増加し、結果として顧客の不満が増え、売上増ではなく、売上減となる結果が多発する。

　ノー・ウェイの非接続システムと比べ、ワン・ウェイ（一方通行型モデル）の接続形態は大幅な改善といってよい。この形態は、基本的にホテル側の在庫情報を卸売業者やエクスペディア、ト

※重要な用語※

リアル・タイム更新（Real time）　客室在庫管理の場合、予約やキャンセルが発生した瞬間にホテルの CRS や PMS に更新情報が反映されること。

インターフェース（Interface）　システム同士の電子的接続。

ラベロシティ、ホテルズ・ドットコム等の**第3者再販業者**を含む全ての仲介業者がインターネット経由で確認することが可能な場合、達成出来る。この場合、情報の流れは、ホテルの様々な流通経路の側からホテルの在庫情報を検索することとなり、一方通行と定義される。この仕組みの最大の利点は、非接続システムの場合の手作業による情報入力に起因する間違いを削減することが可能となることだ。ワン・ウェイの欠点は、レベニュー・マネージャーがホテルの在庫状況を全ての仲介業者の予約システムに表示出来る様に整える必要があることだ。それらの予約システムは標準化がなされていないため、直接ホテルの在庫情報と接続することは、容易でない。航空会社が提携先のホテルの予約を行う場合も、ホテルの他の仲介業者の予約システムとは仕組みが異なることが多い。その結果、レベニュー・マネージャーは最低二つの在庫情報を維持管理する必要がある。先ず第一にホテルの客室在庫管理システムを反映した最新の在庫情報、次に、仲介業者の予約システムのために最新の在庫情報を用意することとなる。通常、3種類から4種類、多い場合は20種類もの書式で情報を重複管理する必要がある。その上、世界中に副次的在庫情報を発信するため、予約システム毎に接続料等の特別費用が発生する。

最善の仕組みは双方向情報通信システムだ。この場合、全ての在庫と価格を、ホテルの在庫管理システムから直接リアル・タイムで全世界に発信できる。どの仲介業者が予約を行う場合も、その企業のシステムが直接ホテルのCRSやPMSを確認する。従って、ホテルの在庫システムの情報が空室を示していれば、世界中で空室の情報が共有可能となる。実際に予約がなされると、たとえ地球の反対側であっても、システムがホテルの在庫から瞬時に予約された商品を取り除く。この仕組みだけが唯一レベニュー・マネージャーにリアル・タイムの在庫管理機能を提供可能だ。この場合、レベニュー・マネージャーは唯一ホテルの在庫管理システムで客室と価格の維持管理を行えばよい。この仕組みの更なる利点は、もし仲介業者の旅行会社が顧客の要求する客室が在庫に残っていないと知った時、システムが最初に検索された部屋の代替商品を旅行会社に提示することが可能なことだ。インターネットの販売システムやホテルの予約システムの改善が進んでいるが、重要なことは業界標準の準拠と継ぎ目のないシステムの構築だ。

現在のところエクスペディア等のインターネット旅行サイトは個人情報漏洩等の安全性の問題から、ホテルとの双方向情報通信の仕組みの開発が遅れている。ホテルのPMSに格納されている顧客のクレジット・カード情報や将来の宿泊予定等の個人情報がハッカーに盗み見られる事件が発生している。これは、ホテルが双方向で継ぎ目のないシステム環境を構築する時、ホテルの情報管理者が最も気をつけなければならない項目である。これらの懸念に十分な対策が整うまで、レベニュー・マネージャーは可能な限り、在庫情報を全ての仲介業者と速やかに、且つ安全に共有する努力が求められる。

当面の間、レベニュー・マネージャーは、表7.5に示す3つの情報通信能力に分類される仲介業者の予約システムに対応することになる。

レベニュー・マネージャーはホテルが行っている団体予約販売が、個人向け販売可能客室数に大きな影響を与えることを認識することが重要だ。特に、RFPに応札中の多くの客室が、

❖**重要な用語**❖

第3者再販業者（Third-party resellers）　ホテルの客室を仕入れて、自分の顧客に販売する人や企業。ここでは、エクスペディア、トラベロシティ、ホテルズ・ドットコム等のOTAを指す。

202　第7章　在庫と価格管理

表7.5　顧客到着前の客室在庫情報通信手段

通信手段	効果	欠点	在庫管理への影響
ノー・ウェイ（非接続型）	接続料金が不要	即時更新が不可能	Fax やメールの手作業 リアル・タイム更新は不可
ワン・ウェイ（一方通行）	先進的仲介業者はホテル PMS に直接アクセス可	接続料金が高額となる ホテル PMS 側から仲介業者のシステムへの通信不可	複数の在庫情報管理を要す
ツー・ウェイ（双方向）	仲介業者との接続料金不要 リアル・タイム更新可	システム開発費用負担 個人情報保護が重要	在庫管理情報がリアル・タイムで共有可

検討期間中仮予約で押えられている場合、影響が大きい。

　客室を販売可能な状態に表示するか、販売から除外するかは、顧客到着前のレベニュー・マネージメントにとって重要な要素となる。レベニュー・マネージャーが、個人顧客の予約に影響を与える販売可能な客室在庫に関する決定を、一日に何回行うかも重要だ。それらの決定が明確で速やかに伝達されることは、正確な客室数、客室の種類、客室レートをホテルの営業部門に提示するだけでなく、世界中の仲介業者に知らせることを意味し、極めて重要だ。

顧客到着時の戦略

　客室在庫管理に関係するレベニュー・マネージャーの売上最適化戦略は、予約がなされて、在庫から取り除かれた時点で終了する訳ではない。予約が取り消されるか、ノー・ショーとならない限り、顧客はホテルに到着する。ほとんどの場合ホテルのフロント・オフィスとフロント・オフィスのスタッフが顧客到着時に挨拶し、滞在登録し、予約された客室を引き当てる。フロント・デスクのスタッフが顧客の到着時にホテルの売上最適化戦略を実行する能力はRevPAR 改善に極めて重大な影響力を持つ。これは、効果的なレベニュー・マネージメントがホテルの運営部門の個人の行動に依存することの一つの例と言える。**アップセル**は顧客到着時にフロント・デスクのスタッフが行うレベニュー・マネージメント関連の仕事で最も重要なことだ。アップセルの効果を理解するにあたり、ジェリーとベンのホテルを考えなさい。どちらのホテルも150室だ。どちらのホテルも３段階の客室を提供する。最も良い部屋は一番高く、１泊 \$159.99で、中間は１泊 \$129.99、最も価格の低い部屋は１泊 \$99.99だ。ある晩、それぞれ予約なしで、顧客が110人ずつ到着したとする。ジェリーのホテルは到着した順に、高い部屋から販売した。即ち顧客が到着した時点で**トップ・ダウン**の一番高い部屋が販売された。ベンのホテルは到着順に安い客室から販売した。即ち顧客が到着した時点で、**ボトム・アップ**の

❖重要な用語❖

アップセル（Upsell）　売主が売上を増加させる目的で、(1)もともと予定していた商品より高い、高級な商品を販売する。(2)もともと予定していた数量よりも、数多く商品を販売する。

トップ・ダウン（Top down）　販売手法として、企業の一番高い商品から順に販売する。

ボトム・アップ（Bottom-up）　販売手法として、企業の一番安い商品から順に販売する。

顧客の市場区分別分類　203

表7.6　高い客室から販売（ジェリー）　対　安い客室から販売（ベン）

客室在庫	レート	ジェリーの販売数	ジェリーの売上	ベンの販売数	ベンの売上
50	$159.99	50	$7,999.50	10	$1,599.90
50	$129.99	50	$6,499.50	50	$6,499.50
50	$99.99	10	$999.90	50	$4,999.50
販売客室数		110	$15,498.90	110	$13,098.90
稼働率		73.3%		73.3%	
ADR			$140.90		$119.08
RevPAR			$103.33		$87.33

一番安い部屋が販売された。表7.6は、それぞれのホテルの事業結果を示している。客室数とレートは同一であるため、それぞれのホテルの RevPAR の相違は18.3% となる。（$103.33－$87.33）÷$87.33＝18.3%

　この例は、如何にレベニュー・マネージャーが重要な役割を演じるかを明確に示している。この例ではジェリーはラック・レートを全く増額せずに、売上を著しく増加させた。

　効果的なアップセルの実行は、在庫商品の構成を変えず、価格設定を変えることなく、個人客の RevPAR を増加させる最も効果的な方法だ。ほとんど全ての場合において、レベニュー・マネージャーが平均以上の RevPAR を達成する時は顕著なアップセルの努力が実行されている。

　ここで重要なことは、アップセルとは、顧客が望んでもいない商品を無理やり売りつけることではないことを理解することだ。そうではなく、アップセルは顧客中心の手続きであり、顧客が求める客室を顧客が納得する金額で提示することだ。レベニュー・マネージャーの中には、予約時点で既に最も望む商品を決めている顧客に対し、アップセルを行うことの効果を疑問視する人もいる。しかし、次の3つの理由から、彼らの主張は薄弱だ。

　第一の理由は、ホテルが、販売可能な商品の選択肢を購買見込み客に対して伝達する方法にある。レベニュー・マネージャーが彼らの客室を商品化する方法は、ホテルごとに様々だ。その結果、購買者にとって、ビジネス・スイートと通常の客室がどう違うのか、その相違を正確に判断することは、全てのホテルで統一した概念がないため、混乱をきたす。

　例えば、ある顧客がホテルの仲介業者である旅行会社を通じて、自ら希望する種類の客室を予約するとする。この様な場合、個々の客室を特徴づける設備やサービスが明確に顧客に伝わらないことが考えられる。表7.4にある4種類のグランド・スイートを考えなさい。それらの客室の個々の特徴、設備、それらを購入する顧客が直接享受する利益の相違等を、数多くのホ

204　第7章　在庫と価格管理

テルの無数の部屋を取り扱う旅行会社が顧客に正確に伝える保証はない。

　顧客到着時に、効果的に、且つ専門的に実施されるアップセルの技術は、顧客がチェック・インする際、より高価な、即ち、より価値の高い商品を紹介する機会をつくることが出来る。その上、顧客が更に高い価値を感じる様に、場合により高額商品を値引きして提示しても、ホテルのRevPARの増加が実現できる。例えば、顧客が99ドルの一般客室を予約したとする。顧客は、199ドルのスイートも知っていたが、199ドル支払う価値はないと考えての判断であった。しかし、ホテルに到着した時、149ドルでスイートに変更出来ると聞くと、顧客は高額商品が割安で購入できると考え、アップ・グレードを決断する。結果としてホテルは50ドルの追加売上を達成することになる。

　次に、効果的に準備されたアップセルの実行が合理的な第二の理由は、ホテルの客室の恒常的な在庫の変動にある。これを説明するため、バケーションの予約を考えなさい。顧客がホテルのプールに面した部屋を希望したが、予約時点で在庫に空きがなく、プールが見えない安い部屋を予約した。客室は常に予約され、また取り消しされる。その結果、顧客が到着した時にプールに面した部屋が偶然キャンセルのため販売可能となった。この様な場合、もし効果的なアップセルの実行がなければ、顧客は希望する部屋が空いているにも関わらず、その希望する客室に滞在する機会を喪失してしまう。その結果、顧客の満足度は下がり、ホテルのRevPARの最適化も損なわれる。

　最後に、効果的に準備されたアップセルの実行が合理的な第三の理由は、顧客自身の変化に関係する。多くの旅行者の到着と出発の日程は当初の計画と変化することがあり、同様に旅行の環境も変化する。旅行の同行者、目的、購買条件、商品に対する価値観や、様々な要素が、顧客がホテルの客室を予約した時点と、ホテルに到着し、滞在する時点で変化する。到着した顧客は、通常価値の高い商品と考えられる選択肢を勧められると、レベニュー・マネージャーが提案した商品の品質、サービス、価格を改めて評価する機会を持つ。多くの場合、アップセルの結果が得られる。

　あるレベニュー・マネージャーは、アップセルを実行する際、元の予約より二段階上級の商品と価格を提示することで、高いアップセルの結果を達成している。もし、最初に提示した商品に対し、顧客が提示価格に躊躇した場合、次のレベルの商品を提示できる。二番目に提示する商品も、元の予約に較べれば一段上位の商品である。

　勿論、全ての場合、ホテルが到着客全てにアップセルを成功可能と考えることは現実的でない。同様に、到着客全てがアップセルを拒否することもあり得ない。レベニュー・マネージャーはフロント・オフィスの責任者やDOSMと連携を取り、顧客到着時に適切にアップセルが実行される様確認し、定期的にその効果を評価する必要がある。

団体予約用客室

　最上級のレベニュー・マネージャーは団体販売の客室在庫の取扱いに極めて熟練している。団体予約の客室管理は個人予約の客室管理と比較して、販売方法の相違により異なる。先ず団体予約の場合は2段階の工程を踏む。第1段階として、将来団体が滞在するための客室が在庫から切り離され、ブロック（確保）される。第2段階として、ブロックされた客室を、団体の

個々のメンバーが個別に予約する。これをピック・アップと呼ぶ。この２段階予約方式が客室在庫に与える影響は明白だ。団体用にブロックされた客室が、実際に団体のメンバーにピック・アップされない場合、それらの客室は売れ残ってしまう。この様な状況が発生すると、ホテルの売上は大きく損なわれる。特に需要の高い時期、団体のために極めて多くの客室を長期間にわたりブロックすることで、個人客の予約を断ってしまうことによる影響は多大となる。そのため、団体契約締結にあたり様々な条件が交渉されるが、それらの中で特に何室をどれだけの期間ブロックし、それらが団体以外の一般の個人客に開放される期限を詳細に明確化し、更にはピック・アップが**減耗**した場合の団体に対する違約金等が契約に盛り込まれる。団体に何室、何時までの期限でブロックされるかが決められても、経験豊かなレベニュー・マネージャーは団体の次に上げる要素により、効果的な客室在庫管理が影響を受けることを理解している。

  団体の履歴
  現実的でない買い手の期待
  団体予約購買者の交渉術

団体の履歴

　ホテルの PMS は以前滞在したことのある顧客の詳細情報を提供可能だ。同様に**団体履歴**も団体が過去利用した期間、希望客室の種類、支払いレート、支払い方法等の重要な情報を提供してくれる。場合によって、団体は毎年同じホテルで会議を開くことや、輪番制で（ローテーション）実施する場合もある。この様な場合は、PMS から情報が得られる。しかし、多くの場合、同じホテルで過去実績がなければ、団体の情報を入手することは容易でない。過去の滞在歴がなければ、レベニュー・マネージャーは、団体が過去に利用した別のホテルから情報を得るか、または団体自体から入手することとなる。表7.7は、ある団体が過去３年間、同じホテルでイベントを開催した履歴の例を示している。団体は３年前と一昨年650室ブロックしたが、昨年は575室に減少した。表7.7の情報を詳細に注意深く分析することにより、レベニュー・マネージャーは過去３年のブロック・サイズ、現実のピック・アップ数、**最多宿泊日**、ピック・アップの減少傾向等が把握できることから、これらの情報を持たないレベニュー・マネージャーと比較して、格段の客室在庫管理能力を持つことが出来る。経験豊かなレベニュー・マネージャーは、ある特定の年の実際のピック・アップに影響を与える様々な要素を知っている。もし、団体が様々な都市で行事を開催する場合、都市によって団体メンバーの嗜好が分かれ、

❖重要な用語❖

減耗（Attrition）　団体が当初保証した客室数と、実際に購入される客室数の差。消滅（Wash）とか、流出（Wash down）、逃亡（Slippage）とも呼ばれる。団体予約のブロック客室数とピック・アップの差が甚だしい場合は、ホテルが罰金を請求できる。ただし、法廷では、罰金条項に関し、事前に文書で明示され、契約に調印されなければならない、とされている。

団体履歴（Group history）　特定の団体や、類似の団体が過去に何室ブロックし、最終的に何室実予約（ピック・アップ）したかの詳細実績を記録した台帳。

最多宿泊日（Peak night）　団体予約でブロックされた期間内で、最も実予約（Pick-up）が多く、実際に利用された特定の晩。

206　第7章　在庫と価格管理

表7.7　団体履歴の例

行事日程	ブロック客室数	ピック・アップ数	実利用率
3年前			
水曜日	100	85	85.0%
木曜日	150	130	86.7%
金曜日	200	171	85.5%
土曜日	200	166	83.0%
合計	650	552	84.9%
2年前			
水曜日	100	82	82.0%
木曜日	150	117	78.0%
金曜日	200	169	84.5%
土曜日	200	167	83.5%
合計	650	535	82.3%
昨年			
水曜日	100	81	81.0%
木曜日	125	115	92.0%
金曜日	175	171	97.7%
土曜日	175	162	92.6%
合計	575	529	92.0%

この団体履歴では土曜日のピック・アップも強いが、金曜日の晩が最高である。

　行事参加メンバーの数が変わり、その結果ピック・アップ数に影響する。**主催ホテル**の選択、行事プログラム内容、開催都市の誘引力、メンバー家族の娯楽、活動等もホテルの客室に関する団体需要に影響を及ぼす要素となる。これらの要素を慎重に分析する仕事も、レベニュー・マネージャーが売上の最適化のなかで個人的な洞察力の適用を発揮する例である。

現実的でない買い手の期待

　これまでのところ、団体がブロックする客室の在庫管理は容易に見えるかもしれない。しかし団体予約の場合は、購買担当者が必要客室数をホテルに示し、団体の参加メンバーが個々に客室の予約を行う。そのため、実際には、団体のブロック客室の在庫管理は極めて難しい。多くの場合、団体予約の購買担当者はホテルの客室の必要数を多めに予測する。彼らは単に楽観的だ。彼らは、心から参加メンバーが最大限に達すると信じている傾向が強い。彼らは「風と

❖重要な用語❖

主催ホテル（Host hotel）　団体行事のために複数の施設を利用する団体が、行事実行の本部に定めるホテル。

顧客の市場区分別分類　207

共に去りぬ」の著者、マーガレット・ミッチェル（Margaret Mitchell）の賢明な言葉を見過ごしている。「人生には我々が期待するものを与えてくれる義務はない。」

その参加者数に楽観的な考えをもつ傾向に加え、団体客室の購買者は、万一部屋が足りなくなった場合の立場のなさを回避するため、故意に必要客室数を多めに見込む。勿論逆のケースとして、減耗罰金の支払いを防ぐために、現実的とは思えない低い見積もりを行う団体購買者もいる。この様な場合、締め切り間際にブロック・サイズの拡大を申し入れてくることがある。しかし、それらの要求に答えることは現実的に困難か不可能である。何故なら間際になれば既に残室は一般個人客や他の団体に販売済みとなっている場合が多い。

団体予約購買者の交渉術

団体予約のブロック客室数の設定に関しては、購買者側の客室レート交渉と強い関連がある。彼らの戦略は、ブロック客室数が少ないよりも、少しでも多い方が、ホテルが低いレートを認める傾向が強い、との考えに基づいている。彼らの考えは、事実ホテル側にその様な傾向があるため、団体側の利益を考慮し、参加見込み数を膨張させる結果となる。

団体のブロック客室在庫管理において、**ブロック開放日**（Cut-off date）はブロック・サイズと同様に重要である。多くの場合、団体予約購買者は、行事の日程間際まで、可能な限り長くブロック保留期間を確保する様交渉する。それにより、団体の参加者に対し、実際の予約可能期間の最大化を実現することとなる。レベニュー・マネージャーは、ブロックした客室が団体メンバーによりピック・アップされずに売れ残ってしまい、ブロックから返却された場合、それらを一般の個人顧客や他の団体に販売するための時間的余裕を確保するため、出来るだけ早くブロック確保期限を切り上げたいと考える。契約でお互い確保期限を設定したにも関わらず、往々にして期限延長の申し入れがある。これらの要望は団体から直接伝えられることもあれば、団体との信頼関係を最大限維持したい営業・マーケティング部門経由で伝えられることもある。

特別契約または協定レート用客室

個人客と団体予約の客室在庫管理に加え、レベニュー・マネージャーにとって、**契約レート**と**協定レート**の客室管理が重要となる。協定レートの客室在庫に関して、大企業の業務旅行を考えなさい。A都市に本社を構える大企業が、毎月多くの社員をB都市に宿泊出張させる。企業のホテル購買担当者が社員の出張旅費を削減する目的で、B都市のホテルと社員専用のレート交渉を

❖重要な用語❖

ブロック開放日（Cut-off date）　ブロックされた客室が団体メンバーによって予約（ピック・アップ）可能な期間の終了日。この日を過ぎると、ブロックされた残りの客室は、一般の予約に開放される。

契約レート（Contract rate）　事前に同意されたレートで、契約で定めた期間にわたり、客室が提供されること。例）ホテルが1年間、毎晩10名の航空会社乗務員を契約レートで受け入れる。

協定レート（Negotiated rate）　提供可能な客室がある限り、特定の団体に属する旅行者に対し、割引レートを適用する契約。特定の割引レートの適用は契約期間内に有効。例）フォード自動車の従業員には全員特別割引が適用される。別名大口割引（Volume discount）と呼ばれる。

208　第7章　在庫と価格管理

行う。交渉が実現すると、その効果として、企業の社員は、事前に滞在先と支払い額を知ることが出来る。同時にホテル側は、その企業の出張需要を全て確保することが出来る。この様な協定に参加するにあたり、レベニュー・マネージャーの現実の仕事は次の手はずが含まれる。

- その企業のために日々確保しなければならない客室数はいくつか？
- 協定レートで提供する客室の種類はどの様なものか？
- 年間を通じて、協定が除外される期間はあるか、また何時か？

　航空会社の乗員を収容するホテルは、契約期間中、特定の部屋数を毎日確保する取り決めをする。この場合、部屋数はしばしば変動する。これらの契約では、特定の種類の客室が提供されることとなる。また、契約条件によっては、**ホテルがホテルの都合（ホテル裁量）で提供する客室の種類を決めることが出来る**。客室を契約する企業側は当然**最後の1室までレートを適用すること（全ての客室提供）**を希望するが、一方でホテルのレベニュー・マネージャー側は、契約条件設定にあたり、稼働率が事前に設定した水準に達した場合やその水準を超えることが予想される場合、協定レートで提供する客室を締め切る条項を記載する交渉を行う。さらに、レベニュー・マネージャーは、契約にあたり、事前に双方で取り決めた協定レート**適用除外期間**（ブラック・アウト）が指定されているか否かを確認する必要がある。レベニュー・マネージャーになるとわかるが、ホテルには数十、数百の個々の協定レートや、大口契約が存在す

RM の報道記事　7.1　許容減耗率（Allowable attrition）

　会議企画企業や団体予約企業はしばしば実際の必要数よりも多い客室ブロックを要求する。もし、ブロックされた客室が実予約されないと、売れ残りが発生し、ホテルの売上能力は、明らかに減少する。従って、レベニュー・マネージャーは許容減耗率を明確に提示する必要がある。許容減耗率とは、団体予約契約において、ブロック数に対する実予約が下回った場合、契約で認める罰金が発生する手前の予約率。ホテルの罰金規定は事前に文書で団体予約契約に記載され、調印されない限り、法的拘束力を持たない。次に許容減耗率条項の例を示すが、レベニュー・マネージャーは、ホテルの立地州により、法律が効力を持たない場合もあるので、法律が有効な州に存在するか否か確認する必要がある。

　許容減耗率条項：ホテルは団体予約契約で求められた客室ブロック数に十分な客室を確保する。ただし、実予約（ピック・アップ）されていない客室数がブロック・サイズに対し、次の比率以下となることを条件とする。

　　到着90日前まで　　　：ブロック・サイズの50％以下
　　到着30日～90日の間：ブロック・サイズの25％以下
　　到着30日以内　　　　：ブロック・サイズの2％以下

　実予約未達が上記の比率を超過した場合は、未達客室分の契約レート並びに適用税金を全額（100％）申し受けます。

　この様な条項にも関わらず、減耗率条項に関する争議が会議企画会社や団体予約企業との間で広がっている。彼らは、ホテル側がブロックで売れ残った客室を放置せず、個人客に販売する努力を行うことと、その結果現実に再販された客室の収入を罰金から差し引くことを契約に記載する様、求めている。

❖重要な用語❖

ホテル裁量（Run of the house）　契約条件として、契約該当旅行者がホテルに到着した時点で、ホテル側の裁量により契約レートで提供する客室タイプを選択する。

る。客室在庫管理の決断に当たり、協定レートや特別契約が大きな影響を与えることを考えれば、これらに対し、何故慎重に、且つ詳細に検討する必要があるかが容易に理解出来る。契約客室種類、確保必要数、協定レート適用除外日は、レベニュー・マネージャーの日々の業務の重要な仕事となる。もし、契約条件に違反する様な在庫の計算ミスを行うと、相互に利益の高い販売契約を将来解約される危険が生じる。

RM の実践　7.1

　300室のホリデイ・イン・キャピトル・プラザの経営者、ジョセフィン・チコは、「その3日間、販売可能な客室在庫は何室残っていますか？」と聞いた。

　すると、フロント・オフィスの責任者エリックは、「木・金が各52室で、土曜日が50室です。」と答えた。

　今度はホテルの DOSM エリザベスが言った。「私の取引先が、その3日間、団体ブロック客室数に毎日40室の追加を求めています。彼らは、その3日間、既にブロックした150室を全て実予約しています。その上、会議の参加申込は、まだ増え続けています。取引先は丁度1時間前に追加の申込をメールで私に要請してきました。」

　「在庫は十分ある訳だから、一体何が問題ですか？」とジョセフィンが聞いた。

　「問題は販売レートです。その団体は129ドルのレートですが、私なら、残室全てを個人客に199.99ドルで売切れます。」とエリックが答えた。

　これにエリザベスが反論した。「しかし、昨年取引先に提示するレートを決める時、皆賛成してくれました。彼らが450室予約するだろうことから129ドルのレートを提示する決定をしたわけです。その上、彼らは、約束した客室すべてを実予約（pick up）しています。従って、彼らの要求通り追加を認めてしかるべきだと思います。」

　「その通りです。最初の提示条件は全く問題ないし、同意しました。しかし、ラック・レートで売り切れると分かっている週末に、もし売れ残った客室をラック・レートで売れなかったら、一体いつ取り戻せると思いますか？」とエリックが言った。「あなたの取引先が予想を間違えた結果であって、我々の責任ではありません。従って、残りの部屋はラック・レートで買い取ってもらったらどうですか？　いつも団体に割引して、売り切れると更に割引で追加客室を提供する。この繰り返しでは毎月の RevPAR 目標も達成できないし、ボーナスにも影響してしまいます。」

1．エリザベスが団体の要求を認める動機はどの様なものですか？
2．数学的にはエリックにとって短期的 RevPAR の影響を正しく証明することは容易だろう。エリックの証明する結果を考えた時、それがエリザベスの団体販売の将来に対する影響を考えなさい。
3．あなたがジョセフィンだったと仮定する。団体のブロックを追加するか、そのまま据え置くかの判断に、データの管理が果たす役割の重要性を説明しなさい。また、判断の過程で洞察力が果たす役割を考えなさい。あなたは、割引レートで団体のブロック・サイズを追加することに賛成ですか？

❖重要な用語❖

全ての客室提供（Last room available）　契約顧客が予約を申し込んだ時点で、販売可能な部屋があれば、契約レートで、客室の種類に関係なく可能な限り提供すること。通常はスイート・ルームを例外とする。

適用除外期間（Blackout date）　ホテルが契約レート、協定レートを適用しない日。具体的には、大晦日、休日、特別行事日程等が除外期間に指定される。エンバーゴ（Embargo）とも呼ばれる。

在庫管理戦略としての売り越し

　第6章で、需要予測とは、レベニュー・マネージャーがホテルの販売可能な客室をどれだけ多くの人が購買するかを知るための答えを探すことだと学んだ。客室在庫管理は、何室が販売可能な状態にあるかと言う問いに答えるものである。ホテルの稼働率が100％に達している場合を除き、一般的に需要は供給を下回る。ところが、客室需要が客室供給能力に匹敵するか、供給能力を超える場合もある。この様な場合、レベニュー・マネージャーは、意図的に供給能力を超えて予約を受け付けたいという強い誘惑に駆られる。

　最初の調査では、売り越し（Overbooking）はレベニュー・マネージメント戦略にとって不合理だと思われている。何故ならホテル・チェーンの多くは、予約がありながら、意に反して**他の代替ホテルに移される顧客**に対し、弁済を義務付けており、その負担が大きいことが理由だ。ホテルの場合、航空会社が連邦法で予約がありながら搭乗拒否された顧客に弁済義務を負わせているのと違い、その様な法律はないものの、レベニュー・マネージャーはそれらの顧客に対して、単に、「申し訳ありません。」としか言わないことが最善だとは考えていない。様々な州の宿主の法律（Innkeepers' law）は予約がありながら泊まれない顧客に対する法的義務を負わせている。それらには次の項目が含まれる。

- ●顧客に同等のホテルの客室を確保する。
- ●別のホテルに移す場合、そのホテルの宿泊初日の宿泊料金全額を負担する。
- ●二日目以降の滞在に関し、当初の予約レートを超える場合は、超過分を負担する。
- ●移す先のホテルとの間の交通手段を提供するか、費用を負担する。
- ●顧客が家族や知人にホテルが変わったことを知らせるための電話代を負担する。

　この様な甚大な費用負担を考えた時、レベニュー・マネージャーに「何故売り越しをするのか？」と尋ねることは極めて当然だ。この質問は、慎重で、思慮深い、合理的且つ平衡感覚のある答えを要求するにふさわしい。

売り越し実施の条件

　どのホテルでも売り越しを行う。ある場合は売り越しの認識を持たずに行うが、ある場合は意図的に売り越しを行う。売り越しの意図がないにも関わらず、売り越してしまうケースには次の項目が含まれる。

- ●部屋の損傷。客室に水があふれてしまう。空調機が故障する。カーペットが損傷する。など、突発的な補修の発生が原因で、部屋が使用不能 OOO（Out-of-order）状態になる場合。その結果、販売可能の状態で在庫に登録されていた客室が使用不能となる。ホテルは顧客に将来の利用に関し、販売可能と思われていた在庫を引き当て、善意から予約を受け付け

❖重要な用語❖

代替ホテルへの送客（Walk）　満室のため、予約保証（confirmed reservation）を持つ顧客を近隣の別のホテルに送客すること。ウォークと呼ぶ。

る。ところが、急遽使用不能となることから、結果として売り越しとなってしまう。

●スタッフの間違い。ほとんどの予約管理システムは、予約登録やキャンセル反映時に、起こりやすい操作ミスに警告をだすが、それでも人為ミスは発生する。予約時には、一見販売可能に見える客室も、実際には、氏名の入力ミス、正確な予約日の登録ミス、または、特別な客室種類の管理ミス等により、販売不可能な客室を予約してしまうことが発生する。

●在庫管理システムの間違い。本章のはじめの部分で、仲介業者すべてが、ホテルのPMSと双方向の通信手段を持っている訳ではないことを学んだ。その結果、全ての仲介業者にホテルの最新の在庫情報を瞬時に伝えることは不可能だ。そのため、時として不幸にも重複予約の状態が発生してしまう可能性がある。

●顧客の滞在延長。顧客が2泊の予定で予約したと仮定する。到着時に顧客が再度2泊でチェック・アウトする意思を表明する。ところが、病気とか、他の様々な理由から顧客が旅行計画を変更して、予定通りチェック・アウトせず、本来他の顧客が使用するはずの部屋に引き続き、更に1泊かそれ以上延泊する決断を行うことがある。経験豊かなレベニュー・マネージャーは延泊顧客を即座に立ち退かせることは様々な制限があることを知っている。これらの延泊予想はある程度想定内にあるが、満室の場合の延泊見積もりは売り越しの結果につながりやすい。

これらの理由や他の理由から、結果として売り越し状態に陥ることはあるが、ホテルの意図的なものではない。管理の改善により、この種の売り越しは減少させることは可能だが、全くなくすことは不可能だ。経験豊かなレベニュー・マネージャーは、売り越し状況に置かれた場合、施設側の受ける損害と、代替ホテルへの案内が不適切なため顧客に発生する損害を最小限に留める戦略を展開する。経験豊かなレベニュー・マネージャーは次の様な顧客を代替ホテルに移すことを極力避けようとする。

●ホテルや、系列のホテルの優良顧客。ホテル会員。
●ホテルの会議参加者や行事参加者。
●契約企業の顧客。航空会社の乗員等。
●記念日や特別な行事のお祝いに来客したカップル。
●夜遅く到着した家族連れ。

比較的容易なケースは第3章で示した購買分類の内、自分のお金で自分の商品を買う顧客の代替ホテルを探す場合だ。この場合は、近くの同等のクラスのホテルの客室を予約し、代金をホテル側が支払うことで、顧客からむしろ歓迎されることもある。

レベニュー・マネージャーの中には、意図的に売り越しを行う人がいる。その理由は合理的なレベルから、倫理的に疑問な場合まで幅広い。売り越しの理論的根拠を説明するため、あなたが500室のホテルのレベニュー・マネージャーだと仮定する。満室の場合、あるいは全室予約で埋まっている場合、あなたのホテルは過去の実績から判断し、到着客の5％がノー・ショーする。この種のデータはPMSで慎重に維持・管理されている。その晩はPMSによると、全て予約が入っており、到着客は200名である。この前提で質問は、「あなたは、販売可能な客室を持っていますか？」である。仮に、あなたはノー・ショー率を計算し、10室販売可能という立場を取るとする。到着客200人×5％＝10ノー・ショー客室、となり、売り越しを会

212　第7章　在庫と価格管理

計上の問題ととらえ、倫理的にも正当化出来ると説明する。この様な立場を取る人は、あなた一人ではない。

　この考えを支持するレベニュー・マネージャーは、先ず予想ノー・ショー率を慎重に計算し、その結果をもとに、全く実在しない客室を販売するのではないと主張するだろう。むしろ、過去の実績を分析した結果、それらの客室が販売可能となり、到着する顧客に提供出来ることを確信しているから予約を行うのだと主張し、売り越しは、売上最適化戦略の道理にかなった手法だと説明するだろう。

　この立場をとるレベニュー・マネージャーは、売り越しを支持する沢山の意見と、最も有効な売り越し戦略を教育する学術的な研究論文等に支えられている。多くの場合、ここで言う最も有効とは、売り越し戦略により、ホテルの客室在庫を完売することで、短期的（当日の）RevPAR の最大化を達成することと定義されている。

　本質的には、先進的な売り越し戦略は、売り越した客室に関連する様々な費用を計算する方法を説明し、これに対し、売り越しにより達成する売上の増額と対比することを教えている。最終的な目標は、売り越し戦略を適用し、売上の最大化をはかり、一方で、売り越しにより発生する経費を最小化し、顧客の被る影響を緩和することにある。意図的に売り越し戦略を実施することに関して多くの人が異議を唱えることに対し、正当化を迫られるレベニュー・マネージャーは、ノー・ショーの予測に基づいて実施する売り越しは、**功利主義**の行為であると主張する。即ち自分の行動が悪にまさる最大量の善を産み出す、と説明する。

　アダム・スミスが1776年に出版した最初の自由市場の合理性、また最初の近代経済論である「富国論」を知っている人は、「最大多数の最大幸福」という言葉を認識している。この言葉は、功利主義を、社会の少数の人に害を与える行動も、多くの人々に善をもたらす場合、それを正当化するために用いられる言葉と定義している。

　売り越しは功利主義か？　そうかもしれない。当然のことだが、仮にレベニュー・マネージャーが正確にノー・ショー比率を計算し、その結果宿泊を拒否される顧客が出ず、ホテルの売上が増えれば、その様に主張できる。恒常的に売り越しを実施している正直なレベニュー・マネージャーは、どれほど正確にノー・ショー率、損傷客室率、延泊率を計算しても、将来を完璧に予測することは不可能で、常に代替ホテルに移される顧客がいることを認める。

　代替ホテルに移される顧客が出たとしても、意図的に売り越し戦略を実施する人々は、不利益を被るのはその顧客だけだ、と主張する。ホテルのオーナーは、少くとも短期的観点から見れば当然最大の利益を受ける。彼らは客室を完売することで、最大の RevPAR を実現する。顧客を送り込まれる代替のホテルも、追加の客室が販売される結果となり、利益を享受する。

　最終的にレベニュー・マネージャーの中には、結局レベニュー・マネージャーの技術のお陰で売り越しの利益があがり、その結果、溢れた顧客は全員代替ホテルにきちんと振り替えられたので問題ないと主張する。最終的な分析では、それらのレベニュー・マネージャー達は、真に売り越しは功利主義であり、経済的に利益のある戦略だと信じている。

❖重要な用語❖

功利主義（Act utilitarianism）　倫理学において、道徳的に正しい行動とは、最大多数の人々に最大多数の善をもたらす行為のこと。

売り越し戦略に対する反論

　業界で広く行われているにも関わらず、意図的な売り越しを行わないレベニュー・マネージャーも存在する。彼らは、特に彼らの所属する分野で売り越しを実施した場合、ホテルの信用に傷がつく危険性が大きいという。偏見を持たない読者はここで、当然のことながら、業界で倫理的に許容され、経済的にも効果のある行為が、何故、あるホテル事業者にとってはホテルの信用と名声を汚す恐れがあると感じるのかを質問するだろう。著者は何故その様に考えるホテル事業者がいるのかと言う理由を少々提示する。

倫理、商道徳

　倫理的側面から意図的売り越しを擁護するものとして、業界に普及している考えは功利主義だが、明敏な読者は、「結果が手段を評価する。」という言葉の変形だと認識するだろう。これは、行動は、究極の結果によって正当化される、という意味だ。これに対抗する意見として、行動に対する倫理的評価は、本来持つ正義か悪により判断され、行動の結果の善悪で評価される物ではないという考えだ。この考えは、期待に基づく約束は、叶うか叶わないかに関わらず根本的に悪であるという立場だ。

　この哲学は恐らくシーザー（Julius Caesar）の義理の父親でローマ時代の政治家、ルーキウス・カルプルニウス・ピソ・カエソニヌス（Lucius Calpurnius Piso Caesoninus）の次の言葉に要約されている。「天が崩れ落ちても正義あれ。」この言葉の意味は、正しい行いは、行動の結果に関係なく、常に正しい行いでなければならない、と言う意味だ。同時に悪い行いは、短期的な利益があろうとも悪い行いだ、ということになる。正義に基づく行動、悪に基づく行動、事業の世界の行動は、全て結果が手段を正当化するだろうか？　この問題は、見解の相違であるが、レベニュー・マネージャーとして真剣に、深く考えるべき問題である。オスカー・ワイルド（Oscar Wilde）は伝統的な考えに疑問を抱くことの正当性について次の様に述べている。「自分自身で考えない人間は、全く考えない人間だ。」

法規制

　第5章では、道徳的に疑問があっても、合法と見なされる行為があることを学んだ。法律に厳密に基づいて解釈すると、「意図的な売り越しは、一方（ホテル）が責務を履行する確証がないことを知りつつ、契約する行為」と見做される。しかし、実業の世界では、事前に契約事項を満足出来ない可能性を知りつつも、顧客にあらかじめ事情を説明して契約するケースはほとんどない。法律的には、売り越しの状態においてホテルの契約不履行があった場合、微罪または一部違反と見做される。この場合の契約不履行は、微罪ないし一部違反となり、違反者側に実害に相当する金額を負担させる。一般的に、旅行者の追加負担分相当であり、慰謝料や迷惑料は含まれない。結果的には、宿泊拒否で代替ホテルへの移動を余儀なくされた旅行者で、本来その権利があるにも関わらず、ホテルを訴えた人はほとんど稀と言ってよい。これは、証明できる実害が比較的小さく、訴訟費用が高額なためと言える。しかしながら、ホテルが**予約保証**（guaranteed reservation）しておきながら、意図的に売り越しを行っ

214　第7章　在庫と価格管理

た結果、滞在拒否を行ったことが法廷で証明されると、契約違反行為とされ、しかるべき罰金を支払うこととなる。意図的な売り越しと、その結果の契約不履行は法的には弁護が困難だ。

信用と名声

　積極的な売り越し戦略がホテルの名声を損ねる結果となることがあるだろうか？　過去において、ホテル事業者のあいだで、顧客への影響よりは、むしろ従業員への影響があることを理由に、売り越しに反対する主張が見られた。それらのホテルの事業者が危機感を抱いたのは、従業員が、売り越しを容認する経営者の態度は顧客を軽視している一例、と感じることであった。経営者は、従業員が上司の言うことを忠実に聞かないと不満を言うが、経験を積んだホテルの経営者は、従業員は彼らが目にすることを重く受け止めることを知っている。従業員は彼らの上司から仕事を学ぶ。

　売り越しに反対していたホテル事業者が、倫理的に疑問のあるオーバー・ブッキングを始めたとしたら、客室係は顧客に、よく確かめもせず洗面室、浴室は準備が整い、清潔だと言うかもしれない。また、ベル・ボーイは、タクシーを手配する時、顧客に費用を請求するかもしれない。バーテンダーは給料が安いからといって、倉庫のアルコールを個人用に持ちだすかも知れない。過去に起こったこれらの倫理観の堕落に関する主張は間違いなくレベニュー・マネージャー達を売り越し行為に反対させる側へ誘導した。

　今日では名声を傷つける問題は全く別の次元で考えられている。売り越しの結果、代替ホテルに移される顧客は、不便を煩わされる分、十分な代償を受け取ることが出来る訳だから、全く問題ないと言う考えを持ったレベニュー・マネージャーがいるとしたら、彼らは旅行業界で大きな力を持つオンラインの**ソーシャル・ネットワーク**の影響を明らかに理解していないことになる。今日、予約をしたにも関わらず代替ホテルに移される顧客の反応は、1970年代、1980年代、1990年代、2000年代の人々とは全く違う。

　今日のインターネット時代において、売り越しがホテルの名声に影響を及ぼすことを確信していないホテル事業者やレベニュー・マネージャーがいるとしたら、トリップ・アドバイザー（www.tripadvisor.com）の様な有名な旅行評価サイトを検索する必要がある。そこで、売り越しを検索し、1,500万人を超える会員との間で、売り越しの経験やそれに対する意見を共有する旅行者の声を調べるべきだ。企業名声管理会社（Vuma Corporate Reputation Management）のCEOジャニーン・ヒルズ氏（Janine Hills）は、アメリカの億万長者ウォーレン・バフェット氏（Warren Buffet）が彼の管理職に忠告した言葉を引用したが、その言葉を良く考える必要がある。

※重要な用語※

予約保証（Guaranteed reservation）　ホテルが顧客の到着まで客室を確保し、顧客は実際に滞在しなくても、代金を支払う契約をすること。

社会（ソーシャル）ネットワーク（Social network）　同一の興味や特徴を持つ個人が、情報を共有するために加わる組織。これらが、インターネットを介して情報をやり取りすることになると、一般的に仮想社会（Virtual community）と呼ばれる。現在有名な例は、フェイスブック、マイスペース、リンクドイン、トリップ・アドバイザー等。

在庫管理戦略としての売り越し　　215

> **RM のウェブサイト　7.2**
>
> 　最新の旅行体験情報共有社会ネットワークの一つに「今何処にいるの？ Where are you now?」がある。この先進的な旅行予約と評価を見るには、www.wayn.com を検索しなさい。
> 　多くの旅行者は、企業が掲載する広告・宣伝よりも、友人や知人が書き込む情報を信用する。このサイトが最高だと宣言する WAYN を更に知るには、「旅行案内と情報を見つけ、友人を作りなさい。(Find travel guides and information and make a new friend)」

「あなたが会社のお金を失っても、私は理解を示す。しかし、あなたが会社の名声に傷をつけたら、私は容赦しない。」

RevPAR の増収

　売り越しに関して想定される様々な欠点に直面しながらも、断固として売り越し戦略を実行するレベニュー・マネージャーは、顧客中心主義の戦略に較べて、売上の増収効果が大きいことを戦略の正当性の根拠としている。単純に説明すると、売り越しにまつわる様々な費用が、売り越しによる売上増より少なければ、売り越し戦略を実行することになる。これは、支払い保証付きの予約がされている客室を、ノー・ショーに関係なく、再販することが必要なのかと考えれば、やはり奇妙に思われる。ノー・ショーの場合は、結局支払い代金は回収される。圧倒的多数の場合、（業界推定ではノー・ショーの75％は支払い回収がなされている）、合法的に認められているノー・ショーの顧客に対する支払いを請求すると決めたレベニュー・マネージャーは、売掛金の回収が可能だ。もし不可能なケースが発生したとすれば、それらはホテルの予約ミス、キャンセル登録ミス、ノー・ショー請求ミス等が原因で、レベニュー・マネージメントの手順の問題ではない。

　ホテルが従業員に「客室完売ボーナス」を支払う様な制度は、売り越しを助長する原因となる。これらの制度は、フロント・デスクや予約係の従業員に対し、ホテルの顧客の利益やホテルの長期的顧客中心主義の売上最適化戦略よりも、従業員の短期的利益を優先させる結果となる。

　最終的には、賛成派、反対派の双方からの支援者を巻き込み、売り越し戦略に対する双方の議論が継続することは間違いない。従って、個々のレベニュー・マネージャーは、売り越し戦略の実行にあたり、顧客に与える影響、ホテル自体への影響、さらに業界全体への影響を考え、自分自身で望ましい決断を行う必要がある。たとえ、売り越しに関する精神面、算術計算等の考えが洗練されても、今日の顧客中心主義を支持するレベニュー・マネージャーは、億万長者ウォーレン・バフェット氏の賢明な言葉の続きを考えなさい。「もし実行する価値が全くないことであれば、それをうまくやることの価値はない。」

216　第7章　在庫と価格管理

RMの実践　7.2

　孫娘の結婚式2週間前に、エスターとグレッグ・バーンズ夫妻はレイクサイド・プラザ・ホテルの客室を予約した。エスターはクレジット・カード情報をホテルに伝え、24時間前までの取り消し条項に合意して、予約確認番号を受け取った。

　夫妻がレイクサイト・プラザ・ホテルに到着すると、売り越しのために予約した客室はなく、10マイル（16キロ）離れたクラリオン・ホテルに行く様に言われ、呆然とした。

　エスター夫人はクラリオンの1泊をレイクサイドが全額支払うと聞き、若干気分が晴れた。ところが、クラリオンのフロント・デスクの従業員は、夫妻に2泊目はクラリオンが満室なため、空室があるレイクサイドに戻る様伝えた。

　クラリオンにチェック・インを済ませると、バーンズ夫妻は荷をほどき、シャワーを浴びた後、レイクサイドで行われた孫娘の結婚前夜晩餐会に1時間遅れで到着した。翌日の午前中は家族での儀式に出かけ、クラリオンに戻り、荷物をまとめ、12時前にチェック・アウトし、レイクサイドに車で到着したが、レイクサイドの従業員は、昨晩は満室で、客室の準備は3時まで出来ないし、レイクサイドの通常のチェック・イン時間は午後3時だと告げた。

　そこで、エスター夫人は次の様に抗議した。「そう言われても、結婚式は町の反対側で今日の午後2時半に始まるし、それまでに着替えや準備をしなければなりません。」

1．バーンズ夫妻の宿泊に関し、レイクサイドは何を間違えたのですか？

2．仮にレイクサイドのバーンズ夫妻到着の晩、レベニュー・マネージャーが意図的に売り越しを行ったとしたら、レベニュー・マネージャーのとった行動は倫理的に問題があったと思いますか？

3．仮に、バーンズ夫妻があなたの祖父母で、あなたの結婚式に参加するとする。あなたは事の顛末を知人に詳細に話したい、と思いますか？　その場合、インターネットを利用しますか？　あなたの意見はレイクサイドにどの様な影響を与えると思いますか？

価格管理

　レベニュー・マネージャーが正確な需要予測を行い、販売可能な商品在庫を把握できれば、次のステップは価格を管理する仕事である。第5章で学んだ通り、レベニュー・マネージメントの最初のステップは初期価格の設定である。何故ならばホテルの客室に関する需要予測は顧客の価格に対する反応を反映するからだ。**価格管理**とは、需要の変化を誘導する初期価格の調整工程と言ってよい。これを例証するために、マイアミのサウス・ビーチを訪れるため、マイアミのホテルを5泊予約すると考えなさい。仮にあなたが多くの一般の旅行者と一緒なら、5泊のホテルの予約決定は、先ず金額を知った後となる。もし、価格が大変低ければ、支払い意欲は高くなる。高額となれば、意欲は薄れる。従って、最初に設定したレートや価格に対する需給予測水準にレベニュー・マネージャーが対応することが、価格管理の本質となる。ホテル

❖重要な用語❖

価格管理（Price management）　レベニュー・マネージャーが見込み顧客の支払い意欲に最適に合致させる販売価格を設定するために用いる戦略と戦術。

価格管理　217

経営者は初期レートを季節や立地条件、運営経費、提供するサービス水準等、様々な要素を勘案して設定する。過去の初期レート設定の歴史を正しく理解することは、今日どの様にレートが設定されているかを理解するばかりか、将来の売上最適化のために、如何に価格管理が可能かを知ることとなる。

歴史的観点

　過去、ホテルの宿泊料金や飲食産業の価格設定の複雑さを説明した書物は驚くことに、ほとんど存在しない。ホテル業界で存在する書物のほとんどは、様々な経費を基にした価格設定の数式に対する賛否を論じたものばかりだ。これらの数式はホテルの初期価格を導くために開発された。それぞれの数式の概念は異なるが、1950年代、シカゴのホテル事業家のハバート氏（Roy Hubbart）にちなんで命名された「ハバートの客室レート計算式、1,000ドル：1ドルの法則」や、その他の方程式は、皆同様に経費を基に開発されている。それぞれ、ホテルの理想とするADRや、ホテルが目標に掲げるADRを達成するためのレート計算式である。

　また、その当時の会計士達も、目標に対して、実際のホテルが達成した比率を計算する洗練された手法を開発した。その結果、理想的なホテルの初期設定ADRが1泊100ドルの場合、通常行われる値引き等により、現実には設定を下回ることとなる。仮にADR実績が90ドルだったとすると、目標の90％となる。

　ホテルの経営者や営業部門の従業員は季節変動や様々な要素により、初期設定の目標値のレートを十分達成する能力があると判断した。しかし、既に学んだ様に、経費が客室レートの設定に考慮されることは当然としても、RevPARの最大化を追求する階層価格設定において、経費が主要な判断要素となることは許されない。1980年代以前の1950年代、1960年代には、ほぼ全てのホテルで経費に基づいた価格管理が行われていた。それらのホテルは結局1990年代、2000年代に彼らが直面する状況に全く備えることが出来なかった。何故なら、少なくとも1989年までの学生は、その年に発行された最も権威あるホテル業界入門の教科書に、売上最適化とか、レベニュー・マネージメント、またはRevPARと言う用語を一切見つけることは出来なかったからである。

　実際には、1990年代半ばに「イールド・マネージメント」と言う用語がホスピタリティー産業関連の書物に初めて正式に登場する様になった。何故なら、第1章で学んだ様に、レベニュー・マネージメントは、最初航空業界で用いられた需要に基づいた売上管理戦略の用語であったためだ。この戦略は、販売価格を操作することにより、収入の最大化を目指すものである。イールド・マネージメントは1980年代半ばから後期にアメリカン航空やデルタ航空が、航空業の売上と搭乗率の矛盾を解決するために導入した方式であった。

　航空会社の業績は二つの要素で計測される。その一つがイールドであり旅客が搭乗し飛行した料金として航空会社に支払った金額のことで、二つ目が搭乗率（load）で、実際の座席数に対し、お金を払って搭乗した旅客の人数の比率である。航空会社が直面する矛盾とは、価格を高く設定するとイールドは高くなるが、その一方で搭乗率は減少する。反対に、価格を低く設定すれば、搭乗率は上昇するが、イールドは低下する。

　イールド・マネージメントの先駆者であるデルタ航空のロバート・クロス（Robert Cross）氏

218　第7章　在庫と価格管理

は、仮に航空会社が特定の航空便の需要が強いことを予期できれば、高い水準のまま価格を維持するか、値上げすることすら出来ると考えた。同様に、需要が弱いと予想すれば、チケットの値段を下げることにより、搭乗率を上昇させることが出来ると考えた。クロス氏はさらに、出発当日まで、各便の搭乗実績を基に当日の需要を正確に予測し、適切で、迅速な価格設定を行うことが出来ると説明する。

　この様に、需要が堅調で予測を上回る航空便の場合は、価格が据え置かれるか、値上げされる。当初の想定より需要が下回ると予想される場合は、チケット価格の値下げも可能となる。そのため、様々な制限を設け、既に予約や購入をした人が、変更された価格の適用を受けることを防止し、新規に購入する人だけが新運賃で買うことを許可された。それにより、今日でも航空運賃には変更料、キャンセル料等の購買制限や変更制限が、当たり前となっている。航空会社の価格管理戦略の最終目的は、総収入の最大化であり、次の様に計算される。

一座席の旅客収入（Yield）×搭乗数（LOAD）＝総収入（Total Yield）

　当初の航空運賃イールド・マネージメント戦略の経済効果は目を見張るものがあった。その主な理由は、戦略を支持する人々が指摘している様に、イールド・マネージメントによって増えた収入は、運航費用の増加を一切伴わないものであった。ここで、航空会社のイールドとホテルのADR、また、搭乗率とホテルの客室稼働率の共通性を考えると、1980年代に航空会社によって開発されたイールド・マネージメントを1990年代初期に導入した宿泊産業の人々が、この戦略に魅了されたことが理解できると思う。

　公平に見れば、洞察力に富んだ彼らの経費に基づいた価格から需要に基づいた価格設定への行動は全く海図のない航海であったといえる。不幸にも、航空会社から直接そのままホテルに持ち込んだ初期のイールド・マネージメント戦略は、業界の専門家が現在認める通り、粗削りで、欠点も多く、大手ホテルも十分理解しないまま実施された。

　面白いことに、1990年代にホテルがイールド・マネージメントの概念を取り入れた反面、航空業界ではイールド・マネージメント実施に伴う様々な複雑さと困難に直面する状況に変わった。イールド・マネージメントを開発し、5年以上も活用してきたアメリカン航空のCEOロバート・クランドール会長（Robert Crandall）は、1992年4月に記者会見を行い、次の様に述べた。

　　「長い間、我が社の旅客収入（Yield）は低すぎると言ってきた。しかし、絶えず変更される数多の制限に取り囲まれた沢山の割引運賃が増加し続け、このままでは運営困難だ。利益の追求に成功しないなかで、我が社は航空運賃を複雑にした結果、顧客も理解できないばかりか、不公平だと考える様になった。そのため、アメリカン航空はイールド・マネージメントが作り出す複雑な航空運賃を廃止し、単純化する。そして、新しい価格体系は、フライト毎に4種類、ファースト・クラス運賃、エコノミー運賃、7日前割引運賃、21日前割引運賃とする」と発表した。

　ところが、クランドール会長の発表は遅きに失した。国民一般が評価する一方で、固定運賃となったアメリカン航空に対し、競合相手は自由に運賃を変更し、旅客収入を管理することが出来た。アメリカン航空の論理的で分かりやすい単純な価格体系は、イールド・マネージメン

トが洗練された価格戦略に進むなかで、正に格好の標的となってしまった。1992年10月にクランドール会長は「新運賃政策は今や消滅しつつある。」と述べた。その翌月の1992年11月、アメリカン航空は、競合他社と同じ様に、数千の運賃をコンピュータで操作するイールド・マネージメントに渋々戻ることとなった。

　一方のホテル業界の経営者達は1999年12月発行の「ディシジョン・サイエンス（決断の科学）」誌に掲載される様な内容の記事を読みあさっていた。

> 「イールド・マネージメントとは企業の短期的な売上の最大化を目的に、自在な価格設定を行い、売り越しを実施し、市場の全ての分野に対し、期限が過ぎると消滅する在庫を引き当てること。イールド・マネージメントには幾つかの成功物語と、幾つかの公表されない失敗談がある。例えば、アメリカン航空は1989年から1991年の間に14億ドルの増収を達成した。」

　彼らが同じ記事の、イールド・マネージメントをあまり推奨しない部分を読んだかどうかは確かでない。

> 「しかしながら、それらによる利益は容易に得られるものではない。あるホテル・チェーンがイールド・マネージメント・システムの開発に100万ドル以上投資したが、施設には合わないとの理由で中止された。ある航空会社はイールド・マネージメント・モデルの間違いにより、1,000万ドル以上の損失を計上した。」（ハンクス、クロス、ノーランド、リーバマン各博士の論文参照）

　不幸にも、実行の難しさや、起こり得る失敗よりも、当初イールド・マネージメントは、経費に基づく価格設定と比べた長所が喧伝された結果だろう。多くの知られざる欠点にも関わらず、未だにホテル業界ではイールド・マネージメント戦略の適用が増加し続けている。その結果、業界で著名な専門家による会計の教科書が2002年末に発行され、次の様な記述が載った。

> 「過去数年、ホテル事業者はイールド・マネージメントと呼ばれる評判の概念を用いた客室の価格設定を積極的に実施している。」

　重要なことは、航空業界はイールド・マネージメントを過去10年以上実行しているのに対し、宿泊産業の多くにとって、2000年代初期においてまだ比較的新しい概念であったことだ。2001年7月、この状況を情報技術企業のフィデリオ（現マイクロス・フィデリオ社）の営業部長ジョン・パーマー氏（John Palmer）は「中小のサイズのホテルはイールド・マネージメントを直観的に理解しているが、まだ洗練されていないし、実際に適用していない。」と述べている。次の章で学ぶことになるが、パーマー氏が発言したその2カ月後、イールド・マネージメントに洗練していないホテル事業者は、多大な犠牲を被った。彼らは2001年9月11日の悲劇に適切に対応することに苦しむ結果となった。その上、彼らは、イールド・マネージメントに経験を積んだ航空会社が運営するインターネットの旅行予約サイトの影響が強くなることも充分理解で

きなかった。

　今日、ホテル事業者の多くは未だに経費に基づいた価格設定を最上と考えているが、イールド・マネージメントに基づく理論には理解を増している。事実、経験を積んだホテル事業者は、かつてアメリカン航空のロバート・クランドール会長が理解したように、重装備のイールド・マネージメントから距離をとり、顧客中心主義に基づく売上の最適化の実行に向かっている。

客室レートの設定

　今日レベニュー・マネージャーは客室をいくらで販売するか、最適な価格を決定しなければならない。これは、自分のホテルの客室にどれだけの価値があるか？と言う問いに答えることである。既に学んだ様に、答えは容易でない。経費に基づいた価格設定の場合は、顧客が売主の経費について関心がない事実を考慮しない。しかしながら、単に商品に対する需要のみを価格設定の基礎とすることは、顧客からお金を巻き上げることにもつながり、顧客の不満の種となる。その上、この方式には巨大な価格システムの開発が避けられず、複雑化するシステムは、単に複雑な対数がどの様に働くかを教育された先端数学者やコンピュータ・プログラマーを満足させるに過ぎない。

　今日、ホテルの客室の適切な販売価格の設定を困難とする主な要素は、極めて不思議な傾向だが、航空会社で実行されている価格設定方式を直接取り入れるホテル業界のレベニュー・マネージメントの専門家が多いことだ。彼らの多くは、如何にすれば需要の変化に絶えず反応して洗練された手法で客室レートを調整する価格システムが構築できるか、具体例として航空会社を利用する。

　しかし、洗練されたレベニュー・マネージャーは、（あなたもその一人となるはずだが、）ホテルの客室の価格設定は航空会社とは全く違い、本質的に航空会社の座席より難しいことを認識している。航空会社が行っている価格戦略が先進的な手法であると思われるなかで、ホテル事業者は、ホテルの客室レートと航空座席の運賃に関する4項目の決定的相違を十分認識した上で、独自の価格戦略の構築を模索している。

1．航空座席予約は、予約変更等に対する違約金（変更料金）等を含む金額の支払いが確定している販売である。ところが、ホテルの客室は、一旦予約されても、もしその後値段が下がれば、元の予約が違約金なしにキャンセルされてしまう。航空券は代金が支払われて販売されるが、ホテルの予約は、支払いを伴わない予約である。この相違は重大で、一度でも購入後、航空券の変更を試みた人であれば、証明してくれる。

2．航空会社の経営者は価格設定の責任があり、従って彼らは彼らの商品価格に対する理論と一貫性を保証できる。これに対し、ホテル業界では、ウィンダム、スターウッド、チョイス、IHG、ヒルトン、マリオットであっても、ブランド本部の経営者には客室レートを決める権限がない。事実これは、極僅かな直営施設は例外であるが、法律で禁止されている。宿泊産業では、個々の施設の所有者がそれぞれの価格を決めることになっている。これにより、何処の地域のレベニュー・マネージャーであっても、論理的、あるいは不合理な競合価格に直面する。自社の商品の価格決定能力のある会社の固定価格、変動価格、収入曲線がマーケティング資料に整然と示されるが、この様な理論は、

個々のホテルの所有者が、従業員の給料を来週支払う必要から、今週末の売上を増やす価格を設定する様なケースには全く当てはまらない。

3．航空会社は需要の変化に対応して、機材を大型や小型に変更する。需要の変化が激しい時は運航スケジュールを変更して増便や減便を行う。ホテルの場合、一旦建設が完了すれば、航空会社の様な供給調整は不可能だ。

4．未使用座席を抱えたまま離陸しても、満席で離陸する場合と運航費用は変わらない。特に今日、食事や飲み物の無料機内サービスが廃止や制限されたなかで、空席のまま離陸させることは附随売上（ancillary sale）の機会を失うため合理的でない。これに対し、ホテルは、客室を販売すると現実に費用が発生する。費用とは、客室の清掃、客室備品の充足、アメニティー、客室の損耗等である。

これらの理由や他の数々の理由により、著者のホテル客室価格管理に対する考えは、航空会社のそれとは異なり、極僅かなレベニュー・マネージャーにしか理解されない様な一般の人の理解を超える数学に依存することでもない。

これらとは反対に、我々の示す手法は基本的概念に基づき、現実的な手法として優れたものであると確信している。最も重要な点は、顧客中心主義に基づいて設計され、実施されることだ。顧客中心主義とは、ホスピタリティー産業外部の専門家がホテルのレベニュー・マネージャーから最適な価格設定方法を質問され、微分方程式の適用を主張することとは全く別である。

ラック・レート

第2章で、効果的な価格とは概念で、単なる数字ではない、と学んだ。宿泊産業のレベニュー・マネージャーは、最初にラック・レートを設定することにより、客室の購買者に対し、価値の提案を行う。ラック・レートとは、顧客が客室を購入する時に、如何なる割引も適用しない価格のことである。小売業では一般的に正価（List price）と呼ばれている。経験のあるレベニュー・マネージャーはホテルのラック・レートの管理について知っているが、これは小売業の正価の管理より遥かに複雑である。

ラック・レートの設定方法は別として、ラック・レートが適切であるかどうかについては、絶えず評価検討し、必要に応じて修正されなければならない。第9章ではどの様に行うかを学ぶ。レベニュー・マネージャーはラック・レートや、割引価格をレート・コードの形でCRSやPMSに記録する。一般的なホテルでは、ラック・レートは一つではなく、様々な数のレートが設定される。表7.8は表7.4で紹介した海岸に面したホテルの様々な種類の客室に設定されたラック・レートを示している。

レート・コードは価格管理と予約管理の簡素化のために用いられる。例えば、レベニュー・マネージャーがある土曜日のKPを全室ラック・レートで販売すると決めたとする。予約担当者がその土曜日の価格情報を顧客に伝えるために予約システムを検索すると、$199.99と表示

❖重要な用語❖

レート・コード（Rate code） ホテルのPMSで、施設ごとの特別な客室に付けられる記号で、商品内容と価格を特定することが出来る。別名レート・プラン（Rate plan）とも呼ばれる。

222　第7章　在庫と価格管理

表7.8　海岸ホテルのラック・レート

客室詳細説明	客室コード	レート・コード	レート
1．スタンダード、プール眺望、 　　300スクエアフィート	KP	ラック	$199.99
2．スタンダード、プール眺望、 　　300スクエアフィート	DDP	ラック	$199.99
3．スタンダード、オーシャンビュー、 　　300スクエアフィート	KO	ラック	$249.99
4．スタンダード、オーシャンビュー、 　　300スクエアフィート	DDO	ラック	$249.99
5．ジュニア・スイート、オーシャンビュー、 　　小応接室、ＴＶ2台、400スクエアフィート	JKO	ラック	$299.99
6．ジュニア・スイート、オーシャンビュー、 　　小応接室、ＴＶ2台、400スクエアフィート	JDDO	ラック	$279.99
7．グランド・スイート、オーシャンビュー、 　　大応接室、ＴＶ2台、600スクエアフィート	GKO	ラック	$399.99
8．グランド・スイート、オーシャンビュー、 　　大応接室、ＴＶ2台、600スクエアフィート	GDDO	ラック	$389.99
9．グランド・スイート、オーシャンビュー、 　　大応接室、ＴＶ2台、600スクエアフィート、 　　VIPフロア	GKOV	ラック	$499.99
10．グランド・スイート、オーシャンビュー、 　　大応接室、ＴＶ2台、600スクエアフィート、 　　VIPフロア	GDDOV	ラック	$499.99

この表で示した7種類のラック・レートがCRS、PMSに登録され、管理されている。

される。レベニュー・マネージャーは他の種類の部屋について、その土曜日にラック・レートで販売するかどうかを決めるか否かは分からない。複数の種類の客室を持つホテルのそれぞれの客室に対する需要はまちまちなので、レベニュー・マネージャーがある特定の日にある部屋はラック・レートで販売し、ある部屋は値引きする、またある部屋はラック・レートより高額で販売することは珍しいことではない。これらは、売上最適化の基本原理であるが、次の点を注意することが重要だ。

　　レベニュー・マネージャーは可能な限りラック・レートでの販売に努めなければならない。

　ラック・レートで設定された部屋は値引き販売されない。レベニュー・マネージャーが値引きなしのラック・レートで販売したいと考えるのは当然と思われる。しかし、何故正確にそうしなければならないかについて疑問を持つ人がいるかも知れない。顧客中心主義のレベニュー・マネージメントは、ホテルの顧客が第一となる。ここで思い起こさなければならない

ことは、価格は売主側が考える概念と価値の提示である、ということだ。これが事実である限り、ホテルのラック・レートは明確に顧客に次の様に伝えられなければならない。

「私どもは、このラック・レートは、商品の真の価値を表していると確信しています。」

ラック・レートは、ホテルが客室の価値をいくらである必要があるということではなく、いくらの価値があると希望することでもなく、又はどれだけの価値を期待するということでもない。面白いことに、売上に対する必要、希望、期待と言う概念はホテルのオーナーや経営者のものであるが、あなたは、部屋の価値を決めるのは購買者であることを学んだはずだ。これが事実だとすれば、部屋の価値が時間により、日により、週により変化することは、商品が変わらない限り現実的でない。常にラック・レートをいじるレベニュー・マネージャーは、顧客の評価ではなく、顧客の需要をもとに変更していると言わざるを得ない。

業界で認知されている需要追随価格は、顧客の客室に対する需要の増加が、客室価格の値上げを容認すると言う論理的根拠に基づいている。この考えは、需要の強い時期に彼らにとって合理的であっても、顧客にとっては正しくない。その結果、業界は需要の低迷した時期に、その概念に対する大きな代償を支払うことになった。例えば、2008年、2009年の景気低迷局面では、アメリカのホテル需要は激減した。稼働率は8％から10％減少し、客室レートも同程度下落した。業界では2007年の水準に戻るまで4年必要、即ち2012年までかかると予想した。この様な価格の激しい振れは他の産業では見られないし、回避不能ではない。最も良い例は、需要に基づいて価格を変動させないレストラン業界の価格政策が証明している。

第5章で学んだ通り、短期的な需要増に対応し、価格の値上げを実施する売主は、全ての購買者、宿泊産業を含む全ての産業から嫌悪され、疑念をもたれ、抵抗されることは避けられない。

ラック・レートで販売する場合の顧客への影響について、追加して述べると、レベニュー・マネージャーにとって重要なことは、明確な理由なしにラック・レートを値下げした場合、ホテルの従業員に直接否定的な影響を及ぼすことになることを認識しなければならない。ラック・レートの値下げは、顧客に提供する客室に関するオーナー自身の評価が下がったことを、ホテルの従業員に対し明確に伝達する結果となる。アメリカのホテルの約80％が150室以下と言ってよい。これらの規模のホテルでは、相当数の予約がフロント・デスクの従業員により取扱われている。レベニュー・マネージャーの中には、ある特定の客室を、ある日 $199.99 で販売し、翌日 $159.99 に変更し、その次の日は $209.99 で販売することについて、フロント・デスクの従業員を指導する困難や合理的な説明を無視し、軽んじる人がいる。またあるレベニュー・マネージャーは、多くの予約はインターネットで入るので、フロント・デスクの従業員の態度は重要ではないと信じている。あなたにとって重要なことは、ホテルの従業員の意識に全く影響を与えずに客室レートを頻繁に、激しく変更出来ると考えているレベニュー・マネージャーは、そのことが従業員の行動に与える影響を全く理解していないということを知らなければならない。ラック・レートの値下げは、レベニュー・マネージャーが元々設定した価値の提案に対して全く誠実でないことを、明確に従業員に伝える結果になる。彼らは、この言葉を思い出す必要がある。

224　第7章　在庫と価格管理

「私どもは、このラック・レートは、商品の真の価値を表していると確信しています。」

　真にこの文章が本当なら、レベニュー・マネージャーはラック・レートの値下げを、決して従業員に伝えるべきではない。従業員はラック・レートで、一切値下げなしに販売し、施設の売上最適化に貢献するために熱意を持って結集した人達だ。宿泊産業全体にとって、需要が低迷した時に、顧客に間違ったメッセージを伝えてしまうと、価格を正常な水準に回復させるまで、大きな困難を伴う結果となる。

ラック・レートの値下げ

　常にラック・レートで客室を販売することが最も望ましいことではあるが、既に学んだ効果的な階層価格戦略の実施は、別の形に加工した商品を別の価格で販売するだけではなく、同じ商品を異なった市場分野に対し、それぞれの市場の支払い意欲に見合った、異なった価格で販売することを意味する。この理由から、ラック・レートよりも下回った価格で客室を販売することは間違いでなく、完全に理にかなっていると言える。例として次に示す状況では、効果的な価格戦略はラック・レート以外の金額が適正であることを示している。

- ●顧客の宿泊日数が値下げを相殺する場合。例えば、21日間連泊する顧客に対し、1泊しかしない企業契約の顧客より低いレートを適用することは理にかなう。仮に連泊の顧客の比率が高い場合、例えば別のレート・コード（Extended Stay を EXT とする）を設定し、販売することも可能だ。表7.9は、どの様に EXT が実施されるかを示している。この例では、EXT と呼ばれるラック・レート以外のコードが開発されている。
- ●顧客の宿泊日の中に1日以上の稼働率最低日が含まれている場合。例えば週末は宿泊客が少ないホテルで、金曜日に到着する顧客が2泊する場合、火曜日に到着して2泊する顧客より低いレートを適用することも合理的である。
- ●多くの客室数を予約する場合。150室3泊の団体予約をする購買者（合計延べ450室）に対し、1室3泊の予約をする顧客よりも低いレートを提供するケース。
- ●購買者が特別な資格を有している場合。例えば2泊の滞在を向こう25週間続ける顧客に対し、2泊滞在を1回だけ予約する顧客より低いレートで提供することは合理的である。
- ●収入総額が値引きを相殺する場合。例えば政府関連機関が研修のために3泊100室予約するが、同時に毎日3食の食事を、研修受講者のために注文する。この場合、3泊100室の団体予約で、飲食なしの購買者より低いレートを提供することは理にかなう。

これらラック・レート以外の客室販売例は、3つの重要な価格管理の概念を示したものだ。

1. ラック・レート以外の商品と価格を表示するレートは必要に応じ、レベニュー・マネージャーが第4章で学んだが次の1つ以上の階層価格戦略を実施する場合に設定される。
    - ●顧客の特性
    - ●場所（客室の位置）
    - ●時間
    - ●量
    - ●流通経路
    - ●商品の改造

価格管理　225

表7.9　海岸ホテルの延泊レート

客室詳細説明	客室コード	レート・コード	レート
1．スタンダード、プール眺望、300スクエアフィート	KP	EXT	$169.99
2．スタンダード、プール眺望、300スクエアフィート	DDP	EXT	$169.99
3．スタンダード、オーシャンビュー、300スクエアフィート	KO	EXT	$219.99
4．スタンダード、オーシャンビュー、300スクエアフィート	DDO	EXT	$219.99
5．ジュニア・スイート、オーシャンビュー、小応接室、ＴＶ２台、400スクエアフィート	JKO	EXT	$269.99
6．ジュニア・スイート、オーシャンビュー、小応接室、ＴＶ２台、400スクエアフィート	JDDO	EXT	$269.99
7．グランド・スイート、オーシャンビュー、大応接室、ＴＶ２台、600スクエアフィート	GKO	EXT	$369.99
8．グランド・スイート、オーシャンビュー、大応接室、ＴＶ２台、600スクエアフィート	GDDO	EXT	$369.99
9．グランド・スイート、オーシャンビュー、大応接室、ＴＶ２台、600スクエアフィート、VIPフロア	GKOV	EXT	$409.99
10．グランド・スイート、オーシャンビュー、大応接室、ＴＶ２台、600スクエアフィート、VIPフロア	GDDOV	EXT	$409.99

- ●包括価格
- ●支払い条件

2．レート・コード毎の価格種類は統一する必要なし。海岸ホテルのラック・レートは７種類であったが、EXT に含まれる価格は５種類である。

3．レート・コード記号で表現される商品の価格は、従業員に分かりやすく設定しなければならない。それらは、購買者にも容易に説明出来なければならず、また、ある顧客にそのレートが適用されたことを別の顧客が知った場合、別の顧客との条件の相違を容易に説明できるものでなければならない。

ホテルによっては、レベニュー・マネージャーとレベニュー・マネージメント・チームが数十ものレート・コードを開発し、その結果客室レートは数百にも達してしまう。残念だが様々な理由でその様になってしまう。あるレート・コードはホテルのフランチャイズから指示される場合もある。例えばレート・コード AAA はアメリカ自動車協会の会員に特別に適用されるレートを示す。幾つかのチェーンで AAA は指定されている。このレートの使用はフランチャ

226　第7章　在庫と価格管理

イズで決定されてしまうが、実際の金額は参加の個々のホテルのオーナーやレベニュー・マ
ネージャーが決定する。決してフランチャイズの本部が個々の金額を決める訳ではない。別
の例として、割引率の適用を定めたレート・コードも存在する。例えばアメリカ退職者協会
AARP の会員は、フランチャイズの傘下のホテルでラック・レートの10% 割引を適用される。

　また、別の例として、購入者がホテルと契約レートや協定レートを約束した場合、それらの
レートを記号で指定し、ホテルの PMS や CRS に反映することを希望する。それにより、契
約レートや協定レートの客室在庫を知ることが可能となり、必要な予約が実行できる。従って
沢山の契約レートや協定レートを有するホテルはレート・コードが夥しい数となる。

　特別な商品を見分けるためにレベニュー・マネージャーが特別なレート・コードを設定する
場合もある。いずれにしてもホテルは自分のホテルの運営に最も適切なコードに絞ることが肝
心だ。例として、フロリダ州オーランド市のホテルは、宿泊とディズニー入園料をセットにし
たパッケージ商品を開発し、DSNY のレート・コードを付けている。もし、様々な客室種類
がある場合、客室種類ごとの DSNY コードが PMS に登録される。DSNY コードがニューメ
キシコのホテルで使われることはないだろう。ニューメキシコのホテルは、それにふさわしい
レート・コードを開発するだろう。多くの宿泊産業のレベニュー・マネージャーにとって次に
示す団体は市場分野として一定の規模を有し、特別なコードを設定する価値があるだろう。

- 州政府職員
- 連邦政府職員（軍人を含む）
- 大手企業
- AAA　American Automobile Association アメリカ自動車協会会員
- AARP　American Association of Retired Persons 全米退職者協会会員
- インターネット予約顧客
- シニア・シチズン
- 週末旅行者
- パッケージ購入者

この一覧は、全てを網羅したものではないが、最低限のレート・コードしか用いない様なホ
テルの価格責任者にとっても、これらのレートが重要な意味を持つことを示している。これら
のレートはすぐにおびただしい数となってしまう。表7.8の海岸ホテルの例を見ても、たった
10種類の部屋のホテルが沢山の個々の部屋のレートを生みだし、おびただしい数の価格を管理
しなければならない結果となることが分かると思う。また、ホテルは客室価格を経費に基づい
て決めるべきだと主張する愚かな単一価格と比較することも理解の助けになる。例えば海岸ホ
テルの例をとれば、10のレート・コードしかなく、それぞれに5つのレートがあるだけとして
も施設のレベニュー・マネージャーは50の価格を管理する必要があり、仮に1年先の予約を受
け付ける場合には、365日×50＝18,250種類の価格を管理しなければならない。次の例を考え
なさい。

- 平均的ホテルが客室種類ごとに異なる客室レートを設定する。
- 平均的ホテルで利用されるレート・コードは協定レートを含めて数十か、それ以上となる。
- 季節変動のあるホテルでは年に1回以上ラック・レートの増減が実施される。

これらから判断し、レベニュー・マネージャーは一般的に数十や数百ではなく、数千から数

十万の価格を年間管理しなければならないことになる。これらの価格が定期的に変更、修正されるとなれば、管理の複雑さは明らかに増加する。その結果、レベニュー・マネージャーの中には、これらの膨大な客室価格を効果的に設定し、膨大な数の客室価格を管理する方法は、先進的な売上最適化システムを利用する以外にないと考え、これこそが道理にかなっていると主張する。価格管理が膨大な作業であることは間違いないが、著者は、単に、この様なシステムの独占的使用が、有能なレベニュー・マネージャーのデータ分析能力や洞察力を凌ぐほど優れたものであるとは信じていない。

　何故ならば、第４章で学んだ通り、顧客中心主義の売上最適化システムにおいて、価格とは、提供する商品の価値に対する売主の観点を代表すべきものである。そうであるとすれば、レベニュー・マネージャーが同じ客室に対し、売主の価値判断を年間数百回、数千回も変更することが現実的だろうか？　あるいは、１週間の内に何度も変更することが現実的だろうか？　答えは明らかに否だ。

　効果的な価格操作は恒常的な客室レートの調整に左右されると信じるレベニュー・マネージャーは、価格操作は購買者の需要の変化に対応した行為で、短期的な売上最大化を目的とする努力であると主張する。しかし、何度も繰り返し述べた様に、如何に経済的合理性があるからと言って、この手法は、顧客中心主義の価格管理には全く効果がなく、当てはまらない。

　航空業界で行われている様な恒常的な価格調整は宿泊産業にとって好ましい手法だと主張するレベニュー・マネージャーはフレデリック・F・ライクヘルド氏（Frederick Reicheld）について良く知る必要がある。ライクヘルド氏は経営に関する研究家で、企業が「献身的な顧客基盤」を求め、それを手に入れ、維持する方法を研究した。ライクヘルド氏の著書は、ハーバード大学のビジネス・スクール出版から発行されている。アメリカにおける贔屓客（Customer Loyalty）の維持に関する研究の第一人者であるライクヘルド氏の有名な著書に次の言葉がある。「価格の操作は、顧客の信頼醸成や顧客の利便性向上に役立たない。その様な手法を取らない唯一の航空会社がサウス・ウエストだ。サウス・ウエスト航空は、イールド・マネージメントは、ずるいばかりか、複雑で、維持管理にお金がかかると結論付けた。」

　当然ライクヘルド氏を尊敬するサウス・ウエストのレベニュー・マネージャーは彼らが取るべき独自のイールド・マネージメントを実行している。サウス・ウエスト航空にも運賃種類はあるが、数は少なく、使用制限も少ない。この様な他社との運賃の相違は、明確に顧客に伝えられ、また受け入れられている。例えば、この書物にこの文章が記載された日のサウス・ウエスト航空の運賃はシカゴ発、ダラス行きの２カ月先の便に対し、３種類であった。サウス・ウエスト航空の「出張極秘運賃」（Business Secret Fare）は「いつでも運賃」（Anytime Fare）と比較して片道20ドル高い分、優先搭乗と、片道１杯の無料アルコール・ドリンクが付いている。また、「レジャー旅行運賃」（Wanna Get Away）は「いつでも運賃」より安いが、払い戻しが出来ない。これらの運賃の情報は、サウス・ウエスト航空のホームページ（www.southwest.com）に目立つようにデザインされた運賃比較ボタン（Compare Fare Benefits）をクリックすると表示される。賢明な読者はこの場において第４章で学んだ売上最適化に関する階層価格の形でサウス・ウエスト航空のレベニュー・マネージャーが行った商品の加工（versioning 優先搭乗と無料アルコール飲料）と支払い条件（払い戻し不可）を即座に理解することが出来たと思う。

　これに対して、同日の同クラス、同シティー・ペア（発着空港区間）の便で、サウス・ウエス

228　第7章　在庫と価格管理

ト航空と競合関係にある航空会社のウェブサイトを見ると、商品の相違はなく、提供される
サービスや支払い条件が同じにも関わらず、4種類もの運賃が掲載されていた。面白いことに、
4種類の運賃が存在する理由については何も触れられていない。翌日になって、各航空会社の
ウェブサイトを閲覧すると、サウス・ウエスト航空の運賃には一切変更がないが、他社の運賃
は平均2ドル変動していた。この変化はレベニュー・マネージャーが前日の晩、その便の価値
に変化が生じたと感じた証拠である。これら少額の変更は昨晩のコンピュータの需要予測結果
を反映したものに相違ない。需要予測の正確性が進歩していることは間違いないが、どちらの
価格手法が顧客の信頼を勝ち得る運賃政策であると考えるか？

　多分宿泊産業のレベニュー・マネージャーが、サウス・ウエスト航空のレベニュー・マネー
ジャーから価格設定に関して学ぶ点は次の二つだと思う。第一に、顧客（及び従業員）は会社の
価格を理解できなければならない。第二は、顧客の欲求不満、疎外感、失望を買う様な売上の
拡大努力は、どの様な事業においても長続きしない。この様な望ましくない売上の達成は、顧
客中心主義のレベニュー・マネージメントの目指す目標ではない。宿泊産業でホテルの客室の
価格を管理し、売上の最適化を目指すレベニュー・マネージャーの価格管理手法は次の様に要

RMの報道記事　7.2　あなたは政府関係者で、私どもは、あなたをお手伝いします。

　ホテルのフロント・デスク経験が乏しいレベニュー・マネージャーは、新たなレート・
コードの導入にまつわる現場の混乱を軽視する傾向がある。特別な市場分野を開拓するた
め、基本的な「政府」レートを実施するレベニュー・マネージャーを考えなさい。政府レー
ト（Government room rate）は普及しており、見分けやすい団体を基にした階層価格設定の事
例だ。この例では、レベニュー・マネージャーがGVTと言うコードを設定し、ホテルの
客室種類毎に適切な客室レートを決定する。レート・コードはホテルのCRSやPMSに登
録される。新レートの設定がFOM（フロント・オフィス・マネージャー）に伝達される。レベ
ニュー・マネージャーの立場としては、ここまで順調に進んでいると考えている。

　ところが、フロント・デスクでは混乱が蔓延している。フロント・デスクの従業員の中
には、どの顧客がGVTレートに該当するのか、判断がつかない人がいる。連邦政府の職員
は間違いなく該当すると思う。軍も連邦政府だが、個々の軍人は皆該当するのだろうか？
例えば、軍を退職した人は該当するのか？　退役軍人はどうなのか？　州政府の職員はど
うなのか？　郡の職員は該当するのか？　市の職員は？　警察官は？　消防士は？　政府
に臨時に雇用された草刈りの人や、建物の塗装職の人は該当するのか？　また、それらの
家族は該当するのか？　政府の職員は一人1室まで予約が出来るのか？　一人2室まで
か？　一人10室は可能か？

　更に重要なことは、GVTレートを自分が所属する政府機関の日当（Per diem）と同義語だ
と信じている顧客をどの様に取り扱うのか？　もし、あなたがフロント・デスクの仕事の
経験があれば、これらの問題は直ぐに理解できるだろう。日当は政府機関により、まちま
ちである。この問題に確信がなければ、www.gsa.govを検索し、日当（PER DIEM RATES）
を参照しなさい。ここで、連邦政府の職員が宿泊した地域ごとに、いくらまで宿泊料を払
い戻すか知ることが出来る。それでは、州政府の職員に対しても同じ条件が適用されるだ
ろうか？　それについては同じ場合もあるかも知れないし、そうでない場合もあるだろう。
それでは、郡や市の場合はどうだろう。多分同じとは思われない。

　この様な混乱はGVTレートの実施に限った事なのだろうか？　残念ながら、他のコード
でも存在する。

約される。

> 「最大限、ラック・レートで販売する客室の数を拡大する。完売を目指すためには、容易に説明が出来、弁護出来る割引レートを提案する。また、需要予測が強い時には、割引販売を中断し、適切な滞在制限を設ける。」

この手法の最終結果は、ADRの増加と言う売上の最適化が達成される一方、ラック・レート調整が最小化される。レベニュー・マネージャーの値引き販売を開始する判断と中止する判断が正しいか否かと言う評価は、定期的に実施可能であり、また実施されなければならない。詳細については第9章で学ぶことにする。

特別行事レート（Special event rates）

常日頃はラック・レートを最大限尊重しているレベニュー・マネージャーも、時として圧倒的な強さの需要に対して、一時的にラック・レートを変更することがある。例としては大きな行事に対応したレートで、ニューオルリンズのマルディグラやインディアナ州のインディアナポリス500マイルレース、また、絶えず場所が変わるが、春休みの大学生の訪問地で混雑するホテルの対応は道理にかなっている。

多くのレベニュー・マネージャーにとって**特別行事レート**の設定は、その地域の比較的大きな規模のスポーツ・イベントやコンサート、祭り、卒業式、会議、休日等、必ず満室になる特別な期間に実施するものだ。特別需要の高い期間に特別行事レートを設定することは、顧客の支払い意欲も高まることから、既にレベニュー・マネージャーの仕事は販売価格を購買者の支払い意欲に釣り合わせることと学んだ通り道理にかなっている。この点が本書の中心議題となる。しかし、この理論的根拠は、全ての高い需要に対し常に適用されるべきものではない。

押し寄せるハリケーンから逃れるフロリダ州の住民から、ラック・レートの3倍を取るべきだと主張するホテル事業者はいない。ホテル事業者はハリケーンだけではなく、様々な脅威から逃れるため、3倍でも支払う意欲と能力を持つ人々を目にすることはあるが、まさか3倍の料金を取るべきではない。念のために指摘しておくが、もしその様な高額な水準の料金をとったホテル業者があったとしたら、彼らはフロリダ州消費者保護法や公益に反する行為と見做され、州政府の役人に訴追されることとなる。

非常事態を除いては、レベニュー・マネージャーが自由に、ほぼ青天井で特別行事レートを設定することが出来る。しかし、往々にして見過ごされることだが、説明のつかない高額なレートの設定は、単に個人の顧客の懐を痛めるだけでは収まらない。卑近な一例を示すと、ある中規模の都市のCVB（地域振興協会）職員が、努力の結果初めて大規模な行事を誘致したとする。行事の主催者側は、CVBの職員の売り込みのプレゼンテーションで約束されたCVBの

❖重要な用語❖

特別行事レート（Special event rate） 客室需要が極めて高い1日または数日を通常のラック・レートより高めに設定すること。レベニュー・マネージャーによっては、プレミアム（Premium）・レート、プレミアム・ラック・レート、スーパー・ラック・レートと呼ばれる。

230　第7章　在庫と価格管理

歓迎やホテルの対応に満足を示した。ホテルも同様に喜んだ。喜びすぎた結果、ホテルのレベ
ニュー・マネージャーの中には、即座に行事開催期間中のレートを通常の2倍に引き上げた。
この新設された特別行事レートは、新たに誘致した行事のため、需要予測が急騰したことから、
正当化された。ところが、新たに設定された特別行事レートに対する行事主催者の反応はどう
かと言えば、容易に想像できたことだが、全く否定的であった。

　場合によっては、ある一定期間の特別行事レートの設定は是認されている。この場合、通常
のラック・レートを上回ることは当然だが、通常料金に対して何パーセントまでが容認される
かの判断は難しい。レベニュー・マネージャーによっては、通常需要の低迷する間、ラック・
レートを拒否する多くの顧客による収入減を、行事で需要が強まる期間に適用する特別レート
で取り戻すチャンスだと考える人もいる。彼らは、低い料金しか払わない通常時の顧客の収入
を相殺し、ホテル全体のRevPARを強化するためには、特別レートを極力高く設定すること
が当然だと主張する。この理論を注意深く考えれば、ラック・レートを拒否する一部の顧客の
支払いを特別期間の顧客に支援させる戦略とも考えられる。同時に、必要以上に高額な特別行
事レートを支払う人々から、お金を巻き上げる結果になってしまう。

　特別行事レートを、顧客が耐えうる限界まで2倍でも3倍でも引き上げることがホテルの
オーナーに対する義務である、と主張するレベニュー・マネージャーは、同時に、それが顧
客中心主義に則っていると言うだろう。しかし、顧客中心主義はレベニュー・マネージャーに
とって外部の支持者である顧客と同時に、内部の支持者であるフロント・デスクの従業員に受
け入れられなければならない。これを実行することは見た目ほど容易ではなく、見た目も容易
ではない。

　著者は、「顧客が耐えうる限界まで額を上げる」（what the market will bear）価格設定概念を合
法だと考えている多くのレベニュー・マネージャーにとって、彼らがこれを客観的立場で考え
ることは困難なことを知っている。彼らに説明し、理解してもらうために、あなたが、小さな
町のヘア・サロンのオーナーのコンサルタントだと仮定する。サロンは4席で、通常若い女性
の整髪を40ドルで行っている。地元の高校の3年生のダンス・パーティーが来月に迫っている。
サロンのオーナーはコンサルタントのあなたに、ダンス・パーティーのある土曜日の整髪需
要は、通常の土曜日に比較して軽く5倍の需要がある、と説明した。サロンのオーナーは、仮
にその土曜日の整髪料を120ドルに値上げしても、裕福な家族は喜んで支払うため、女子高校
生達で4席全て売り切れるだろうと信じている。結局、ダンス・パーティーは特別行事であ
り、サロンの顧客も当日の値上げを理解するに相違ないと、サロンのオーナーは主張した。サ
ロンのオーナーは「私の顧客は、当日の値上げは当然だと思うに違いない。」と言った。そこ
で、サロンのオーナーはあなたに、当日の土曜日の予約を申し込む顧客に対し、値上げの正当
性を共有できる説明文を作成する様、依頼した。

　仮に、あなたがダンス・パーティーに出席する顧客に対するオーナーの新価格案をどの様に
説明したらよいか、一瞬戸惑ったとしても、それはあなた一人ではない。これを読んでいるレ
ベニュー・マネージャーの中には、一時的な需要の増加に対し、客室のラック・レートを上げ
ることを制限する様な道徳的考えを排除する人もいるだろう。彼らは、売上最適化の基本概念
は、特別な市場を選別し、ホテルの客室を欲している顧客に、適切な価格で適切な客室を提供
することだ、と主張するだろう。意見の相違は、「適切な価格」についての定義に要約される。

滞在制限　231

> ### RMのウェブサイト　7.3
>
> 　団体予約業者の購買技術は進歩を続けている。先ず、レベニュー・マネージメント意思決定の導入効果があげられる。例として次を参照しなさい。http://www.realtor.org
> 　次に会議・展示会（Meetings and Expo）を検索。次にホテル・レートを検索。
> 　ここに表示されるホテルの客室レートは全国不動産協会の会員が使用を認められている。このレートは、ホテルが、協会の年次会議に出席するメンバーに請求可能な客室の最高額を示している。この協会との取引を望むホテルは、自由にレートを設定できるが、仮にウェブサイトで示した金額を超える場合は、その理由を十分説明できる準備が必要だ。
> 　今日、ホテルの客室を購買する側も、ホテルの価格設定について良く知っている。従ってレベニュー・マネージャーの側も、顧客に関する理解を深める必要がある。

　価格設定に関する決断は、顧客の信頼を構築し、信頼を損なわない水準で、長期的な収入増を目的に、顧客中心主義の立場で行われなければならない。

　勿論、持続する需要増に直接対応し、ラック・レートを値上げすること自体、合法であり、且つ顧客中心主義に反するものではない。何故なら、客室を購入希望する顧客の数が増え、支払い意欲が高まる結果、顧客主導で実施されることであるからだ。この様な場合には、顧客の側から、あなたのホテルの客室はもっと価値がある、と言うだろう。しかしながら最高のレベニュー・マネージャーは、全く同じ商品を一時的な需要の増加で値上げすることは、常に誤った考えだと知っている。その代わりに、需要が強い時期に、提供する商品を強化し、その結果、顧客が通常利用する商品やサービスよりも価値があると受け止めることにより、価格の上昇を正当化する。この手法は価格管理戦略として評価され、ホテルの従業員や顧客にも理解され、その上、著者も全面的に支持するものである。しかし、更に言えば、一時的な強い需要予測に対し、直ぐに高額な特別行事レートを適用するのではなく、適切な**滞在制限**を導入することが売上の最適化にとって優れた手法である。

滞在制限

　仮にラック・レートの値上げは、需要の増加が持続する場合にのみ可能であるとしたら、仮に値下げは特別な市場分野に限定されるべきだとしたら、また仮に特別行事がラック・レートの膨張を正当化する理由としては認められないとしたら、この様な場合レベニュー・マネージャーは在庫と価格の管理を利用し、どの様に売上最適化を実現できるだろうか？　答えは、多くの場合、計算しつくされた滞在制限の導入である。

　滞在制限を売上の最適化に活用する手法を深く理解するため、次の300室のホテルで働くレベニュー・マネージャーを考えなさい。30日後の週末、このレベニュー・マネージャーはホテ

❖**重要な用語**❖

滞在制限（Stay restrictions）　到着日、出発日、最短宿泊数等に関する滞在期間規則。滞在管理とも呼ぶ。

232　第7章　在庫と価格管理

図7.10　300室のホテルの販売可能客室数予測

	金曜日	土曜日	日曜日
販売可能客室数	180	45	250

ルの PMS のデータを分析し、表7.10に示す通り、販売可能な客室数を計算した。

　このケースでは、土曜日の需要が最も強く、金曜日は需要が弱く、日曜日は更に弱い。レベニュー・マネージャーの中には、疑問の余地なく土曜日の残室を値上げする、と考える人がいる。更に経験を積んだレベニュー・マネージャーは、滞在制限を導入する。どの様に行うかというと、土曜日に MLOS（Minimum length of stay）最低滞在日数を付帯させるか、CTA に指定する。

　この場合、ホテルは土曜日の宿泊料金を値上げせず、その代わり、土曜日は最短2泊でしか予約を受け付けない制限（MLOS）を設ける。これにより、土曜日に到着する顧客は日曜日を含む2泊以上連泊することを了承する。土曜日1泊しか予約しない顧客は、受け付けない。土曜日に到着する顧客のなかで、2泊以上する人にしか販売しないことが可能となる。（土曜＋日曜、金曜＋土曜）

　この場面ではホテルは土曜日の晩、販売可能な客室は45室しか残っていない。レベニュー・マネージャーは、土曜の晩、1泊のみ宿泊希望する顧客に較べ、2泊する顧客の比率が少ないことは分かっていたが、ホテルは2泊以上希望する顧客にのみ販売することで、残室全て完売可能との信念に基づいて在庫と価格の決断をした。また、別の宿泊制限として、土曜日を CTA に指定することで、土曜日に到着する顧客の予約を排除して、金曜から2泊以上滞在する顧客を優先する。MLOS を頻繁に活用するレベニュー・マネージャーは CTA を限定的にしか使用しない。何故ならば、土曜から30日滞在する顧客があっても、CTA では拒否してしまう危険が潜むことになる。勿論、その様なケースはどのホテルでも受け入れるが、厳密に CTA を運用すると、その様なケースを排除してしまう。

　MLOS、CTA、最長滞在日数等、様々な滞在制限に加え、支払い条件等も売上最適化戦略に活用される。これらの制限事項が更に効果を増すために組み合される事例を次に示す。インディアナ州サウス・ベンド市のマリオット・ホテルの価格見積もりを考えなさい。このホテルでは、地元のノートルダム大学とミシガン大学のフットボールの試合がある極めて需要の強い日がある。通常は1泊199.99ドルだが、特別行事レートには、宿泊制限、支払い条件等が分りやすく強調されている。如何にマリオットのレベニュー・マネージャーが商品の強化（歓迎パーティー、無料プログラム）、特別行事レート、滞在制限、支払い条件を組合せ、特別多忙な週末の売上最適化を行うかが示されている。たとえ、組合が組織されていて、簡単にサービス・レベルを組合との交渉なしには強化出来ない場合でも、サウス・ベンドの様な創造的なレベニュー・マネージャーは、顧客を楽しませる商品の強化を工夫することが出来る。

❖重要な用語❖

CTA、チェックイン制限日（Close to arrive）　指定された日からの滞在を認めないこと。当日到着を認めないこと。

ラック・レートを維持すべき時、値引きが必要な時、滞在制限や支払い条件、特別レートを活用する時の判断は、ホテルのレベニュー・マネージメント・チームのメンバーで十分議論すべき問題だ。何故なら、多くの場合、実際の当日あるいは一定期間の客室需要は、明確に分からないが、いずれにしても前もって予測しなければならない。これは、特に1回限りの行事や地域開催がはじめてのケースで顕著で、客室需要に強い影響を与えることは確かだが、どの程度の影響があるかは、やってみないと分からない。

インディアナ州サウス・ベンド市、マリオット・ホテル
ノートルダム大学　対　ミシガン大学　フットボール試合日

Marriott.com $469.00 plus $60.97 taxes　King Bed Room or Double Double Bed Room
見積総額　$529.97（1泊）
商品内容：金額は1泊分表示。最低金曜日と土曜日の2泊宿泊要。
ロビーでの歓迎パーティー招待と無料パンフレット（フットボール・プログラム）提供。
到着30日前の宿泊日数分の事前デポジット（前払い）が必要。
デポジットは到着30日前にホテルに引き落とされる。
デポジットは到着30日を切ると返却不可。
2泊から1泊に予約変更された場合、デポジットは返却しない。
到着（チェック・イン）は午後3時。3時以前のチェック・インは受け付けない。
一人3室まで予約可。

RMの報道記事　7.3　価格管理。事後値上げ。

　もし、販売可能客室を完売してしまったホテルが、その後、需要が極めて強いことを知り、本来の売上最適化がなされなかったとして、後から値上げすることが出来るか、または、その様な事後の行為は法律で規制されているか？

　これは実際に起こった話である。全国高校ロデオ大会最終日で需要が極めて強く、小さな郡で開催されたため、更に宿泊できない1万人がホテルを求めた。新聞記事によると、最初通常料金で予約した顧客が、ホテルに到着すると、恐ろしいほどの金額に値上げされていた。その結果は？

　価格搾取の申し立てでホテル・チェーンの捜査が行われた。ある顧客はロデオの何カ月も前に予約した時に確認した金額より数百ドル高い支払いを請求された。これに対し、地元のデイズ・インとロードウェイ・インの経営者は、客室需要が高騰したので、稼ぎ時を狙い値上げした、と言った。

　アイダホ州から訪れた顧客は、最初の見積もりより、1泊231ドルも余計に請求された、と言った。その顧客は、年初に予約した時その金額を請求されたら、払ったかもしれないが、後になってレートを上げて巻き上げるべきではない、と言った。デイズ・インとロードウェイ・インのフランチャイズ本部は、傘下のホテルが取った行動を調査する、と発表した。

　レベニュー・マネージャーは、ある合意されたレートで予約を受ければ、法的に契約の成立と見做されることを認識しなければならない。契約条件を事後に変更しようとすれば、当然顧客だけでなく、フランチャイズの本部からも強い拒否反応を受けることになる。

在庫と価格管理の基本理念

　全てのホテルに当てはまる在庫と価格管理の原則を定義することは困難だ。ホテルはそれぞれ違い、それぞれの市場も異なる。その上、ホテルのオーナーの事業運営哲学も大きく相違する。これらの制約があるものの、レベニュー・マネージャーが在庫と価格管理に関わる決断を行う上で参考となる基本原則がある。議論を活性化する目的ではあるが、我々とは違う考え方のレベニュー・マネージャーから怒りを買う恐れも覚悟し、読者に我々と一緒に、我々と同じにではなく、考えてもらうために、それぞれの施設において、顧客中心主義の売上最適化計画を実施、予測するレベニュー・マネージャーの指針となる12の基本原則を提示する。

在庫と価格管理の12原則

1. 施設で使用する客室の論理コードを最大化し、レート・コードの使用を最小化する。
2. 客室在庫に影響を与えるホテルと仲介業者である販売協力会社との情報共有の欠落を注意深く監視し、間違いを最小限に抑える。
3. 顧客到着時のアップセルを強力に実施する。
4. 在庫に影響する団体契約と団体契約でブロックされる客室の在庫状況を絶えず注意深く監視する。
5. 需要の強い日程に関しては、特に完売を確実にするための意図的な売り越し（Over sell）は避けて、その代わりに支払い条件を設定する。（払い戻し不可、前払い等）
6. 購買者の行動を基にラック・レートを設定し、ラック・レートの予約は常に受けつける。（ラック・レートでの販売停止を行わない。Rack rate never close out）
7. 健全な階層価格戦略により、複数のラック・レートの割引を設定し、柔軟に対応する。
8. 特別行事レートを設定する時は、商品とサービスの強化を行い、値上げを顧客だけでなく、従業員にも納得させる。
9. 需要予測が非常に強い場合は、割引レートの販売を中止して、適正な滞在制限を設定する。
10. 従業員が顧客に全ての客室の種類やレート・コードを説明出来る様、効果的な従業員教育制度を設けて、実施する。
11. 競合他社分析を通じて、ラック・レートの最適化を常時監視し、レートの上方修正を行う。（競合他社分析については第9章で詳しく述べる。）
12. GOPPARを最大化するため、流通経費の最小化をはかる。

　1から11までの原則については、本章で学んだ内容でもあり、容易に理解できたと思う。最後の原則はレベニュー・マネージャーにとって極めて重要である。事実、流通経路管理はGOPPARの最適化にとって決定的であり、ホテルの利益率を左右するため、第8章全体を重要な流通経路のテーマに捧げる。

重要な用語

■客室在庫（Rooms inventory）　■ダブル・ダブルベッド・ルーム、大型ベッド２台部屋（DD room）　■販売締切（Close out）　■ルーム・コード（Room code）　■貴賓階（Concierge floor）　■客室担当責任者（Executive housekeeper）　■アップグレード、格上商品提供（Upgrade）　■寝台構成（Bed configuration）　■在庫の即時更新（Real time inventory update）　■インターフェース、電子接続（Interfaced）　■第３者再販業者（Third-party resellers）　■アップセル、増販（Upsell）　■トップ・ダウン、上級商品優先販売（Top down）　■ボトム・アップ、下位商品から順次販売（Bottom-up）　■減耗（Attrition）　■団体履歴（Group history）　■最多宿泊日（Peak night）　■主催ホテル（Host hotel）　■ブロック開放日（Cut-off date）　■契約レート（Contract rate, room）　■協定レート（Negotiated rate, room）　■ホテル裁量（Run of the house）　■全室提供（Last room available）　■運用除外日（Blackout date）　■代替ホテルへの送客（Walked）　■功利主義（Act utilitarian）　■予約保証（Guaranteed reservation）　■ソーシャル・ネットワーク（Social network, online）　■価格管理（Price management）　■レート・コード、価格コード（Rate code）　■特別行事レート（Special event, rate）　■滞在制限（Stay restrictions）　■CTA、チェックイン（到着）制限日（Close to arrive）

学んだ知識を応用しなさい

1. シェリー・ラマーは200室のキングストン・ハーバー・インのレベニュー・マネージャーだ。インは５種類の客室がある。それぞれの種類の部屋には顧客の評価を反映してラック・レートが設定されている。シェリーは一番高いレートの客室に滞在する顧客にはアップセル出来ないことは分かっているが、他の４種類の客室を当初予約した顧客にアップセル出来ればホテルの売上を改善できると感じている。そこでシェリーは、フロント・デスクの従業員に包括的なアップセルの教育プログラムを開発し、実施した。教育に要した費用はフロント・デスクの従業員８名に対し、一人100ドルであった。アップセル開始の１週間後、シェリーは、従業員が到着した顧客10人に対し、一人にアップセルを成功していることを発見した。ホテルの予約と実利用記録は次の表の通りだ。表を完成させ、シェリーが次の質問に必要な答えを出しなさい。

キングストン・ハーバー・イン　アップセル結果：第１週

ルーム・タイプ	ラック・レート	予約済客室数	予約売上	実使用客室	実売上	差
スペリアー・パーラー・スイート Superior Parlor Suite	$299.99	75	$22,499.25	75	$22,499.25	$0.00
パーラー・スイート Parlor Suite	$249.99	100	$24,999.00	110	$27,498.90	$2,499.90
ジュニア・パーラー・スイート Jr. Parlor Suite	$219.99	125	$27,498.75	140	$30,798.60	$3,299.85

236　第7章　在庫と価格管理

ルーム・タイプ	ラック・レート	予約済客室数	予約売上	実使用客室	実売上	差
デラックス Deluxe	$159.99	250	$39,997.50	275	$43,997.25	$3,999.75
スタンダード Standard	$109.99	450	$49,495.50	400	$43,996.00	-$5,499.50
客室数合計 Total Nights		1000		1000		
売上合計 Total Revenue			$164,490.00		$168,790.00	$4,300.00
ADR			$164.49		$168.79	$4.30
RevPAR			$117.49		$120.56	$3.07

第1週の結果をもとに次の質問に答えなさい。

A．仮に予約通りの客室に全ての顧客が滞在したとしたら、ADRはいくらになりますか？

B．アップセルの結果、実際のADRはいくらになりますか？

C．予約通りの客室に全ての顧客が滞在した場合、総収入はいくらになりますか？

D．アップセルの結果、実際に達成した客室総収入はいくらになりますか？

E．アップセルの結果、増収となった金額はいくらになりますか？

F．アップセルの結果の増収比率を小数点第3位まで四捨五入で表しなさい。

G．第1週は平均的な週であったとした場合、52週にアップセルを展開すると、増収額はいくらになりますか？

2．ポコ・ミラーはハンプトン・インのレベニュー・マネージャーだ。マークはFOMで、ラティシャはDOSMだ。3人全員がレベニュー・マネージメント委員会のメンバーだ。ホテルは175室で、来月退職消防士協会の会議開催ホテルとなる。協会は当初、木・金の晩、90室、1泊99ドルのレートでブロックした。そして、3日間、90室全てが会員によって予約（ピック・アップ）された。現在、会議期間中の3日間の販売可能客室予想は次の表の通りだ。

予約済	木曜日	金曜日	土曜日
退職消防士協会 @$99.00/泊	90	90	90
その他の客室 @$149.99/泊	55	35	45
予約客室合計	145	125	135
残室合計	30	50	40

　協会は3日間のブロック数をそれぞれ20室、契約レートの1泊99ドルでラティシャに追加する様、要請してきた。もし対応可能なら全室使用するが、無理ならば、残りの20人の参加者は通りの先のコンフォート・インに移動させると言っている。ラティシャは追加に賛成で、団体をひとまとめにしたいと考えている。しかし、マークは反対だ。マークは木曜日20室、金曜日40室、土曜日30室をラック・レートの149.99ドルで販売出来ると確信している。マークはその方がホテルのADRが上がると言っている。

学んだ知識を応用しなさい　237

　マークのラック・レートでの販売予測を基に考えれば、ポコは、ラティシャの案をとると客室を完売でき、稼働率の最大化が実現すると考えた。ポコがデータを分析し、次の質問に答えられる様、表を作成しなさい。

	ラティシャの案	マークの案
団体販売客室数	330	270
個人販売客室数	195	225
団体売上	$32,670.00	$26,730.00
個人売上	$29,248.05	$33,747.75
総客室売上	$61,918.05	$60,477.75
稼働率	100%	94%
ADR	$117.94	$122.18
RevPAP	$117.94	$115.20

A．マークの案では ADR がいくらになりますか？

B．マークの案では RevPAR がいくらになりますか？

C．ラティシャの案では ADR がいくらになりますか？

D．ラティシャの案では RevPAR がいくらになりますか？

E．どちらの案をポコに推薦しますか？　また、その理由を述べなさい。

3．トニヤ・ステファニは200室のヒルトン・ガーデンの FOM 兼レベニュー・マネージャーだ。今晩は延泊者が100名と到着顧客が100名の予定だ。彼女は経験から、今晩のノーショーは10％と予測した。到着客の平均レートは199.99ドルだ。トニヤは地域のシェラトン・ホテルと相互に、宿泊客が総客室数を超えた場合、例外日を除き、泊まれない顧客を一人１泊99ドルで受け入れる契約を締結している。今晩は、シェラトンに空室があり、10人までは受け入れると約束した。シェラトンとの往復やホテルの移動にまつわる費用は一人平均15ドルだ。トニヤが10室の売り越しを決めたと仮定して、次の質問に答えなさい。

A．ノーショー関連費用を除き、実際に10人売り越し、10人ノーショーがでたとしたら、結果100％の稼働率となるが、10室のトニヤは売り越しに対し、いくら客室売上を得たことになりますか？　$1,999.90

B．完売したが、ヒルトンに宿泊できない顧客がシェラトンに移された場合の費用はいくらですか？

１人の場合？　$99＋$15＝$114.00

５人の場合？　$570.00

10人の場合？　$1,140.00

C．客室売上と経費の計算に加え、トニヤが売り越しを行うか、あるいは売り越しを行わないか判断する要素として、他に考えられることを最低３項目説明しなさい。

238　第7章　在庫と価格管理

4．ヘイメン一族が所有する300室のヘイメン・ハウスは、地域経済の低迷により、事業が不振である。先月の ADR は $159.00 であった。稼働率は58.5% で、前年同月の65% から下落した。ヘイメン・ハウスの・マネージャー、ビル・ゾラーズと支配人のレベッカ・モーニーは、今月の稼働率も先月同様58.5% で、ADR も $159.00 と予想している。

「去年と比べて稼働率が6.5ポイント下がっている。即ち去年と比べて10% も下がっていることになる。空室を埋めるためには、値引きが必要だ。」とアンドリュー・ヘイメン氏が発言した。「値引きを拡大して、ADR を139ドルぐらいにすれば、販売客室数も増加して、売上も期待範囲に到達するだろう。」と続けた。

アンドリュー・ヘイメン氏が彼の価格戦略を命じたと仮定し、彼が予想した通り、ADR が139ドルになったとする。そこで、次の質問に答えなさい。

A．ヘイメン・ハウスの ADR は何パーセント下落しましたか？

B．先月と今月は共に30日だと仮定する。先月達成した客室売上と同等の売上を確保するためには、ADR139ドルの今月は、何室販売すればよいですか？

C．先月と同額の客室売上を達成するための稼働率は、何パーセントになりますか？

D．何故 ADR の10% 値引きが、同額の客室売上を達成するために10% 以上の稼働率向上を必要としますか？

E．ビルとレベッカがオーナーのアンドリュー・ヘイメン氏の価格戦略に助言をする場合、他にどの様なことが考えられますか？

5．ジョサイア・プレンティスは10軒のマーラーズ・ホテルを経営する企業の副社長兼レベニュー・マネージャーだ。マーラーズは様々なホテルを運営するオーナーと契約している。施設はマリオット、ヒルトン、チョイスの３ブランドを冠している。ジョサイアは売上最適化システムを開発したレベニュー・コンセプト社のセールスマンから商品の紹介を受けた。商品は次の機能を持つ。

●業務出張利用の正確な需要予測　　　●流通経路管理
●客室在庫管理　　　　　　　　　　　●流通経路管理
●団体業務出張管理の改善

あなたがジョサイアだと仮定して、次の質問に答えなさい。

A．レベニュー・コンセプト社と議論するにあたり、システムの結合性、コミュニケーションの接続方式等の問題に関する重要な要素は何ですか？

B．レベニュー・コンセプト社が提供する教育やサービスに関し、重要な項目は何ですか？

C．価格設定に関する基本的概念について議論する上で重要な項目は何ですか？

重要な概念のケース・スタディー

バルセナ・リゾートの FOM アマンダは、次の様に言った。「私がきちんと理解しているか、確認させてください。あなたは、10月の第３週、客室レートを全てラック・レートにして、値

引きを全面的に中止し、契約上値引きを約束していない仲介業者の旅行会社等への引き当て予定の在庫も全て団体のためにブロックする、と言うことですね。」

リゾートのDOSMパムは、「その通りです。」と答えた。「そうしなければいけません。10月に開催される国際学術論文作家協会の年次総会に、ラック・レートで、現在空いている全室提供を提案したところです。」

「その行事は我々の地域の全てを売り切ることができる。当然、団体に提供するレートより低い値段で一般の個人客には販売したくない。」とダマリオが発言した。

アマンダとパムはバルセナ・リゾートのレベニュー・マネージメント戦略委員会のメンバーで、ダマリオが委員会を統括している。彼らは週の会議の最後の議題を話し終えようとしていた。この議題は、パムのチームが、地域の観光振興局が行う地域活動調整事業の一環として、団体予約に応札した案件であった。観光振興局は地域全体のホテルに対し、団体や事業の会議等を誘致する仕事を行っている。パムは観光振興局を通して団体に応札し、ダマリオに団体の年次総会開催期間中の割引広告を一切出さない様に要請した。

「もしも我々が値引きの広告を出せば、協会は団体で押えたブロックの客室ではなく、値引きの部屋を予約してしまい、団体契約を取ったとしても、目標の稼働率を達成できなくなってしまいます。」とパムが言った。

「パム、あなたは受注できると思っていますか？」とダマリオが聞いた。

「可能性大です。90%以上の確立だと思います。」とパムが答えた。

「結果はいつわかりますか？」とダマリオが聞いた。

「団体は90日後に結論を出します。」とパムが答えた。

パムの確信に基づいて、ダマリオは、向こう90日間、ホテルは全ての割引レートを取りやめ、年次総会開催期間の在庫を全てブロックする方針を支持した。

しかし、アマンダはその決定に不服だ。

「受注できることを祈ります。90日間も割引レートを取りやめて、その上、在庫の販売を行わずにいて、もしも受注に失敗したら10月の第3週は、もぬけの殻となります。私が言いたいのは、それだけです。」とアマンダが言った。

考慮すべき項目

1．何故アマンダは大会開催期間中の値引きレートの中止に反対なのですか？
2．ダマリオの戦略を実施したと仮定する。協会がパムの提案を受け入れたとしたら、どの様な結果となりますか？
3．ダマリオの戦略を実施したと仮定する。協会がパムの提案を否決したとしたら、どの様な結果となりますか？
4．アマンダが、パムとダマリオの決定に同意しなかったとしたら、レベニュー・マネージメント委員会の将来の成功にどの様な危険が予想されますか？　アマンダやフロント・デスクの従業員全員が積極的に最終結論を支持する様にするのは、誰の責任ですか？

第**8**章

流通経路管理（Distribution Channel Magement）

第8章の構成

流通経路の管理
歴史的観点
ネット ADR 率（Net ADR Yield）
非電子的流通経路
施設（ホテルのフロント）での個人顧客予約
施設の電話予約受付
施設の営業部門による団体販売
CVB　観光振興局
電子的流通経路
CRS（Central Reservation System）
GDS（Global Distribution System）
IDS（Internet Distribution System）
流通経路管理の基本原則

第8章の要点

1．流通経路が売上の最適化に及ぼす影響の説明
2．宿泊産業のレベニュー・マネージャーが行う非電子的流通経路管理手法の詳細
3．宿泊産業のレベニュー・マネージャーが行う電子的流通経路管理手法の詳細

流通経路の管理

　第7章では、市場の差別化を基に適切なラック・レートを設定するため、販売可能客室在庫の評価と階層価格戦略を如何に活用するかについて学んだ。市場の差別化とは、市場全体を、階層価格戦略による様々な価値評価基準にあてはまる個別のグループや区分に分割する工程のことである。この工程は、あなたが市場区分ごとに設定した価格や価値評価基準を適用する対象となる消費者を特定し、対象となる市場区分に最も適切に情報伝達する流通経路を選択する手順だ。その結果、価格にはこだわらない区分の消費者に対し、ラック・レート満額や、特別行事価格の商品を提供する一方、価格に敏感で、低価格の商品に興味を示す区分の消費者に割引価格を提供することが可能となる。

　仮に販売に協力する流通経路ごとに、販売可能客室在庫を戦略的に割り当てることができれば、売上指数の改善が可能となる。流通経路管理とは、レベニュー・マネージャーが様々な販売促進により顧客を特定する工程で、その結果が売上の最適化に現れる。

　第1章では、流通経路とは事業の顧客の源泉、または源泉となる市場との対話の手段であると学んだ。仮に我々が単純な社会にいるとすれば、ホテル事業者が流通経路管理について学ぶ必要はない。レベニュー・マネージャーは単に販売可能客室在庫水準を決め、それらに適正な価格を設定し、あとは、客室を求めて施設に訪れる顧客を待つだけで事足りる。類似した例をあげると、映画館の主人が毎日1回、1本の映画を上映すると決める。映画館の主人は、映画館の座席数を計算し、価格を設定して、チケット販売窓口を開設し、先着順で販売すればよい。人生は単純なものだ。不幸なことに、ホスピタリティー産業のレベニュー・マネージャーにとって、流通経路管理の仕事は、作家、ヘンリー・デイヴィッド・ソロー（Henry David Thoreau）が「単純に！単純に！」と諭す様な単純なものとはならない。

　流通経路管理が如何に複雑かを理解するため、先程の映画館の主人が、チケットを販売する時に幾つかの座席の種類を提供したとする。映画館の豪華な座席は、一般の座席よりも高い値段で販売される。スクリーンが見やすい席は、遠く離れた席より高価で販売される。事実この劇場のなかには沢山の種類の異なった座席が存在する。しかし、一旦映画館が完成すると、座席の種類や座席数を変えることは出来ない。ホテルの場合も、販売する客室は劇場の様々な種類の座席と似ている。

　ある日、映画館の主人は当日のチケットだけでなく、来年のチケットも販売すると決めたと仮定する。また、来年の入場者を増やす目的で、ある特定の顧客に対しては割引チケットを販売することにする。例えば、ある日はシニア・シチズン割引を行う。またある日は、10代の子供に割引する。家族や二人連れを対象とすることもある。

　販売される割引と割引チケットの数は映画が上映される日程と、映画の人気度により変動する。これは映画に出かけるのに都合が良い日と時間、都合が悪い日と時間、また、映画に登場する主演俳優の人気で左右されると言うことだ。需要の強い日に割引チケットを販売しても売上の最大化にはつながらない。しかし、ある種の映画はお客の入りが悪いと予想されれば、映画館の主人は割引券の販売数を増やすと考えられる。この例の様に、映画館の主人は、来年のそれぞれの日ごとのチケットの価格や販売数を効果的に管理するために入念な研究が必要とな

242 第8章 流通経路管理

る。

そこで、チケット販売の最大化をはかるため、映画館の主人は全国にチケット販売窓口を設置する決断をしたと仮定する。最初、全チケット販売窓口に、全映画の来年のチケットをある一定の量だけ割り当てる。その結果、典型的な例だが、ある地域のチケット販売窓口に割り当てたチケットが全て完売した場合、その地域で販売可能なチケットはなくなる。ところが、売り切れてしまってもその販売窓口に更にお客さんがチケットを求めて列をなすことがある。当然映画館の主人は他の窓口で売れ残ったチケットを回収して、売り切れた窓口に回したいと思う。この例では、全てのチケット価格は同一ではない。従って、ある窓口は高額なチケットが売り切れ、その一方で、割引チケットが売れ残ることが起こる。また、別の窓口では割引チケットが売り切れてしまい高額なチケットが売れ残る場合がある。

更に複雑な問題は、ある窓口は映画館の主人が直接経営しているが、ある窓口は別の経営であることも珍しくない。また、ある窓口は様々な映画館のチケットを取扱い、競合する映画館のチケットも販売している場合もある。映画館の主人は、独立系のチケット販売窓口に対する販売手数料を、販売したチケット価格に対し一定の比率で支払うと決めたとする。この比率は当然販売チケット数量や回収した売上金額により異なる。最終的には、大多数の独立系チケット販売窓口は良心的で、良く管理されているが、そうでない窓口もある。ここで、あなたが独立系のチケット販売窓口をホテルが利用する流通経路だと考えれば、複数の流通経路を利用してホテルの売上最適化を行う仕事の難しさが理解できると思う。

この例には、他にも複雑な問題が存在する。ある窓口は割り当てられたチケットを即座に販売してしまい、追加割当を要求する。その一方、ある窓口は、割り当てたチケットを全く販売しない。また、映画館の主人は、人気の高い映画のチケットは全て自分が経営する窓口で独占的に取り扱うと決める。チケット販売は1日24時間、1年365日、何時でも可能でチケットを最大限販売する。しかし売り越しを防ぐためには、常時販売情報の共有が必要なことは明らかだ。

映画館の主人は、売上最適化のためにやるべきことが他にもある。例えば、あるチケット販売窓口が最も安い座席だけ売り切ったが、価格の高い席はまだ残っているとする。売れ残った高額の席を他の顧客に割引販売すべきだろうか？ その場合、何席割引販売すべきだろうか？ 割引すべきか否かの判断も必要だ。さらに、経験を積んだ映画館の主人なら、チケットを購入した顧客が、実際には映画館に現れないことがあることを知っている。この事実を基に、映画館の主人は実際の映画館の座席数よりも余分に販売することも可能だ。勿論、この方法は危険を伴うため、映画館の主人は毎日注意深く状況を監視しなければならない。

以上述べた様に、あなたは映画館の事業形態（ビジネス・モデル）を理解したと思う。そこで、向こう1年分の日々の様々な種類の座席を、数百にも及ぶ様々な価格で、様々な形態の販売窓口で販売する映画館の主人が、あなたに、チケット売上の最適化目標を達成するため、販売管理を依頼したと仮定する。その時、仕事を受ける前にあなたが少しでも躊躇したとしたら、あなたが宿泊産業の流通経路管理の難しさを理解したといえる。何故なら、レベニュー・マネージャーとして、あなたはまさに映画館の主人だ。そして、映画館の座席はホテルの客室、チケット価格は客室レート、そして外部のチケット販売窓口はホテルの流通経路である。

歴史的観点

　ピュリッツァー賞を2度受賞し、大統領自由勲章を受章したアメリカの歴史家、デイヴィッド・マッカロー氏（David G. McCullough）が「歴史は、危険な時代の航海の水先案内人だ。歴史は、我々が何者であるか、また我々が何故ここに存在しているかを示している。」と宣言した当時、彼の言ったことは正しかった。レベニュー・マネージャーとして、流通経路管理が今日この様な状況に置かれていることを真に追求しようとする人は、ホテル産業の初期において、流通経路管理など全く問題でなかった時代があったことを先ず認識する必要がある。信頼できる郵便サービスもなく、電話もなく、決められた日に無事到着するあてもない18世紀以前の旅行者は、到着した時点で、ホテルの受付を唯一の宿泊確保の手段として利用した。宿泊料金は直接面と向かって交渉され、全額宿泊者から集金された。

　アメリカでは政府運営の郵便サービスの到来がホスピタリティー産業の重要な節目となった。何故なら、顧客は初めて信頼できる郵便サービスを流通経路として直接ホテルと連絡を取り合うことが可能となったためである。同時に重要なことは、郵便サービスは旅行会社や卸販売業者が彼らの顧客のために前もってホテルと連絡をとり、客室を予約することを可能としたことだ。

　1970年代以前にホテルが用いていた主な流通経路は電信、郵便、並びに電話であった。客室は旅行卸販売業者、個々の旅行者、又は旅行会社により予約されていた。しかし電信、郵便、電話を介しての販売可能な客室在庫の問い合わせに対する情報伝達並びに売上記録の作成は時間がかかり、労働集約的であった。

　1940年代、1950年代に民間航空サービスが発展すると、アメリカの航空会社は、ホテルが活用していた**旅行卸販売業者**や仲介会社（旅行会社）と同様の伝統的流通網を開発した。ところが、航空業界はホテル業界よりも早く先進技術を取り入れ、1970年代後半に、大手航空会社は旅行会社に電子的な空席照会と予約手段を提供した。大手航空会社はGDS（グローバル・ディストリビューション・システム）と呼ばれる流通システムを、従来の電話、電信、郵便を使う流通手段と比較して、より効率的で経費もかからず、電子的に予約・発券可能な手段と認識した。

　GDSの進歩により、瞬く間に旅行会社はGDSで航空予約だけでなく、レンタカーやホテルの予約も取り扱えるようになった。旅行会社はGDSを迅速に、経費も安く利用できることを知った。彼らは、彼らが取り扱う商品は全てGDSで処理できると主張するようになった。インターネットとの激しい競争はあるものの、今日においてもホテルの予約の約20%はGDSに依存している。

　新システムの開発当初は、それぞれの航空会社が独自のGDSを構築した。セーバーはアメリカン航空が、自社の電子予約システムに命名した名前である。アマデウスはエールフランス、ルフトハンザ、イベリア、スカンジナビア航空が共同で開発したGDSの名前である。アポロはユ

◈重要な用語◈

旅行卸販売業者（Travel wholesaler）　大量の商品を取り扱い、仕入れた商品を中小の旅行会社（仲介業者）に販売する旅行仲介業者。

GDS（Global Distribution System）　航空会社、ホテル等の旅行事業を手掛ける会社と、旅行商品の購入を求める個人や旅行会社、企業を電子的に接続し、商取引を仲介するシステム提供会社。

244　第8章　流通経路管理

ナイテッド航空のGDSであったが、後に英国航空、アリタリア、スイス航空等のGDSと合併して、ガリレオとなった。ガリレオは今日ワールド・スパンと合併し、トラベルポートとなった。

　イースタン、TWA、デルタ等の他の航空会社も電子予約システムを開発し、それぞれ独自に命名した。それぞれのシステムが航空業界の競合各社で独自に開発され発展したため、相互に結合する思想を持ち合わせなかった。その結果、極めて多くの旅行会社は空席や運賃情報を知るために幾つものGDS端末機を備えなければならず、混乱し、非効率な状況におかれた。ホテル事業者にとっても、GDSと接続することは、自社の予約システムと幾つものGDSとを接続しなければならない結果となった。

　航空会社はホテルがGDSに接続し、無料でGDSの機能を利用することを認めなかった。大手ホテル・チェーンは財務基盤もあり、航空会社毎のGDSに直結し、客室レートや在庫情報を交換する機能を開発した。GDSを通して、それらのホテルの客室が予約されると、ホテルは航空会社にその都度GDS利用料金を支払った。独立系のホテルや中小のホテルは、共同で、全GDSに接続する予約システムを構築し、参加ホテルの客室レートや空室在庫情報の維持を行うこととした。その結果、旅行会社手数料、GDS接続料、情報維持費等、電子予約システム経由の予約に対する利用料金の支払いが重なり、売上が減少することとなった。GDSを経由して販売する場合、顧客に課金する客室レートは、システム利用料を差し引かれるため、ホテル事業者が現実に受け取る金額とは一致しないこととなった。

　GDSの利用料は比較的割高であったため、旅行会社が急速にGDSを利用することにならなければ、ホテルが今日ほどGDSを利用することはなかったと考えられる。GDSの数が増え続け、実際に1998年には7システムとなったが、他に有効な代替手段がないため、大手ホテル・チェーン16社は、資金を共同で出し合い、スイッチと呼ばれるGDSの単一接続機能を開発し、16社が新たなスイッチを通してGDSと接続することで、航空会社に支払うGDS利用料の値下げ交渉が可能となると考えた。実際にスイッチが開発され、GDS利用料は軽減された。各ホテルはスイッチの機能改善と維持管理のためにスイッチ料を負担することとなった。スイッチ料はGDSを通じて予約される毎に課金された。その結果、ホテルはGDS経由で予約を受けた場合、旅行会社手数料、スイッチ利用料、GDS利用料の3種類を支払うこととなった。

　1990年代半ばになると、次の重要な流通経路が出現する。1994年にハイアット・ホテルがインターネット技術を使った統合予約システムを開発し、GDSを迂回して直接ハイアットの中央予約システム（CRS: Central Reservation System）に予約を取次いだ。ハイアットのCRSに記録された予約情報は、傘下の個々のホテルのPMS（Property Management System）に配信された。その結果、ホテル業界初の非GDS電子予約システムが完成した。

　1990年代後半になると、ホテルはインターネットを活用して客室を販売する試みを強めた。新たなインターネット技術を基にした流通経路を利用するホテルは、インターネット・サイトの持ち主に、予約を受け付ける毎にインターネット・ブッキング・フィーを支払い、さらに、サイトにホテルの情報を掲載するための掲載料を支払った。

　空室在庫情報は、予約の成立時と予約のキャンセル時に変化する。従って、情報を正確に保つためには、インターネット・ベースの予約システムは、従来のGDSやCRS、PMSと相互に接続する必要があると考えるのは正解だ。また、これらの情報共有サービスがホテルに無料で提供されることはあり得ないと考えるのもまた正解である。

インターネットと GDS 双方を利用している旅行会社では、多くがインターネットを優先する様になってきた。その結果、インターネット上で取り扱われる予約機能の様々な形態がまさに激増してきた。多くの場合、インターネットの予約機能や予約サイトは GDS 企業自体により開発されている。その結果、インターネット技術は GDS の終局を告げるのではなく、むしろ、ホテルが管理する新たな流通経路が加わったことと、新たな予約手数料の支払いが増えたと見るべきだろう。

今日、インターネットの予約システムは旅行事業の専門家にとっても、一般消費者にとっても極めて普及している。これらのサイトやシステムは集合的に IDS（Internet distribution system）と呼ばれ、様々な形態があり、本章で更に深く学ぶことになる。

RM のウェブサイト　8.1

　旅行会社等の旅行仲介業者はホテル業界との協力関係に長い歴史をもつ。航空業界はほとんどの会社が旅行会社等の協力者に対する販売手数料を思い切って廃止してしまったが、ホテル業界は広く普遍的に重要な流通経路として伝統的な10% の販売手数料の支払いを維持している。

　観光産業の専門家の多くは、インターネットの到来により旅行会社の役割は終わったと考えている。しかし、2009年の CNN の報告によれば、人との対話を通して旅行商品の購入を希望する人が増えている。フォレスター・リサーチ社の研究によれば、2009年、インターネットを使ってレジャー旅行を予約した人は46% で、2007年の53% から減少した。旅行者の中では、価格情報を検索することと、価値ある情報を検索することは同じではないと考える人が増加している。CNN の報道で、アメリカ旅行業協会 CEO のビル・マローニー氏（Bill Maloney）は、次の様に述べている。「インターネットが我々にもたらしたものは、価格の全てを知り尽くしたけれど、価値については全く無知な国民だ。」

　高速税金計算ソフトウェアの開発は会計士を駆逐することは出来なかった。同様に、旅行会社の重要性を無視するレベニュー・マネージャーは、彼らの働くホテルの危機に際し職を失うかも知れないが、消費者のインターネット利用が増加しても、旅行会社はなくならず、活力のある重要な存在であり続けている。

　旅行商品の販売に貢献する専門家の個人や企業で構成されるアメリカ旅行業協会 ASTA のサイトを検索するには、www.asta.org を見なさい。ホームページが表示されたら ASTA について（about ASTA）をクリックしなさい。

RM のウェブサイト　8.2

　ホテル・チェーンが共同で開発した GDS スイッチの原型は THISCO（The Hotel Industry Switch Company）と呼ばれた。

　今日では、ペガサス社が THISCO を所有し、システムを維持管理している。現在セーバー、アマデウス、ガリレオ（現在のトラベルポート）の3大 GDS と86,000のホテルに加え、63,000の旅行会社と接続している。もし、あなたがアメリカか、ペガサスがサービスを提供している200カ国のいずれかの国のホテルのレベニュー・マネージャーであれば、あなたのホテルもペガサス・ソリューションを利用している可能性が高い。レベニュー・マネージャーのパートナーについて更に知りたければ、www.pegs.com を検索しなさい。そこで、About us を検索し、ペガサス社が提供するレベニュー・マネージメント関連のサービスを読みなさい。

246　第8章　流通経路管理

ネットADR率（Net ADR yield）

　良い流通経路はホテルの客室販売を助ける。最も良い流通経路は高いネットADR率をもたらす。伝統的な旅行仲介業である旅行会社、GDS、IDSに加え、フランチャイズ本部が、傘下のホテルに課金するCRS利用料等が全てネットADR率に影響を及ぼす。

　第4章で学んだ通り、ネットADR率は、通常販売価格（Normal room rate）又は標準客室販売価格（Standard room rate）から、客室販売を請け負う流通経路の費用や料金（Distribution channel costs）を差し引いたあと、実際にホテルに残る収益の比率のことで、計算式は次の通りとなる。**ネット客室レート÷標準販売価格＝ネットADR率**、となり、また、**標準販売価格－流通経路費用＝ネット客室レート（Net room rate）**、となる。

　ネットADR率は客室販売を手掛ける流通経路により、直接、著しい影響を受けることになる。客室100室を販売する場合の二つの異なった流通経路の費用により、影響を受けるネットADR率の相違を表8.1に示す。

　ここで特筆すべき点は、ネットADR率の差が15%であるのに対し、100室のネット客室売上に関する差は（$18,999.00－$15,999.00）÷$15,999.00＝18.75%となる。更に、この例では、RevPARがどちらも全く同じであっても、結果に相違が生まれる。これらの差について、レベニュー・マネージャーや販売に責任を持つ社員は十分理解する必要がある、何故なら、ホテルの支配人やオーナーはこれらの差について良く知っているからだ。

　勿論、レベニュー・マネージャーはホテルが達成する全体のADRを把握することは重要である。しかし、それぞれの流通経路ごとのネットADR率を知っておくことは、更に重要である。何故なら、流通経路毎に販売費用の差が劇的に変わるためである。その結果、レベ

表8.1　AとBの2種類の流通経路に支払う費用を差引いたネットADR率の比較

	流通経路　A	流通経路　B
標準ADR	$199.99	$199.99
販売費用（流通経路費用）	$10.00	$40.00
ネットADR	$189.99	$159.99
ネットADR率	95%	80%
ネットADR　差額比較	$30.00	-$30.00
100室のネット客室売上	$18,999.00	$15,999.00
100室のネット売上　差（A－B)/B	18.75%	

❖重要な用語❖

IDS（Internet distribution system）　ホテル等、インターネットに接続した旅行関連事業者と、それらの旅行商品を購入する個人や企業を結び付けるインターネット予約システムや旅行ポータルサイトの総称。

ニュー・マネージャーとしては、使用する流通経路ごとのホテルの利益率を評価する上で、販売された客室数を知るだけでなく、ネットADR率とADRを考えることが重要である。図8.2に、ネットADR率に影響を与える典型的な費用を示す。

ただし、常にネットADR率が高いことが、ネットADR率が低いことよりも望ましいと考えるのは、極端に単純な見方である。何故なら、非常に低い水準のADRや全体のADRが低い場合にはネットADR率が高くても、ADRが高くてネットADR率が低い場合と同様、望ましいことではない。そのため、レベニュー・マネージャーはGOPPARの重要性を思い起こすことが重要だ。第1章でGOPPARの計算式を次の通り学んだ。

(総売上－管理可能販売経費)÷販売可能客室総数＝GOPPAR 客室平均粗利益

ネットADR率は客室売上の中から正味どれだけをホテルが手にすることが出来るかを表すため、利益率に直結する。ネットADR率が低下すれば、ADRが低下する場合と同様、GOPPARが低下する。

では、ある流通経路を利用するための費用が莫大で、GOPPARにマイナスの効果を及ぼすことがありながら、何故レベニュー・マネージャーはそれらの流通経路を利用するのか、不思議に思うかもしれない。フランチャイズ傘下に加わらず、独立することで、フランチャイズの販売費用を省き、流通費用が発生しない方法で、例えば施設への来客を主体に扱うとか、ホテルの営業部門の活動に頼るとか、少ない費用で利用できる流通経路しか使わない方がホテルにとって良い結果をもたらすのではないか、と考えるかもしれない。

勿論、それだけで売上の最適化が可能なら、優れた選択肢となるだろう。極僅かなホテルには可能である。しかし、現実には、ほとんどのレベニュー・マネージャーにとって、客室の売上を最大化するためには、フランチャイズに加盟するか、彼らのCRSと提携するか、また、様々な流通経路を必要とすることになる。従って流通経路毎に販売された客室数の評価や、流

図8.2　ネットADR率に影響を与える様々な費用

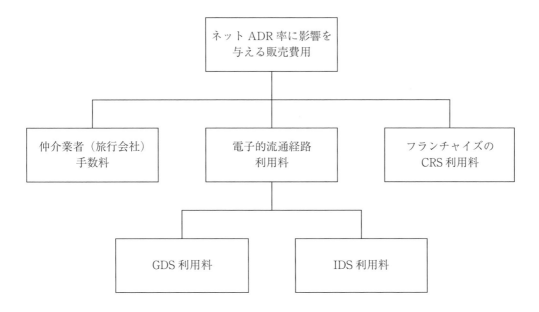

通経路毎の利用料の評価を行わなければならない。流通経路により、独自の様々な費用があるため、レベニュー・マネージャーは、最初に利用した顧客が、ネットADR率の低い流通経路から紹介されたとしたら、将来はネットADR率のより高い流通経路に移行して頂ける様に考え、また客室レートも同等以上を選択して頂く様に考えなければならない。

　流通経路毎のそれぞれの特徴を理解することも重要である。これらの流通経路を吟味する様々な方法がある。例えば費用、物理的な場所、所有形態、あるいは、レベニュー・マネージャーが流通経路の運営に関与可能な度合などを比較することが有効だ。宿泊産業のレベニュー・マネージャーは、流通経路管理の研究に、アメリカの詩人、ポール・エルドリッジ（Paul Eldridge）の言葉を当てはめるとよい。エルドリッジは次の言葉で有名だ。「現実とは単なる幻想だ。しかし、その幻想は、なかなか消えようとしない。」この幻想とは、ホテルが様々な流通経路を通じて商品を販売すると解釈すれば当てはまる。しかし、ホテルの場合はそうではない。宿泊産業のレベニュー・マネージャーが理解すべき確固とした現実とは、製造業とは違い、ホテルは商品そのものではなく、単に販売可能な客室在庫と価格の情報のみを配給していることである。この相違は大きい。従って、販売可能な客室在庫と価格の変化を正確に瞬時に反映可能な流通経路を利用することが、あなたの売上最適化の助けになる。結論として、如何に定期的に情報の交換が可能であるかと言う観点で、それぞれの流通経路の特性を調査することが最も重要となる。図8.3で示す通り、流通経路を見る場合、それらが電子化された接続形態の経路か、または電子化されていない経路かで分類することが便利な方法と言える。

図8.3　情報流通の選択肢（分類）

非電子的流通経路

　電子的な接続形態を持たない流通経路では、客室レートや販売可能在庫情報が購買者に直接対面型式で伝達される。従って、一般的に伝達手段に要する費用は少なく、情報交換の正確性が高く、情報の変更も容易に取り扱える。例をあげると、施設に直接訪れる顧客（Walk-in guests）を考えなさい。顧客の到着時点で最新の正確な在庫情報をPMSで確認することが可能だ。この場合、リアル・タイムの客室レートを提示可能で、客室販売は即座に完了し、販売に

関わる経費も必要ない。

　ホテルによっては、非電子的流通経路による取扱いが、ホテル全体の売上に非常に大きな比率を占めている場合がある。これは、多くのホテルが直接顧客に対面販売しているためである。特に、オンラインではなく、現実の旅行会社の店舗を訪れる顧客は、大変水準の高い快適な対応を得ることが出来る。この様な顧客は、売主との直接取引に重要性を認める。しかし、ホスピタリティー産業の専門家のほとんどは、様々な理由から将来的にこれらの直接取引は減少すると認識している。その反面、電子的客室予約傾向が増加を続けると思われる。多くの教養あるレベニュー・マネージャーはこの傾向は、売主と買主との物理的および感情的距離を遠ざけることにつながることから、否定的にとらえている。その理由は、情報交換が減少する結果、購買者が購買の決断にあたり、過度に価格を重視することとなるからだ。これは、ホテルにとっても、業界にとっても好ましい傾向ではない。

　この様な理由から、レベニュー・マネージャーは非電子的流通経路を無視するのではなく、慎重に育てるべきである。従ってレベニュー・マネージャーは、次に示す明確な非電子的流通経路に関する売上最適化施策を考え、管理することが必然となる。

- 施設での個人顧客予約
- 施設の電話予約受付
- 施設の営業部門による団体販売
- CVB、観光振興局

施設での個人顧客予約

　多くのホテルが、既に実在する顧客に対する将来の売上最大化施策に関して極めて力不足で、全く未開発の状態であることは興味深い反面、不幸なことである。施設によっては、洗練されたコンピュータ・システムが様々なインターネット販売業者やインターネット再販業者の売上を毎日監視している。しかし、多くの場合、既に滞在している顧客を常連の顧客に変化させ、将来何度も訪れる様な施策を支援するコンピュータ・システムを持っているホテルはない。再来する顧客を高額の手数料がかかる流通経路であるネット ADR 低率区分から、販売費用の低い流通経路であるネット ADR 高率区分に移すことが重要な売上最適化の戦術であることを認識しなければならない。今日のホテルの環境を見れば、直接施設を訪れて購買する個人顧客が最も流通経費を伴わない。この流通経路を注目するレベニュー・マネージャーは、購買者が二つの明確な売上最適化の機会を提供してくれることを認識しなければならない。第一は、予約なしに直接顧客が施設を訪問した時であり、第二は、滞在していた顧客がチェック・アウトする時である。

直接ホテルを訪れる顧客（Walk-ins）

　予約せずに、直接ホテルを訪れる顧客は、最も流通経費のかからない事例である。それにも関わらず、驚くべき数のレベニュー・マネージャーは、これらの顧客に十分注目しない。事実、これらの顧客を活用した売上戦略は直観的に理解されない場合が多い。その結果は誠に非生産的だ。表8.4に示す通り、これらの到着顧客の特徴により、容易で有益な販売が可能となる。

250　第8章　流通経路管理

　誰でもいいから、フロント・デスクの従業員に、直接訪れる顧客との典型的な会話のやり取りを詳しく聞いてみなさい。彼らが言うのは、顧客の最初の質問は、「空室がありますか？」である。もし、答えが「はい。」なら、次の質問は、「いくらですか？」となる。これに対する答えが、顧客中心主義の売上最適化戦略の観点からみて、良い対応、悪い対応、馬鹿げた対応に分かれる節目となる。到着した顧客は、直ぐに使える客室を購入希望している。その結果、あるレベニュー・マネージャーは、フロント・デスクの従業員にホテルの正規価格（Rack rate）満額を提示する様に、間違った指導をしている。もし、ラック・レートに難色を示した場合、従業員は顧客に対し、幾つかの**割安価格**（フェード・レート）の提示を任されている。場合によっては、顧客が納得するまで、値引きを認めることもある。それらのホテルの基本思想は、「顧客を絶対逃がすな！」というものである。この戦略の合理性は単純で理にかなっている様に思われるかもしれない。もし、よく予約なしに訪れる顧客が現れる時間帯の夜遅く、まだ販売可能な空室が残っていれば、それらは恐らく売れ残りとなる。直接訪れる顧客は、ホテルにとって、永遠に失われる可能性の高い売上を実現するための空室販売の最後の機会である。これが正しければ、合理的に考え、**1客室使用費用**（CPOR）以上の価格で販売する限り、ホテルの売上にプラスとなり、実行して良いことになる。しかし、ここまで学んだ読者なら、このフェード・レート戦略に付帯する4つの売上最適化戦略上の間違いに直ちに気付くはずだ。

1．フェード・レート戦略は、平均的な顧客が評価する価値観に基づいて設定したホテルの客室の価値に対する基本概念を損なう。客室の価値は、予約なしに訪れる顧客が支払う金額に見合うということ、即ち可能な限り少ない支払いの価値しかない、という考え方に置き換えられてしまうことになる。

2．フェード・レート戦略を実行するためには、フロント・オフィス従業員教育を行う必要があるが、現状では非現実的だ。15室以下の宿泊施設を除き、アメリカには約47,135軒のホテルが存在する。そのうち40,000軒が150室以下で、郊外か小さな町に所在している。この様な規模のホテルで常時顧客のレートに対する抵抗感を分析し、顧客と価格交渉可能な従業員を配置していると考えることは、この戦略を展開するホテル・チェーンのレベニュー・マネージャーとしては、些か世間知らずと言う他ない。そもそも、この戦術を取り入れようというレベニュー・マネージャーは無知と言う他ない。何故ならば、ほとんどの小規模ホテル、あるいは、多くの大規模ホテルのフロント・デスクの従業員は、顧客とのいらぬ対立を避けるため、最初から、許可された最低料金を提示する。

3．経費の計算を間違える結果となる。あまりにも安いレートで客室を販売する場合、CPOR経費合計ばかりか、ネットADR率を悪化させる原因ともなる。むしろ、この戦

◈重要な用語◈

フェード・レート（Fade rate）　顧客が、最初に提示した客室レートに抵抗感を示した場合に、値下げを行うこと。

1客室使用費用CPOR（Cost per occupied room）　1室販売をすることにより発生する費用の合計。例えば、備品（Amenity）CPOR、寝室清掃準備CPOR、無料朝食サービスCPOR等。

略を展開することにより、フロント・オフィスの従業員が、客室レートは真に認める価値を示すと言う基本概念を忘れ、彼らのホテルの経営陣が正しい認識を持ち合わせていないとみなすことが避けられず、長期的な価格戦略に悪影響を及ぼす。それらの従業員は、この様な間違った教育を忘れない。

4．究極的に、この戦略は売主のご都合を優先する価格を設定する結果となり、決して長期的な売上最適化の成功は達成できない。

予約なしにホテルを訪れる顧客への優れた対応とは、RevPARを積み増し、且つ、顧客中心主義でなければならない。これを実行するためには、レベニュー・マネージャーは次の5つの段階を踏まなければならない。

1．「最後の顧客」という、その日最後に訪れる予約なしの顧客向けのレート・コードを設定する。このレートは、他の値引きコードと同様、ラック・レートを割り引いたものとなる。このレートは、毎日、その日に最適な価格とし、毎日変動する。例えば、ある日はラック・レートの10％引き、また別の日はラック・レートの20％引きと言った具合に、その日の販売可能客室在庫状況や予測数値により決定する。階層価格により正当化される更なる値引きの適用制限については、事前に従業員と打ち合わせを行うこととする。このコードの適用は、施設でのみ販売可能とし、事前予約不可、当日到着顧客のみに販売可能とする。レベニュー・マネージャーは、このレートを適用する条件の特性を従業員が顧客に容易に説明できることと、この条件を満たさない他の顧客に対しても説明出来る様、確認しなければならない。

2．もし可能であれば、商品の加工（versioning）を行い、提案する商品の選択肢を増やす。商品の加工を用いる戦略は、価格の相違を説明しやすくする。これにより、低価格志向の顧客も受入れ易くなる。何故なら彼らは、価値の低い部屋には低い価格が適用され、価値の高い部屋には高額が要求されることを本質的に理解している。

3．従業員が、最初に提示した金額は、相応しい価値の商品であることを詳細に説明出来る様、教育しなければならない。特に客室の特徴や利点を強調することが重要となる。従業員が、彼らの客室の販売に誇りをもって、提示するレートに自信を持つ様、助けなければならない。

4．「最後の顧客」レートの完璧な状態を維持する。たとえ顧客からレートに対する拒否反応があっても、値下げをしてはいけない。従業員に許されることは、客室の種類の中から、下位の商品や購入条件を設けた商品に切り替える価格対応だ。

5．それでも提示した価格に不満を表す顧客に対しては、気持ち良く、他の選択肢を提供する。顧客の予算に見合う、他の宿泊施設の名前と道順を説明する。

この手法に異を唱えるレベニュー・マネージャーも存在する。彼らの主張は、みすみす販売機会を競合他社に奪われてしまう、ということだ。更に言うと、その様な行為は、顧客が競合他社の商品を購入することを助けてやることに等しい、と主張する。

この様な懸念に対しては、二つの合理的な回答がある。第一は、その様な主張をするレベニュー・マネージャーは、先ず1947年制作のクリスマス映画「34丁目の奇跡」を見なければならない。この映画では、本物のサンタクロースであるクリス・クリングル氏（Kris Kringle）が、ニューヨークの34丁目のヘラルド広場にあるメイシー百貨店の本店で、サンタクロース役

252　第8章　流通経路管理

で臨時採用される。上司の命令に背いて、クリスは子供のクリスマス・プレゼントに玩具の消防自動車を買いに来たご婦人に、メイシーではなく、別の店「ショーンフェルド」で買った方が良いと教える。クリスの助言に感激したご婦人は、メイシーの玩具販売部門長に感謝の手紙を書き、永久にメイシーの忠実な顧客になると伝えた。クリスは、その後、別の母親にも、子供の求めるアイス・スケート靴は、メイシーの最大の競合他社「ギンベルズ」に行って買った方が良いと教えてしまう。顧客への助言や紹介の宣伝効果は絶大で、メイシーは、これをマーケティング概念に発展させた。顧客中心主義の売上最適化戦略の重要性は、「ギンベルズ」を紹介したことで失われるものではない。競合他社を敵対視することを避け、メイシーはクリスと同様の助言を顧客に行う方針を続けている。後にメイシー氏（Mr. Macy）とギンベル氏（Mr. Gimbel）は互いに微笑んで握手をする。映画はハッピー・エンドとなるが、事業にとっての教訓としては、勝者は明確に顧客にあるが、同時に店側も勝者となったことだ。

　第二は、映画ファンでなく、競合とは競争相手から恐れられ、戦うものだと確信している現実派で抜け目のない人々に対する答えで、ホスピタリティー産業で最も成功を収めた歴史的経営者からもたらされる。マクドナルドの創始者、レイ・クロック氏（Ray Kroc）は次の様に述べている。「私の競争の方法は建設的なものだ。自分の長所を強調し、品質、サービス、清潔、価値を強化すれば、他社が追いつこうとしても競争はなくなってしまう。」

　レベニュー・マネージャーの専門家として、あなたは次のどちらかを選ぶことが出来る。従業員に値引きの実施の詳細を教育する。又は、何故レベニュー・マネージメント・チームが設定したレートが、顧客に対し、真の価値を提供するかと言う理由を従業員に理解させることである。クロック氏がどちらの手法を支持するかは、あなたにも容易に理解できるはずだ。

　値引き戦略の活用には、重大な欠点があるにも関わらず、レベニュー・マネージャーの中には、依然確信が持てない人がいる。彼らは、ホテルの商品は、航空座席と同じ様に消滅しやすいものであるため、値引き戦略は経済理念に合致していると教育されてきた。そこで、この戦略に関し、航空会社の考えをただすことも有益だ。そのためには、先ず、レベニュー・マネージャーが出発直前に空港のカウンターを訪れる。カウンターに到着したら、係員に出発便の空席状況と価格を尋ねる。そこで、仮に空席があることが分かったら、次に、その場合、今聞い

表8.4　予約なしに施設を訪れる顧客（Walk-in Guest）の特徴

顧客の特徴	ホテル側の販売機会
1．顧客はホテルの施設を訪れている	販売出来れば、顧客は他を探す必要がない
2．顧客は即座の購買を希望している	ホテルは、即座に顧客の期待に沿う商品を販売可能である
3．顧客は当日使用する部屋を求めている	販売により、空室在庫とキャンセルを最小限にすることが出来る
4．顧客は施設の一部を既に体験している	丁寧に商品価値を説明し、適切な価格を提示すれば、購買の可能性が高い
5．顧客と対面での意思疎通が可能	直接顧客の購買意欲に相当する商品を提供することが可能である

た値段よりも安い値段でチケットを売っても差し支えないのではないか？と質問する。更に、もし売らなければ、そのまま飛行機は出発してしまうため、販売機会を永遠に失ってしまう、と教える。航空会社のカウンターの係員は、信じられない顔つきで、貴重な販売機会にも関わらず丁寧な口調で、値下げはお断りします、と返事をする。事実この文章を校正した人によれば、航空会社は顧客の値下げ要求に応じた社員を解雇する、と指摘した。航空会社のこの様な反応に驚くレベニュー・マネージャーもいる。あなたにとっては、驚くべきことではないと思うし、また、顧客中心主義による売上最適化戦略を真に理解したレベニュー・マネージャーならば、驚くことはない。

チェック・アウト

　多くのホテルにとって、繰り返し利用してくれる顧客は重要な市場分野のひとつである。従って、顧客がホテルを出発する時に、次回の予約を尋ねることは、道理にかなっている。驚くべきことに、この様な行動を取る時間を費やすフロント・デスクの従業員はほとんど見かけない。あなた自身のホテル滞在の経験を思い起こしてみなさい。最後にホテルをチェック・アウトした時にホテルの従業員から次回の予約が必要か聞かれましたか？

　仮に、この問題を衝かれたとすると、フロント・オフィス・マネージャーは、朝のチェック・アウト時は出発客が混み合い、再予約を一人一人聞いている時間がないと言うだろう。更に彼らは、チェック・アウトの列が長く延びてしまった時は特に顧客は一刻も早く立ち去りたいと願っていると指摘するだろう。最終的に、彼らは、ホテルのフロント・デスクの従業員は、本来販売係ではなく、むしろ業務処理が担当であると説明する。小規模なホテルのレベニュー・マネージャーであれば、その様な業務分掌は単なる幻想にすぎないことを知っている。このことは、大規模ホテルにあっても同様に、幻想であることを認識しなければならない。

　ここで述べた状況は、ホテルの売上最適化のためには、ホテルの営業、マーケティング、レベニュー・マネージメント、予約部門全てが一体となり協力体制を構築することが必要となる典型的事例と言える。施設での再予約に関してはGDS、IDSや、フランチャイズ等の仲介手数料を支払う必要がない。従って、再予約は、ネットADR率が非常に高くなる。再予約を推進するためには、適切な従業員を配置するだけでなく、レベニュー・マネージャーは彼らの努力が効果を上げる施策を提供する必要がある。チェック・アウトする顧客の数に対し、再予約を行った顧客の数の比率を把握することは、再予約の努力の効率を評価する重要な統計指標となる。その数値が上昇すれば、ネットADR率の高い予約が積み重ねられたことを示す。これは定期的に追跡されるべき統計であり、表8.5は、そのための道具となる。この帳票を作成するにあたっては、次の数式が応用される。

本日の再予約宿泊数÷本日のチェック・アウト件数＝本日のチェック・アウトの予約宿泊率

　同様に、それぞれ本日までの件数を当てはめると、本日までの再予約率が求められる。

254   第8章　流通経路管理

表8.5　チェック・アウト再予約宿泊率

日	チェック・アウト数	チェック・アウト累積数	当日の再予約件数	累積予約数	チェック・アウト予約率	累積予約率
第1日	85	85	6	6	0.071	0.071
第2日	144	229	15	21	0.104	0.092
第3日	130	359	11	32	0.085	0.089
第4日	65	424	13	45	0.200	0.106
第5日						

　例えば、当月第1日（月曜日）のチェック・アウト再予約率は次の様に計算される。

　$6 \div 85 = 0.071$ チェック・アウト再予約宿泊率

　この表の第4日目までの累積実績を見ると、チェック・アウト顧客424人に対し、45泊の再予約が達成されたことが分かり、累積再予約宿泊率は0.106となり、10人に対し1泊再予約したことになる。ここで必要な数値はホテルのPMSから取り出すことが可能である。レベニュー・マネージャーにとって必要な数値を集めることは容易だが、困難となるのは、これら販売費用のかからない収入源を恒常的に増加させるための従業員やフロント・デスクの取り組み意識レベルを把握することだ。

施設の電話予約受付

　1990年代から2000年代半ばにかけて、個々のホテルは流通経路としての電話利用の嘗てない減少を経験した。ファクシミリとインターネットの出現が電話の重要性を減少させたのである。しかし、今日また、スマートフォンにダウンロードされるアプリケーションが増加したことにより、電話が明確な流通経路として重要性を増してきた。

　2000年代後期に電話の重要性の再来を認識した最初のホテルの一つがチョイス・ホテルズ・インターナショナルだ。チョイスは都市別、住所別、空港別、または、人気のあるアトラクション別に、容易に、簡単にホテルを検索できる無料の iPhone 向けアプリケーションを導入した。このアプリを無線でスマートフォンにダウンロードすると、アプリケーションに組み込まれた GPS 機能により、チョイス系列のホテルが検索でき、リアル・タイムで予約が可能となった。

　また、多くのホテルが現在でも多くの伝統的電話予約を受け付けている事実を認識することが重要である。これらの電話に適切に対応することが重要である幾つかの理由があるが、その中で、電話による流通経路はネット ADR 率が高い予約をもたらすことが特筆出来る。レベニュー・マネージャーの中には、これらの予約を受けるためには、専門の従業員を配置する分、販売経費が嵩むと考える人がいる。150室未満の小規模なホテルでは、一般的に常時電話予約専任の従業員は配置しない。その代わり、フロント・デスクの従業員が重要な電話対応を任される。この様な場合、電話予約のために発生する販売経費は僅かだ。ホテルによっては、フロ

ント・デスクの従業員が大変適切に電話対応を行うが、そうでないホテルもある。例えば、次の二つの電話対応例を比較してみなさい。

予約係1．「ヘリテージ・ホテルです。少々お待ち下さい。」
予約係2．「こんにちは。私はヘリテージ・ホテルのレベッカです。今日はどの様なご用件をお伺いすればよろしいでしょうか？」

　売上最適化への影響は、明確に分かれる。レベニュー・マネージメントの様々な分野において、これには、レベニュー・マネージャーが積極的に従業員のための教育計画を開発し、実行することが求められる。ADRを最大化するための電話予約を学ぶことは重要だが、これは自然に従業員に備わる技術ではない。彼らは訓練を受けなければならないし、それを確実に行うことがレベニュー・マネージャーの役割でもある。電話販売の効果を評価する目的で、レベニュー・マネージャーは、しばしば外部の**ショッパー・サービス**会社を利用することがある。最近では、フランチャイズの本部が無料のショッパー・サービスを提供するケースが増えている。一般的には、フランチャイズの本部の社員が、ホテルに電話し、予約の申し込みをしながら、様々な重要な質問をホテルの予約担当従業員に行う。質問に答えるホテルの従業員の対応が記録され、採点される。電話終了後、ホテルの予約担当従業員の対応が正式に評価され、極秘にホテルの経営陣に知らされる。ショッパー・サービスの結果は、従業員教育において、強化されるべき分野を特定するために用いられる。

施設の営業部門による団体販売

　ホテルの団体販売部門は独立した流通経路である。この流通経路の売上能力を評価するにあたっては、レベニュー・マネージャーはADRとネットADR率の双方を注視する必要がある。ほとんどの場合、団体販売におけるADRは個人予約のADRに較べて下回る。ところが、ネットADR率においては、個人予約のそれを上回ることが多い。この理由は、先ず、団体販売はラック・レートを相当割引して販売される傾向があり、そのためADRの低下を招き、反面、他の流通経路に支払う利用料等流通経費の支払いがないため、ネットADR率が向上する。従って、流通経費を伴う一般の流通経路に対する値引きよりも、団体販売部門に対する値引きは大きくなる。

　フル・サービスのホテルに勤めるレベニュー・マネージャーは、客室売上を評価する場合、会議室、飲食部門、その他収入を伴う部門のそれぞれの効果を整理する必要がある。何故なら、フル・サービスのホテルで、ある団体が100室、1泊200ドルで予約を希望したとする。また、別のグループは同じ晩に100室、1泊190ドルで予約を希望した場合、単純に考えれば、1泊200ドルがホテルにとって望ましく思える。しかし、1泊190ドルを希望する団体は、ホテル

❖**重要な用語**❖
ショッパー・サービス（Shopper service）　従業員の行動、生産性、顧客サービス・スキルを匿名、
　非通知で専門的に調査すること。ミステリー・ショッパー・サービスとも呼ばれる。

256　第 8 章　流通経路管理

で会議を行うため、ホテルのかなりの会議場を正価で利用すると仮定する。その上、朝食と昼食の他、当日会議参加者のための公式な晩餐会をホテルで開催する。この場合、 1 泊200ドルで予約を希望する団体に比較して、 1 泊190ドルの団体から期待出来る客室利用料、会議室利用料、飲食利用料等を加えた総売上は、遥かに上回ることになる。思慮深いレベニュー・マネージャーは、 1 泊200ドルを希望する団体の RevPAR よりも、 1 泊190ドルを希望する団体の RevPAR は低いにも関わらず、総売上において、 1 泊190ドルの団体が圧倒的に好ましいことを認識できる。

　フル・サービスのホテルで働くレベニュー・マネージャーは、ホテルの全ての団体販売の生産性や個々の団体販売案件の価値を評価する場合、DOMS と協力して、客室販売収入だけではなく、必ず団体が利用する全てのホテルの部門収入が適切に含まれる仕組みを開発する必要がある。この場合、重要なことは、客室売上、会議室売上、飲食売上のそれぞれの採算分岐点は、一般に同一ではないことを理解しなければならない。例えば、客室売上の 1 ドルの収入は、会議室売上の 1 ドルの収入と比べて、同じ 1 ドルでありながら、利益率が高いか、同じか、又は低いか相違することを意味する。それぞれ別の種類の収入に対する相対価値を計算する能力が、レベニュー・マネージャーにとって重要となる。第13章では、宿泊産業のレベニュー・マネージャーが、どの様に相対価値計算を行うかについて学ぶ。

　多くのホテルにおいて、会議室と付随するサービスの価格設定並びに飲食部門の商品とサービスに関する価格設定は、それぞれ前者が DOSM、後者が飲食部門長の責任で行われる。場合によっては、それぞれの価格設定の決断にレベニュー・マネージャーが深く関与することもある。何れの場合にしても、フル・サービスのホテルのレベニュー・マネージャーにとって、重要な収入源である二つの部門の価格と販売方針を理解することは重要である。それにより、レベニュー・マネージャーは施設全体の売上最適化努力に影響を与える二部門の売上効果を評価する方法を深く理解することが出来る。

　更に、団体販売を管理する上で、レベニュー・マネージャーにとって重要なことは、団体がブロックした客室を予約する個々の会員は、ホテルが発信する客室レートの変更に関する広告や宣伝を注意深く見守り、新たなレートに反応する能力が高いことを知っておくことだ。例をあげると、あるホテルが団体販売を成約したとする。団体の会員は、ブロックされた全ての客

RM のウェブサイト　8.3

　電話応対訓練は重要で、この分野を強化したいレベニュー・マネージャーには様々なツールが用意されている。それらの中で、AH&LA 教育機関により開発されたツールは最高のツールの一つだ。「丁寧な電話応対の技術」では、次の項目が強調されている。
- 丁寧、迅速な応答
- 効果的な話し方と、聞き方の技術
- 如何に転送するか、メモをとるか、暫く保留してお待ち頂くかの判断基準
- 不満を持つ相手への対応
- 客室販売
- 非常事態対応

www.ei-ahla.org/ を開き、Courtesy Rules! Better Telephone Skills Now を検索する。

非電子的流通経路　257

RM の実践　8.1

　ホリデイ・イン・エクスプレスのレベニュー・マネージャー、サンドラは次の様に聞いた。「それで、上手くいっていますか？」

　サンドラとアンソニーは昔の同級生だ。彼らは、同じ地区のホテル協会の月例会終了後、おしゃべりをしていた。アンソニーは他のホテルの FOM だ。彼はサンドラに、彼のホテルのフロント・デスクの従業員が多忙で電話に対応出来ず、予約を受けられない問題をどの様に解決したかを話していた。

　アンソニーは「上々ですよ。」と答えた。「忙しくなったら、社員に、電話は予約センターに転送する様に伝えます。フランチャイズ本部の電話センターの短縮ダイヤルがあり、顧客からの電話を直ぐ転送できます。即座にフランチャイズの予約センターに転送されます。多分コロラド州か、あるいはインドかどこかにあるらしいが、そちらで電話を受けてくれる。こちらで受ける必要はないのです。」

　「転送の結果、マイナスの反応はありませんか？」とサンドラが聞く。

　アンソニーは「全くありません。顧客からのクレームもないし、従業員も皆よろこんでいますよ。」と答えた。

1．電話に出る時間がない問題に対し、選択した解決手法に関わる経費をアンソニーはどの様に計算すべきですか？　あなたの判断を述べなさい。

2．あなたは、フランチャイズの本部はアンソニーのホテルが採用した解決策を推奨しているか、勧めないか、どちらだと思いますか。またその理由を答えなさい。

3．もし、あなたがサンドラなら、あなたのホテルも同様にフロント・デスクの従業員が忙しくて電話に出られない状況を経験している場合、どの様に解決を図りますか？

室を予約した。しかし、団体の利用日が近づいてきた時期に、ホテルにはまだ予約のない空室在庫が残っている。この様な状況では、インターネットに残室を格安で掲載する方法が、在庫一掃に極めて効果的と思われる。しかし、これは間違いだ。団体予約レートより低い価格でインターネットに掲載した途端、あっという間に悲惨な結果となる。

　レベニュー・マネージャーの破壊的在庫一掃戦術の活用は、団体用ブロック予約の大量キャンセルと同時に、安いレートへの予約切り替えを誘発する。同時に、団体の購買担当者は、団体の会員から強い批判にさらされる。彼らは、会員自身で予約した方が、団体割引より安いレートを獲得出来ると指摘する。また、会員が団体用ブロック枠内での予約を取り消して、一般の予約に切り替える結果、団体契約で約束した予約比率を下回る結果となり、団体はホテルに違約金を取られる結果となる。最終的に、団体の契約担当者は面目を失い、会員は怒り、ホテルの団体販売担当者は、団体側の担当者の怒りをぶつけられる。団体購買者との関係悪化は、売上最適化のための顧客中心主義と相容れない。この様な状況におかれたレベニュー・マネージャーは、団体契約レートを見直して、残室を市場実勢価格で宣伝・販売出来る様、団体レートを値下げすることもある。いずれにしても、団体契約の利用予定当日は、団体以外の客室の大幅な値引き販売は制限されることとなる。レベニュー・マネージャーが他の流通経路に割引を適用しても、それらは、やはり一般の消費者に容易に知れわたってしまう。

CVB 観光振興局（CVB: Convention and Visitors Bureau）

　宿泊産業で働くレベニュー・マネージャーにとって幸いなことは、彼らがほとんど無料の流通経路を持っていることだが、多くは、それを有効に使いこなせていない。観光振興局と呼ばれる流通経路は地域の振興を目的に設立された組織で、観光の促進を通じ、特定地域を代表し、長期的な地域社会の開発を助ける非営利団体である。

　CVB は観光や会議の収入に頼るホテルやレストランを含む多くの事業を代表する。彼らの支援やサービスは、ほとんどの場合無償で彼らの顧客に提供される。彼らの顧客とは、訪問者（Visitors）、業務出張者（Business Travelers）、会議企画会社（Meeting Planners）等であり、地域の旅行関連資源や施設の利用を求めている人々である。CVB はサービス料を取らない代わりに、ホテルの宿泊税や CVB 会費等の財源で運営されている。CVB はホテルの営業部門の延長として機能し、ホテル側に事実上無償でサービスする。この様な条件であれば、レベニュー・マネージャーは彼らの努力を100％支持することが合理的と言える。ところが、多くの CVB 関連のトップの証言によると、事実はそうではない。

　CVB は新事業を誘致する目的で、会議や旅行企画会社が他の行事と重なることを避けるため地域のホテルの営業部門と協力してホテルの客室在庫状況を把握する。更に言えば、CVB は直接地域のホテルや会議場の情報を把握しているため、会議や旅行の行事を企画する会社に対し、予算や諸条件に最も適した施設を紹介することが出来る。そこで、CVB と個々のホテルとの間で衝突が起こる。これらの衝突は、一般的に、CVB が如何に地域の個々のホテルを公平に代表しているかと言う度合いに関係している。依怙贔屓に対する苦情は頻繁で、CVB がホテルの販売関連の極秘情報を他の直接競合するホテルに流すと言った苦情もおこる。

　従って、レベニュー・マネージャーの立場としては、地域の CVB にあなたのホテルが公平に扱われていることを確認することが必要だ。そのためには、CVB と活発に交流し、可能であれば CVB の役員になること、また、事業推進と成功のためには、決められた規則を守り、決められた手順で遂行することが重要だ。

　レベニュー・マネージャーの中には、インターネットによる客室予約の重要性が増していることをあげ、非電子的な予約手段の重要性を軽く見る人がいる。彼らは、将来、全ての顧客が電子的に客室予約をする様になると信じている。その様な考えに共鳴する人は、ロック・バンドの「ラッシュ（Rush）」が唄っているトム・ソーヤの一節を思い起こすとよい。歌詞の一部に、「ほとんどの変化は、永遠ではないが、変化すること自体は永遠だ。」とある。確かに、インターネットは今日のレベニュー・マネージャーが考える様々な流通経路の概念を変えてしまった。しかしながら、一つの流通方式に特化して比重を置くレベニュー・マネージャーは、長期的な売上最適化を阻害することとなる。何故ならば、流通経路は今後も変化を続け、進化するからだ。

　ブログ、ツイートやトリップ・アドバイザー、フェイスブック、マイスペースと言ったサイトは携帯電話や他の携帯端末技術の進歩と組み合わされ、今後それらのソーシャル・メディアや新技術は、ホテル経営者がインターネット客室検索機能の表示順位を過度に注目している現状を時代遅れな対応としてしまう。電子的流通経路によるホテルの商品の流通形態は、今後も

有能なレベニュー・マネージャーは、次のことにより非電子的流通経路を適切に管理する。
- 全ての流通経路のネット ADR 率の指標を計算・監視・管理する。
- 定期的に各流通経路別の総売り上げを計算し、評価する。
- 全ての流通経路が最大の効率で効果的に運営されていることを確保する。
- 流通経路毎に、GOPPAR を最大化させる値引きレートを提供する。
- 高いネット ADR 率を達成している限り、その流通経路の値引きレートは最後まで解放する。
- 売上最適化委員会の会議で、毎回非電子的流通経路の詳細評価を行う。

RM のウェブサイト　8.4

　1914年に設立された、旅行事業を推進する個人を支援する専門の機関は、以前、国際会議観光振興協会（the International Association of Convention and Visitors Bureaus）と呼ばれていたが、現在では、国際訪問地マーケティング協会（Destination Marketing Association International）と呼ばれている。

　この協会の目的は、会議、大会、観光の誘致を、健全且つ専門的手法で行うことを推進することにある。今日 DMAI は、会員に教育コースや会員同士のつながりの機会を提供し、一般市民に観光振興局関連の情報を提供している。

　宿泊産業のレベニュー・マネージャーを対象としたサービスについては、www.destinationmarketing.org/ を参照のこと。

重要であり続ける。しかし、売り手と買い手を個人的に対面させる非電子的な流通経路のもつ共通の特徴を認識することが決定的に重要なことでもある。長期的にみて、これら非電子的流通経路が消滅することはないだろう。事実、これらの流通経路は、レベニュー・マネージャーが彼らの商品を**コモディティー化**してしまうことを避ける主要な方法の一つである。

電子的流通経路

　レベニュー・マネージャーの成功にとって、電子的流通経路の管理が益々重要となってきた。ホテル産業の100年の歴史を見ると、電子的流通経路がホテルのレベニュー・マネージメントに影響を与える様になってきたのは最近のことである。

　電子的流通経路の爆発的普及は３つの重要な出来事によるものである。第一番目の出来事は、最近起こったことであるが、旅行商品の販売にインターネットの利用が増加したことだ。前にも学んだが、ホテルの客室の販売がインターネットで簡単に行える様になったのは、1994年以降だ。第二番目の出来事は、インターネットから遡ること僅か10年か20年、航空業

❖重要な用語❖

商品のコモディティー化（Commoditization）　商品やサービスが進化する過程で、あるメーカーの商品と、他のメーカーの商品との差がなくなり、ブランドによる差別化が不可能となり、消費者が価格のみで商品を選ぶ域に到達すること。商品の低廉大量販売品化、日用品化とも呼ぶ。

図8.6　電子的流通経路

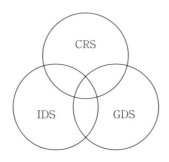

界がGDSを開発したことだ。第三番目の出来事はGDSの開発から20年前のことである。この事件は1952年にケモンズ・ウィルソン氏（Kemmons Wilson）がテネシー州メンフィス市に最初のホリデイ・インを設立したことだ。ホテルの建設と合わせ、ウィルソン氏は現代のホテル・チェーンの公約として、施設独自のCRS開発を提議したことだ。これらの三つの出来事は、図8.6で示す様にそれぞれ関連しあっているため、電子的流通経路を理解する上で重要な要素である。

三つの出来事から生まれた主要構成要素が電子的流通経路を形成している。それらは、歴史的に並べてCRS、GDS、IDSとなる。レベニュー・マネージャーが電子的流通経路の最適な管理を理解する上で、先ずそれぞれの独自の特徴を知らなければならない。

CRS (Central Reservation System)

あなたが、多くのレベニュー・マネージャーの一人なら、有名なブランド・ホテルで働いているはずだ。また、そのブランド・ホテルはCRSを開発し、あなたのホテルのオーナーとのフランチャイズ参加契約でそのCRS利用を義務付けている。CRSは様々な電子的流通経路や非電子的流通経路から予約を受け付け、あなたのホテルのPMSに送信してくる。今日どのブランド・ホテルも電子的にPMSへの送信を行っている。規模の小さなブランドの場合は、手作業で行っているケースも見受けられる。何れの場合においても、客室販売情報はあなたのホテルに伝えられ、また、あなたのホテルの販売可能空室情報や客室レートの情報は、CRSに伝達されなければならない。

客室レートは、あなたの売上最適化戦略に従い、あなたが設定するわけで、あなたは、それらの最新情報を電子的流通経路や、他のあらゆる流通経路に伝えなければならない。同様に、予約なしに直接ホテルを訪れる（Walk-in）顧客、チェック・アウトする顧客、団体予約その他の顧客に対し、ホテルが直接販売することにより、絶えず変動する最新の客室在庫情報をCRSに通知し、継続的に更新しなければならない。取扱いブランドが増加するごとに、ホテルのPMS情報はフランチャイズのCRSに自動登録され、同様にCRS情報は、PMSに自動登録される。

仮にあなたが独立系のホテルを運営している場合は、やはり、あなたのホテルの客室在庫情報と客室レート情報を電子的流通経路に伝えることが必要となる。その場合、沢山の独立系ホテルにCRS機能を提供している会社と利用契約を結ぶことも可能だ。

フランチャイズのCRSであっても、また独立系のホテルを支援するCRS会社のサービスを

利用する場合でも、CRS 利用に関する使用料や予約料を支払うこととなる。これらの費用には、月額維持費、1 件の予約毎に発生する予約手数料、GDS や IDS 等、他の電子的流通経路に接続するためのアクセス料などがある。

　ホリデイ・インの最初の CRS、Holidex が1965年に導入されると、その結果としてブランド毎の独自の CRS 開発が行われた。過去においては、旅行会社や個人の旅行者は、無料電話の1-800（one, eight hundred, toll free number）を重宝したが、レベニュー・マネージャーにとっては、大変であった。その理由は簡単で、ブランドの本部の CRS で客室が予約されても、客室在庫を管理する現地のホテルの PMS には、電子的にその情報が即時更新されないためである。フランチャイズの CRS には数百人もの予約スタッフが働いているし、予約センターも数カ所に分散しているため、在庫情報を最新の状態に維持することが困難であった。その上、客室レート情報を適宜 CRS に伝達することも困難であった。具体例として、次のことを考えてみなさい。レベニュー・マネージャーにとって、ある客室種類の一つのレート・コードを半年先のある1日変更することを数千もの旅行会社に伝達することが、如何に困難であったかは、容易に想像できるだろう。あなたも、彼らの様な初期のレベニュー・マネージャーが直面した情報伝達の問題が十分理解できると思う。

　今日、全てとは言わないが、多くのブランド・ホテルの CRS と傘下のホテルの PMS は相互に、双方向、リアル・タイムで情報共有が可能となった。その結果、ホテルの施設を直接予約なしに訪れた顧客に販売した情報が PMS に入力されると、この客室販売情報が自動的にフランチャイズの CRS に反映される。また、他の電子的流通経路と接続する CRS も増加している。これにより、接続された流通経路と傘下のホテルの PMS も、効果的に双方向の情報共有が可能となった。

　今日、ブランド・ホテルの予約センターで活用する CRS は傘下のホテルの PMS と情報交換し、客室在庫やレート情報をフランチャイズのウェブサイトや、接続する様々なサイトで共有している。

　人手による予約センターの運営経費の継続的増加と、インターネットを愛用して客室予約を行う顧客の増加により、予約センターで取り扱う件数は減少すると思われる。勿論、予約センターは今後も重要な収入源として存在するが、今日では多くの場合、フランチャイズのウェブサイトよりも予約件数が少ないと思われる。しかし、両者を合計すると、今日一般的に、フランチャイズ全体の客室売上の10% から50% に達する。

　ほとんどのレベニュー・マネージャーは、CRS や PMS への客室レートの変更、値引きレートの適用・廃止等の具体的な操作は手作業で実施されていることを知っている。従って、CRS の維持管理や売上の最適化には、人為的なミスの要素がある。今日、フランチャイズ全体の売上最大化を求めるブランド・ホテル本部は積極的に自動レベニュー・マネージメント・ソフトウェアを CRS に組み込んでいる。もし、これらのソフトウェア・ツールを利用しているレベニュー・マネージャーは、それらのツールを良く理解することが重要だ。

　CRS の効果を示すため、ほとんどのフランチャイズがレベニュー・マネージャーに対し、月次か、更に短い期間毎に CRS 売上報告を提供している。報告の一般的内容には、該当期間（月単位が多く用いられる）の実績と前年同期の実績が含まれている。個々の情報は一般的に次の項目が含まれる。

予約実績

キャンセル実績

達成 ADR

売上実績（予約件数×ADR）

平均滞在日数（ALOS: Average length of stay）

予約発生源（流通経路）

集計時点までの累積情報（Year-to-date）も報告される。レベニュー・マネージャーが情報の傾向を分析すれば、CRSの**予約センター**の効率や、フランチャイズのウェブサイトの効率等も評価可能となる。更に、CRSにその他の電子的流通経路が接続される場合、それらが貢献する売上についての詳細情報も追加される。

将来的には、ブランド・ホテルのCRSと傘下のホテルのPMSの間の情報の一貫性を求める本部では、CRSとPMS相互のシステムの親和性を、さらに一体化させる期待を抱いている。このあらわれとして、既に幾つかのチェーンでは、傘下のホテルに対し、チェーン独自のCRSの使用と、そのCRSに独占的に特化した設計のPMS使用を義務付けている。図8.7は、ホテルのPMSとホテルが利用するCRSの情報交換を示している。

図8.7 PMS/CRS 情報交換

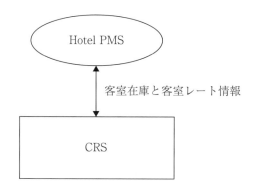

RM のウェブサイト　8.5

独立系ホテル向けのCRSは市場にあふれている。それらの機能や品質は様々だ。それらの中で最も先進的なものはフランチャイズに加盟していないホテルのPMS、CRS、GDSサービスを一つのパッケージで提供している。その商品を開発し、販売するアメリカ及びオーストラリアの会社の情報は www.bookingcenter.com を参照しなさい。

先進的な電子的流通経路管理を知りたければ、ホームページの商品（Products）を検索しなさい。

❖**重要な用語**❖

予約センター（Call Center）　電話で予約を希望する顧客のために、フランチャイズが用意し、運営する物理的な電話予約センター。

有能なレベニュー・マネージャーは次のことにより CRS を適切に管理する。
- フランチャイズ本部指定の CRS 経由の予約に関する全ての費用項目を理解する。
- CRS と PMS に含まれる全ての売上最適化機能を熟知する。
- 認定されたコードが正しく PMS に反映されていることと、それらがフランチャイズの CRS と同期がとれていることを確認する。
- 需要の強い日は特に重要なことだが、CRS に登録されている客室タイプとレートをその都度再確認する。
- あなたのホテル情報が常に正確に管理、更新されていることを確認するため、定期的にフランチャイズの電話予約センターにショッパー・サービスの覆面調査を行う。
- フランチャイズ本部から提供される CRS 実績報告書のデータを定期的に分析する。
- あなたのホテルのレベニュー・マネージメント定例会の議題に、必ず月次または更に頻度を上げた CRS 報告書の分析ならびに検討を加える。

RM のウェブサイト　8.6

　今日の宿泊産業において、CRS が如何に重要であるか？　CRS 自体が現実にブランドを創造する。従って CRS の開発に大きな投資を続けてきたブランド企業は、CRS の機能を必要としながらも独立の立場を守りたいホテルに対し、彼らの開発したブランドの CRS 利用を期待することは驚くことではない。

　マリオットは、独立系のホテルやリゾートホテルを対象に2009年、オートグラフ・コレクション（Autograph Collection）を立ち上げた。チョイス・ホテルでは、アセンド・コレクション（Ascend Collection）を提供している。

　アセンド・グループは2008年に設立された。アセンド・コレクションの会員に参加したいホテルは、マリオットのオートグラフと同様、一般的に高級で、独立系、独特な特徴を持ち、小規模又は歴史的施設で、土地で名声の高いホテルである。これらのホテルは、チョイス・ホテルの CRS 機能を活用する一方で自社の名前や独自性を維持している。

　アセンド・コレクションの詳細と、ブランド効果を知るには、www.ascendcollection.com を参照しなさい。

GDS（Global Distribution System）

　GDS は航空会社から始まったことは既に学んだ。今日、引き続き航空会社は重要だが、レンタカーやホテル産業も商品販売機能として GDS を支える企業である。GDS は既に航空会社の所有ではないが、強力な流通経路である。新参のレベニュー・マネージャーは、GDS がインターネット時代にも生き残り、更には、現実には、GDS が不変であるために現在でも成長を続けていることを認識しなければならない。その理由を更に深く知りたいなら、知らない都市のホテルを探す旅行会社や企業の業務旅行手配管理者を考えれば良い。彼らは、その都市のホテルに電話して、空室情報やレート情報を聞くだろうか？　否、その様なことはしない。もし、彼らがその都市にどのホテルがあるかを知っていても、電話で確認することは甚だしい時間の浪費だ。

　それでは、彼らはそれぞれのチェーンの CRS に電話するか、インターネットで部屋を予約するだろうか？　先ずあり得ない。そのためには、彼らがその都市で運営しているチェーンの

名前を知っていて、個々に電話する必要がある。これに要する時間は論外だ。また、彼らはホテルの予約に加えて、同時に航空券やレンタカーの予約もしなければならないとする。彼らは、ホテルの各チェーンのCRS、各航空会社、各レンタカー会社に一つ一つ連絡しなければならない。しかし、GDSなら、より速く、より確実に、より経済的に、まとめて予約が可能だ。

　開発されてから50年も継続運用され、その間たゆまぬ改善がなされたGDSを利用する企業は、便利で、幅広く、一か所で全ての旅行商品の購入が可能な仕組みを提供するGDSに熟知している。旅行の専門家が商品の購買にあたりGDSを利用する理由が理解できれば、旅行産業26年のベテラン、ノーム・ローズ氏（Norm Rose）が彼の旅行ブログに、次の様に掲げた意味がわかると思う。「GDSの力は、旅行会社に設置された10万台の端末に宿っている。また、同時にインターネットの旅行会社であるエクスペディアの様なOTAの裏で、予約機能を提供している。如何に潤沢な資金を持った企業であっても、一社が一夜にしてGDSの優位性を覆すことは不可能だ。」

　図8.8はホテルのPMSとCRSとGDSの間の情報交換を示している。

　明敏な読者は、GDSの存在がレベニュー・マネージャーの世界を変える力を持つことを認識できると思う。あなたの客室の種類やレートがあなたのホテルのPMSやCRSにのみ掲載される場合、それらは、あなたのホテルのブランドのインターネット・ウェブサイトに掲載され、購買希望者は、あなたが決断した価格と、他のホテルや、フランチャイズ傘下の他のブランドのホテルの価格を比較することが可能となる。図8.9は、GDSユーザーが、あなたのホテルをどの様に見るかを示している。

　レベニュー・マネージャーの価格戦略がGDSやIDSに掲載されると、購買者は、他社と比較しながら、あなたのホテルに関する情報を読み、その上で購買の意思決定を下すことが可能となる。内容が明確に記述され、適切な価格が設定された商品は良く売れる。適切に掲載されていなければ、好調な販売は望めない。ここで再度強調するが、本書はホテルのマーケティング、eマーケティング、先進的マーケティング関連技術の実行が目的ではない。これら全ては重要なテーマである。これらに関する最適な手法は、急速に変化する。これらのどの分野も、

図8.8　PMS/CRS/GDS情報交換

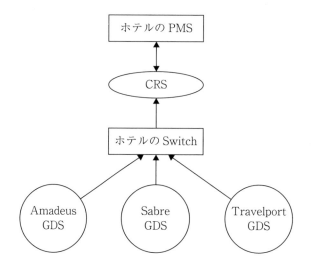

図8.9　GDSユーザーが見るレートと空室在庫情報

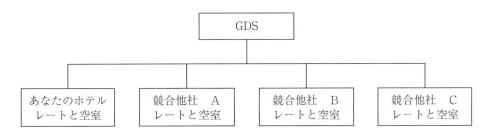

あなたのレベニュー・マネージャーとしての任務や責任に向けられるものであれば、将来研究する価値が高い。しかし、ここで、レベニュー・マネージャーとして認識すべき重要な点は、GDSの出現以来、また、その後インターネットの出現により、レベニュー・マネージャーや、チームが行う売上最適化の決断は、競合他社の決断と並んで一緒に掲載されることになり、広く一般市民の評価を受けることとなることだ。第9章では、レベニュー・マネージャーがどの様な方法で、自社のレベニュー・マネージメント・チームの業績と、他社の業績を直接比較するかを学ぶことになる。競合に関しては、レベニュー・マネージャーの中に、カナダの女性歌手、セリーヌ・ディオン（Celine Dion）の立場を取る人もいる。セリーヌは次の様に言っている。「私は、私以外の誰とも競争しない。私の目標は、最後に行った私自身のパフォーマンスを常に凌駕することだ。」

　勿論、ホスピタリティー産業の多くの人は、競合に対し、それぞれ全く違う考えを持っている。しかしながら、多くの企業において、レベニュー・マネージャーの報酬や昇進は直接競合他社との業績比較をもとに決定されている。UCLAのフットボール・チーム「ブルーインズ（熊）」のコーチ、ヘンリー・ラッセル"レッド"サンダース（Henry Russell Saunders）が信奉する競争主体の環境では、セリーヌの人生観は立ち行かない。サンダース氏は1950年に次の様に発言したと言われている。「勝利とは全てのものではない。勝利とは唯一のものだ。」

　eコマースとGDSが関わる分野では、物事が予想を超えて速く進行する。この速さに追い付けず、最適化戦略に必要な適切な変更を行えないレベニュー・マネージャーは、あっという間に脱落していく。サプライ・チェーン・マネージメント関連の情報技術の専門家、マイケル・ヒューゴ氏（Michael Hugos）は次の様に語っている。「機敏さ（Agility）とは、あなたの競争相手よりも早いことを意味する。機敏さの時間軸は週単位、又は月単位で測定するものであり、決して年単位で比較するものではない。」

　GDSは本質的に旅行商品を販売する人（旅行会社や旅行商品卸業者）や旅行を対象とした事業者のための道具であることは間違いない。インターネットを基盤とする流通経路を代表する人々からは、しばしば旅行会社の消滅が予想されるが、最近の旅行商品オンライン販売統計の調査結果は、この予想を支持するものではない。インターネットは確かに多くの旅行会社の減少を先導してきた。しかしながら、旅行会社の消滅を信じ、旅行会社が不要だと考えるレベニュー・マネージャーは、ホテルに仇をなす結果となる。何故なら、インターネットの出現によって消滅した旅行会社とは、彼らの個人旅行顧客や企業旅行顧客に対して、ホテルの予約しか行っていなかった企業ばかりである。今日では、ホテルの予約は、個人でもインターネットを利用して簡単に、素早く行える様になっている。今日、生き延びている旅行会社の多くは、

彼らの経験に基づき、全ての取引に対し、高度に訓練された専門的能力により、真の付加価値を与えられる企業である。彼らの多くは有利に事業を展開するため、益々インターネット技術を駆使し、繁栄し、成功している。彼らの旅行に関する深い知識とインターネットの技術を組み合わせることは、特に企業旅行販売や複合的旅行（何カ国もの目的地への旅行、冒険旅行、特別目的休暇旅行等）やツアー等の分野で競合力を強化する結果となっている。

　あなたのホテルの所在地に関係なく、GDSを用いてホテルを予約する旅行会社は、あなたのホテルの売上達成の重要な流通経路である。彼ら旅行会社を無視するべきではなく、また、早々と見限るべきではない。彼らが課金するサービス料にも関わらず、専門性の高い旅行会社は、レベニュー・マネージメントの専門家の様に、当分は活躍するだろう。人によっては、航空券、ホテル、レンタカーの選択を含め、個人の全ての旅程を旅行会社にお任せすることに大きな価値を見出している。また、ある人は、個人の自由に使える時間が少なくなる中、旅行会社に自分の旅行の準備を肩代わりしてもらいたいと考えている。かりに、平均的旅行者の生活が忙しさを増してくるなかで、旅行の選択肢が増え続け、内容の評価も複雑となってくると考えれば、社会全体が求める付加価値を提供し、豊富な知識をもつ旅行会社が減少することはなく、増加すると見ることは驚くことではない。

　GDSによる実予約を評価することは、CRSと同様に重要である。CRSの場合もそうであるが、GDSを利用することにより、料金が発生する。それらの費用には、月額維持費、予約料、更に、他の電子的流通経路への接続料等が含まれる。これらの費用は、ホテルによって、損

　有能なレベニュー・マネージャーは次のことによりGDSを適切に管理する。
- GDS経由の予約に関する全ての手数料は、ホテルが利用する全てのGDSそれぞれ個別に把握する必要がある。
- ホテルとGDSの間のコミュニケーション・リンク（情報伝達電子的結合）を監視しなければならない。
- GDSに掲載する自社の情報が正確且つ最新のものであることを絶えず確認する。定期的にデータを見直す。
- GDSに掲載する全ての**レート**を正確に登録し、最新のものであることを確認する。
- 商品の改良や強化を行う場合、売上上位の旅行会社や卸業者に十分情報が伝達されていることを確認する。
- 旅行会社への手数料が期限内に支払われていることを確認する。
- 定期的に、GDSが提供する売上報告書を分析し、次の項目別に整理する。
  1. 流通経路別売上。
  2. 旅行会社別売上。
  3. 客室種類別売上。
  4. 客室コード別売上。
  5. 国または地域別売上。
- ホテルの月次または、更に頻度をあげて開催するレベニュー・マネージメント・チームの定例会議の議題に、GDS報告書の分析を加える。

❖重要な用語❖

レート登録（Loaded rates）　ホテルが、利用する一つまたは複数の流通経路の価格表に客室レートとそれに付随するレート・コードを登録完了した時点をあらわす。

電子的流通経路　267

> ### RM のウェブサイト　8.7
>
> 　多分レベニュー・マネージャーの仕事と比べると、彼らの関わる e コマースや、それらの効果的利用技術の変化や進歩は早い。それらの技術の変化に対応するため、多くの宿泊産業の IT 管理者や会計士は、HFTP（the Hospitality Financial and Technology Professionals）の会員となっている。また、多くのレベニュー・マネージャーも会員となり、助けを受けている。この組織のサービスや会員について調べるには、www.hftp.org を参照のこと。

益計算書のフランチャイズ経費に含めて報告されることもある。しかし、レベニュー・マネージャーは、USALI（Uniform System of Accounts for Lodging Industry 宿泊産業の会計統一基準）第10版に、GDS による客室販売の旅行会社手数料はホテルの損益計算書の中の客室費用に含めるべきで、マーケティング（販売促進）の項目に含めるべきではない、と勧告していることを知っておかなければいけない。

IDS（Internet Distribution System）

　様々な IDS のサイトの運営は、それぞれ異なっているが、レベニュー・マネージャーには、流通経路のひとつと考える方が便利である。その様にとらえると、2004年が IDS にとって歴史的な年となった。2004年に初めてインターネット経由の客室予約件数が GDS を上回った。今日、全旅行者の50% 以上が、インターネットでホテルを予約し、調査を行っている。インターネット予約の80% 以上はフランチャイズが運営するウェブサイトを経由している。その結果、売上最適化戦略において、IDS の影響力は大きく、今後更に拡大が予想される。

　IDS の客室販売に関する多くの情報にも関わらず、レベニュー・マネージャーは、先ずインターネットによる客室販売はロケット工学の様な難しいことではないことを認識する必要がある。難解であることが、IDS をバナー広告、検索エンジン、メタ・タグ（検索用キーワード）、検索比率、ウェブ分析等に特化したオンライン・マーケティングの専門家に任せる理由にはならない。勿論、これらを含め、他の e コマースの独特の側面とウェブ広告は重要であるが、売買に関する基本的な概念をインターネットへ適用し、IDS を効果的に管理することと、効果的なレベニュー・マネージメントとは同義語ではない。ホテルのレベニュー・マネージメントは、IDS 管理とは較べものにならない多くの要素を含んでいる。あなたがこれまで学んだ様に、レベニュー・マネージメントには、インターネットの管理は当然含まれるが、その他多くの専門性から構成されている。そのなかで、レベニュー・マネージメントの基本的な概念を IDS の流通経路管理に適用する方法を最も理解しているレベニュー・マネージャーが、成長を続け、発展し、進化する重要な流通経路を活用出来る立場にいるといってよい。

　宿泊産業でこれらに精通したレベニュー・マネージャーの中では、流通経路としての IDS は大きな可能性を秘めている一方で、多くの解決すべき問題を抱えていると認識する人が増えている。事実、レベニュー・マネージャーによる最近のインターネット関連のレベニュー・マネージメント戦術は、インターネットを利用する顧客の客室購買行動の性質に即応する方法に変化している。顧客の購買行動の特性に関する対応は、今後学ぶ通り、最も求められる要件だ。何故ならば、強い啓蒙にもかかわらず、インターネットを通じた客室販売は、歴史的に顧客中

268　第8章　流通経路管理

心主義の売上最適化達成手段として極めて貧弱である。

　ホテルが真剣に過剰在庫を解消するためインターネットの利用を始めるきっかけとなった9/11の事故以来、現在のウェブ技術との融合に至るIDSの発展の歴史を完璧に解説することは本書の目的ではなく、たとえ解説しても出版と同時に陳腐化したものになってしまう。現実は、インターネットは毎日歴史を作り変えている、ということだ。この事実により、レベニュー・マネージャーは、直接彼らの施設に影響を及ぼすインターネットの進化を油断なく監視しなければならない。しかし、特別な流通経路としてのIDSをより深く管理する方法として、レベニュー・マネージャーはIDSが次の3つの区分で構成されると考えれば理解しやすい。それらは、

● ホテルの施設独自のウェブサイト
● 第3者のウェブサイト
● ウェブ2.0

　表8.10で示す通り、それぞれの区分はインターネットを自社の情報掲載とその伝達手段として共有している。サイトの価値ある情報を管理している企業は様々であり、その結果、それぞれ特徴のある流通経路となっている。

RMの実践　8.2

　400室のシェラトン・シビック・センター・ホテルのレベニュー・マネージャー、ルシールは「私にまとめさせてください。」と言った。「ジェイマル、あなたは、インターネットに掲載されている地域のホテル一覧のなかで、私達のホテルの表示順位を上げるために余分にお金を支払うべきだと考えているのですね。」

　ホテルのFOM（Front Office Manager）ジェイマルは、「その通りです。」と答えた。「とにかく1番か2番目に掲載される様、必要なだけ支払えばよいと思います。それより順番が低ければ、競争に負けてしまいます。顧客が私達のホテルを予約する時に、見つけやすい位置に掲載しなければ意味がありません。」

　ルシールは「良く分かりました。」と答えて、次に移った。「シャロン、あなたは、同じ予算をCVB（Convention and Visitors Bureau）が発行する会議企画者のためのシティー・ガイドの裏表紙全面広告に充当するべきだと考えているのですね。」

　ホテルのDOSM（Director of Sales and Marketing）、シャロンは、「その通りです。」と答えた。「私達のホテルはシビック・センターに隣接しています。ですから、この地に会議を持ち込む団体にアピールし、訴えかけることの重要性は、考える余地もありません。その上、CVBの案内書に広告を出せば、我々のホテルがCVBに協力している姿勢を示すことも出来ます。」

1. これらの二つの流通経路の収支がほぼ同一であると考えた場合、顧客のどの様な特性がルシールの判断に影響を与えると考えますか？
2. 今回これらの二つの流通経路の費用のほか、意思決定の手順において、ネットADR率に関し、何を考慮すべきでしょうか？
3. あなたがホテルの支配人だとしたら、最終決定にあたり、レベニュー・マネジメント・チームに、他のどの様な要素を検討して欲しいと思いますか？

表8.10　IDS の区分

IDS の区分	情報の管理主体
施設独自のウェブサイト	ホテル、ホテルの参加するフランチャイズ
第3者のウェブサイト	仲介業者、旅行会社
ウェブ2.0	顧客・客室購買者

施設のウェブサイト（Property web site, Proprietary web site）

　施設のウェブサイトと呼ぶ時、レベニュー・マネージャーにとって最大の関心事は、単にそれが存在することだ。ほとんどのホテルは、彼ら独自の自前のウェブサイトを持っていないか、または、彼らのホテルを正しく反映していないサイトの運営を行っているに過ぎない。その上、フランチャイズ傘下の個々のホテルのウェブ・アドレスに至っては、顧客に判読しがたいものとなっている。多くの場合、個々のホテルの名前はウェブに載っているものの、存在感は希薄となり、効果的でない。この問題は広範囲で、歴史的だ。1990年代初期は、独自のウェブサイトの開発は緩慢であった。その理由は、それらを開発するために要求される技術が個々のホテルに乏しかったこと、予約機能との接点が困難であったこと、また、個々のホテルの見かけや内容をフランチャイズの本部が管理できることを強く望んだことなど様々だ。

　レベニュー・マネージャーは、**施設独自のウェブサイト**は莫大なマーケティング資産であり、効果的な流通経路となり得ることを認識しなければならない。しかし、それはあくまで次の6項目が保証された場合にあてはまる。

1．サイトのアドレスが顧客に容易に憶えられること。
2．CRS との接続が容易に迅速に行えること。
3．維持費と利用料が最小限の流通経路であること。
4．サイトの掲載内容全てを完全に管理可能なこと。
5．サイトの掲載内容を迅速に修正、変更できること。
6．サイトの効果を独自に測定可能なこと。

　有能なインターネット販売の専門家は、今日、ウェブサイトの情報は極めて重要であることを知っている。従って、第4項と第5項は極めて重要だ。しかしながら、多くの場合、レベニュー・マネージャーは十分これらを掌握できていない。あなたのホテルが有効なウェブサイトを持つためには、先ず、質の高い情報を備える必要がある。正しい情報が備わっていれば、見込み客が閲覧するウェブ・ページ検索結果順位 SERP（search engine results page）が上昇する。

❖重要な用語❖

施設独自のウェブサイト（Property web site, Proprietary web site）　完全にホテルの独自の経営陣により、掲載内容が管理されるウェブ・アドレス。

SERP（Search engine results page）　キー・ワード検索に対し、検索エンジンが表示するウェブ画面の表示回数順位。

270　第 8 章　流通経路管理

独自の流通経路として、あなたの施設のウェブサイトの基本機能は①空室在庫情報を正しく伝達し、②価格を提示し、③顧客に閲覧され、その結果、④客室が購買されることとなる。そのために、レベニュー・マネージャーは、ホテルのウェブサイトのアドレスをホテルの便箋、事務用品、名刺、社報、案内書、電子メール、販促商品等に掲載し、ウェブの利用を促進する。ウェブサイトに検索があれば、レベニュー・マネージャーは、それを確実に**販売に結び付けること**（conversion）に集中しなければならない。

検索を容易に行える様にウェブの仕組みを構成することが、閲覧から購買に繋げる唯一、最大の方法だ。客室購買者は、ウェブサイトのどの頁からも、予約完了までワン・クリック以上したくない。重要なことは、この場合、購買者の無駄な操作を排除して予約を完了させることだ。

ホテルの独自のウェブサイトは、ホテルの単なるインターネット版パンフレットではない。最上のウェブサイトは、漠然とした包括的な検索でも簡単に商品にたどりつき、即座に予約が完了出来る様、対話的販売の道具として設計されている。ウェブサイトの開発費用は、主に、研究のための時間、準備、構築作業によって決まる。しかし、最も重要な点は、掲載情報を必要な都度迅速に修正、変更可能な機能だ。ほとんどのホテルのウェブサイトで、この機能が欠落している。フランチャイズの本部が傘下のホテルに提供している施設向けウェブサイトは基本的にフランチャイズの CRS と直結している。そのため、施設が希望する掲載情報の変更は、全てフランチャイズ本部の承認を必要とする。従って、変更は制限され、また、時間を要することとなる。レベニュー・マネージャーがフランチャイズの提供する施設用ウェブサイトを利用する場合、最も効果的に運用するため、掲載情報に関するフランチャイズ本部の制限項目を

有能なレベニュー・マネージャーは次のことにより、施設独自のウェブサイトを適切に管理する。

- 自らの地域の調査を行い、ウェブに組み込むための、最も人気のあるキー・ワードや表現（フレーズ）を特定し、利用する。
- 検索結果を最大化させるためのキー・ワードを組み込んで、掲載情報を作成する。
- 競合他社のサイトを包括的に評価し、自社のサイトの設計に反映させる。
- サイトの閲覧効果を最大化させるため、高品質で解像度の高い画面に最適化し、ビデオ画像を組み込む。
- 施設の連絡先情報、住所、道順、地図、施設案内のほか、付近のアトラクション、イベント、特別セール情報等を掲載する。
- サイトの人気を高めるため、サイトから関連するサイトへのリンクや、様々なサイトから自社のサイトに誘導する効果的な**リンク戦略**を開発する。
- 地域内の競争を有利にするため、地域に関する検索項目の表示を加える。
- サイトからの売上を追跡し、サイトの効果と生産性を評価する。

❖重要な用語❖

コンバージョン（転化率）　ウェブサイトを見るだけの閲覧者が実際に客室を購入する比率。例えば、ホテルのウェブサイトが100回検索され、予約が 2 件あれば、転化率は 2 ％となる。

電子的流通経路　271

十分調査し、理解することが必要となる。

　ウェブサイトが極めて多くの閲覧者を集める場合、それらの閲覧者はウェブサイトに集まる理由が必ずある。「一度設定したら、後は放っておいてよい」と言う手法は、自動調理器には当てはまるが、ホテル独自のウェブサイトには当てはまらない。ウェブサイトは相互の意思疎通の手段となる道具だ。フランチャイズの本部が、相互対話型で、変化に柔軟に対応可能なウェブサイトの開発を許可しない限り、真に独立したシステムとして情報を掲載し、直接フランチャイズの CRS から予約を受け付ける施設独自のサイトが不可欠となる。

第3者のウェブサイト（TPI: Third-Party Internet Sites）

　第3者のサイトは、様々な旅行仲介業者が運営するもので、ホテルが直接監督するものではない。これらを理解するためには、先ず歴史を学ぶ必要がある。あなたが学んだ通り、ホテルは長年にわたり、伝統的な旅行会社との協力関係による**宿泊特化型の代理店契約**を維持してきた。代理販売の言葉の起源は、旅行会社がホテルに代わって客室を販売する機能を提供することにある。ここでは、旅行会社は販売する客室をホテルから事前に購入するわけではない。実態は、旅行会社の顧客がホテルの予約を求めた時、旅行会社がホテルの客室を予約する、と言うことになる。その結果、ホテルが顧客に客室を提供することになる。旅行会社の収入は、ホテルからの販売手数料（コミッション）である。従って、旅行会社が顧客にホテルの広告にある1泊199ドルの客室を販売すると、顧客は、ホテルに199ドルの支払いを行う。一般的にコミッション10% とすると、ホテルは旅行会社に19ドル90セントを返却することになる。これが旅行会社の収入となる。ホテルはその差額を受け取る。従って、ホテルの**ネット・レート**はこの場合、179ドル10セントとなる。（$199.00 - $19.90 = $179.10）

　この筋書きでいくと、旅行会社はホテルからの卸値即ちネット・レートを公表することは賢明ではない。公表しては自社の収入水準が明らかになってしまい、他にも好んで公表する産業はない。ホテル側もネット・レートを公表したくない。特に景気が低迷している時に、需要が弱いなか予約を取ってくれる旅行会社に通常のコミッションを引き上げてもよいと考える場合は、なおさらである。

　今日 IDS はインターネット旅行会社（OTA: Online Travel Agency）を含む。また、レベニュー・マネージャーは OTA とホテルの関係を良く理解している。最近はコミッション金額に変化がおこり、10% を下回る場合も出てきたが、レベニュー・マネージャーが、彼らの客室を販売してくれる企業の数を拡大したいと考えることは道理にかなっている。また、これらの流通経路を利用する上での費用は事前に理解されている。勿論、あなたのホテルが、彼らの助けを受けることなく、全て自前で販売できれば、それに越したことはない。しかし、これらインター

❖重要な用語❖

リンク戦略（Link strategy）　特別検索の多い補完的なサイトを特定し、それらから自社サイトに誘導するリンクを設定することで、SERP を最大化させる戦略。

代理店モデル（Agency model）　客室販売を代行する仲介業者（旅行会社）にホテルが予約手数料（伝統的に10%）を支払う取引形態。

ネット・レート（Net rate）　仲介業者を介して販売した場合、実際にホテルが受け取る客室当たりの料金。卸価格とも呼ばれる。

ネットの流通経路を利用することが、従来の伝統的な関係の旅行会社と競合することではないことを認識する必要がある。事実今日でも、旅行会社とホテルは客室販売に関して良好な関係を維持している。ホテルは旅行会社の客室販売に依存しており、旅行会社もコミッションを求めている。客室が販売されることは、両者の利益につながる。従って、レベニュー・マネージャーは第3者のインターネットのOTAも効果的に利用すべきである。

　歴史的にみると、ホテルが行っていた販売方法で、旅行会社と同様に重要ではあるが、あまり知られていないものが、ツアー・オペレーターや卸販売業者に客室を直接販売する方法である。この場合、販売が決まる前にツアー・オペレーターや卸販売業者はホテルから客室を実際に購入する。その後、彼らは、購入した客室を直接個人や旅行会社を通して販売することになる。この様な販売方法を取るホテルでは、時に特定の種類の客室を特定の期間に限り、極めて安いネット・レートで販売し、絶対に販売価格を公表させない契約を取り交わすことがある。販売価格とは即ちツアー・オペレーターや卸販売業者が仕入れたネット・レートに彼らの利益を載せて販売する金額のことであるが、そのまま公表することを禁じ、航空券や食事など、他の旅行商品と一緒にした包括料金として価格を表示することを守らせている。

　従って、この様なケースでは、アップル・バケーション社（www. Applevacations.com）の例の様に、メキシコのカンクン・リゾート7泊一括料金1,499ドルと言った表現で広告する。この価格には、予約サービス、航空券代、ホテル客室料、食事、飲み物代金の他、現地のツアーなども含まれていることもある。ここで特筆すべきことは、客室利用料金が個別には明らかにされないことである。老練なホテル経営者は、もし、ホテルが格安の客室料金の個別表示をオペレーターに許したら、他の流通経路で高額販売している取引に将来悪影響が出ることを知っている。今のところ、上手く行っていると思われる。

　ホテル業界にとっては不幸にも、9/11の直後、ホテルは新規参入で洗練された数多くの第3者のインターネット客室販売会社IDSからの勧誘攻勢を受けた。業界のほとんどの専門家が認めることだが、彼らサード・パーティーのIDS業者は、当時インターネットの力をホテル業界よりも数段理解していた。ホテル業界のトップ・リーダーの名誉を重んじて言えば、彼ら新種のIDSは、当初老練なフランチャイズ・トップの経営陣に接近しなかったことを認識することが重要だ。その理由は簡単である。米国の80%以上のホテルにおいて、空室在庫や価格に関し、フランチャイズの経営陣が管理することは出来ない。ホテルの空室在庫管理や客室レート決定は、当時も現在同様に傘下の施設毎に行われていた。9/11による経済の低迷と旅行の減少と大量の空室在庫に恐れをなした個々のホテルの経営者は、マーチャント・モデルを活用する新種のIDSに積極的に客室を販売した。

　ホテルの経営者やレベニュー・マネージャーはIDSが大量の客室購入を約束する**マーチャント・モデル**を喜んで受け入れた。IDSを取り込みたい一心で、個別に客室レートを表示することを禁止する契約条項は削除された。マーチャント・モデルで客室を購入したIDS業者は、

❖重要な用語❖

マーチャント・モデル（Merchant model）　仲介業者が卸価格で仕入れた客室を、通常の商人の様に、仲介業者が小売価格を設定し、最終消費者に販売すること。

電子的流通経路　　273

彼らの好きなように販売価格を宣伝することが許された。これが大きな間違いであった。

　技術に精通した IDS の経営陣が認識していたことは、インターネットが情報の伝達に与える大きな影響と比較できるものは、唯一印刷機の発明のみだ、と言うことだ。彼ら IDS が設定する客室価格は瞬く間に顧客が望む価格を表すものとなり、それらの顧客は、他の価格と比較し、評価することとなった。

　この問題に対して複数意見を主張する原価主義価格設定の専門家の論理に従えば、もし、あなたが他の方法で対応出来ない過剰客室在庫をインターネットのマーチャント・モデルで売りさばく方法を知りたければ、様々な業界誌の記者やコンサルタントが教えてくれる。ホテル事業主が理解していなかった点は、彼らが知らず知らずに、昔から行われている裁定取引（arbitrage）を認め、これを推進する契約を締結したことだ。既に第4章で学んだ通り、裁定取引に至っては、階層価格戦略を維持することは不可能だ。ホテル事業者は間もなく、インターネットを利用するにあたり、裁定取引の教えが正しかったと知るだろう。これは極めて有害で、更に悪化する。

　多くの場合、オンライン業者はホテルに対し、オンライン業者自身は事前に客室を購入する必要がない、（売れない場合の責任はホテルにある）と説得している。しかも、販売が決定してから30%〜50%引きの大幅値引きレートで支払うことを了承させている。従って、レベニュー・マネージャーは団体販売の客室ブロックと同様に、インターネット業者向けの客室を確保している。仮にインターネット業者向けのブロックから実予約が発生しなくても、違約金を取り立てることは出来ない。結果として、インターネット業者に確保した客室が、ホテルの売れ残り空室在庫となる危険がある。

　インターネット業者同士の競合圧力から、彼らは数千に及ぶ提携サイトの活用を選択した。それらのサイトは、インターネット業者の客室販売を手助けする。ところが、これらのサイトは、それぞれ独自に自由な販売価格を設定する。ここに至り、購買者は、一つのインターネット価格を検索するのではなく、容易に沢山の種類の価格を見つけることとなる。その結果は、誰もが予想する通り、惨憺たるものだ。全く同じホテルの同じ客室が、同じ滞在日に様々な価格で表示されれば、購買者がその中から一番安い価格を表示するサイトを選ぶことは疑う余地がない。そこで、**参照サイト**又は検索サイトが人気を呼ぶこととなる。カヤックやサイドステップは様々なサイトを検索し、その中から最安値を見つけて、SERP（Search engine results page）に結果を公表する。今日、インターネットは情報伝達が効率的となり、購買者はそれほど努力しなくても最安値を探し当てることが可能となった。2000年代初期に始まった理性や根拠を欠いた価格の蔓延は、顧客中心主義の価格設定の観点からも状況悪化の一方である。

　何故この様な状況に至ったかを理解するには、オンライン取引の80%が大手3社で占められている現実を認識することが重要だ。この3社とはトラベロシティー、エクスペディア、オービッツである。この3社は全世界に無数の提携サイトを保有している。それらは、独自に運営

❖重要な用語❖

参照サイト（Referral site）　様々なサイトを検索し、分析した情報を報告するサイト。スクリーン・スクレーパー・サイト（Screen Scraper site）、または、メタ・サーチ・サイト（Meta search site）とも呼ばれる。

274　第8章　流通経路管理

されているが、大手 GDS の3社の予約エンジンを利用している。これらのサイトは一般的に次の4つの方法で収入をあげている。

1．高額客室レート：各サイトはホテルとの交渉仕入れ価格よりも高額のレートを設定し、顧客に販売することにより、差額を収入とすることが出来る。

2．固定手数料：サイトは予約件数、または予約宿泊数に応じて予約手数料を顧客から徴収する。

3．変動費：これらは一般に税・サービス料として記載されるが、顧客には税金やサービス料の明細は分らないため、実際より多く徴収されることもある。

4．税超過分：多くの場合、顧客に販売する価格は高額で、顧客から徴収する税金はその価格に基づいて計算されるが、実際にサイトがホテルに支払う金額は交渉仕入れ価格であるため、税金もその割安価格に従って計算される。その差額がサイトの税金取扱い手数料となってしまう。様々なサイトが独自の売上目標を達成するため、これら以外の様々な料金設定を行っている。

　サイトによっては、合法的に運営されているところもあるが、多くは、そうではない。多くの主要ホテルは、顧客から高額なインターネット予約手数料や疑わしい商習慣に関する非難が寄せられていると、不満を述べている。業界の知識人によると、マーチャント・モデルの販売業者が徴収する様々な料金や商習慣は、公表されていない。2004年にドイツのベルリンで開催されたホテル投資会議において、ヒルトンホテルの会長、スティーヴン・ボレンバック最高執行役（Stephen Bollenbach）は次の様に発言した。「インターネット仲介業は聖書解釈の倫理的観点において悪だとは言わないが、費用を沢山取り過ぎている。」

　IDS は過剰在庫を販売する革新的ではあるが、疑わしい手法を生みだしている。**オペーク・モデル**として知られる手法で、IDS では競売と入札の形態を取っている。競売（オークション）の場合、ある価格で表示される客室は購買者にどのホテルか明示されない。購買者が購入を決断すると、そのあとで、ホテルの名前や、住所が伝えられる。入札（ビッド）の場合、潜在購買者が希望価格を入力する。例えば購買希望者がホテルの所在都市やランクを指定し、1泊200ドル支払うと入力する。購買者はクレジット・カードで身分を証明する。もし、希望に合うホテルがあれば、落札され、購買者にホテルの名前や住所が伝達される。プライスライン（pliceline.com）がオペークで有名なサイトだ。

　2000年代初期から第3者マーチャント・モデルとオペーク・モデルの IDS サイトは繁栄した。ホテルのオーナーや経営陣は IDS からもたらされる売上を歓迎し、消費者も IDS の安いレートを歓迎した。サイトの運営母体自身も、従来の GDS による伝統的な旅行代理店モデルと比較して利益率の高い事業に満足した。また、伝統的な旅行会社も GDS よりも安いレートを IDS サイトで見つけることが出来る一方で、ホテルからは従来通り10％の予約手数料収入を得ることが出来る IDS の利用を歓迎した。

　職業としてのレベニュー・マネージャーの立場で考えると、マーチャント・モデルやオペー

❖重要な用語❖

オペーク・モデル（Opaque model）　客室購買者が支払金額を了承するまで、購買者にホテルの名前や住所等の情報を知らせない販売形態。

ク・モデルは消費者がホテルを選ぶ時に価格のみで購入判断する訓練となると考えれば、その通りだ。同様に、それらのモデルは、ホテルの客室を急速に価格だけで判断される日用品化（コモディティー化）に導くと考えれば、その通りだ。また、これらは、ホテル業界にとって極めて悪い現象だと考えれば、その通りである。

　場合により、厳選されたウェブサイトの運営業者は極めて価値が高いこともあるが、レベニュー・マネージャーとして認識すべきは、サイトの運営業者自身はホテルを所有している訳ではなく、ホテルの運営にも携わらず、実際のホテルが客室を供給しなければ、ウェブで販売する客室も持っていないと言う点だ。彼らが供給する客室在庫は、結局ホテルに属しているものだ。客室はホテルが販売する主要商品であり、市場に対し、在庫をどの様に伝えるかを管理することは、ホテルにとって極めて重要であるべきだ。また、これらは長期的な売上の最適化に則り、実施されなければならない。ホテルにその様な行動を許さない仲介業者は、ホテルの顧客中心主義に基づく売上最適化戦略を阻害する。

　イールド・マネージメントを効果的に行う例として、航空会社をあげる宿泊産業の専門家がいる。彼らは、ホテルの客室販売における第3者ウェブサイトの広範な利用を強く支持する。面白いことに、彼らがサウス・ウエスト航空について言及することはほとんどない。サウス・ウエスト航空は、航空座席在庫と販売価格を厳格に管理している。彼らの航空座席は彼らが運営する独自のウェブサイト（www.southwest.com）で販売される。2011年現在、サウス・ウエスト航空の座席はオービッツ、エクスペディア、プライスライン、トラベロシティーや他の第3者ウェブサイトでは予約できない。思慮深い読者は、既に前の章で紹介した通り、サウス・ウエスト航空は顧客中心主義に基づく階層価格戦略を実施し、在庫と価格を厳格に管理していることを思い出すだろう。この点を指摘して、サウス・ウエスト航空が全米の航空会社の中で唯一利益を継続することが出来る理由のひとつだと説明する人もいる。

　今日、ほぼ全ての主要ブランド・ホテルは傘下のホテルに対し、最安値客室価格をブランドのウェブサイトに掲載することを義務付けている。従って、最安値を表示するサイトは必ずフランチャイズ本部により運営されていることになる。しかし、第3者のサイトは、購買者が様々なブランドの様々な商品の選択肢を比較可能とすることにより、成功している。エクスペディアやトラベロシティーは競合するホテルを同じサイトに掲載している。しかし、マリオットのウェブサイトはヒルトンの空室情報を掲載したくはないし、ヒルトンのウェブサイトはマリオットの空室情報を掲載したくない。その結果、それぞれのブランドは、自社グループの情報しか掲載しない。チョイス・ホテルの元CEOチャック・レジンガー氏（Chuck Ledsinger）によれば、この傾向は変化する可能性がある。彼は次の様に述べた。「我々がまだやっていないのは、一つのサイトで全てのブランドのホテルを予約することだ。これぞ究極の分野である。多分近い将来姿を表すだろう。」

　第3者のインターネット・サイトの運営業者がホテルの予約を取扱う手法は絶えず変化を続けるため、レベニュー・マネージャーはそれらの変化についていかなければならない。基本的には、レベニュー・マネージャーがインターネットの割引販売を階層価格の一つの手段として利用すること自体、間違ったことではない。しかし、それらのサイトを、あなたのホテルの主要なIDSとしてしまってはいけない。何故なら、あなたのホテルが高額割引レートを運営する仲介業者のサイトにしか表示されない様になれば、インターネット・ユーザーは常にあな

276 第8章 流通経路管理

第3者のインターネットを利用しようと考えているレベニュー・マネージャーは、慎重に考えなければならない。有能なレベニュー・マネージャーは次のことにより、それらを効果的に管理できる。

- 第3者のマーチャント・モデルを利用するのは、必要不可欠な場合、最小限に止める。
- 提携サイトを適切に、完全に掌握している、実績のある立派な業者と契約する。
- 第3者サイトの個々の総客室売上を監視し、IDSサイトのネットADR率を監視する。
- 第3者の卸業者への販売は、一貫した売上最適化戦略に則ったネット価格で行う。
- 客室価格のみの個別価格の掲載を禁止する。
- 第3者の業者への委託販売を避ける。販売に基づいた手数料支払いとする。
- 最初は、自分自身のサイトか、自社ブランドのサイトに直接ユーザーを誘導する第3者サイトを探す。
- 日用品化（コモディティー）を誘発する恐れのあるオペーク・サイトは避ける。入札システムが利用できれば、参加する。
- 割引レートが掲載される場合、空室率が下がれば、すかさず割引を停止する。需要が緩慢な時期のみに限定し、最後の1室までの適用は行わない。
- 正しい情報が掲載されているか、絶えず、定期的にサイトを監視する。
- 第3者サイトの売上と費用を監視し、定期的にレベニュー・マネージメント委員会に報告する。

RMの報道記事　8.1　誰が誰を所有しているのか？

　オンライン・トラベル・エイジェンシー（OTA）は地域の税務署からの相次ぐ訴訟に狼狽している。シアトル・タイムズ誌の記事によれば、市の徴税官が、ホテルの宿泊税（Occupancy taxes）を数百万ドルも誤魔化されている、と訴えている。アトランタ市は、トラベロシティー、オービッツ、エクスペディア他14社のOTAに対し訴訟をおこし、未納税金数百万ドルを請求した。ロサンジェルス、フィラデルフィア、マイアミ、シカゴ、ブランソン市等も同様の訴訟を行っている。問題は、詐欺としては単純だ。記事によれば次の通り。

　「仮にOTAがホテルから1室50ドルで仕入れ、100ドルで販売すると、顧客には販売価格に基づいた税金を請求し、会社が実際に支払う税金はホテルからの仕入れ価格に基づいて計算する。OTAのものでないお金を、市は取り戻せない。」アトランタのウェイド・トムリンソン（Wade Tomlinson）弁護士はこの様に語っている。

　OTAは、法律に則り、税金を全て支払っている、と主張し、一方税務当局はOTAから購入した消費者は、実際にOTAが支払う税額より高額な税金をOTAにだまし取られている、と主張している。OTAは差額について、消費者がオンラインで予約することに対する合法的なサービス料金だと主張している。最終的には法律の改定により、誰がどの税金を負担すべきか、裁判所で決着することになる。しかし、問題は複雑だ。ジョージア州コロンバス市とエクスペディアの訴訟では、OTAがホテルから仕入れる価格ではなく、消費者から受領する価格に基づいて宿泊税を支払う義務があると最高裁が判決を下した。

　2010年3月、AH&LA（the American Hotel and Lodging Association）、AAHOA（the Asian American Hotel Owner's Association）、NABHOOD（the National Association of Black Hotel Owners, Operators and Developers）、LHA（the Latino Hotel Association）は、連邦法は仕入れ値を基に税金を支払うことを許すとのOTAの解釈に対し、そうではないと反対する意見を公表した。

　自分自身の見解を示しなさい。また、あなたが仮に本件を裁く連邦判事だとしたら、誰の立場を支持しますか？　また、あなたが主に宿泊税で運営が賄われているニューヨーク市観光局CVBのレベニュー・マネージャーであったら、どの様に考えますか？

電子的流通経路　277

RMのウェブサイト　8.8

　CRS、GDS、IDSを経由する客室予約比率は変化し続けている。これらの流通経路の最新の客室予約貢献度を知りたければ、www.travelclick.comを参照しなさい。検索後、Knowledge Centerをクリックし、次にHotel Bookings by Channelをクリックする。

たのホテルの割引レートに突きあたり、割引レートが通常価格だと思い、ラック・レートは欠落してしまう。従ってレベニュー・マネージャーは絶えず顧客を高額割引サイトから遠ざけて、正しい価値を反映するサイトに誘導する様、創造的な方法を探さなければならない。レベニュー・マネージャーは、第3者のインターネットを通じた販売の責任を持つ場合もあれば、直接タッチしない場合もある。しかし、この客室販売分野の変化は速いので、レベニュー・マネージャーはIDS流通経路を有効に利用するため、絶えず最新の最適な情報を把握していなければならない。

Web 2.0

　ウェブ2.0とは一般的に、ソーシャル・ネットワーキング、ビデオ共有サイト、ブログ、ツィート、その他、消費者が構築する情報媒体を表現する。ホテル産業にとって、ウェブ2.0は、CGM上で消費者同士がホテルの体験をビデオや写真によって共有する傾向が強まる中、極めて重要となっている。これらの体験の共有が客室の購買の決断に与える影響は、広告にも増して大きな力を持つ様になった。その影響度はどれほどか？　eマーケターによれば次の通りだ。

- 米国のインターネット・ユーザーの38％（即ち7,200万人）が、少なくとも月に1回ソーシャル・メディア・サイトを利用している。
- 米国のインターネットによる購買者の内、89％が購入に先立ち他の購買者の評価を閲覧している。そのうち43％がほとんど必ず閲覧し、22％が常に行っている。

　全てのホテル事業者は常に口コミによる宣伝の重要性を良くわきまえている。口コミの宣伝は、経済の変動や競合状況に関係なく、年がら年中、仕事を呼び込む。極く最近まで、あらゆる産業の専門家は、不満を持つ顧客は、彼らの不幸な体験を約数十名の人に伝えると教えられてきた。口コミによる宣伝効果を教える人は、一般に品質の高いサービスを提供することの重要性を、不満を持つ顧客の数を最小化し、その結果、口コミによる悪評の流布を最小化することだ、と説明する。

　しかし、ウェブ2.0の時代の今日に至っては、口コミによる宣伝効果の心配は、古風な物語に過ぎない。何故なら、今日では、たった一人の不満を持つ顧客が、数分の間にコンピュータに数行打ち込むだけで、一瞬にして不幸な体験を世界中のホテルの潜在的顧客、数百万人に伝達することが可能だ。ホテル業界にとっては、口コミは、e口コミに取って代わった。e

---

❖重要な用語❖

CGM（Consumer-generated media）　消費者が商品の購入決断にあたり、調査結果を調べ、商品に対する情報や意見を見るためのフォーラム、ブログ、ウィキ、レビュー等のインターネット上の場所。UGC（User generated content）と呼ばれることもある。

278　第8章　流通経路管理

口コミとは、口コミを Word of mouth と呼ぶのに対し、インターネットの口コミを Word of mouse（コンピュータ画面を操作するマウスのかけ言葉）と呼ぶことから始まった。インターネットの e 口コミの拡大により、レベニュー・マネージャーはトリップ・アドバイザー、トラベル・ポスト、カヤック等のサイトに掲載される空室在庫情報、客室レート、消費者の批評等を以前にもまして監視する必要がでてきた。有能なレベニュー・マネージャーはウェブ2.0に影響された行動が増大することを認識すれば、ソーシャル・メディアを適切に管理することが出来る。次の項目が含まれる。

- ホテルのウェブサイト上のブログ。
- ホテルのウェブサイトの写真交換機能。
- ホテルのウェブサイトのアンケート、コメント、フィードバック欄。
- ホテルやホテルの地域に関するブログの活発な関与。
- フェイスブック、マイスペースなどのサイトにホテルの紹介を掲載する。
- ソーシャル・ネットワークのモニター調査誌の購読。
- もし、適切と判断すれば、厳選されたソーシャル・ネットワークへの広告掲載。

レベニュー・マネージャーにとって、電子的流通経路、非電子的流通経路の管理に関する最善の手法は急速に進化、変化する。最終分析によれば、ホテルの利用する流通経路は、次のことが満たされる限り有効である。

- ホテルの空室在庫情報を正確に反映し、掲載する。
- ホテルの客室価格決定を正確に反映し、掲載する。
- 空室在庫情報と客室レート情報を容易に更新・変更可能なこと。
- 適正な販売客室毎のネット ADR 率（Net ADR Yield）を達成可能なこと。
- ホテルが直接提供する商品価値と価格に対する顧客の認識を破壊せず、ブランド価値の確立に貢献し、ブランドを棄損しないこと。
- 商品の日用品化を避けること。
- ホテルが顧客に対する責任を持つ前提のサイトであること。それにより、ホテルは顧客中心主義の売上最適化戦略に集中可能となる。

RM のウェブサイト　8.9

　インターネット上のホテル・レビューは旅行サイト閲覧者の購買決定の85％以上に影響を与えていると推定される。インターネットで客室を購入した顧客の90％以上が、予約する時に参考にしたインターネットのレビュー情報は正確であったと報告している。今日、先進的な企業は、レベニュー・マネージャー向けのサービスとして、消費者が彼らのホテルについて投稿した情報を常に監視し、分析して、報告書を提供している。これらの企業のサービスを利用することにより、レベニュー・マネージャーはインターネット上のレビューを容易に追跡し、分析し、対応することが容易になった。これらのサービスを提供するウェブ2.0の企業の商品詳細は、www.standingdog.com を参照のこと。サイトがレベニュー・マネージャーに提供するサービスを調べるには、Social Media Strategies and Monitoring をクリックする。重要なサービスのひとつは、特定のウェブ2.0サイトに投稿されたレビュー情報のまとめである。その他、これら企業はレベニュー・マネージャーに対し、ホテルへの否定的な意見に適切に対応する方法を助言している。

流通経路管理の基本原則　279

RM の報道記事　8.2　あなたのホテルは最悪

　ホテル関連で最も配信が広がった記事のひとつは、ヒューストンのホテルに深夜二人の男性がチェック・インに現れた事件だ。彼らが確約（ギャランティー）の予約をしていたにもかかわらず、夜勤の従業員は「空室はありません。」と答えた。結局二人は別のホテルに滞在した。翌日二人は、昨晩経験した不幸な事件についてユーモアを交えて、パワー・ポイントのプレゼンテーションにまとめた。題名は「あなたのホテルは最悪だ」とし、ホテルの支配人に送信し、インターネットに掲載した。閲覧は何と数百万件に達した。膨大なコメントの中で、ホテルをあざけった次の声明が掲載された。
1．通過する星の引力により地球が太陽系から飛び出す確率。220万分の1（ミシガン大学）
2．我々がヒューストンの、そのホテルに行く確率はそれより更に低い。（ところで、あなたのホテルは、我々が予約する客室を他の人に渡さずに確保しておいてくれる確立はどれぐらいありますか？）
　幸いなことに、ヒューストンの、そのホテルは最早存在しない。もし、あなたがレベニュー・マネージャーで、あなたのホテルに対するもっともな批評や、不公平な悪評が人気サイトに掲載されたとしたら、どう対応するか考えなさい。
1．先ず、そのサイトにアクセスし、掲載した顧客に感謝を伝える。
2．顧客の不幸な経験が事実であれば、謝罪を伝える。
3．その様な事がおこってしまった理由を簡単に伝える。
4．投稿者やその他の閲覧者に対し、再発防止策を取った事を伝える。
5．直接謝罪を伝えるため、電話や電子メールの交換を申し出る。
6．回答の終わりに、投稿者の批評のなかから、ホテルの優れた点（ホテルの立地や快適な客室等）を抜き出して、肯定的な言葉で締めくくる。

　ホテル事業者は、顧客に対する責任に関する IDS の影響を誤解している。あまりにも多くの IDS が、顧客に価格のみで購買決定を促している。それらのなかには、サイト独自の FBP（Frequent Buyer Program）やポイント還元プログラムを用意しているものもある。これらのサイトを多用するレベニュー・マネージャーは、価格のみで競争することが、洗練された旅行客や豊かな顧客を引き留めて魅了する能力を、著しく制限することを忘れてしまったとしか考えられない。商品の日用品化は売上最適化の正しい方向ではない。脱日用品化戦略には、独自の価値を提供すると言う明確な商品の創造が必要だ。（特別スイート客室、ロマンティック逃避行、その他ファミリー・パッケージ、週末の憩い、博物館パッケージ、季節のパッケージ、ゴルフ・パッケージ、スパ・パッケージ等）

　第3者のインターネット仲介業者は、ホテルの商品の行き過ぎた日用品化に責任がある。あまりにも多くのレベニュー・マネージャーが彼らのすることを許してきた。特に表8.11に示す様に、商品の日用品化を推進した流通経路に対して、平均を大きく下回るネット ADR 率（Net ADR Yields）を受け入れてきた。レベニュー・マネージャーは、顧客との相互に利益を共有する関係を再度構築し、顧客に対する責任を取り戻さなければならない。それこそが、唯一彼らにとって、再訪する顧客の増加、信頼する顧客の創造、更には収入の最適化を実現する道である。

流通経路管理の基本原則

　流通経路の管理は、提携関係管理である。宿泊産業では、提携関係の種類や形態は進化し続

280　第8章　流通経路管理

ける。認識すべき重要な点は、流通経路はあなたの売上最適化目標達成を助ける効果があるに過ぎないことだ。ホテルと流通経路双方が利益を得なければならない。この概念は、ノーベル賞を受賞した経済学者ミルトン・フリードマン博士（Milton Friedman）が次の通り指摘している。「自由市場経済の中で唯一最も重要な事実は、両者が利益を得られない限り取引は成立しないことだ。」現在並びに将来の流通経路を管理する立場にあるレベニュー・マネージャーは、流通経路が真に顧客と売上を増加させることを確保するために弛まぬ努力が必要だ。有能なレベニュー・マネージャーは、表8.12に示す12項目の流通経路管理原則を適用することにより、最適に管理する事が可能となる。

表8.11　売上上位9流通経路のネットADR率と情報管理権限

流通経路	一般的ネットADR率	情報管理権限
非電子的流通経路		
施設での個人顧客販売	90%〜95%	ホテル
施設での団体販売	90%〜95%	ホテル
予約センターの電話予約	90%〜95%	ホテル
CVB　観光局	85%〜95%	仲介業者
電子的流通経路		
CRS　フランチャイズ等	90%〜95%	ホテル／フランチャイズ
GDS　旅行会社	80%〜95%	仲介業者
IDS　施設のサイト	90%〜95%	ホテル／フランチャイズ
IDS　第3者サイト	65%〜85%	仲介業者
IDS　ウェブ2.0	N/A　not available	顧客／客室購買者

表8.12　流通経路管理の12原則

1．ネットADR率に基づく流通経路の効率性と、流通経路の総売上能力を評価する。
2．流通経路提携先を、ラック・レート、プレミア・レート、厳選した割引レートの推進に活用する。
3．定期的にブランド参加契約による直接売上比率効果を計測する。
4．非電子的流通経路の提供するサービス品質と情報の正確性を定期的に評価するため、覆面調査員のショッパー・サービスを活用する。
5．定期的に非電子的流通経路の売上比率を測定する。
6．ブランド管理のサイトではない、施設独自のサイトを開発し、積極的に推進する。
7．電子的流通経路の提携サイトに空室在庫情報や客室レート情報が正確に掲載されているか、常時1〜2名の要員を配置して定期的に評価する。
8．手作業で空室在庫情報や客室レートを登録する流通経路は利用を避ける。
9．手数料方式のIDSサイト提携先を探し出し、商品を日用品化に導くと思われるオペーク・モデルやマーチャント・モデルを排除する。
10．ブログ、ツイート、顧客体験、写真共有等を掲載するCGMのウェブ2.0戦略を率先して推進する。
11．独自の商品特性を基にした商品を宣伝する特別の流通経路を探し出す。そこで、健全な階層価格戦略を展開する。
12．顧客の将来の予約を積極的に費用の少ない流通経路に移行させる努力を行う。

重要な用語

■旅行卸販売業者（Travel wholesaler）　■GDS、旅行会社用商品販売システム（Global distribution system）　■IDS、インターネット販売網（Internet distribution system）　■フェード・レート、顧客の拒否反応に応じて提示価格を減額する（Fade rate）　■客室使用費用（CPOR）■ショッパー・サービス、匿名調査（Shopper service）■コモディティー化、商品特性の消滅（Commoditization）　■予約受付センター（Call center）　■レート登録（Loaded rate）■施設独自のウェブサイト（Proprietary web site）　■SERP、インターネット検索順位表（Search engine results page）　■転化率、検索対購入比率（Conversion）　■リンク戦略（Link strategy）■代理販売モデル（Agency model）　■ネット・レート、販売手数料を除いた実販売レート（Net rate）　■マーチャント・モデル、仕入れ販売モデル（Merchant model）■参照サイト、様々なサイトを比較し、最安値を表示するサイト（Referral site）　■オペーク・モデル、購入後に商品明示する販売手法(Opaque model)　■CGM、消費者作成情報（Consumer-generated media）

学んだ知識を応用しなさい

1. ジョエル・リバーマンは300室のシティー・センター・プラザのレベニュー・マネージャーだ。シティー・センターはフランチャイズに加盟している。彼は、来月の第3週末、まだ売れ残っている100室の引き当てに関する選択を検討している。ホテルの団体販売部門は、1泊185ドルのレートで80室は売れるだろうと考えている。ホテルのFOMは通常のラック・レート229.99ドルの25%割引でフランチャイズのウェブサイトの「ホテルのお得情報、Deals at This Hotel」欄に掲載すれば、90室がCRS経由で販売できると考えている。この場合、購買者は予約時に代金を支払い、キャンセルしても返金はない。
Uberhothotels.comと言う第3者インターネット・マーチャント・モデルサイトは、ホテルが100室まで販売を保証してくれるなら、1室160ドルで購入したいと申し出ている。彼らは、ホテルが彼らのサイトに1泊172.99ドルで一般に公表することを認めれば、販売可能だと考えている。

ジョエルはラック・レートで、当日の200室を既に売り切っている。上記の各流通経路が、彼らの言う通り販売できると仮定する。次の売上予想表を完成させて、質問に答えなさい。

RevPAR予想計算表、シティー・センター・プラザ・ホテル　ジョエル作成

流通経路	団体販売	CRS	第3者IDS
流通経路売上予想	$14,800.00	$15,524.33	$16,000.00
総客室売上予想	$60,798.00	$61,522.33	$61,998.00
流通経路販売客室予想	80	90	100
総販売客室数予想	280	290	300

流通経路	団体販売	CRS	第3者IDS
ADR	$185.00	$172.49	$160.00
稼働率予想	93%	97%	100%
RevPAR予想	$202.66	$205.07	$206.66

注）既に200室×$229.99＝$45,998.00販売済み

流通経路	団体販売	CRS	第3者IDS
流通経路売上予想	$14,800.00	$15,524.33	$16,000.00
流通経路販売客室予想	80	90	100
ADR	$185.00	$172.49	$160.00
稼働率予想	80%	90%	100%
RevPAR予想	$148.00	$155.24	$160.00

注）既に200室×$229.99＝$45,998.00販売済み

A．流通経路の生産性予想の結果、ADRの最も高い流通経路と最も低い流通経路を答えなさい。

B．最も稼働率の高い流通経路と最も稼働率の低い流通経路を答えなさい。

C．RevPARの最も高い流通経路と最も低い流通経路を答えなさい。

D．あなたがジョエルなら、どの流通経路に100室引き当てますか？　またその理由は何ですか？

2．ジョエルはフランチャイズ契約で、全ての販売客室売上に対し8％のフランチャイズ料、3％のマーケティング料、1％のCRS利用料が必要で、更に予約客室1室毎に2ドル支払うことを知っている。また、IDSのUberhothotels.comには販売室数1室あたり10ドル支払う。この前提でネットADR率を計算しなさい。

ネットADR率計算表　シティー・センター・プラザ・ホテル　ジョエル作成

流通経路	団体販売	CRS	第3者IDS
販売客室数	80	90	100
レート	$185.00	$172.49	$160.00
総収入	$14,800.00	$15,524.10	$16,000.00
フランチャイズ料（8％）	$1,184.00	$1,241.93	$1,280.00
マーケティング料（3％）	$444.00	$465.72	$480.00
CRS利用料（1％）	$148.00	$155.24	$160.00
CRS予約料2ドル/1室	$160.00	$180.00	$200.00
IDS予約料10ドル/1室			$1,000.00
手数料差引売上	$12,864.00	$13,481.21	$12,880.00
ネットADR率　Net ADR yield	86.9%	86.8%	80.5%

A．最もネット ADR 率が高い流通経路と、最も低い流通経路を答えなさい。

B．流通経路手数料を引いたネット ADR の最も高い流通経路と最も低い流通経路を答えなさい。

C．この結果、あなたは100室をどの流通経路に引き当てますか？　またその理由は何ですか？

3．ジョエルは既に販売した200室のネット ADR 率は約88％であったと見積もった。また、彼のホテルは、販売に伴う経費が1室55ドルかかる。（客室清掃、準備、販売等の費用）これらを考慮して、次の表を完成させ、質問に答えなさい。

GOPPAR 予想　シティー・センター・プラザ・ホテル　ジョエル作成

流通経路	団体販売	CRS	第3者 IDS
販売済み200室ネット売上 229.99X200X0.88=$40,487.24	$40,478.24	$40,478.24	$40,478.24
流通経路ネット売上 （流通経路費用差引後）	$12,864.00	$13,481.21	$12,880.00
販売済み200室を加えたネット売上	$53,342.24	$53,959.45	$53,358.24
販売客室総数	280	290	300
客室販売準備費用（$55.00/room）	$15,400.00	$15,950.00	$16,500.00
客室準備費用差引後のネット売上	$37,942.24	$38,009.45	$36,858.24
GOPPAR	$126.47	$126.70	$122.86

A．最も GOPPAR の高い流通経路と、最も GOPPAR が低い流通経路を答えなさい。

B．あなたがジョエルの立場として、次の質問に答えなさい。

　　1　団体販売を採用するか否かの判断に影響を及ぼす顧客中心主義による売上最適化の要素を示し、説明しなさい。

　　2　CRS を採用するか否かの判断に影響を及ぼす顧客中心主義による売上最適化の要素を示し、説明しなさい。

　　3　第3者の IDS マーチャント・モデルを採用するか否かの判断に影響を及ぼす顧客中心主義による売上最適化の要素を示し、説明しなさい。

4．キャリー・ソートンは400室のシェラトン・ベイ・シティー・ホテルのレベニュー・マネージャーだ。シェラトン・ベイ・シティーは他に15のホテルが競合する人気の夏休み保養地で、最高の価格のホテルだ。キャリーは地元の CVB から来年開催される子供の自転車30マイル競争大会（48キロレース）をベイ・シティーが主催し、出場者や参加者に客室を提供する入札に共同参画する様、要請を受けている。大会には延べ3,000室必要で、6,000人の来場が見込まれる。50マイル（80キロ）離れたハーバー・フォール市の CVB も誘致に名乗りを上げている。ベイ・シティーかハーバー・フォールのどちらかが開催都市に選定される。

284　第8章　流通経路管理

CVB はキャリーに、大会の会場決定責任者は価格に厳しい人物だと伝えている。そのため、CVB は出来るだけ安い価格で入札したいと考えている。入札に参加して大会に客室を提供するか否か決断する上で、キャリーが、どの様な無形の要素を考慮すべきか助言しなさい。

5. ウェブ2.0経由でホテルの情報の流通が増加している。残念なことに、それらのサイトに掲載されるホテルの情報は、時により不正確でホテルに不利な場合がある。あなたがレベニュー・マネージャーを務めるホテルが、その様なサイトに極めて不都合な消費者の意見が掲載されたと仮定する。投稿者は以前ホテルを利用したレイ・スナイプと言う人だ。スナイプ氏の投稿は、現在トリップ・アドバイザーに掲載されている。投稿の一部は事実だが、それ以外は事実ではない。彼は長文の意見を次の様に締めくくっている。
「従業員は無愛想ではないが、特に友好的と言うわけでもない。多分、比較的安全で、用心深い地域のせいだろう。ただし、もしあなたが完全に絶望的な状態にある場合を除き、このホテルを推奨しない。もし、そうでないなら、他の良いホテルにお金を使うべきだ。」
ホテルのレベニュー・マネージャーとして、あなたが、同じ CGM の旅行者評価サイトに投稿可能な方法としてスナイプ氏への返信に、スナイプ氏の投稿した文章の中から、どの部分を利用すべきか特定しなさい。

重要な概念のケース・スタディー

バルセナ・リゾートのレベニュー・マネージャー、ダマリオは次の様に質問した。「それでは、ロレンツォさんの提案に対するご意見はありますか？」ダマリオはホテルの戦略的価格設定とレベニュー・マネージメント諮問委員会のメンバーに発言している。

委員会は、カリブの行楽地でオペーク・モデルを運営するサイトとしては、新参の BidCarib.com の営業担当副社長ロレンツォ・モンテグード氏の提案詳細を聞き終えたところだ。ロレンツォは次の説明を追加した。「我が社の得意な市場は南米です。我が社のサイトはスペイン語とポルトガル語です。あなたのリゾートの北米に住む顧客が自宅にいる間は、我が社のサイトが送客します。」

これを聞いたホテルの会計部長マーク・チャップリンは、「それはいい。」と言った。「ロレンツォさんは、事前にホテルが固定の在庫ブロックを引き当てなくても好いし、レートを約束しなくていいと説明しましたが、電気のスイッチを切り替える様に、何時でもサービスを切り替えられる、と言うことですね。その上、コミッションは支払わなくても良いとなると、我々が断る理由が見当たらない。彼らの助けがなくとも、彼らの売る部屋はなくなる。つまり、我々が売り残す客室が出そうな日だけ彼らに頼れば好い訳だ。」

ホテルの DOSM パムは、「私も賛成です。」と言った。「私の気になる点は、彼らが、ラック・レートの5割しかホテルに支払わない点ですが、好い点は、販売が完了するまで、ホテルの名前が購買者には知らされない事です。それなら、リゾートの価値を棄損することもなく、また他の IDS に掲載している高い価格に影響することなく、売上を伸ばすことが可能になると思います。その方法なら、通常の顧客に知られずに割引ができます。」

すると、客室担当のアドリアンが次の様に言った。「私は確信が持てない。私の心配は、彼らが顧客を引き付けると言った点です。彼の説明を聞きながら、この点をメモしました。説明の最初の方で、ロレンツォさんは、サイトの利用により、ホテルのブランドには関心がなく、値段だけで選択する顧客を引き付ける、と言っていました。そして、それらの顧客が滞在した時、彼らを素晴らしいサービスで唸らせることが出来る、と言いました。」

会計部長のマークは、「その通りだと思う。それが何か問題でもありますか？」と聞いた。

アドリアンは次の様に答えた。「私が疑問なのは、どうしてブランドや名声を信頼せず、値段だけで選択すると言うそれらの顧客が、将来我々のホテルを信頼すると考えられるのか、と言う理由です。はっきり言って、見くびっているとしか思えません。私はむしろ、それによって、以前から私達のホテルを信頼している顧客にまで大幅値下げや報奨を払う事になると思います。」

これに対し、マークは反論した。「重要な点はそんなことではない。これは、あくまで追加販売だ。ロレンツォさんのサイトの特徴は誰にも知られずに大幅割引で販売する点だ。」

すると、ホテルの FOM アマンダが反論した。「そうとは思えません。顧客は確かに購買時点で他に安いレートがあるとは知らなくても、滞在中に、他のお客さんとお互い支払った金額の情報交換をする事はあり得ます。昨晩夕食をご一緒したお客様から聞いた話によると、我々はその人の倍の金額を払わされている事になると言って、顧客がフロント・デスクに苦情を申し立ててきたら、どの様に対応すれば良いか、従業員に説明出来ません。全く同じ部屋で、全く同じ日程ですからね。その場合、夕食でご一緒だったお客様は別のサイトで購入したのだと思います。私どもは、お客様が購入する方法により、様々な価格を設定しています、と答える他ないと思います。」

アドリアンは答えた。「それこそ、私が心配する点です。お客様にどの様な価値の商品を販売するかではなく、お客様がどの様な方法で購入するかにより、様々な価格を設定することで、どの様に我々の顧客に対する価格の公正性や顧客中心主義の姿勢を維持できるのかが疑問です。」

考慮すべき項目

1. マークの立場は、客室が売れ残りそうであれば、どの様な方法であれ、売りつくすべきだと思われるが、あなたは、この考えに賛成しますか？　答えを説明しなさい。

2. パムの立場は、オペークならホテルのブランドや名声を損なうことなく、大幅割引が可能だと思われるが、あなたは賛成しますか？　答えを説明しなさい。

3. アドリアンの心配は、低価格志向の顧客をホテルが将来高価格志向の顧客に転向させるだけの能力があるか、と言う点だ。また、アマンダの心配は、BidCarib.com で購買した顧客が、既存の顧客に与える影響だ。これらの心配は根拠があると思いますか？　その理由を説明しなさい。

4. レベニュー・マネージャーの仕事は、売上の最適化のために、データを分析し、洞察力をもって判断することである。仮にあなたがダマリオだとする。BidCarib.com との取引を行うことが、ホテルの顧客中心主義の売上最適化計画全体を支援するか、または棄損するか、どちらか答えなさい。決断にあたり、考慮すべき重要な要素を答えなさい。

第9章

宿泊産業のレベニュー・マネージメント実績評価

第9章の構成

宿泊収入の矛盾
RevPAR の限界
RevPOR
GOPPAR
営業利益率推移（Flow-through）
STAR（スター）報告書（スミス・トラベル・リサーチ社のホテル業績評価報告）
競合他社分析基準（Competitive set analysis）
稼働率指標分析
ADR 指標分析
RevPAR 指標分析
市場占有率分析
追加的評価項目
顧客の属性（市場区分）
流通経路（販売チャネル）
ウェブ2.0　追跡調査
売上最適化の常識

第9章の要点

1．レベニュー・マネージャーの業績に関する主要会計指標詳細分析
2．スター報告書や類似の報告書の分析ならびに評価法の説明
3．レベニュー・マネージャー業績評価の追加的項目と利用方法の説明

宿泊収入の矛盾

　第7章と第8章で学んだ様に、全てのレベニュー・マネージャーは、正しい在庫管理、価格設定、流通経路管理における判断にあたり、適切なデータの活用と洞察力を用いなければならない。しかし、それらが正しく行われている事を検証する方法はあるのか？　その答えは、あなた自身が自分の努力を評価する上においても、また他の人たちがあなたの業績を評価するための事業**統計**にとっても重要である。

　事業統計を適切に評価することの重要性を説明するにあたり、あなたがある都市のホテルのレベニュー・マネージャーだと仮定する。その都市のホテルは前月の稼働率が平均65％であったのに対し、あなたのホテルは前月稼働率が90％を達成した。これ自体喜ぶべきことか？　また、あなたがその都市の別のホテルのレベニュー・マネージャーだと仮定する。その都市のホテルの前月の平均ADRは199.99ドルであったのに対し、あなたのホテルは同月249.99ドルのADRを達成したとする。これ自体喜ぶべきことか？

　質問に対し、あなたが「それだけでは判断できません。」と答えれば正解である。また、宿泊産業のレベニュー・マネージャーにとって最も重要な教訓の一つを知っていることになる。

> 「ホテルの稼働率とADRをどの様に評価しても、それら二つを同時に評価するのでなければ全く意味をなさない。」

　ホテルの売上を公正に評価するためには、稼働率と客室レートを合わせて同時に評価しなければならない。宿泊産業における売上評価の矛盾は、航空業界のロード・ファクターの矛盾と極めて酷似している。どちらの産業においても、売上の最適化を達成するためにレベニュー・マネージャーは商品の販売数（ホテルの客室数、航空座席数）と販売価格（ADR、航空運賃）の調和を慎重に考えなければならない。第1章で示したRevPARの計算式を思い出しなさい。

ADR ×稼働率＝ RevPAR

　この計算式はレベニュー・マネージャーがホテルの売上に関わるADRの決定と稼働率の決定を行う時、同時に双方の影響を考慮する助けになる。

　1990年代半ば以降、宿泊産業のレベニュー・マネージャーにとって最大の関心事はRevPARの最大化に向けた努力と戦略となった。興味あることに、ホテルのレベニュー・マネージャーや多くのホテルの運営会社はRevPARを業績評価に用いたが、洗練されたホテルのオーナーの多くは、そうはしなかった。理由は様々だろうが、それは、売上の最大化ではなく、売上の最適化と利益（GOPPAR）の重要性に直結している。

❖重要な用語❖

統計（Statistic）　膨大な情報を取りまとめて表現するための数字や用語。例えば合計、平均、比率等。

288　第9章　宿泊産業のレベニュー・マネージメント実績評価

> **RM の報道記事　9.1　RevPAR の達成は利益に重要な要素か？　必ずしもそうではない。**
>
> 　レベニュー・マネージャーは RevPAR の最大化がホテルの利益の最大化を意味すると言う誤解を犯さない様に注意することが必要だ。この点を理解するため、スターウッド・ホテルの記者発表の中で使われた二つの部分の重要な表現、言葉づかいを検証してみよう。
> 1．スターウッド・ホテルズ・アンド・リゾーツは、本日グループ全体の RevPAR が第3四半期、前年同期比で9.3％上昇した事を報じた。
> 2．一方、利益は減少した。第3四半期の利益は、前年同期比で17％減少した。
> 　何故 RevPAR が上昇したのに利益率が減少したのか？　簡単な答えは、GOPPAR である。GOPPAR が何故、どの様にレベニュー・マネージャーの売上最適化努力に影響するかを理解することは極めて重要である。

RevPAR の限界

　ホテルのオーナーは長らくホテルの売上能力に関する信頼できる指標として営業利益を販売可能客室数で割った GOPPAR を用いてきたが、多くのレベニュー・マネージャーは売上を販売可能客室数で割った RevPAR を彼らの業績の指標として用い続けてきた。RevPAR は計算しやすいことから、正確性を欠くこともあるが、売上の評価において大小様々なホテル同士の比較を行う簡便な方法として用いられている。これから学ぶことになるが、RevPAR はホテルが競合他社との業績比較を行う上でも有効である。同時に、多くのホテルの運営会社がレベニュー・マネージャーの業績給やボーナスを計算する簡単な方法として、RevPAR の改善や増大を活用してきた。従って、RevPAR の統計の重要性は否定するものではない。しかしながら、レベニュー・マネージャーにとって、RevPAR の限界を理解することは極めて重要である。

　第一に、一般的に RevPAR は客室売上のみを計算していることを認識することが重要だ。食事、飲み物他、客室以外の様々な売上は RevPAR に含まれない。この RevPAR 統計の決定的な弱点を理解するため、ミシェルとアマンダの事例を検討してみよう。二人はそれぞれ競合するフル・サービス400室のホテルのレベニュー・マネージャーだ。ミシェルのホテルは先月 ADR が200ドル、稼働率80％を達成した。ミシェルのホテルの RevPAR は次の通り計算される。ADR×稼働率＝RevPAR　　　$200.00×80％＝RevPAR　$160.00

　一方のアマンダのホテルは先月 ADR が320ドル、稼働率50％であった。アマンダの RevPAR は次の通りとなる。　　$320.00×50％＝RevPAR　$160.00

　ミシェルのホテルは稼働率が高く、滞在客数が増加したことから、ホテルの総売上を構成する飲食部門、ギフトショップ、客室内サービス売上等が増加し、高い総売上を達成したと考えられる。勿論そのためにミシェルのホテルの営業費用は、その分増加するだろう。レベニュー・マネージャーが理解すべき重要な点は、RevPAR が客室売上のみを計算し、ホテルの**損益計算書**に現れる利益に直接影響を与える客室以外の売上や営業費用を無視することだ。

　レベニュー・マネージャーが過度に RevPAR に注目してしまうと、売上の最大化のみを、その他の要素の検討に優先すべきと考えてしまう。その結果、客室が変動費用である客室販売費用に限りなく近いレートや、販売費用を割り込むレートで販売されることとなる。その理由

は、レートが安いか高いかに関わらず、客室売上はたとえ1ドルでもRevPARを押し上げる要素となるからだ。

第8章で、客室販売における様々な流通費用がネットADR率（Net ADR yield）に与える影響を評価することの重要性を学んだ。RevPARはそれらの費用を無視して算出される。その結果、ネットADR率が75％で、200ドルのADRで販売するとネットADRは150ドルであり、これに較べ、流通費用が不要な方法、つまりネットADR率が100％の159ドルのレートで販売すると実際の利益は高いが、200ドルのレートで販売する方がRevPARの数値の増加に効果があり、利益の少ない200ドルのレートがRevPAR上優位となってしまう。

RevPARには欠点があるものの、RevPARの最大化はしばしばホテルの利益増加に貢献する。RevPARは利益増加に貢献することもあるが、レベニュー・マネージャーにとって危険なことは、RevPARが増加することが利益を増加させる因果関係にあると誤解してしまうことだ。相互関係と因果関係は大きく異なる。理解を深めるために消防士と火災損害額の極めて強い関係を説明する。大きな火災であるほど、消防士は多く動員される。それ自体は論理的である。しかし、消防士を多数派遣した火災の損害額が拡大すると言うことは論理的ではない。消防士の数と火災の損害の関係をみると、消防士が多いほど火災の損害が拡大するとは証明されていない。消防士は火災の深刻さに応じて派遣される。大火災が起これば多数の消防士が派遣される。大火災は大損害をもたらす。しかし、増員して投入された消防士は、現実に損害の比率を軽減させている。

同様にRevPARを見ると、RevPARの増加が利益の改善を示す場合があるが、常にそうなるとは限らない。しかし、RevPARが売上改善の究極の基準であるという業界の認識を盲信するレベニュー・マネージャーは、必ずしも現実はそうとは限らないと素直に受け止めることを躊躇するだろう。レベニュー・マネージャーは、著名なコンサルタントで作家のジム・ローン氏（Jim Rohn）の言葉を想い起こす必要がある。「私が絶対だと信じていたことが、数年たつと信じられなくなる。このことは、誰もが私の意見に賛同すると期待すること自体、如何に愚かであるかを改めて明確に教えてくれる。」多くのホテル事業者はRevPARを売上最適化の最善の指標だと同意するだろうが、あなたはそうであってはならない。今やよく理解できたと思う。

RevPOR

レベニュー・マネージャーの専門家として、宿泊特化型のサービス限定ホテルがRevPARを活用する概念は、フル・サービスのホテルがRevPARを利用する概念とは全く異なることを認識することが重要だ。RevPARは伝統的にホテルの客室以外の部門のサービス売上を考慮しない。例えばレストラン、スパ、ゴルフ、ヨット・ボート、カジノ等の売上だ。その結果、フル・サービスのホテルのレベニュー・マネージャーはホテル全体の売上能力を判断する追加的指標としてRevPORを計算している。第1章で学んだRevPORの計算式は、**ホテル総事業**

❖**重要な用語**❖

損益計算書（Income Statement）　事業の一定期間の売上と費用の詳細を示す一覧表。収支計算書、損益計算書、またはP&L（Profit & Loss Statement）と呼ばれる。

収入（客室売上＋その他の事業売上）÷稼働客室数（Occupied rooms）＝RevPORとなる。

　客室売上以外の売上比率が高いホテルでは顧客の消費形態を分析することに強い興味を持つだろう。それらを知ることは、会議場、飲食部門、ラウンジ、ギフトショップ等の様々なサービスを大いに活用する団体に販売する相乗効果と、仮にADRが高いとしても、あまりホテルの客室以外のサービスを活用することがない顧客に販売する判断に有効な情報となる。レベニュー・マネージャーとしては、単に客室売上だけでなく、ホテルの様々なサービス売上も考慮しなければならない。表9.1はフル・サービスのホテルや宿泊特化型のサービス限定ホテルで一般的な客室以外のサービス売上を示している。全てのホテルがそれら全ての部門からの売上を上げている訳ではないが、収入源が増えることによりRevPORは増加する。当然のことだが、PevPORの増加は望ましいことであり、従ってレベニュー・マネージャーは定期的にホテルのRevPORを監視し、評価を加えることが重要だ。

　二つの合理的な論点がRevPORの計算と評価に関連する。第一の論点は稼働率だ。RevPARは販売客室数を考慮しない。逆にいえば、RevPORの計算は直接販売客室数により変化する。その結果多くの場合、RevPORが高いのに稼働率が低いホテルは利益率がよくない。その意味で、著者はフル・サービスで働くレベニュー・マネージャーに対し、伝統的なRevPARに客室売上以外のホテルの売上を加えて修正したモデルを勧める。そうすることにより、修正された**Total RevPAR**統計を得ることが出来る。多くのレベニュー・マネージャーにとって、新しく提案するTotal RevPAR統計の計算と評価は極めて有効だと思われる。

　RevPORに関する第二の論点は売上面ではなく、更に複雑で直接ホテルの利益の基準に関係する。全体を理解するために、再び航空業界が宿泊産業と相違する点を考えることとする。旅客機の運航費用を計算する場合、航空会社は慎重に航空機材の寿命に基づく総運行可能時間から償却費用を計算する。更に、機材の保守費、燃料費、乗員給与その他を加える。それら全ての情報をもとに、１座席を１マイル飛行させるための運航費用（CASM: cost per available seat mile flown）を計算する。今日航空旅客は手荷物預け料金、飲み物料金、食事料金、毛布料金、枕料金等利用に応じて支払うため、旅客の増加による変動費はほとんどかからず、さらに搭乗する旅客が増えても燃料費はほとんど変わらない。ここで認識すべき重要な点は、たとえ客席

表9.1　一般的な客室部門以外のホテルの売上

●食事	●駐車場
●飲み物	●ゴルフ・コース
●会議室	●ゴルフ・プロショップ
●会議・大会関連サービス	●洗濯サービス
●オーディオ・ビジュアル・サービス	●健康センター、スパ等
●ギフトショップ	●水泳プール
●カジノ	●テニス・プロショップ
●入場料（遊園地等ホテル施設）	●その他事業部
●電話・通信サービス	●レンタルその他

❖重要な用語❖

客室当たりホテル総収入（Total RevPAR）　一定期間中の販売可能客室１室あたりの総売上（客室売上＋客室以外の部門売上）。計算式は次の通り。
　　ホテル総売上（客室売上＋非客室売上）÷販売可能客室総数＝Total RevPAR

が売れ残ったとしても、その座席を目的地に運ぶためには現実に費用が発生すると言う事実である。その結果、仮に航空運賃が空席を目的地に運ぶための固定費用より低くても、客席売上はたとえ１ドルであっても必ず航空会社の総費用から１ドルを相殺することが可能となる。航空業界では、空席は正に補償不可能な固定費を表し、売上機会の損失となる。

　宿泊産業のレベニュー・マネージャーは客室販売に関わる費用について、別の立場を取らなければならない。航空会社と違い、宿泊産業では、売れ残った客室に対する費用は全く発生しないと考える。空室にしておけば、追加費用は発生しない。むしろ、航空会社が空席で飛ばした場合、僅かながら機材寿命分の費用を失うことになるが、宿泊産業では、空室だと、客室の劣化がなく、寿命が延び、追加の備品も必要なく、光熱費もかからない。

　これに対し、客室に１人から４人の顧客が滞在した場合、一晩で明確な費用増が発生する。先ず、客室清掃、備品の補充（テーブルクロス、敷布、タオル、その他）、客室レートに含まれるアメニティーの補充（石鹸、シャンプー、ローション等）が発生する。仮に朝食サービスが含まれていれば、それらの費用も含まれる。その上、客室の損耗を想定しなければならない。

　ホテル毎の具体的な費用構造にもよるが、客室販売費用（人件費や備品補充等）は、ある程度から、かなりの程度までの負担となる。客室販売に関する増加費用は、田舎の質素なホテルの場合、都会の豪華ホテルと比較すると明確に小額となる。どちらのホテルにしても、仮に客室が未販売の状態で、その晩空室となると、それらの費用は発生しない。仮にその部屋に顧客が滞在する場合、ホテルは最低限、**客室使用費用**の合計に見合う金額を売り上げる必要がある。

　既にネット ADR 率（Net ADR yield）が客室販売売上から客室販売費用を差し引いた金額の比率であることを学んだ。ここまでの説明で、経験豊かなレベニュー・マネージャーは客室売上金額が客室使用費用を上回る最低販売レートを計算するために、追加費用を加える必要性を理解できたと思う。それらの費用とは、客室使用に伴う費用の他、流通経路利用料、フランチャイズ関連費用、ロイヤリティー等の全ての販売費用が含まれる。

　更に理解を深めるため、１客室使用費用（CPOR: Cost per occupied room）が40ドルと仮定する。また、このホテルの最も高い流通経路費用が、20％の手数料と７％のフランチャイズ手数料と仮定する。**最低 ADR 計算式**を使うと、ホテルは最低レートを54ドル79セントと特定することが出来る。（40÷0.73＝54.79）　100％－（20％＋７％）＝73％

客室使用費用÷ネット ADR 率＝最低 ADR 分岐点

　この数式を上記仮定に当てはめると、$40.00÷（1－0.2－0.07）＝$54.79となる。

　この説明で示す様に、$54.79のレート以上で販売すれば、仮に利用料の最も高い流通経路を経由して販売しても、客室使用費用と販売費用を賄うことが可能となる。しかし、$54.79のレート以下で販売してしまうと RevPAR は増加するものの、ホテルの利益には貢献しない。

❖**重要な用語**❖

客室使用費用（Room-related occupancy costs）　客室販売に伴い発生する直接費用。人件費、備品補充、アメニティー補充等。１室当りのこれらの費用は CPOR（Cost per occupied room）とも呼ばれる。

最低 ADR 計算式（Minimum ADR sales point formula）　客室販売に伴い発生する客室使用費用と流通経路費用、フランチャイズ費用、ロイヤリティー等の販売費用全てを差し引いてもプラスとなる最低販売レートを計算する式。

292　第9章　宿泊産業のレベニュー・マネージメント実績評価

　勿論、滞在客はホテルのレストランなど、客室以外のサービスにお金を使う可能性があるが、宿泊特化型の簡素なホテルでは、追加販売の可能性がほとんどない。フル・サービスのホテルでは、滞在客からの客室以外の部門の売上が期待できるため、最低ADRを評価する場合の判断材料となる。

　勿論レベニュー・マネージャーは最低ADRで販売すべきでないことは明白だ。仮にもその様なことがあると、ホテルの様々な固定費を賄う事が出来なくなる。例えば、借入や売掛に関する金利、不動産賃料、運営管理費、不動産等固定資産税、光熱費、客室関連以外の人件費等の間接費用はネットADR率に含まれていない。また、レベニュー・マネージメント・チームが最後の瞬間の値引き販売レートを決定し、客室売上増を目指す場合、利益志向のRevPORの位置づけが重要となることは容易に理解できると思う。

　しかし、ホテルが稼働率を高める目的でレートの値下げを行う場合、既存の顧客である団体予約や個人予約を失う覚悟が必要である。団体予約業者や旅行会社は既に予約したホテルのレートの変化を注意深く監視している。もしレートが下がれば、彼らは既存の予約を何の躊躇もなく取り消して、安いレートで取り直す。再予約により、ホテルの総客室売上は減少し、RevPORも減少し、結果としてホテルの純利益も減少することとなる。

GOPPAR

　RevPARやRevPORは多くのレベニュー・マネージャーに人気が高いが、更に洗練されたレベニュー・マネージャーやほとんど全ての支配人は、RevPARに過度に依存すると長期的なホテルの利益を損なうと考え、むしろGOPPARの達成を重要視している。この傾向は客室需要が激しく落ち込んだ時には顕著となる。

　第1章でGOPPARはホテルの販売可能客室当たりの**営業利益**（粗利）を表すことを学んだ。GOPPARはある会計期間内の総販売可能客室当たりの平均営業利益（粗利GOP: Gross operating profit）だ。表9.2で示すGOPPARの計算式を注意して見ると、ホテルの支配人やオーナーが重視する3つの理由が理解できる。

1．この統計は客室売上だけでなく、ホテルの総事業収入を基に計算する。フル・サービスのホテルにとっては特に重要な要素だ。
2．GOPPARは収入と合わせて費用を計算するが、その費用はホテルが管理可能な費用のみを対象としている。それらの費用はホテルの経営陣に管理責任があり、彼らが管理可能な費用である。GOPはGOPPAR計算式の分子である。
3．GOPPARの計算は、RevPAR同様にホテルの販売可能客室総数を基に行い、RevPORの様に販売客室数のみで行う方式の限界を回避している。

❖重要な用語❖

営業利益（GOP Gross operating profit）　事業売上から管理可能費用（営業費用）を差引いた粗利益。GOPは粗利益金額又は事業売上に対する比率で表現される。

表9.2 GOPPAR 計算式

（ホテル総事業収入－管理可能販売経費）÷販売可能客室総数＝GOPPAR

表9.3で分かる様に、同じ RevPAR であっても GOPPAR はそれぞれ大きな違いがある。低稼働率で高 ADR の場合、高稼働率で低 ADR と比較して GOPPAR が15% も高い。（$114.99 － $99.99）÷$99.99＝15% また、標準稼働率で標準 ADR の GOPPAR と比較しても 7 % 高いことが分かる。（$114.99 － $107.49）÷$107.49 ＝ 7 %

RevPAR と比較すると GOPPAR には計算要素が多く、GOPPAR の最大化は RevPAR の最大化よりも優れた戦略といえる。GOPPAR の評価がレベニュー・マネージャーの価格設定や営業戦略に与える影響は明確といえる。例えば、客室使用費用と販売費用の合計よりも低いレートで販売すれば、仮に稼働率や客室総売上が上昇し、RevPAR も上がるが、GOPPAR が下落するため、その様な戦略は避けることが出来る。また、ホテルが一時的に販売強化のため、流通経路の手数料を増加すれば、RevPAR は上昇するかもしれないが、GOPPAR は下落する。この様に GOPPAR を重視して戦略展開することは RevPAR の欠点を補うことにもつながる。

GOPPAR ではホテルの営業利益が延べ販売可能客室（Available Room Nights）単位で計算されるため、客室販売部門、飲食部門、その他の部門売上が利益を計上する限り、GOPPAR は増加する。また、経験豊かなレベニュー・マネージャーは GOPPAR 重視が、客室営業部門とハウス・キーピングや飲食等の他の部門との伝統的な対立を解決する手段となることを知っている。これらの部門間対立は、他の部門は経費と利益を中心に運営するのに対し、営業部門は一般的に経費を度外視して売上増のみを目指す傾向が強いためしばしば起こる。この様な傾向は、RevPAR によって売上部門の従業員の給与、ボーナス、奨励金等が決定される場合、特に顕著となる。

GOPPAR の評価にあたっては、ホテル全体の組織が参加することが重要だ。これを説明するには、400室を販売する A と B の二つのホテルを考えなさい。ここで、A ホテルは会議場面積と飲食提供能力が B ホテルを凌駕していると仮定する。この様な場合、一般的に A ホテ

表9.3 400室のホテルにおける RevPAR の選択肢

400室のホテル	高稼働率／低 ADR	低稼働率／高 ADR	標準稼働率／標準 ADR
稼働率 Occupancy rate	80%	60%	70%
販売客室数 Room sold	320	240	280
ADR	$199.99	$266.65	$228.55
客室売上 Room Revenue	$63,996.80	$63,996.00	$63,994.00
RevPAR	$159.99	$159.99	$159.99
管理可能費用 $75.00/room	$24,000.00	$18,000.00	$21,000.00
営業利益 Gross Operating Profit	$39,996.80	$45,996.00	$42,994.00
GOPPAR	$99.99	$114.99	$107.49

注）ここでは客室収入以外の売上が計上されていない。

294　第9章　宿泊産業のレベニュー・マネージメント実績評価

RM の実践　9.1

　400室のラディソン・リバービュー・ホテルの FOM、イライジャは次の様に述べた。「もう一度数字を言ってください。正確に考えなければいけないと思います。」

　「もう3回も繰り返したでしょう。昨年の9月の RevPAR は87ドル50セントでした。稼働率70% で ADR は125ドルでした。」とジェニファーが答えた。

　「それで、今年の9月の状況はどうですか？」とイライジャが聞き返した。

　「それもさっき言いましたが、あと3日残して、現在稼働率69% で ADR は129ドルです。従って RevPAR は89ドル1セントになります。」とジェニファーが答えた。

　「それで、予算は RevPAR を4% 追加しなければ達成できない訳ですね。」とイライジャが言った。

　「そうです。そこが問題です。現在、前年対比で1.5% 伸ばしましたが、今のまま予算が達成できないとボーナスがでません。」

　「わかりました。それではもう一度聞きますが、電話で話した時、ニューヨークの代理店は何と言いましたか？」と再びイライジャが質問した。

　「彼が言うには、『ライオン・キング』の出演者全員が予約のミスで放り出されてしまい、今晩から4日間、出演者とスタッフ全員をこちらのホテルに送客したいと言いました。毎晩100室必要ですが、予算は一部屋1泊59ドルしかありません。もし、申し出を受ければ、今月は全て売りつくしとなります。」とジェニファーが答えた。

　残り3日しかない中で、イライジャが『ライオン・キング』の予約を受けると100室が59ドルのレートで販売され、残った部屋は現在の ADR の129ドルで販売可能と仮定する。

1．仮に予約を受ければ、彼自身とスタッフがボーナスを受け取るための RevPAR が達成されると思いますか？

2．『ライオン・キング』の予約を受ける前に、どの様な要素を検討すべきか助言しなさい。

3．もしあなたがラディソンのレベニュー・マネージャーなら、イライジャに予約を受ける様に助言しますか？　その理由はなんですか？　また、受けないとしたら、その理由はなんですか？

ルの GOPPAR が B ホテルより高いと想像できる。それでも、B ホテルが利益を伴って販売に成功する事もあり得る。そのため、特にフル・サービスのホテルで働くレベニュー・マネージャーにとっては、会議スペースや飲食部門の利益がホテル全体の利益に与える影響を慎重に考慮することが必要だ。

営業利益率推移（Flow-through）

　営業利益率推移は会計の概念であるが、レベニュー・マネージメントの問題からは即座に認識される重要な概念ではない。しかし、レベニュー・マネージメント・チームが用いる売上最適化戦略を極めて明快に理解する効果がある。営業利益率推移は売上増から利益増へ転換するホテルの能力を測定する道具となる。

　営業利益率推移は極めて重要な概念であるにもかかわらず、アメリカのホテル事業者はヨーロッパの同業者と比較して、営業利益率推移の報告や評価に遅れを取っている。この指標はフランスのホテル・グループであるアコーの会計報告書に示されている。様々な国際的ホテル・

グループの会計報告書のなかの利益実績項目において、アコーは次の通り営業利益率推移を強調している。

「結果として EBITDAR がヨーロッパ地区で0.3ポイント改善し、営業利益率は49% 増加した。また、ラテンアメリカでは EBITDAR が2ポイント改善し、営業利益率は全体で64% 増加し、ブラジルでは77% 増となった。」

注）EBITDAR とは金利、税金、減価償却費用、負債償却費用、賃貸料を差し引く前の利益。即ち、Earnings before interest, taxes, depreciation, amortization and rent。

営業利益率の推移と同時に、ホテル地域ごとの相違の幅が強調されて示されている。営業利益率推移の増加や減少はレベニュー・マネージメント・チームの業績に直接つながる重要な情報を伝える。その結果、営業利益率推移により、部分的にあなたの売上最適化努力が直接評価されることもある。そのため、あなたはこの概念をよく理解し、あなたのホテルの営業利益率推移を増加させるか減少させるレベニュー・マネージメントの行動を認識しなければならない。

更に理解を深めるため、240室のスプラッシュタウン・ウォーターパーク・リゾートの1月の事業成績を考えなさい。表9.4は昨年と今年の1月の業績詳細を示している。表9.4の数値から、今年の1月の営業利益率推移が次の計算式から導かれる。以下計算式を示す。

（本年営業利益－昨年営業利益）÷（本年売上－昨年売上）＝営業利益率推移
（$627,990 － $519,940）÷（$2,100,150 － $1,952,850）＝73.4%

営業利益はホテルの総収入から管理可能費用を除いた金額であるため、ホテルが直接営業利益を追求する経営能力を評価するために、会計士により、営業利益率推移が考案された。この例では、73.4% の売上増または、1ドル当たり73.4セントの売上変動増（昨年と本年の経年変化）が営業利益に変換されたことになる。ほとんどのホテルの場合、経年売上変動増は、第2章に示す通り、変動費が極めて少ないため、予想以上の利益増をもたらす。仮に客室が極めて低いレートで販売された場合、RevPAR は上昇するものの、営業利益率推移は減少する。スプラッシュタウン・ホテルの場合、売上の前年対比は7.5% 即ち（$2,100,150 － $1,952,850）÷ $1,952,850 ＝ 7.5% であるが、営業利益の前年対比は何と20.8% に達している。即ち（$627,990 － $519,940）÷ $519,940 ＝ 20.8% である。

営業利益率推移は経営者に対し、売上増が利益に与える経営手腕の影響を評価する基準として考案された。営業利益率推移が高ければ（一般的に50% 以上）経営努力により、売上増が効果的に利益増につながっていると評価できる。一般的に営業利益率推移が50% 以下の低い数値の場合は、売上増を適切に利益化出来ていないと評価される。従って、多くの場合、売上が増加しても、売上利益率推移の数値が低いと、利益を追求する経営姿勢の質が十分ではないと評価される。この様な例は、RevPAR を上昇させるため、レベニュー・マネージメント・チー

❖重要な用語❖
営業利益率推移（Flow-through）　営業利益率の変化を表す。

296 第9章　宿泊産業のレベニュー・マネージメント実績評価

表9.4　スプラッシュタウン・ウォーターパーク・リゾート損益計算書

Splash Town Water Park Resort Income Statements 損益計算書
for the month ended January 31, last year versus this year

項目	昨年	%	本年	%
売上				
客室売上	$1,105,000.00	56.6%	$1,200,000.00	57.1%
客室外売上	$847,850.00	43.4%	$900,150.00	42.9%
売上合計	$1,952,850.00	100.0%	$2,100,150.00	100.0%
部門事業費				
客室費用	$335,890.00	17.2%	$353,100.00	16.8%
客室外費用	$537,034.00	27.5%	$558,300.00	26.6%
部門事業費合計	$872,924.00	44.7%	$911,400.00	43.4%
部門収支合計	$1,079,926.00	55.3%	$1,188,750.00	56.6%
その他費用合計	$559,986.00	28.7%	$560,760.00	26.7%
営業利益	$519,940.00	26.6%	$627,990.00	29.9%
賃貸料、不動産税、保険料	$146,700.00	7.5%	$146,700.00	7.0%
償却費	$105,000.00	5.4%	$105,000.00	5.0%
事業利益	$268,240.00	13.7%	$376,290.00	17.9%
金利負担	$106,000.00	5.4%	$106,000.00	5.0%
税引き前利益	$162,240.00	8.3%	$270,290.00	12.9%
所得税	$64,896.00	3.3%	$108,116.00	5.1%
純利益	$97,344.00	5.0%	$162,174.00	7.7%

ムが残室を極めて低いレートで販売し、利益率を悪化させる場合に現れる。このことは第6章と第13章で述べている事を再確認する事例と言える。即ち、「全ての売上は平等に作られる訳ではない。良い売上もあれば、そうでない売上も存在する。」

　営業利益率推移の減少は、売上を増加するために投資される極めて不釣り合いな営業費用による場合も考えられる。この例としては、ホテルが多くのアメニティーを含むパッケージを販売する場合だ。バレンタインの晩餐を目的とする宿泊客にバラやチョコレート、ワインを提供することがある。この場合、営業努力によって達成できる売上増は、アメニティー費用を賄う程度の僅かな額で、ホテルのRevPARは上昇するものの、若干の売上増に対し、費用が増加することにより売上利益率推移を悪化させてしまう。

　特定のホテルにおける売上利益率推移の特徴を深く理解することにより、レベニュー・マネージャーは利益率の高い売上の重要性を知ることが出来る。また、真の売上最適化に有効な

評価手段活用の重要性を理解することとなる。

　残念なことは、あるレベニュー・マネージャーにとっては、GOPPAR や売上利益率推移を計算するための実データの入手が制限されていることだ。表9.4で示した様な会計情報の全てが、全てのレベニュー・マネージャーに開示されている訳ではない。その様な状況は、ホテル全体の事業業績をホテルのオーナー、支配人、会計士等で独占し、内密に保持している場合に発生する。その様なケースではレベニュー・マネージャー以外の人達で GOPPAR や売上利益率推移が計算され、限定された人にしか配布されない。しかし、レベニュー・マネージャーの専門的立場が強まり、レベニュー・マネージャーの意思決定に売上利益率推移の情報が重要であることをホテルのオーナーや経営陣が認識するに従い、常時重要な会計情報がレベニュー・マネージャーに開示されることとなろう。

STAR（スター）報告書

　表9.5は9章で学んだホテル経営に関する統計の詳細だ。ここで特筆すべき点は、これら全ての統計はホテルの経営を評価する上でそれぞれ長所と短所を合わせ持っていることだ。従ってホテルのオーナー、支配人、レベニュー・マネージメント・チームはホテルの経営評価にあたり、表9.5の統計の幾つかを合わせて用いている。しかし、たとえ全ての統計が用いられたとしてもレベニュー・マネージャーの有効性を完全に評価する上で十分とは言えない。

　その理由を理解するために、先月の稼働率60%を達成したホテルのレベニュー・マネージャーになったと考えなさい。今月の稼働率が70%に上昇したとする。この場合、あなたの努力が評価されるか？　先ず、答えを出す前に、次にあげるどの項目が該当しているかを考えなさい。

- 今月は直接競合しているホテルの平均稼働率が50%であった。
- 今月は直接競合しているホテルの平均稼働率が70%であった。
- 今月は直接競合しているホテルの平均稼働率が90%であった。

表9.5　ホテル経営の統計、まとめ

統　計	内　　容	長　　所	短　　所
稼働率	販売客室数比率	計算が容易	ADR の考慮がない
ADR	販売された客室レート	計算が容易	稼働率の考慮がない
RevPAR	販売可能客室当たりの客室売上	計算が容易	客室外売上の考慮がない
RevPOR	利用客室あたりの総売上	ホテル全売上が対象	稼働率と利益の考慮がない
Total RevPAR	販売可能客室当たりの総売上	ホテル全売上が対象	利益の考慮なし
GOPPAR	販売可能客室当たりの営業利益	利益率と販売努力評価	客室外売上貢献度次第の評価
Flow-through	売上増が利益増に与える影響	売上増による利益率評価	客室外売上貢献度次第の評価

298 第9章 宿泊産業のレベニュー・マネージメント実績評価

　単独のホテルの業績は、競合するホテルの業績との競合項目（第1章参照）を比較すること
で、より正しい評価を容易に得ることが出来る。自分のホテルの業績に対する競合他社グルー
プ（Competitive set）の業績を把握することにより、自分のホテルの業績評価を多角的に判断す
る情報を得ることができる。ホテルのオーナーや支配人は競合他社の業績を監視することの重
要性を知っているが、同時に、インディアナ大学の社会心理学者ノーマン・トリプレット氏
（Norman Triplett）の発見を知っている。「競輪選手はストップ・ウォッチを相手に走るよりも、
他の選手と競争する時の方が速く走る。」トリプレット氏の実験が、競争相手が同時に参加す
る時、競輪選手がペダルを一層速く漕ぐことを啓発されると結論付けたことと同様に、ホテル
のオーナーや支配人はホテル同士の競争が売上最適化の改善につながることを知っている。残
念だが、競合相手同士の自由な情報の交換について、どのホテルも経営情報を共有することを
ためらうことは当然だろう。しかし、経営情報の機密性を抱える一方で、多くのホテルは平均
客室レートや稼働率のデータを、お互いの役に立つ様に共有している。

　宿泊産業では ADR と稼働率に関するデータが、競合他社比較を計算する第三者機関に報告
され、参加する企業のレベニュー・マネージャー同士で共有されている。これら第三者機関は、
参加企業の**市場占有率**を計算し、順位表を発表している。それらの中で、スミス・トラベル・
リサーチ社（The Smith Travel Research Company）は、ホテルの競合他社比較データの最大手で
ある。事実、米国の全ての主要チェーン・ホテルは必ず STAR 報告書作成に必要な情報を提
出しなければならない。ブランド本部はフランチャイズ参加ホテルに STR をはじめとする調
査機関に対し各ホテルの稼働率と売上データの提出を義務付けることが出来るが、営業利益を
含む経営情報の提出を義務付けているブランドは皆無だ。従って、RevPAR と市場占有率に
関しては全て比較が可能だが、GOPPAR とフロースルー（営業利益率推移）の比較表作成は困
難である。

　スミス・トラベル・リサーチ社の発行する報告書は STAR 報告書として広く知られており、
客室稼働率と客室レートのデータはデイリー、ウイークリー、月次、年次単位で作成されてい
る。これにより、誰でも継続的に自分のホテルの RevPAR と市場占有率を競合他社と比較し
て知ることが可能となっている。STAR 報告書を見ることにより、地域において自社が適正
なシェアを確保しているかを判断し、自社のシェアが拡大しているか、縮小しているかを知る
ことができる。

　STAR 報告書の書式や内容は、実際に見る報告書の種類によって異なる。（一日単位の業績比
較、週単位の業績比較、地域別市場報告等）しかし、どの報告書を取っても、それらを正しく読み、
分析するあなたの能力が変わってはいけない。どの様に STAR 報告書を分析するかを学ぶに
は、先ず STAR 報告書の冒頭の定義を理解する必要がある。表9.6には、あなたが知らなけれ
ばならない最も重要な用語の定義が示されている。

　STR では、上記以外に次の様な重要な用語が利用されている。

　全数調査（Census）：市場におけるホテルの施設や客室数の総数。
　チェーンの規模（Chain scale）：主要チェーンの実効客室レート、チェーン全体平均レート等
　をもとにした分類。現在次の様な分類がなされている。

STAR（スター）報告書　299

表9.6　STR の用語定義

用語	定義
平均客室レート　ADR	販売された客室の平均金額
稼働率　Occupancy Rate	販売可能客室数に占める販売済み客室数の比率
RevPAR	平均客室レート（ADR)×稼働率
変動率	客室統計の時系列変化
指標　Index	競合他社との業績比較値。100% であれば、競合他社と同等の業績を上げたことを意味する。100% 以上であれば競合他社より業績が同等以上であることを示す。
競合他社グループ　Comp set	競合相手数社の業績平均。通常 4 社以上を指定。競合他社の経営情報保護のため、客室データの35% までで比較。また、個々のホテルのデータは除外する。
稼働率指標　Occupancy Index	競合他社グループとの客室販売比率を比較するための指標。
平均客室レート指標　ADR Index	競合他社グループとの ADR を比較するための指標。
RevPAR Index	競合他社グループとの RevPAR を比較するための指標。
市場占有率　Market share（Supply)	市場における自社の販売可能客室数の比率。市場支配率。
需要の市場占有率（Demand)	市場で販売された客室総数に占める自社の販売数比率。
売上の市場占有率（Revenue)	市場の客室販売売上総額に占める自社の売上比率。

● ラグジュアリー（Luxury）最上級豪華ホテル

● 上級高級チェーン（Upper upscale chains)

● 高級チェーン（Upscale chains)

● 飲食施設付き中級チェーン（Midscale chains with food & beverage)

● 中級チェーン、飲食施設なし（Midscale chains without food & beverage)

● エコノミーチェーン（Economy chains)

市場（Market）：**アメリカ合衆国大都市統計地域**。STR では150以上の MSA（Metropolitan Statistical Area）を分析している。

市場価格分類（Market price segments)：市場における平均客室レートに基づいた分類。

最上級豪華ホテル（Luxury)－平均客室レートの上位15%

❖重要な用語❖

市場占有率（Market share）　決められた地域内における一つの企業の販売比率。例えば、ある地域全体で先月10,000室が販売された時、あるホテルが2,300室販売した場合、そのホテルの市場占有率は23% となる。

大都市統計地域（MSA: Metropolitan Statistic Area）　アメリカ合衆国行政管理予算局が決定した地理的行政区域。最低 5 万人の中核都市と高度な社会・経済機能を統合する周辺地域を抱える一つまたは複数の郡。

高級ホテル（Upscale）－最上級豪華ホテルに次ぐ上位の15%

中級ホテル（Mid-Price）－中間の30%

エコノミー（Economy）－中間の下の20%

格安ホテル（Budget）－最下位の20%

市場占有率（Market Share）　大手ホテルの総客室数、総販売客室数、客室売上の比率。

区域（Region）：STR では全米を9区域に分類している。

1．ニュー・イングランド（メイン、ニューハンプシャー、バーモント、マサチューセッツ、コネティカット、ロードアイランド州）

2．ミッド・アトランティック（ニューヨーク、ペンシルベニア、ニュージャージー州）

3．サウス・アトランティック（メリーランド、デラウェア、ウエストバージニア、バージニア、ノースカロライナ、サウスカロライナ、ジョージア、フロリダ州）

4．イースト・ノース・セントラル（ミシガン、ウィスコンシン、イリノイ、インディアナ、オハイオ州）

5．イースト・サウス・セントラル（ケンタッキー、テネシー、アラバマ、ミシシッピー州）

6．ウエスト・ノース・セントラル（ミネソタ、ノースダコタ、サウスダコタ、アイオワ、ネブラスカ、ミズーリ、カンザス州）

7．ウエスト・サウス・セントラル（アーカンソー、オクラホマ、テキサス、ルイジアナ州）

8．マウンテン（モンタナ、アイダホ、ワイオミング、コロラド、ユタ、ネバダ、アリゾナ、ニューメキシコ州）

9．パシフィック（アラスカ、ワシントン、オレゴン、カリフォルニア、ハワイ州）

分析対象（Sample）：経営情報提供施設と客室総数。

STR #：STR が施設毎に割り振る番号で、たとえ**ブランド（フラッグ）**が変わっても番号はそのまま維持される。

　競合他社の構成を理解することは、STAR 報告書分析を理解する上で最も重要な要素となる。競合他社グループ（Competitive set）とは、簡単に表現すると、業績評価する上で比較対象とする競合他社の集まりである。詳しく説明すると、先ず、あなたが大都市にある400室のフル・サービスのホテルを経営しているとする。この場合、あなたは顧客の大半を同じ地区のほぼ同じ規模の数社のホテルと競合することとなる。それらの中から比較したい6社を特定し、STRに競合他社グループとして登録する。ほぼ全ての場合、それらのホテルはあなたのホテルと同様に定期的に彼らの稼働率や客室売上データを STR に報告している。それらのデータは一覧表となって、あなたのホテルの業績と比較出来る様に、あなたが指定した競合他社6社の総計データと STAR 報告書の形式で戻ってくる。STR はあくまで競合他社の合計の数値を比較に

❖重要な用語❖

商号旗（Flag）　ホテルのフランチャイズ連合。一般的にブランドと呼ばれる。

用いる訳で、決して個々のホテルの生データを暴露することはない。STAR報告書は個別に編集を変えることが出来るが、一般的に次のデータが含まれる。

- 稼働率
- ADR
- RevPAR
- 市場占有率
- 過去の傾向（Historical trends）、前期比。
- 指定期間の累積業績（3カ月分析、12か月分析、年度当初から現在までの累計等）

代表的な報告書では、競合他社グループとあなたのホテルの業績比較や競合他社の中におけるあなたのホテルの各分野における順位が示される。

STAR報告書の稼働率に関する一項目を調べるだけでも、報告書があなた自身のレベニュー・マネージャーとしての業績を評価する助けになることが理解できる。表9.7は、あなたの400室のホテルの稼働率を競合他社と比較したもので、自社ホテルがあなたのホテル実績を表し、競合他社グループはあなたが指定した6社の競合他社グループを表す。月次稼働率はあなたのホテルと競合他社企業平均稼働率を示す。

STAR報告書の最も重要な項目の一つは、様々な要素の比較におけるあなたのホテルの競合指標（Index）である。この指標はそれぞれ稼働率、客室レート、RevPARごとに次の様に計算される。

自社ホテル実績÷競合他社実績平均＝競合指標

例えばあなたのホテルの先月の稼働率が70%で、競合他社稼働率平均が70%であれば、70%（自社稼働率）÷70%（競合他社稼働率平均）＝100% 稼働率競合指標（Index）となる。

表9.7　STAR報告書：稼働率傾向調査

月	自社ホテル	競合他社グループ	競合指標
1月	55.2	52.2	105.75
2月	59.7	58.2	102.58
3月	63.1	63.6	99.21
4月	64.2	64.4	99.69
5月	63.9	61.7	103.57
6月	67.6	66.1	102.27
7月	68.9	63.5	108.50
8月	72.7	58.8	123.64
9月	81.8	82.9	98.67
10月	83.1	85.5	97.19
11月	65.6	67.1	97.76
12月	60.2	57.6	104.51

302　第9章　宿泊産業のレベニュー・マネージメント実績評価

また、競合他社稼働率平均が75%であった場合は次の通りとなる。70%÷75%＝93.3%

　この場合、あなたのホテルの稼働率実績は競合他社平均に比較して93.3%であったことを示す。客室レート、稼働率、RevPARの競合指標は、あなたにとって重要な情報となるばかりか、あなたの売上最適化の達成度に強い関心を示す人々にとっても重要な情報となる。

●あなたのホテルのオーナー：ホテルのオーナーや投資家は、現場に送り込んだ経営陣が、市場で効果的に競合しているか否かに強い関心を示す。

●フランチャイズ本部：フランチャイズ本部は傘下のホテルが市場で十分他社を凌ぐ競争をしているか否かに強い関心を示す。その理由は、ブランド力が強ければ、参加を希望するホテルが増えることとなる。もし競合指標が低ければ、どの様な点を強化するべきかを指導できるし、個々の事業主に本部の支援を行う判断が可能となる。

●経営コンサルタント企業：これらの企業はSTAR報告書の指標を基に、彼らが効果的にコンサルタントを行っているか否かを判断する。もし高い指標が示されれば、新規契約を確保できるし、経営コンサルタントとしての競争力強化となる。

●支配人やDOSM：支配人やDOSMは彼らの経営戦略や販売能力が効果的か否か、また競合他社の状況はどうであるか興味がある。多くの場合、経営陣のボーナスはSTAR報告書の競合指標結果により決定される。

●金融業界：あなたのホテルを買収したり、あなたのホテルに投資や融資を行う金融業は、あなたのホテルのSTAR報告書を参考に投資判断を行う。STAR報告書で競合他社より業績が良ければ、投資家に説得力を与えるが、業績評価が低ければ、外部からの資金調達が厳しくなる。

　STAR報告書や同類の報告書は競合企業や市場占有率を含む重要な情報を正しく解読し、分析する能力のあるレベニュー・マネージャーにとって、極めて豊富な情報を与えることが出来る。

RMの報道記事　9.2　上げ潮は全ての船を持ち上げるか？

　しばしば上げ潮は全ての船を持ち上げると言われる。しかし、同時に、上げ潮でも海底に張り付く船があるとも言われる。この場合、結果は悪い。

　景気が上向くとホテルのレートや稼働率は一般的に増加する。しかし、2008年後半の様な著しい景気の低迷では、レートや稼働率は落ち込む傾向がある。この事例をカリフォルニア州サンノゼ市のマーキュリー・ニュースの見出しと抜粋から考えなさい。

　「サンノゼ市の主要ホテルは10月の稼働率が昨年の66%から59%に下落したと報告した。都市の主要フル・サービス・ホテル14社の先月の稼働率は59%で、2007年10月の66%から下落したことがサンノゼ市CVBの資料から判明した。」

　もし、あなたがサンノゼ市のホテルのオーナーで、あなたのホテルのレベニュー・マネージメント・チームが2008年10月の稼働率を2007年10月並みに維持したとしたら、あなたは満足しますか？　勿論満足すると思う。競合他社の状況を知ることで、自分自身の業績を理解することが出来る。競合他社グループより高い業績を上げる事の重要性は、ホテルのオーナーや支配人にも認識されている。また、それらのホテルが資金的に苦しい時に融資や投資を要請される金融機関にとっても同じである。

RM のウェブサイト　9.1

　スミス・トラベル・リサーチ社（STR）はホテル業界の業績情報と市場データを提供する企業の最大手だ。ウェブサイトは www.strglobal.com で検索できる。STAR 報告書や STR の様々な報告書を読み、理解する能力はホテルのレベニュー・マネージャー全員にとって不可欠な技能であることを認識することが重要だ。

競合他社分析基準（Competitive set analysis）

　宿泊産業のレベニュー・マネージャーは、彼らのホテルが直接競合するホテルよりも業績が上で、また別の競合ホテルの業績と比べると下回るといったことを知っている。ブランドの人気の差、ホテルの立地、築年数、運営部門の人材の技術レベル、それに売上最適化のためのレベニュー・マネージメント・チームのメンバーの能力等、全てを結集して、ホテルはより高いレートで、高い稼働率を達成する。また、あるホテルは更に高いレートを実現するかも知れないが、稼働率の減少という犠牲を払っているかもしれない。また、あるホテルは高い稼働率を達成しても、レートが低いことが理由かもしれない。競合他社グループの中における ADR、稼働率、RevPAR 等の項目別順位は、レベニュー・マネージャーに対し、ホテルの価格構造を顧客がどの様に受け止めているか、また将来のレートと在庫管理の判断がどうあるべきかを教えてくれる。ところが、競合他社との比較報告書を軽視するレベニュー・マネージャーも存在する。彼らの主張は、真の成功は、競合他社がどうあろうと、自分たちの掲げた目標が達成されたか否かで決まる、というものだ。彼らは、メソディストのアーネスト・A・フィッツジェラルド牧師（Ernest A. Fitzgerald）の次のコメントを指摘するだろう。「真の勝利者は最上位の人間ではなく、最も困難な道を最も遠くまで到達した人間だ。あなたの勝利は決して有名になることではない。しかし、あなた自身はそれを知り、それこそが重要だ。」この所感は正しいかもしれないが、売上最適化の適切な目標を設定するためには、競合他社の業績と現実の市場の状況について完全に理解していなければならない事も事実である。競争と、競争結果はレベニュー・マネージャーの能力評価の基礎となり、報酬もそれで決まることはレベニュー・マネージャーが直面する現実であり、これを認識することがレベニュー・マネージャーにとって重要なことである。

　それでも競争の重要性を確信しないレベニュー・マネージャーはマイクロソフトの創立者である世界で最も多くの富を持つビル・ゲイツ氏（Bill Gates）の見識を考えるべきだろう。「あなたの学校は勝者と敗者をなくしたかもしれないが、実社会における人生はそうではない。ある学校では落第を廃止し、正解が答えられるまで何度でも機会を与えるが、そこからは何事も生まれない。」

　あなた自身の競合に対する考え、自分自身の業績達成に対する概念、ホテルの実績順位等に関係なく、売上最適化の決断の才能は、必ずしも競争相手を撃退することで明確になる訳ではないことを知っておくことが重要だ。その才能は時として、今日の失敗から学び、明日また再挑戦するレベニュー・マネージメント・チームの静かなる決意に最も顕著に現れる。彼らが失敗から学び、また成功を祝うためには、全てのレベニュー・マネージャーが次に示す業績評価

304　第9章　宿泊産業のレベニュー・マネージメント実績評価

指標を正しく読み、理解する能力を持つことが必要だ。
　稼働率指標分析
　ADR 指標分析
　RevPAR 指標分析

稼働率指標分析

　最も例外的な環境を除いて、レベニュー・マネージャーは競合他社より高い稼働率を達成しようと求める結果、稼働率指標は100% を超える。加えて、長期にわたる稼働率指標の増加は望ましい。これを理解するために表9.8のデータを考えなさい。この例では、あなたのホテルの201W 年、201X 年、201Y 年の稼働率が表示されている。過去13カ月間の稼働率指標は201Y 年1月の下限55% から201Y 年4月の上限98.3% の範囲にある。

　表9.8を更に詳しく見ると、前年同期比欄にあなたのホテルの稼働率指標の変化が対前年同期比で示されている。例えば1.13行の前年同期比の5.0% は本年201Y 年10月の数値と前年201X 年10月の実績を対比した変化を示している。また、同じ行の競合他社グループの変化率を見ると－10.5% となっていることが分かる。

　更に詳しく見ると、2.3行は過去3カ月の合計が示され、あなたのホテルの201Y 年8月〜10月の対前年同期、201X 年8月〜10月対比は－5％で、競合他社グループ実績－14.2％と同様、落ち込んでいることが分かる。ところが、4.3行を見ると、あなたのホテルは201Y 年10月までの過去12カ月間の稼働率変化は前年201X 年10月までの12カ月間と比較して21.1% 増加しているが、競合他社グループは－8％と落ち込んでいる。

　表9.8に示された月次傾向 STAR 報告書の部分は、STR がレベニュー・マネージャーに提供する詳細な情報の一例だ。これらを注意深く分析すると、稼働率が何時上昇し、何時下落するかが分り、将来を予測する能力が向上し、その中であなたのホテルの実績を把握してレベニュー・マネージメント・チームの将来の目標を設定することの助けとなる。

　稼働率の順位表に加え、ADR や RevPAR の月次 STAR 報告書は競合他社グループの中におけるあなたのホテルの順位を示す。表9.9は競合他社グループと比較したあなたのホテルの順位が示されている。この例では、あなたのホテルは毎月競合他社グループの状況を把握し、常に改善努力を行っている。レベニュー・マネージャーの中には、全ての項目で毎回1番を取りたいと夢見る人もいるが、優秀なレベニュー・マネージャーは朝起きたら目標に邁進するのみだ。

ADR 指標分析

　既に学んだ通り、稼働率の分析は、同時に ADR の分析を合わせて行わないと売上最適化の評価に重大な過ちを引き起こす。従って ADR 指標を理解することは、稼働率指標を理解することと同様、重要である。

　表9.10はレベニュー・マネージメント・チームが ADR の週単位、月次、四半期、年次ベースの評価を行う時にしばしば目にするものを簡略化したものだ。表には ADR 指標に対する一次評価も掲載されている。

競合他社分析基準（Competitive set analysis）　305

表9.8　STAR 月次稼働率報告書

STAR 月次稼働率報告書　201Y 年10月　ホテル番号＃23232								
月次実績			稼働率					
行番号	年	月	あなたのホテル	前年同期比	競合他社	前年同期比	競合指標	前年同期比
1.1	201X	10月	47.8	47.5	65.0	3.2	73.5	43.0
1.2	201X	11月	35.1	72.1	51.2	-4.1	68.6	79.6
1.3	201X	12月	27.9	72.2	41.4	3.7	67.4	78.8
1.4	201Y	1月	29.2	111.6	53.1	2.1	55.0	107.5
1.5	201Y	2月	39.0	54.8	59.3	-5.6	65.8	64.1
1.6	201Y	3月	45.0	45.6	61.6	7.1	73.1	36.1
1.7	201Y	4月	51.7	39.7	52.6	-8.5	98.3	52.9
1.8	201Y	5月	36.4	-10.3	53.8	-17.2	67.7	8.3
1.9	201Y	6月	43.7	43.3	54.6	-6.7	80.0	53.6
1.10	201Y	7月	38.4	-8.8	47.9	-11.3	80.2	2.8
1.11	201Y	8月	44.7	1.4	53.9	-17.6	82.9	23.0
1.12	201Y	9月	40.8	-20.8	48.7	-15.2	83.8	-6.6
1.13	201Y	10月	50.2	5.0	58.2	-10.5	86.3	17.4
8月〜10月実績								
2.1	201W		40.6	3.5	59.4	-9.5	68.4	2.3
2.2	201X		47.7	17.5	62.6	5.4	76.2	11.5
2.3	201Y		45.3	-5.0	53.7	-14.2	84.4	10.8
年初から10月まで（YTD）								
3.1	201W		38.0	-18.5	59.7	-7.6	63.7	-11.7
3.2	201X		36.2	-4.7	59.5	-0.3	60.8	-4.6
3.3	201Y		41.9	15.7	54.3	-8.7	77.2	27.0
10月までの過去12カ月実績								
4.1	201W		34.3	-23.9	57.8	-6.9	59.3	-18.3
4.2	201X		33.2	-3.2	57.6	-0.3	57.6	-2.9
4.3	201Y		40.2	21.1	53.0	-8.0	75.8	31.6

306　第9章　宿泊産業のレベニュー・マネージメント実績評価

表9.9　順位分析　競合他社6社を含む合計7社中、自社の順位

年月	稼働率順位	ADR 順位	RevPAR 順位
201X 年 1 月	5	3	5
201X 年 2 月	4	7	5
201X 年 3 月	5	6	6
201X 年 4 月	6	6	7

　表9.10で示された一次評価は当該ホテルの稼働率指数と合わせて見なければ当然のことながら重要な意味を持たない。レベニュー・マネージャーにとって稼働率指標なしにADR指標だけを評価することは、稼働率指標の評価にあたり並行してADR指標を用いないのと同様に危険な結果をもたらす事になる。レベニュー・マネージャーの中には、間違ってADR指標や稼働率指標の評価をしないまま、RevPAR指標の評価を行ってしまう人がいる。（RevPAR Index ＝ADR Index×Occupancy Index）しかし、次のRevPAR指標の項で説明するが、その結果重大な間違いを犯すことになる。

　経験豊かなレベニュー・マネージャーは、ADR指標が単に競合他社と比較した自社の客室価格の相対的水準を示すだけでなく、更に重要な情報を提供してくれることを知っている。あなたがADR指標を注意深く分析することにより、何を知ることが出来るかを正確に理解するために、表9.11にあるホテルのレベニュー・マネージャーであると仮定して次を考えなさい。表9.11にはホテルの10月の第1週のADR関連データが記載されている。この表から4つの重要な点を知ることができる。

1．週前半の客室レートは高く、月曜日から水曜日までのADR指標は100％以上で、競合他社を含めた7社のなかで、1位ないし2位となっている。
2．ところが、週後半の客室レートは競合他社と比較して低い。例えば、土曜日のあなたのホテルのADR指標は75.5％に下がり、順位も最下位の7位となっている。
3．あなたのホテルの実客室レートは前年対比で月曜日の1.6％増から、木曜日の3.1％増までの範囲にあるが、競合他社グループ6社平均は、月曜日の−0.8％から金曜日の8.5％増と大幅に変化している。
4．あなたのホテルの客室レートは週を通してほぼ均一料金だが、一方競合他社グループ

表9.10　ADR 指標と一次評価

ADR 指標	一次評価
79％以下	指標は競合他社と比較して著しく低い。
80％～94％	指標は競合他社と比較して控え目と言える。
95％～104％	指標は競合他社と比較して互角の状況を維持している。
105％～119％	指標は競合他社を抑えていると言える。
120％以上	指標は競合他社を大きく凌駕している。

競合他社分析基準（Competitive set analysis）　307

表9.11　ADR 指標まとめ　10月第1週

10月	1日 （日曜日）	2日 （月曜日）	3日 （火曜日）	4日 （水曜日）	5日 （木曜日）	6日 （金曜日）	7日 （土曜日）
ADR　Your Hotel（自社）	$186.52	$206.45	$201.98	$182.45	$188.45	$199.84	$201.56
ADR　他社グループ	$179.85	$196.55	$197.85	$192.12	$202.45	$235.66	$266.85
ADR　vspy　％（自社）	2.3	1.6	2.2	2.1	3.1	2.5	2.4
他社 ADR　vspy　％	2.7	−0.8	1.9	4.5	2.4	8.5	7.9
ADR 指標（他社比）	103.71	105.04	102.09	94.97	93.08	84.80	75.53
指標変化率（他社比）	2.2	1.6	1.4	−2.5	−3.6	−10.5	−12.2
ADR 指標順位（7社中）	2	1	2	3	4	7	6
ADR 順位（高い順）	2	2	3	3	5	7	7

vspy（前年対比：vs. previous year）

　　は週後半、特に金曜日、土曜日に大きく値上げをしている。あなたのホテルのレベニュー・マネージメント・チームは全く対応していないため、ADR の取り損ねと ADR 指標の低下を招いたこととなった。

　注意深い読者は表9.11には10月第1週のあなたのホテルが ADR を抑制したため競合他社グループより稼働率が上昇したかもしれないことが示されていないため、レベニュー・マネージメント・チームの業績評価には不十分だと指摘するかもしれない。その指摘は正しい。ADR 指標はホテルの売上に関する意思決定を示すことが出来るが、その結果、何室販売されたかの情報は示されない。従って、この例では、あなたの競合他社グループの稼働率はこの時期あなたのホテルと比較して同等であったか、かなり高かったか、逆に大幅に低かった可能性もある。そのため、注意深い読者は、ホテルの10月第1週の売上実績に関する能力を評価するためには、ADR 指標だけでは不十分で、稼働率指標を合わせて考える必要があることを認識したと思う。それが RevPAR 指標の役割である。

RevPAR 指標分析

　第1章で RevPAR の公式を次の様に学んだ。ADR ×稼働率＝RevPAR
　同様に RevPAR 指標は次の数式となる。ADR 指標×稼働率指標＝RevPAR 指標
　RevPAR 指標の計算はこの様に簡単であるが、RevPAR 指標の分析は極めて複雑である。先ず、あなたのホテルがある一定期間に RevPAR 指標100％ を達成したと考えなさい。勿論競合他社グループのホテルは、あなたのホテルとほぼ同じ形態で、正にあなたのホテルの直接の競合相手である。表9.12は全く違った前提でどの様に100％ の RevPAR 指標を達成可能かという5つの方法が示されている。

　1から5までのケースは全てレベニュー・マネージメントの戦略により RevPAR 指標100％ を達成しているが、それぞれの利益率には大きな差が生じている。他社比較分析を行うレベ

308   第9章　宿泊産業のレベニュー・マネージメント実績評価

表9.12　RevPAR 指標100% 達成評価の 5 ケース

ケース	稼働率指標	ADR 指標	RevPAR 指標	評価
1	75.5	132.5	100%	極端に高いレートが稼働率を押し下げた。
2	90.5	110.5	100%	多少レートは高いが、ケース 1 より稼働率が上がり客室費用増。
3	100	100	100%	競合他社グループと全く同等。
4	110.5	90.5	100%	レートが低い分、稼働率が改善し、客室費用が 3 より増。
5	132.5	75.5	100%	激安なレートで稼働率が急増し、客室費用増のため営業利益が悪化。

ニュー・マネージャーにとって、それらの評価が現実の競合ホテルをどの程度正確に表しているかを理解することが重要だ。もし競合他社グループの指定にあたり実際の競合相手よりも弱小のホテルを入れてしまうと、容易に高い指標を得ることができる。同様に、ある都市のフル・サービスのホテルが競合他社グループを選ぶ時、実際には他にフル・サービスのホテルがない様なケースでは、STAR 報告書の分析にあたり最新の注意を払わなければならない。表9.12では全てのケースが RevPAR 指標100% であるが、現実に稼働率や ADR の変化により、あなたのホテルの RevPAR 指標も競合他社と比べて優れている点や劣っている点が現れるかもしれない。表9.13は稼働率指標と ADR 指標のどちらかが高いか低い場合に RevPAR 指標が変動する理由や、最も一般的な現象を紹介する。

表9.13　RevPAR 指標が上下する可能性

RevPAR 指標が100% 以上の場合
高稼働率・平均 ADR 指標：顧客は現在の価格に対し、高い価値を認めているため、仮に値上げしても引き続き利用を継続する可能性が想定できる。

平均稼働率・高 ADR 指標：顧客は現在のレートに高い価値を認めているが、閑散期には値下げにより稼働率を上昇させる余地がある。

高稼働率・高 ADR 指標：顧客は現在のレートに高い価値を認めている。市場において強い立場にある。需要の強い時期にはレートの値上げや品質の向上により顧客を維持し、市場支配率を拡大可能。

RevPAR 指標が100% より低い場合
低稼働率・平均 ADR 指標：平均の顧客は現在のレートに高い価値を認めていない。顧客の獲得努力やレートの値上げを行う前に、慎重に販売促進とサービス・レベルの向上を検討すべき。

平均稼働率・低 ADR 指標：顧客は価格が低ければ価値を認める。レートを値上げする前に、施設やサービス・レベルの再評価を慎重に行う必要がある。

低稼働率・低 ADR 指標：現在のレートに対し、商品とサービスに対する顧客の評価は低い。レートを値上げする前に、経営戦略、商品・サービス・レベル、施設の品質、ブランドやフランチャイズ戦略等を再度検討し直す必要がある。

市場占有率分析　309

RM の実践　9.2

　「あなたは STAR 月次報告書に詳しいですか？」と新装したブラッドフォード・ハンプトン・インのレベニュー・マネージャーを退任するマークが質問した。

　マークは新任のレベニュー・マネージャーのジャ・リンに話している。マークは定年退職で、支配人からマークの最終日に着任したリンに仕事の秘訣を教えてくれる様頼まれた。

　リンは、「良く理解しています。」と答えた。

　「それは良かった。ここでは業績が非常に重要だ。しかし、あなたは自由にやれる立場にある。支配人や DOSM は彼らの仕事にかかりっきりで、客室レートや在庫管理判断はほとんどあなた次第で決められる。新装後は常に競合他社グループの実績を凌いでいる。例えば、今月の RevPAR 指標も119.5％ですよ。また第1位です。私も満足です。」とマークが言った。

　ジャ・リンはマークから手渡された STAR 報告書を調べた。競合他社グループの平均稼働率は今月61.5％である。これに対し、ハンプトンの稼働率指標は140.9％を示している。ところが ADR 指標は84.8％である。

　「勿論オーナーは更に上を求めているが、ここだけの話、一体彼らが満足することがあるかわからない。とにかくもっと頑張れとしか言わない。」と言ってマークは頭を抱えた。

　「もっと頑張れですって。」とリンは聞いた。

　「そうなんだ。もっと頑張れ。もっと稼げ。正直に言って彼らはあまり現実を見ていないと思う。」とマークが答えた。

1．マークのレベニュー・マネージメント戦略の合理性はどの様なものだと考えますか？
2．現在の戦略が長期的にホテルのオーナーにとって望ましいものであると思いますか？
3．ジャ・リンが競合他社グループのなかで彼女のホテルがどの様な立場にあるかを知り、彼女のホテルが顧客に提供する価値の比較評価について理解するために必要な取るべき行動として、あなたが助言できることは何ですか？

市場占有率分析

　完全な競合他社比較を行う上では市場占有率分析を含める必要がある。この重要なシェア比率の分析にはホテルの供給比率、需要比率、売上比率が含まれる。表9.14では競合他社グループを含めた総販売可能客室数に占める自社のホテルの客室数が通常10.7％（供給比率）であることを示している。更に自社のホテルの需要と売上比率を1月から6月まで詳細に示している。この表で表す供給、需要、売上の定義は次の通りである。

　供給（Supply）：販売可能客室総数×期間内の日数

　需要（Demand）：販売客室延べ総数（招待や無料貸し出し客室は除く）

　売上（Revenue）：客室販売総額

これらの定義は表9.6で示した STR 社の定義の用語と同義語とみてよい。

310　第9章　宿泊産業のレベニュー・マネジメント実績評価

　表9.15で示す通り、あなたのホテルの供給比率は競合ホテル5社を含めた販売客室総数2,147部屋中で230室の10.7％となる。計算式は次の通り。

　あなたのホテルの販売可能客室数÷競合他社を含む6社の販売可能客室総数＝供給シェア

表9.14　市場占有率報告書

月	供給比率　％	需要比率　％	売上比率　％
1月	10.7	10.7	10.7
2月	10.7	11.5	9.0
3月	10.7	9.0	11.5
4月	10.7	8.5	8.5
5月	10.7	11.5	11.5
6月	11.7	11.5	11.5

表9.15　供給データ

ホテル名	販売可能客室数	供給比率
自社	230	10.71%
競合ホテル　#1	185	8.62%
競合ホテル　#2	280	13.04%
競合ホテル　#3	462	21.52%
競合ホテル　#4	470	21.89%
競合ホテル　#5	520	24.22%
合計	2,147	100.00%

　同じ数式で需要比率並びに売上比率を計算することが出来る。

　STAR報告書では月次概要の項目にあるが、これらの月次業績分析を行うレベニュー・マネージャーは、ホテルの売上最適化における達成度合いを評価する助けになる様々な結果を見出すことができる。表9.14を詳細に分析すると6項目の重要な結果を知ることが出来る。

1．1月には、あなたのホテルの供給比率は10.7％で、需要比率が10.7％、売上比率も10.7％であった。即ち、全体として競合状況は平均的結果、あるいは、もしあなたのホテルが競合他社グループの中で平均的な品質であれば期待通りの実績といってよい。しかし、あなたのホテルが平均より品質が高い場合、例えば高級ブランド、新設、ずば抜けたサービスや立地等の特徴がある中では、残念な結果となってしまう。反対に、あなたのホテルがそれほど高級ブランドではなく、サービス・レベルや施設も平均以下なら、この結果を喜ぶことになる。

2．2月実績は供給比率10.7％、需要比率11.5％、売上比率9.0％であった。この状況は、供

給比率を上回る販売を達成したにも関わらず、売上は競合他社と比較して平均以下である。これは客室レートが下落してしまい、更に販売客室数が増えてしまったことで、販売費用が増加し、利益を圧迫する悪い状態を示している。従って値引き販売の減少を決断することやラック・レートの値上げを検討する必要がある。

3. 3月は供給比率10.7%、需要比率9.0%、売上比率11.5%であった。この実績から客室レートを高く維持した努力が認められる一方で、稼働率は下落した。この状況は顧客があなたのホテルの価値を高く評価したことと、販売客室数が減少し利益を圧迫する販売費用が減少したことで、大変良い結果と見ることが出来る。ここでは、強力な販売促進策を検討する余地がある。

4. 4月の供給比率は10.7%、需要比率は8.5%、売上比率は8.5%であった。この困難で不幸な結果は施設の競争力の劣化、ブランドの劣化、施設の老朽化、サービスの劣化、全体の品質の劣化を示す状況だ。仮に競争力の高い施設であれば、低すぎるレートの見直しと、販売促進の強化、顧客サービスの強化が求められる。

5. 5月の供給比率は10.7%、需要比率11.5%、売上比率11.5%である。この状況は、あなたのホテルが販売並びに利益において競合他社を凌駕した理想的な結果を示している。この様な望ましい状況に遭遇したレベニュー・マネージャーは値引き販売のさらなる減少と価格に拘泥しない高級志向の顧客向けレートの値上げを行う一方、顧客満足度の維持向上に努めなければならない。この状態が一定の水準で継続する場合は、競合他社グループの指定が正しく行われているか、再度確認する必要がある。本来競合するホテルではない会社が意図的に含まれていると、あなたのホテルの業績が実際以上に膨張して現れる。

6. 6月は供給比率が11.7%、需要比率11.5%、売上比率11.5%であった。この結果は供給と需要、売上の重要性を示している。供給比率が変化する場合、一般的に需要と売上に影響が現れる。この場合、あなたのホテルの供給比率が上昇した訳だが、これは、あなたのホテルが客室数を増加した結果か、競合他社が閉鎖した結果、あるいは競合他社のなかで客室の改装のために販売可能客室が減少した事が考えられる。このような状況では、あなたのホテルの供給比率変化の原因に照らして需要比率と売上比率を評価する必要がある。このケースでは、供給比率が上昇したにもかかわらず需要比率と売上比率は5月と変わっていない。従って、5月には供給に見合う需要と売上を達成したにも関わらず、6月の業績は供給を下回る需要と売上で、極めて残念な結果といえる。

追加的評価項目

本書で繰り返し取り上げる課題は、レベニュー・マネージメント・チームの究極の業績判断基準は売上の最大化自体ではない、と言うことである。従って稼働率、ADR、RevPAR、競合他社比較、市場占有率、GOPPAR、売上比率推移等を継続的に評価する一方で、さらに少なくとも3つの売上関連評価が重要となる。これらの分野の調査と回答は次の質問から得るこ

312　第9章　宿泊産業のレベニュー・マネージメント実績評価

とが出来る。

- ●顧客の属性：誰が購買者であるか？
- ●流通経路（販売チャネル）：顧客はいくらの流通費用で我々から購入するか？
- ● Web2.0：我々のホテルを購入した顧客は、我々をどの様に評価しているか？

　これらの答えはホテルの営業・マーケティング部門や支配人から得られると考えるレベニュー・マネージャーもいる。その理由は、これらの答えが営業活動や売上最適化に不可欠であるためだ。しかし、「誰が購買者か？」と言う質問の正しい答えは、階層価格戦略の実施に基本となる情報を提供するため、レベニュー・マネージメント・チームにとっても不可欠だ。また、ホテルのほとんどの客室を顧客に届ける流通経路と、それらの費用を知ることは、効果的な値引きレートの投入や終了の判断と在庫の引き当て判断に不可欠である。同時に、実際にホテルに滞在した顧客の評価を知ることは、商品の改善や、ホテルの優れた分野を特定し、市場を広げ、価格的優位性を確保する上でレベニュー・マネージャーにとって貴重な助けとなる。

顧客の属性（市場区分）

　多くのホテルで、「誰が顧客か？」と言う質問は営業・マーケティング部門に投げかけられる。そして、幸運なレベニュー・マネージャーは、個人顧客、企業、政府、SMERF、その他グループ、契約先顧客、その他ホテル商品販売代理指定窓口等の詳細な比率を入手できる。

　残念ながら定期的にそれらの情報を入手できる環境にないレベニュー・マネージャーは、それらの情報を専門に取り扱うホスピタリティー産業に特化した優れたマーケティング調査企業を活用することができる。

　レベニュー・マネージャーにとって取引相手を知り、評価することは意思決定の改善に重要だ。何故なら**取引相手の組合せ、即ち市場構成**により、ホテルの売上能力と利益率が直接影響を受けるからだ。経験豊かなレベニュー・マネージャーは「全ての顧客は皆平等に創られたのではない」ことを知っている。

　真実は、ホテルにとって、ある顧客は他の顧客と比較して価値が高く、望ましいと言うことだ。これを理解するために次の例を考えなさい。ある二つの予約があり、どちらも2泊で、同額の$199.99のレートで200室利用するが、**客室利用料以外のホテルの施設利用がもたらす付随売上**が全く異なる。例えば、一方は Veterans of Foreign Wars（VFW）海外戦争退役軍人協会

※重要な用語※

スマーフ（SMERF　Social, Military, Education, Religious, and Fraternal buyers of hotel rooms and services）　社会活動グループ、軍関係、教育、宗教、卒業生グループ等の団体顧客を総称するホテル業界用語。特に運動関係の場合は社会活動（Social）に代わり（Sports）を使い、対象を特定することもある。ヨーロッパでは MICE（Meeting, Incentive, Conference, and Event）を用いる。

市場構成（Marketing mix）　個々のホテルの売上比率において重要な顧客層の種類。例として、個人顧客、団体、契約顧客等の構成。

付随売上（Ancillary Revenue）　客室売上以外の売上。例として、飲食販売、会議室利用売上、音響設備利用売上、駐車場、スパ、その他アクティビティー関連売上等。

の団体で、ホテルで開催される大会参加者だが、一方はレジャー客だ。表9.16は二つの予約の売上差額が32%あることを示している。計算式は次の通り。

$$（VFW 売上 \$57,798ーレジャー客売上 \$43,798）÷ \$43,798＝売上差額比率$$

この例では、ホテルの売上最適化努力にとって、同じ200室を同じレートで予約する二つのグループの顧客の内、VFW 大会の顧客売上がレジャー目的の個人顧客よりも貴重な取引であることが単純に証明できる。この例から取引する顧客により価値が相違することを知ることの重要性が明快となった。ホテルのお得意様奨励プログラム等は、対象となる顧客に、他の顧客よりも重要であることを知ってもらうために実行されている。ホテルはそれら対象の顧客の価値が将来も頻繁に利用して沢山お金を消費してくれる事により増加することを知っているため、様々な方法で報奨制度が適用される。

レベニュー・マネージャーは全ての重要な顧客を認識できる能力がなければならない。レベニュー・マネージャーは現在価値のある顧客を理解する必要があるが、同時に将来価値をもたらす顧客を見抜くことも重要である。表9.16は顧客の価値を ADR、稼働率、RevPAR を主な判断基準とするレベニュー・マネージャーの重大な限界を示すものでもある。その様な評価基準では表9.16の顧客の区別がつかない結果を招いてしまう。

高い価値の顧客には将来も利用してもらうため客室レートの値下げを提示するといった価格決定判断に加えて、レベニュー・マネージャーが売上最適化戦略を全く別の環境で適用する場合、対象となる顧客の種類や価値を知る必要がある。詳しく説明するために、ミッチとソニアの例を考えなさい。二人は同じ地域で競合する二つのホテルのレベニュー・マネージャーで、どちらも政府関連の職員割引１泊99ドルのレートと、企業契約149ドルのレートを提供している。

ここで、ミッチは感謝祭（サンクスギビング）期間中企業契約顧客に20%の割引を行うことにした。ソニアのレベニュー・マネージメント・チームも対抗上同じ割引を検討している。決断する前に、ソニアは企業契約の客室売上比率を理解する必要がある。例えば企業契約売上が全体の売上の５%の場合と75%の場合で経営判断が全く違うものになる。

同様に飲食部門の専門家も客室関連の意思決定と日々直面するメニュー作りの判断で同様の

表9.16　顧客別売上貢献比較

顧客の種類	VFW	レジャー
販売客室延数	200	200
ADR	\$199.99	\$199.99
客室総売上	\$39,998.00	\$39,998.00
付随売上合計	\$17,800.00	\$3,800.00
売上合計	\$57,798.00	\$43,798.00
RevPOR	\$288.99	\$218.99
売上差額比率	32.0%	

314　第9章　宿泊産業のレベニュー・マネージメント実績評価

問題を共有している。これについては第10章で詳しく学ぶ。ホテルが取るに足らない僅かな比率の顧客を対象に大幅なレートの値上げを行っても、ホテル全体の売上増にはあまり効果はでない。ところが、大きな売上比率を占める顧客を対象に僅かな値上げや値下げをすると、ホテル全体の収入に大きな影響を及ぼす。

流通経路（販売チャネル）

　歴史的に、最も一般的な流通経路の評価はホテルの総売上との関連で行われてきた。広く認められている考えは売上の最大化に寄与する度合、即ち客室レート×販売客室数が大きいことが良いと考えている。しかし、今日では流通経路による総売上から流通費用を除いたネットの売上をもとに高品質流通経路を判断するレベニュー・マネージャーが増加している。これは、レベニュー・マネージメント専門の業界セミナーの宣伝にも良く説明されている。ある人気の高いレベニュー・マネージメント専門家のウェブ・セミナーの冒頭に次の様に表示されている。

　　ウェブ・セミナー「流通経路管理」
　　今や RevPAR で判断する時代ではない。レベニュー・マネージャーは営業利益率推移（Flow-through）の最大化を達成するため、予約に関わる流通費用を考慮しなければならない。（流通費用又は販売費用：Distribution channel costs）

　第4章でネット ADR 率（Net ADR yield）は予約に関わる費用を除いた売上比率だと学んだ。これらの予約費用は重要だ。また、ネット ADR 率は階層価格設定の価格水準の決定や、繰り返し訪れる顧客を高額な流通経路から費用のかからない流通経路に移行させる目的の価格設定に際し便利な指標となることを学んだ。ネット ADR 率の計算式は次の通りだ。

流通費用を除いたネットレート÷グロス ADR ＝ネット ADR 率

また、グロス ADR－流通費用＝ネット客室レート、となる。
　効果的な流通経路の評価にあたり、レベニュー・マネージャーは再度ネット ADR 率の概念を適用する必要がある。表9.17はネット ADR 率の異なる流通経路が純売上に貢献する一般的な流通経路効率平均における変化を表している。
　表9.17が示す通り、仮に客室レートが全て同一で、販売客数が全て同数である時、流通費用の相違が純売上の平均値を変動させる。流通経路の品質を客観的に評価するためには、レベニュー・マネージャーは先ずグロス ADR が実現できているか否かと、流通経路の総販売数を見る必要がある。また同時に、十分な情報をもとに行う特定の流通経路を継続利用するか否かのレベニュー・マネージメント判断にあたり、流通経路のネット ADR 率を考慮しなければならない。

表9.17　流通経路効率平均の変動

流通経路	ネット ADR 率	客室レート	ネットレート	販売客室数	純売上	平均との差異
流通経路 1	98%	$299.99	$293.99	100	$29,399.00	9.7%
流通経路 2	95%	$299.99	$284.99	100	$28,499.00	6.3%
流通経路 3	90%	$299.99	$269.99	100	$26,999.00	0.7%
流通経路 4	88%	$299.99	$263.99	100	$26,399.00	-1.5%
流通経路 5	85%	$299.99	$254.99	100	$25,499.00	-4.9%
流通経路 6	80%	$299.99	$239.99	100	$23,999.00	-10.4%
合計				600	$160,794.00	
平均	89%	$299.99	$267.99	$100.00	$26,799.00	0.0%

RM のウェブサイト　9.2

　ホテルの市場競合実績は一般的に STR 社、ホテルのフランチャイズ本部、その他特定の調査会社から入手可能である。TravelCLICK 社も優れた情報提供会社である。TravelCLICK 社はレベニュー・マネージャーにインターネット予約関連の情報を提供する。該社の Hotelligence プログラムはレベニュー・マネージャーが売上最適化の決断や将来の行動計画を決定する上で影響を受ける競合価格分析、優良旅行会社、GDS 分析を支援する。
　TravelCLICK の詳しい情報は www.travelclick.net で検索できる。
　旅行者個人や専門の旅行会社もホテルの予約にインターネットを利用する傾向が増加している今日、レベニュー・マネージャーはどの GDS と協力するか、どの旅行ウェブサイトと提携するかと言う戦略的決断をしなければならない。TravelCLICK はそれらの人気の高い流通経路を慎重に調査し、報告書を提供している。

ウェブ2.0　追跡調査

　顧客がホテルを決定する時、インターネットのユーザー批評欄から情報を入手するケースが増加している。従って、レベニュー・マネージャーはトリップ・アドバイザー等のユーザー批評を掲載するサイトを注意深く監視する仕事が重要性を増していることを知っている。1940年代に一世を風靡した俳優のエロール・フリン氏（Errol Flynn）は次の様に述べた。「皆があなたのことを何と言っているかではなく、皆が何と囁いているかが問題だ。」今日インターネットで消費者があなたのホテルの噂を数百万人の読者に同時に囁いている。勿論不正に投稿された批判を楽しむ読者は少ないが、顧客が投稿する良い批評や悪い批評はあなたのホテルの商品やサービスを向上させるために貴重な情報となる。
　重要なことは、あなたがソーシャル・メディアの情報を制御することは不可能だと言う事を認識することだ。しかし、それらの批評を注意深く監視することは可能だ。簡単な方法の一

316 第9章 宿泊産業のレベニュー・マネージメント実績評価

RM のウェブサイト　9.3

　インターネットに精通したレベニュー・マネージャーは顧客のホテル滞在に対する態度を理解するためにインターネットに依存する傾向が増えている。一つの方法として従来は顧客満足調査を用紙に記入してもらっていたが、最近はインターネットに置き換えている。インターネットの調査方法は、顧客の滞在が完了した時点で電子メールを顧客に送り、客室の品質や従業員の仕事ぶり、全体の滞在が支払った金額に見合うものかと言った感想を記入してもらう。顧客が記入を完了すると、直接ホテルの顧客サービス・システムに配信され、ホテルが顧客満足状況を確認し、必要に応じて改善項目の特定を行うことを支援する。

　メダリアはホテルの顧客満足度調査をインターネットで行う業界最大手の会社だ。詳細は www.medallia.com を参照のこと。インターネット顧客満足度調査を取り入れているホテルでは、コメントに対する回答比率が向上したことや、返事が書きやすく大幅な経費削減となり、顧客への返信が迅速になったとの報告があがっている。

つはグーグルの無料注意喚起アプリケーション「Alerts」をセットすることだ。(www.google.com/alerts) これらのアプリケーションはニュース、ブログ、ビデオ共有サイト等にあなたのホテルの名前が出てくれば、電子メールで検索結果を知らせてくれる。

　トリップ・アドバイザーもあなたのホテルのコメントが投稿されれば、同じ様に電子メールで知らせてくれる設定が可能だ。しかし、重要なことは、第8章で述べた通り、否定的なコメントを監視し、それらに真摯に対応することだ。また、投稿されるコメントのほとんどは否定的なものではなく、肯定的な内容だ。それらの肯定的なコメントを注意深く監視する事も重要だ。それらの中から投稿者の同意を得て、あなたのホテルのウェブサイトに推薦状として掲載することも有効だ。複数の推薦コメントはホテルが宣伝している訳ではなく、滞在した顧客自身の感想であり、信憑性が高く、購買者の決断に強い力を与える。

売上最適化の常識

　宿泊産業で働くレベニュー・マネージャーにとって、常に進歩し続ける売上最適化戦略、戦術と結果を検証することは不可欠だ。売上最適化のテクニックはベッド（寝台）に何人寝かせるかといった単純な稼働率最大化の考えからは想像も出来ない進歩を遂げている。それらの取り組みの中で客室レートの値引きにより需要を喚起し、RevPAR の最大化を図ると言った誤った考えを持つレベニュー・マネージャーがしばしば見受けられる。

　あなたが学んできたように、今日のレベニュー・マネージャーにとって最善の方法は市場分類に対する階層価格を設定し、過去・現在・将来の需要を見通して客室在庫と需要を反映した客室レートを管理することにある。価格設定理論の知識や消費者の価値観に対する理解もレベニュー・マネージャーの成功にとって重要だ。

　GOPPAR と営業利益率推移（Flow-through）の評価に基づいた利益の最大化のため、レベニュー・マネージャーはホテルの市場区分毎に設定する利益率を反映したレート・コードの適用と解除を適切に実行しなければならない。これを実行するためにはレベニュー・マネージャーはホテルの正しい販売費用を知る必要があり、ホテルの最終利益（純利益）に対する責

売上最適化の常識　317

任が増大することを受け入れなければならない。役職名や部門運営に対する個人的影響力に関係なく、レベニュー・マネージャーは究極的に支払い金額に対し顧客が受け入れる価値に見合うレートを設定しなければならない。

　経験豊かなレベニュー・マネージャーは客室レートとは価格であり、ホテルの商品とサービスに対する顧客の最初の期待を設定するものであることを認識している。レートが高すぎれば、非現実的な高い期待を顧客に植え付けることになる。レートが低すぎると、ホテルの従業員の努力を過小評価するとともに本来得られるべき施設の利益を奪ってしまう事になる。自分たちの利益しか考えないインターネットの仲介業者をホテルの主要流通経路として極端に比重をおくことは商品とホテルのブランドのコモディティー化の危険を招き、多くの場合価格に対する信頼性を失う結果となる。求められることは勿論客室レート決定に対する常識的な手法である。しかし、常識とは往々にして非常識であることが多く、レベニュー・マネージャーは「アンクル・トムの小屋」の著者、ハリエット・ビーチャー・ストウ夫人（Harriet Beecher Stowe）の息子の C. E. ストウ氏の定義を忘れてはいけない。「常識とはある物をあるがままに見るコツで、また、その様になすことが相応しいと思われる通りに実行することである。」レベニュー・マネージャーはある物をあるがままに見て、その様になすことが相応しいと思われる通りに実行する業界の指導者達の様に振舞わなければならない。

　常識をわきまえ、何をなすべきかを知る宿泊産業のレベニュー・マネージャーは次の事を知らなければならない。

- 過去・現在・将来の需要予測を行う場合、データの正確性の重要性を理解すること。
- 現在の顧客の需要または客室レートの将来動向を認識しなければならない。（pace report）
- 将来の顧客需要と長期的な顧客の信頼に対し価格設定が与える影響を慎重に判断する。
- 宿泊産業の主力商品である客室レートのコモディティー化を招く価格設定を避ける。
- 売上最適化の意思決定にあたり、次に上げる市場への影響を考慮する。
    - 個人顧客市場
    - 団体顧客市場
    - 契約レート市場
- 効果的な在庫管理戦略としてオーバー・ブッキングを行う際は全ての側面を考慮する。
- 階層価格の補完としては、健全で生産性のある値下げや滞在制限を取り入れる。
- 非電子的流通経路管理戦略に関する効果と費用を定期的に測定する。
- 電子的流通経路 CRS、GDS、IDS の流通経路戦略効果と費用を定期的に測定する。
- Web2.0を使い、常に顧客の滞在体験や評価を把握する。
- レベニュー・マネージメント・チームの効率評価に必要な統計を計算・分析する。
    - ADR
    - 稼働率
    - RevPAR（サービス限定ホテル）、Total RevPAR（フル・サービス・ホテル）
    - RevPOR
    - GOPPAR
    - Flow-through
- 適切な競合他社グループの洞察力に満ちた分析を用い、競合他社の実績を注視する。

318　第9章　宿泊産業のレベニュー・マネージメント実績評価

- 必要と思われる時は用心深く価格設定の冒険を行い、結果を分析し、失敗から学ぶ。
- 現実的な RevPAR と利益増目標を設定し、広くホテル各部門との意思疎通を図る。
- 利益拡大のための値引きは誤った戦略であり、たとえ強要されても抵抗し退けること。
- レベニュー・マネージメント・チームの全員と意思疎通をはかり、稼働率、ADR、RevPAR 等が最終目標ではなく、顧客中心主義や利益をもたらす収益確保が最終目標であることを確認する。

　以上の常識と、正しい経営評価ツールがレベニュー・マネージャー、レベニュー・マネージメント・チーム並びにあなたのホテルを成功に導く。

重要な用語

■統計（Statistic）■損益計算書（Income Statement）■客室当たりホテル総収入（Total RevPAR）■客室使用費用（Room-related occupation costs）　■最低 ADR 計算式（Minimum ADR sales point formula）　■営業利益（Gross operating profit, GOP）　■営業利益率推移（Flow-through）■市場占有率（Market share）　■大都市統計地域（Metropolitan Statistical Area, MSA）■商号旗（Flag）　■スマーフ、特定顧客層（企業、軍関係者、教育従事者、宗教団体、同窓会等）（SMERF）、欧州では MICE（会議、褒賞旅行、大会、催し）が著名　■市場構成（Market mix）　■付随売上（Ancillary revenue）

学んだ知識を応用しなさい

1. アントニオは180室のホーソーン・スイート・ホテルのレベニュー・マネージャーだ。昨年の稼働率が期待を裏切ったため、今年は販売増を助け、RevPAR の上昇を目的に客室レート10% の値下げを決断した。この行動は稼働率を昨年の75% から85% 上昇させ、前年対比13.3% の増加となった。

　昨年の管理可能費用は一部屋当たり61ドルであった。今年は62ドルに上昇したが、増加率は僅か1.6% であった。アントニオに彼の値下げ戦略に対する全体の結果を理解させるため、次の5月度経営実績表を完成し、質問に答えなさい。

ホーソーン・スイート・ホテル Hawthorne Suites 5月実績			180室
統計	昨年5月実績	本年5月実績	差異
稼働率	75%	85%	13.3%
販売客室数	135	153	18
ADR	$129.99	$116.99	$13.00
客室売上	$17,548.65	$17,899.47	$350.82
RevPAR	$97.49	$99.44	$1.95

ホーソーン・スイート・ホテル Hawthorne Suites 5月実績			180室
管理可能事業費用	$8,235.00	$9,486.00	$1,251.00
営業利益	$9,313.65	$8,413.47	(−) $900.00
GOPPAR	$51.74	$46.74	(−) $5.00

-9.7%

A．昨年5月の RevPAR はいくらですか？

B．本年5月の RevPAR はいくらですか？

C．昨年5月の GOPPAR はいくらですか？

D．昨年5月と比較し、本年5月の GOPPAR の差は何ドルで、何％ですか？

E．昨年と本年の GOPPAR 達成度を比較しなさい。アントニオが考案し、実施した売上最適化戦略の結果がどの様な効果を上げたと思うかを述べなさい。

2．ペイジ・ビンセントはシティー・センター・ノボテルのレベニュー・マネージャーだ。過去12カ月以上、ペイジはホテルの業績改善のため努力してきた。ペイジはつい今しがた次の事業実績データを受け取った。彼女に売上最適化傾向を理解してもらうため、次の表を完成し、質問に答えなさい。

シティー・センター・ノボテル実績			
稼働率	Novotel	競合グループ	インデックス
今月	57.2%	58.1%	98%
過去3カ月	55.1%	57.7%	95%
過去12カ月	51.3%	55.6%	92%
ADR	Novotel	競合グループ	インデックス
今月	$266.57	$279.15	95%
過去3カ月	$244.91	$269.69	91%
過去12カ月	$231.45	$268.95	86%
RevPAR	Novotel	競合グループ	インデックス
今月	$152.48	$162.19	94%
過去3カ月	$134.95	$155.61	87%
過去12カ月	$118.73	$149.54	79%

A．今月の稼働率競合指標（インデックス）は何％ですか？

B．過去3カ月の ADR 指標は何％ですか？

C．今月の RevPAR 指標は何％ですか？

D．過去12カ月の RevPAR 指標は何％ですか？

E．ペイジの過去12カ月の実績と競合他社グループの実績を比較しなさい。ペイジの考えた売上最適化の決断とその効果についてどの様な効果があったと評価するか述べなさい。

320 第9章 宿泊産業のレベニュー・マネージメント実績評価

3．ジェイミー・リンは250室のフル・サービスのホテルのレベニュー・マネージャーだ。彼
女の競合他社グループにはフル・サービスと宿泊限定のホテル合わせて5社が含まれてい
る。

競合他社グループ	総客室数	供給シェア
シェラトン	235	15.7%
ラディソン	220	14.7%
ホリデイ・イン・クラウン・プラザ	271	18.1%
ハイアット・プレイス	314	20.9%
クラリオン	210	14.0%

ジェイミー・リンのホテル	250	16.7%

需要獲得率と売上達成比率に関する1月から5月の実績は次の表の通りだ。

ジェイミー・リンのホテル		
月	需要指標	売上指標
1月	16.2	23.7
2月	18.5	15.5
3月	16.7	17.1
4月	20.1	20.5
5月	23.7	16.2

A．競合他社を含め、全てのホテルの供給客室数に変化がない前提で、ジェイミーのホテ
ルの1月から5月の供給はそれぞれ何％になりますか？
B．ジェイミーのホテルが競合他社グループの稼働率を凌駕したのは何月ですか？
C．ジェイミーのホテルのADRが競合他社グループを凌駕したのは何月ですか？
D．1月の実績をもとに、ジェイミーに客室レートに関する助言を述べなさい。
E．5月の実績をもとに、ジェイミーに客室レートに関する助言を述べなさい。

4．ジェリエル・ペリーは125室のサービス限定ホテル、ベスト・ステイ・インのフロント・オフィス・マネージャーだ。彼女はレベニュー・マネージャーも兼任している。ジェリエルは同じ地域の競合他社のレベニュー・マネージャーで友人のローレンスから電話を受けたところだ。ローレンスのホテルの内部ミスで次の土曜日、団体で70室、オーバー・ブック（売り越し）してしまった。ローレンスはあらかじめ両者間で取り決めている送客レートひとり1泊75ドルで70室譲ってほしいと申し入れている。ジェリエルのホテルの通常レートは129ドルだ。当日の土曜日はジェリエルのホテルの予約状況は滞在顧客と到着顧客を含め55室である。ジェリエルは土曜日までに通常価格であと30室は販売可能と予想している。次の顧客区分ごとの販売集計表を完成し、質問に答えなさい。

顧客区分の相違による比較		
項目	ローレンスからの送客	ローレンスからの送客拒否
販売客室数	125	85
ADR	$98.76	$129.00
総売上予想	$12,345.00	$10,965.00
部屋毎の付随売上	$8.00	$8.00
総付随売上	$1,000.00	$680.00
RevPOR	$106.76	$137.00
総売上	$13,345.00	$11,645.00
売上差額	$1,700.00	-$1,700.00
売上差額比率	14.6%	-14.6%

A．ローレンスの送客を全て受けた場合の ADR はいくらですか？

B．この場合の RevPOR はいくらですか？

C．送客を全て断った場合の RevPOR はいくらですか？

D．送客を全て受けた場合の総売上差額はいくらですか？

E．その場合の総売上差額比率は何％ですか？

F．あなたがジェリエルならローレンスの要請を受けますか？　その理由は何ですか？

5．ワトソン・ウォルバートはサンバード・ホテル企業のレベニュー・マネージメント・チームの一員だ。サンバード社はレッド・ロビン・ホテルとファルコン・ホテルのフランチャイズを統括している。ワトソンの仕事のひとつにフランチャイズ傘下のホテルが使う流通経路ごとのネット ADR 率の評価がある。サンバード社は傘下のホテルの総販売客室収入に対し、5％のフランチャイズ料金を徴収している。その他の流通費用を加えた総販売手数料が ADR に対する比率で表に示されている。ワトソンが作成している表を完成させ、質問に答えなさい。

322　第9章　宿泊産業のレベニュー・マネージメント実績評価

流通経路	ADR	手数料 （フランチャイズ5％込み）	NetADR	ネットADR率	サンバード
第3者のウェブサイト	\$166.54	27%	\$121.57	73%	\$8.33
フランチャイズのウェブサイト	\$229.99	7％	\$213.89	93%	\$16.10
ホテル自身のウェブサイト	\$239.99	5％	\$227.99	95%	\$12.00
旅行会社	\$209.59	11%	\$186.54	89%	\$10.48

A．どの流通経路がホテルに最も高いネットADR率をもたらしますか？

B．どの流通経路がホテルに最も低いネットADR率をもたらしますか？

C．フランチャイズ・ウェブサイト経由の販売は何％のネットADR率となりますか？

D．旅行会社経由の販売は何％のネットADR率となりますか？

E．どの流通経路がサンバード社に最も高い客室収入手数料をもたらしますか？

F．どのサイトが傘下のホテルに最も高い客室収入をもたらしますか？

重要な概念のケース・スタディー

「ダマリオ、来てくれてありがとう。」とバルセナ・リゾートの支配人ソフィア・デイヴィソンが言った。ダマリオは480室のバルセナ・リゾートのレベニュー・マネージャーで、着任してすでに12カ月が経過した。

「先月の業績データを調べていましたが、オーナーがリゾートの運営改善を大変喜んでくれています。」とソフィアが続けた。

「私もうれしいです。長い道のりでしたが、やっとここまできましたね。」とダマリオが答えた。

「過去3カ月のリゾートの稼働率指標は競合他社グループを10ポイント（10%）凌駕し、その上、レート指標も90%台後半を維持しています。」とソフィアが言った。

「それは私達レベニュー・マネージメント委員会にとって誠に光栄です。」とダマリオが答えた。

「ダマリオ、あなたは大変謙虚ですね。あなたの見通しと価格設定設計とそれらの実施により、大変良い結果がでています。会計役員も満足だし、DOSMも満足しています。勿論私も大満足ですが、次の計画はどうなっていますか？」とソフィアが聞いた。

「まだ大きな努力が必要ですが、そろそろ次の大きな目標に準備が出来たと思います。」とダマリオが答えた。

「それは一体どの様な目標ですか？」とソフィアが質問した。

「私は戦略的価格設定とレベニュー・マネージメント委員会を今まで以上に積極的で攻撃的にしたいと望んでいます。先ず、収益率の最も低い流通経路を切り捨て、今まで以上に優良顧客に傾注することを考えています。」とダマリオが答えた。

「優良顧客とは高額レートのお客様ですね。それはいい考えですね。しかし、具体的にどう

やるのですか？」とソフィアが聞いた。

「先ずレートの値上げです。今まで長い時間がかかりましたが、やっと初めて大幅な値上げが実現出来る準備が整ったと思います。来年度はRevPARの8％上昇が現実的な目標だと思います。お客様からのフィードバックのご意見を調べた結果、確信があります。次に飲食部門の価格設定に深く関与したいと考えています。この分野では大きな前進が図れると考えています。」とダマリオが答えた。

考慮すべき項目

1．ソフィアとダマリオの会話の中から、大幅なレートの値上げの環境が整ったと判断した根拠を述べなさい。
2．あなたがダマリオのレベニュー・マネージメント委員会のメンバーだと仮定する。現在のリゾートの客室レートは競合他社グループより低いが、他に、ラック・レートの値上げを決断する根拠として必要なデータは何であるかを具体的に説明しなさい。
3．あなたも来年度のRevPAR目標を8％上げる事に賛成だと仮定する。その方法として、ラック・レートの値上げ、割引料金提示の縮小、または、値引きした客室の大量販売の内、どれを取りますか？　この決断に際し、他に必要なデータは具体的に何ですか？
4．あなたが支配人のソフィアだと仮定する。ダマリオの実績をもとに、あなたは、ダマリオが飲食部門の価格設定に今まで以上に関与することに賛成しますか？

第**3**部

飲食サービス事業者のレベニュー・マネージメント

第10章　飲食サービスのレベニュー・マネージメント
第11章　飲食サービスのレベニュー・マネージメント実績評価

第**10**章

飲食サービスのレベニュー・マネージメント

第10章の構成

　飲食サービスの伝統的価格設定方式
　　商品原価率方式
　　商品原価プラス方式（コスト・プラス）
　　貢献利益方式
　飲食サービスの原価に基づく価格設定方式に対する反論
　階層価格戦略の適用
　飲食サービスにおける価値の評価に影響を与える要素
　　競合
　　サービス水準とサービス提供方式
　　顧客区分
　　商品品質
　　商品量
　　雰囲気
　　食事時間帯
　　立地
　　印象
　　売上構成比

第10章の要点

1．伝統的メニュー価格方式の詳細検証
2．原価に基づく価格設定方式の欠点
3．階層価格適用に関する要素の説明

飲食サービスの伝統的価格設定方式

　レベニュー・マネージャーと命名される専門の役職は宿泊産業と違い、飲食産業ではあまり認識されていない。現実には、飲食産業ではレベニュー・マネージャーをメニュー価格の責任者やマーケティング、宣伝担当と同一と考えている。

　勿論メニュー価格の適切な設定は重要である。レベニュー・マネージャーは、最善のメニュー価格設定方法の研究が今日始まったことではなく、以前から行われていたことを知らなければならない。著者レンダル・コチェバ（Lendal Henry Kotschevar）博士の「メニューによる経営」第１版は1975年に NIFI（National Institute for the Foodservice Industry）から発行されている。ジャック・ミラー（Jack E. Miller）の「メニュー価格戦略」第１版はやはり30年以上前の1980年に発行されている。

　この２冊は業界の指導的立場にある教育者がメニュー価格設定に関する重要な見識を披歴したものとして極めて重要である。その点で、彼ら二人は当時の革新的レベニュー・マネージャーと考えられる。２冊とも継続的に見直され、改定されている。メニュー価格戦略の過去と現在の最善策を検証することにより二つの興味深い結論にたどりつく。最初の結論は、ホテル事業者とレストラン事業者の価格戦略はそれぞれ共通性が見当たらない、と言う点だ。第二の結論は、反対の意見もあるが、飲食産業自体は激しく変化したにも関わらず、飲食産業におけるメニュー価格設定方法は過去半世紀ほとんど変化がない点である。これらの結論については、以後詳細に検証する。

　飲食産業と宿泊産業は大きなホスピタリティー産業の一部とみなされるが、レベニュー・マネージメントと価格戦略に関してはそれぞれ別世界にある。僅かな例をあげても、多くの相違を見出すことができる。

　第４章で、あるホテルに顧客から一晩まとめて10室以上の予約申し込みがあった場合のホテルの対応が示された。多くの場合、ホテルは団体予約として割引の適用を考え、顧客の側も団体割引を期待する。そこで両者の交渉が行われ、合意に至ると客室が販売される。それに引き換え、レストランに到着した顧客が10人の席を要求したとする。この様な場合、ほとんどの**フル・サービスのレストラン**では、顧客にサービス料（チップ）10%から20%を課す。このサービス料は自動的に請求書に追加される。結果、多人数の顧客に対するサービス料は売上増に貢献する。ホテルは団体割引を行うがレストランは増額するか、最低でも価格は維持する。レストランでは先ず団体割引は適用されない。

　次の例は、将来売切れ確実な日程におけるホテルとレストランの価格戦略の相違である。大きなスポーツ行事、お祭り、卒業式などの場合が考えられる。これらの日程については、ホテルでは客室レートを値上げするか、少なくとも割引レートの適用は廃止する。レストランの場合、その様な需要増では次の様なことが想定される。

❖**重要な用語**❖

フル・サービス・レストラン（テーブル・サービス）　顧客が食堂内で食卓についている間、給仕されるレストランの形態。

328　第10章　飲食サービスのレベニュー・マネージメント

　１．レストランは大忙しとなり、顧客は長い行列となる。

　２．メニューの価格は変更しない。

　ホテルとレストランの価格戦略の相違で、最後の例は際立って示唆に富んでいる。先ず、最も需要の弱い曜日や日程の販売では、ホテルのレベニュー・マネージャーは割引価格や低価格の流通経路を積極的に利用して集客を行い、シェアの最大化を狙う。この値引き戦術が正しいか否かは別として、これらは一般的に共通している。これに対し、レストランでは需要が弱い日も、最も忙しい日のメニュー価格と同じで、値段は変更しない。基本的に僅かな例外（一人分の料金で二人招待とか、特定の時間の割引サービス等）を除き、レストランやバーでは顧客の需要の変動に対応して価格設定を変えることはしない。面白いことに、ホテルの中のレストランであっても同様である。以上３つの例から分かる様に、レストランの価格戦略はホテルのレベニュー・マネージャーの価格戦略とは全く違う。あなたが専門のレベニュー・マネージャーを目指しているなら、この相違の理由は研究に値する。

　もし、メニュー価格がどの様に設定されるべきかを飲食産業の専門家に詳細な調査を行えば、ほとんど答えは同じとなる。一般的に専門家は次の３つのどれかを指摘する。

- 商品原価率方式
- 商品原価プラス方式
- 貢献利益方式

商品原価率方式

　料理学校（Institute for Fine Cooking）の役員をしていたジョージ・ウェンゼル氏（George L. Wenzel）は1936年にニューヨークで「アメリカのメニュー制作」と言う題名の大判ルーズリーフのパンフレットを出版した。このパンフレットが後にその後35年にわたり飲食事業経営の指針となる1,000頁の「ウェンゼルのメニュー制作」のさきがけとなった。1947年に発行された「ウェンゼルのメニュー制作」初版で著者は食事の費用比率の重要性を当時の鮮やかな理論で次の様に説明している。「利益率が５％から20％の間で経営できれば、食材の費用増、人件費やその他の費用増がその範囲で吸収できる。」レストラン業に進出する事業者に対するウェンゼルの助言は極めて論理的で適切であった。「事前に食事の費用比率を決定し、これを維持できれば、望ましい利益水準を維持することが出来る。」と説明した。商品費用比率の概念を用いることを学んだ飲食事業者は主に、メニューに掲載する食事の材料を調達するために支払う金額をもとに販売価格を設定する方法を確立した。この**商品原価率**を基本とする価格設定方式は次の二つの重要な理由により擁護されている。その第一は、成功するレストラン経営者は良い食事を提供する価値の高さを知っている。良い食事を準備するためには通常低級な食事よりも費用がかかる。従って、例えば12オンス（約340グラム）の USDA プライム・ニューヨーク・カットのステーキは４オンス（約113グラム）のハンバーガーより高額となることは論理的であ

◈重要な用語◈

商品原価率価格設定方式（Product cost percentage pricing method）　メニュー価格を決定する際、主として商品の材料を仕入れる原価の目標比率に従って販売価格を決定する方式。

る。ステーキの仕入費用は高額であり、その結果、顧客に対しても高額で販売しなければならないこととなる。さらに、レストラン事業者は、知識のある顧客はステーキに対しハンバーガーより高額の支払いをすることを理解していると説明する。従って顧客の価格に対する認識は、購入する商品によって判断されると考えられる。メニューに載った商品で仕入れ費用の高い料理は当然高く販売しなければならないし、顧客も喜んで高い価格の支払いに応じる、と説明する。

　商品費用をもとにメニュー価格を設定する手法の第二の理由は重要な4種類の費用に直接関連している。飲食関連会計士が一般に定義する費用項目は次の通りだ。

　1．商品（料理、飲料）

　2．人件費

　3．その他費用

　4．利益

　これら4項目の費用を説明するため、1ドルの売上を食事費用の100%であると仮定する。この場合、1ドルのうちの、ある金額が商品を提供するための食材仕入れに充当され、ある金額が料理を調理し、給仕する人件費に充当され、ある金額が事業を運営するための費用、例えばお皿等の食器、ナプキン、店の賃貸料、販売促進費、光熱費、借入れ金返済、等々に充当され、最後に残った金額が、次にウェンゼルが明確に指摘している項目として事業の利益に充当されなければならない。仮に最初の3項目に費用比率がかかり過ぎると、事業利益は圧迫されてしまう。その場合、事業主が計画する事業利益が十分残らない。ここで、レストラン事業者は商品費用と売上に占める商品費用比率を念頭に価格計算式を次の様に導いた。

商品仕入れ費用÷商品売上＝商品費用比率（%）

　この式は単一メニュー品目に対して次の通りとなる。

単一商品費用÷販売価格＝単一商品費用比率

　この計算式を変形すると、**単一商品費用÷商品費用比率＝販売価格**、となる。

　この価格設定方式は基本的に商品の販売価格における原価率を事前に決定することにある。この計算式を用いる場合、分子となる商品の仕入れ値や調理費用等を慎重に計算し、それを基に分母となる各項目の目標原価率を決定する。目標値が決まればメニューに掲載する販売価格が導かれる。各項目の費用（食材、飲料、人件費、その他の費用）が上昇すれば、目標商品原価率を改定し、新しい低い比率で利益を確保する。

　詳しく説明するために、レストラン事業者が次の原価率目標を設定したと仮定する。

費用項目	比率目標
商品	40%
人件費	34%
その他費用	16%
利益	10%
合計	100%

330 第10章 飲食サービスのレベニュー・マネージメント

表10.1 原価 1 ドル価格係数表

目標原価比率	係数
20%	5.000
23%	4.348
25%	4.000
28%	3.571
30%	3.333
33%	3.000
35%	2.857
38%	2.632
40%	2.500
43%	2.326
45%	2.222

　ここで、レストラン経営者はメニューに、ある商品を開発し、掲載したと仮定する。その商品の材料は 1 ドル50セントで、目標原価率が40％であれば、メニューに掲載する販売価格は$1.50÷40％＝$3.75となる。これと同じ計算を行う別の方法として、経験豊かなレストラン経営者は**価格係数**を用いる。**価格係数の算出は商品原価÷目標原価率**となる。これをもとに商品原価率の目標値を20％から45％までに相当する係数をあらわしたものが表10.1に示されている。

　先程の計算を係数で行うと、**商品原価 $1.50×原価率40％ の係数2.5＝$3.75**となる。原価率による価格設定方式を用いる時、事業者は極力原価率を低めに抑える努力をする。この価格戦略がメニュー価格における最も古くから伝統的に行われているシステムで今日においても最も一般的に普及している。

商品原価プラス方式（コスト・プラス方式）

　メニュー価格設定の**コスト・プラス方式**とは、販売価格決定にあたり、商品原価の他、考えられる費用を積み上げて合計し、販売価格を導く概念である。最も一般的なコスト・プラス方式ではメニュー項目の**主要原価**を計算する。主要原価とは、商品の材料仕入れ費用と調理に要する人件費の合計である。これをもとに販売価格が決定される。様々なコスト・プラスの方

❖重要な用語❖

価格係数（Pricing factor）　商品の販売価格を決める際の基準値。定数。

商品原価プラス方式（Product cost plus）　商品の原価にその他の費用を加えて合計した金額を販売価格として決定する価格設定方式のひとつ。

主要原価（Prime cost）　商品の仕入れ原価とメニューを調理・準備するための人件費を加えた費用。

式が存在するが、それらは全て商品原価率のみで販売価格を決定する方式の欠陥を補うものとして進化している。表10.2は、一般に比率か金額で表現されるが、メニュー価格設定にあたり、事業者が主要原価以外に加える項目を示している。

全てのコスト・プラス方式は飲食産業事業者の極めて論理的な努力により、価格設定要素に変動費が考慮されて開発されている。商品原価率方式に変動費を導入する概念は比較的新しく、当時過激と思われたが、最初ペンシルベニア州立大学のホスピタリティー学、ジェームス・カイザー教授（James Keiser）と業界コンサルタントのエルマー・カリオ氏（Elmer Kallio）により提案された。1972年に出版された彼らのホスピタリティー学教科書には次の革新的な考えが記されている。「料理の価格は食材の原価に基づいて決定されているが、電子計算機のデータ処理能力の進歩と利用の拡大により近い将来、人件費を加えて算出することが可能となる。価格設定にあたり、人件費やその他の費用を加えて計算することが容易に行える。」

今日では、勿論コンピュータ技術が進歩し、メニュー価格決定にあたり、事業者が望む費用項目を全て容易に計算してくれる。そのため、多くの事業者がコスト・プラスの価格設定方式を活用している。

貢献利益方式（Contribution Margin）

興味深いことに、メニュー価格設定に関する次の進展はホスピタリティー産業の中からではなく、外部のボストン・コンサルティング社からもたらされた。BCG（Boston Consulting Group）は1963年にハーバード大学ビジネス・スクールの卒業生、ブルース・ヘンダーソン氏（Bruce Henderson）によって設立された世界的コンサルティング企業である。BCG は1970年代初期に、大企業が資金を投資する分野を決定する支援を行うための成長分野表を作成し、普及させた。BCG は利益率の規定値に基づいて企業の個々の事業を縦横2列2行の桝に分類する方法を示し、それぞれの現金収入能力により、スター（将来の星／花形）、キャッシュ・カウ（利益の源泉、金の成る木）、クエスチョンマーク（問題児）、ドッグ（負け犬）にあてはめた。事業主はこの情報をもとに、企業の資金を引き当てる事業を選択した。BCG の示した成長分析手法は急速に高い評価を受け、様々な産業で利用された。1982年に、ミシガン大学ホスピタリティー・スクールのマイケル・カサバナ教授（Michael Kasavana）とドナルド・スミス教授（Donald Smith）は実践的メニュー価格設定の手引き、「メニュー工学」と言う著書を出版した。著書のなかで、両

表10.2　コスト・プラス方式の費用項目

メニュー価格＝	商品原価	プラス	変動人件費
	商品原価	プラス	固定人件費
	商品原価	プラス	人件費合計
	商品原価	プラス	管理可能費用
	商品原価	プラス	商品毎の間接費用
	商品原価	プラス	期待営業利益

教授は商品原価比率をもとに価格設定する方法より、CM（Contribution Margin）と呼ばれる貢献利益をもとに利益率の適正なメニュー価格を設定することが重要だと主張した。

メニュー工学と名付けた手法は、良く売れて高い利益をもたらす商品の価値を評価した。後に、良く売れる人気の商品を高CM、または平均以上、人気のないあまり売れない商品を低CM、又は平均以下と定義し、カサバナ教授とスミス教授はヘンダーソン氏のマトリックスを少し修正して次の4分類を提案した。
- スター：人気がありCMの高い商品
- 農耕馬（Plow horse）：人気はあるが、CMが低い商品。
- パズル（問題児）：人気はないがCMが高い商品。
- 負け犬：人気が低く、CMも低い商品。

メニュー工学を適用し、飲食産業のメニュー商品は分析・計算された性質に応じて表10.3の桝に振り分けられる。それぞれの桝に分類されたメニュー商品に対する販売促進、価格改定、商品変更等の戦略や助言がメニュー工学に関する記述の主な情報となっている。

著者の名声や論理の単純さにより、メニュー工学は迅速に普及し、活用された。今日では、どの様な技術が個々の商品の分類に最も適しているかと言う学術的論争があるものの、ほとんどの飲食産業の専門家がこの方式によるメニューの分類を認識している。この方式が人気を得たのは、最初に貢献利益を中心においたことによる。貢献利益を価格設定の基礎とする方式は、商品原価率を基礎とする古い方式に関する問題点に対峙し、開発された。商品原価主義を提唱する場合、常に次の様な質問に悩まされる。「10ドルのチキンを30％の原価率で販売するのと、20ドルのステーキを50％の原価率で販売するのと、どちらが良い商いか？」 原価率では50％より30％のチキンに軍配があがるが、貢献利益で見れば、**チキンは販売価格10ドル－商品原価3ドル＝CM貢献利益7ドル**に対し、**ステーキは販売価格20ドル－商品原価10ドル＝CM貢献利益10ドル**となり、明らかにステーキの販売が有利となる。何故ならレストランの経

表10.3　メニュー工学マトリックス

		低い	高い
貢献利益	高い	問題児 高い貢献利益 低い人気	花形スター 高い貢献利益 高い人気
	低い	負け犬 低い貢献利益 低い人気	農耕馬 低い貢献利益 高い人気

―――

※※重要な用語※※

貢献利益（CM: Contribution Margin） 販売価格から商品原価を差し引いて残った利益。販売価格－商品原価＝貢献利益

営者は銀行に原価率を持っていく訳ではなく、利益の現金10ドルを持っていく訳で、商品原価主義より優れていることが簡単に証明される。

　新方式が急速に広まった第二の理由は、あまり知られていないが、考え方が身近であったためだ。貢献利益を基にした価格設定方式は、それ以前に用いられていた伝統的な商品原価率を基にした考え方を多少変形したに過ぎない。貢献利益を基にした価格設定を数式にすると次の通りだ。

商品原価＋貢献利益＝販売価格

　見ての通り、商品原価は販売価格決定の重要な要素であることに変わりはない。CM を用いたメニュー価格設定方式は商品原価と最初に設定する貢献利益の組み合わせである。CM 方式を採用するレベニュー・マネージャーの仕事は個々のメニュー商品の目標貢献利益を決定することである。この方式の場合、飲食事業者は多くの場合異なる商品分類に対し、異なる目標貢献利益を設定する。例えばレストランではコースの食事で最も重要な料理（メイン又はアントレ）にはそれぞれ８ドル50セントの貢献利益を設定し、デザート類にはそれぞれ２ドル25セントの利益を設定する。また、飲み物にはそれぞれ１ドル75セントの利益を設定する。この様に、CM 方式の場合、レベニュー・マネージャーが全てのメイン料理に８ドル50セントの利益を期待すると、前述のチキンとステーキの販売価格は次の通り決定されることになる。

メニュー商品	商品原価	貢献利益	販売価格
チキン	$3.00	$8.50	$11.50
ステーキ	$10.00	$8.50	$18.50

　この様に貢献利益を基に価格を設定する方式をとるレベニュー・マネージャーにとっては、商品原価率よりも平均利益を重視する。従って彼らはメニュー工学方式により事業の利益率が大幅に上昇すると信じている。

　今日ホスピタリティー産業の費用関連の全ての教科書には商品原価方式と商品コスト・プラス方式の二つが標準の価格設定方式として記載されている。また同時に、メニュー工学方式に関してはプラス・マイナス両面の議論があるが、最近発行された全ての飲食関連経営の教科書に標準の考え方として記載されている。極最近では先進的研究者により、貢献利益を基にするメニュー価格設定方式と商品原価率を組み合わせる方式や人件費を組合わせる方式が発表されている。以上述べた３つのメニュー価格設定方式全てに共通する飲食事業者の関心課題は、商品に必要な食材にいくら支払うかという問題である。

RM のウェブサイト　10.1

　商品原価に基づくメニュー価格設定技術と戦略を詳細に記述した様々な教科書を探すことは飲食産業のレベニュー・マネージャーにとって容易である。最近の出版物一覧を検索するにはアマゾンか、バーンズ＆ノーブルのサイトを参照すればよい。www.amazon.com 又は www.bn.com

　サイトの本の項目からメニュー価格設定方式（Menu Pricing）または飲食原価管理（Food and Beverage Cost Control）を検索し、最近の出版物を特定することができる。

飲食サービスの原価に基づく価格設定方式に対する反論

　飲食産業に最も適した価格設定方式に関する論争は暫く続くと思われる。しかしながら第2章で学んだ通り、原価を商品の主な販売価格設定要因とすることは一般的に望ましい方法ではない。従って、専門のレベニュー・マネージャーとしては、前項で学んだ3つの商品原価に基づくメニュー価格設定方式は効果的な売上最適化戦略ではないと考えざるを得ない。事実、商品原価ベースの飲食価格設定戦略は多くの場合、敢えて言えば「大失敗のレシピ」である。それでは原価ベースの価格設定がどれほど悪いものか？　国際的に知名度のある経営コンサルタントのピーター・ドラッカー氏（Peter Drucker）は原価に基づく価格設定を事業における五つの致命的失敗の一つであると断定している。ドラッカー氏は会見で事業の成功において避けなければならない致命的な五つの行動を指摘した。ドラッカー氏はこれらの行為を「致命的失敗」と呼び、原価ベースの販売価格設定をそのうちの3番目にあげた。原価を回収し利益を確保する目的で販売価格を設定する、という事業者の誤った考えを正すため、ドラッカー氏は次の様に述べた。「消費者や顧客は生産者や事業者の利益を保証することが自分たちの義務だとは考えない。」

　日用品を扱う産業を除き、一般の産業では原価ベースの価格設定はどの様な形態であれ重大な不利益となる。飲食産業の価格設定が単純であると仮定すると、最も能力の劣ったレベニュー・マネージャーでさえ簡単に食材の原価を計算することが可能で、それに期待する利益（CM）を加えてメニュー価格を設定すれば顧客は価格が適切だと考えることになる。ところが、飲食産業の価格設定はそれほど単純で簡単なものではない。何故ならレストランの倒産件数は様々な事業の中でも最高比率だ。この原因の多くは不適切な販売価格にある。

　飲食産業において効果的な価格戦略を展開する上で内在する難しさを理解するために、レベニュー・マネージャーは興味深い次の事実を検討するとよい。今日最も人気のあるホスピタリティー産業のマーケティング関連教材には常にホテルの客室価格設定を詳しく取り上げているが、飲食関連の価格設定についてはほとんど触れられていない。事実飲食産業の食事や飲料の詳細な価格戦略については伝統的にホスピタリティー産業会計論や原価管理論で取り上げられ、論争もされているが、マーケティング関連の出版物には掲載されていない。この文章を注意して読み、事の重大さを認識しなさい。

　ここで明らかとなったホテルとレストランの取扱いの相違は、ホテルの客室価格が販売・マーケティング部門主導で決定されるのに対し、飲食関連の価格はホテルでも飲食部門や経理・財務部門の専門家主導で決定されていることが反映されている。彼ら飲食部門の専門家は価格設定にあたり原価データを信頼する様に教育されてきた。従って、昨今浮上してきた飲食サービスにおける売上最適化戦略を担当するレベニュー・マネージャーに対するもっともな質問はあまりにも単純なものとなる。

　「飲食サービスの価格設定は基本的に会計の問題であるか、又はマーケティングの機能であるべきか？」

　著者の回答はそのどちらでもない。我々の主張は、飲食サービスの価格と売上最適化戦略はあまりにも重要な事項であり、単に会計やマーケティングと言った一部門に委ねられる問題

飲食サービスの原価に基づく価格設定方式に対する反論 335

RM の報道記事　10.1　今晩の特別メニューは…

　飲食サービスの専門家に「スペシャル」の意味を尋ねると、恐らく彼らは料理長の最新作で特別な調理技術を要するか、大変貴重な料理だと説明するだろう。

　共和党の政治家、ニューヨーク州サフォーク郡のリン・ノウィック氏（Lynne Nowick）はこれとは違う考えを持っている。レストラン協会のニュースに掲載された記事によると、ノウィック議員は次の様に発言した。「人々はスペシャルと言う言葉を聞けば特別割引だと考える。ところが、現実にはちっとも安くない場合が多い。そのため、初めてのデートでレストランに入った若者や、お年寄りが戸惑ってしまい値段を聞けないことが起こっている。」

　ノウィック議員は彼女のスペシャルの定義に基づき、地域の条例でスペシャルを含む全ての料理の値段をメニューに表示するか、誰もが目につくように表示を義務付ける法案を提出している。

　これに対しニューヨーク・レストラン協会ロング・アイランド支部長でロング・アイランドのセイビルに「コリンズ・アンド・メイン」と言うレストランを所有するジェリー・マーロー氏（Jerry Marlow）は、「協会は法案に特別な立場をとらない」、と語った。マーロー氏はスペシャルの料理を口頭で顧客に説明する彼の店の給仕に、金額も必ず伝える様指導している。マーロー氏の立場は顧客中心主義をとるレベニュー・マネージャーの考えを反映している。「我々は誰もだますつもりは毛頭ない。ノウィック議員の提案は消費者に公平だと思う。」

　ノウィック議員の提案は、価格が消費者に公平に示されなければならないことを再確認させる意味があり、それはレベニュー・マネージャーが「スペシャル」と言ったことで顧客が混乱した場合にも守られなければならない。

　しばしば価格の公平性に関しては個々の価格を如何に顧客に伝えるかが重視され、請求する総額は軽視される傾向がある。顧客がメニューに掲載されていない値段を聞かなければならないことは気づまりであり、レストランは顧客をその様な境遇に置くべきではない。価格の透明性と明確性は全ての顧客中心主義のレベニュー・マネージャーの売上最適化の決断において、最も重要な信条でなければならない。

ではないということだ。事業における様々な課題のなかでも、この重要な問題の答えには飲食部門における高度な教育を受けた専門のレベニュー・マネージャーを選定する議論が不可欠だ。宿泊産業では既に在庫管理と価格戦略の重要性の認識が浸透し、特別に教育を受けたレベニュー・マネージャーの活用が増加している。飲食産業においても同様の改革が望まれる。

　料理と飲料の価格設定が複雑で、特別に要請された価格の専門家が必要な理由を理解するためには、飲食産業では売上総額と個々の商品の**販売数**を区別して理解することが重要である。例としてベーグル店のマネージャーを考えなさい。月曜日に一個2ドルのベーグル（ドーナツ型のパンの1種）を2,000個販売し、売上4,000ドルとなった。飲食サービスの売上と価格は同義語ではない。売上は全ての顧客が支払った総額であり、価格は一人の顧客に請求した金額となる。従って飲食産業の売上計算式は次の通りとなる。

販売価格×販売総数＝売上総額

❖重要な用語❖

販売数（Sales volume）　一定の会計期間内に販売されたメニュー項目の単一商品の総数。

336　第10章　飲食サービスのレベニュー・マネージメント

　この数式から売上総額における二つの重要な要素が特定できる。即ち販売価格がそのひとつで、もうひとつが販売数量となる。飲食サービスにおいて、販売価格（メニュー価格）の変化は販売数量に直接影響を及ぼす。宿泊産業でも同様であるが、販売価格と販売数量は相互関係を持つ。第２章でも学んだ通り、多くの場合、販売価格の上昇は、販売数量の減少を招く。十分な需要が存在するなかではその逆も真である。即ち販売価格が下落すると販売数量は増加する。従って、販売価格の増減は、その結果が売上総額に与える影響をもとに評価すべきであり、最終販売価格により変動する販売数量をもとに評価すべきではない。

　更に例をあげて説明すると、あなたが高級珈琲チェーンのレベニュー・マネージャーだとする。原材料の仕入れ価格高騰を受け、朝食用の菓子パン類を１個１ドル99セントから２ドル29セントに値上げしようと考えている。表10.4は、販売価格の値上げが毎日200個の菓子パン（ペイストリー）を販売していたひとつの店舗の売上総額に与える影響の可能性を示している。特筆すべきは、最終行の想定において販売価格の値上げは総売上を減少させる結果となる点だ。経験豊かな飲食サービスのレベニュー・マネージャーは仕入れ原価が上昇した場合、商品に付加価値をつけずに単に販売価格を値上げすると、結果として高すぎるメニュー価格となってしまう事を知っている。その場合、多くは顧客の数が減少するか、顧客が一回当たり購入する金額が減少し、結果的に売上総額を減少させることとなる。これは、飲食サービスの顧客が宿泊産業の顧客と同様、事業者の原価については無関心である事を示している。仕入れ原価の上昇は顧客が商品に対して認める価値と自動的に連動するものではない。購買者側は、販売者側が提示する商品価値と販売価格に対する彼ら購買者の評価に影響を与える事柄について極めて強い関心を持っている。

　それでは、原価の重要性はどの様なものか？　ベストセラーとなった「飲食産業の原価管理」の共著者の私の答えは、原価とその管理は利益率にとって極めて重要であると言うことだ。しかし、「商品の品質が低いことやサービス水準が低いことによる不十分な売上総額に起因する損益の問題は決して原価管理だけで解決できることではない。」と言える。飲食サービス事業者の中には、十分原価管理が行き届かない部分を補うため、販売価格を値上げして顧客に押し付ける会社がある。原価の上昇は自動的に販売価格の値上げを許す理由とはならない。現実にはその逆が正しい。商品やサービスの最適な販売価格が商品の原価を規定しなければならない。飲食業で洗練されたレベニュー・マネージャーにとっては、最初に販売価格ありきで、そ

表10.4　菓子パン値上げにより想定される結果

元の値段		販売数量	売上総額	値上げ効果
$1.99		200	$398.00	
新価格	想定される影響	販売数量	売上総額	値上げ効果
$2.29	顧客増加	250	$572.50	売上増
$2.29	顧客数不変	200	$458.00	売上増
$2.29	顧客数減少	174	$398.46	変化なし
$2.29	顧客数25％減	150	$343.50	売上減少

の後で許される範囲の原価を計算すべきである事を学んでいる。販売価格は正確に顧客の認める商品価値を反映したものでなければならない。これらの販売価格が最初に設定されれば、事業者は必要な利益と合理的な原価を計算することが可能となる。

　仮に、全く同じ大きさで同じ品質のダイヤモンドが二つあった場合、一つが偶然落ちていたものを拾ったものであるのに対し、もう一方は何年もかけて発掘し、膨大な費用がかかっていても、あなたが二つのダイヤモンドが同じ価値を持っていると認識できれば、原価が販売価格を決定することは許されない理由が理解できると思う。飲食産業では宿泊産業よりも更に原価を基にするのではなく、顧客との商品価値と価格の積極的な合意形成を基に健全な販売価格が決定されなければならない。飲食サービスを求める顧客には無数の選択肢が存在するため、このことは極めて本質的に重要なことである。図10.5に示す通り、飲食産業の事業者は商品の販売価格設定にあたり二つの方法のどちらかを選択する。最初の方法は、商品の原価を基にメニュー価格を決定する。この様な場合、事業者は顧客が販売価格は適正であり商品価値を反映していると認めてくれることを期待する。しかしながら、期待とは、スロット・マシンのゲームや宝くじを買う戦略としては許されるが、事業戦略としては最善の方策ではない。特に顧客が商品価値と原価が同義語だと受け止めるか疑わしい状況での期待は、事業戦略として失敗であることが明らかだ。顧客は商品価値と原価が同義語とは受け止めない。図10.5の二番目の方法は、商品の価値に基づき顧客が適切な販売価格を決定することを認める究極の考えだ。ここで重要なことは、顧客自身が規定する価値に見合う商品を製造するために必要な許されるべき費用を十分認識することだ。

RM の報道記事　10.2　価値の提案の再考

　米国レストラン新聞（Nation's Restaurant News）は、チーズケーキ・ファクトリー社の二つのブランドのチェーンの既存店舗の利益が第2四半期に19％落ち込み、更なる下落傾向が予想されることを本日発表した。また、同社は利益率の下落を反転させるため、チーズケーキ・ファクトリーの名前を冠したチェーン店が提供する商品の価値を再検討すると報じた。

　面白いことに、同社の第2四半期の売上は、新規出店効果もあり9％上昇している。このことからレベニュー・マネージャーが学びとる重要な教訓は、チェーン店の増加や顧客単価の増加が自動的に利益に貢献する訳ではないと言うことである。

　報道によると、チーズケーキ・ファクトリー社の CEO デイヴィッド・オーバートン氏（David Overton）は次の様に発言した。「地域により、我が社の提供する商品の価値を再検討する。我が社の商品の価値は高いと評価されているが、この様な経済環境のなかでは、それを維持することが困難な場合もある。」

　オーバートン CEO が使用した「提供する商品の価値」と言う用語に関する説明は次の通り。

　レベニュー・マネージャーは、顧客が最も関心を示すものは売り手側の製造原価ではなく、顧客に提供される商品の価値であると言う基本概念を企業のなかで擁護しなければならない。顧客に提供する商品の価値こそが、消費者に許容され得る販売価格を決定すると言うことだ。また、利益の確保と飲食事業の存続を願うなら、販売価格が製造原価を規定しなければならない。

図10.5　飲食産業の販売価格設定方法

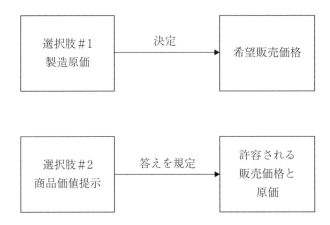

> **RM の実践　10.1**
>
> 　レストラン「シェ・ポール」の食堂マネージャー、シャナは次の様に言った。「28ドル95セントですって。それでは、昨日の値段よりほとんど10ドルも高いですよ。うちのレストランの一番高いステーキより高くなってしまいます。私に説明してください。」
>
> 　シャナは本日のメニューについてレストランの料理長アンリと打ち合わせ中である。アンリはシャナに今晩サービス係が使うメニューの差し込みを手渡したところだ。シャナは当店の名物料理「ウワチナンゴ・ア・ラ・ベラクルサーナ（鯛の辛味ソース煮）」の値段が一晩のうちに跳ね上がったことに驚いている。昨晩は19ドル95セントで販売したが、今晩は28ドル95セントになっている。
>
> 　アンリは次の様に答えた。「うちの魚介類の納入業者が新しい出荷分から値段を吊り上げてきたのです。品薄でなかなか入手が困難だと言っています。そのため１ポンドあたり７ドルも値が上がってしまい、一人前一切れ３ドル以上の値上げです。その上この状況が２〜３週間も続く見込みです。あなたはマークのやりかたをご存じでしょう。もし私が原価率を36％以下に抑えないとシェフの職を失ってしまいます。鯛の仕入れ値段が高騰したため、原価率を抑えるにはメニューを上げるしかありません。」
>
> 　シャナはアンリが言うとおりレストランの経営者マークが食堂と厨房の両方に経費削減を強く指示し続けていることを知っている。しかし、この場合、アンリの付けた値段に対しシャナのスタッフや今晩来店するお客様が喜ぶとは思えなかった。鯛の値段は一般に知られている大衆の食材であり、今晩メニューを目にする顧客の多くは値段の変化に直ぐに気付くはずである。
>
> 1．あなたが今晩新しいメニューが始まる「シェ・ポール」の給仕であったと仮定する。常連客に鯛料理の大幅な値上げの理由を聞かれたとしたら、あなたはどの様に答えますか？
> 2．あなたが「シェ・ポール」の常連客だと仮定する。そして、鯛料理はあなたの好物だとする。新しい値段に気がついたあなたはどの様に反応するか？　もし鯛を注文して、出された料理がいつもより９ドルも価値が高いと納得できますか？
> 3．あなたはアンリの今晩のメニュー価格はマークの原価率至上主義価の結果だと思いますか？　あなたならアンリに鯛の値上がりにどの様に対処するべきか助言できますか？

階層価格戦略の適用

　第4章で階層価格について学んだ。階層価格とは即ち同じ商品かまたは多少加工した商品を、異なる購買者に異なる金額で販売する戦略で、売上の最適化において強力な道具となる。ところが残念なことにこの戦略は飲食事業者にはほとんど活用されていない。歴史的に、ほとんどのレストランは様々な商品それぞれに単一の価格を設定しメニューに掲載して販売するが、価格は据え置かれ、次にメニューが印刷されるまで変更しない。新しいメニューが印刷される時点で、新たな商品が追加され、人気がないことや原価高騰などの理由で、従来の商品が省かれる。

　メニューの新しい商品が検討され、追加が決まると、その商品の原価が計算される。この新たな原価をもとにレストランの好むメニュー価格設定方式にそって販売価格が決定される。最終的にメニューの改定や新価格体系のメニュー掲示板が完成する。次に会計窓口の **POS システム**のプログラムが新価格に修正され、作業が終了となる。

　今日の目覚ましい印刷技術の進歩、画面表示技術、POS プログラミングの進歩をもってすれば、歴史的なメニュー価格設定方式を激変させることが容易にできる。ところが、顧客が認める価値や顧客の支払い意欲をもとに設定する階層価格は飲食サービス産業の売上最適化手段としてはあまりにも慎重な取り組みしか行われていない。これは原価主義の価格設定の弊害または避けられない結果と言えるが、「一度決めたら忘れてしまいなさい」という考え方や、多くは「原価が変化した時にのみ販売価格を見直せばよい」といった考えが原因だ。極めて遺憾なことだが、商品の生産原価を重視するあまり、時代遅れの非効率な売上最適化戦略しか行われていない。一例をあげれば、売上増を達成するため、メニューの中の安い価格の商品の販売に過度に期待している。飲食産業のレベニュー・マネージャーは宿泊産業のレベニュー・マネージャーの様に商品やサービスのコモディティー化を注意深く回避しなければならない。第8章で学んだ通り、コモディティー化とはブランドの有名な商品やサービスが進歩の過程で他のブランドとの特徴がなくなり差別化を失う段階を示す用語だ。その結果消費者は価格のみをたよりに商品やサービスの購買を決定する。

　成功したレストラン事業者は安い原価に頼って他社と競争するのは勝ち目のない戦略だと知っている。同時に、ほとんど全ての飲食サービス事業者は販売する商品が同じなら仕入れ原価もほとんど差がないことを知っている。販売する商品がオレンジであれビールであれ、卸値はどの業者でもあまり変化しない。従って多くの場合、飲食サービス事業の競合において誰もがほぼ同額の原価を支払っていることになり、その結果販売価格を維持するか引き下げるには、仕入れの品質を落として原価を下げることが不可避となる。

　残念ながら原価を基に販売価格を決める手法を取る限り、顧客に提供する価値の劣化につながることが多い。この様な手法をとる店舗にとって良い結果は期待できないが、飲食産業全体にとっても悪い結果をもたらす。何故なら、顧客に提供する価値とは単に廉価な商品で惹きつ

❖重要な用語❖

POS システム（Point of sale system）　レジで売上情報を記録し保存するコンピュータ・システム。

けることではない。顧客の期待することに応えることが重要なのである。飲食産業における価値の高い商品とは、商品の品質、提供する量、サービス、価格全てが適切であることだ。この概念はマリオット・インターナショナルの会長ブラッド・ネルソン氏（Brad Nelson）により理路整然と述べられている。「安く作ることではなく、品質を伴う価値が認められなければならない。従って品質の水準を死守出来なければ、顧客は粗末な商品に時間と金を無駄遣いすることはない。」

あなたが車を買う時も、地域で一番安い店に行くとは思わない。その様な店の車はエンジンがスタートしない事もあり得る。それよりも、自分の予算の範囲で最も価値のある車を扱う店を探すだろう。同様に、あなたが自分のジーンズを買う時、一番安い商品を買うとは限らない。あなたは、ジーンズにも様々な品質の差があることを知っているし、あなたにとって最も価値の高い商品を探す理性があるはずだ。

また、商品を販売する事業者の提供する価値と、サービスを販売する事業者の提供する価値と比較すると、多くの点でサービスを販売する事業者が提供する価値がより重要である。もしもあなたが車を買う場合、購入を決める前に詳しく点検し、試運転する事が可能だ。ジーンズの場合も購入決定前に試着が可能だ。第3章で学んだ通り、サービスと言うものは無形であるため、サービス販売事業者の優劣を見抜くことは困難で、販売価格だけで判断できない。仮にあなたが自分の財産を管理する投資アドバイザーを選ぶ場合、地域で最も費用の安い企業と宣伝している会社を選んで良いか非常に慎重になるだろう。同様に、仮にあなたの愛する人が心臓手術を必要とした時、地域で最も費用のかからない心臓移植外科医を選ぶとは限らない。

飲食サービス産業を含め、サービスを提供する業界では、価値と言う言葉が高い品質ではなく、安い値段と言う言葉と同様に使われるとしたら、重大な問題がおこることを避けられない。食事や飲み物の販売においては特にあてはまる。ホスピタリティー産業の専門家は一般の人よりも料理や飲み物の材料や原料の品質が全て同じだと信じることが如何に馬鹿げているか熟知している。

ほとんどの商品、特にワインやチーズの品質はそれぞれで大きく異なる。それらの商品を価値に見合う最高の値段で販売するのではなく、可能な限り安いメニュー価格で販売しようと考えること自体、意味をなさない。ところが、この様な例はしばしば見受けられる。「雑食人間の窮地」（Omnivore's Dilemma）の著者、マイケル・ポラン氏（Michael Pollan）は思慮深く観察している。「我々の健康にとって極めて重要な食物が、しばしば価格のみによって販売されることをみると不思議である。」とポラン氏は述べている。

第5章で戦略的価格設定はデータと洞察力を効果的に適用し、顧客の認める価値と支払い意欲に釣り合う販売価格を設定することだ、と学んだ。

当然販売されている特別な食物や飲み物は購買者の認識する価値や支払い意欲に影響を与える。20年物のスコッチは5年物のスコッチより高額で販売される。ステーキのUSDAプライムはUSDAチョイスやUSDAセレクトより高額となる。

しかし、商品の品質と顧客が認識する価値とは同義語ではないと知ることが重要だ。20年物のスコッチやUDSAプライムは、たとえあなたがいくらで販売しても高品質な商品であるこ

とに変わりはない。ところが、あなたが付けた値段が高すぎると受け止められた場合は、十分価値があるとは思われなくなるか、それだけの金額を支払う意欲がなくなってしまう。これが重要なところで、レストランの事業者に共通する次の愚痴と同じだ。「わたしの顧客は商品の品質に見合った支払い意欲がない。」ここで重要なことは、顧客は品質に対して支払うのではなく、価値に対して支払うということだ。

　多くの人にとって、あるいはほとんど全ての人にとって飲食産業の顧客は商品の価値を判断できるほどの食材や飲み物の質の相違に関する知識を持っていない。レストランが誇らしげに宣伝する商品の品質についても、なにが誇らしいのか理解できないことが多い。その証拠にホスピタリティー産業とは関係ない友人や仲間に次の質問をしてみなさい。「USDA のチョイスとセレクトの違いは何ですか？　ロックフォール・チーズ（Roquefort）とブルー・チーズの相違はなんですか？　プロシュット（Prosciutto）と砂糖漬け燻製ハムの相違はなんですか？」この種の質問をしながら気付くことは、平均的アメリカ人が外食に求めることが分かってくるだろう。例えば利便性、迅速性、珍しい食事、交際上の設定、日常からの逃避、ロマンス等々様々だ。しかしながら、ほとんどの人は料理の原材料の品質に関する幅広い知識をもとにレストランを決めることはない。

　レストランで出される料理や飲み物の食材の品質や原価の違いを見抜く眼識がある人がいるとすれば、彼らは平均的なアメリカ人から見ると、自分でレストランを経営している人々の様な全く別世界の人間と言う概念でしかない。従って、現実にはレストランの調理や飲み物の専門家よりも、むしろ優れたレベニュー・マネージャーの方が創造的価格設定の実行可能な分野を容易に指摘できる場合が多い。

　勿論飲食産業の顧客は提供される商品の価値を評価する。ただし、彼らは商品の品質や費用で判断する訳ではない。レストラン経営者は、彼らの顧客が価値を決定する主な要因は、品質だけでなく多くの要素が含まれることを理解するに当たり、従来の思考過程と決別し、大幅に認識を切り替えることが不可欠だ。変革は困難である。真に変革を期待するものは幼児だけだ、と言う人もいる。

　当然、飲食産業で働くレベニュー・マネージャーは、顧客に示す価値の提案に直接影響を与える重要な要素を認識し、それらに顧客がどの様な反応を示すかを理解しなければならない。そのことがあなた自身の変革を象徴するとしたら、それは必要な変革である。飲食産業のレベニュー・マネージャーは産業にとって階層価格の実施が果たす役割を理解しなければならない。メニュー価格に対するレベニュー・マネージャーの視野が拡大するため、これから飲食産業における階層価格の適用について考えることとする。

　あなたは、宿泊産業のレベニュー・マネージャーは彼らが販売すべき客室の数は固定していることを知っていることを学んだ。従って客室レートは需要により調整される。航空業界も同様である。どちらの産業も繁忙期には販売価格は高く、閑散期には価格は低い。どちらの産業の価格変動も顧客に知られ、慣れている。ところが、飲食産業では、需要の変動に従い販売価格を変動させる事業者はほとんど見受けられない。恐らくその原因は、飲食産業の事業者は彼らが販売する食事や飲み物を商品と考え、サービスを提供する意識が希薄なためだと思われる。

　第５章で学んだ除雪シャベルの例を思い起こせばわかる様に、顧客は単に需要増のみの理由で販売価格を値上げすることには批判的である。現実には飲食産業の事業者は座席の数を販売

342 第10章 飲食サービスのレベニュー・マネージメント

RM の報道記事　10.3　価値とは？…誰に対してのものか？

　1989年にウェンディーズは99セントのお得メニュー（Value Menu）を導入した。マクドナルドは2002年に１ドルメニュー（Dollar Menu）を投入した。バーガーキングは2006年に同様のBK バリューメニューを発表した。これらのチェーンやその他のチェーンも99セントか１ドルのお得メニューを今日でも提供している。これらのメニューを喜んでいる顧客もいるし、総売上に対してライセンス料をとるフランチャイズ本部も儲かるが、フランチャイズ傘下の店舗の利益にはならない。飲食産業のレベニュー・マネージャーは安売りが長期的な事業の存続に与える影響を真剣に考える必要がある。時は流れるが、お得メニューの値段は変わらない。販売価格は変わらないが、レストランが事業を維持する費用は長い年月固定されたものではない。最低雇用賃金や食材の値段は上昇する。保険料や高熱費その他多くの費用は上昇する。

　2008年にニューヨーク・マンハッタンのバーガーキング店主４人がバーガーキング社を提訴した。彼らの主張は単純で、物価の高いニューヨークでお得メニューを提供すると採算が合わない、と言うものであった。提訴に関し、訴えた加盟店を代表する弁護士リッチ・ガルーチ（Rich Gallucci）氏の発言がフランチャイズ・ニュースに掲載された。

　「我々は、お得メニューが誰のためにもならないと言っている訳ではない。勿論ハンバーガーが99セントで買えればお客さんは喜ぶし、フランチャイズの本社も儲かる。しかし加盟店は全く利益があがらない。」

　お得メニューは功罪相半ばと見做されているため、業界の専門家のなかにもお得メニューに対し複雑な感情を持つ人もいる。しかし、推進派の専門家は、お得メニューにより店舗への顧客の訪問率が増加することに疑いの余地がないと力説する。彼らは顧客がお得メニューを歓迎しており、また、顧客が求めるものを提供することが重要だと主張する。

　面白いことに国会に召喚されたゼネラル・モーターズ（GM）の社長は、2000年から2008年の間、何故それほど多くの大型SUVやトラックを販売するのか理由を問われ、推進派の専門家と同じ様な顧客中心主義を説明した。ところが、召喚された GM の CEO は GM が破産を申請する際、「顧客が求める車を販売する」との彼の主張にもかかわらず、誤った車種の生産を非難され、ついには CEO を馘首された。

　事業を統率する人の役割は長期的な事業の生存と繁栄を保証することだ。従って、バーガーキングが加盟店にお得メニューの拡大を強いた時、再び加盟店が2009年にバーガーキングに反旗を翻したが、飲食産業のレベニュー・マネージャーが加盟店を擁護したことを間違いだと決める必要はない。利益を犠牲にする激安商品の販売で売上拡大を目指す戦略は長期的事業の存続に対する叡智ではないと、飲食産業を含む全てのレベニュー・マネージャーが指摘することは正当な権利である。

する以上に食事を販売することはない。100席のレストランは、ある一定の時間、ある席を占有する権利を顧客に販売する。言いかえれば、レストランはステーキを販売するのではなく、彼らはステーキを注文する顧客に座席の賃貸を行っていることになる。賃貸契約が成立し、顧客が座席を占有している時間に注文した合計金額がレストランの売上となる。この状況はホテルの客室販売と似ている。ホテルの空室同様、レストランの空席も売上機会の喪失となる。

　現実にはレストランは本書の最初に紹介した顧客の支払い意欲に関する概念を十分取り入れることがなく、従って支払い意欲に応じた階層価格戦略の手法をとらない。しかし、レストランは航空業界から他の手法は取り入れている。一例をあげると、航空会社のお得意様プログラム（FFP: Frequent Flyer Programs）をまねた常連客プログラム（Frequent Diner Programs）を導

階層価格戦略の適用　343

表10.6　飲食産業、宿泊産業、航空産業の総売上比較

産業	供給の制限	在庫利用基準	価格基準	総売上基準
飲食	椅子の数	来客数（注）	メニュー価格・請求額	総収入　客数×客単価
宿泊	客室数	稼働率	ADR	RevPAR（稼働率×ADR）
航空	座席数	ロード・ファクター	Yield	総イールド（Load×Yield）

（注）来客数に関しては稼働率やロード・ファクターの様に比率では表せない。その理由は来客数に関
　　　する最大の弱点で、次の第11章 RevPASH の項目で詳しく述べる。

入している。今日成功しているレストランで常連のお得意様に何らかの報奨プログラムを提供
していない店を見つけることは難しいだろう。しかし、表10.6で示す様に飲食産業、宿泊産業、
航空産業の総売上をもたらす方法に幾つかの共通点があるものの、飲食産業においては価格設
定に利用される「売れ残りを防ぎ、売上を確保する」イールド（yield: 歩留まり）の概念が受け
入れられていない。

　ホテルは客室を満室にしなければならないし、航空会社は座席を満席にしなければならない
のと同様に、レストランも限られた数の椅子を満席にしなければならない。仮に椅子が顧客に
利用されなくても、光熱費や家賃に加えレストランを運営するための従業員の賃金は経費とし
て発生する。ホテルや航空会社が階層価格の効果を生かしている様に、飲食産業も売上最適化
の最強の手法である階層価格戦略の拡大を検討すべきである。

　食材の仕入れ価格をもとにメニュー価格を設定しようとする飲食事業者は様々な優れた手本
を見つけることが可能だ。しかし、著者としては飲食産業のレベニュー・マネージャーに積極
的な階層価格戦略の導入を提案する。2008年から始まった景気の低迷により、低価格商品で売
上を伸ばそうとするレストランは、レストランよりも安く購入できる持ち帰りの食事を販売す
るコンビニやスーパーに顧客を奪われることは明白である。

　それでは、階層価格戦略は飲食産業に巧く適用可能であろうか？　多くの場合答えはイエス
である。まず、階層価格戦略がフル・サービスのレストランにどの様に適用できるか考えなさ
い。それには宿泊産業の優秀なレベニュー・マネージャーが経営しているレストランを想像し
なさい。この場合彼はレストランの繁忙期の予測を最初に行うだろう。多くのレストラン同様、
繁忙期は金曜日、土曜日の夜の３時間だとする。宿泊産業のレベニュー・マネージャーは次に
当然聞くべきいくつかの質問を行う。どれも考慮に値する質問だ。

質問１. メニュー価格は金曜の晩と土曜の晩、高くすることが出来るか？

　メニューの印刷や POS のプログラム改修に問題ないことから、これは法律の規制や慣習と
して妥当かと言う質問である。伝統的な多くの飲食事業者は強く反対すると思われる。彼らは
顧客が強い拒否感を示すと説明するだろう。ここでレベニュー・マネージャーは彼らに次の様
な指摘を行うことが可能だ。「あなた方が心配する顧客の皆さんは、繁忙期には高い運賃で飛
行機を利用し、休暇の季節には高い料金でホテルに宿泊し、週末には平日より高いグリーン・
フィーを支払っています。重要なことは、レストランが顧客との間でメニュー価格を毎晩変更
しないと契約している訳ではないことを認識することです。」

344　第10章　飲食サービスのレベニュー・マネージメント

　それではどの様に飲食価格に需要を反映することができるか？　顧客は割増料金より値引きを好むことを認識できれば、宿泊産業の例に倣い「ラック・レートのメニュー」を設定することが可能だ。これは値引きなしの状況に適用する価格だ。例えば現在のメニューの15％から20％以上高い価格とする。これを金曜日と土曜日の晩、混雑する3時間に適用する。割引は、金曜・土曜の混雑する3時間の時間帯より相当早く来店した顧客や、比較的閑な平日などに適用する。メニュー価格から割引する戦略の効果は絶大だ。

　飲食産業の伝統的な価格設定戦略を前提にすると、「ラック・レートのメニュー」を実行した場合、顧客は受入れるか、否定的な反応を示すことも考えられる。しかし、賢明な読者は第4章で学んだ様に、ラック・メニューは単に時間を基準に階層価格戦略を実行した例に過ぎないことを理解できる。飲食産業で一般的な半額のハッピー・アワーやアーリー・バード・スペシャルは同様の時間別の価格戦略例ということが出来る。

　この最初の売上最適化に関する合理的な質問は飲食事業者が従来の原価に基づく価格設定方式から脱却し、価値に基づく階層価格戦略に積極的に取組む事を希望する場合に求められる全く新たな思考形態の例として純粋な階層価格の型式でここに提出された。また、伝統的飲食事業者に対しては、宿泊産業のレベニュー・マネージャーからは更に穏やかな質問が行われる。

質問2.　特別メニュー商品の値段は金曜日と土曜日の晩、高く設定できるか？

　最初の質問では全てのメニューが含まれたが、その他のメニュー商品の値段は変化がなく、特別メニュー（スペシャル）商品だけ金曜日と土曜日の晩、値上げすることが可能かと言う質問である。答えは、顧客が特別メニューに対し、特別価値の高い商品であると認めてくれれば、恐らくイエスとなると思われる。

　ホテルが繁忙期に商品を強化して値段を上げることにより売上の最適化を図るのと同様に、飲食産業のレベニュー・マネージャーも同様の対応を取ることが出来る。価値の強化は勿論レストランの形態やバー、ラウンジの運営スタイルを反映したものでなければならない。飲食産業のレベニュー・マネージャーとして、繁忙期に如何に商品の価値を高めるか最も適切な方法をデータの分析と洞察力を働かせて特定することがあなたの仕事である。それにより、あなたは付加価値が与えられた特別メニュー商品の値段を上げることが可能となる。ここで特定された金曜日や土曜日の晩の様な繁忙期に、この様な戦略を用いることは誠に適切だと考えられる。

質問3.　特定のメニュー商品を金曜日と土曜日の晩だけ値下げすることは可能か？

　レストランはメニュー商品の販売同様に顧客が座るスペースを販売している。そのため、迅速に調理ができて、直ぐに提供できるメニュー商品は、繁忙期には、閑散期と比べて大変有利な商品となる。従って繁忙期に直ぐに調理ができて提供可能な商品を値下げすることにより顧客の総数を増加することが可能となり、売上総額に与える影響を考えれば論理的と思われる。飲食産業の売上方程式は次の通りであったことを思い起こしなさい。

販売価格×販売数＝総売上

　既に学んだ様に、階層価格を活用した売上最適化戦略において、安い価格は顧客を引き付け、その結果総売上増に寄与する場合がある。

質問4．良い席は通常価格より高く提供可能か？

　宿泊産業や航空産業のレベニュー・マネージャーは価格に厳しい顧客には安い値段の客室や座席の提供で顧客を獲得する一方、比較的価格におおらかで、より快適な利用体験にお金を惜しまない顧客に対しては上級の客室やファースト・クラスの座席を提供することにより、同時に両方の顧客を獲得する方法を知っている。ところが、仮にあなたが典型的な飲食事業者に対し、彼らのお客が金曜日や土曜日の晩、長蛇の列を避けるためにお金を支払うか、またはレストランの中で特に気に入った席を選べる権利にお金を支払うと思うか質問したとしたら、誠に信じがたい顔を向けられるだろう。しかし、同じ質問を顧客に対して聞いた場合は、待ち時間や好みの座席に高い価値を認めるお客から間違いなく肯定的な返事が返ってくる。

　この例は飲食産業で階層価格が発揮する力と潜在力を示すものである。特筆すべき点は、全ての顧客に対して順番待ち回避や座席選択の追加料金を求める気持ちは全くないと言うことだ。この選択肢は食事の体験価値を高めるためなら喜んで追加の支払いを希望する顧客に対してのみ提供されるものだ。多くの場合、飲食産業に階層価格戦略を適用する事に対する問題点は、顧客に付加価値が追加料金に値することを認識させること以上に、そのことを従業員に納得させることが困難であることだ。

質問5．他に売上を改善する方法はあるか？

　宿泊産業のレベニュー・マネージャーは稼働率100％の状態における売上能力を理解している。これは最近研究が進んだ管理会計概念であるが、レストランの空席を最大限活用する能力がレストラン売上最大化に大きな力を及ぼすことが判明した。同じ時間内により多くの顧客を受け入れることが出来れば自然と売上が伸び、利益に貢献する。

　同じ調理時間のメニューを提供する二つのレストランがあった場合、売上の最適化を向上させる最も簡単な方法の一つはフレキシブルで融通性を利かせた座席案内方法だ。この意味は、顧客の人数に合わせて、即座に**二人掛けのテーブル（デュース）**、3人掛けのテーブル、4人掛けのテーブル、それ以上の顧客が座れるテーブルを用意し、4人掛けのテーブルに二人連れや三人連れの顧客を案内することを避けることで、無駄になる席を減らすと言う方法だ。

　また、テーブルの大きさの組合せを最適化することも直接**テーブルの回転率**を高める能力に影響する。

　飲食産業のレベニュー・マネージャーにとって例えばテーブル回転率の様な実務面にかかわることが重要な役割だろうか？　当然重要である。事実、メニュー商品の価格設定が本質的な仕事であるが、飲食産業のレベニュー・マネージャーにとって、より重要な仕事は顧客に提供される商品の価値を評価することにある。このことは、繁忙時に座席を効率的に利用する能力

※重要な用語※

デュース（Deuce）　レストラン用語で二人用のテーブル。フランス語の2を現す Deuce から名前がついた。

テーブル回転率（Table Turns）　ある一定期間に使用されたテーブルや座席の回数。数式は、**顧客総数÷提供可能座席総数＝テーブル回転率**。

　　使用例）直前の土曜日の晩、テーブル回転率は2.5回だった。

346 第10章 飲食サービスのレベニュー・マネージメント

も含まれる。何故ならほとんど全ての顧客は長時間待たされることに大変不愉快な思いをさせられるからだ。また、顧客にも利益があり、同時に売上増に寄与する事業内容にマッチした階層価格設定の対象を特定することも重要な役割だ。

　勿論、宿泊産業のレベニュー・マネージャーが仮説として提起する飲食産業に対する価格戦略は完璧ではない。しかし、これは飲食産業のレベニュー・マネージャーに対し、伝統的な原価を基にした価格設定が正しいのか自問自答することを促し、次の質問に対する答えを考えさせる契機となる。

　　「如何にすれば飲食サービス事業に効果的な階層価格戦略を活用できるか？」

　飲食産業のレベニュー・マネージャーは彼らの事業運営を理解し、顧客を理解しなければならない。また、様々な売上最適化を目的とする技術に対し、顧客がどの様な反応を示すかを理解する必要がある。原価に基づく価格設定は洗練された階層価格戦略と比較して効果が低いことを忘れてはならない。第4章では、他の産業で階層価格戦略が実行される場合に用いられる以下の要素について学んだ。
- 顧客の特性
- 場所
- 時間
- 数量
- 流通経路
- 商品の加工、変形、多様化
- 包括価格
- 支払い条件

これらの重要な要素に加えて、飲食産業には顧客の認める価値と、支払い意欲に影響を与える業界独自の様々な要素があることをレベニュー・マネージャーは認識しなければならない。

RM のウェブサイト　10.2

　飲食産業において売上利益は顧客が占有する座席数の比率と、それぞれの顧客がテーブルに座っている時間の長さに関連して変化する。洗練されたレベニュー・マネージャーは、座席割当方法を監視し、管理するために高品質のテーブル管理ソフトウェアの利用を推薦している。それらのソフトウェアは店舗の POS システム情報を取り入れ、給仕に、彼らが店内で効率的に行動し、顧客からの特別座席の希望等を管理する上で必要な可視化された情報を店舗平面図と共に提供する。これらのソフトウェアは顧客の待ち時間を計算し、テーブル回転率の最大化を支援する。更に、これらのソフトウェアは店舗の空席状況をリアルタイムで更新し、席の準備が整うと、自動的に次に案内する顧客を呼び出すことが出来る。情報は全てリアルタイムで更新され、対応した顧客ごとの食事時間、給仕の効率性、顧客の嗜好等必要な情報が記録される。一般的に利用されているソフトウェアの一つを次のサイトで紹介する。www.reserveinteractive.com ホームページからテーブル・マネージメント（Table Management）をクリックする。

飲食サービスにおける価値の評価に影響を与える要素

　顧客が飲食サービスの価値を評価する上で影響を与える要素を理解することは、顧客の認める価値と支払い意欲に相当する階層価格を実施するために最も基本となる。飲食産業のレベニュー・マネージャーにとって最も重要な役割のひとつは、実施可能な売上最適化の機会を慎重に見極めることだ。売上最適化戦略の適切な実施は個々の事業によりそれぞれ異なるが、常にあなたの知り得る価格、価値並びに望ましい階層価格を基に行われるべきである。飲食サービスの事業はそれぞれが独特のものではあるが、レベニュー・マネージメント戦略に影響を与える要素として多くのレベニュー・マネージャーが考慮すべきことを次に示す。

- 競合（Competition）
- サービス水準とサービス提供方式（Service levels/ delivery format）
- 顧客区分（Customer type）
- 商品品質（Product quality）
- 商品量（Portion size）
- 雰囲気（Ambiance）
- 食事時間帯（Meal period）
- 立地（Location）
- 印象（Image）
- 売上構成比（Sales Mix）

競合

　競合に関しては、飲食サービス事業者は必要以上に神経を使う場合がある。他社の価格が強調されすぎていると感じると、一般的に自社の価格を更に値下げするか、同等に引き下げることが見受けられる。しかし、競合他社の値段を監視する意味は、本来自社の値段が競合他社と比べて高い水準に維持されていることを確認することにあり、決して他社より安い状態が好ましい訳ではない。実際には多少の値段の差は来店する顧客の数にほとんど影響ない。例えば、若手社員達が仕事帰りにピザで一杯飲みに繰り出す場合、店の選択はビールが５ドルでも５ドル50セントでも関係ない。成功している店舗は競合他社の値段に気を使うよりも、お客に提供する価値の構築に時間を集中している。現実の消費者の認識は、高い店の方が高級な料理や飲み物を出し、サービスが良いと思われ、支払う値段以上の価値があると考えている。

サービス水準とサービス提供方式

　飲食サービスでは商品自体の価値よりも、むしろ商品がどの様な形態で提供されるかにより、顧客の認識する価値が変化する。顧客は同じ商品でも提供するサービス形態が高級であれば、支払い意欲が増加する。消費者は自動販売機で販売する缶入りソーダは、店で気の利いたウェイトレスが冷えたグラスに注いで出すソーダより安いことを知っている。同様に厨房で

348　第10章　飲食サービスのレベニュー・マネージメント

準備されたシーザーズ・サラダやコーヒーよりも、テーブルの傍でウェイトレスが取り分ける
シーザーズ・サラダや特製珈琲に喜んで多少多くのお金を支払う。

　飲食サービスのレベニュー・マネージャーも、販売価格を決める時に商品の提供方式を考慮
する傾向が増えている。例えばピザのチェーン店でも最近は店内で食べる方式に比べ、テイク・
アウトの値段は安く設定している。ところが、面白いことにほとんどのドライブ・スルー方式の
ファスト・フード店（QSR: Quick-service restaurant）では、店内もドライブ・スルーも全く同じ値段
だ。これらの価格戦略は明らかに相違している。レベニュー・マネージャーとしてのあなたの
究極の仕事は、あなたの店舗において価値に基づく価格戦略を支持し、強化することにある。

　飲食産業で働くレベニュー・マネージャーの中にはドライブ・スルー、テイク・アウト、宅
配・出前の販売形態を経験したことのない人もいる。彼らは、商品の出前販売方法を検討する
価値がある。多くの店舗にとって簡単で最新式の出前方式を導入することにより利益率の高い
新規事業を展開するチャンスがある。出前に合う人気商品や持ち運びし易く、利益率の高いメ
ニューを選ぶことが重要だ。

　ホスピタリティー産業はサービス産業である。従って個人が提供するサービス水準が引き上
げられれば、販売価格は当然引き上げ可能だ。個人が提供するサービス水準とは、ピザ店の商
品宅配サービスから、レストランのサービス向上のため一人が担当する顧客の数を減少させる
給仕の増員まで、範囲は広い。サービス水準の向上は価格の上昇を正当化可能である。正当化
とは、必ずしも増額分を全て増員のための賃金に充てることを意味するわけではない。顧客は
サービス水準の向上に対し支払い意欲が増加し、増加した売上は利益に貢献する。長い年月に
わたり経営を継続してきた飲食事業者は、顧客に競合他社を凌ぐサービスを提供する約束を頑
なに守った結果に負うところが多く、決して他社より安い価格であったからではない。

顧客区分

　如何なる種類の顧客も支払う金額に見合う価値を求める。しかし、第３章で学んだ経済学
者ミルトン・フリードマン、ローズ・フリードマン夫妻（Milton and Rose Friedman）の例の様に、
全ての顧客が同じ様に価値を定める訳ではないことを認識しなければならない。レストランの
経営者にとってはフリードマンの分析を理解することが極めて重要だ。ある顧客にとっては価
格が重要な判断要素になる。またある顧客にとっては、価格よりも店の格式や醸し出す雰囲気、
サービス・レベルが遥かに重要な判断材料となる。

　最近の傾向として、顧客は利便性や迅速性に対し支払い意欲を増している。例えば全米の
コンビニの価格判断基準を見れば明らかだ。これらの店舗ではサンドウィッチ、果物、飲み物、
菓子などが比較的高い値段で販売されている。これらの店舗の顧客は何よりも利便性と迅速性
を重視している。そのため、便利で速いサービスに対し、余計にお金を支払うことを厭わない。

　また、他の特性を持つ顧客には、他の要素が重要となる。例えば特別な記念日を祝う目的で
ロマンティックなディナーに出かけるカップルは当然支払う金額に相当する価値を求めている。
彼らが求める価値とは、金額ではなく、レストランの雰囲気、ムードある晩餐体験にある。レ
ベニュー・マネージャーにとっての福音は、これら様々な顧客が求める価値に影響を与える要
因の多くは、経営判断で対応可能であることだ。

RM の実践　　10.2

「でも支払い金額は同じです。」とブレイロンが言った。

「勿論そう見えるかも知れないけれど、私には全く違うと思います。」とリネットが答えた。

　厨房のマネージャーのブレイロンはキングスフォード・ステーキ・ハウスのオーナーであるリネットと話している。彼らは新たにメニューにのせる新開発商品に対する特別な新価格方式導入に関して議論している。

　二人とも料理長が開発した牛ヒレステーキと子羊のローズマリー・ソースの新メニューにわくわくしている。二人は新メニューの価格を39ドル95セントにすることで合意した。この値段はレストランで一番高い20オンスの骨付き子牛ステーキより５ドルも高い値段だ。二人は新メニューのお披露目のため常連客に特別価格で提供することにした。

　キングスフォードは繁華街にあり、USDA プライム・ステーキと高級ワインの品揃えでビジネス・ランチのレストランとして人気を博している。夜のディナーの時間帯には近隣の美食家を惹きつけるスポットでもある。

　ブレイロンは続けた。「いいですか、私の提案は当店のホームページに新メニュー限定の半額のクーポン券を掲載することです。一人注文すれば二人目は無料のクーポンを提供すると平均販売価格は15ドルとなり、あなたの案と同じ半額の値引きです。」

　これに対し、オーナーのリネットは次の様に言った。「ブレイロン、そうではなくて、私の案は値引きを強調せずに同じ効果を上げる方法です。その点君とは違うと思いますよ。第一うちのレストランの常連がクーポン券を収集する類の顧客だと思いますか？」

　「それは私には分かりませんが、誰でもバーゲンは好きだと思います。」とブレイロンが言った。

１．あなたはブレイロンのクーポン戦略に惹きつけられる顧客はリネットの価格戦略に反応する顧客と同じタイプの顧客だと考えますか？　その理由は何ですか？

２．あなたはブレイロンが言う様に、ディナーに出かける顧客は全てバーゲンを探していると思いますか？

３．レベニュー・マネージャーが用いる特別価格の宣伝の伝達方法は、それに反応する顧客の特性に影響を与えると思いますか？　また、あなたは飲食産業のレベニュー・マネージャーが行うメニュー価格の伝達方法と、宿泊産業のレベニュー・マネージャーが行う様々な流通経路管理に共通性を認めますか？

商品品質

　ほとんどの場合、飲食サービスで販売される商品に対する顧客の評価は非常に低いものから非常に高いものまで違いが出る。ここでは顧客の健康に関する考えや食の安全性に関する考えがそれぞれ相違している事を論じる訳ではない。またその様なことがあってはならない。しかし、顧客の下す評価は様々な要素によるが、それらの要素はほとんど原材料の原価とは関係ない。

　例えば一般の顧客がハンバーガーを連想する時、彼らは一つのハンバーガーではなく、様々な商品を頭に浮かべる。ハンバーガーと言えば、２オンス（約57グラム）以下のひき肉の平たいパティーを丸いパン（バン）に挟み、包装紙で包み、袋に入れて渡すものと正確に想像することは容易である。しかし、もしもそうであれば、金額は比較的安く、販売におけるサービスは

限定され、顧客が認める価値もそれほど高いものは期待できない。ところが8オンス（約224グラム）のひき肉のパティーが炭火焼にされ、アボガドのスライスとアルファルファのサラダと一緒に、トーストされた全粒粉のパンに載せられ、白のテーブルクロスが敷かれたレストランで優雅に運ばれ、適切な価格であったら、顧客の評価は極めて高いものとなる。この例で特筆すべき点は、それぞれ二つのバーガーを作るために用いられるひき肉の原価は、商品の品質を決定する要素とは関係ないことだ。

　飲食サービスの経営者は常時幅広い品質の中から新商品の仕様を決定し、その結果新メニューを立案して販売価格を設定する。どの様な品質を選択するかが重要な点だ。例えば、市場で最も安いバーボン・ウイスキーを店のハウス・バーボン（Well brand）に選べば、高級バーボンの競合他社と比べて安いカクテルを提供することが可能だが、それは価格決定において重要な要素ではない。仕入れが一番安いバーボンでも、美しく磨き上げたグラスに注ぎ高級な雰囲気の中で気の利いた給仕が差し出せば、必ず優れた品質の商品と評価され、粗末に提供される他社の高級バーボンよりも高額で販売されることに値する。

　レベニュー・マネージャーとして成功を望むなら、最初に顧客の品質に対する見方を理解することが重要で、商品の原材料の仕入れ価格を基にした価格決定の誘惑を退けなければならない。ここで学んだ様に、顧客の考える商品の品質は、価格設定において極めて重要な要素となる。原材料の仕入れ原価はさほど重要な要素とはなり得ない。

商品量

　原価率をもとに販売価格を決定する方法において、商品の分量は直接原価に影響するため重要な要素となる。分量はまた、価値を基準とする階層価格戦略においても重要な要素として活用できる。注意深い読者は、第4章で学んだ様に、分量で商品に変化を与えることが可能となり、分量の相違が典型的な階層価格手法となることを認識しただろう。しかし、分量による商品の差別化は往々にして大きいほど価値があると考えられている。この方法は商品の原価を増加させるばかりか、無駄が増え、顧客が食べ残す事につながる。従って正しい方法ではない。

　優れた料理長は顧客が先ず目で食事をすることを知っている。このことは、食事を視覚的に惹きつける表現が必要なことを物語る。同様に分量も重要だ。20センチ（8インチ）の皿に収まる8オンスのバーガーとフレンチフライを、28センチ（11インチ）の皿に盛り付けてしまっては皿の大きさに負けてしまう。分量は従って食事の量だけではなく見た目の効果を表すものとなる。仕入れ原価を上げずに顧客が受け止める価値を高める方法は食事を提供する演出の分野である。成功しているカフェテリアのチェーン店が通常よりも小さめの皿に料理をのせるのはそのためであり、皆知っている。彼らの顧客には価格と価値の提示がひしひしと伝わっている。食べ放題のメニューを提供する場合においても料理の提供の演出は重要である。適切な皿のサイズは、テーブルで給仕する時に用いるおたまや料理用スプーン（スクープ）の大きさ同様、極めて重要な要素となる。

　今日消費者の好みは料理の量を控えめにして、果物や野菜の種類を増やす方向にある。果物や野菜の量を増やすことは仕入れ原価をそれほどかけなくても可能である。同時に甘味を伴う飲料の量は増加傾向にあり、副食のフレンチフライ等も増量傾向にある。重ねて言うが、こ

飲食サービスにおける価値の評価に影響を与える要素　　351

れらは仕入れ原価が低い。いずれにしても適切な範囲内で、また顧客の長期にわたる健康増進の観点からも料理の増量に合う価格の値上げが可能であれば、飲食産業のレベニュー・マネージャーにとって良い話と言えるだろう。しかし、最高のレストランにとって、顧客が食べきれないほどの料理を提供することが究極の目標であってはならない。むしろ目標とすべきは、高品質の料理を美しく盛り付け、顧客が感じる価値を最大化する方法で提供することにある。

　これは、料理の分量と提供の演出を検証することにより、飲食産業のレベニュー・マネージャーが如何に運営を改善可能かという優れた例となる。調理の現場で働くスタッフと連携を取り、提供する料理全てが最適な分量であるか分析する必要がある。同様に重要なことは、必ずメニュー価格を決定する前に、全てのメニュー商品に対し、顧客へ提供する演出方法を分析する必要がある。

雰囲気

　仮に人々は空腹を満たすためにのみ外食をするとしたら、今日営業するレストランはほとんどないだろう。何故なら空腹を満たすにはレストランに行くより安い方法がいくらでもあるからだ。現実には人々は様々な理由で外食をするが、ほとんどは店舗の料理や値段とは関係ない。娯楽、交際、時間の節約、冒険、日常の変化等々、家で食事をする代わりに外食をする人々は様々な理由をあげる。魅力的な**雰囲気**を提供するレストランのレベニュー・マネージャーにとってはメニュー価格にその魅力を反映させることが可能だ。楽しく人気のある雰囲気を提供する店舗は料理を販売すること以上に販売価格の増額を正当化することが出来る。しかし、雰囲気だけに頼って飲食サービスを運営する事業者は開店当初上手く行っても究極の成功は期待できない事をレベニュー・マネージャーは肝に銘じておく必要がある。雰囲気は初回の顧客を惹きつけることは出来るが優れた料理の品質や卓越したサービスが伴わない場合、時間が経過するにつれて過度に巧妙な店舗の設計は見捨てられる。面白いことに飲食事業者の多くは雰囲気を醸し出すための視覚的デザインの重要性を認識しているが、サービスを提供する人達の役割を十分理解している事業者はあまりにも少ない。雰囲気を作り、維持する工程において質の高いサービスを提供する人々が果たす役割の重要性について、スターバックスの最高経営責任者ハワード・シュルツ氏（Howard Schulz）は大変上手く指摘している。起業家サイトEntrepreneur.com のインタビューでスターバックスの従業員の離職率が他の代表的な飲食産業の会社の20％以下である理由を質問されると、シュルツ氏は次の様に答えた。

　　「小売店やレストランの事業は顧客サービスに浮沈がかかっているのにもかかわらず、他の産業に比べて従業員の給与は最低で福利厚生が最悪なことは誠に皮肉なことだ。これが、人々が劣悪なサービスを経験する理由の一つだろう。そこで我が社は他社と比べて事業のパートナーである従業員に対し、全ての役職で厚遇している。1988年には業界で初めての事だが、パート・タイムの従業員を総合健康保険に加入させ、1991年には全ての従業員に

❖**重要な用語**❖
雰囲気（Ambiance）　特定の場所に付随する気分（ムード）、特徴、感情。

352　第10章　飲食サービスのレベニュー・マネージメント

ストック・オプションを提供した。これらの福利厚生策が彼らの生産性を向上させ、事業のパートナーとしての自覚と献身的な貢献につながっている。」

スターバックスは特製珈琲を最安値で提供する店ではないが、大変成功を収めている。成功の秘訣は優れた雰囲気の店舗と、それを補強する訓練を積み厚遇を受ける従業員達によるものだ。

食事時間帯

食事に来る顧客は同じメニュー商品でもランチに支払う金額より、晩のディナーに多くの金額を支払うことを予期している。これは同じメニューでもランチの分量がディナーより少ないことが理由である場合もあるが、昼夜全く同じ分量で、同じ水準のサービスと言う場合もある。この分野については注意深く研究する必要がある。顧客には、何故時間帯によりメニューの同じ商品の価格が変化するのかを良く理解されていないといけない。もし顧客から質問を受け、明確な返事ができない場合、時間帯別変動料金を導入することは賢明とはいえない。しかし、飲食サービス事業者は、一日の内、ほとんど売上に貢献しない時間帯を慎重に分析する必要がある。これにより、従来閑散であった時間帯に特別価格の特別メニューを投入し、売上最適化を支援することが可能となる。理由は、飲食サービス事業の費用区分を見ると固定費の割合が高いため、閑散時間帯を新たな**食事時間帯**とすることによって得られる収入は全て利益に貢献する結果となる。典型的な例が「タコベル」チェーンの展開する「第4番目の食事」(fourth meal) が有名で、高い利益率をもたらす戦略だ。

立地

飲食店の立地は価格を決定する上で重要な要素となる。レベニュー・マネージャーとしては、数ある娯楽施設（Amusement park）やスポーツ競技場を見れば十分その根拠が理解できる。これらの施設に立地する飲食店は来場者に対し独占的に飲食を提供する立場にあり、その分、割増価格を課金可能だ。高速道路のインターチェンジに立地する1軒しかない深夜営業のレストランも同様だ。観光地の飲食店がひしめく**レストラン街**にある10軒あるシーフード・レストランの中の1軒とは際立った違いである。

レストラン事業の成功についても過去言われた3つの条件は「立地、立地、立地」であった。今日の様にレストランがあふれている時代でなければ、昔はその通りであっただろう。今日においても勿論好立地にあることの価値が減損することはないし、好立地が価格設定の判断に強

◈重要な用語◈

食事時間帯（Day part）　一日の中で特別な種類のメニューを提供する時間区分。例えば、午前6時〜10時の間が朝食、午前11時〜午後2時が昼食など。時間帯毎に対象とする顧客の分類と、きめ細かい売上管理を行う。

レストラン街（Restaurant row）　業界用語で競合するレストランがひしめく地域。

飲食サービスにおける価値の評価に影響を与える要素　353

RM の報道記事　10.4　夕食をとろうか？　それならダンキン・ドーナツに寄ろう。

　階層価格による売上最適化戦略に加えて、従来は無視されていた時間帯が新たな売上拡大の可能性として注目されている。

　マネー・オンラインによれば、従来はコーヒーとパンの朝食店の同義語の様に親しまれているダンキン・ドーナツが午後と晩の時間帯の顧客にフラット・ブレッドを使ったサンドウィッチと電子レンジではなく釜で焼いたピザを販売する事を決めた。新メニュー投入以前は5,400店舗あるダンキン・ドーナツの売上の3分の2は午前中の朝食のパンやコーヒーを購入する顧客によるものであった。この売上最適化戦略について、ダンキン・ドーナツの社長兼ブランド担当役員のウィル・カッセル氏（Will Kussell）は、記事のなかで次の様に述べている。

　「消費傾向の変化に関し、人々が集まって食事をする機会が増加していることと、消費者の食べたい時に食べたいものを食べる欲求が強くなったことが分り、この変化に対応したものだ。」

　勿論、カッセル氏は時間帯別に均一な売上を目指す狙いについても言及している。また、新たに導入したピザ用釜を使うと、電子レンジで焼く場合に較べ、ぐにゃぐにゃになった卵やくしゃくしゃになったパンがなくなり、朝食のお客様にも喜んでもらえると期待している。

　成功は保証されている訳ではない。ダンキン・ドーナツで朝食時間外のメニューを投入したのは今回が初めてではない。1980年代にはスープとサンドウィッチのメニューを展開したが、結果は良くも悪くも様々であった。様々な時間帯に事業を拡大したマクドナルドの例もあるが、ウェンディーズでは同じ戦略が上手く進んでいない。サブウェイは朝食への参入を推進している。しかし、飲食サービス事業で時間帯による売上変動の波に苦心しているところは、皆他社の成功体験を導入し、レベニュー・マネージャーにとっての試練の場となっている。

い影響力を与えるが、しかし好立地がレストランの成功を保証するものではない。立地は財産ともなり、また負債ともなり得る。仮に立地が良く、財産に相当する場合、立地の価値を反映してメニュー価格は増額可能である。しかし、立地が悪く、負債とみなされる場合は、所期の事業計画に掲げる売上目標を達成するために、十分な常連客を確保し、顧客に提供する価値を高め、顧客の関心を惹きつける低価格の導入が必要となる。

印象（Image）

　顧客は自分が持っているお金を支払ってでも、そのものを欲しいと思わない限り購買の決定をしない。飲食サービスにおいては、そのものとは食事や飲み物以上のものである。多くの場合、飲食業は店が発する独特な印象で人気を博する。高級ナイト・クラブ、流行りのバー、なかなか予約の取れないレストランなどは、それらの店が発する独特な印象により顧客の想像力をかきたてる例と言える。それらの店は、顧客にとって体験できるだけでも満足できる程の魅力を約束している。品質の強化に関する研究で著名な経営コンサルタント、エドワーズ・デミング氏（W. Edwards Deming）は人々の行動を観察し、印象について次の様に述べた。「事業の利益は繰り返し利用する顧客からもたらされる。彼らは、あなたの商品やサービスを自慢し、友人を連れてくる。」

354　第10章　飲食サービスのレベニュー・マネージメント

RM のウェブサイト　10.3

　正餐や晩餐会を高価な食事、軽い食事を安い食事と同じ意味で用いるのは甚だしく単純化し過ぎた表現だ。独特な印象と、それに伴う高価な価格はサービス形態における高級化の結果ではない。

　1965年にルース・ファーテル氏（Ruth Fertel）が開業した高級なルースのクリス・ステーキ・ハウスを良くご存じだろう。USDA プライムや商品の品質、雰囲気、サービス水準は高く、素晴らしい価値の提供により、高額の料金を請求することが出来ている。www.ruthchris.com を検索すると優雅な晩餐の内容を知ることが出来る。

　ミシガン州デトロイト郊外のアナーバー市（Ann Arbor）にあるカジュアルなズィンガーマン・デリ（Zingerman's Deli）を知っている人は少ないと思う。この店では英国農家製チェダー・チーズが1ポンド40ドル、ケンタッキー・ソーセージ（Kentucky smoked breakfast sausage）1ポンド12ドルなどが販売され、デリのサンドウィッチは何とニューヨークのマンハッタン7番街の超有名なデリカテッセン並みの値段で売られている。

　ズィンガーマンの価格体系は厳選され、丁寧につくられた商品とゆったりとした印象を反映している。この印象を形成する要因は、高品質食品を幅広く揃え、寛いだ雰囲気で特別な顧客サービスを提供する結果、顕著な価値を提供するところにある。ズィンガーマンに関しては www.zingermansdeli.com を参照のこと。

　飲食サービスのレベニュー・マネージャーにとってデミング博士の洞察力にあふれる考えは大きな意味を持っている。何故なら全ての店は最初に精密に設計したイメージ通りの独特の印象を発揮させる機会が与えられているからだ。清潔、親しみやすさ、迅速なサービス、室内装飾、料理等、全てが独特な印象を発揮する要素となる。これらに加え、顧客に友人を誘い、繰り返し利用したいと思わせる効果的な価格設定が重要である。

売上構成比

　これで全ての要素となるが、売上構成比率は最もレベニュー・マネージャーの能力を試すものであり、メニュー価格判断に最大の影響を与えるべき項目である。その理由を更に一層理解するためには、宿泊産業のレベニュー・マネージャーと飲食産業のレベニュー・マネージャーのそれぞれ全く異なる仕事を考えなければならない。

　多くの場合、宿泊施設を求める顧客が購買の決断をする時には、極めて限られた客室の種類から選択することとなる。そのため顧客に提示される金額も極めて少ない種類となる。加えて、別の種類の部屋を提供する場合でも直接費用はさほど変わらない。例をあげると、海岸側のオーシャン・ビューが臨めるキング・ベッドの部屋と、庭園側を臨むキング・ベッドの部屋とは、どちらを提供しても直接費用に大きな相違はない。たとえ部屋の眺望に関する特性により販売価格（ADR）に大きな相違があったとしても、直接費用が大きく変化することはない。

　ところが、飲食サービスの顧客は数十から数百のメニュー商品から選択することが可能で、これらの組合せ（**メニュー構成**）は数千種類となることもある。顧客がメニュー商品の中からどの様な料理の組合せを選ぶかにより、**顧客平均売上**（客単価）が決まるが、顧客の選択は事前に知り得ないことである。

飲食サービスにおける価値の評価に影響を与える要素　　355

　多くの場合、顧客が注文する料理や飲み物の組合せは直接商品の総費用に影響を与える。何故かと言えば、全ての商品（料理や飲み物）を準備する費用は一律ではなく、その上、それぞれのメニューの原価率を一定とする様な価格設定は望めないためである。賢明な読者は料理の組合せを選ぶ顧客が飲食サービス事業の平均客単価を決定し、同時に顧客の選ぶメニューの組合せが事業費となる商品原価を決定付けることが分かるはずだ。

　飲食サービス事業の売上は顧客の総数と顧客が選択するメニュー商品の組合せで決まる訳だが、それではレベニュー・マネージャーは戦略的価格設定により、顧客数やメニュー構成を変えることが可能であろうか？　勿論可能である。事実優秀な飲食産業のレベニュー・マネージャーは価格調整能力に卓越することが出来る。**メニュー価格調整**とは売上最適化を目的に戦略的に料理や飲み物の値段を調和させることである。この仕事は宿泊産業のレベニュー・マネージャーの仕事と多くの面で通じるところがある。

　価格調整とは、メニュー価格により料理や飲み物の人気が左右される事実を活用し、価格を変化させることにより、特定のメニューが注文される確率を変化させることである。従って、メニュー構成とは個々のメニュー商品の注文頻度を調整し、売上の最適化をはかり、商品原価を適切に管理し、利益の最適化をはかる上で極めて重要な要素である。

　価格調整の工程を示すため、あなたが高級ハンバーガー・チェーンを展開するサンディエゴ・レッド・バーガーの副社長で新たにレベニュー・マネージャーを任されたと仮定する。同時にあなたの任務は事業全体の原価率を40％に抑えることである。説明を単純化するため、表10.7では販売するメニューを３つとし、それぞれの原価率を全て40％として販売価格を設定し

表10.7　価格調整前

サンディエゴ　レッド・バーガー			
メニュー商品	原価	希望原価率	販売価格
ハンバーガー	$1.50	40%	$3.75
フレンチフライ	$0.32	40%	$0.80
ソフト・ドリンク	$0.18	40%	$0.45
合計	$2.00	40%	$5.00

表10.8　価格調整実施後

サンディエゴ　レッド・バーガー			
メニュー商品	原価	原価率	販売価格
ハンバーガー	$1.50	60.2%	$2.49
フレンチフライ	$0.32	21.5%	$1.49
ソフト・ドリンク	$0.18	16.5%	$1.09
合計	$2.00	39.4%	$5.07

❖重要な用語❖

メニュー構成（Menu mix）　一定の時間内に顧客が注文した様々な料理や飲み物の商品別総数。

顧客平均売上（Check average　客単価）　ある一定の時間内（朝食時間、昼食時間、ディナー時間帯等、または一日当たり、週当たり、月次等）に一人の顧客が支払う平均金額。計算式は次の通り。**総売上÷総顧客数＝平均客単価**

メニュー価格調整（Price blending）　料理や飲み物の個々の価格を調和させることにより、売上の最適化をはかり、同時に商品原価を最小化する戦略。

356　第10章　飲食サービスのレベニュー・マネージメント

た。本章で学んだ通り、原価率は次の通り求められる。

販売された全商品の原価÷全商品売上総額＝商品原価率（％）

これをある特定の商品に限定し、言い換えると次の通りとなる。

販売された特定商品の原価÷特定商品の売上総額＝特定商品の原価率

ここで重要なことは、これらの式で特定される売上額とは一つの商品を販売した場合、メニュー価格と同一となる。そこで、販売価格を求めるには次の式が適用される。

特定の商品の原価÷特定の商品の原価率＝特定商品の販売価格

この式から表10.7のハンバーガーの販売価格は次の通り計算される。

$$\$1.50÷40\%＝\$3.75$$

表10.7では全ての商品が原価率40％で販売される様に価格設定されている。この例では、事業の売上構成が商品全体の原価率に効果を現さない。

QSRでは、ほとんどの顧客がソフト・ドリンクに45セントより遥かに高い価格を支払っている。従ってこの例では、多くの顧客が45セントのソフト・ドリンク目当てに押し掛ける危険をはらんでいる。同様に、フレンチフライも安過ぎる。ところが、ハンバーガーだけは競合他社と比較して高すぎる。しかし、ここで全ての顧客がハンバーガー、フレンチフライ、ソフト・ドリンクをまとめて買う様に価格調整概念を適用すれば、表10.8の様に全体の原価率40％を達成し、新たな価格設定が可能となる。

表10.8では原価率39.4％で、目標以上の結果である。さらにハンバーガーの値段は$2.50よりも安く、競合他社と同等となる。しかし、この例では全ての顧客が全てのメニューを購入する想定であるが、実際には、顧客は全てのメニューを注文する訳ではない。ある顧客はフレンチフライを注文しないだろう。別の顧客はソフト・ドリンクだけしか注文しないかもしれない。従って、メニュー価格設定にあたっては、メニュー構成データが必須となる。メニュー構成の履歴データを分析すれば顧客が来店してどの商品を注文するかが正確に予測できる。あなたのチェーン店の別の店のメニュー構成履歴データを分析することにより、販売メニュー構成比率の予測を正確に行い、販売価格の最適化を改善することが可能となる。どの様に機能するか理解するため、チェーンのある店に来店した100人の顧客がどの様な消費行動を取ったかを表10.9に表す。

表10.9を参照して分かる通り、どれだけ多くの顧客がどのメニューをどれだけ購入するかが予測できれば、価格調整概念を適用し、総メニュー原価目標を達成することが可能となる。この例では原価率40％の目標をほぼ達成したことになる。原価率はハンバーガーの60.2パーセントからソフト・ドリンクの16.5パーセントまで高低差が存在する。ハンバーガーの原価率を低く維持することにこだわる事業者は、顧客がハンバーガー以外注文しない危険があることを案じる。しかし、利益率（Contribution margin）に注目する事業者は全く気にしない。しかし、どちらの場合にしても、顧客が注文するメニューの履歴を分析することにより、メニュー売上構成比率を把握できれば、販売価格の調整により売上最適化と設定された原価率の達成が可能と

飲食サービスにおける価値の評価に影響を与える要素　　357

表10.9　売上メニュー構成履歴

サンディエゴ　レッド・バーガー　来店顧客数：100人						
メニュー商品	販売数量	原価	原価合計	販売価格	売上合計	商品原価率
ハンバーガー	92	$1.50	$138.00	$2.49	$229.08	60.2%
フレンチフライ	79	$0.32	$25.28	$1.49	$117.71	21.5%
ソフト・ドリンク	94	$0.18	$16.92	$1.09	$102.46	16.5%
合計			$180.20		$449.25	40.1%

なる。

　一言注意が必要だが、売上商品構成と販売価格の調整は適切に行われなければならない。価格自体は顧客が選択するメニューの比率を決定する重要な要素であるため、メニュー価格の変更は特定メニューの人気に影響を与えることとなる。例えば、全体の原価率を引き下げるためソフト・ドリンクの販売価格を急激に値上げすれば、顧客はソフト・ドリンクを購入しなくなってしまい、その結果、現実には全体の原価率が上昇して、最も原価率が低く利益率が高いメニューを顧客が買わない状況となる。

　飲食サービスのレベニュー・マネージャーにとっても、戦略的価格設定に関しては宿泊産業のレベニュー・マネージャーと同一の経営手法が必要となる。具体的にはデータの分析と洞察力を用いて、顧客が認める価値と支払い意欲に相当する販売価格を効果的に設定することである。飲食サービスの事業において原価は重要な要素ではあるが、顧客が評価する価値に基づいた価格設定と、更には売上最適化を目的に健全で適切な階層価格の適用が、原価以上に重要であることを認識しなければならない。

重要な用語

■フルサービス・レストラン（Table service）　■商品原価率価格設定方式（Product cost percentage, pricing method）　■価格係数（Pricing factor, food service）　■商品原価プラス方式（Product cost plus）　■主要原価（Prime cost）　■貢献利益（Contribution margin）　■販売数（Sales volume, food service）　■ポス・システム、売上情報分析システム（Point of sale（POS）system）　■デュース、二人掛け専用席（Deuce）　■テーブル回転率（Turn, table）　■雰囲気（Ambiance）　■食事時間帯（Day part）　■レストラン街（Restaurant row）　■メニュー構成（Menu mix）■顧客平均売上（Check average）　■メニュー価格調整（Price blending, food service）

358　第10章　飲食サービスのレベニュー・マネージメント

学んだ知識を応用しなさい

1. デイヴィッド・バーガー氏は会員制フォックス・リッジ・カントリー・クラブの飲食部長だ。デイヴィッドはクラブのメインダイニング（正食堂）の新料理6品を含む新しいメニューを作成し、新料理6品の販売価格を計算した。次に示す表を見て質問に答えなさい。

料理品目	販売価格	商品原価	料理人件費	原価率	主要原価	貢献利益
ニューヨーク・ステーキ	$26.95	$12.97	$1.95	48.1%	$14.92	$13.98
子鴨ハーフサイズ	$25.95	$11.73	$2.55	45.2%	$14.28	$14.22
骨付き子牛ステーキ	$31.95	$13.85	$1.95	43.3%	$15.80	$18.10
放し飼い鶏ロースト	$18.95	$6.53	$2.55	34.5%	$9.08	$12.42
豚ヒレ肉ステーキ	$24.95	$5.58	$3.10	22.4%	$8.68	$19.37
ポータベッラ茸のパスタ	$18.95	$3.85	$4.25	20.3%	$8.10	$15.10
平均	$24.62	$9.09	$2.73	36.9%	$11.81	$15.53

A. メニューの中で最も原価率の低い料理は何で、最も高い料理は何ですか？

B. 主要原価（商品原価プラス人件費）の最も低い料理は何で、最も高い料理は何ですか？

C. 最も貢献利益の低い料理は何で、最も高い料理は何ですか？

D. 仮に全ての料理が同じだけ売れた場合の全商品の総合原価率は何％となりますか？

E. デイヴィッドの決めたメニュー価格が顧客の注文頻度に重大な影響を与えると思われますか？　その理由は何か答えなさい。

2. ファウジーア・モハメドは夜間営業で人気のある300席の家族向けイタリアン・レストランの支配人兼レベニュー・マネージャーである。毎晩ファウジーアは事業の売上能力を理解するための助けとなる様々な統計を計算する。本日のデータを基に次の表を完成し、質問に答えなさい。

本日の売上　概要

時間帯	来店客数	平均客単価	売上合計
5時〜6時	118	$11.25	$1,327.50
6時〜7時	251	$13.25	$3,325.75
7時〜8時	315	$13.97	$4,400.55
8時〜9時	264	$12.98	$3,426.72
9時〜10時	102	$10.75	$1,096.50
合計	1050	$12.93	$13,577.02
テーブル回転率	3.5		

A．本日の来店客数合計は何名ですか？

B．本日の売上合計金額はいくらですか？

C．本日の平均客単価はいくらですか？

D．本日のテーブル回転率は何回ですか？

E．7時～8時の時間帯におけるレベニュー・マネージメント上の対策は何ですか？　また、ファウジーアに助言できることがあれば述べなさい。

3．「サラダとサンドウィッチのララ」の店は4つの商品を販売している。サラダとサンドウィッチに加え、フレンチフライとソフト・ドリンクだ。過去3カ月のララの売上構成履歴は次の通りだ。経営者のララは4品目をパッケージにしたバリュー・セットを$9.99で売り出した場合の売上効果を考えている。現在のララの店の売上メニュー構成は1,000人当たり次の通りとなっている。

ララのメニュー売上構成　来店客1,000人当たり				バリュー・セット25%		バリュー・セット50%	
メニュー	販売数	販売価格	売上	販売数	売上	販売数	売上
サラダ	660	$3.49	$2,303.40	495	$1,727.55	330	$1,151.70
サンドウィッチ	812	$6.99	$5,675.88	609	$4,256.91	406	$2,837.94
フレンチフライ	420	$0.99	$415.80	315	$311.85	210	$207.90
ソフト・ドリンク	940	$0.99	$930.60	705	$697.95	470	$465.30
バリュー・セット		$9.99		250	$2,497.50	500	$4,995.00
売上合計			$9,325.68		$9,491.76		$9,657.84

A．顧客1,000人当たりの売上メニュー構成履歴を基にメニュー別売上額と売上総額を答えなさい。

B．ララの店の平均客単価はいくらか？（$9,325.68÷1,000人）仮にララがバリュー・セットを$9.99で投入したとする。翌日も1,000人の顧客が来店し、バリュー・セットを注文した顧客以外は従来のメニュー売上構成のままだとすると次の条件で質問に答えなさい。

C．バリュー・セットを25%の顧客が注文したとする。その場合の総売上はいくらですか？

D．バリュー・セットを50%の顧客が注文したとする。その場合の総売上はいくらですか？

E．あなたがララであったら、新しく導入したバリュー・セットの効果をどの様に評価するか答えなさい。

4．あなたが南西部の主要都市に新規オープンしたテーマ・パークのレベニュー・マネージャーだと仮定する。あなたの顧客である来園者は主に家族連れ、学校の遠足、教会の子供たちの団体等だ。あなたの施設は周囲150マイル（240キロ）圏内で唯一だ。園内で販売するメニュー5品目に対する価格を決定するにあたり、あなたが考慮すべき経費とは直接関連しない要素を少なくとも5項目特定しなさい。またその理由を述べなさい。

360　第10章　飲食サービスのレベニュー・マネージメント

5．ディノのバーベキュー（Dino's Bar BQ）は３種類限定のディナーメニューを提供している。チキン・バーベキュー、ビーフ（肩バラ肉）バーベキュー、ソーセージ・バーベキューの３種類だ。先週は月曜日、火曜日、水曜日共に1,000人の来店があった。レストランの店長、スコット・ラーセン氏はその３日間の売上から顧客が注文したメニュー品目の割合を分析した。それぞれの品目の販売価格と売上構成は次の表の通りだ。スコットの店の３日間の情報をもとに質問に答えなさい。

| 一日1,000人の顧客 | | 月曜日 | | 火曜日 | | 水曜日 | |
メニュー	販売価格	販売比率	売上	販売比率	売上	販売比率	売上
チキン	$14.95	30%	$4,485.00	50%	$7,475.00	20%	$2,990.00
ビーフ	$8.95	50%	$4,475.00	30%	$2,685.00	30%	$2,685.00
ソーセージ	$11.95	20%	$2,390.00	20%	$2,390.00	50%	$5,975.00
			$11,350.00		$12,550.00		$11,650.00

A．月曜日の総売上と平均客単価はいくらですか？

B．火曜日の総売上と平均客単価はいくらですか？

C．水曜日の総売上と平均客単価はいくらですか？

D．３日間の総売上と平均客単価はいくらですか？　売上の高い日と低い日の販売差額比率は何％ですか？（$12,550÷$11,350＝11.057）

E．スコットはメニュー価格を値上げする権限はない。顧客は常に満員だとして、スコットの店の総売上を高めるために考えられる手順を説明しなさい。

重要な概念のケース・スタディー

「それでは、あなたはサムに売上を増加させるために一番忙しい時間帯の販売価格を値下げしてほしいと考えている訳ですね？」と、バルセナ・リゾートの支配人のソフィア・デイヴィソンが聞いた。

リゾートのレベニュー・マネージャーのダマリオは次の通り答えた。「おっしゃる通りです。私は値下げにより売上増が達成できることを確信しています。」

サムはバルセナ・リゾートの飲食部長だ。サムは支配人ソフィアの直属の部下だ。ソフィアの直属の立場としてサムはリゾート内の数か所の飲食施設を統括している。それらの中には昼食時間帯と午後の早い時間帯にリゾートの顧客に大変人気のあるプールに隣接したレストランとスナックを販売するバーが含まれている。ソフィアとダマリオの会議の議題はそのレストランの価格政策についてである。

「私があなたに飲食部門の価格政策を見直す様お願いした本意は、あなたのレベニュー・マネージメントに関する経験から、飲食部門で値上げの可能な分野を探してもらう目的で、決して値下げ可能な分野を見つけてもらうつもりはありません。」とソフィアが言った。

重要な概念のケース・スタディー　361

「支配人、我々が求めていることは売上を最大化し、利益を上げることですね。どうかお聞きください。目下サムのプールサイドの営業は顧客に最も人気のある事業です。」とダマリオが答えた。

「その通りです。サムは大変努力しています。そのお蔭で大変売上が好調です。」とソフィアが言った。

「支配人、そこが問題点です。ピザは焼き上げるのに20分の調理時間がかかります。トッピングの注文は種類が多く、事前に焼いて準備しておくことは出来ません。そのため、ピザを注文するお客さんはテーブルを長時間占有する結果となり、しかも、注文してから少なくとも20分間は何も食べずに待っているだけなのです。実際には顧客がピザを注文して、料理が準備され、それを食べ終えて席を立つまで、一家族平均1時間かかります。」とダマリオが説明した。

「それのどこが問題なのですか？」とソフィアが聞いた。

「結局ランチ・タイムのお客様で込み合う時間には、ピザの注文のためにテーブルの回転数が限られてしまうことが問題です。後から来たお客様が長蛇の列を見ると、諦めてしまい、昼食を断念し、よそのお店に出かけてしまいます。」とダマリオが言った。

「なるほど。ピザの人気がありすぎるからホットドッグの値段を下げようと言うのですね？」とソフィアが答えた。

「その通りです。私はホットドッグとソフト・ドリンクだけのスペシャル・セットを投入したいと考えています。それも一番忙しい時間帯に限定したパッケージとします。慎重に値段を決めて必ずうまくやって見せます。うちのホットドッグは即座に出来上がります。そのため、ホットドッグと飲み物を注文するお客様のテーブル占有時間は平均30分以内です。」とダマリオが答えた。

「わかりました。でもピザの注文を減らそうとするなら、ピザの値段を上げれば解決できるのではないですか？　そうすればピザの注文が減り、利益率が上がる結果になりませんか？」とソフィアが言った。

「おっしゃることはわかりますが、プールサイドのランチ・タイムの売上については、価格が問題ではありません。顧客の選択と収容能力の問題です。私は、ホットドッグとソフト・ドリンクのパッケージ価格を魅力的に設定し、ピザを注文していた多くの数のお客様をスペシャル・パッケージに移して見せます。目下の考えではメニュー価格の値上げやメニュー全体の価格帯を高く感じさせずに総売上の拡大が可能です。それにより、価格に厳しい家族連れのお客様にも今まで以上の価値を提供できることになります。ピザの値段を値上げするだけでは、そのような効果は期待できません。」とダマリオが言った。

「あなたの提案はよくわかりました。ところで、この件を非公式にサムと話した時、サムはどの様な反応を示したか教えてください。」とソフィアが聞いた。

「サムはホットドッグのためにピザの値段を下げて、パッケージが沢山売れる様になれば利幅が減り、利益率に悪影響が出ることを心配しています。したがって私の提案には消極的です。ですから、この提案を正式なレベニュー・マネージメント委員会に提案する前に是非支配人のご理解をいただきたかったので、お時間をいただいた次第です。

362　第10章　飲食サービスのレベニュー・マネージメント

考慮すべき項目

１．今回の場合、いきなり全社のレベニュー・マネージメント委員会に提案すると、議論が紛糾する可能性がある問題を事前にダマリオの上司である支配人のソフィアに説明している。あなたは、何故ダマリオがソフィアに事前説明を実施したと考えますか？　また、ソフィアの支持が提案成功のために如何に重要であると考えますか？　あなたがレベニュー・マネージャーであるとすれば、何らかの変更を行う場合、経営者の支持があなたの成功に重要だと考えますか？

２．価格の決定に関しては時として会社内部の事務的行為と考えられている。しかし、究極的に価格の決定に関しては、外部の顧客の反応と売上最適化戦略が最も重要な要素となる。あなたは、今回のダマリオの計画がリゾートの顧客にどの様に評価されると思いますか？　ダマリオの計画は顧客中心主義の売上最適化戦略の開発に対し整合性を保てると信じますか？

３．ダマリオの考えでは飲食部門の売上最適化にとって重要な要素はメニュー品目の売上構成と顧客受入数の最大化にあると思われる。一方サムの立場は商品原価率の維持を重視することから、ホットドッグの値下げに反対の模様だ。あなたはダマリオとサムのどちらの考えに賛成しますか？　その理由を詳細に述べなさい。

４．あなたがソフィアの立場にあり、ダマリオの計画を支持しようと考えているとする。ソフィアはサムに対してどの様な話をすることが適切だと思いますか？　ダマリオの計画の実行が正しいと確信し、サムにもその効果を認めさせるためには、どの様な尺度で評価すべきか、またどの様な事業実績統計が必要ですか？

第 **11** 章

飲食サービスのレベニュー・マネージメント実績評価

第11章の構成

飲食業の売上分析
収入源の調査
売上構成に占める中心的事業分野
一日の時間帯
サービス形態
売上変化の測定
売上増の評価
売上減の評価
売上効率の評価
単位面積売上
勤務時間売上
利用可能座席時間売上（RevPASH）
飲食サービスの売上評価工程

第11章の要点

1. レベニュー・マネージャーが収入源を事業別、時間帯別、サービス形態別に調査する方法。
2. レベニュー・マネージャーが正確に測定し評価する売上の増減の表示方法。
3. レベニュー・マネージャーが売上効率を評価する３つの方法。

飲食業の売上分析

　飲食事業の売上分析は歴史的に、販売するメニュー項目を中心に行われてきた。それらの分析において目標とするところは事業における最も人気のあるメニューと最も利益率の高いメニュー項目の特定である。これら分析の合理性は誠に理に適っている。飲食事業においては、どのメニュー商品が最も人気があり販売数が多く、また、どのメニュー商品が最も利益をもたらすかを知ることは当然だ。これら二つの特徴を知ることにより、レベニュー・マネージャーは人気が低く、利益の薄い商品をメニューから外し、人気が高く、利益の高いメニュー商品の販売促進を行うことが可能となる。

　レベニュー・マネージャーが数学の手法を用いて詳細なメニューの組合せ情報を分析するツールを探そうと思えば、過去数十年の間に開発された数多くのシステムの中から適当なものを選ぶことが可能だ。それらの中から、あなたの事業に特化した分析に有効なものが見つかるはずだ。数多くの分析システムが存在するが、メニュー分析で普及しているシステムの手法には基本的な共通性が認められる。

　表11.1に最も知名度があり、普及している４つのメニュー分析システムの詳細と、名称を示す。

　それぞれ支持する人と不備を指摘する人がいて毀誉褒貶はあるが、今日用いられている主要な概念に基づくメニュー分析システムの分類を表している。これらは真剣に取り組む飲食産業のレベニュー・マネージャーに、彼らが出会う頻度の最も高いシステムに関する実知識を持つための参考として取り上げた。様々な環境で働くレベニュー・マネージャーの役割として、これらのシステムのそれぞれの目的を理解し、システムの特徴に応じてそれが相応しい場合に強調する機能を実際に適用する能力を備えておかなければならない。

　特筆すべきは、それぞれのシステムに相違はあるが、表11.1で示した分析手法は全て顧客が購入したメニュー商品の評価により飲食産業の売上最適化が最も実現可能であるとの考えに基づくものである。

　第10章で学んだ通り、メニュー売上構成データはメニュー価格決定において極めて重要である。全てのレベニュー・マネージャーにメニュー分析の定期的な実施が求められる。しかし、

表11.1　主要メニュー分析システム

分析対象項目	目的	名称
人気メニュー商品と原価率	商品原価率の最小化	ミラー・マトリックス・システム（Jack Miller）
人気メニュー商品と加重貢献利益	貢献利益の最大化	メニュー工学（Menu Engineering）
人気メニュー商品と原価率並びに加重貢献利益	粗利益の最大化	ペイブシック・マトリックス・システム　（David Pavesic）
人気メニュー商品、原価率、販売価格、貢献総利益、粗利	メニュー商品の固定費と変動費分析を通し、利益目標を設定	目標価値分析（Goal Value Analysis）

メニュー分析はレベニュー・マネージャーが求める全ての収入に関する疑問に答えるものではない。優秀なレベニュー・マネージャーは飲食産業における売上評価に関して多くの疑問を抱いている。レベニュー・マネージャーは英国国教の司教マンデル・クレイトン（Bishop Mandell Creighton）の機知に富む次の言葉を深く理解する必要がある。「教育の真の目標は人に弛まぬ質問を発し続けさせることである。」レベニュー・マネージャーとしての役割を務めるなかでは、最も洗練されたメニュー分析システムでも次に示す売上に関する重要な質問に答えられない。

　　1．どの事業分野が販売に最も貢献するであろうか？
　　2．我々の売上は上昇傾向か、下降傾向か？　また、どの程度の増減であるか？
　　3．販売にあたり、どの程度敷地面積と従業員を有効に活用しているか？

　レベニュー・マネージャーがこれらの質問の答えを求めるには、更に別の売上評価技術を必要とする。それら追加的評価活動は概ね次の3種類に分類可能だ。

- 収入源の調査
- 売上変化の測定
- 売上効率の評価

　本章では、売上最適化を如何に達成するかを更に理解するために、これらの重要な3つの評価方法を説明する。

収入源の調査

　本書で繰り返される主題は、優秀なレベニュー・マネージャーが購買者の価格に対する反応を予測し、商品の供給を最適化し、最大の利益を生み出す目的で学びぬかれた戦術を適用する時、正確なデータと自身の洞察力を用いることの重要性だ。これらを行うためには飲食産業のレベニュー・マネージャーは先ず自身の事業がどの様に収入を得ているか明確に理解しなければならない。飲食サービスのレベニュー・マネージャーにとっては収入源を評価する様々な方法が存在する。しかし、多くの場合、あなたの収入源分析作業は次にあげる一つないし複数の項目に集中することとなる。

- 収入源
- 時間帯
- サービス形態

収入源（Revenue center）

　ほとんどの飲食サービス事業において収入の元となる分野の売上能力を分析することが効果的だ。収入の元となる分野を収入源と呼ぶ。第1章で学んだ通り、収入源とは事業の総収入を構成する個々の事業分野を指している。従って、例としてテーブルに顧客を案内して給仕するレストランがバーを併設している場合、テーブル席のある食堂が収入源の一つのセンターであり、バーが食堂とは別に識別されるセンターとなる。同様にチェーン展開しているレストラン

の場合、店舗が５軒あれば、チェーンの収入源はそれぞれ５つの店舗がセンターとなる。ほとんど全ての場合において事業の個々の分野（センター）の売上能力を理解することは、事業全体の売上をまとめて把握することよりも、貴重な情報を得ることとなる。

収入源である個々の事業分野ごとの評価の重要性を理解するために、ダーラ・サンティアゴが直面している状況を考えなさい。ダーラはサブシティー・サンドウィッチ・チェーンの地区担当マネージャーだ。彼女の担当地区では５店舗が営業している。会社全体の平均月次売上額は１店舗当たり100,000ドルだ。しかしダーラの担当地区では店舗平均80,000ドルしかない。ダーラにとって当然のことだが、彼女は担当地区の店舗の売上能力の低さに重大な懸念を持っている。表11.2はダーラの担当する５店舗の先月の実売上を示したものだ。

ダーラの担当地区に売上の問題が認められるか？　答えは、その通り。ではその問題はダーラの全ての店舗に存在するのか？　全ての店舗に当てはまる訳ではないことは明白だ。店舗番号３番に問題があり、ダーラがその特定の店舗を正常な方向に導くための施策を行うことと、その店舗の店長を支援する必要がある。この例ではダーラの地区の５店舗全体の売上を見るよりも、５店舗個々の売上を分析することにより、容易に問題点を修正することが可能なことが理解できる。収入源分析を行うレベニュー・マネージャーは一般的に収入源に関する次の2つの重要な質問の答えを求めている。

　１．それぞれの収入源（センター）の売上金額。
　２．個々の収入源（センター）の売上貢献率。

分析工程の例として表11.3を考えなさい。

イタリア高級料理のイル・クオコ・ギャランテの先月の売上合計78万５千ドルが示されている。レストランは都市中心部の倉庫を改装し、２階建のレストランを経営している。１階には200席のカジュアルなペレグリーノがある。２階は100席の高級なアルトゥシと50席のラウンジのポマドーロがある。この事業には明らかに３つの収入源（センター）が特定できる。それぞれが全体の売上を構成し、異なる売上貢献度を示している。売上貢献度を計算する式は次の通り。収入源（センター）別売上÷総売上＝収入源貢献比率

表11.2　ダーラ担当地区のサブシティー５店舗の先月の売上

店舗番号	先月の月間売上
1	$120,000.00
2	$105,000.00
3	$50,000.00
4	$115,000.00
5	$110,000.00
地区総収入	$400,000.00
店舗平均売上	$80,000.00

　表が示す通り、ダーラの５店舗は平均８万ドルの売上を上げている。（$400,000÷5＝$80,000）また、そのうちの４店舗は全社平均の10万ドル以上の売上を達成している。

368　第11章　飲食サービスのレベニュー・マネージメント実績評価

表11.3　イル・クオコ・ギャランテ（イタリアン・レストラン）月間売上

収入源（センター）	売上	売上貢献率
ペレグリーノ　Pellegrino's	$245,000.00	31.2%
アルトゥシ　Artusi's	$415,000.00	52.9%
ポマドーロ　Pomadoro's	$125,000.00	15.9%
合計	$785,000.00	100.0%

　この式をペレグリーノの売上貢献比率に当てはめると、$245,000÷785,000＝31.2% となる。複数の収入源をもつレベニュー・マネージャーにとって、個々のセンターの貢献度を把握することは、全体の売上効果を評価する上で極めて重要である。

一日の時間帯

　単一の収入源（センター）を運営するレベニュー・マネージャーにとっては、複数のセンターを持つレベニュー・マネージャー同様、一日の時間帯別売上貢献度を分析する事により非常に貴重な示唆を受けることができる。第10章では、時間帯に関して主に朝食、昼食、夕食と言った食事形態を示したが、ここでは、レベニュー・マネージャーが関心のある時間を自由に設定可能である。一日の時間帯別売上貢献度は、次の数式で求めることが出来る。**時間帯売上÷総収入＝時間帯売上貢献度**

　更に理解を深めるため、州立大学に隣接した珈琲ショップのビッグＢを考えなさい。ビッグＢの今週の売上は $10,500.00 で、毎日午前6時から午後9時まで営業している。表11.4は店舗の売上を分析する目的で、オーナーが設定した時間帯別売上詳細を示したものだ。

　先程の数式で午前11時から午後4時の時間帯の売上貢献度を計算すると、$1,075÷$10,500＝10.2% となる。

　重ねて言っておくが、時間帯は計算する人間が特に関心を持つ時間を自由に設定可能である事だ。例えば一日の時間区分、朝食・昼食・夕食といった食事形態区分、更には一日丸ごと月曜日、火曜日、水曜日と言う様に自由に設定可能な事を忘れてはならない。表11.4を見ると、ビッグＢのレベニュー・マネージャーにとって比較的売上貢献度の低い時間帯、午前11時から午後4時の間の売上改善策が求められることが明らかだ。

表11.4　珈琲ショップ・ビッグＢの時間帯売上貢献度

時間帯	売上	売上貢献度
6:00am-11:00am	$5,550.00	52.9%
11:00am-4:00pm	$1,075.00	10.2%
4:00pm-9:00pm	$3,875.00	36.9%
合計	$10,500.00	100.0%

収入源の調査　369

RM の報道記事　11.1　夕食時間帯の落込み

　一日の時間帯別売上調査を行うことにより、レベニュー・マネージャーは全体の売上からは発見できない問題点の所在を容易に特定することが出来る。米国レストラン新聞（NRN: Nation's Restaurant News）が、ある特定の地域のレストランの夕食の時間帯に顧客の来店が大きく落ち込んでいる調査結果を発表した時、同時にその地域の進歩的な事業家が如何に顧客の落込みに対処したかを報じた。

　ある経営者達は顧客の落込む夕食時間帯のメニュー価格を値下げしたが、全く別の対応を取った経営陣もいた。コロラド州デンバー市に本拠のあるバイコープ・レストランは家族向けレストランのベイカーズ・スクエアとビレッジ・インを展開しているが、顧客が落込む夕食の時間帯に値下げをするのではなく、革新的手法で売上増を達成した。

　バイコープ社のマーケティング担当副社長、ジョッシュ・カーン氏（Josh Kern）は、次の様に語った。「我々がやろうとした事は必ずしも価格とは連動しない商品の価値の高さを組み込んだことだ。」

　事業の売上が何時発生し、その頂点や谷底は何時であるかを正確に理解することは、顧客の落込む時間帯の改善を行い、売上最適化を行うレベニュー・マネージャーにとって重要な鍵となる。

サービス形態

　これまで、何処から売上がもたらされるか（収入源・センター）と何時もたらされるか（時間帯）について学んだ。多くの事業において、これらと同様に重要なことは、売上をもたらすサービスの形態を分析することだ。来店した顧客をテーブルに案内し、サービスする方式は引き続き重要な提供形態である。しかし、それ以外の形態を好む顧客が増加している。ドライブ・スルーや持ち帰りはテイク・アウトとも呼ばれ、あなたの飲食事業にとって重要な売上形態であるかも知れない。もしそうであれば、定期的にこれらのサービス形態による売上貢献度を評価することが、あなたのレベニュー・マネージャーとしての役割となる。

ドライブ・スルー

　カリフォルニア州アーバイン市に本拠を置く「イネナウト・バーガーズ（In-N-Out Burgers）」はドライブ・スルーレストランの草分けとして良い例だ。1948年にハリーとエスター・スナイダー夫妻（Harry and Esther Snyder）がロサンゼルス郊外のボールドウィン市に「イネナウト・バーガーズ」第1号店を開業した。顧客は双方向型のスピーカーに向かって食事を注文した。この店が開店する以前は、注文する顧客の車まで店員（Carhops）が出向き、注文をとり、再び店から車に食事を運ぶドライブ・インが一般的であった。

　今日では全ての QSR（ファスト・フード店）がドライブ・スルーを併設しているといっても良いだろう。重要なことは、レストランだけがドライブ・スルーを提供している訳ではないということだ。銀行の支店や薬局、ビール・ワイン・酒類の小売等はドライブ・スルーを活用する事業の一例だ。

370　第11章　飲食サービスのレベニュー・マネージメント実績評価

　しかし、飲食サービス事業においてはドライブ・スルーの売上が顕著で、QSR事業の売上の70％の売上を常時計上するレストランも稀ではない。事実、車の列が長いと、店の中で食事をしようか迷い、別の店に向かう顧客もいるほどだ。

　ドライブ・スルーの売上の最大化を目指すレベニュー・マネージャーにとって、スピードこそが本質である。ミネソタ州のレストラン・テクノロジー社のデータ管理担当社長、マット・ジェニングス氏（Matt Jennings）によれば、ドライブ・スルーのサービス時間を7秒短縮する毎に、売上が1％増加する。時間短縮を目指して様々な取り組みがなされているが、車列を2列に増やしたり、注文を店舗とは別の場所に設けた予約センターで受け付けたり、注文の間違いを避けるため、タッチスクリーンを導入することは、その一例である。スピードに加え、双方向のスピーカーによるコミュニケーションの品質と注文の正確性がドライブ・スルーの顧客の評価に極めて重要な要素であることが指摘されている。

　QSRに関わるレベニュー・マネージャーにとっては、今後もドライブ・スルーの技術革新に継続的な進展が期待できる。将来技術的にドライブ・スルーのサービス形態が変化することもあるだろうが、レベニュー・マネージャーにとっては、技術面の進歩とは関係なく、引き続き継続的にドライブ・スルーの売上水準を監視しなければならない。

持ち帰り（Carry-out）

　レストランのお持ち帰りサービス形態は様々な形があるが、歴史的にドライブ・スルー方式と比較して二つの点で大きく異なる。第一に注文の受け方が複数存在する点だ。来店して注文する方法や、事前に電話で注文し、後から注文した料理を受け取りに来る方法は一般的だ。しかし、事前注文の方式は近年ファクシミリ、電子メール、店舗のウェブサイト、携帯電話のアプリケーションソフト等、多様化している。これらの全ては顧客が注文してから受け取るまでの時間を短縮することを目的とした伝達手段の改善であると言ってよい。注文から受け取るまでの時間の短縮は極めて重要だ。通信技術が発達した今日、持ち帰り専門のピザ店に来店した顧客が注文してからピザを受け取るまで15分から30分も待たされることは現実的ではない。様々な飲食事業において更に一般的な通信技術は、例えば事前注文のシステム改善が絶えず行われているドミノやパパジョンズのピザ店のテキスト・メッセージだ。これは事前にそれぞれの店のホームページに顧客がアクセスし、いつも注文する商品や、支払い方法等を登録しておく。登録後は、携帯から簡単なログインで注文する商品と数量を指定し、店からの確認テキストを受け取り、変更等を送信する。別の例としては、事前に商品を準備しておいて、顧客が注文したら即座に手渡すリトル・シーザースのピザがある。人気の高いメニューの幾つかはホット・アンド・レディーの即座に手渡せる商品として絶えず準備をしておき、顧客の待ち時間をゼロにしている。また、別の例は中華料理のパンダ・エクスプレスやピザのスバロスだ。彼らの店は「お好きなものを」と言うDish on demand方式で、顧客が注文するメニューを目の前で次々に箱詰めし、顧客が待つことなく指示した商品を手渡す。

　お持ち帰りとドライブ・スルーの第二の相違点は、お持ち帰りの場合は、顧客が実際の店舗に入店することだ。そのため、来店する顧客用の駐車場の他、顧客が店内で注文した商品の受け取りを待つ場所と、注文を受け付け、支払いを受け取る仕組みも用意する必要がある。いずれにしても、あなたの店の売上に占めるお持ち帰りの比率が高い場合は、お持ち帰りの売上を

切り離して、他の売上とは別に記録して監視する仕組みを整える必要がある。

遠隔地への宅配

　ほとんどの人が食事の宅配サービスと聞くとピザ等の商品の事と考えるが、レベニュー・マネージャーは配達サービスが様々な飲食事業において極めて売上増大に貢献する事を認識している。第10章で学んだ様に、商品を提供するサービス方法と顧客に届けるサービス方法は多くの場合、商品そのものの価値と同等に顧客が認める価値に影響を与える。多くの場合、顧客は購入した商品が自分の手元に届けられる事に対し、余分に支払う意思を示す。米国の飲食事業の経営者がケイタリング（仕出しサービス）と言う言葉を用いる時には、ほとんどの場合、自分で経営する施設から離れた遠隔地への料理の配達を意味している。一般的に、米国以外の地域ではケイタリングは単に料理や飲み物を準備する事を意味する場合が多い。用語の使われ方に関わらず、飲食業における配達サービスは、ピザに代表される単一商品の宅配から、全ての料理と飲み物の配達と給仕のサービスを合わせた遠隔地での総合宴会行事まで、幅広い意味を持つ。用語の定義や使われ方に関わらず、あなたの飲食事業において配達や**ケイタリング**を提供している場合は、当然それらの売上を分離して計上し、管理すべきである。

RM のウェブサイト　11.1

　伝統的な来客型レストランにおいて、レベニュー・マネージャーがお持ち帰りサービスの売上を増加させるために果たす最大の役割は持ち帰り料理のセッティングだ。料理にナプキンや食器、調味料等を組み合わせることにより、顧客の受ける印象は格段に向上するため、レベニュー・マネージャーとしては十分配慮する必要がある。幸いなことに FPI（Food Packaging Institute）の会員が、直ぐに利用できるパッケージングの全ての品々を開発し、販売している。FPI と会員組織に関する情報は www.fpi.org を参照のこと。　ホームページから About Us を検索。

RM のウェブサイト　11.2

　場合によっては、レベニュー・マネージャーにとって収入源を適切に分類することが困難なことが起こる。どの様な場合かを知るには、シカゴで成功しているイタリアン・レストランのウェブサイトを見るとよい。www.italianvillage-chicago.com

　この人気レストランは1927年に開業した。たった１カ所から始まったレストランは現在高級レストランの「ヴィヴェーレ」、カジュアル・スタイルの「ヴィレッジ」、更に地下のワイン・セラー風のステーキとシーフード・レストラン「ラ・カンティーナ」に拡大している。

　更に、このレストランでは宅配サービスや、持ち帰り（テイク・アウト）、ケイタリングの宴会サービスまで提供している。このイタリアン・レストランの売上を担当するレベニュー・マネージャーにとって、それぞれの事業の収入源がどの様に構成されているかを正しく理解するためには、最初に個々の収入源の売上に関連する判断を適切に行うことが必要なことは容易に想像できるだろう。

372　第11章　飲食サービスのレベニュー・マネージメント実績評価

来店型飲食サービス（Dine in）

　多くのレストランにおける売上の大多数は伝統的な食堂から発生する。従ってレベニュー・マネージャーの最も重要な仕事は、食堂における顧客の売上分析となる。

　レストランの間取りの多くは一つの大部屋の食堂で構成される。しかし、場合によっては、二部屋に分かれ、それ以上の小さめな場所に明確に区分けされている場合もある。また、店のオーナーがそれらの仕切られた部屋を特別な空間に設ける事もある。例えば、一方を正餐（フォーマル・ダイニング）専用に使い、もう一方を略式でカジュアルな用途とする事がある。その他の例としては、レストランの建築上の特徴により区分けされる場合がある。複数階の場合、室内と室外の食卓、食堂とバー等の仕切りも見受けられる。またレストランによっては、幾つかの**宴会場**を用意している場合もある。それらは、一時的に顧客があふれてしまった場合に利用され、またパーティーに利用される。

　宿泊産業のレベニュー・マネージャーは宴会場の運営に精通している。彼らは主に宴会や食事、会議を主催する顧客にホテルのボール・ルーム（ballrooms）、会議室、中小宴会場等を貸し出す売上を定期的に管理している。

　レベニュー・マネージャーとしては、売上管理の目的に最も適した方法で、様々な売上を分類する必要がある。多くの場合、より詳細な分類が有効となる。従って、同じ収入源であっても、それらの中に別の特徴や相違が認められれば、区別して計上する十分な根拠となる。また、その結果、様々な収入源、時間帯、サービス方式等の分類で売上を管理することが、極めて有利となる。

売上変化の測定

　本章で学んだ様に、飲食サービスのレベニュー・マネージャーは売上の源泉となる事業分野について正確且つ詳細に分析する能力を身につけなければならない。しかし、何故そこまで詳細に売上を監視する必要があるのだろうか？　その理由は多々あるが、全て一つの現実を反映したものである。即ち、**営利事業**の飲食産業は絶えず売上を上げない限り市場から撤退を余儀なくされるからである。営利事業と言う定義を注意深く考えれば、費用が売上を凌ぐ場合、費用を削減することにより、売上を増加させるのと同じ効果がある、と言い換えても良い。会計

❖**重要な用語**❖

ケイタリング（Offsite catering event）　通常営業する店舗を離れ、遠隔地に料理や飲み物を運びこみ、それらを給仕する総合宴会仕出しサービス。航空業界では、機内食を供給する事業を意味する。

宴会場（Banquet room）　独自に主催可能な宴会、パーティー等を実施する目的に貸し出す特別に用意された施設、大広間。

飲食サービスの営利事業（For-profit operation-foodservice）　飲食サービスにおいて、費用を凌ぐ売上を計上することにより継続を目指す事業。商業目的事業とも呼ぶ。例としては、全てのレストラン、バー、ナイト・クラブ、ラウンジ等。

上の利益に関する数式は次の通りであった。**売上−費用＝利益。**

　数学的に考えれば、費用の減少により利益が拡大することは間違いではない。これが正しい事には違いないが、決して長続きするものではない。経験豊かなレベニュー・マネージャーは売上を増加させるためには費用も増加する事を知っている。これを考えると、費用が多い方が、費用が少ないよりも好ましい結果となる。従って費用が少ない方が、費用が多い方より優れていると考えるのは論理的とは言えない。そこで、原価主義の飲食サービスの経営者は売上を維持し、向上させながら、費用を削減すれば良いと主張する。しかし、レベニュー・マネージャーの観点に立つと、総収入を減らさずに費用を削減すると言う見方が問題であると言える。飲食サービスにおいて費用が減少する場合、総収入が維持できることはあり得ない。コスト・カッターが何を言おうとも、想像する通り飲食サービスにおいて原価が減ると必ず品質が下がり、顧客の満足度が低下し、売上が減少し、その結果利益が圧迫される。レベニュー・マネージャーが定義する利益は次の通りである。

利益＝取引において売り手と買い手双方が達成する正味の価値。

　飲食サービスにおいて、売上最適化の手段としての原価削減が失敗することは容易に理解できる。失敗する二つの理由は次の通りだ。一般的な原価削減においては、

- 削減した費用が全て売り手側のものとなる。
- 削減の結果、一般的に買い手の受け取る価値が低下する。

　更に理解を深めるため、ビーフステーキをメニューの看板にするレストランがステーキの仕入れ価格の上昇に直面した状況を考えなさい。お店は浪費もなく極めて効率的に運営されている。ステーキの仕入れ価格上昇に対し、伝統的な飲食サービスの智恵として経営者に(1)メニュー価格を維持するため、商品の分量を減らすか(2)商品の分量を維持するため、メニュー価格を値上げすることを促す。どちらの場合も利益率が維持できる。また、これにより発生し得る利益は売り手側にのみ、もたらされる。また、どちらの方法がとられても、顧客にわたる価値は減少することになり、高くなることはない。ここで、第2章で学んだ価値の定義を思い起こしなさい。

売り手と買い手の取引において、価値とは、**受け取った利益−支払った金額**、となる。

　この例の場合、同じ値段で小さいサイズのステーキを食べても、同じ大きさのステーキを高いお金で食べても、どちらの場合も買い手の利益の増加にはつながらない。レベニュー・マネージャーとしてステーキの仕入れ価格上昇に対応するこれら二つの選択を支持するとすれば、本書の冒頭で説明した重要な概念を理解したとは言えない。それは、「買い手は売り手の原価に対し興味はなく、その上、売り手の原価を保証する気持ちも持ち合わせていない。」と言うことだ。事実ほとんどの買い手は、欲しいものを卸値以下か卸値ぎりぎりで購入出来たと知れば大変満足する。

　長期的には根拠のない費用削減は売上の減少を招くことから、**非営利の飲食サービスの事業者**も売上改善施策が費用削減施策よりも効果的である事を理解している。それは、売上改善戦略は一般的に事業に必要な補助金を削減する効果が期待できるからだ。

374　第11章　飲食サービスのレベニュー・マネージメント実績評価

　レベニュー・マネージャーがどの様にして正確な売上の増減を測定するかを知らなければならない事は自明の理だ。それが重要な理由をイギリスの哲学者ジョン・ロック（John Locke）が次の様に宣言している。「物事を理解することの進歩には両面の効果がある。その一方は、自身の知識の増加であり、また一方は、自身の知識を他の人に与えることである。」

　レベニュー・マネージャーが売上の増減を注視しなければならない理由は第一に自分自身の事業に対する理解を深めるためであり、第二は、顧客中心主義の売上最適化戦略推進にあたり、事業に従事する他の仲間に情報を提供することで仲間の協力を得る事が可能となるからだ。顧客が認める価値を高める戦略は顧客中心主義に則ったものと言える。事業の当面の利益を目的に経費を削減する戦略は、短期的な救済にはなるが、長期的な売上最適化戦略には失敗する。そのため、飲食サービスに関わる人は特にマクロ経済学者ミルトン・フリードマン博士（Milton Friedman）の次の所見を無視してはならない。「自由市場における唯一最も重要な真実は、双方に利益をもたらさない限り取引は成立しないことだ。」フリードマン博士の洞察力を無視して、費用を削減して顧客が認識する価値を下げることは、昨日の戦略を今日の顧客に適用し、明日の売上の増加を期待する様な結果を招く。全く起こり得ない戦略だ。

　飲食産業における売上とその増減は顧客の数と一人当たりの顧客が消費する金額、即ち客単価から得られることを学んだ。表11.5は飲食産業の売上を構成する要素のマトリックスを図表化したものだ。この表で分かる様に、顧客数の増加が客単価の増加を伴えば、売上が増加する結果となり、同様に顧客数の減少が客単価の減少を伴えば、常に売上の減少を招く。

　顧客数の増加と客単価の減少が同時に発生すると、売上に対する影響が不透明となり、同様に顧客数の減少と客単価の増加が同時に発生すると売上への影響が不透明となる。従って、飲食サービスのレベニュー・マネージャーは売上を金額と顧客数の双方で管理する必要がある。どの様な組合せにおいても、仕入れ費用の上昇や人件費の増加を吸収し、利益の増加を望むならば、総収入の増加を達成しなければならない。この事は宿泊産業においても同様で、宿泊産業のレベニュー・マネージャーも総収入を正確に評価する場合には稼働率とADRの双方を同時に監視する必要がある。

表11.5　売上変動要素のマトリックス

顧客数 ＼ 客単価	増	減
増	売上増加	売上増加 又は減少
減	売上増加 又は減少	売上減少

❖重要な用語❖

非営利事業（Nonprofit operation-foodservice）　飲食サービスにおいて、経費を凌ぐ売上のみを目的とする事業ではない存在。救済事業とも呼ばれ、学校、大学医療機関の給食、福祉施設の給食等、補助金を受ける事業。

売上増の評価

　飲食サービスのレベニュー・マネージャーが注意深く売上と顧客数の実績を記録し、事業の売上傾向を判断するためには、記録した売上の増減を慎重に分析する必要がある。これを理解するために、表11.6に示すロジャーのレストランの売上記録を考えなさい。

　ロジャーのレストランのレベニュー・マネージャーは収入源を料理部門と飲料部門の二つに分類し、それぞれの売上構成比率を計算した。昨年対比の売上金額差は簡単な引き算で計算できる。**今年の売上－昨年の売上＝前年対比売上金額差**

　勿論のこと売上金額の増減を知ることは重要である。更に優秀なレベニュー・マネージャーは売上変動比率を知りたいと考える。表11.6のデータからロジャーのレストランの売上変動比率を計算する方法は次の3段階の工程となる。

　第一ステップ：**会計期間**の売上金額の特定。この場合年間売上となる。

　第二ステップ：今年の年間売上－昨年の年間売上。

　第三ステップ：第二ステップの計算結果の差額を昨年の年間売上で割る。

　この工程に表11.6のデータを当てはめると、次の通りとなる。

　第一ステップ：$2,541,206.00

　第二ステップ：$2,541,206.00 － $2,306.110.00 ＝ $235,096.00

　第三ステップ：$235,096.00 ÷ $2,306,110.00 ＝ 10.2%

　これらの計算をそれぞれの収入源（センター）についても実施した結果が表11.7となる。表11.7を見れば、年間総売上変動比率が10.2%であることが分かる。ここで、売上の効率を評価するレベニュー・マネージャーは更に次の質問に応えなければならない。

表11.6　ロジャーのレストランの売上　前年対今年の比較

売上	昨年	売上比率	今年	売上比率
料理売上	$1,891,011.00	82.0%	$2,058,376.00	81.0%
飲料売上	$415,099.00	18.0%	$482,830.00	19.0%
合計	$2,306,110.00	100.0%	$2,541,206.00	100.0%

表11.7　ロジャーのレストランの売上推移

売上	昨年	今年	売上差額	売上変動率
料理売上	$1,891,011.00	$2,058,376.00	$167,365.00	8.9%
飲料売上	$415,099.00	$482,830.00	$67,731.00	16.3%
合計	$2,306,110.00	$2,541,206.00	$235,096.00	10.2%

❖重要な用語❖

会計期間（Accounting period）　レベニュー・マネージャーが会計実績を報告する一定の期間、または事業の売上を分析するための一定の期間。年次、四半期、月次、週間、日報、時間別実績等。

376　第11章　飲食サービスのレベニュー・マネージメント実績評価

　　料理部門の売上増は飲料部門の売上増より多かったか？

　　この質問に対し、絶対金額でみると料理部門の増加は $167,365.00で、飲料部門の $67,731.00 よりも多い。しかし、増加率でみると料理部門は8.9％の伸びに止まり、飲料部門の伸び率16.3％を下回る結果となる。ロジャーのレストランの総売上の伸び率は10.2％を達成したことは表11.7から明らかだが、表11.5から考えると、少なくとも次の４つの変化の何れかに該当すると考えられる。

　1．昨年と同数の顧客であったが、客単価が上昇した。

　2．昨年より顧客の数が増えたが、客単価は同額であった。

　3．昨年より顧客の数が増え、昨年より客単価も上昇した。

　4．昨年より顧客の数は減少したが、客単価は昨年より大きく上昇した。

　　レベニュー・マネージャーが売上金額と顧客数をきちんと記録していれば、この答えは簡単である。顧客数が正確に記録されていれば、客単価が正確に計算可能だ。それにより、ロジャーのレストランの売上が伸びた理由は、顧客が増加したためか、顧客の数は同じだが、客単価が上昇したためか、理想的には顧客が増え、客単価が増加したためかを、レベニュー・マネージャーが判断可能となる。

　　仮に顧客の数が減少したものの、客単価の大幅な上昇により昨年の売上を上回った場合、長期的に見れば顧客の減少にもかかわらず将来の売上が伸び続けることは非現実的であり、レベニュー・マネージャーにとって、この事実を認識することは極めて重要となる。

　　仮にあなたがロジャーのレストランのレベニュー・マネージャーだとすれば、正確な記録のお陰で、売上に占める顧客数の影響を正しく判断することが可能となるが、それだけでは十分とは言えない。次の質問に対し、どの様に答えるか考えなさい。

　　　仮にロジャーのレストランは昨年メニュー価格を５％値上げしたとする。総売上は10.2％伸びたが、値上げの５％分を差し引いた売上増は何％となるか？

　　飲食サービス事業においては、一般的に時を経るとメニュー価格は上昇する。これらの販売価格の上昇による売上増は、販売数による売上増と混同してはならない。例えば1954年当時のサーロインのデルモニコ・ステーキは一人前５ドル程度であった。それが、今日同じ店で一人前20ドルとなっている。だからと言って50年代と比較して４倍も販売量が増加した訳ではない。年月をかけてメニュー価格を値上げし人工的に売上を増加させることと、現実の事業で販売数を増加させ売上を増加させることの二つは、売上変動の分析において明確に分離する必要がある。そのためには売上調整手法が用いられる。売上調整手法を理解するため、ロジャーのレストランが今年の会計年度開始時に全料理と全飲料のメニュー価格を５％値上げしたと仮定する。値上げによる売上増を含む売上変動を調べるための売上調整工程は次の通りとなる。

　第一ステップ：昨年の売上を、今年の価格で計算し直す。昨年の売上×値上げ率105％

　第二ステップ：今年の売上－第一ステップの計算結果。

　第三ステップ：第二ステップの数値÷第一ステップの数値。

この方法によりレベニュー・マネージャーは値上げ分を除いた売上伸び率を把握可能となる。表11.7のデータを当てはめると次の通りとなる。

第一ステップ：$2,306,110.00×1.05（5％）＝$2,421,415.50

第二ステップ：$2,541,206.00−$2,421,415.50＝$119,790.50

第三ステップ：$119,790.50÷$2,421,415.50＝4.95％

表11.8は上記の計算を料理部門、飲料部門にもそれぞれ当てはめた結果である。表11.8からロジャーのレストランの値上げを除いた総売上の伸び率は4.95％であることが分かる。

表11.8　ロジャーのレストランの売上推移、5％値上げ分調整後

売上	昨年売上	昨年売上×1.05	今年売上	売上差額	売上変動率
料理部門	$1,891,011.00	$1,985,561.55	$2,058,376.00	$72,814.45	3.67％
飲料部門	$415,099.00	$435,853.95	$482,830.00	$46,976.05	10.78％
合計	$2,306,110.00	$2,421,415.50	$2,541,206.00	$119,790.50	4.95％

RMの実践　11.1

「私には全く理由が分りません。」とダリルが言った。ダリルはスモーク・アンド・ボーンズ・バーベキュー・ハウスの新任のバー・コーナー主任だ。

すると、食堂主任のケミナが聞き返した。「一体何が分からないのですか？」

「スタッフ会議でエメスタがバー・コーナーの先月の売上$8,000.00が今月$10,000.00になったと言いました。25％の売上増です。」とダリルが答えた。

「その通りです。私もエメスタがそう言ったのを聞きました。」とケミナが答えた。ケミナもダリルが出席したレストランの月次レベニュー・マネージメント会議に出席している。レストランの定例会議では支配人のエメスタ・ガメスが必ず主任に月次業績報告を行っている。その中で、彼女は食堂部門とバー部門の二つの収入源の実績を分類して報告している。「食堂部門も売上が増加しました。エメスタの報告では食堂部門が5％伸びました。」とケミナが続けた。

「それが分らないのです。エメスタは食堂部門が5％伸びて、バー部門が25％伸びたと言いましたが、合計すると30％の売上増となるのに、エメスタは合計売上が6.1％しか増えなかったと言いました。」

「ダリル、25％と5％を合計してはいけません。平均を取らなければだめです。」とケミナが答えた。

「勿論25％と5％を合計して、2部門の平均を求めるため、2で割り、15％と計算しました。ところがエメスタが6.1％と言いましたが、我々は15％達成した訳です。エメスタが言ったことが理解できません。」とダリルが言った。

1．エメスタが発表した全体の売上増6.1％をダリルが理解できない理由を説明しなさい。

2．ダリルが誤解していることは、一般的な事例と言えますか？　答えなさい。

3．エメスタは定例会議でダリルの誤解を解くために、何が出来るかを答えなさい。

378 第11章 飲食サービスのレベニュー・マネージメント実績評価

売上減の評価

　収入源ごとの販売数の増加を正確に計算する仕事を行うレベニュー・マネージャーは、少なくとも**トップ・ライン**（Top-line revenue）が増加している限り満足できる。しかし、総売上の減少に直面するレベニュー・マネージャーは幸運とは言えないが、後にアメリカ海兵隊中将となったチェスティー・プラー（Lewis Burwell "Chesty" Pullar）の心境に至れば慰められる。チェスティー・プラーはアメリカ海兵隊の将校として最も歴史に残る栄誉を受けている。最も困難な作戦において、プラーは上官に次の様な報告をした。「我々は長期にわたり敵軍を探し続けてきた。そして、ついに敵軍を発見した。彼らは我々を取り囲んでいる。従って識別は容易で作戦は簡単だ。以上プラーより報告。」プラーは状況とは最初に考えるよりも様々な見方があり、楽観的に考えなければならない事もあることを知っていた。このことは、減少する総売上を計算し、理解しようとするレベニュー・マネージャーにも当てはまる。

　レベニュー・マネージャーは本章で紹介した売上変動分析の三工程を用いて計算可能だが、当然プラスとなるべき比率がマイナスに反転することがある。また、複数の収入源となる部門が存在する場合、ある部門の売上は増加を示し、ある部門の売上は減少を示すことも起こる。また別の場合は、レベニュー・マネージャーが計算した結果が料理部門の著しい減少を示すことにより、全体の状況判断を誤らせ、全く間違った判断を引き起こすこともある。

　先ず、飲食サービスの売上の減少や増加を正しく分析する前提として考慮すべき様々な要素を理解するために、あなたが、プロ・バスケット・ボール競技場の向かいに店を構えるレストランのレベニュー・マネージャーだと考えなさい。仮に今年の1月の売上を昨年1月の売上と比較する場合、売上の増減に重要な要素となる顧客数に関し正しい結論を出す前に、1月のホーム・チームが本拠地の競技場で行う試合数を特定しなければならない。これは、本拠地の試合数が多ければ売上が多く、試合数が少なければ売上が減少する原因となるからだ。

　同様に、飲食店が特定の曜日に閉店（休業）する場合、二つの会計期を比較しても、それぞれの営業日数に相違が存在する可能性がある。この様な場合は、二つの会計期の総計で比較するのではなく、1日当たりの平均売上で比較しなければならない。この理由を更に理解するために、大都市の商業地区で営業する移動式サンドウィッチ売店のディルバーツを考えなさい。ディルバーツのお客さんは主にビジネスマンで、月曜から金曜までの営業だ。今年1月は21日間営業した。しかし、昨年は週末の日数の違いから22日営業した。

　表11.9はディルバーツの昨年の売上と今年の売上を示している。昨年と今年の販売価格は全く同じだ。

　表11.9のデータを分析すると、ディルバーツの店の今年1月の売上は昨年1月に比較して1.2%減少している。しかし、ディルバーツのオーナーが今年の売上が減少したと結論付ける

◈重要な用語◈

トップ・ライン（Top-line revenue）　飲食サービスの業界用語で、総売上を意味する。ボトム・ラインまたは純利益と対比させて用いる。収支報告書の最上段に売上が記載され、最下段に利益が記載されることから生まれた表現。

売上変化の測定　379

表11.9　ディルバーツの1月売上前年対比

	昨年	今年	売上変動	変動率
1月総売上	$17,710.00	$17,506.00	-$204.00	-1.2%
営業日数	22	21	-1	-4.5%
1日平均売上	$805.00	$833.62	$28.62	3.6%

RMの報道記事　11.2　前期の売上は上がった？　下がった？　それとも両方？

　複数店で営業する飲食サービス事業にとっては、売上を増やすための方法が二つある。一つは既存店の売上を更に伸ばすことで、もう一方は新規開店を増やすことだ。明確なことは既存店の売上増をはかる方法は、新規店舗開設より費用が少なくて済む。既存店の売上が増加している場合、理由は昨年よりも多くの顧客が来店したか、客単価が増えたか、あるいは二つ同時に起こったかである。どちらの場合も新規店舗建設や開設の費用なしに、売上増が達成可能だ。

　既存店の売上が伸びることは、効果的なマーケティングや料理と飲み物が顧客に好まれている事の証明でもある。しかし、経験豊かなレベニュー・マネージャーには良く知られているが、飲食サービス事業では既存店の売上増ではなく、全ての店舗を合計した総売上増を会計報告する会社がある。その結果初心者にとっては混乱をきたす。

　この顕著な例として、スターバックスが発表した第2四半期12%の売上増を達成したと言う楽観的な約1,000語の本文と短い4項目の売上動向について注意深く考えなさい。

　売上動向4項目

1. 売上予想を下回った原因は米国市場の既存店舗の売上が顧客数の減少により、数パーセント下落したこと。
2. 米国市場の第2四半期売上は8%増加した。
3. 海外売上は27%増加した。
4. 純利益は3億1,680万ドルで前年同期比11%減少した。

　既存店の売上が数パーセント下落した事実に関する説明で用いられた表現はMid-single-digit declineとあるが、会計報告用語では、4%から8%の幅の下落を意味する。そこで、米国内の売上8%増と言う表現に関しては、全てが新規開設店舗によりもたらされたことが分かる。これと海外売上の27%増を加えると、米国既存店の売上下落にもかかわらず総売上が12%増となったことが分かる。

　長期的な観点で、今期の報告からスターバックスが全て順調ではないと感じるとすれば、純利益11%減と言う事実からしても正しいと言わざるを得ない。

　経験豊かなレベニュー・マネージャーは既存店舗の売上が減少している事実から幾つかの要因の一つを知るだろう。そのひとつは、事業の魅力が薄れ、来客数が減少している。また、経済環境が悪化しているため、人々が食品一般の消費を控えている、とも考えられる。また、顧客の来店を促す努力に失敗し、メニュー価格が過度に下落している。何れの場合にしても既存店の売上の減少は大きな問題である。この様な状況においてレベニュー・マネージャーは単純な質問と複雑な質問の二つに向き合わなければならない。

　「我々は直ぐに反転する短期的な動向に直面しているのか？　または、この状況は長期的な下落への始まりなのか？」

　正しい答えは簡単に出せるかもしれないが、どの様に対応したら良いかは極めて複雑な問題と言える。

380 第11章 飲食サービスのレベニュー・マネージメント実績評価

RM のウェブサイト　11.3

　Technomic Information Services（TIS）社は飲食サービス産業の経営を過去40年以上追跡調査している。TIS は業界情報、会計報告、将来動向、各種データ、その他関連企業、飲食関連機器製造業、物流会社、飲食業界向けの教育支援を提供している。TIS の数多くの出版物や情報は産業全体の動向を分析するレベニュー・マネージャーの助けとなる。それらの中の最新の製品は、様々なメニュー価格戦略に対する消費者の反応を分析したものだ。この最新かつ有効な売上最適化ツールに関し学びたい人は、www.technomic.com を参照しなさい。ホームページから Reports and Newsletters、Consumer Trend Reports、Under Market Trends、The Consumer Pricing Strategy Report を検索しなさい。

ことは間違いである。間違いの理由は１日平均の売上を見れば明らかだ。１日平均売上は昨年１月より3.6% 増加している。

　ディルバーツの１月の売上は昨年と比較して増加したか減少したか？　答えは、明確に月間売上か、１日平均か区別しなければならない。従ってレベニュー・マネージャーは売上変動の結論を出すにあたり、関連する全ての要素を慎重に考慮しなければならない。それらの中には営業時間帯、営業日数、販売価格変動、顧客数、客単価変動、祝日休日、特別行事等様々な要素がある。それら関連する全ての要素を慎重に考慮して、はじめてレベニュー・マネージャーは事業の推移と動向を正しく判断することが可能となる。多くのレベニュー・マネージャーにとって、対象とする会計期間内の一日平均売上、一日平均顧客数、一日平均客単価の検証が売上の増減を比較する際の最も重要な情報となる。また、レベニュー・マネージャーが効果的な顧客中心主義に基づく売上最適化の施策や価格判断を行う上で、**既存店売上**動向を詳細に分析し理解することは極めて重要だ。

売上効率の評価

　宿泊産業と違い、飲食サービスのレベニュー・マネージャーは、外部のレベニュー・マネージメント関連の経営効率を調査・測定する広範な情報を検索する環境にはない。第９章で紹介したスミス・トラベル・リサーチ社の STAR 競合情報報告に相当する情報は、飲食サービスにおいては存在しない。従って、レストランやバーの経営者が外部の機関が提供する市場占有率、在庫稼働率、価格効果等を手にすることはない。

　米国レストラン協会（The National Restaurant Association）が飲食施設の年次売上予想を発行し

❖重要な用語❖

既存店売上（Same-store sales）　少なくとも１年以上営業している店舗の売上。同義語として、Same-store revenue、比較売上（comparable store sales）または、LFL: Like for like sales、like store sales が用いられる。この分類はレベニュー・マネージャーや経営者が売上増の要因分析にあたり、新規開設店舗の売上と既存店の売上を区別して評価する場合有効となる。この区分が重要な他の理由は、どの様な事業でも店舗が飽和状態になることがあり、その場合将来の売上は既存店売上改善如何となる。

売上効率の評価　381

ている。これは、家庭以外で購買される飲食の総額の変動予測を目的にしたもので、飲食全体の動向をはかる助けとなる。また、QSR（ファスト・フード店）の中には、関連店舗の売上関連データを収集し、フランチャイズ本部や傘下の店舗に提供している。しかしながら、ほとんどの場合、飲食サービスのレベニュー・マネージャーは売上効果の測定にあたり、自分自身で工夫して実施するしかない。

　飲食サービスのレベニュー・マネージャーが取り組んでいる多くの試みのひとつが、効果的な売上最適化戦略の存在を示す特別な要素の特定である。売上最適化とは、レベニュー・マネージャーが鍛錬した戦術によって予測する購買者の価格に対する反応と商品在庫引き当ての最適化と利益の最大化で構成されるものである。創造性に優れたレベニュー・マネージャーは様々な方法で売上最適化の能力を評価する事が可能だ。しかし、飲食サービスのほとんどのレベニュー・マネージャーが彼らの事業効果を総合的に評価することは、重要な3要素である施設の稼働率、労働力の稼働率、在庫管理を評価することに他ならない。これらの重要な3要素を如何にレベニュー・マネージャーが測定し、評価するかを本章の残りの部分で説明する。

単位面積売上（Revenue per square foot）

　飲食サービスの事業規模は幅広い。大きなレストランやバーは小さな店より、より多くの席を設けることが可能で、より多くの顧客を迎える事が出来る。従って、一般的に大型店舗は小型店舗に比較して多くの売上を上げることとなる。論理的に考えれば売上最大化のためには大きな店舗を建設し事業を行う必要がある。そこで問題は、大型店舗の場合、建設費用が高く、運営費用も高くなることだ。

　飲食サービスの売上は施設の大きさに左右されるため、大型店舗と小型店舗の売上能力を公平に比較することは極めて困難だ。**単位面積売上**はこの問題を解決するために業界で用いる概念だ。単位面積当たりの売上が少ない事業は、単位面積当たり売上の多い事業に較べて維持費等の固定費を賄う能力が劣る。単位面積あたり売上の高い事業は一般的により効率的で、より利益率が高い。現在の単位面積売上の大小にかかわらず、レベニュー・マネージャーが事業の単位面積売上能力を測定する理由は、改善が目的である。

　単位面積売上の概念はショッピング・モール内の飲食コーナーを考えると分かりやすい。その様な場合、一般的に飲食コーナーに出店する店舗の占める面積に対する賃貸料が**施設維持費**に相当する。単位面積売上の計算式は次の通りだ。

総売上÷総平方フィート面積＝1平方フット売上

　これを、売上90万ドル、占有面積1,500平方フィートの事業に当てはめると次の通りだ。

❖**重要な用語**❖
単位面積売上、1平方フット（0.092m²）当たりの売上（Revenue per square foot）　事業の年間売上を事業の1平方フィート換算総面積で割った金額。（1坪＝35.583平方フィート）
施設維持費（Occupation costs）　レストランやバーの施設を維持するための費用。具体的には賃貸料、光熱費、保険料等。

$$\$900,000.00 \div 1,500ft^2 = \$600.00/ft^2$$

　単位面積売上の概念は貴重な統計手法だ。この計算により、施設占有面積を有効に利用していない事業者は不利な立場におかれ、狭い面積で大きな売上を達成し、施設を効率的に活用している事業者は有利な立場を得ることができる。アメリカの飲食事業は一般的に1,500平方フィート（約42坪）の小型珈琲ショップから10,000平方フィート（約281坪）の大型フル・サービスのレストランまで様々だ。勿論取り扱う商品や立地条件、メニュー価格等、飲食事業は大変幅が広いため一概に理想的な単位面積売上目標を示すことは出来ないが、概ね1平方フットあたり年間200ドルから1,000ドルが相場となっている。

　また、単位面積売上は飲食サービスの事業形態や事業区分により、様々だ。例えば高級レストランと町はずれの小さな居酒屋や持ち帰り用のピザ店の売上能力は当然差がある。同様に都市部で施設費やメニュー価格が高いレストランと、田舎にある施設費のかからないレストランでは単位面積売上に大きな差が存在する。何れの場合にしても、占有面積当たりの売上を最大化する事業主の努力は、施設維持費用との比較において正しい経営感覚を示すこととなる。

　最も重要なことは、全ての事業においてレベニュー・マネージメントに責任を持つ人間が重要な指標として知らなければならないことは、単位面積売上が増加傾向にあるか、減少傾向にあるか、またはある一定の水準を維持しているかである。この指標は店舗の拡張や新規店舗の出店を判断する上で極めて重要な要素となる。

　状況によっては、レベニュー・マネージャーが彼らの担当する事業の単位面積売上を正しく評価出来ない場合もおこる。その理由は様々だろうが、即座には対応困難な原因も起こり得る。例えば、ショッピング・モールの飲食コーナーに出店しているレストランの場合、ショッピング・モールの旗艦店（アンカー店）が撤退し、あまり有名でない店が後を引き継いだ場合、ショッピング・モール全体の来客数が減少する。その様な場合は、モール全体の店舗の単位面積売上も減少することになるだろう。顧客が減少することになれば、飲食コーナーの店舗にとっても販売量が減少し、その結果単位面積売上も減少してしまう。これは外部要因による変動であるが、しかしレベニュー・マネージャーによる注意深い指標の追跡が重要なことに変わりはない。

勤務時間売上（Revenue per Labor Hour）

　第10章で学んだ原価率計算は販売する商品の製造・準備に要する費用と商品の売上金額との関係を知る鍵となる。これと同様に、単位面積売上計算は売上と事業面積費用並びに施設維持関連費用等、**その他の費用**を知る鍵となる。レベニュー・マネージャーにとって、彼らの事業の売上効率を評価する最も重要な計算のひとつが人件費効率だ。

　実際には売上効率を重視するレベニュー・マネージャーと飲食サービスの原価管理を重視

❖重要な用語❖

その他の費用 Other Expenses（Foodservice）　事業費のなかで、食品の費用でもなく、人件費にも該当しない費用。

売上効率の評価　383

表11.10　一般的人件費計算

測定対象	計算式	目的
売上人件費率	人件費÷売上	総売上に占める人件費比率
顧客あたり人件費	人件費÷顧客数	顧客一人に要する人件費（営利事業、非営利事業）
人件費あたり顧客数	顧客数÷人件費	人件費1ドルあたりの取扱い顧客数

する経費管理の専門家とでは、労働力の生産性を調べる人件費の調査に相違が存在する。表11.10は人件費管理に用いられる最も普及している計算手法を示したものだ。

　人件費の効果的な支出または、労働力の効果的活用（稼働率）は事業の損益計算書の責任を負う立場の人にとって重要である。これはまた、別の目的において、レベニュー・マネージャーにとっても重要な指標となる。

　もしあなたがレストランやバー、クラブ等で従業員に長時間待たされた経験があれば、適切でない従業員の配置（スタッフ不足）が売上を減少させる要因となることを知っているだろう。長時間待たされる顧客は、沢山注文する機会を限定されるため、売上が減少することは明白だ。同様に、給仕、バーテンダー、料理人等が適切に配置されていなければ、一定の時間内に席に案内され、給仕を受ける顧客の総数は減少する。

　より多くの顧客に対応できる大型店は、十分な従業員がいれば、狭すぎる店よりも多くの売上を上げることが可能だ。しかし、施設の広さと同様に、従業員の数を増やすことは経費の増加を伴うことになる。そこで、レベニュー・マネージャーは従業員の勤務時間当たり売上を基に人件費効率を測定する。計算式は次の通りとなる。

総売上÷勤務時間合計＝1勤務時間売上

　勤務時間とは、ある一定の会計期間内に給与を支払われた総勤務時間を意味する。勤務時間売上の計算と利用法を理解するために、イーザット・モラーディのケースを考えなさい。イーザットは中東風のレストランを運営している。彼のレストランの過去4週間の売上実績詳細は表11.11の通りだ。

　表11.11で注目すべき点は、第3週の時間売上が最も低い$37.80で、最も高いのが第4週の$44.95で、幅があることだ。このことから、期間により従業員の稼働効率に差があることと、

表11.11　イーザットの店の4週間勤務時間売上

週	売上	勤務時間合計	勤務時間売上
1	$18,400.00	410.00	$44.88
2	$21,500.00	525.25	$40.93
3	$19,100.00	505.25	$37.80
4	$24,800.00	551.75	$44.95
合計	$83,800.00	1992.25	$42.06

384　第11章　飲食サービスのレベニュー・マネージメント実績評価

それが売上に与える影響の結果が容易に理解できる。

　勤務時間売上を注意深く分析するレベニュー・マネージャーは、彼らが労働力の生産性を評価する上で、勤務時間売上の方が、売上に占める人件費比率で判断するよりも正しい結果が得られると感じていることがその理由である。事実勤務時間売上はメニュー価格の変化に応じて変動するが、時間賃金の変化に対しては変化が見られない。別の観点から説明すると、時間賃金の増減は、労働力の生産性に影響を与えない。勤務時間売上の指標は従業員に支払われる賃金を考慮していないため、時間当たり平均10ドルの賃金を支払う飲食サービスの特定の店舗は、平均12ドル支払う別の店舗と同じ売上を達成した時には、全く同じ勤務時間売上となる。この場合、どちらの店舗も同額の売上で、同じ勤務時間であれば、時間給10ドルの店舗が、12ドルの店舗と同じ勤務時間売上を達成すると同時に、12ドルの店舗よりも費用が低く抑えられることから労働力の生産性が高い結果となる。

　勤務時間売上の指標を更に理解するために、あなたがカントリー・クラブのレベニュー・マネージャーとして行う決断について考えなさい。あなたがゴルフを楽しむ顧客である会員に対して計画している新サービスのひとつは、会員がゴルフ場でプレーしている間に飲み物を販売することだ。あなたが決断を求められるのは「会員に適切なサービスを行うためには、どの曜日のどの時間帯に何台の移動飲み物販売車を配置するか」だ。

　少なすぎると喉の渇いた会員が増えて不満を招き、多すぎれば当然カントリー・クラブの経費を圧迫する。この様な場合、あなたは勤務時間売上を分析し、時間毎に経済的で良質なサービスに必要な車の数を決めたいと考える。

　勤務時間売上を計算することは比較的容易だ。何故なら計算式に必要な分子と分母が定期的

表11.12　飲食サービスの勤務時間売上を増加させるための6戦略

1．売上とサービス提供者（ウェイター）自身の手取賃金の関連を強調して説明する。仮に週間売上が10％以上伸びた場合に、具体的に給仕が受け取るチップの金額がいくらになるかを示す。彼らが自ら受け取る賃金を増やせる能力があることを説明する。

2．適切な目標を設定する。シフト毎に達成可能な目標を設定し、シフト完了後に必ず進捗結果を報告させる。目標は達成可能な範囲に設定することが重要で、仮に高すぎると、スタッフを失敗させる結果となり、成功に至らない。

3．結果を公表する。ウェイターは競争心がある。同僚との競争は励みになる。彼らが見えるところにシフト毎の結果を掲示する。高い実績や個人の改善を強調する。

4．目に見える報奨を提供する。最高額の客単価を達成したウェイターに配慮し、一番忙しい時間帯の勤務を命じ、総売上の最大化に役立てる。最も優秀な従業員を最も効果の上がる時間帯に配置する。絶えず好成績を達成する従業員には時間給の増額を検討する。

5．訓練、訓練、訓練。レベニュー・マネージャーの重要な仕事の一つは従業員にアップセル（高額・高級商品販売）推進努力の重要性を認識させることだ。アップセルとサービス技術向上の訓練は絶えず行う必要があり、その効果を注意深く測定しなければならない。

6．効率の低い従業員を排除する。全ての従業員が同じ様なサービスを出来る能力を持っている訳ではない。また全ての従業員が完璧なサービスを身につけたいと願っている訳でもない。従って、個々の従業員の勤務時間売上を記録し、下から20％に属する従業員を絶えず注視する必要がある。彼らのサービス水準が適切な訓練によって改善しない場合は、サービス以外の部署への配置転換や解雇を行う。

RM のウェブサイト　11.4

　飲食サービス関連のレベニュー・マネージャーはレストランのマーケティングに関する文章や出版物を容易に検索することが可能だ。それらの出版物のほとんどの内容は繰り返し訪れるリピーターを強調している。これは売上の増加を目的とする手段として理解できることであるが、経験を積んだレベニュー・マネージャーは固定客の客単価を上げる取り組みが、最低限の費用しかかけずに勤務時間売上と総収入を極めて効果的に改善する方法であることを熟知している。客単価を上昇させる鍵となるのは特別に教育訓練を受けた従業員である。

　第 1 級のサービス教育ツールは NRA（National Restaurant Association）のウェブサイトで見つけることができる。それらの購入や調査には www.restaurant.org を検索のこと。

　ホームページから Profitability and Entrepreneurship に進み、Opening a Restaurant のハウツー・シリーズから、"Teaching Servers How to Sell" を見なさい。

　この卓越した教育コースの紹介を NRA は次の様に説明している。

　優秀なウェイター（給仕）は単に注文を伺う以上の役割をはたす。単にレストランの利益を増やすだけでなく、顧客からチップを沢山もらい、レストランで素晴らしい対応を受けたことを顧客から他の人々に伝えてもらえる。この教育プログラムはウェイター（給仕）が顧客にどの様に販売すればよいかを訓練する。

RM の実践　11.2

　「私をお呼びになったのは、お客様でいらっしゃいますか？」と高級ドイツレストラン「ハイデルベルク」の支配人マルコは角の 6 人掛けのテーブルに座っている怒った顧客に挨拶した。

　「一体どうなっているんだ。請求書を頼んだのに15分も待たされて、この調子ではクレジット・カードの処理に10分もかかりそうだ。さっさと払って店を出たいのだ。料理は良いがこれでは台無しだ。」と顧客が訴えた。

　「これは大変失礼いたしました。早速給仕を探します。」とマルコは答え、食堂を見渡した。すると汚れた皿が散らかったテーブルが幾つも目に入り、その上、受付には席を待つ顧客の列が連なり、一時間も待たされている人が少なからず見受けられた。

　マルコが不適切な給仕を探そうとしてキッチンに入ると、調理場は数人の調理人が寛いでいた。

　「一体今晩はどうなっているんだ。」と調理場を見渡してマルコが叫んだ。

　すると「順調です。注文の料理は全て出しました。ゆったり捌いています。」と副料理長のサンジアが答えた。

　「ハイデルベルク」は食堂も調理場も全て良く訓練され、士気の高い従業員ばかりだと仮定する。

1．あなたは、レストランの給仕達は顧客に対し最高のサービスを提供していると思いますか？　もしそうであれば、何故顧客が怒っているのか答えなさい。
2．テーブルに沢山空きがあり、汚れた皿が散乱しているのに、恒常的に席を待つ顧客が多い原因は何ですか？
3．副料理長が「ゆったり捌いています。」と言ったが、あなたは、今晩の状況から判断して、売上最適化の観点から労働力は十分配置されていると考えますか？　もしあなたが「ハイデルベルク」のレベニュー・マネージャーであれば、どの様に顧客サービス上の問題を解決しますか？

386　第11章　飲食サービスのレベニュー・マネージメント実績評価

に把握可能であるからだ。勤務時間売上は予定された時間給社員の数、予定された正社員の数、またはそれら双方を基に計算される。ここで重要なことは、事業全体の勤務時間売上を計算する場合、売上に貢献した正社員と時間給社員の全てを合計して分母に含めることだ。

　勤務時間売上は事業分野毎、時間帯別、サービス形態別にそれぞれ計算することが重要だ。レベニュー・マネージャーは、サービス水準の品質を損なうことなく、勤務時間売上を増加させる努力をしなければならない。表11.12はあなたの事業における勤務時間売上を最大化させるための工程を詳細に示したものだ。

利用可能座席時間売上（RevPASH: Revenue per Available Seat Hour）

　売上の生産性を評価する手法として最後に示すものは、レベニュー・マネージャーが理解しなければならない概念のひとつだ。これはまた最新の概念のひとつでもある。事実このRevPASHは、来店型レストランの収入に関する生産性としてコーネル大学のホスピタリティー教授、シェリル・E・カイムズ博士（Dr. Sheryl E. Kimes）が開発し、継続的にモニターし、提唱するまで、それ以前には存在しなかった概念だ。

　RevPASHを最も適切に理解するためには、レベニュー・マネージャーは、彼らがメニュー商品を販売するのと同時にスペースを販売していることを認識する必要がある。レストランの座席は限られている。また個々の座席は利用する顧客の数と顧客の滞在時間数、また顧客の購買量により大きな収入から小さな収入まで、様々な売上の可能性を持っている。一般的に座席に滞在する顧客の数が増加すれば売上は増加する。良く計画され、適切に経営される事業においては、大きな売上は大きな利益をもたらす。

　既に学んだ様に、ホスピタリティー産業の売上最適化は、基本的に在庫管理の形で行われる。在庫管理は、顧客が利用する長さ、（ホテルの場合は宿泊数）、売上計上のタイミング、販売条件、販売価格を組み合わせて行われる。売上を最適化するために、レベニュー・マネージャーは彼らの商品在庫と顧客の需要を監視する。博士の研究が出版される以前は、レストランの売上管理の専門家は顧客の需要即ち来店する顧客数にのみ注目していた。現在RevPASHを用いるレベニュー・マネージャーは需要の重要性と同様に供給管理（座席の在庫）の重要性を認識している。

　第4章で学んだ売上最適化の重要な側面は商品の在庫の最適化である。基本的に在庫管理による売上の最適化とは、顧客の購買意欲をもとに販売価格を設定することである。即ち、価格に敏感な顧客は閑散期に安い価格で購入し、商品に高い価値を認める顧客は繁忙期に高い金額を支払って購入する。

　売上最適化の手法は比較的在庫（供給）が限定している事業、需要が変動し不透明な事業、時間とともに消滅してしまう商品を提供する事業、価格の変動に敏感な顧客を対象とする事業において最も効果を発揮する。これらの特徴はレストラン業界と合致するため、RevPASHが重要な指標となることをレベニュー・マネージャーに説明する上で助けになる。

　カイムズ博士のレベニュー・マネージメント関連の研究は供給管理または在庫管理において明確に顧客中心主義が強調されている点で重要である。これは、博士のレストランの売上管理の定義からも容易に読み取れる。

売上効率の評価　387

「レストランの売上管理は適切な座席を適切な顧客に適切な価格で適切な期間に販売することと定義できる。ここで用いる適切とは、レストランに最も多くの売上をもたらすと同時に顧客に最大の価値または利益を提供することを意味する。両者の均衡が保てなければ顧客はレストランに利用されていると感じ、レベニュー・マネージメント施策は長期的に顧客を遠ざけてしまう結果となる。」

　RevPASH の効果的な監視と管理は顧客の会食滞在時間と支払い金額に注目し、売上の増加を図る概念だ。滞在時間とは顧客が食事のために座席を占有する時間を意味する。勿論レベニュー・マネージャーは顧客が注文する特定のメニュー商品や、顧客が料理を食べる時間、更に食後テーブルに居座る時間を制御することは出来ないが、RevPASH の監視により、レベニュー・マネージャーは調理場の料理時間や顧客に提供される時間に関する状況を把握することが可能だ。第1章で学んだ RevPASH の計算式を次に示す。

総売上÷総座席時間＝ RevPASH（1 座席時間売上）

　RevPASH の計算には時間別に顧客数を特定することと、時間別に売上を把握する必要があるが、一般的にこれらの情報は POS システムから容易に得ることが可能だ。最近の POS 端末は顧客の来店時間と退室時間、顧客の人数、支払い金額を記録するため、客単価も簡単に計算可能だ。その他レベニュー・マネージャーが調べなければならないことは、レストラン内の提供可能な座席数と、それらの座席を何時間提供可能かである。

　RevPASH の適用を理解するにあたり、サラのレストランの運営を考えなさい。サラのレストランは100席で午後5時から10時の間、営業する。表11.13は先週金曜日のサラのレストランの売上を1時間毎にあらわしたものだ。

　サラのレストランのレベニュー・マネージャーは総座席時間を提供可能座席数×提供可能時間として、100座席×5時間＝500座席時間と計算した。また、金曜日の顧客数は400人であったため、400÷500で座席稼働率を80%と計算し、売上合計 $20,350,00÷400人で客単価

表11.13　サラのレストラン RevPASH　先週金曜日

時間	提供可能座席	来店客	売上	RevPASH
4時～5時	0	0	$0.00	$0.00
5時～6時	100	25	$1,500.00	$15.00
6時～7時	100	75	$3,700.00	$37.00
7時～8時	100	100	$5,200.00	$52.00
8時～9時	100	100	$5,150.00	$51.50
9時～10時	100	100	$4,800.00	$48.00
10時～11時	0	0	$0.00	$0.00
合計	500	400	$20,350.00	$40.70

座席稼働率＝400÷500＝80%　　客単価＝$20,350.00÷400＝$50.88

388 　第11章　飲食サービスのレベニュー・マネージメント実績評価

を $50.88と計算した。金曜日全体の RevPASH は $40.70であるが、RevPASH は時間毎に計算可能で、7時から10時の間が最も売上効率が高いことが分かる。この時間帯は全て合計RevPASH$40.70を上回っている。

表11.13のデータを分析することにより、レベニュー・マネージャーは幾つかの売上強化策を考えることが可能だ。第一に、5時から6時までの時間帯に食事を誘導するためのインセンティブ（特別サービス）を行う方法や、閉店時間を10時から1時間延長して11時まで営業する方法により売上や利益の増加が考えられる。第二は、座席稼働率の低い5時から6時、6時から7時の時間帯は RevPASH が減少する。第三は、座席稼働率を改善できれば RevPASH が上昇することが分かる。これは7時から10時まで満席であることを見れば理解出来る。個々の顧客の滞在時間を短縮できれば、稼働率を100% 以上にすることも可能だろう。

レベニュー・マネージャーは売上能力と顧客の滞在時間に関し、様々な方法で影響を与えることが可能だ。例えば7時までに食事を済ませる顧客と10時以降来店する顧客にデザートを勧める方法は効果的だ。また、満席の時間帯7時から10時においては、客単価を増やすことよりも座席の稼働率を上げる方に関心が強ければ、給仕人に対しデザートの勧誘を手控えさせ、待たせている顧客を速く席に案内し可能な限り速く給仕することも選択肢だ。

最後に、賢明なレベニュー・マネージャーは即座に気付くことだが、稼働率が100% に達しない場合、RevPASH が減少することだ。この概念を理解するためにサラのレストランのテーブルが全て四人掛けだとすると仮定する。この場合、二人連れ、三人連れの顧客も同じテーブルに案内されると、明らかにレストランの稼働率が低下する結果になる。そのため RevPASH は著しく減少する。多くの場合、小さなテーブルを沢山用意する方が、少ない数の大きなテーブルよりも座席稼働率が高い。

面白いことに飲食サービスで「多くの笑顔をテーブルに着かせる」(Smiles in Seats) レベニュー・マネージャーの目標は、ホテルのレベニュー・マネージャーの「多くの人をベッドに寝かせる」(Heads in Beds) 目標とほぼ同じである。宿泊産業の経験があるレベニュー・マネージャーは RevPAR と RevPASH の共通性をすぐに認識できる。「Smiles in Seats」と「Heads in Beds」の共通性は表11.14に示す通りである。

表11.13のサラのレストランの RevPASH 計算は、表11.14に示す計算式でも求めることが可能だ。即ち**座席稼働率80％×客単価 $50.88＝$40.70**となる。

計算式が RevPAR と RevPASH で共通であることから、飲食産業のレベニュー・マネージャーが RevPASH を評価する場合、宿泊産業のレベニュー・マネージャーが RevPAR を評価するのと同等の慎重な対応が必要だ。表11.15を見ればその理由が理解出来る。表に示す全ての場合、稼働率と客単価に大きな相違があるにもかかわらず、サラのレストランのRevPASH は同じとなる。

表11.14　RevPAR と RevPASH の共通性

産業	稼働率基準	単位売上	計算式
宿泊	客室稼働率	平均客室価格 ADR	稼働率× ADR=RevPAR
飲食	座席稼働率	客単価	座席稼働率×客単価 =RevPASH

売上効率の評価　　389

表11.15　サラの RevPASH

座席稼働率	客単価	RevPASH
40%	$101.75	$40.70
60%	$67.83	$40.70
80%	$50.88	$40.70
100%	$40.70	$40.70

RM の報道記事　11.3　顧客を呼び戻すクーポン。

　RevPASH の概念はホスピタリティー・マネージメントの文献では比較的新しいものではあるが、賢明なレベニュー・マネージャーは、業界動向に敏感である限り、いくらでも RevPASH の原理に関する文献を見つけることが可能だ。これを理解するために、きちんとしたレストランの多くの教育訓練担当者はサービス・スタッフに、お客様が店を出る時、「ありがとうございました。またのご来店をお待ちいたします。」と挨拶する様指導している事を考えなさい。しかし、有能なレベニュー・マネージャーは、顧客にまた来店して欲しいと望むだけではなく、特定の時間に、特定の目的で来店して欲しいと考える必要がある。

　「またのご来店をお待ちいたします。」と言われても、顧客は、あなたのレストランが今月の土曜日の晩は、全て深夜まで営業しているとか、来月のメニューに「クレームブリュレ」のデザートをだすと言ったことは全く知り様がない。「次回有効なクーポン券」をお渡しすることにより、将来の予定を顧客に伝えることが可能となり、売上を増やす道具として活用することができる。例として次の様な事が考えられる。

● 顧客に友人を誘って来店してもらう方法：1品注文すると1品無料クーポン、1品注文すると同じ料理が次は半額となるクーポン等。

● 新しいメニューやサービスの招待券。例：新しく始めたケータリング・サービスを最初に利用する場合有効な10%割引券。

● 特別クーポンの配布。例：午後4時から午後6時に来店する顧客のディナーの注文に限定したデザート無料クーポン。

　顧客を呼び戻すための戦略は、顧客に新しいメニューやサービスを試させる効果、客単価を上げる効果、来店人数の増加効果、来店回数の増加効果を奨励するものである。これらの事は全て RevPASH の改善に効果がある。また、これらのクーポンはいつでも取り止めることが可能だ。

　Quantified Marketing Group（マーケティング定量分析研究所）の「飲食サービス売上増に関する10の戦術」と言う記事の中に次の説明がウェブに掲載されたが、これを見ると顧客の来店を促すことが如何に RevPASH に影響を与えるかが理解できる。

　「人気のメニューを注文した顧客に、次回は別の時間に来店を促すことだ。例えば、あなたのレストランはランチの時間帯は大混雑で、ディナーの時間帯の売上を伸ばしたい場合、ディナーの時間帯にのみ有効なクーポン券を発行する。」

　またのご来店を促すクーポン券は、あなたのレストランの最良の友である顧客を、個人的に招待することが可能だ。RevPASH の状況を正確に把握し、どの時間帯に、どれだけの顧客の受入が必要かを判断することにより、事業の RevPASH を大幅に改善するクーポン等の来店促進が可能となる。

390　第11章　飲食サービスのレベニュー・マネージメント実績評価

表11.16　RevPASH を増加させる 6 つの戦略

1．恒常的に売上分野別、売上時間帯別の RevPASH を測定する。有能なレベニュー・マネージャーは重要な事のみを評価する。飲食サービスの成功においては、事業の販売効率より重要な事はあまりない。RevPASH が把握され、慎重調査が行われて初めて売上最適化の改善策が実行可能となる。

2．テーブルの座席数を最大限柔軟に変化させる。柔軟性は座席稼働率の改善にとって最も重要な要素だ。コンピュータを用いたテーブルの座席数管理システムを利用する事も可能だ。大きなテーブルに少ない顧客を案内することを極力なくす必要がある。

3．顧客の来店が少ない時間帯には階層価格を用いた割引を行い、顧客数の増加を促す。宿泊産業のレベニュー・マネージャーは需要が低い時の割引による需要喚起の効果を良く知っている。同じ様に、レストランにおいても、顧客の少ない時間帯に絞った特別サービスや割引の販売促進を行うべきだ。

4．座席稼働率が高い時間帯においては、客単価の最大化につながる階層価格の設定を行う。レストランによっては、混雑する時間帯に値段を上げることも行われるが、創造的能力に優れたレベニュー・マネージャーは、むしろその様な時間帯には、短時間で調理可能なメニューを積極的に販売することで、テーブルの回転率をあげる方法を取っている。この様な時間帯には、調理に時間を要するメニューの推奨を控える。

5．予約を適切に管理する。前もって予約を受け付ける場合、適切な時間帯に適切な人数を受けることが重要だ。そのため、顧客の多いレストランの場合、コンピュータ化されたシステムを利用する必要がある。

6．混み合う時間帯には、適切な数のサービス要員を配置しなければならない。座席稼働率の最大化には、迅速な調理と効率的なサービスが必要である。迅速に空いたテーブルを片づけ、準備し、食事の済んだ顧客の支払いを処理するための適切な人員配置も、座席稼働率の最大化に極めて重要となる。

　聡明な読者は、第 9 章の次の説明を思い起こすだろう。

　「ホテルの稼働率や ADR の評価を行う際、RevPAR と合わせて見なければ無意味だ。」

　優れた飲食産業のレベニュー・マネージャーは RevPASH についても同じことがあてはまることを理解するだろう。

　「レストランの座席の稼働率や客単価を評価する際、RevPASH と合わせて見なければ意味がない。」

　この説明の本来の真実を考えれば、飲食サービスのレベニュー・マネージャーの多くが新たな革新的売上最適化指標として RevPASH を計算し、評価することを期待したい。

飲食サービスの売上評価工程

　原価主義を信奉する飲食産業の専門家に、あなたは事業の原価を正確にどの程度の時間をかけて調査しますか？と聞くと、多少の幅はあるだろうが、沢山時間をかけます、と答えるだろう。彼らは適切に原価を抑制するためには、費用の監視が重要な事を知っているため、相当の時間をかけている。同様にレベニュー・マネージャーは、正確にどの分野でどれだけの売上が達成されたかを知るためにマーケティング、販売促進、価格設定、また人員配置が重要である

と考えることから、常に慎重に収支報告書の最上段の売上を監視している。

　飲食サービスにおいて売上の源泉を監視することは、売上最適化並びに利益の最大化に不可欠である。その工程は系統立ったものであり、レベニュー・マネージャーの貴重な時間の多くの部分を費やさなければ成立しない。しかし、そこから得られる情報は経営判断の改善に極めて重要である。レベニュー・マネージャーが効果的に売上を監視し、事業の売上がどの様に計上されるかを理解するための時間と努力がどれほど必要かと言えば、18世紀のイギリスの詩人で批評家のサミュエル・ジョンソン（Samuel Johnson）の次の名言を思い起こせば良い。「成功を達成する人に共通することは、人生において只一つの目標を追い続けることだ。何故なら成功は生易しい努力や期間で与えられるものではないからだ。」

　飲食サービスの有能なレベニュー・マネージャーは、次に示す12段階の重要な工程を実践することにより、事業の売上効率を評価することが可能だ。

飲食事業における売上効率評価の12工程

1．最低毎週1回、各事業分野別の売上を分析する。
2．最低毎週1回、時間帯別の売上を分析する。
3．最低毎週1回、サービス形態別の売上を分析する。
4．毎月、又は**28日会計期間**で、分野別、時間帯別、サービス形態別の売上を分析する。
5．全ての事業分野別の売上金額の変化と比率、上昇、下降傾向を定期的に分析する。
6．料理とアルコール飲料の売上を分離して管理する。
7．単位面積売上を定期的に分析評価する。
8．勤務時間売上を定期的に分析評価する。
9．一貫して顧客数、売上金額、正確な客単価を記録する。
10．時間別の座席稼働率を定期的に計算する。
11．RevPASH目標を設定し、系統的に自動計算し、目標達成のための前進を評価する。
12．事業の売上最適化能力に直接影響を与える従業員の配置人数、調理能力、サービス基準を定期的に監視、評価する。

重要な用語

■ケイタリング、出張サービス（Off-site catered event）　■宴会場（Banquet room）　■飲食サービスの営利事業（For-profit, foodservice）　■非営利事業（Nonprofit）　■会計期間（Accounting period）　■トップ・ライン、売上（Top-line revenues）　■既存店売上（Same-store sales）　■単位面積売上（Revenue per square foot）　■施設維持費（Occupation costs）　■その他費用（Other expense, foodservice）　■28日会計期間、4週間締め（28-day accounting period）

❖重要な用語❖

28日会計期間（28-day accounting period）　飲食サービス事業において、各種データを比較する場合、同じ期間、日数で評価するために、1年間を13期間に分割し、1期間を28日（4週間）とする会計手法。

392　第11章　飲食サービスのレベニュー・マネージメント実績評価

学んだ知識を応用しなさい

1．フィリッピ・チャウは中華料理レストラン「上海ハウス」のオーナーだ。上海ハウスは2
部門の食堂とテイク・アウトで構成されている。一方は高級香港料理のチェンズ・レスト
ランで、もう一方は中国の他の様々な郷土料理をほどほどの値段で提供するカジュアルな
ローズ・レストランである。どちらも昼食と夕食の営業を行っている。また、ローズ・レ
ストランの全てのメニューはテイク・アウトにも対応している。先週の上海ハウスの売上
は次の通りだ。

レストラン・部門・時間・形態区分	売上	レストラン売上	売上比率	個別売上率
チェンズ・ランチ	$23,250.00	$69,775.00	45.6%	15.2%
チェンズ・ディナー	$46,525.00			30.4%
ローズ・ランチ	$34,500.00	$62,350.00	40.8%	22.6%
ローズ・ディナー	$27,850.00			18.2%
テイク・アウト・ランチ	$8,500.00	$20,775.00	13.6%	5.6%
テイク・アウト・ディナー	$12,275.00			8.0%
合計	$152,900.00	$152,900.00	100.0%	100.0%

A．それぞれの先週の売上と構成比率を答えなさい。
チェンズ・レストラン　　$69,775.00　　　45.6%
ローズ・レストラン　　　$62,350.00　　　40.8%
テイク・アウト　　　　　$20,775.00　　　13.6%

B．上海ハウスのランチ売上合計と比率を答えなさい。　$66,250.00　　43.3%
C．テイク・アウトのディナー売上と比率を答えなさい。　$12,275.00　　8.0%
D．チェンズのディナー売上と比率を答えなさい。　　　$46,525.00　　30.4%
E．上海ハウスのディナー売上合計と比率を答えなさい。　$86,650.00　　56.7%

2．ボニータ・リーヤはメイフェア・ホテルのレベニュー・マネージャーだ。ボニータは2月
の飲食部門売上を1月の実績と比較している。全ての事業部門で売上は伸びている。ホテ
ルは大食堂と、その他ラウンジ、宴会料理、宴会飲料を別々に計上している。ボニータは
次に示す売上データを受け取ったが、空欄の部分がある。表を下一桁まで計算し、質問に
答えなさい。

メイフェア・ホテルの飲食部門2月実績対1月実績

部門	2月売上	1月売上	変動額	変動比率
大食堂	$18,000.00	$15,000.00	$3,000.00	20.0%
ラウンジ	$2,500.00	$1,500.00	$1,000.00	66.7%
宴会料理	$29,000.00	$25,000.00	$4,000.00	16.0%
宴会飲料	$17,000.00	$15,000.00	$2,000.00	13.3%
飲食合計	$66,500.00	$56,500.00	$10,000.00	17.7%

A．飲食部門の1月および2月の総売上金額を答えなさい。 1月 $56,500.00 2月 $66,500.00
B．2月売上と1月売上の飲食部門合計差額はいくらか答えなさい。 プラス $10,000.00
C．一番差額合計の大きい部門は何か答えなさい。 宴会料理 $4,000.00
D．一番変動比率の大きい部門は何か答えなさい。 ラウンジ 66.7%
E．飲食部門が2月に達成した売上増の前月対比の比率はいくらか答えなさい。 17.7%

3．ジャック・スパローはシーフード料理の「キャプテン・ジャック」のオーナーだ。ジャックは事業を3部門に分類して管理している。それらは、食堂、バー、テイク・アウトだ。ジャックは2月の集計を終了したところだ。そこで、昨年同期と比較することにした。次の表を完成し、質問に答えなさい。変動率は下一桁まで計算しなさい。

キャプテン・ジャック	2012年2月	2013年2月	増減	変動比率
食堂	$195,750.00	$192,550.00	-$3,200.00	-1.6%
バー	$35,550.00	$36,520.00	$970.00	2.7%
テイク・アウト	$16,500.00	$16,250.00	-$250.00	-1.5%
売上合計	$247,800.00	$245,320.00	-$2,480.00	-1.0%

A．前年2月と比べ、本年2月の食堂売上はいくら変動しましたか？ -$3,200.00（減）-1.6%
B．前年2月と比べ、本年2月のバー売上はいくら変動しましたか？ $970.00（増）2.7%
C．テイク・アウト売上はいくら変動しましたか？ -$250.00（減）-1.5%
D．総売上はいくら変動しましたか？ -$2,480.00（減）-1.0%
E．キャプテン・ジャックの2月売上は前年2月とくらべて増加しましたか、減少しましたか？

4．ジーン・モンテグードはピザレストラン・チェーンの「ピザタイム」の地区担当マネージャーだ。ジーンが広域地域担当マネージャーに昇進するためには、現在彼が務めている地区担当マネージャーを配下の6店舗の店舗マネージャーから指名する必要がある。ジーンは店舗目標の1平方フィートあたり年間290ドルの売上と、勤務時間あたり45ドルの売上を最も効果的に達成した店長を抜擢したいと考えている。6店舗それぞれの床面積、勤

394　第11章　飲食サービスのレベニュー・マネージメント実績評価

務時間数、平均売上は次の表に示す通りだ。表をみて、次の質問に答えなさい。

ピザタイム地区実績　モンテグード担当6店舗

店舗	床面積（SF）	月間勤務時間	月間平均売上	床面積売上	勤務時間売上
チペワ・フォール	780	710	$19,750.00	$303.85	$27.82
アルトゥーナ	1,100	580	$26,750.00	$291.82	$46.12
ホワイト・クリーク	1,550	800	$30,500.00	$236.13	$38.13
キャドット	1,200	730	$9,750.00	$97.50	$13.36
オーガスタ	1,400	910	$31,750.00	$272.14	$34.89
クレア	1,225	495	$23,750.00	$232.65	$47.98
平均	1,209	704	$23,708.33	$239.01	$34.71

A．単位面積当たり売上最大の店舗はどこか答えなさい。

B．勤務時間当たり売上最大の店舗はどこか答えなさい。

C．地区の平均売上は床面積当たり、勤務時間当たり、何ドルになりますか？

D．最大の売上を達成した店舗はどこですか？

E．これらの結果をもとに、どの店舗の店長を後任に指名しますか？

5．ホセ・ロペスはマリア・ファモサと結婚した。息子のホアン・ロペス・ファモサはホスピタリティー学部を卒業し、家業の「ハバナ・ハウス」レストランの経営に加わる。「ハバナ・ハウス」はキューバ料理が名物で、昼食と夕食を営業している。通常は100席だが、混み合う夕食の時間帯は、宴会場に50席追加して営業している。ホアンはRevPASHを慎重に分析するシステムを利用している。昨晩のデータをもとに、ホアンの事業に関する質問に答えなさい。回答には下一桁まで答えなさい。

営業時間	供給座席	来客人数	売上	RevPASH
11:00～12:00	100	45	$825.00	$8.25
12:00～13:00	100	135	$2,550.00	$25.50
13:00～14:00	100	85	$1,575.00	$15.75
14:00～15:00	100	30	$490.00	$4.90
15:00～16:00	100	10	$210.00	$2.10
Lunch TTL	500	305	$5,650.00	$11.30
16:00～17:00	100	20	$410.00	$4.10
17:00～18:00	150	60	$1,150.00	$7.67
18:00～19:00	150	170	$4,650.00	$31.00

19:00〜20:00	150	155	$3,650.00	$24.33
20:00〜21:00	150	150	$3,400.00	$22.67
21:00〜22:00	100	85	$1,800.00	$18.00
22:00〜23:00	100	50	$1,950.00	$19.50
Dinner TTL	900	690	$17,010.00	$18.90
売上合計	1400	995	$22,660.00	$16.19
稼働率	71.1%		＝995÷1,400	
客単価	$22.77		＝$22660.00÷995	

A．昨日の RevPASH はいくらですか？　$16.19

B．昨日の稼働率と客単価はいくらですか？　稼働率71.1%　客単価 $22.77

C．ランチとディナーの RevPASH はいくらですか？　ランチ $11.30　ディナー $18.90

D．ランチ時間帯の稼働率と客単価はいくらですか？
稼働率61%（＝305÷500）　単価 $18.52（＝5,650÷305）

E．ディナー時間帯の稼働率と客単価はいくらですか？
稼働率76.6%（＝995÷1400）　単価 $22.77（＝22,660÷995）

F．昨日の売上から、RevPASH の改善に関するアドバイスをランチ、ディナー別にホアンに説明しなさい。

重要な概念のケース・スタディー

「これまでのところはどう思いますか？」とバルセナ・リゾートのレベニュー・マネージャーのダマリオが尋ねた。

ダマリオはリゾートの飲食部門長のサムと話をしている。彼らは、リゾートの室外のプールに面した食事コーナーで立ち話をしている。丁度昼時で、ほとんど満席、フル回転状態だ。食事を待つ列は短く、ほとんどが家族連れだ。

「あなたの勧めたスペシャルランチの販売促進を始めてから客単価が落ちて、行列も短くなった。上手くいっているのか良く分からない。」とサムが答えた。

ダマリオとサムは新規に始めた販売促進を話している。これは、レストランで人気の大きなサイズのピザ1枚と炭酸飲料4人分のスペシャルセット $29.99 の注文から顧客を遠ざけて、5本のホットドッグと4人分の炭酸飲料のスペシャルセット $24.99 に振り替える作戦だ。この販促を始めるまでは、ホットドッグ5本と4人分の飲み物は $30.00 もしたため、家族連れには5ドルの節約となる。その結果、ピザの注文が減少し、ホットドッグの注文が非常に増加しているのだ。

「もう一度言ってください。ピザの調理にどのくらい時間がかかりますか？」とダマリオが聞いた。

396　第11章　飲食サービスのレベニュー・マネージメント実績評価

「大体5分で生地とトッピングを準備し、20分間かまどで焼き上げる。」とサムが答えた。

「それでは、ホットドッグは何分で準備できますか？」と続けてダマリオが聞いた。

「ホットドッグは調理済みだから、席に運ぶだけなので5分もあれば十分だ。」とサムが答えた。

「それから、ホットドッグスペシャルの貢献利益をピザのスペシャル並みに設定しましたよね。」とダマリオが聞いた。

「確かに近づけたことはその通りだが、実際にはピザのスペシャルよりホットドッグスペシャルの貢献利益は1ドル低い設定だ。そこが気にかかってならない。」とサムが答えた。「こんなに人気があり、注文が殺到しているなら、ピザ並みに値段を上げて客単価全体を増やすチャンスとすることが出来ないだろうか？」とサムが続けた。

「サムが言うのは無理もないが、それはやってはいけないことです。理由を説明しましょう。」とダマリオが答えた。

考慮すべき項目

1．サムの様な飲食サービスの専門家の多くは客単価の増額と利益の増加を同一視する。一般的な飲食サービス事業において、客単価を最大化することと稼働率、回転率を最大化することのどちらが利益に貢献すると思いますか？　またそれぞれの弱点は何ですか？

2．ホットドッグスペシャルの売上並びに利益効果をどの様に考えますか？

3．飲食サービスにおいては原価管理が重要である。しかし、同時に売上最適化効果の分析が重要だ。RevPASHの計算は、新規の販促が効果を上げていると言う事実をサムに説明する時、ダマリオの助けになると思いますか？

4．この章では重要な文章を紹介した。「有能なレベニュー・マネージャーは重要な事柄を測定する。」売上をつくることは極めて重要だ。個々の売上分野の効率を慎重に分析することを怠った飲食サービスにおいて、想定される危険性を3つ説明しなさい。

第**4**部

レベニュー・マネージメントの実践

第12章　レベニュー・マネージメントの特別な応用事例
第13章　より良い事業の創造

第12章

レベニュー・マネージメントの特別な応用事例

第12章の構成

レベニュー・マネージメントを応用する組織の特徴
  供給制限（Constrained Supply）
  高固定費事業（High Fixed Costs）
  需要変動（Variable Demand）
  商品モデルの加工機会（Versioning Opportunity）
  在庫の消滅性（Perishable Inventory）
  階層価格管理能力（Ability to Manage Differential Pricing）
  顧客や社員との対話能力（Ability to Communicate Efforts）
売上最適化戦略を適用するサービス産業
レベニュー・マネージメントの専門的任務
  複数事業所のレベニュー・マネージャー（RM with Multiunit Responsibilities）
  フランチャイズのレベニュー・マネージャー（Franchisor-based Revenue Managers）
  レベニュー・マネージメントと観光振興（RM and Destination Marketing）

第12章の要点

1. レベニュー・マネージメントの応用が容易な事業とそれらのホスピタリティー関連事業に共通する特徴の研究
2. 複数事業所やフランチャイズを担当するレベニュー・マネージャーの特色の説明
3. 観光地振興を担うレベニュー・マネージャーの定義

レベニュー・マネージメントを応用する組織の特徴

　イールド・マネージメントの概念は1970年代に規制緩和された米国航空業界で最初に応用されたことを学んだ。航空会社が開発したイールド・マネージメントがホテル業界に導入されると、その手法はレベニュー・マネージメントと呼ばれ、それが更に進歩するにつれ、売上最適化（Revenue Optimization）と呼ばれるに至った。ホテルとレストラン事業はともに売上最適化の概念を応用しているが、同様に**サービス産業**全般で応用可能な概念である。

　事実、売上最適化戦略は、サービス提供能力と在庫が限定される事業、又は極めて制約を受ける全ての事業において、限られた商品を適切な顧客に引き当てる場合、極めて有効に適用出来る。

　様々な分野のレベニュー・マネージャーは限られた商品を様々な流通経路（販売チャネル）に対し、適切に引き当てる判断を行わなければならない。彼らは、商品の在庫を何時、いくらで、どの顧客に販売するかを判断することになる。最適な商品の引き当て判断は顧客満足と売上の最適化をもたらす効果がある。劣った判断は逆効果となる。

　あなたがホスピタリティー関連産業のレベニュー・マネージャーなら、明確な特徴をもった商品に対し、常に顧客中心主義の売上最適化戦略を活用できる。それらの特徴を調査し、理解することは、ホスピタリティー産業のレベニュー・マネージャーがそれぞれの状況に応じた売上最適化の機会を認識する助けとなる。

　一般的には、サービス事業が次の特徴を持っている場合、常に売上最適化戦略が適用可能と考えられる。

- 供給制限（Constrained supply）
- 高固定費事業（High fixed costs）
- 需要変動（Variable demand）
- 商品モデルの加工機会（Versioning Opportunities）
- 在庫の消滅性（Perishable inventory）
- 階層価格管理能力（Ability to manage deferential pricing）
- 顧客や社員との対話能力（Ability to communicate efforts）

供給制限（Constrained Supply）

　販売可能な商品やサービスの供給が比較的制約されている場合、レベニュー・マネージメントの戦略が応用できる。産業によっては顧客の需要を予想し、生産量の増減を調整することが可能だ。例としては、アイスクリーム・メーカーは需要が強い真夏の暑い時期に生産量を増加し、需要の弱い寒い冬の時期は生産量を減少させる。しかし、サービス産業の多くにおいては、

❖重要な用語❖

サービス産業（Service industry）　主に目に見えない、手にとって触ることの出来ない商品を販売する事業。サービス・セクターとも呼ばれる。

400　第12章　レベニュー・マネージメントの特別な応用事例

レベニュー・マネージャーは供給調整が困難（hard constrained）か、または供給調整に時間や費用がかかる弾力的供給制限（soft constrained）状況に直面する。（第1章参照）

　供給は理髪店の椅子の数、ホテルの客室数、コンサートホールの座席数といった物理的制約を受ける場合がある。同時に、レストランの座席提供時間、ホテルの宿泊日数、水泳プールの利用時間といった期間に制約を受ける場合もある。また、場合によっては物理的、時間的双方の制約が重なることもある。保養施設のマッサージは物理的、時間的制約の双方が重なる例と言える。一般的な例として5台のベッドを設置した保養所のスパでは、1日に販売・提供可能なマッサージの回数はベッドの台数、マッサージ師の人数に加えて、一回のマッサージに要する時間の制約を受けることとなる。

　需要の増加に応じて供給（在庫）を容易に調整出来ない場合、顧客中心主義の売上最適化戦略を適用すべきである。既に学んだ様に、固定的供給を取扱うレベニュー・マネージャーであっても、時間や費用をかけて供給を拡大することは可能だ。例えば、レストランは建物を拡張することや、別の店舗を開設することが出来る。ホテルは増築が可能だし、レンタカー会社は、需要の強い特定の空港の配車の数を増やす決断を行うことも可能だ。しかし、一般的には、恒常的に供給を拡大する事に要する永遠の費用を考えると、とても手が出ない。従って、現在ある在庫の範囲内で優れた管理を行う方法が経済的な解決となる。

高固定費事業（High Fixed Costs）

　第2章では固定費は売上の増減に関係なく、一定の状態で存在し続けることを学んだ。一方変動費は個々の販売に応じ積み重なる。レストランの例では、顧客の数に関係なく、賃貸料、光熱費、保険料等が固定費として発生することになる。また、顧客の数に応じて、料理の食材費、飲料等の変動費が発生する。

　売上最適化戦略は比較的固定費の比率が高い産業で最も効果を上げることが出来る。演奏会の興行とチケットの販売は理解しやすい例だ。例えば、歌手のジェニファー・ロペス（Jennifer Lopez）、コロンビアのシャキーラ（Shakira）、メキシコ人のボーカル、ポーリーナ・ルビオ（Paulina Rubio）を主演に招聘したラテン・ミュージックのコンサートのため、興行主がヤンキー・スタジアムを予約したとする。すると、興行の大まかな費用が決定する。それらは、スタジアムの賃貸料、広告宣伝費、出演者に支払うギャラ（出演料）等となる。一方チケットを購入した人の総数に応じて発生する変動費は僅かだ。実際には、観客が購入する食事や飲み物の売上と利益を考えれば、観客一人当たりに必要な変動費はほとんどゼロと言っても良い。これに引き換え、製造した商品を販売する都度、大きな変動費となる製造原価が発生する製造業者の場合は状況が全く違う。

　あなたが固定費の比率が高く、販売に関わる変動費が低い業種のレベニュー・マネージャーであれば、売上最適化を目的とした在庫管理にあたり、絶えず優位な立場に置かれていると考えられる。

需要変動（Variable Demand）

サービス事業において、遊休生産設備を維持する費用は大きな負担であるが、不可欠であることを第3章で学んだ。レストランの場合、需要は昼食と夕食時間帯に集中し、その他は**ショルダー**（肩）と呼ばれる遊休時間帯である。

レストランやホテルでは全体の需要変動を予想可能なため、予想をもとにレベニュー・マネージャーは個々の顧客の購買意欲の相違を見ながら顧客を選ぶことができる。サービス事業の多くでは、顧客の購買意欲の相違を分類し、顧客特性または流通経路（販売チャネル）で識別している。その結果、様々なサービス事業において、図12.1で示す通り、総需要は顧客の属性別に複数の流通経路から構成される。

サービス事業者の需要は時間帯による変化があり、これらは極めて予測しやすい。例えば一日の中の時間帯に応じた規則的な変化や、曜日毎の需要変動がある。また、他の種類の需要の相違としては、特定の特徴を共有する顧客を取扱う流通経路（販売チャネル）による変化があげられる。

需要が変動し、変動が予測可能であれば、レベニュー・マネージャーはそれらの情報をもと

図12.1 流通経路（販売チャネル）と総需要

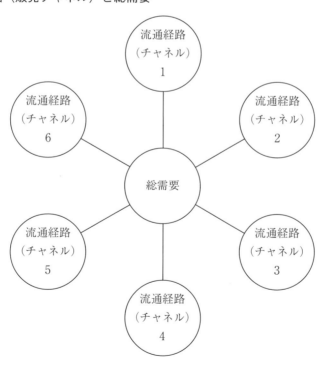

❖**重要な用語**❖

ショルダー（Shoulder period） 需要がピークに達する直前と直後の期間。レストランの場合、ランチタイムの前後がショルダーとなる。リゾートの場合は、ピークの季節の前後の時期がショルダーとなる。

402 第12章 レベニュー・マネージメントの特別な応用事例

に購買者の分類を行い、それぞれに分類された顧客が最大の価値を享受できる価格戦略を設定することができる。この例として、図12.1はカリブ諸島の**パッケージ・ツアー**を探す様々な旅行者を表していると考えなさい。流通経路1は北米の旅行者、流通経路2は南米の旅行者とする。カリブ諸島を目指す北米の旅行者のピーク・シーズンは冬期の11月から3月だ。一方、南米の1月は一年で最も暑い季節であり、6月、7月が最も寒い季節のため、旅行者のピークは北米の反対となる。この様に、購買意欲の変動が存在し、変動が予測できれば、レベニュー・マネージャーは目標とする顧客を分類化し、様々な流通経路を活用し、効果的な階層価格を設定することができる。

商品モデルの加工機会（Versioning Opportunities）

第4章で、レベニュー・マネージャーが階層価格を設定する目的で、同一商品をいくつか別の商品モデルに変化させる手法を学んだ。この例は、ホテルが同じ客室のアメニティー備品の品質や種類を変えることにより、別の客室タイプとして特別な価格を設定する手法である。この様に商品を加工し、様々なモデルを作ることにより、ホテルは価格に敏感な顧客と、多少の追加料金を支払っても高品質のサービスを求める顧客の双方に対応することが可能となる。

同様の例としては、プロ野球の試合のチケットは、本塁ネット裏が外野席よりも高く販売される。想像力逞しいレベニュー・マネージャーは基本商品に様々なモデル化の可能性を見出している。その結果、プロ野球30球団中、少なくとも13球団が「食べ放題席」のチケットを販売している。これらの席は遠くの外野席や2階席に用意されるが、何の対応も取らずに適切な価格設定がなされなければ、何時も観客が入らない空席状態となる。ところが、通常30ドルから55ドルの定額でホットドッグ、ナチョス（テックスメックスのスナック）、ナッツ食べ放題、ソフト・ドリンク飲み放題で販売することで顧客を獲得している。チームによってはビール、デザート、菓子をパッケージに含めて提供している。

この様に、同様の商品やサービスを別モデル化して販売することが可能なサービス産業においては売上最適化戦略が適用可能だ。一見したところ可能性が見受けられない様な分野においても想像力のあるレベニュー・マネージャーは商品の別モデル化を実施している。独創的なレベニュー・マネージャーが**アトラクション**のひとつ、観光客に人気のある庭園付きの中世の歴史的古城の入場券の価格設定を任されたと仮定する。従来は終日入場券が販売されていた。これが独創的レベニュー・マネージャーの手にかかると、3種類の商品または区域のチケットと値段に変形する。最初のチケットは古城内観光券だ。2番目は庭園観光券。3番目のチケットは古城内部と庭園の全てに入場可能だ。この様な設定により、入場券の価格も次の方法で変化させることが可能となる。

※重要な用語※

パッケージ・ツアー（Package tour） 旅行会社が事前に旅行を構成する交通手段、宿泊施設、飲食、娯楽素材等を仕入れ、それらを取りまとめて販売し、購買する顧客は旅行会社に一括して支払を行う包括旅行商品。バケーション・パッケージまたはツアー・パッケージとも呼ばれる。

アトラクション（Attraction） 訪問者を惹きつける力を持つ行事や場所。

- 定価のチケットは古城内部だけに入場を許される。
- 同額かまたは別の価格のチケットは庭園だけに入場を許される。
- 古城内観光券と庭園観光券の総額より少し安いチケットは古城内部と庭園の両方に入場出来る。
- 上記の他、1〜2時間限定のチケットがそれぞれ販売可能だ。
- 例えば午前8時から10時までの閑散時間帯限定で特定のエリア別に販売可能だ。
- シーズン・チケットや回数券がリピーター誘致のため、エリア別に販売可能だ。
- 個々のエリアのチケットはレストラン、ホテルまたは他の娯楽施設とセットにして別のパッケージ商品を組み立てることが可能だ。

　多くのホスピタリティー事業が商品モデルの可変性と需要変動特性を持つことを理解すると売上最適化戦略適用の機会が明確になるはずだ。

在庫の消滅性（Perishable Inventory）

　事業家が在庫を考える場合、多くは目に見える物理的な商品を思い浮かべる。小売業においては、2カラットのダイヤの指輪、メイタグ社（Maytag）の洗濯機、任天堂のWii、ジミー・チュウ（Jimmy Choo）の靴など、どれも手で触れることのできる有形商品だ。これらの商品は、ある日売れ残っても、翌日も全く同じ価格で販売可能だ。ところが、サービス産業では在庫に対する概念が全く違う。アメリカの作家、啓蒙家として知られるアンソニー・J・ダンジェロ氏（Anthony J. D'Angelo）は次の様に指摘している。「あなたは、有り余るほど沢山のことを、あなたとは違う観点で世の中を見る人々から学ぶことができる。」

　レストランやホテルの事業者はかつて在庫とはワイン・セラーに収納したワインの本数、冷蔵庫に保管した牛肉、洗濯したシーツやリネンの枚数等と考えていた。しかし、サービス産業に精通したレベニュー・マネージャーは在庫を彼らの扱うサービスが販売可能な取り戻すことの出来ない時間と捉えている。従って優秀なレベニュー・マネージャーは物ではなく時間を販売している。

　ホテルが販売する客室は、仮にある晩販売しないと永久にその晩の客室として販売出来なくなってしまうと考えれば理解しやすい。この観点で表現すると、ホテルの在庫は、売れ残った場合に完全に失われてしまうため、極めて消滅性が高い商品と言える。

　レストラン事業者は消滅性を果物、野菜、肉などの腐敗による物理的消滅と考えている。一方で飲食サービスの優秀なレベニュー・マネージャーは、レストランが実際に販売するものは顧客が食卓に着いている時間であることを認識している。従って、最も重要な事は来店する顧客の人数でもなければ、顧客が支払った金額の合計でもない。最も重要なことは売れ残る座席時間を価格設定により最小限に抑え、売上最適化をはかることだ（第11章参照）。供給制限の強いサービス事業では時間と共に消滅する商品在庫の特性があるため、レベニュー・マネージャーは時間と連動した商品販売の最適化を行うことが重要である。

　ホスピタリティー事業に従事するレベニュー・マネージャーは彼らの商品の在庫に関する概念を明確に理解しなければならない。このことは、商品の特性としての消滅性を理解することを含んでいる。演奏会で売れ残った座席、テニス場の空き時間、ゴルフ場の予約されていな

404　第12章　レベニュー・マネージメントの特別な応用事例

RM の実践　12.1

　「申し訳ありません。只今ボートもジェットスキーも全て貸出中です。45分後にはご用意できますが如何ですか？」とジャヴィエールが答えた。

　「そうですか。それでは結構です。」と言って、ジャヴィエールとエスペランサの二人が経営する海岸に面した水上遊具レンタル店をカップルが残念そうに立ち去った。彼らの店舗はニカラグアのサン・ホアン・デル・スールの海岸にある。海岸は日中、特に午後早い時間帯が最も混み合う。この時間が彼らの稼ぎ時だ。

　「今の二人連れは何の用で来たの。」と聞きながら、ジャヴィエールが接客していたカウンターにエスペランサが近寄った。

　「彼らは二人乗りのジェットスキーを借りに来た。生憎今みんな貸出中だと答えた。」とジャヴィエールが答えた。

　エスペランサは時計を見ながら次の様に言った。「当然ね。丁度今２時だから、一番混み合う時間だわ。誰でも昼食後か夕食前に借りたがるから。明朝、空いている時間に来ていただく様にアドバイスするべきだったわね。」

　「それより、ジェットスキーを追加購入すべきでしょう。そうすれば、午後も在庫の余裕ができるよ。」とジャヴィエールが答えた。

　「ジェットスキーの台数を増やせば、経費も増えるわ。それよりも、先ず価格体系を見直すことが必要だと思う。」とエスペランサが答えた。

１．あなたは、ジャヴィエールとエスペランサの二人に価格設定の助言をするとする。その場合、午前中も、午後と同額でレンタルする様アドバイスしますか？

２．ジャヴィエールはジェットスキーを買い増せば在庫の余裕ができると考えている。ジャヴィエールとエスペランサが販売している商品とは正確には何であるか？　それらは消滅し易い商品であるか答えなさい。

３．ジャヴィエールとエスペランサは需要対応型価格体系（階層価格）の導入を検討していると仮定する。あなたならどの様な助言が出来るか答えなさい。

いスタート時間（Tee time）、ツアー・バスの空席等、販売されないサービス在庫は即座に消滅してしまう。その時点で、売上最適化の機会も同時に消滅してしまう。レベニュー・マネージャーが商品在庫の消滅性を正しく理解できてはじめて、売れ残りを最小化するための階層価格の設計と管理が可能となる。

階層価格管理能力（Ability to Manage Differential Pricing）

　第４章で階層価格が売上最適化の強力な手法であることを学んだ。その一方で、管理すべき価格の数が増加すると、それらを適切に管理する技術や洗練された手法の必要性が増大する。

　図12.2はこの問題を図式化したものだ。管理する価格の数が増加するにつれ、それらを適切に管理することの難度が増大する。図12.2はロバート・L・フィリップス博士（Robert L. Phillips, Ph.D.）の文章の重要性を理解する助けにもなる。フィリップス博士はスタンフォード大学の講師で、「価格とレベニュー・マネージメント」の著者でもある。著書の１頁に読者の学生に向けた次の文章が書かれている。「本書は読者が**確率モデリング**、最適化理論、基礎数学に精通していることを想定している。」

あなたがフィリップス博士のスタンフォード大学 MBA の学生でなければ、博士が言う確率モデリング、最適化理論、基礎数学に精通してはいないと思う。もしそうであればおそらく、「ウォルフラムの数学の世界」（www.mathworld.wolfram.com）が参考となる。数学関連のウェブサイトによれば、最適化理論とは次の様に定義されている。

> 次の事柄を含む確率計算の数学の一部門：変動計算（calculus variations）、制御理論（control theory）、凸面最適化理論（convex optimization theory）、決断理論（decision theory）、ゲーム理論（game theory）、直線型プログラミング（linear programming）、マルコフ連鎖（Markov chains）、ネットワーク分析（network analysis）、最適化理論（optimization theory）、待ち行列システム（queuing system）等。

もし、あなたが最適化理論を階層価格の仕事に用いる自信がないとしても不思議ではない。しかし、数学の素養や重回帰分析を含む先端統計手法の教育を受けていれば、数百、数千に及ぶ価格の最適化の管理も不安はないだろう。勿論ビジネス・スクールの学生に教えるフィリップス博士の売上最適化手法は間違っているわけではないが、ホスピタリティー産業のレベニュー・マネージャーの多くにとっては複雑すぎて容易に応用することは困難だ。

過去のデータを基礎とした先端の確率計算手法は将来起きる事象を予測する上で有効だ。しかし、独創的な考えを持つ作家のエドワード・デ・ボーノ（Edward de Bono）の次の指摘を知ることも良い。「単純に説明できることを複雑に説明することは正しいことではない。」勿論、あるレベニュー・マネージャーにとって難解すぎることも、他のレベニュー・マネージャーにとっては容易なこともある。教育履歴や経験、訓練の積み重ねは、複雑化する一方の価格システムを適切に管理するレベニュー・マネージャーの能力を高めることが可能だ。しかし、ほとんどの場合、難解なシステムより、単純な価格システムの方が有効である。

その理由をいくつか上げることが出来る。第一に、ホスピタリティーを含む全てのサービス事業のレベニュー・マネージャーは、自分自身で、ある価格に到達した理由を理解出来なければならない。レベニュー・マネージャーが既に理解しているデータをコンピュータや数式が更に活用し易く提示することは有効である。しかし、コンピュータの高度な価格システムであっても、実際にレベニュー・マネージャーが詳しい仕組みや、顧客に与える影響を理解できないのであれば、購入を控える必要がある。これは投資家が自分で理解できない投資コンサルタントにお金を支払わないのと同じである。

全米並びにカリブ諸島で数多くの高級ブランド・ホテルを運営するエイムブリッジ・ホスピタリティーのレベニュー・マネージメント担当取締役、ノーラン・レントモア氏（Nolan Wrentmore）は2008年から始まった世界不況の時代に宿泊産業が過度のアルゴリズム予測手法に依存した状況を適切に表現した。「コンピュータではなく、誰か究極的にデータを分析してくれる人間が必要だ。わたしは、個人的にどの様にデータが解析され、どの様にして予測に結

❖重要な用語❖

確率モデリング（Probabilistic modeling）　過去の事象を統計手法に当てはめ、将来起こる事象を予測すること。

> **RM のウェブサイト　12.1**
>
> パッケージ・ツアー業者は数百の商品モデルを数千の階層価格で販売する。休暇旅行を購入する人々は目のくらむ数の訪問地や出発日、旅行期間、航空便、滞在ホテル、アクティビティー等から求める商品を選択することが可能だ。丁寧に設計されたウェブサイトでは購買者が即座にパッケージの総額や、価格の相違の理由を知ることが出来る。この様な丁寧な設計のウェブサイト運営の例は www.applevacations.com で知ることができる。
>
> アクセスしたら、実際にパッケージを組み立ててみなさい。すると、顧客が自分で作るパッケージの数千に及ぶ様々な価格に対し、この会社のレベニュー・マネージャーが率直に説明する様子が体験できる。

図12.2　価格管理難易度

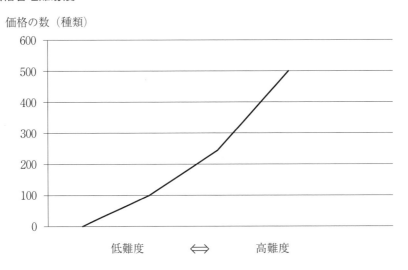

び付いたのかを知りたい。」

　容易に理解できて管理可能な価格システムの実践は、他の理由からも重要である。単純に説明すると、見込み客は、販売者の公平な売上最適化戦略を即座に知りたい。しかし、仮に複雑で難解な価格システムを採用した場合、レベニュー・マネージャーが最前線の営業担当者に価格の正当性を説明する能力は大きく減退する。もし最前線の営業担当者が企業の価格システムを理解できなければ、彼らが顧客に対して企業の正当な価格体系を伝えることは不可能だ。

顧客や社員との対話能力（Ability to Communicate Efforts）

　サービス事業が今まで述べた特徴を全て持ち合わせていたとしても、仮に彼らの戦略を見込み客に正しく伝える能力がなければ先端的売上最適化戦略の活用は極めて限定的なものとなってしまう。ここで述べる対話能力とは見込み客に対する外部的な対話能力と、従業員を含む内部的対話能力の双方を意味する。例えば、需要予測を検討し、次の日曜日の客室レートを大幅に値引きすることを決めたレベニュー・マネージャーは、その値引きについて、ホテルの流通経路を通じ、顧客に情報伝達する能力を持たなければならない。仮に情報伝達能力がなければ、見込み客は価格変更を知る術がない結果となる。

売上最適化戦略を適用するサービス産業　407

　同様に、あるレストランのレベニュー・マネージャーが新規顧客獲得を目的に、販売促進の**ふたつ目無料**（BOGO: Buy-one, get-one free）キャンペーンを展開するためには、特別サービスの情報を外部に発信しなければならない。

　サービス事業においては、店の外部に掲示する方法、自社のホームページに掲載する方法、顧客向け電子メールで通知する方法、その他伝統的な広告等で直接潜在顧客に情報伝達を行うことが可能だ。他の産業においては、この様な方法がとれない場合や、これらの手段では間に合わない事もある。

　新規顧客は、売上最適化戦略の手段である値引き販売、包括販売、別モデル商品の提供等の宣伝に惹きつけられて来店するが、彼らの多くは店舗に到着すると、更に詳細な質問を行う。そのため、直接現場で接客する従業員に対し、事前に十分販売促進策の情報を伝達しておかなければならない。

　日常よく遭遇することだが、ホテルの顧客が車でホテルに入ってきた時、「平日特別サービス」の看板を目にしたらフロントで従業員に質問するのは当然だ。そこで、フロント・デスクの従業員が「\$89.99の部屋と特別サービスの\$99.00の部屋が用意してあります。」と答える。顧客は「一体そのふたつの部屋はどう違うのですか？」と質問する。従業員は「99ドルの部屋には明日の朝食が無料で含まれています。」と答える。

　フロント・デスクの従業員のこの様な対応は、顧客に対して特別サービスの販売促進を効果的に推奨しているとは言い難い。顧客への対応を次の様に事前に訓練されていれば、顧客の印象も全く違ったものとなる。

　「どちらのお部屋も素晴らしく快適ですが、99ドルのお部屋は通常\$14.99の朝食が無料招待となっております。そちらをお選び頂ければ、朝食代として1泊5ドル以上もお得になりますが、如何いたしましょうか？」

　第2章で戦略的価格設定は金額ではなく、基本概念であることを学んだ。このホテルの例では、フロント・デスクの従業員は99ドルという金額は知っていたものの、99ドルの客室の真の価値を顧客に十分伝達できていない。

　売上最適化戦略を成功させているホスピタリティー関連のサービス事業者は、レベニュー・マネージャーの戦略を外部の顧客と同時に従業員を含む内部の関係者に迅速、明確、正確に伝達する仕組みを整えている。

売上最適化戦略を適用するサービス産業
（Applying Revenue Optimization Strategies）

　これまで、売上最適化戦略を効果的に用いることが可能な組織や企業に共通する7つの重要な特徴を学んできた。あなたがホスピタリティー関連サービス事業のレベニュー・マネー

❖重要な用語❖

ふたつ目無料（Buy-one, get-one）　販売促進策のひとつで、ある商品を購入する顧客に対し、二つ目の同じ商品を追加料金なしで提供する。

ジャーなら、表12.3に示す組織の評価表を応用して、自分自身の企業の売上最適化戦略適性を評価することが可能だ。表の利用の仕方を説明するために、一般の顧客に開放するパブリック・コースのゴルフ場に売上最適化戦略を適用するレベニュー・マネージャーが利用できる情報を示す。

どの様な事業もそれぞれ独自の特徴をもっているが、表12.4に示す事業は、慎重な評価の結果、売上最適化戦略を効果的に活用可能である。

ここで重要なことは、売上の最適化とは顧客から最大限のお金を引き出すために考案する価格設定手法ではないことを思い起こさなければならない。売上最適化戦略とは、次の様に定義できる。「あなた自身の利益を増加させる最も効果的な方法は、顧客中心主義の観点から顧客の受け取る価値の最大化を図ることである。」

表12.3　企業の適性評価：パブリックのゴルフコース

1．供給制限	有り。顧客数は期待通りの速さでラウンド出来る範囲の人数に制限される。
2．高固定費率	有り。顧客一人あたりの変動費用は少ない。仮に電動カートを利用し、飲食し、プロショップで買い物をすれば、その売上が一人あたりの変動費用を上回る。
3．需要変動	有り。一般に週末や休日が最も需要が強く、平日の早朝や夕方は需要が弱い。
4．商品モデル化加工機会	有り。伝統的にはハーフの9ホール料金とワンラウンドの18ホール料金。創造力豊かなレベニュー・マネージャーはスタート時間帯別、訪問頻度別、年齢別等の要素でモデル化を行い、多種類の商品を提供可能。
5．在庫の消滅性	有り。販売可能な商品の在庫は1日にラウンドできるゴルファーの人数。ホテルの客室同様、それらは売れ残ってもその日に消滅し、次の日に持ち越せない。
6．階層価格管理能力	限界があり、制約を受ける。特に小規模なコースではPOSも機能が少ない。多くの場合、従業員ひとりで運営しているため、高度に洗練された価格や複雑な価格を効果的に活用することは困難。
7．顧客への情報伝達能力	伝統的な価格宣伝以上の販売促進は困難。コースのホームページを検索したり、他のゴルファーから情報を入手することはあるものの、直接電話で予約したり、予約せずに直接ゴルフ場に訪れる人も稀ではない。外部情報伝達は電子的手段に限定されるため、効果的階層価格を導入する場合、顧客への情報伝達と内部スタッフへの情報伝達手段を綿密に計画する必要がある。

表12.4　売上最適化戦略を活用可能な適性をもつサービス産業の業種

●バー　　●ベッド＆ブレックファスト　　●キャンプ場　　●レンタカー
●カジノ　　●出前サービス　　●寄席　　●演奏会場　　●会議場
●クルーズ船　　●会食クラブ　　●ゴルフコース　　●スポーツ・クラブ
●ホテル　　●清掃業　　●生演奏・演劇・オペラ・バレー　　●モーテル
●ナイト・クラブ　　●ジム　　●競技場　　●娯楽設備・用具のレンタル
●リゾート　　●レストラン　　●スキー場　　●温泉・スパ　　●スポーツ観戦
●水泳クラブ　　●日焼けエステ　　●映画館　　●テーマパーク
●タイムシェアリング・コンドミニアム　　●制服レンタル業　　●遊園地・プール

レベニュー・マネージメントの専門的任務
(Specialized Revenue Management Duties)

　ここまで本書で説明してきた最適化の手法や作業は主に個々の施設のレベニュー・マネージャーの仕事と責任に重点が置かれてきた。彼ら専門家は売上最適化戦略の実行にあたり決定的な役割を演じる。しかし、第５章で学んだ通り、ホスピタリティー産業の個々のレベニュー・マネージャーの役割や役職名は幅広く、様々存在する。

　個々の施設の売上を強化するレベニュー・マネージャーの特定の業務について十分な知識を学んだら、次に、現在その重要性が増している別のふたつのレベニュー・マネージャーの役割を詳しく知ることが大切だ。どちらも施設自体の売上強化の役割を持つが、同時に、専任のレベニュー・マネージャーを配置する程の規模に達しない小規模施設を支援するレベニュー・マネージャーだ。組織により彼らの役職名は様々だが、役割としては概ね次の二つとして認識されている。

- 複数事業所のレベニュー・マネージャー（Multiunit）
- フランチャイズのレベニュー・マネージャー（Franchisor）

複数事業所のレベニュー・マネージャー（RM with Multiunit Responsibilities）

　もしあなたが一事業所以上の施設の売上最適化の責任を任されている場合、ひとつの施設を担当するレベニュー・マネージャーの仕事とは違ったものとなる。複数事業所または、フランチャイズ本部の様な全社レベルのレベニュー・マネージャーであれば、全社としての売上最適化戦略や仕組みの詳細を傘下の個々の事業所や他の経営管理スタッフに伝達する仕事が加わることになる。複数事業所担当レベニュー・マネージャーの役割として追加される任務は全社レベルの売上データの分析評価と売上予測および全体の価格戦略となる。

　それら本社レベルの任務に加えて、複数事業所担当レベニュー・マネージャーのほとんどは教育訓練、調整業務、施設担当レベニュー・マネージャーに対する支援を受け持つ。これらの任務では指導者としての資質が重要となる。例えば、施設担当のレベニュー・マネージャーの中にデータ分析に優れ、経験や洞察力をもとに巧みに将来を予測できるレベニュー・マネージャーがいたとしても、他の人に優れた技を伝えることは苦手な人が多い。最高のレベニュー・マネージャーとは彼らの優れた技術や情熱を他の人達に上手く伝えることが出来る人である。全ての分野において経験を積んだコーチ、監督、師匠の仕事とは、必要とされる情報や技術を提供し、個々の能力開発を支援することだ。また、個々の人々の能力を最大限発揮させるよう、勇気づけることである。伝説的なフットボールのコーチ、ヴィンセント・トマス・ロンバルディ（Vincent Thomas Lombardi）は次の様な名言を残した。「黒板に戦術を描けるコーチどもは十把一絡げだ。勝てるコーチはプレーヤーの心に飛び込み、動機づけ出来る人間だ。」

　複数事業所担当レベニュー・マネージャーとして成功している人は皆、施設のレベニュー・マネージャーの専門性開発を動機づけることに満足を示している。表12.5は複数ホテルを統括する宿泊産業のレベニュー・マネージャーの一般的業務をとりまとめたものだ。表12.5の中で

410　第12章　レベニュー・マネージメントの特別な応用事例

重要な責務はフランチャイズ本部との積極的な関係維持だ。第4章で学んだ通り、アメリカの
ホテルのほとんどがフランチャイズ・ブランドで運営されている。レストランについてもフラ
ンチャイズの比率が高い。

　フランチャイズ化が加速している飲食産業では、多くのフランチャイズがひとつのブランド
を営業展開している。例えば1954年にフロリダ州マイアミ市で設立されたバーガーキングは
「バーガーキング」ブランドのみを展開している。全バーガーキング店舗11,000の内、90%は
フランチャイズ契約店舗で、それらの多くが複数店舗展開を行っている。

　これとは別に、ケンタッキー州ルイビル市の「ヤム（Yum）」ブランドは世界最大のレスト
ランだと宣伝している。ヤムはKFC（ケンタッキー・フライドチキン）、ピザハット、タコベル、
ロング・ジョン・シルバーズのブランドを含む36,000店舗を展開している。ヤムの店舗はほと
んどすべてがフランチャイズ契約店で、ヤムの複数ブランドを展開する会社も少なくない。

　宿泊産業においても複数ブランドを展開するフランチャイズは珍しくない。例えば7,000以
上を展開するウィンダム・ホテルはウィンダムの他、ラマダ、デイズ・イン、スーパーエイ
ト、ウィンゲイト、ベイモント、マイクロテル、ホーソーン・スイート、ハワード・ジョンソ
ン、トラベロッジ、ナイツ・イン、アメリホスト・インのブランドがある。チョイスホテルで
はクラリオン、コンフォート、コンフォート・スイート、クオリティー、カンブリア・スイー
ト、メインステイ・スイート、エコノロッジ、ロードウェイ・イン、スリープ・インを展開し
ている。また、マリオット、ヒルトン、カールソンも複数のブランドを展開している。この結
果、飲食サービス並びに宿泊産業において複数店舗を担当するレベニュー・マネージャーに
とっては、一つのフランチャイズのひとつのブランドの店舗に限らず、複数のフランチャイズ
の様々なブランドの店舗を扱うことが一般的だ。

表12.5　複数事業所担当レベニュー・マネージャーの典型的業務

- 個々の事業所の客室レートとRevPARを増加させる有効な在庫戦略を管理・監督・調整する。
- 競合他社の価格を監視し、配下の事業所の価格戦略を適切に調整する。
- 施設毎の販売戦略立案に責任を持ち、施設スタッフの団体教育訓練を企画する。
- 傘下の施設が使用する予約予測のペース・レポートの仕組みを作成し、分析する。
- 契約先電子的流通経路全てとの密接な関係を維持する。
- GDSとIDSを理解し、それらの予約手数料や予約状況を把握する。
- それぞれの施設の客室売上予想を分析し、5%以内の予想対実績の誤差に収める様に努める。
- 施設毎に適した売上構成を達成する活動計画作成に必要な戦略的思考を主導する。
- 実施した売上最適化戦略の効果を測定する。
- 全社の戦略と客室統計、需要要素の分析結果を報告する。
- 施設毎の売上実績、売上目標を週報、月報にまとめ、分析する。
- 各施設が予約なしに直接ホテルを訪れる個人客を効果的に受け入れるための実施可能な具体策を用意していることを確認する。
- 各施設のレベニュー・マネージャー、営業部長、支配人と直接接して仕事をする。
- フランチャイズ傘下の店舗を扱う場合、フランチャイズ本部のレベニュー・マネージメントの専門家と密接な連携をとる。
- 直属の上司との月次、四半期売上会議を開催する。

他の産業にも共通することだが、ホテル業界ではブランドの統合により、様々なブランドを扱う事業者の数は減少しているが、ブランドそのものの数は減少していない。また、宿泊産業や飲食産業で有名となったフランチャイズはホスピタリティー産業の他の業種に事業拡大を進めている。例えば日焼けサロン、寄席（コメディークラブ）、スポーツ・クラブ、スキー・リゾートなどを独立した事業として立ち上げ、既存のフランチャイズの会員組織を活用して顧客獲得の有利な展開を目指している。いずれにしても、ブランド店舗を含む複数の事業所を担当するレベニュー・マネージャーはブランド本部の戦略を十分理解し、ブランド本部の展開する売上最適化施策を有効に活用することが重要だ。

RM の報道記事　12.1　法人本部レベニュー・マネージャー募集

アメリカのホスピタリティー産業においてレベニュー・マネージャーという役職は2000年代初期まで存在しなかった。2005年頃から宿泊業界ではレベニュー・マネージャー募集の求人広告が普及してきた。ただし飲食産業では当時見受けることはなかった。次に示す例が複数ホテルを運営する企業がレベニュー・マネージャーを募集する典型的な体裁だ。これを読みながら、自身の売上最適化に対する認識で募集広告の任務が理解できるか考えなさい。

役職名：法人本部レベニュー・マネージャー
職務内容：海外展開を拡大している大手ホテル企業の本部のレベニュー・マネージャー。本部売上担当役員直属の役職。業務の特徴は、ホスピタリティー並びに旅行産業の知識とインターネットの流通経路管理能力を一つに合わせたものである。この役職は昇進の機会を提供し、直接上級経営幹部との接触を要す。

業務：
●本社ならびにホテル施設の社員に対する支援業務。
●データ収集、維持、分析技術を用い、法人本社並びにホテル施設の情報を分析し、報告する。
●短期・長期予測分析。団体予約の在庫とレートの傾向分析報告。
●日次、週次単位の競合状況分析と監視。
●予約予測報告の分析と短期・長期レート戦略の提案。
●ブランド固有の最適化戦略実施と監視。

能力要件：応募資格は次に示す経験・能力を有するもの。
●CRS/PMS/RM システム等、ホスピタリティー関連システムに精通している。
●旅行流通システムの GDS に精通している。
●MS Excel に精通している。
●ビジネスまたはホスピタリティー、旅行産業関連の学位取得。または、次に示すホテル実務経験：レベニュー・マネージメント、フロント・オフィス、セールス、電子取引。
●最低2～3年のホテルまたはホスピタリティー企業勤務経験。事業実務部門、セールス部門あるいはレベニュー・マネージメント経験。

学歴：大学の学位取得が望ましいが、仕事に必要な知識、スキル、能力を形成した教育と経験があれば可とする。

412　第12章　レベニュー・マネージメントの特別な応用事例

RM のウェブサイト　12.2

　全ての種類のレベニュー・マネージャーの募集は増加が続く。ホスピタリティーの宿泊産業に関するフランチャイズ本部、複数事業所並びに施設単位のレベニュー・マネージャー募集を知りたければ www.hcareers.com を参照しなさい。

　しかし、このサイトの産業別の中からレストランを選択すると、レベニュー・マネージャーの募集は少ない。今後レストランにおいても顧客中心主義のレベニュー・マネージメントが浸透してくれば、募集も増加すると考えられる。

フランチャイズのレベニュー・マネージャー（Franchisor-based Revenue Managers）

　ホスピタリティー産業の専門家の意見はフランチャイズ化の拡大に関し賛否が分かれるが、現実にはホスピタリティー事業者の多くがフランチャイズ契約によりブランドを手に入れる傾向が増加している。アメリカにおいては圧倒的多数のホテルがブランド化されている。同様にレストランにおいても、毎年新規開店するなかでは、個人の運営よりもフランチャイズの運営比率が増加している。高まるフランチャイズの人気の結果、フランチャイズ本体に直接雇用されるレベニュー・マネージャーの数が増加している。彼らの仕事は次の３つの分野のどれかに該当する。

　社内におけるブランド支援業務

　ブランド商品提供協力会社の支援業務

　フランチャイズ傘下の契約施設支援業務

社内におけるブランド支援業務

　フランチャイズ本体に雇用されるレベニュー・マネージャーは本社や、地域本部、場合によっては自宅を遠く離れて、様々な環境で業務を行うこととなる。彼らは一般的に関連業務の支援を担当する。それらの中で、レベニュー・マネージメント関連の戦略、戦術、作業を実施する本社内部の社員の支援がある。

　一つの例を示すと、フランチャイズ本体のセールス・マーケティング部門が大手企業から全加盟店を網羅する利用契約を獲得したと仮定する。その様な場合、合意された契約レートの情報を適切にチェーンの CRS、加盟ホテルの PMS、その他 GDS や IDS、加盟ホテルが利用する全ての流通経路に反映させなければならない。この作業が迅速且つ正確に実施できないと、契約企業の出張管理責任者が従業員の業務出張を手配する時、正しい契約レートで予約がとれない事態となる。この業務は数百に及ぶフランチャイズ契約主と、数千に及ぶ傘下のホテルを考えると極めて重要性が増してくる。フランチャイズ本体のレベニュー・マネージャーが適切に契約レートを反映出来ないと、本部のセールス・マーケティング部門が大企業契約を獲得した努力が水泡に帰す。

　フランチャイズ本体のレベニュー・マネージャーは営業部門の支援はもとより、他の本社内部の顧客に対する支援も大きな役割となる。社内の顧客とは、マーケティング部門、実務部門、

レベニュー・マネージメントの専門的任務　413

RM の報道記事　12.2　求む。レート登録の改善。

　全国の企業の出張管理責任者にホテルに対する最大の不満を聞くと、答えは契約レートや交渉レート（contracted rates/negotiated rates）の登録だと言う。宿泊産業のレベニュー・マネージャーはその大変さが良く理解できる。専門家が分かっていても、現実には迅速且つ適切に GDS やフランチャイズの CRS に契約レートを登録する場合、様々な障害がある。

　レートの登録作業は気が遠くなるほど時間がかかり、間違いやすく、挫折を味わうものだ。プロメディアのウェブサイトに旅行記者のローレン・ダーセン（Lauren Darsen）が投稿したある企業の憤激した出張管理者の記事がある。

　「現在に至ってもホテルのレート登録には慢性的遅延がおこっている。登録の工程に改善は全く感じられない。それがチェーンの CRS の問題か、個別のホテルの PMS の問題か、どちらであっても関係ない。」と、世界第2位のバイオ製薬会社、ギリアド・サイエンシズの出張管理責任者のリック・ワキダ氏（Rick Wakida）は発言した。

　一般に年間契約レートは12月31日に期限切れとなる。従って1月1日に新レートが登録されていないと、企業の出張管理責任者は検索出来ず、出張者自身にホテルを予約させることとなる。その場合、契約レートより高額になる。

　多くの場合、契約レートの登録は大手のチェーンでは数週間から数カ月かかっている。特に数が数千に及ぶ加盟ホテルのほとんどが個人経営の運営である場合、様々な理由からフランチャイズ本部からの支持や連絡に対応しないホテルが多い。

　インターコンチネンタル・ホテル・グループのワールドワイド販売戦略担当ジル・ケイディ（Jill Cady）副社長は、レート登録遅延の主な原因は秋に集中する契約レートの交渉が長引き、数カ月に及ぶこともあるからだと指摘する。ケイディ副社長は解決策として、個々の企業が早く結論をだす様交渉を効率的に行うことだ、と指摘するが、その様な対策や宿泊産業のレベニュー・マネージャーが考える対策では役に立たないことは明白だ。この問題はやはり、フランチャイズ本部のレベニュー・マネージャーの役割であり、早急に問題を解決することが求められる。レベニュー・マネージャーとして訓練を積んだあなたは、この問題にどの様な解決策を提案できるか答えなさい。

情報管理部門、会計管理部門等があげられる。それらの部門全てがフランチャイズの評判、ブランドの価値を強化するために、レベニュー・マネージャーの専門的業務知識を求めている。

ブランド商品提供協力会社の支援業務

　社内顧客を支援するレベニュー・マネージャーが存在する一方、ブランド・イメージの強化に向けて別の分野で仕事をするレベニュー・マネージャーが存在する。別の分野とは、社外に存在するふたつの顧客の一方を対象とするものだ。図12.6に示す通り、ブランド価値の向上を専門とするレベニュー・マネージャーの社外に対する活動はブランド商品提供協力会社とフラ

❖重要な用語❖

内部顧客（Internal customer）　一企業内の他の部門が提供するサービスを受けて、社外の顧客に提供する商品やサービスを作る部門や同僚のこと。社内ではこの連鎖で最終商品が生み出されるが、他の部門のサービスを受ける部門が、サービスを提供する部門の顧客、即ち内部顧客と考えられる。

図12.6　社外におけるブランド管理業務

ンチャイズ契約を締結した傘下のホテルに働きかけるものとなる。
　フランチャイズの運営に知識がない読者は、様々な企業がフランチャイズの運営に関与していることに驚くだろう。彼らをまとめて**ブランド商品提供協力会社**と総称するが、彼らはフランチャイズが求めるブランド価値の向上に必要な様々な商品やサービスをフランチャイズに提供する。
　飲食サービスを例にとって説明すると、マクドナルドがハンバーガーのパンを購入する場合、一貫した品質を重視することに異論がないと思う。しかし、パンを仕入れるのはフランチャイズ本体ではなく、個々の店舗である。そこで、マクドナルド本体のブランド担当レベニュー・マネージャーの役割として、傘下の店舗全てが、マクドナルドの規格に合致する同じ大きさで、同じ品質のパンを提供可能な製パン業者から購入可能な方法を確実に整備することが重要だ。もし、整備が不十分であれば、全店舗のパンの均一性が保てなくなり、結果としてブランド価値が低下してしまう。フランチャイズ本部のレベニュー・マネージャーは、マクドナルドの購買部門や事業運営の従業員がやっている様に、ブランド・パートナーがブランドの基準に合致した均一の商品やサービスを提供出来る様、彼ら協力企業（ブランド・パートナー）を支援しなければならない。
　フランチャイズ傘下のホテルを直接支援するレベニュー・マネージャーは、彼らの有するブランドや傘下のホテルの経済的目標達成とは別の形の支援も行っている。例えば、潜在顧客がインターネットで自社ブランドのホテルを検索する場合を考えなさい。この場合、フランチャイズ本部のレベニュー・マネージャーは、傘下の全てのホテルがそれぞれ最大限インターネットに表示される様に取り計らう事が求められる。フランチャイズのレベニュー・マネージャーは様々なインターネット事業者（パートナー）と接触し、彼らのブランドのホテルが有利に表示される様、インターネット協力会社との効果的な契約を勝ち取る必要がある。ホテルにとって最も重要な特別のインターネットサイトは**低価格帯ホテル**と**中価格帯ホテル**では全く異なる。低価格帯のブランドとは、エコノ・ロッジ、レッド・ルーフ・イン、モーテル・シックス、スーパー・エイト、トラベロッジ等だ。また中価格帯ブランドとは、コンフォート・イン、ハ

❖**重要な用語**❖

ブランド商品提供協力会社（Brand partner）　フランチャイズ本部がブランド価値向上のために利用する社外の協力会社。

低価格帯ホテル（Economy hotel）　アメニティーも限られ、食堂やバーの施設が付随していないホテル。（ただし、朝のコーヒー・サービスや軽い朝食は別）これらのホテルは市場の価格帯において低い方から3割程度を占める。

ンプトン・イン、ホリデイ・イン・エクスプレス、スプリングヒル・スイート等だ。それぞれの価格帯を担当するレベニュー・マネージャーの判断は、個々のブランドの長期的成功に重要な影響を与える。また、全ての価格帯のホテルにとって重要となる協力会社がGDSとIDSであり、その他フランチャイズの重要な流通経路全てがレベニュー・マネージャーにとって重要と考えなければならない。

　フランチャイズ本部が必要とする協力会社は業種やブランドの得意分野により様々である。今日のブランド協力会社はホスピタリティー産業のレベニュー・マネージャーが必要とする様々な要求を満たしてくれる。

フランチャイズ傘下の契約施設支援業務

　フランチャイズの経営陣は売上最適化戦略実施の重要性に認識を深めつつあり、その結果、本部が採用するレベニュー・マネージャーの人数が増加している。これらの多くのレベニュー・マネージャーは**FSR**（franchise services representative）として、直接傘下のホテル支援にあたっている。FSRの実際の役職名称はフランチャイズにより様々。FSRとして働くレベニュー・マネージャーの重要な役割のひとつが、傘下のホテルの支配人、フロント、セールス、マーケティングを始めとする従業員にフランチャイズ本体の売上最適化戦略やそれに必要な道具について説明する仕事である。

　従って、あなたが仮に傘下のホテルのレベニュー・マネージャーである場合、あなたが、一つのホテルか複数のホテルを担当しているかは別として、フランチャイズ本体のレベニュー・マネージャーと連携して仕事をすることになる。フランチャイズ本体のレベニュー・マネージャーとして最初に理解しなければならないことは、フランチャイズの売上は傘下のホテルの純利益ではなく、傘下の個々のホテルの総売上で決まるという事実だ。従って、フランチャイズ本部の意向を反映するFSRの助言は、傘下のホテルのレベニュー・マネージャーに対し売上偏重となる傾向を有し、傘下のホテルのレベニュー・マネージャーは常にFSRの指示や助言を最大限注意深く聞く必要がある。

　宿泊産業においてフランチャイズが徴収する手数料は一般的に総売上の5％から15％になる。勿論傘下のホテルが支払う手数料は業種によっても大きく相違するが、宿泊産業において一般的な売上関連手数料は次の通りだ。

　ブランド使用料（Royalty fees）：ブランド名、ロゴ、その他ブランド・サービス利用料。
　販促貢献料：全国ベースや地域ごとのブランドの広告宣伝に関連する費用。
　予約料：フランチャイズ本体が予約システムCRSで予約を取り扱う場合、傘下のホテルは

❖重要な用語❖

中価格帯ホテル（Midscale hotel）　多少の事務用品、パソコン、プリンター等、その他レクリエーション設備を備えたホテル。食事やバーの施設を提供しない場合もある。市場全体のADRの40％から70％の価格帯のホテルが相当する。

FSR（Franchise services representative）　加盟店担当レベニュー・マネージャー。加盟店の事業を支援する立場の、フランチャイズ本体のレベニュー・マネージャー。

予約の電話代、予約システム関連経費、予約人件費が不要となる。そこで、傘下のホテルに対し、本来発生する予約関連費用を相殺する形で、フランチャイズ本体が予約料を徴収する。

FTP利用料：ほとんどのフランチャイズが固定客の会員システム（Frequent traveler program）を実施している。予約がFTPに関係した場合、FTP運営費として、利用料が加算される。

その他費用：様々な費用があるが、フランチャイズが指定するコンピュータ・システムの技術支援料、教育訓練料、地域会議・全国会議・大会参加料などである。

　飲食サービスのフランチャイズでは、それぞれ独自の売上に基づく手数料体系がある。これらは、バーガーキングの様に総売上の1〜2%とブランド使用料を組み合わせた8.5%程度のものから、マクドナルドの様に月次売上の12.5%を超える様な場合もある。

　フランチャイズの収入は傘下の加盟店の純利益ではなく、総売上にもとづいて計算するが、フランチャイズ本体のレベニュー・マネージャーはその正当性を答える必要がある。フランチャイズ本体が徴収する費用の計算根拠が総売上であることに対し、全てのブランドの加盟店は共通して疑問を抱いている。売上が課金の根拠となるため、過去においてフランチャイズ本体の売上強化策の多くは加盟店の売上努力を強いる形となり、加盟店からみれば、本体が加盟店の利益を犠牲にして本体の売上を積み上げる様に受け止められた。

　勿論事業において売上に注目することは当然のことである。しかし、経済取引とは売り手と買い手の双方が利益を享受しなければ成立しない。もしあなたがフランチャイズ本体に雇用されたレベニュー・マネージャーであれば、加盟店の顧客ではなく、加盟店そのものがあなたの顧客であることを忘れてはならない。その様に考えれば、あなたが取る売上強化策は本質的に加盟店の長期的利益をもたらすものでなければならない。もしその様に理解されない戦略は、加盟店や、新規に加盟店に加わろうと考えている事業主の目には、あなたが強化すべき**ブランド資産**が逆に失墜する様に映る結果となる。

RMのウェブサイト　12.3

　宿泊産業において、第3者の立場のインターネット業者は、それぞれのブランドにとって重要な協力企業である。それらのサイトに加盟店がどの様に掲載されるかにより、そのサイトからどれだけ予約が確保できるか左右されてしまう。その事実を理解するためには、訪問してみたい中規模都市や大都市を選び、インターネット検索してみなさい。

　フランチャイズ本体のレベニュー・マネージャーは自社の加盟店のホテルをエクスペディアの様な人気のある第3者インターネットのウェブサイトに目立って表示させる任務がある。どのブランドのレベニュー・マネージャーも、あなたが選んだ都市のなかから、自社の加盟店のホテルをあなたに選択させたいと考えている。そこで、www.expedia.comを検索してみなさい。

　エクスペディアに滞在日程を入力すると、検索結果の頁が表示され、ホテルが順番に並べられる。どのブランドのレベニュー・マネージャーも、エクスペディアが自社の加盟店を最初に表示してほしいと望んでいる。もしあなたが将来フランチャイズ本体のレベニュー・マネージャーを目指しているなら、いずれ同じ経験をするだろう。

RMのウェブサイト　12.4

　もしあなたがフランチャイズ本体のレベニュー・マネージャーの経験があるか、計画中なら、あなたの直接の顧客となる加盟店の動向を絶えず把握しておくとよい。

　そのため、フランチャイズ本体が主催する会議や大会に出席することは参考となるが、そこで得られる情報は既存の加盟店が中心となる。新規の加盟店となる候補の事業主が抱える関心事や要望を知るためには宿泊産業の二大年次総会のどちらかに参加するとよい。

　AH&LA（The American Hotel and Lodging Association）の年次総会は毎年ニューヨークで11月に開催される。詳細は www.ahla.com を参照しなさい。

　AAHOA（Asian American Hotel Owners Association）は創立20年で、9,000以上の会員を擁し、アメリカの宿泊産業の事業主の40%以上が会員登録している。この会は極めて活発にフランチャイズ加盟店の権利拡大を議論し、主張している。年次総会は4月開催だ。詳細は www.aahoa.com 参照。

レベニュー・マネージメントと観光振興
(RM and Destination Marketing)

　第6章では CVB（convention and visitors bureau）を簡略に説明すると、一般に特定の地域あるいは訪問先の旅行・観光を促進する事業体であると学んだ。レベニュー・マネージメントと観光振興は同義語ではないが、観光振興（マーケティング）に携わる専門家にとって、供給制限管理、階層価格、価値と価格の問題全てが重要な課題だ。従って、観光振興の専門家は本書で示したレベニュー・マネージメントの概念を理解することが不可欠だ。例えば、CVB で働くホスピタリティー産業の専門家を考えなさい。彼の任務が、その地域の閑散期に訪問者の数を増加させることだとする。スキー・リゾートでは、暑い夏の季節となる。海岸のリゾートでは寒い冬の期間となる。都市においては、都市特有の行事や街並み等が観光客を惹きつける重要な要素となる。全ての場合において、個々のホテル、レストラン、行事等を総合的にとらえ地域全体の観光関連の売上増を支援する上で、彼らがレベニュー・マネージメントの概念を理解することがプラスになる。

　もしあなたが観光振興分野の仕事を目指しているなら、観光振興の事業体のほとんどは政府機関ないし半官半民の機関であることを知っておくとよい。彼らは公的資金（税金とか、ホテルの宿泊関連税等）の支援を受けているため、観光振興の専門家の業務のひとつとして、資金提供団体に対する資金管理報告や地域に与える経済的効果を説明することが重要である。

※重要な用語※

ブランド資産（Brand equity）　消費者が受け止めるブランドの価値。ホスピタリティー産業におけるブランド資産の重要な要素は一貫性、品質、価値など。

418　第12章　レベニュー・マネージメントの特別な応用事例

RM の実践　12.2

　アンジェラ・タラはサンドストーン・ホテルの CEO だ。サンドストーン・ホテルは目下急成長中の私企業で、20のホテルを所有し、運営する一方で、他のオーナーが所有する15のホテルの運営も請け負っている。

　アンジェラは「スリープウェル・ホテル」のフランチャイズの営業担当チャック・レジングと話をしている。「あなたのブランドは大変気に入っています。ご存じのように、当社はスリープウェルホテルを４店舗運営していますが、市場でも業績が良く満足しています。」とチャックに話した。

　するとチャックは「では新規店舗を何故ウォーターフォード・インにするのですか？私どものスリープウェルはどの市場でもウォーターフォードと比較して ADR が上回っています。」と言った。

　「それは存じております。ウォーターフォードはスリープウェルより稼働率が高く、スリープウェル同様、現在成長中です。しかし、フランチャイズ手数料はスリープウェルより２％低いです。」とアンジェラが答えた。

1．あなたがフランチャイズ本体のレベニュー・マネージャーでスリープウェルの ADR 改善の責任者だとする。アンジェラの新規開店ホテルにスリープウェルを売り込んでいるチャックに、どの様な情報を与えればよいと考えるか答えなさい。

2．あなたがウォーターフォードの稼働率改善を担当しているレベニュー・マネージャーだとする。ウォーターフォードのブランドをアンジェラの新規開店店舗に販売するセールスマンにどの様な情報を与えればよいと考えるか答えなさい。

3．あなたは、アンジェラの会社のレベニュー・マネージャーだとする。アンジェラが重要な判断をするに際し、あなたは、アンジェラが必要とする情報を入手するため、ふたつのブランドのレベニュー・マネージャー達との個人的な関係の重要性をどの様に考えるか答えなさい。

RM のウェブサイト　12.5

　DMAI（The Destination Marketing Association International）は観光マーケティング分野に従事するレベニュー・マネージャーが非常に興味をしめす団体である。会員教育やその他専門家の能力開発に加え、DMAI は求人・募集・採用情報をウェブに常時掲載している。どの様な職種で、どの様な地域にレベニュー・マネージャーのスキルを持った人材を募集しているか知りたければ www.destinationmarketing.org を検索しなさい。Resources の DMAI Career Center を見ると、様々な募集案件を知ることができる。

学んだ知識を応用しなさい　419

RM の報道記事　12.3　ラスベガスで何が起こったか？

　2003年にラスベガスの広告代理店 R&R パートナーは「What Happens Here Stays Here」キャンペーンを作った。このキャンペーンの目的は賭博のイメージの強いラスベガスを自由奔放な魅力の街に変えることにあり、キャッチコピーを日本語で表現すると、「ラスベガスで起きることは、ラスベガスの外には出ない」となり、ラスベガスの自由を体験したいなら、ラスベガスに来るしかない事を訴える内容だ。これは大変人気を博し、都市の世界戦略にぴったり当てはまった。1990年代半ばからの家族向け広告の失敗以降、多少きわどい新キャンペーンは2000年代のラスベガスを上手く表現した。ラスベガスに向けた観光地マーケティング関係者はこの刺激的なキャンペーンを使い、訪問客を記録的に増加させた。

　不幸なことに2008年から始まった世界的経済不況は業務渡航やレジャー旅行に悪影響を及ぼした。アメリカ経済や世界の経済が2008年に低迷し、2009年も続いてしまうと、ラスベガスの景気も落ち込み、RevPAR も下落した。しかし、ラスベガスには引き続き楽しいことが沢山ある。違いますか？

　2009年初めに、新大統領のバラク・オバマ（Barack Obama）が政府から資金援助を受ける金融機関は慎重にお金を使う様警告を発した。ラスベガスの快楽的な知名度が逆風となった。ニューヨークタイムズの2009年 2 月15日に次の記事が掲載された。

　「オバマ大統領がインディアナ州エルクハートの住民に対し、政府資金の援助を受けている会社が納税者のお金でラスベガス旅行やスーパー・ボウルに行くことは許さない、と言ったことに対し、ラスベガスのホテル経営者は不安を募らせている。」

　大統領はラスベガスに反対したのではなく、浪費を批判したのだ、と後に訂正したが、結果はどうなったか？　ラスベガスで計画されていた様々な商談や会議は記録的件数でキャンセルされ、2009年の当初数カ月で会議参加者数は前年対比23% 減少、ADR は31.7% 下落した。会議のキャンセルが相次ぐ中、ラスベガスは新キャンペーンを展開した。ラスベガスの費用の安さと地の利を前面にだして宣伝した。ラスベガスの努力にも関わらず、景気の低迷により、2009年のラスベガスの RevPAR は著しい下落を示した。

　ラスベガスの教訓は、観光マーケティングの戦略は環境に応じて適切に変更しなければならない、と言うものである。ホスピタリティー産業の変化と競合が激しい分野でレベニュー・マネージャーを務める専門家にとって、彼らの行う売上最適化戦略は内部的、外部的な順風・逆風による環境変化に著しい影響を受ける。

重要な用語

■サービス産業（Service industry）　■ショルダー、需要最盛期の前後（Shoulder period）
■パッケージ旅行（Package tour）　■アトラクション、特別の催しや集客力のある施設（Attraction）　■確率モデリング（Probabilistic modeling）　■二つ目無料の抱合せ販売（Buy-one, get-one）　■内部顧客（Internal customer）　■ブランド商品供給会社（Brand partner）
■低価格帯ホテル（Economy hotel）　■中価格帯ホテル（Midscale hotel）　■FSR、加盟店担当者（Franchise services representative）　■ブランド価値資産（Brand equity）

420　第12章　レベニュー・マネージメントの特別な応用事例

学んだ知識を応用しなさい

1．ケビン・シャープはフロリダ州プラント・シティーでベッド数5台の日焼けサロンを経営している。彼は積極的な売上最適化戦略の実施を計画している。ケビンが決断した戦略が彼の事業にとって適切か、次の表を完成させて答えなさい。ケビンの事業に精通していなければ、良く知っている友人に相談するか、自分で体験してみなさい。

企業の特徴評価表　日焼けサロン

1．供給制限	
2．高固定費率	
3．需要変動	
4．商品モデル化機会	
5．在庫の消滅性	
6．階層価格管理能力	
7．顧客への情報伝達能力	

2．マンディー・デイヴィスはサガ・ホテルの本部の新任レベニュー・マネージャーだ。サガはホリデイ・イン・エクスプレス3軒、コンフォート・イン2軒、ハンプトン1軒、レジデンス・イン1軒、モーテル・シックスが1軒、カントリー・イン・アンド・スイーツ2軒、合計10ホテルを所有し、運営している。ホテルはそれぞれ480キロの範囲内にある。サガの事業担当副社長であるマンディーの上司の指示で、マンディーは目下、個々のホテルのレベニュー・マネージメント関連報告の統一標準化を進めている。

A．施設毎の売上最適化戦略の効果と実績を適切に把握するために毎月各施設から報告させる必要がある情報を5つ答えなさい。

B．マンディーが必要とする5つの情報に関し、必要と考える合理性を説明しなさい。

C．サガが取引している全てのフランチャイズ本部の名称を答えなさい。

D．サガが様々なフランチャイズと取引することによりマンディーが被る不利益は何か答えなさい。

E．サガが様々なフランチャイズと取引することによりマンディーが得られる優位性とは何か答えなさい。

学んだ知識を応用しなさい　421

3．Wiredup.com はホテル業界で最も人気のある割引予約サイトのひとつだ。デーナ・バッシュは高級ホテル・ブランド「レクサー・ホテル」のフランチャイズ本体のレベニュー・マネージャーだ。デーナは傘下の加盟店50ホテルを担当している。ほとんどが都市部に位置している。Wiredup.com はこれらのホテルのインターネット予約のなかで大きなボリュームを構成している。最近 Wiredup.com の予約サイトに「レクサー・ホテルの宿泊は追加手数料が発生する場合があります」との注意書きが添えられた。

デーナが担当するホテルのほとんどが顧客の駐車料金は客室レートに含まれず、別料金だが、結構高額となる。Wiredup.com では客室料金を大幅値下げするため、駐車料金が宿泊料の25% 程度になる場合もある。最近加盟店からデーナのもとに、駐車料金が別会計であることに対する顧客の苦情の報告が増加している。Wiredup.com は一旦顧客が予約すると解約を受け付けないため、ホテルに到着する顧客は料金に不満があっても予約をキャンセルすることは不利だ。加盟店もデーナに対しこの問題点を報告している。

A．何故ブランド協力会社の Wiredup.com は追加料金の注意書きを始めたのか答えなさい。
B．このブランド協力会社はデーナのホテルに有害な行為をしているか答えなさい。
C．このブランド協力会社はホテルの顧客に有害な行為をしているか答えなさい。
D．この状況を改善するためにデーナのとるべき適切な措置は何か答えなさい。
E．デーナの担当するホテルの客室を販売するため、利用する流通経路に関し、デーナが注意すべき項目は他にどの様なことがあるか答えなさい。

4．ナショナル・ホテル・カンパニーは比較的新しい「ホーム・トゥー」（Home Too）ブランドのフランチャイズ会社だ。現在国内30加盟店が70ホテルを運営している。ナショナル・ホテルのラルフ・ヒッツ社長は、オンライン（インターネット）によるレベニュー・マネージメントの教育を加盟店に対し適切に行えば、12カ月以内に加盟店の RevPAR の二桁増加が可能だと確信している。それが実現できれば、新規の加盟店を大幅に増加させることができると考えている。

A．ラルフの会社の会計責任者は新教育システム開発に必要な費用は、それにより RevPAR を増加することが出来る加盟店に公平に分担してもらうことが受益者負担として当然可能だと考えているが、あなたは会計責任者の考えに賛成するか答えなさい。
B．ラルフの会社の営業担当副社長は、レベニュー・マネージメントに関する施策の費用は、他社との競合上、フランチャイズ加盟を検討中の新規加盟店には無料とすべきと考えているが、あなたは営業担当副社長の考えに賛成するか答えなさい。
C．ラルフの会社のマーケティング担当副社長は、フランチャイズの売上は加盟店の売上の結果である訳だから、加盟店の売上を強化する全ての施策に必要な費用は、現在および新規の加盟店に対して無料で提供すべきだと考えているが、あなたはマーケティング担当副社長の考えに賛成するか答えなさい。
D．ナショナル・ホテルはどのように自社の売上が計上されるか、答えなさい。

422 第12章 レベニュー・マネージメントの特別な応用事例

　　E．あなたがラルフなら、新たなレベニュー・マネージメント教育プログラムをどの様に
　　　　開発し、実施するか答えなさい。

5．トム・ゲイロンはグレーター・パイクスビルのCVBの取締役だ。パイクスビルは活気に
　　満ちた市街と地域のアトラクションで人気のある訪問先だ。パイクスビル地区にある25の
　　ホテルは平均年間稼働率65％だ。特に夏季は80％から90％台に達するが、寒い冬の期間
　　は50％から60％台に落ち込む。
　　　パイクスビルは最近地域の会議場の拡張工事を完了した。ゲイロン取締役は広大な会議場
　　を活用してビジネス会議を主催する団体客を誘致し、年間を通じてホテルの高稼働率を支
　　援したいと考えている。あなたがレベニュー・マネージメント理論に関する豊富な知識を
　　持ち合わせている事を知るゲイロン取締役は、あなたに、彼の販売担当スタッフが目標と
　　すべき市場の特定や会議場と地域のホテルの売上最適化に関する支援を求めてきた。

　　A．この場合、販売する商品やサービスとは何か？　誰が売主か？　誰が顧客か答えなさ
　　　　い。
　　B．パイクスビルの競合モデルの特徴を説明しなさい。あなたやCVBのスタッフにとっ
　　　　て、競合モデル地域の特徴や優位性を知ることがどれだけ重要なことか、答えなさい。
　　C．パイクスビル地区のホテルの稼働率変動を考えた場合、会議場利用料に関し、階層価
　　　　格戦略を適用する余地があるか答えなさい。
　　D．会議場の潜在顧客にとって、パイクスビル滞在中、彼らが得る価値は何か答えなさい。
　　E．ホテルの客室レートやレストランのメニュー価格はCVBが決めるのではなく、ホテ
　　　　ルやレストランの経営者が決めるものだ。レベニュー・マネージャーが価格決定権を
　　　　持ち合わせていない場合、どの様な売上最適化の処方箋を提示可能か、答えなさい。

重要な概念のケース・スタディー

　「私が判断する案件について、是非あなたのご意見を伺いたいと思っています。」とバルセ
ナ・リゾートのDOSMのパムが言った。
　「喜んでお手伝いさせてください。」とバルセナ・リゾートのレベニュー・マネージャーのダ
マリオが答えた。「何をすればいいですか？」
　「私が観光開発局（Tourism Development Board）の委員だという事をご存じですね。」とパムが
言った。観光開発局は団体客の取り込みや会議開催を中心に、バルセナ地区の全てのホテルの
営業支援を行っている。
　「勿論知っています。我々のホテルにとっても、あなたの観光開発局の地位は重要です。」と
ダマリオが答えた。
　「実はあなたと相談したい理由はそのことです。観光開発局は全会員に閑散期の販売促進
キャンペーンに必要な費用負担を要請してきました。」とパムが言った。
　「それは当然でしょう。」とダマリオが答えた。

重要な概念のケース・スタディー 423

「それはそうですが、観光開発局は特定のホテルの名前は出せないと言っています。キャンペーンの目的はビーチやアトラクションで、特定のホテルではないのです。」とパムが説明した。

「それで、相談とは我がホテルの販促予算から観光開発局が行うキャンペーンの費用分担を約束するべきか否かと言うことですね。」とダマリオが聞いた。

「そうではないのです。全てのホテルの販促予算をまとめれば、効果的な宣伝が出来ると思います。私達のホテルもその資金を閑散期に有効に使えると思います。」とパムが言った。

「私もその通りだと思います。では、一体何が問題ですか?」とダマリオが質問した。

「私が心配なのはキャンペーンの効果と、当社が提供する資金の貢献度です。キャンペーンが実行された場合、その効果を測定する道具が備わっているか知りたいのです。私達の資金貢献の確実な効果が分からない限り、今年も、将来もキャンペーンに参加する気持ちはありません。そこで、あなたの助けが必要となりました。あなたが着任して以来、売上強化のための様々な施策を実施してきました。仮に我が社のホテルの売上の増加が達成できた場合、独自の努力の結果なのか、キャンペーンの効果なのか、どの様に区別してそれぞれの効果を知ることが可能でしょうか?」とパムが言った。

「やっとあなたの心配が分かりました。」とダマリオが言った。

考慮すべき項目

1. この場面では、リゾートの DOSM とレベニュー・マネージャーがそれぞれの目標達成のために緊密な連携をとっている。多くの場合、このふたつの分野の明確な目標は一致している。両者の目的が対立する場合の事例をふたつ説明しなさい。レベニュー・マネージャーと DOSM が緊密に連携する事の重要性を説明しなさい。
2. あなたがダマリオだと仮定する。キャンペーンの効果を測定するため、あなたは、具体的にどの様な ADR 関連ツールをパムにアドバイスできるか答えなさい。
3. あなたがダマリオだと仮定する。キャンペーンの効果を測定するため、あなたは、具体的にどの様な稼働率測定関連ツールをパムにアドバイスできるか答えなさい。
4. キャンペーンが実行され、効果があったとする。その場合、客室以外の売上部門に与える影響はどの様なものが想定されるか答えなさい。また、その場合、パムはキャンペーンによる影響をどの様に測定できるか答えなさい。

第**13**章

より良い事業の創造

第13章の構成

より良い事業構築への重要な鍵（Building Better Business）

　レベニュー・マネージメントの擁護（Championing）

　責任範囲の明確化（Responsibility）

　効果的な価格管理（Price Management）

　商品とサービスの公平な自己評価（Self-Assessment）

穏やかな安定的市場または好況時における事業の課題（Moderate to Strong Markets）

　説明のつかない繁栄（Irrational Exuberance）

　販売先排除による売上比較分析（Displacement）

　教育訓練関連投資（Training）

軟調か不況下の市場における事業の課題（Weak or Distressed Markets）

　市場評価（Market Assessment）

　価格の引下げ（Discounting）

　教育訓練の再査定（Training Effort）

第13章の要点

1．より良い事業を構築するためのレベニュー・マネージメント重要戦略詳細研究。

2．好況下における売上最適化に関する課題の研究。

3．軟調な市場環境における売上最適化戦略に関する課題の研究。

より良い事業構築への重要な鍵

　これまで、レベニュー・マネージャーは単に収支報告書の最上段の売上を達成するだけの仕事ではないことを学んだ。レベニュー・マネージャーは顧客中心主義にもとづく売上最適化戦略を実行するにあたり、達成する売上の数よりも売上の質を重視しなければならない。それを実現するためには原価、利益、施策が顧客に与える影響、事業の長期的信用を理解する必要がある。

　飲食サービス産業の専門家、ハーマン・ザッカレリ氏（Herman E. Zaccarelli）は人生を次の様に観察している。「人生はしばしば逆行する。」彼の著書「前提条件のない経営：人生行路の統率原理」（Management Without Reservations: Leadership Principle for the Manager's Life Journey）で次の様に記述している。

> 「多くの場合、如何にして目標を達成するかを計画する前に、先ず、最終目標を明確に描くことが重要だ。仮に目標が経済的達成であろうと、地域の改善であろうと、仕事上の個人的関係強化、サービス水準の改善等々、すべての測定可能な目標に対し、明確な特性を持たなければならない。それらの特性とは特定可能、伝達可能で、意欲をかき立て、達成感があることだ。あなたの目標がこれらの特性を備えていれば、進むべき方向を知り、他の人々をその方向に導くことが出来る。」

　あなたが自分自身の組織の高品質な売上を目指すレベニュー・マネージャーであれば、あなたの目標が特定可能で、関係する人々に伝達可能でなければならない。専門家としては、あなたの顧客中心主義に基づくレベニュー・マネージメントは、共に働く人々の意欲をかきたてるものでなければならない。また、達成された場合、レベニュー・マネージメントが業務上も、個人的にも両面において評価されなければならない。

　第13章では、好況下においても、不況下においても、あなたの組織の高品質な売上達成とより良い事業を構築するための諸施策に関し、理解すべき重要な鍵について学ぶことになる。より良い事業、より利益の高い事業構築の鍵は非常に明確である。

- ●レベニュー・マネージメントの擁護
- ●責任範囲の明確化
- ●効果的な価格管理
- ●商品とサービスの公平な自己評価

レベニュー・マネージメントの擁護（championing）

　あなたが仮にレベニュー・マネージャーの職を求めるなら、ホスピタリティー産業では極めて新しい職業であることを認識することが重要だ。少なくとも1989年までに出版された宿泊産業に関する権威ある教科書にレベニュー・マネージメントやレベニュー・マネージャーと言う言葉が掲載された事はない。ホスピタリティー産業の他の職業として、例えばホテリアー

426　第13章　より良い事業の創造

(hotelier ホテル経営者) やレストラター (restaurateur レストラン店主)、シェフ (chef 料理長) 等が少なくとも何世紀も使われていることを考えれば、ホスピタリティー産業の専門家であっても、その多くがレベニュー・マネージャーの仕事を明確に理解していなくても不思議ではない。

　一般に用いられる様に理念や主張の擁護 (champion) とは、主張を支援し、激しく守り抜くことで、自由の擁護、言論の擁護と同じ意味である。擁護 (champion) と言う言葉が最初に経営に用いられたのは、経営コンサルタントのトム・ピーターズ (Thomas J. Peters) とロバート・ウォーターマン (Robert H. Waterman, Jr.) の著書「卓越の探求」(In Search of Excellence) の中で、革新的に成功する企業は激烈な擁護を必要とすると主張したことに由来する。ピーターズとウォーターマンの二人は更に、新しい概念や理念が不変の成功を勝ち取るためには、情熱的な擁護が必要で、特に初期の段階においては、組織の中の特定の人が新しい概念を守り抜くことが重要だと主張した。その様な人の助けがなければ、新しい概念は死滅すると言った。

　経験を重ねた専門家は何故それが正しいか理解できる。変革は常に制度上無視されるか徹底的な抵抗に遭遇する。そのことは不変の現実である。イタリアのルネッサンス期に活躍した政治思想家ニッコロ・マキャヴェリ (Niccolo Machiavelli) が1513年に人間の本質と管理について著した歴史的論文「君主論」(The Prince) に書かれた次の文章は現在においても全く正しい。「世の中に新しい秩序を導入する仕事程危険且つ困難で、成功がおぼつかないことはない。」

　擁護は何時も容易に可能なものではない。彼らの情熱や努力は、過去において明確に理解されず無駄なものとして捨て去られたことは限りない。彼らの責任が明確に理解されず、定義されないなかで、彼らの努力が繰り返されると疎まれる。最後に、彼らの行動に起因する費用が正当に個別に計上されないため、組織にとって資源を無駄に浪費するものと捉えられてしまう。これらの反応全てが彼らをひるませることであるが、彼らの真の擁護はくじけない。その理由は伝説的拳闘家モハメッド・アリ (Muhammad Ali) が次の様に表している。「チャンピオンは体育館で生まれる訳ではない。チャンピオンとは彼らの奥底の欲望、夢、理想が作り上げるものだ。」

　面白いことに最も優れたチャンピオンが一緒に仕事をする仲間として気楽な人間とは限らない。彼らは一般に聡明で情熱的で優れている。しかし、彼らは同時に嫌われ、短気で、利己的で、理性に欠ける人間だ。しかし、レベニュー・マネージメントがホスピタリティー産業のなかで正当な職業として発展し、正当な学問の分野として認められるためには、レベニュー・マネージメントの興味を永続させる熱狂的な人間が必要だ。その様な擁護をするチャンピオンの存在なくしては、レベニュー・マネージメントも他の一時的に流行した言葉と同様、捨て去られてしまうことになる。例えば、1970年代の MBO (Management by Objectives and Performance Appraisal)、1980年代の TQM (Total Quality Management)、1990年代のリエンジニアリング (Reengineering)、そして2000年代の6Σ (シックス・シグマ) も恐らく忘れ去られるだろう。

　レベニュー・マネージメントを新しい、全く別の学問として擁護することの難しさは著者がこの教科書を作成するなかで味わってきた。レベニュー・マネージメント分野の研究の新鮮さが、学者や産業の経営者達から本書に対し次に示す様々な反応を呼び起こした。

- どうせ一過性のものであるから、レベニュー・マネージメントに関する書物は不要だ。
- 書いても結構だが、内容は50ページも必要ない。
- 意味があるとすれば、レベニュー・マネージメントの定量分析を数学的素養のある読者に

より良い事業構築への重要な鍵　　427

説明する内容が必要だ。

- レベニュー・マネージメントの定量分析や高度な数学を最小限に抑えて説明できれば役にたつだろう。
- レベニュー・マネージメントのマーケティングに関する側面を強調できれば有効だ。
- そうではなく、会計や経理の側面を強調できれば、有効な教科書となる。
- 客室販売の手法としてレベニュー・マネージャーにインターネットの活用を説明できれば、役に立つ。
- レベニュー・マネージメントはマーケティングの一つの呼称であるが、我々はすでにマーケティングについて熟知している。
- レベニュー・マネージメントは販売（セールス）の一つの呼称であるが、我々は既にセールスに関し熟知している。
- レベニュー・マネージメントとは、インターネットを含む流通経路管理のことだ。技術革新とそれにまつわる戦略、戦術は教科書では追いつけないほど誠に速い。

幸運なことに先進的な考えを持つ専門家の人々から、著者は次の様な激励も受けた。

- 今や、レベニュー・マネージメントの教科書が必要な時である。

教科書が理想的な内容を網羅するための幅広い分野の意見集約の努力はアメリカ合衆国第26代大統領、セオドア・ルーズベルト（Theodore Roosevelt）の示した次の博識に沿ったものだ。「決断の瞬間にあたり、あなたが出来る最高のことが正しいものであり、その次に出来る最高のことは悪いものである。最後に、最も悪い行いとは、何もしないことである。」

この精神に則り、本書「レベニュー・マネージメント概論」はホスピタリティー産業の売上最適化に関する情報を包括的に読者に読みやすい体裁でまとめた最初の試みである。今後レベニュー・マネージメント分野の進展は疑いなく継続するため、追加、削除を伴う改訂版が出版されることになる。その意味で、レベニュー・マネージメントを研究の専門分野として擁護する作業は極めて重要と考える。従って、本書に対する建設的なご意見を歓迎し、我々の最初の努力に改良を加えることが多くの人の進歩を促すことと確信している。レベニュー・マネージメント分野の研究繁栄のためには、あなたの様な知識に富んだチャンピオン（擁護者）が不可欠だ。

責任範囲の明確化

レベニュー・マネージャーが直面する苦労のひとつに、自らが所属する組織から任命される仕事の役割分担に関することがある。組織によっては、マーケティング、セールス、流通経路管理、会計管理などの関連業務を担当する個人がレベニュー・マネージャーに任命されることがある。例えば、小規模の宿泊施設や単一のレストランの場合、施設の支配人がレベニュー・マネージメント関連の役職を担うことが多い。しかし、大規模なホスピタリティー産業の場合、組織全体にまたがり、多くの人間で分担することがある。この様に多様化した体制の場合、個々のレベニュー・マネージャーや組織の役割に関し、それぞれの特定の任務が明確に理解されないことがしばしば発生する。勿論、ホスピタリティー産業において、レベニュー・マネージメントの仕事は組織の固有の要求に基づいて任命されなければならないが、直接レベ

428　第13章　より良い事業の創造

ニュー・マネージャーの役割を確認する適切な方法として、彼らの**業務責任規定**（ownership of responsibility）がある。

　大組織において、顧客中心主義に基づく売上最大化の仕事は様々な分野の専門家の協力が必要となる。その場合、多彩な専門家を取りまとめるレベニュー・マネージャーの能力は、様々な工程における各専門家の責任範囲を明確に理解することにより発揮可能となる。勿論全ての事業分野はそれぞれ独自の特徴をもつが、効果的な売上最適化戦略を推進するためには、関連する各部門がそれぞれ明確に定義された責任範囲を理解しなければならない。もし、責任範囲が不透明になれば、組織のどの部門が何の責任を持つかを明確に再度見直すことが必要だ。

営業（Sales）

　販売部門は顧客との関係（customer relationship）に責任を持つ。多くの場合、顧客との関係とは、何故初めてきた顧客が再び取引に戻るか（repeater）である。これは、ブランド力であったり、顧客の過去における購買経験に基づくものであったり、応対する特定の従業員に対する好感度、例えば好みのバーテンダー、給仕、会議・宴会営業担当者であったりする。

　第3章で学んだ通り、顧客は買い物を楽しむが、売りつけられる事は不快である。優秀なレベニュー・マネージャーや営業担当者は、このことを良く理解している。彼らは彼らが販売する商品やサービス固有の価値を顧客が見つけ出す手助けに成功した人々のことだ。それにより、顧客に自ら購買の決断をさせる訳だ。優秀なレベニュー・マネージャーは自らの販売技術に専念するのではなく、顧客の購買行動を注目する。同時に彼らは、最も効果的な顧客との関係づくりは商品や組織を売り込むことではなく、顧客中心主義に基づき対応することにより得られることを理解している。ここで重要なことは、レベニュー・マネージャーの仕事は価格設定と適切な在庫管理により、顧客との関係促進を助けることで、決して関係を損なうものであってはならない。

マーケティング（Marketing）

　マーケティング部門は販売宣伝（message）に責任を持つ。企業の効果的な宣伝活動は対象とする顧客の特定から始まる。顧客が何の目的で、何をどこで何時どれだけ購入するか理解することにより、マーケティング担当者は企業に密着し、顧客に浸透する宣伝を行うことが可能となる。この宣伝（message）こそ、企業のイメージを顧客の心に刻む助けとなる。顧客が購買意欲をかきたてられる様な宣伝を広報担当、販売促進担当、マスメディアの専門家等を活用して作成する。適切な価格設定や在庫管理を行うレベニュー・マネージャーは、宣伝が顧客にとって明確で理解しやすい形になる様、支援することが任務となる。

❖**重要な用語**❖
業務責任規定（Ownership of responsibility）　定義された特定の仕事や使命に責任をもつ個人や部署。

会計（Accounting）

　ホテルの会計部門や財務部門は会計関連データの管理責任を持つ。効果的売上最適化戦略にとって、必要な時に役立つ情報が正確に入手できることが重要だ。データの正確性は当然重要だ。しかし、会計部門の基本的な役割はレベニュー・マネージャーに何をさせるかではなく、レベニュー・マネージャーに必要な情報を伝えることだ。従って、会計部門が提供するADR、稼働率、客単価、顧客総数、座席売上等の数値は正確でなければならないが、彼らが売上最適化の判断を行ってはならない。会計部門の責任範囲は、社内での評価であって、売上最適化戦略は、社外の顧客中心主義に基づく業務である。

流通（Distribution）

　流通部門は流通経路、即ち販売チャネルに責任を持つ。第8章で学んだ様に、流通経路管理とはあなたの顧客があなたから購入する様に促すことである。ホスピタリティー産業における流通経路には、電子的経路と非電子的経路がある。電子的経路とは自社のウェブサイト、ブログ、ツイッター、フランチャイズのウェブサイト、その他トラベロシティー、ホテルズドットコム、エクスペディア、旅行会社ウェブサイト、様々なインターネット検索エンジン等の第3者のインターネットサイトだ。

　非電子的流通経路とは、施設のフロントで直接販売する形態、電話予約による販売、施設の営業部隊による団体予約販売、地元のCVB等、提携先の共同販売等の手段だ。何れの流通経路の場合も、流通経路管理の目的は顧客への到達範囲を拡大し、あなたの発信するマーケティング宣伝（marketing message）を受け、好意的反応を示す顧客の数を増加させることにある。

実務部門（Operations）

　実務部門は顧客の体験（experience）に責任を持つ。顧客があなたから購買を決断した時点から、支払いを済ませて、あなたの施設を離れるまで、顧客はあなたの事業の実務部門の様々なスタッフと間接・直接に接触する。それらの全ての従業員は、顧客に対し、購買判断が正しかったか、または反省すべきかの重要な役割を演じる。

　提供する商品やサービスの価値が適切に設定されていても、顧客に対して適切に提供されなければ、企業の売上最適化戦略は失敗である。経験豊かなレベニュー・マネージャーは、ホスピタリティー産業の実務部門の従業員は企業の売上最適化チームが成功を達成するために必須の役割を演じることを知っている。実務部門のスタッフは企業が顧客に約束した価値を首尾一貫して提供することが任務である。

430 第13章 より良い事業の創造

レベニュー・マネージメント

　レベニュー・マネージメントは在庫と価格に責任を持つ。営業部門、マーケティング、会計部門、流通部門、実務部門等から集めた事業関連データを活用し、レベニュー・マネージャーは戦略的価格と在庫を管理するために分析を行い、彼らの洞察力を適用する。在庫管理とは提供可能な商品を様々な流通経路に様々な価格で引き当てる工程であると学んだ。その結果、レベニュー・マネージャーは顧客の需要を予測し、市場区分毎の傾向を分析し、可能な限り最適

RM の実践　13.1

　「それは単なる空想で、サンタクロースやイースター・バニーはどちらも実在しないでしょう。」とハーレイ・ホテルの飲食部長のカールが言った。

　「それはどう言う意味ですか？」とホテルの DOSM のサンディーが聞いた。

　カール、サンディーと、ホテルの財務部長のマット、レベニュー・マネージャーのアリは毎週レベニュー・マネージメント委員会を開催している。サンディーは、地域の商工会議所が始める「食事ガイド」クーポン券企画にホテルの高級レストラン「クリスタル・ルーム」が参加することを提案し、彼らはその提案について審議している。

　サンディーは、商工会議所の今回の企画に関し、宣伝費を参加するレストランやホテルには負担させないことと、参加企業が「二人で一人前料金」のクーポン券を発行することが条件であると説明した。サンディーの説明によれば、この企画は考えるまでもなく大成功だ。クーポン券は新しい顧客をホテルに招く。ホテルの食事に魅了された顧客が、その後クーポンなしで来訪し、全額支払うだけでなく、ホテルの食事の評判を友人や知人に話してくれる。口コミの宣伝効果はホテルの飲食部門の追加売上に効果があり、それに加えて地域の人々の特別行事の宿泊利用も想定され、客室売上にも貢献する。

　ところが、カールは説得されない。

　「私が言いたいのは、クーポンで来る客が、その後もやってきて全額支払うとは思えないことです。クーポンを利用する類の客は、その時だけしか来ないでしょう。その上、私の経験から言うと、彼らは割引料金に対するチップしか払いません。」とカールが言った。

　すると、マットが言った。「しかし、宣伝費はただですよ。只で宣伝できれば、それだけでも得する事になるでしょう。」

　「いや、その様なことはありません。もし、次にその顧客に会う事があるとすれば、またクーポンを発行する時だけでしょう。」とカールが反対した。

　「いいですか。今回参加すれば商工会議所の企画を支援することが出来ます。これは重要な要素と考えるべきです。」とサンディーが言った。

　「商工会議所に協力したければ、自分の予算からお金を支払ったらいいでしょう。私の予算に手をつけないでください。」とカールが言った。

　あなたがレベニュー・マネージャーのアリだとして次の質問に答えなさい。

１．あなたは、サンディーが商工会議所の企画に強制的に、何としても参加しなければならない、と考えていると思いますか？　その理由は何ですか？

２．あなたは、カールが商工会議所の企画になにがなんでも参加したくないと考えていると思いますか？　その理由はなにか答えなさい。

３．あなたの階層価格に対する知識から判断し、ホテルに商工会議所の企画に参加することを勧めますか？　あなたの答えを説明しなさい。

な戦略的価格を設定する。その工程は収支報告書の最上段（トップ・ライン）の売上と**ボトム・ライン**の利益双方に注目して行われる。

売上に影響を及ぼす全ての部門は、顧客が受ける価値の最大化に努めなければならない。その努力が調和的に実施されると、結果として顧客中心主義に沿った売上結果が得られる。

レベニュー・マネージメントの工程の強調は新しい動きと見做されているが、最も優れたホスピタリティーの専門家は昔から認識していた。顧客に対する価値の提供と売上結果の関連について、アメリカ最大のホテル・チェーンを経営したラルフ・ヒッツ（Ralph Hitz）は1930年に次の様に発言している。マーケティングの神様と呼ばれたヒッツ氏は今日レベニュー・マネージャーが行っている様々なデータの収集と活用を始めた最初の人物だ。ヒッツ氏が1930年代初期に指摘したことは的を射た正確なものであった。「顧客に価値を提供すれば、その代わりにあなたは販売数を伸ばすことができる。」

効果的な価格管理

あなたは、売上増加の手段として、価格設定がしばしば過小評価を受けていることを学んだ。しかし、その様な事があってはならない。価格設定が本来受けるべき注目を集めてこなかった事実は驚きである。ホスピタリティー産業においてこの様な不幸な状況がおこった事の理由は様々だが、次に示すことが含まれる。

- 歴史。代々の経営者は伝統的に価格とは原価と同一のものと教えられてきた。その結果、価格設定は本質的に管理するものではなく、計算して算出するものとなった。何代にもわたり、経営者が価格は顧客に提供する価値に見合うものだと学ぶまでは、ホスピタリティー産業において原価主義の価格設定が大勢を占め続けると思われる。
- 計測の限界。会計管理者やコンサルタントは企業の成功を原価構造や生産に対する投資効率で評価してきた。顧客に提供する価値や利益については極めて重要ではあるが、それらを計算し、測定する方法は極めて困難であった。顧客の享受する価値を計算するより、原価率で判断する方がはるかに容易であった。顧客の支払い意欲をもとに価格設定する方法を構築するより、原価にもとづいて価格を設定する方がはるかに簡単である。この考えが産業全体の弱点であり、ホスピタリティー産業の独創的な会計の専門家に取り組んでもらいたい課題だ。
- 理解不足。典型的なホスピタリティー産業のマーケティングに関する教科書を調べてみると、学習のテーマとしてマーケティングの４Ｐのなかで、価格のＰ（Price）は他のＰと比較して圧倒的に低い扱いを受けていることに気付くだろう。価格設定がプロダクトやプロモーション、プレイスより重要だと考えられるケースはほとんど皆無であるが、顧客の側から考えれば、他のＰよりも価格が最も重要な要素である。企業は価格戦略を企業の最重要課題に調和させなければならない。そして、先進的価格戦略の理解と採用のための知的

❖重要な用語❖

ボトム・ライン（Bottom line）　業界用語で、企業の利益または最終会計結果を表す。収支報告書の最終行に利益が示されるため、利益がボトム・ラインと呼ばれる。

432　第13章　より良い事業の創造

資産構築のために必要な投資を積極的に行うべきだ。そのためには、企業の様々な分野の重要な従業員にレベニュー・マネージメント関連の教育を行わなければならない。これが実行されれば、価格設定は企業にとってしかるべき重要な立場を獲得出来る。

● 理論の軽視。ホスピタリティー産業の教科書の多くは、最初のイントロダクションで著者が高らかに「本書は実践に即した教科書であり、様々な役に立たない理論に費やす時間の無駄を読者にさせることはしない。」と宣言している。それらの著者は読者に甚だ害を与える。原典については議論が別れるが、アルバート・アインシュタイン（Albert Einstein）やクルト・レヴィン（Kurt Lewin）教授など様々な人が用いる金言、「優れた理論ほど実践的なものはない。」（There is nothing so practical as a good theory.）は正に価格設定にあてはまる。現実に、役に立ち、実践的な理論こそが複雑な世界のなかで意味をなす。思慮に富んだ価格設定の学問に理論は不要だとほのめかすことは、実践的知識を持ち合わせないことをさらけ出しているといえる。

● 産業についての誤解。理論を軽視する人間は、ホスピタリティー産業の本質とは直接実務を手取り足取り学ぶものであるという信念を持っている様に思われる。また、彼らは理論とは抽象的で見当違いな一般論に過ぎず、日々の経営判断の役には立たないものと考えている。経験豊かな専門家はホスピタリティー産業を変化がなく予想可能な世界とは全く別の世界であると認識している。ホスピタリティー産業において科学や技術を以て経営すると言うことは、体系だった組織や従事する様々な人間の信念、価値観、倫理観、意図、目的、感情、行動、ふるまい、顧客の反応、顧客に向き合う従業員の反応等の全てを管理することだ。これらの要素の様々な性質を知らずに経営を行うとしたら、単に実践的ではないということだ。

● 理論の役割に関する誤解。複雑な関係と価値が如何に相互に結びついているかを予測することは理論の役割である。首尾一貫した情報と経験をもとに、人間の行動を体系だって思考することは、顧客の具体的な要求に応える力強い理論として活用できる。この概念はアメリカの著名な統計学者、作家、教授、コンサルタントのW・エドワーズ・デミング博士（W. Edwards Deming）の言葉に表されている。第二次世界大戦後の日本の製造業を形成したデミング博士の仕事は有名で、彼は次の様に述べた。「合理的な行動は理論を必要とする。対処的行動は反射神経しかいらない。」価格設定理論を研究しない様なレベニュー・マネージャーは企業の売上や利益を最適化する役に立たないと言う著者の考えに、デミング博士は賛同してくれるであろう。

● 直接効果に対する認識不足。効果的な価格戦略の実施が適切な評価を得られない最大の理由は、戦略的価格が企業の最終利益に与える影響を正しく理解できていないからである。それでは、効果的な価格戦略の実施がどれだけ大きな影響をもたらすか考えなさい。例としてジャック・ラニ（Jack Lani）を考えなさい。ジャックはヒロハウス・レストラン（Jack's Hilo House Restaurant）のオーナーだ。表13.1はジャックの事業の販売価格を1％値上げした場合、利益に与える影響がどの程度かを示している。ここでは、販売価格が1％上昇すると、税引き前利益が10.7％も増加する。この結果は決して不思議ではない。世界の上場企業大手1200社を詳しく調査すると、販売価格が1％上昇した場合、平均11％の営業利益増となることが判明する。

より良い事業構築への重要な鍵　　433

　販売価格１％の上昇が11％の利益改善となるのは、販売価格が１％以上上昇する場合に実現する。従って２％販売価格を上げると、一般的に22％の税引き前利益増となる。

　勿論、販売価格値上の欠点は、顧客の需要を減少させる可能性があることだ。あなたの会社が素晴らしい仕事を続けるなかで、仮に１％値上げした場合、現在利用している顧客や将来見込まれる顧客がよそのホテルやレストランに奪われてしまう、と心底考えるかどうかが問題だ。もし、そう考えるとすれば、自分が提供する価値が価格に釣り合っているか自信がもてないからだろう。不幸にしてあなたが自信を持てない場合は、あなたの従業員や顧客も同様に考えるだろう。

　効果的な価格管理を行う上では、レベニュー・マネージャーとあなたのチームが価格に関する次の６つの真理を理解することが必要だ。

1．価格は顧客に話しかける。あなたが提供する商品に関し、顧客が最初に見たり聞いたりするのは価格である。

2．価格は期待を確立する。消費者は最初に聞いた価格で、価格対品質の判断を行う。７万ドルの自動車は３万ドルの自動車より高品質だと受け止められる。同様にホスピタリティー産業の場合、顧客の受ける品質に対する期待は価格が上がるほど高くなる。しかし、ここで重要なことは、品質と価値は顧客にとって常に同義語とは限らない点だ。例えば高級ワインを高額で販売することは、顧客の購入意欲である価値を減退させる。また同様に競合他社よりも高級なアメニティー備品を客室に配備しても、顧客が価値を認めない場合もある。

3．価格は利益率を押し上げる。価格が顧客の支払い意欲と合致した場合、追加的に発生する費用はない。既に学んだ通り、販売価格の僅かな値上げは、企業の大幅な利益改善となる。

4．正しい価格は予測能力を高める。ホスピタリティー事業の様々な分野において、将来の顧客の数と顧客が消費する金額を綿密に予測する必要がある。実務部門では、顧客に適切なサービスを提供するために必要な労働力を詳細に見積もる必要がある。購買部門では、予想される顧客に必要な備品を正確に想定し、取り揃えなければならない。会計部門は現金を受領する時期を賢く計画する必要がある。価格が正確に市場実勢即ち顧客の支払い意欲を反映している場合、正確な販売予想が可能となる。

5．価格設定は事態に対応すること（reactive）ではなく、主体的または能動的（proactive）でなければならない。優秀なレベニュー・マネージャーは価格が単なる数字ではなく、概念であることを知っている。また、彼らは戦略的価格設定とは絶えず進行中の工程であることを知っている。その工程はレベニュー・マネージャーがデータや洞察力を用いて予測する流通経路毎の顧客の支払い意欲をもとに設定され、調整が繰り返し行われる。彼らは顧客の購買行動の変化に対処するのではなく、能動的に取り組んでいる。

6．適切な価格設定は、費用の削減よりも、長期的な戦略として力を発揮する。有能なレベニュー・マネージャーは勿論常に商品、労働力、備品、間接費等の全てを賢く管理しなければならない。利益を増加させるために費用を削減することは結局のところ、節約以上に費用増を引き起こす結果を招く。費用を削減し、品質を下げ、商品を安っぽくしてしまうと、利益率最適化戦略としては失敗だ。商品をそぎ落とし、サービスをカットす

434　第13章　より良い事業の創造

ることは費用の発生を伴わないが、節約は顧客の利益が減少することで、顧客の費用で
賄われることになる。その結果は、価格に対し、提供される価値が減少することとなる。
これにより、企業の評判は毀損する。特に品質やフル・サービスで名声の高いブランド
においては著しい損失となる。

RM の報道記事　13.1　提供する価値を増やすことが重要。減らすなかれ。

　企業が顧客に提供する価値を強化するよりも、減少させる傾向が強まることがある。こ
の傾向はホスピタリティーの経営者が価格や費用を下げる時に顕著に現れ、顧客に提供す
る商品の量を減らすことがおこる。優秀なレベニュー・マネージャーは、提供する量を減
らすより、逆に増やす方が長期的成功に重要であることを知っている。
　ロバート・ローガン（Robert Logan）は高級ホテルの経営経験が豊富で、ペニンシュラ、
フォーシーズンズ、サンディー・レーン・バルバドスを手掛けてきた。彼の経営するホテ
ルは一貫して100% の稼働率を維持してきた。2009年に起こった世界不況の真っただ中、「ホ
テル・マガジン」のインタビューの質問に彼が答えた内容は特に洞察力に富むものだ。イ
ンタビューでローガン氏は顧客の印象を損なわずに経費を抑制する方法を質問されると、
次の様に答えた。

　「私どもは顧客の印象を損なう様な対応を一切とりません。他社の場合、サービスをカッ
トし、アメニティーの質や量を減らすことを行っていますが、我々は絶対にその様な対応
は取りません。我々の基本戦略は、常に完全な水準を維持する事にあります。」

　ローガン氏は削減ではなく、絶えず強化を考え、滞在する顧客に対するサービスを強化
し、リピーターとなる様、従業員にサービス強化の重要性を認識させている。適正な価格
で、顧客に提供する内容を削減するのではなく強化することが、ホスピタリティー産業の
長期的成功につながる。

RM のウェブサイト　13.1

　価格の専門家は米国において最も急速に拡大している職業のひとつである。価格設定は
常に重要であるが、経済環境の悪化している状況においては一層重要性を増している。何
故なら効果的な価格戦略は競合他社との差別化を支援し、不況のなかにあっても、業績目
標を達成する助けとなる。価格専門家協会（PPS: The Professional Pricing Society）は、商品や
サービスの販売価格を設定する責任を持つ専門家の協会である。
　協会の目的のひとつとして、会員資格証のCPP（Certified Pricing Professional）を発行して
いる。資格証発行要件については、www.pricingsociety.com を参照のこと。
　PPS と CPP に関する情報については Pricing Certification/Training を検索。

表13.1　販売価格 1 ％ 上昇によるレストランの利益効果

ジャックのヒロハウス・レストラン　損益計算比較　USAR 仕様

項目	現在の販売価格	販売価格 1 ％ 増	変化率
売上			
料理	$2,000,000.00	$2,020,000.00	1.0%
飲料	$500,000.00	$505,000.00	1.0%
売上合計	$2,500,000.00	$2,525,000.00	1.0%
営業費用			
料理	$750,000.00	$750,000.00	0.0%
飲料	$100,000.00	$100,000.00	0.0%
営業費用合計	$850,000.00	$850,000.00	0.0%
営業利益			
料理	$1,250,000.00	$1,270,000.00	1.6%
飲料	$400,000.00	$405,000.00	1.3%
営業利益合計	$1,650,000.00	$1,675,000.00	1.5%
事業費用			
給与	$650,000.00	$650,000.00	0.0%
福利厚生	$110,000.00	$110,000.00	0.0%
直接事業費用	$130,000.00	$130,000.00	0.0%
オーディオビジュアル	$2,500.00	$2,500.00	0.0%
販売促進	$45,000.00	$45,000.00	0.0%
光熱費	$75,000.00	$75,000.00	0.0%
補修・修繕	$75,000.00	$75,000.00	0.0%
一般管理費	$69,000.00	$69,000.00	0.0%
賃貸料	$125,000.00	$125,000.00	0.0%
償却費	$45,000.00	$45,000.00	0.0%
事業費用合計	$1,326,500.00	$1,326,500.00	0.0%
事業利益	$323,500.00	$348,500.00	7.7%
利息	$90,000.00	$90,000.00	0.0%
税引き前利益	$233,500.00	$258,500.00	10.7%

◈重要な用語◈

USAR、レストラン会計書式（Uniform System of Accounts for Restaurants）　レストラン業界に特化した収支報告書（損益計算書）の標準書式。

436 第13章 より良い事業の創造

商品とサービスの公平な自己評価

　顧客は少しずつ長い時間をかけて優れた価値を提供する事業を探し出す神秘的能力を発揮する。全体に低調な宿泊市場とみられる都市においても、非常に高い稼働率を維持するホテルがひとつ、ふたつ存在する。同様に、同じ地域のあるレストランが、顧客の入りが少ないため来年事業を撤退することを考えているのに対し、別のレストランは、増築や追加店舗の建設を考えていることがある。

　極めて多くの場合、ホスピタリティー事業の経営者は自社の顧客が少ないことを不思議に思う。彼らが提供する素晴らしい商品と卓越したサービスに引き寄せられて、顧客が群れをなしてやってこなければならない、と信じている。顧客が群れをなしてやってこない現実に対し、彼らは自社が提供する商品やサービスが原因ではなく、顧客の知性が低すぎるためだと考える。

　この様な経営者は酷評の結果、開演の翌日に興行中止に追い込まれる劇作家と全く同じ対応をとる。興行中止の理由を聞かれると、興行は完璧で大成功であったが、観客が愚かで失敗した、と答える。

　ホスピタリティー産業において失敗とは企業が適切な価値を提供する能力がない事と定義できる（第2章参照）。長期的には、顧客を失望させる事業は市場から撤退を余儀なくされる。しかし、重要な事は、ある一定の時間内に改善することが出来れば、商品やサービスの失敗は致命的なものではない。事業においては、人生と同様、失敗は教師となるべきであり、決して葬儀屋であってはならない。優秀なレベニュー・マネージャーは失敗を真摯に反省し評価することが、企業を新たな次元の成功に挑戦させることにつながり、決して絶望の底に突き落とす物ではないことを知っている。失敗に対する真摯な反省と評価から、顧客に満足を与える体験は将来の失敗を防止する助けとなる。

　ホスピタリティー産業における失敗の全てが事業運営における実務上のものではない。ある場合には、顧客に企業の意思が効果的に伝達されないマーケティングの責任に起因する失敗も起こる。また別の場合は、企業の意思が充分顧客に伝達されたものの、顧客に対応する従業員が著しく顧客の期待を損なう失敗を犯してしまう事もある。勿論これらは例外で、通常は企業の意思が充分顧客の満足に合致していると理解してよい。しかし、より優れた事業の確立にとっては、企業の商品の差別化能力と市場のコモディティー化を防ぐ能力について、率直で真摯な自己評価を行うことが重要な鍵となる。

　第8章において、コモディティー化とは高級な商品やサービスが、他社が提供する商品やサービスと比べて差別化できる特徴を失ってしまった状態であると学んだ。その様な状況においては、顧客は商品の購入を価格でのみ判断する。ホスピタリティー産業においては、その様な状況を作ってはいけない。しかし、現実には企業が提供する価値を明確に定義できないことがある。「良い料理を親しみあるスタッフが提供します。」や「素晴らしい滞在を適正な価格で提供します。」といった曖昧な表現は、それらの宣伝で約束した内容を体系だった仕組みで評価する能力が伴わない限り、従業員にとっても、顧客にとってもすぐに無意味なメッセージとなってしまう。これらの場合、そもそも具体的な計画ではないため、期待通りに進展することはない。優れたレベニュー・マネージャーは、企業のどの様な要望や顧客中心主義に基づく結

より良い事業構築への重要な鍵　437

果も、仮にそれらを定義できなければ測定することが出来ず、測定することが出来なければ、改善する事も不可能であることを知っている。

　しばしばホスピタリティーの経営者は独特な料理や特別なホテルの立地があれば、永久に事業を継続するに足る顧客を確保できると信じている。彼らは、独自性が永遠の利益を支えてくれると信じている。彼らは芸術家で発明家のレオナルド・ダ・ヴィンチ（Leonardo da Vinci）が技術革新について述べた言葉を慎重に考える必要がある。「人生は極めて単純である。あなたは何かやってみる。そのほとんどは失敗する。しかし、どれか上手く行くことがある。それをもっとやってみる。大成功するが、直ぐに真似をする人が現れる。そこで、別の事をやってみる。人生の秘訣とは"何か別の事をやってみる"ところにある。」と述べている。

　ダヴィンチが示した「何か別のことをやってみる」は、ホスピタリティー産業に当てはめれば、商品やサービスを競合他社から差別化させる能力を絶えず自己評価することとなる。顧客に提供する商品やサービスの独創性を顧客が明確に理解できなければ、顧客に提供する様々な価値の違いをもとにした階層価格戦略を適用することは不可能だ。

　商品がコモディティー化された状況では、価格の下落圧力が常態化する。トウモロコシはコモディティーだ。１袋（１ブッシェル、約36リットル、トウモロコシで約25キログラム）のトウモロコシをジェーンの農家からよりもボブの農家から高く買う事は合理的でない。もしボブの農家から買う人がいるとしたら、ボブの農家が他の農家より高い価格で販売していることを知らない場合に限られる。

　ホスピタリティー産業では、インターネットがホテルの客室レートやレストランのメニュー価格を完全に透明化してしまった。顧客は全ての価格情報をインターネットで入手できる。その結果、販売する商品がコモディティーと見做されてしまえば、企業が他社より高い値段を維持することは困難である。これはホスピタリティー産業において商品がコモディティーと見做された場合、極めて顕著だ。この様な状況下では常に規模の小さな企業が低い原価構造のもと、市場の下層区分に低価格で進出を狙う。産業によっては、自然の**参入障壁**が進出を妨害する。

　例えば、大衆に人気がある小型スポーツカーのクーペはコモディティー化により、誰でも製造可能で、販売サービス出来る事を知っていても、実際にあなたが新車をつくるとなれば、莫大な初期投資が必要となる。自動車産業においては、企業立ち上げと生産に必要な費用は大きな参入障壁である。

　これをミセス・フィールズのお菓子と比較してみる。ミセス・フィールズのクッキー・カンパニーは1980年代の社会現象で、当初数百のフランチャイズを擁し、数千店舗に拡大したが、直接競合する企業の数も数十社に及び、2008年に企業再生法チャプター11を申請し、再生を果たしたが、2009年までに主要部門をネクス・セン（NexCen Brands, Inc.）に買収されてしまった。

　ミセス・フィールズの焼きたてのクッキーを食べたことがある人なら必ずその高品質を絶賛する。ところが、大変不幸なことに、競合会社がほとんど同じ品質の商品を簡単に製造することが可能であった。競合会社は高額に値するミセス・フィールズのクッキーを買うことを躊躇する顧客に安い値段で販売した。ミセス・フィールズは明らかに優れた商品を提供したが、ホ

❖重要な用語❖

参入障壁（Barriers to entry）　新市場に進出する企業の進路に立ちはだかる障害。

438　第13章　より良い事業の創造

スピタリティー産業において、それだけでは十分ではなかった。多くの場合、競合会社が乗り越える参入障壁は物まね効果を防止出来るほど高くない。

　メニューの看板料理も簡単にまねされてしまう。稼働率の高いホテルの周辺には、新しいホテルが次々に進出する。これは現実であり、ホスピタリティー企業は、常に彼らの成功や失敗を真摯に評価し、商品の増加やサービスの改革ならびに実行を通じ、競合力を維持しなければならない。

　ほぼ全てのホスピタリティーの事業者が直面する極めて不愉快な現実は、同様の料理や宿泊体験はいとも簡単に他の人にまねされてしまうことだ。ホスピタリティー産業においては、競合他社がまねできない様な独創的商品や特許を取得した事業運営はほとんどない。不幸なことは、これらの現実から誤った判断をしてしまう人がいる。ホスピタリティー産業の主要商品であるハンバーガー、中価格帯の客室、生ビール、会議企画サービス等の全てがコモディティー化を運命づけられていて、避けることは出来ないと考えてしまう。これは間違いだ。

　顧客がホスピタリティー事業者から購入するのは、特定の商品やサービス以上のものである。彼らがホスピタリティー事業者から購入する時には、彼らの買い物かごは一杯になる。それらは、清潔さ、商品サイズと提供方法、サービスの速さ、スタッフの身だしなみ、施設の体裁、支払いの容易さ等、目に見える品物を少しだけあげても、この通りだ。その上、目には見えない商品をあげると、印象、心の安らぎ、信頼、安全、均一な水準、不満に対する公平な取り計らい等々、いくらでもある。レベニュー・マネージャーが忘れてはならない要点は、たとえあなたの提供する商品やサービスが競合他社のものと同じであっても、それらを顧客に提供するサービス・レベルの強化により、商品の差別化が可能となることだ。

　気がついて実行され、評価して改善されると、それらの創造的商品強化策により、あなたの商品やサービスの提供方法は、競合他社を凌駕することとなる。たとえ最高と思われる商品がなくても、顧客の心に揺るがない価値を与えることは可能だ。一例を上げると、ホスピタリティー産業の専門家の多くは、マクドナルドのハンバーガーの目隠しテストをやれば、全ての競合他社のハンバーガーを凌ぐことは困難だと認める。しかし、同じ人に質問すると、マクドナルドの QSC&V（Quality, Service, Cleanliness and Value）と呼ばれるフランチャイズ加盟店舗の品質、サービス、清潔、価値の監視と評価、ならびに店舗の定期的順位付けに対する熱狂的執着が、多くのファスト・フード店を求める顧客に、他の店ではなくマクドナルドを選ばせることになると認める。

穏やかな安定的市場または好況時における事業の課題

　あなたがレベニュー・マネージャーとして経験する市場環境の分析方法には様々な方法があるが、そのひとつが市場の強さによる研究である。この方法をとると、それぞれの環境における市場の特徴を表13.2の通りまとめることが出来る。経験豊かなレベニュー・マネージャーは市場が強いか弱いかの両極端の範囲で、彼らが直面する市場が強く活気を有しているか、弱いか、又は穏やかで安定的市場かを判断する。勿論、国、地域、あるいは特定の都市の中に多様な市場環境が存在する場合もある。レベニュー・マネージャーにとって重要な点は、歴史

穏やかな安定的市場または好況時における事業の課題　439

表13.2　様々な経済状況の特徴

経済状況	一般的特徴	宿泊産業への影響	飲食事業への影響	関連産業への影響
強い	需要が通常の供給量を上回る	高 ADR　高稼働率	顧客数増加／客単価増	需要増による価格上昇
穏やか	需給均衡	新規店舗高稼働率確保／ADR 上昇	メニュー価格と来店客数の増加	需給均衡のため、思慮深い値上げが可能
弱い／不況	需要減／過剰供給	稼働率減少／ADR 下落	供給過剰のため閉店増	価格下落と撤退圧力増加

的にみると、ホスピタリティー産業は**周期的に循環する事業**であることを認識する事だ。例えば、スキー場で働くレベニュー・マネージャーは繁忙期と閑散期の需要変動を良く理解している。リゾート・ホテル、観光地のレストラン、ゴルフ・コース等、多くのホスピタリティー事業では、需要の変動が予測可能だ。それらの事業は**季節産業**と考えられる。しかし、これらの季節産業においても、世の中一般の経済環境全般の周期に影響される。また、多くの専門家の自負にもかかわらず、周期変動の始まりと終わりを予測することは極めて困難である。丁度株式トレーダーが相場の天井と底の周期を予測する能力と同じで、事業の周期の始まりと終わりを予測することは、せいぜい良くても未完成の技である。

　この事実は次の例に良く現れている。ホスピタリティー産業の専門家は2008年1月に米国宿泊産業の年間 RevPAR を過去最高の3.3% 成長を上回る4.5% 増と予測した。しかし、2008年末にスミス・トラベル・リサーチ社が報告した RevPAR 実績は前年対比マイナス1.9% の下落で、ADR と稼働率の下落は2009年に向けて加速していった。

　勿論事業の終期を予測することは困難であるが、宿泊産業やレストランは比較的周期変動を予測しやすい。稼働率が高い時期になると、ホテル開発業者はこぞって**新規ホテルの建設（パイプライン）**を行うが、その結果、客室が増えて供給過剰の状態になり、全体の稼働率が減少することとなる。

　業界全体の稼働率が低い時期には逆の現象がおこる。稼働率が低い時期には開発業者も開発投資家も新たなホテルの建設に消極的だ。従って市場への追加投入客室数がほとんどなく、提供可能な客室数は減少し、時間と共に稼働率が上昇傾向をみせる。表13.3は2000年代最初の10年間の稼働率変動周期を表したものだ。これはプライス・ウォーターハウスの宿泊産業調査によるもので、稼働率幅は2009年の下限56.4% から2006年の上限63.3% の間で変動した。変動幅の12.2% は宿泊産業では一般的な範囲である。(63.3% − 56.4%) ÷ 56.4% ＝ 12.2% 特定の地域における稼働率はしばしば大きく変動する場合が見受けられる。また、稼働率の減少は価格の低下につながる傾向があることを考えると、10年間に変動した RevPAR の幅が20% 以上になった事も不思議ではない。結果として、宿泊産業を含むホスピタリティー産業のレベニュー・マネージャーは、彼らの長い年月の経験のなかで、好況時においても、弱い時期も、**不況のどん底に**

❖重要な用語❖

事業周期（Cyclical business）　経済活動において予測可能な変動周期により影響を受ける事業。
季節産業（Seasonal business）　経済活動において予想可能な季節変動により影響を受ける事業。
パイプライン（Pipeline hotel）　業界用語であるが、建設中で、まだ営業開始前のホテル。
絶不況（Distressed market）　経済状況を示す用語で、平均的な売上水準が10% 以上低迷する状況。

440　第13章　より良い事業の創造

表13.3　米国ホテル稼働率

年	稼働率
2000年	63.3%
2001年	59.8%
2002年	59.1%
2003年	59.2%
2004年	61.4%
2005年	63.1%
2006年	63.3%
2007年	63.1%
2008年	60.4%
2009年	56.4%
2010年	57.0%

おいても、常に事業の改善にあたることとなる。好況時と不況時では対応が変わる。市場環境が穏やかで安定しているか、または好況である場合においては、多忙なレベニュー・マネージャーは次にあげる項目に注目して対応しなければならない。

● 説明のつかない繁栄
● 販売先排除による売上比較分析
● 教育訓練関連投資

説明のつかない繁栄

　「説明のつかない繁栄」と言う言葉は、ワシントン特別区の連邦準備銀行総裁アラン・グリーンスパン（Alan Greenspan）が1996年12月5日にワシントン・ヒルトンでアメリカンエンタープライズ公共政策研究所向けに行った「民主主義社会における中央銀行の役割」と題するスピーチに由来する。この言葉は現在では「良い時代は永久に持続する」と言う幸福感を表す用語として用いられている。元来銀行経営に用いられたグリーンスパンの用語がホスピタリティー産業では「強い市場は永久に存続する」と信じる人々に利用されている。しかし、その様な事があり得ないことは、レベニュー・マネージャーのみならず、全ての企業経営者が認識しなければならない。

　あなたは、レベニュー・マネージャーの仕事は在庫と価格の管理であることを学んだ。強い市場においては、在庫に対する価格の最適化努力よりも、在庫そのものの拡大努力が優先される傾向が強い。この様な場合は客単価の増大よりも、営業拠点のホテル数やレストラン数を増設する戦略が取られる。しかし、営業拠点の拡大に伴う建設資金が**取得資産を担保とした借入金**に依存すると、景気後退局面で借入金の返済が出来なくなる悲惨な状況に落込む恐れがある。

　過度の拡大戦略の誤謬はスターバックスの事例に良く表されている。第1号店がシアトルに開設された1971年には消費者が熱狂し、スターバックスのプレミア・コーヒーを絶賛した。20年後の1991年には100店舗を超えるまでに成長した。事業は順風満帆で利益も十分であった。

穏やかな安定的市場または好況時における事業の課題　441

1991年から2001年までの間は、売上が年平均47%増加した。そして、2001年末には、4,700店舗に拡大し、3月時点株価は43ドル25セントであった。2006年にはフランチャイズ契約店舗を含めて13,728店舗に拡大し、2007会計年度には更に2,400店舗の増加を計画していた。2006年10月時点株価は39ドル50セントで売り相場となった。しかし不幸なことに長期的売上最適化戦略としてのスターバックスの運営効果は、アカデミー賞に推薦された映画「夢の野球場」（Field of Dreams）の中で主人公が聞いた「野球場を造れば彼がやって来る」と言う言葉に匹敵するものではなかった。2008年の秋には経済の下落が深刻となった。そして、2009年3月にスターバックスのハワード・シュルツCEO（Howard Schultz）は900店舗の閉鎖を発表した。その時点で株価は11ドル50セントの売り相場となり、2006年10月時点で購入した投資家は66.89%の資産価値を減らした。シュルツ氏の客単価増への回帰戦略は株価下落を食い止める事に成功したが、スターバックスは、宿泊産業やレストランが販売拠点の増加により売上を拡大することが可能な反面、施設の拡大に伴う資金の返済が同時に嵩むと言う厳しい現実を学んだ。第3章で学んだ様に、経済状況が悪化する局面においては、活用されない生産設備を維持する経費の支出拡大は悲惨なものとなる。

　オーランドやラスベガスのホテルが経験した2008年、2009年のRevPARの下落と、それによる事業の壊滅は、需要増を超えた供給拡大に関する宿泊産業の事例となったが、不幸なことではあるが容易に予測できる結果であった。

　好況な局面から不況に転じた時に、ホスピタリティー産業では必ず無節操に事業規模を拡大した企業は、規模の拡大に慎重であった企業と比べて大きな損害を被っている。慎重なホスピタリティー産業の専門家は手持ちの在庫を活用し、戦略的価格設定を行い、利益の最適化を最優先し、規模の拡大はその次に考える知恵を認識している。

　レベニュー・マネージャーの学習としては極めて明快だ。強い市場、好況な市場にあっては、支払い意欲の高い顧客を特定し、戦略展開に専念し、決して顧客拡大のために支払い意欲が平均以下の顧客獲得に走らないことが重要だ。レストランは第11章で学んだ通り、強い市場においては座席稼働率、RevPASHの最大化に努力すべきである。宿泊産業は、強い市場において第9章で学んだ通り、稼働率100%とADR指標の110%以上を売上最適化チームの目標に掲げるべきだ。また、ホテルやレストランの開発業者や資金提供金融機関は、説明のつかない繁栄期間における事業選択の失敗を回避しなければならない。

販売先排除による売上比較分析

　強い市場が著しい需要を創造する時、レベニュー・マネージャーは限られた在庫を求める複数の購買者を選択する機会を持つ。この様な状況において、レベニュー・マネージャーは効果的な売上につながる販売先を選択する能力を必要とする。

　宿泊産業における排除分析は、常に稼働率、ADR、総売上の最大化をもたらすものではない。それが、排除分析が広く普及するホスピタリティー・マーケティングの教科書に取り上げられ

❖重要な用語❖
取得資産担保借入金（Leveraging）　資産取得のためその資産を抵当又はリースとする借入金。

ることがない理由であろう。しかし、経験豊かなレベニュー・マネージャーは**排除分析**が顧客を選択する上で重要な工程であることを認識している。排除分析の目的は、究極の長期的な利益をもたらす顧客を特定することにある。従って、ある特定の取引においては必ずしも売上の最大化とならなくても、長期的に、総合的に売上最適化に貢献する。

この分析手法に用いる排除と言う用語は、工程においてある顧客を選択する場合、他の顧客を排除（Displace）する、または、拒否（reject/deny）する結果となるためだ。具体例として、300室のホテルが通常150室を団体予約に引き当て、150室を個人旅客に引き当てる場合を考えなさい。将来のある日程に関し、団体予約用の150室が全て125ドル99セントのレートで完売し、100室が個人旅客に179ドル99セントのレートで予約された。ホテルで毎週開催される売上最適化委員会の会議でホテルの DOSM が団体予約先から更に50室125ドル99セントのレートで追加要請を受けたと報告した。この要請を受ければ、6,299ドル50セントの売上増につながる。個人旅客用の客室は50室残っているため、この50室を引き当て可能だが、ホテルの FOM の予想では、少なくとも25室は179ドル99セントで個人旅客に販売が見込めると言う。表13.4は、残りの50室を団体予約に引き当てた場合の売上増は6,299ドル50セントではなく、1,799ドル75セントであることを示している。この売上の差額は、50室の客室を団体に振り替える場合、個人旅客で売上可能な179ドル99セントのレートの25室を排除してしまうためである。経験豊かなレベニュー・マネージャーは表13.4の排除分析に更なる選択肢を追加することや、会議室利用料、飲食部門売上、その他売上貢献部門の予測を加えて分析精度を上げることが出来る。それらの努力により、販売顧客選択において総合売上効果の全体像が浮かび上がる。更に、先進的な分析として、販売先選択に GOPPAR を考慮することが可能で、必ず行う必要がある。これらにより、セールス部門が売上の最大化（RevPAR）を達成するために安売りをする一般的傾向から回避することが可能となる。勿論、ホテルの営業努力は売上最適化努力と矛盾するこ

表13.4　排除分析（二者択一）

項目	現行引き当て			引き当て変更		
	客室数	販売レート	売上	客室数	販売レート	売上
個人予約済み	100	$179.99	$17,999.00	100	$179.99	$17,999.00
個人予約予想	25	$179.99	$4,499.75	0		
団体予約済み	150	$125.99	$18,898.50	150	$125.99	$18,898.50
団体予約予想	0			50	$125.99	$6,299.50
総客室売上	275		$41,397.25	300		$43,197.00
ADR		$150.54			$143.99	
稼働率		91.7%			100.0%	
RevPAR		$137.99			$143.99	
RevPAR 変化率					4.3%	
売上変化額					$1,799.75	

◈重要な用語◈

販売先排除分析（Displacement analysis）　売上最適化に合致する販売先を特定するために実施する販売先候補の系統的相対比較分析。適当でない候補を排除（Displacement）することで、売上の最適化をはかる。

穏やかな安定的市場または好況時における事業の課題　　443

RM の実践　13.2

　「それはおかしいでしょう。」と400室のコートヤード・プラザ・ホテルの新任 FOM の
ウォーレン・カリパリが発言した。「当然全室個人客向けに押えておくべきです。私は2011
年に NCAA の決勝トーナメントを開催したヒューストンにいた経験があります。その時の
ADR は忘れられないです。あなたはバスケットボールの試合を理解しているとは思えませ
ん。」

　「わたしはバスケットボールが何か理解していますが、あなたはこのホテルと、このホテ
ルの顧客について何も分かっていませんね。」とホテルの DOSM アンドレア・スタイダム
が言い返した。

　ウォーレンとアンドレアの二人は全米大学体育協会（NCAA: National Collegiate Athletic
Association）が将来のバスケットボール男子部門の決勝トーナメントを当地で開催すると最
近発表したことについて議論している。

　「とにかく今すぐ全日程分押えておかなければいけません。そして、最低宿泊予約日数を
４泊に設定しましょう。それでも全部個人客に売り切れてしまいます。トーナメントが当
地に来れば、間違いなく簡単に完売できます。」とウォーレンが続けた。

　「その週は、前に話した通りピーカン栽培協会（Pecan Growers Association）の年次総会と重
なっています。ピーカン栽培協会は過去８年間にわたりその週末このホテルを使っている
お得意です。うち３年間はホテルの85% の客室を使用しています。彼らとは今後２年先ま
での契約があり、毎年大会が終了すると契約更新しています。その結果、常に２年先まで
の利用契約がある訳です。男子バスケット決勝トーナメントは３年先で、丁度ピーカンと
同じ週に重なってしまいます。」とアンドレアが答えた。

　「それなら好都合ですね。３年先はまだ未契約だから、今のうちに NCAA のために全室押
えましょう。ピーカンはもっと長期の契約を締結しておけば良かっただけでしょう。ピーカ
ンには、残念ですね、申し訳ありません、と伝えれば済むでしょう。アンドレア、ホテル業
界はうたた寝をしている間に他社に負けてしまうことぐらいご存じでしょう。通常の２倍の
レートで全室完売できる条件を断れる訳がないでしょう。」とウォーレンが言った。

1. あなたが、コートヤードで決定権をもつレベニュー・マネージャーだとする。あなた
　は、ウォーレンが提案する様に、個人客に全室押えることにするか、又は、アンドレ
　アの助言に従うか、どちらを取るか答えなさい。
2. あなたが、ピーカン栽培協会の重役だとする。もし NCAA トーナメントのためにあな
　たの年次総会を他の都市に移す様言われたとしたら、どの様な気持ちになるか答えな
　さい。
3. これは最適な排除分析によるレベニュー・マネージメントの戦略であるか？　答えを
　述べなさい。

とがあってはならない。しかし、GOPPAR よりも、過度に売上重視の RevPAR 営業報奨が激
しい場合、営業努力と売上最適化が対立することとなる。

　排除分析は単に売上差額や GOPPAR だけで行うものではない。第４章で学んだ様に、売上
最適化の概念は価格に対する顧客の反応、商品在庫の最適化、利益の最大化を考慮した戦略で
ある。事業利益は短距離走ではなく、マラソンだ。有能なレベニュー・マネージャーは長期
間の利益の最大化は決して今日一日の売上最大化や、今月一カ月間の最大 GOP 達成ではない
ことを知っている。巨大な利益とは、数か月や数年の間で達成できるものではない。統率力理
論（Leadership）書物の著者、ウォーレン・ベニス教授（Warren Gamaliel Bennis）は次の様に指摘

444　第13章　より良い事業の創造

している。「マネージャーは近視眼であるが、リーダーは長期的な視野を持っている。」経営手法における権限行使と命令統制によるX理論と、統合と自己統制によるY理論を唱えたダグラス・マグレガー教授（Douglas Murray McGregor）の弟子であったベニス教授はレベニュー・マネージャーと売上最適化指導者（Leader）の歴然とした相違を良く理解していた。短期的業績に注目するレベニュー・マネージャーと違い、売上最適化の指導者は常に彼らの決断が事業や顧客に与える長期的な影響を考えている。

　レベニュー・マネージャーは排除分析を行うにあたり、顧客の信頼に報いる洞察力を持ってリーダーシップを発揮し、決して短期的な需要の伸びに付け込む誘惑に負けずに、顧客中心主義の価格設定を行わなければならない。その理由は、需要が低迷した時に、それらの顧客を獲得することが極めて重要であるからだ。

教育訓練関連投資

　ホスピタリティー産業の全ての分野の経営陣は彼らのスタッフに十分教育・訓練を受けさせたいが、彼らはとても忙しすぎて実施できないと訴える。確かに需要の強い時期においては、従業員は多忙を極め、従業員自身もトレーニングに参加する時間が取れないと考える。どちらの場合も、教育を受けさせる側も、教育を受ける側も何とか時間を見つけられると考える間違いを犯している。その様なことが出来るはずがない。教育のための時間を見つけ出すことは不可能であり、教育のための時間を作りだすことが必要なのである。

　景気の良い時期には、景気の悪い時期に較べてレベニュー・マネージャーは教育に必要な時間や費用の余裕を見つけやすい。従って景気の良い時期こそレベニュー・マネージメント関連の教育・訓練に適した期間と言ってよい。効果的な教育から得られる利益は常に驚くほど大きい。表13.5に示す項目は管理者、主任、現場レベルの従業員に対するレベニュー・マネージメント教育から得られる最も重要な効果を表している。

　教育・訓練が増加すれば、組織の全てのレベルの従業員が顧客に対してより優れたサービスを提供できることとなる。顧客がより満足すれば、より多くの再訪問につながり、その結果総

表13.5　レベニュー・マネージメント関連教育の効果

従業員の業務効率向上
従業員の間違いや失敗が減少することにより、事業費の減少が期待できる
顧客満足度の向上
従業員の仕事上の重圧が減少
従業員同士の意思疎通が向上
従業員の専門性が向上
事業運営上の問題点が減少する
離職率減少
従業員の意欲向上
作業品質水準の向上
新規採用が容易になる
利益向上

> ### RM のウェブサイト　13.2
>
> 　宿泊産業において稼働率と ADR が高い時期は、レベニュー・マネージャーが自己の能力を高めるための教育に時間を割く絶好のタイミングである。IDeaS Revenue Optimization は顧客中心主義にもとづく最先端のレベニュー・マネージメントに関する情報を提供する SAS グループの会社である。www.ideas.com を検索しなさい。
>
> 　ウェブによるセミナーの Resources をクリックすると、インターネットの教育プログラムを検索可能だ。それらは、あなたの価格設定、競合他社分析、需要予測、流通経路管理に関する意思決定能力の強化に有効だ。

売上が増加すると考えるのが適切だ。効果的な従業員教育による効率的な業務遂行の結果、賃金その他事業費も削減可能である。これが実現された時、利益増加の著しい可能性が生まれる。

　長期的観点で企業が利益を得ようと思えば、レベニュー・マネージメント関連の従業員教育は顧客の体験に付加価値を与えるものでなければならない。多くの経営者は教育の価値を彼らの企業の会計上の観点で評価しようとする。これは間違った考えだ。顧客中心主義の売上最適化戦略においては、教育・訓練は究極的に購買者側の利益を強化する内容でなければならず、それにより企業の長期的成功が保証されることになる。こうしてもたらされる利益を数量的に評価することは困難であるが、レベニュー・マネージャーが認識しなければならないのはレベニュー・マネージメント関連教育・訓練が正しく実施できれば、教育にかかる費用を凌駕する利益を受けることが可能であることだ。

軟調か不況下の市場における事業の課題

　もしあなたのホスピタリティー産業での勤務が長ければ、好景気を経験することもあるが、同時に不況を経験することもある。普遍的に合意された定義があるわけではないが、多くのホスピタリティー産業の専門家に共通する穏やかな市場の概念とは、顧客ひとり当たりの売上金額や事業の総売上が過去の水準の中間を維持し、容易に予想可能な状態を指す。一方、弱い市場の概念は、過去の水準よりも売上が５％から10% 下回る状態を指す。また、不況とは一般に売上水準が10% 以上落ち込む状態を意味する。それでは、市場はどこまで落ち込むであろうか？　2010年にホスピタリティー産業のコンサルティング企業 PFK 社は米国ホテル市場の2008年から2009年の実績を売上で前年対比マイナス20%、利益ベースでマイナス34.5% の過去最大の下落と発表した。この様に軟調か不況の状況下におけるレベニュー・マネージメント関連の経営判断は好況時における意思決定と比較して特段困難なものではないが、売上増につながる機会が極限られているため、その影響は甚大となる。従って最も優れたレベニュー・マネージャーは不況時に米国海兵隊のモットーである「状況に即応して戦略を立案し、それを応

❖重要な用語❖

離職率（Turnover rate） 企業ごとの毎年離職する従業員の合計を、企業の全従業員の平均総数で割った比率。離職率が高い場合、一般的には経験を積んだ従業員の比率が低いと見做される。

446　第13章　より良い事業の創造

用して克服する」（Improvise, Adapt, and Overcome.）を実践する。

　宿泊産業においては、客室需要が極端に下落した場合にどの様な対応をとるかについて、レベニュー・マネージャーの間で広く認識された合意はない。従って、レベニュー・マネージャーは実績が下がるにつれ、会社から売上改善を求める圧力を強く受けることになる。上手く対応できる場合もあるが、一人のレベニュー・マネージャーが事業に影響を与える経済状況を好転させる余地は限られている。

　一つの例として、2001年9月11日の世界同時多発テロ後のニューヨークのホテルの稼働率は急落し、2002年8月には底をついた。稼働率が過去の水準に戻るのは、その後2005年3月までの31カ月を要した。その間にニューヨークのレベニュー・マネージャーが行った需要減対策はひとりの力で対応できる限界を超えていた。その7年後、2008年末から始まった世界同時不況は全米のホテルのみならず、全世界のホテルに負の影響をもたらした。業績が極端に下落した場合、どれほど対応が困難となるかの一例として、2008年から2009年の景気低迷がアイルランドのホテル業界に与えた影響を考えなさい。アイルランドでは1996年に全国30,000室のホテルが営業していた。2008年には客室数が倍の60,000室となった。しかし、2009年初め、アイルランドへの旅行者が15%から20%下落した時に、アイルランド・ホテル協会（Irish Hotels Federation）の会長、ジョン・パワー氏（John Power）は「我が国のホテルの半数が現在深刻な財務状況にあり、ほとんどのホテルが本年赤字経営となる」と述べ、政府の支援を要請した。

　困難な経済環境におかれたレベニュー・マネージャーがひとりで世界経済を立て直すことは不可能だ。しかし、彼らが不況時における売上最適化の意思決定を行う上で、必ず対応しなければならない重要な課題を慎重に考えることは可能である。それらは、

- 市場評価
- 価格の引下げ
- 教育訓練の再査定

である。

市場評価

　景気下降局面で新事業を立ち上げる経営者はほとんどいない。不況下において事業を楽しむ経営者もいない。レベニュー・マネージャーを含め、経営者は時により市場の低迷を経験することが避けられない。その様な状況において効果的な経営を行うためには、先ずどの様にして苦境に陥ったかをきちんと評価することが重要だ。

　市場の状態を評価する以前に、幾つかの原因により受注数が極端に減少することを認識することが重要だ。第一に、販売側が示す価値基準を顧客が単に拒絶する場合だ。解決策は幾つか考えられるが、この状況は市場の状況とは別問題だ。健全な事業は好況時に成長し、不況時に耐え抜くことができる。しかし、一貫して顧客に価値を提供することが出来ない事業は好況時においても困難に遭遇する。

　SWOT分析は事業環境を調査する手段として一般的だ。レベニュー・マネージャーが受注減少に直面した場合、SWOTは、その原因が事業運営上の欠陥であるか、または経済環境によるものかを知る上で有効である。SWOT（strength, weakness, opportunities, and threats）分析は

軟調か不況下の市場における事業の課題　　**447**

経営者に彼らの事業の次の項目を慎重に考えることを求める。

- なにが事業の強みであるか？（Strength）
- 事業の弱点はなにか？（Weakness）
- 事業展開機会はなにか？（Opportunities）
- 将来直面する脅威はなにか？（Threats）

SWOT による内部分析は事業の強みを特定し、どの様にそれを強化し有効活用するかを考える助けとなる。また、弱点を特定することにより、如何に克服するかを考える助けとなる。現存する事業機会の特定は、最大限利点を活用する助けとなる。最後に事業の長期的な成功に妨げとなると思われる将来予想される脅威を特定することは、それらを乗り越える助けとなる。

SWOT 分析により、経済環境が事業に与える以外の原因を見つけ出すことができる。例は多数あるが、気候変動、競合他社の新規開店、顧客嗜好の変化（何が人気があり、何が人気がないか）、粗末な商品品質、粗末なサービスや提供手段、事業の物理的施設や技術的機能改善の必要性等が含まれる。

宿泊産業のレベニュー・マネージャーは景気下降を STAR 報告書やフランチャイズから提供される情報、地域の CVB の情報等を慎重に監視することにより、特定することが可能だ。また、飲食事業やその他の産業に関しては、州政府や全国商工会議所等が発行する同様の報告書が情報源となる。SWOT 分析の結果、事業低迷の原因が正に経済環境によるものであることが特定された場合は、その経済環境の悪化が短期的なものか長期的なものかを見極める必要がある。多くの場合、極短期的な経済環境の影響による売上減少は無視してかまわない。

極短期的な経済環境の悪化に過敏に反応すると、経済による影響以上の大きな脅威を招くことがある。その一例として、近隣都市から 5 マイル（8 km）離れた大型製造工場の近くで営業する飲食店を考えなさい。この店舗の朝食と昼食の常連客の大半は近くの工場の従業員だ。その工場の製品の販売不振により、不定期の操業停止や一時帰休（レイオフ）が二週間ほど続く。その結果、飲食店の売上は大きく落ち込むことが不可避であるが、レストランのレベニュー・マネージャーに対する適切な助言は、従来の戦略の継続である。この場合、価格改定や戦略転換を告知するために必要な販促費用は、それによる売上増を上回ってしまうことが予想される。

表13.6　ホスピタリティー事業の経済的脅威

短期的脅威	長期的脅威
旅行・交通・燃料の費用増加	テロの脅威
観光産業関連の労働者のストライキ	通貨の下落
人騒がせな出来ごと（犯罪、災害、原油漏れ等）	長期にわたる地域の不況
一時的な工場や事業所閉鎖	工場閉鎖・事業撤退
雇用不安・組合活動	消費者人口、嗜好、流行の変化
伝染病・環境被害（鳥インフルエンザや原油汚染等）	ホスピタリティー産業に不利な税制導入
政変・動乱	地域の犯罪率に対する顧客の不安

❖**重要な用語**❖

SWOT 分析　戦略的事業計画策定にあたり、企業のおかれた環境を体系的に分析する手法。

448　第13章　より良い事業の創造

> **RM の報道記事　13.2　寒いほどお得**
>
> 　顧客は予約時点で客室レートがわからなくても予約をするか？　冬場ワシントンＤＣを訪れる旅行者の多くから、はい（Yes）と言う返事が聞こえてくる。事実、バージニア州フェアファックス郡のホテルが提案する革新的な階層価格戦略を活用したい顧客にとって、低い気温は素晴らしい知らせである。
>
> 　フェアファックス郡の13のホテルは、11月19日から12月27日の間、週末２泊する顧客に対し、土曜日の客室レートを滞在日の土曜日12時正午のワシントン・ダレス国際空港の華氏外気温と同一料金にする。公式なダレスの気温は www.weatherbug.com に掲載された情報で決定される。
>
> 　「ホテルズ」誌に掲載された報告書によると、このプロモーションはバージニア州フェアファックス郡を観光地としての市場に変貌させる創造的で記憶に残る売上最適化戦略の例と言える。プログラムの詳細（72時間前の予約、空室条件、最低滞在日数制限等）、参加ホテル名、フェアファックス郡近郊の行事やアトラクションの情報は www.fxva.com に掲載されている。それでは、何故顧客はフェアファックス郡に宿泊するのだろうか？
>
> 　フェアファックス郡 CVB の CEO バリー・ビッガー社長（Barry Biggar）はその理由を次の様に述べた。
>
> 　「フェアファックス郡は、ワシントンの大都市を週末隈なく体験したい旅行者にとって、大都市のホテルに滞在して高額な宿泊代金を支払うことなく楽しめる賢明な選択だ。」
>
> 　この販売促進プログラムは景気の良い時期にも、悪い時期にも、顧客に真の価値を提供する顧客中心主義に則った独創的で記憶に残りホテルの売上に貢献するものであり、レベニュー・マネージャーと CVB が協力して作り上げた素晴らしい例のひとつとしてここに紹介する。

　勿論地域や地方の景気に与える極短期的な影響の要因がなかなか消えず、地域経済の悪化が終了するか、平常に戻るか、あるいは更に悪化した時点で解決しないこともある。表13.6は過去の営業水準を維持することが困難な短期的または長期的経済環境の一般的な要因を示す。

　単に価格が高いことが原因ではないにもかかわらず販売数が減少した場合は、価格を下げても問題が解決しないことを認識しなければならない。極短期的な経済環境の脅威に対するレベニュー・マネージャーへの適切な在庫管理と価格設定に関する助言は、創造的姿勢を維持しつつ、激しい変更を避け、長期的な環境に適切に対応することだ。

価格の引下げ（値下げ）

　長期化する如何なる景気後退においても、どの様な方法であなたの事業が環境に即応した戦略を立案し、施策を適用し、状況を克服するかと言う問題が提起される。仮に事業のオーナーから適切な対応が示されない場合は、経営陣やマーケティング並びにセールス担当による問題提起が不可欠となる。歴史的には景気後退局面でふたつの基本的行動が発動される。

　１．費用削減

　２．販売価格の値下げ

　極めて甚大な売上の減少に対して、ほとんどのオーナーや経営陣が実施するのは大幅な変動費の削減策である。景気後退局面における変動費削減根拠は単純に削減可能であるからだ。主として事業のオーナーにしか制御できない固定費の削減は簡単に手をつけることが出来ない。

軟調か不況下の市場における事業の課題　449

短期的には変動費は比較的調整し易いため、削減の対象となりやすい。現実に、景気後退局面の極端な変動費削減は次の条件を満たしている場合、道理にかなう施策だ。

- 事業運営が杜撰で、過去変動費増が極端に見過ごされていた場合。
- 実効される変動費削減が、商品の品質やサービス水準に悪影響を与えない場合。
- 常連客に提供する特別な品質やサービス・レベルを低下させることにより、多くの購買者の受ける価値向上をもたらし、長期的な売上の増加となる場合。

しかし、これらの条件が満たされることはほとんどありえない。現実には次の通りだ。

- 良く管理された事業における変動費は既に適切な範囲に収まっている。
- 顧客主体と言う美辞麗句に反し、変動費削減はほとんど常に顧客に提供する商品価値、サービス水準を劣化させる。
- 顧客に提供する価値が減少すると購買者が将来の購買意欲を減少させる。その結果、売上の増加はなく、一層の減少につながる。

景気後退局面における変動費の強力な削減指示の皮肉はある大規模ホテルの DOSM が支配人に発信した電子メールのジョークに現れている。

　　「支配人様、スタッフ会議でご指示いただいた経費削減策について全面的に推進しております。先ず、勤務時間内は我がセールス部門のコンピュータは全て電源を切らせました。更に、セールス部門の部屋の照明を日中消灯した場合の経費削減効果について、ホテルの技術部門長に確認中です。情報入手次第ご報告いたします。」

経営陣にとって景気後退局面における適切な経費削減については、ホスピタリティー事業運営または経費管理に関する教科書の一冊に取り上げられているため、本書では言及を控える。しかし、価格の値下げを提案された専門のレベニュー・マネージャーの対応については、本書の取扱い範疇である。値下げによる効果を検証するひとつの有効な方法については、個人旅客の観点と、大型団体予約の観点から論じることにする。

個人旅行予約販売

経費の削減が、ある条件を満たす場合に正当化されるのと同様、景気後退による売上減少に対応する販売価格の値引きを主張する人々は、値引きの正当化の条件を次の様に述べる。

- 販売価格の値下げが購買者の需要を増加させる。
- 景気が回復すれば、価格は簡単に元の高い水準に戻すことが可能である。
- 価格の値引きは当面の利益確保に有効で、決して長期的な事業の利益率を害することはない。

しかし、現実にはこれらの条件に合致することはまれであり、ほとんどが次の様になる。

- ほとんどのホスピタリティー商品に関し、景気後退時の値下げは一般に購買者の需要を増加させる効果はない。
- 第5章で学んだ通り、値下げの事実が広く伝わってしまうと、顧客の参考価格として定着し、急激に以前の高い価格水準に戻すことは極めて困難となる。
- 短期間の値下げは従来堅実な事業経営で培ったブランドの名声や利益率を長期的に傷つける。

450 第13章 より良い事業の創造

　訓練を積んだレベニュー・マネージャーは所属する組織の価格の専門家となるべきである。従って、彼らは様々な価格戦略が引き起こす影響を十分理解しなければならない責任がある。同様に、別の価格戦略を採用することによる影響を明確に組織の他の人々に説明出来なければならない。景気後退局面で価格戦略を考えるほど重要な時期は恐らく他にないであろう。

　景気後退局面で著しい値下げを実施する会社は一般的にその特定の業種のなかで、最下位に位置する立場にあることをレベニュー・マネージャーは最初に知っておく必要がある。スミス・トラベル・リサーチ社（STR）の社長マーク・ロマノ氏（Mark Lomanno）は、「景気が著しく悪くなると幾つかのホテル事業者は客室レートを値下げする」と述べている。ロマノ社長によると、値下げをしかける会社は一般的に利益率が低いホテルである。

　ロマノ社長は、長期的な観点で自分の商品やサービスの価格の正当性を維持したいと願うレベニュー・マネージャーに対し誤解のない様に助言するとしたら、業界の最後尾に位置する会社に従うのではなく、市場におけるリーディング・カンパニーを見習うことを勧めている。レベニュー・マネージャーの求める究極の顧客は決して価格のみを最優先する人ではない事を考えればこの言葉を容易に理解することができる。レベニュー・マネージャーの目標は、安値だけに興味をもつ顧客ではなく、あなたの商品やサービスの価値を評価する顧客に支持を受ける価格を設定することである。それこそが業界の主導者の姿勢だ。

　コーネル大学のリンダ・キャニーナ准教授（Linda Canina）は2009年に発表した共同研究で次の様に述べた。「6年間、67,000のホテルについて分析した結果、競合他社よりも高いADR（平均客室レート）を維持したホテルの稼働率は競合他社よりも低かったが、逆にRevPARは相対的に高い結果となった。これは全ての市場分野においても同様の結果であった。」

　この研究は、景気の状態にかかわらず、高いADRを維持することが、競合他社よりも高い売上を達成する最善の策であることを強く示している。ここで指摘された事は、著しい景気後退局面においてレベニュー・マネージャー達が、価格以外の様々な問題で購入を手控えている顧客に対し、値下げのみで惹きつけるのは誤った手法だと言う事が認識できれば、容易に理解できるだろう。効果的なレベニュー・マネジメントとは需要が高い時に価格を値上げすることだという間違った考えを持ったレベニュー・マネージャーは需要が減少した時に価格を下げる事が効果的だという間違った信念をもっている。

　ホスピタリティー産業の経営陣にとって最大限市場占有率を確保することが値引きを正当化する容易な理由となることがある。キャニーナ准教授の行った研究から明らかとなっているにもかかわらず、市場が縮小した時には価格の値引きが収入を最適化するという理論が存続している。これは、多くの苦境にあえぐホテルやレストランのオーナーが日々の短期的な変動費や固定費の支払いを賄わなければならない現実の問題に答えるための習性として残っているものと思われる。しかし、レベニュー・マネージャーはその様な企業の価格の専門家として、会社の追求する売上水準を維持するため、値下げによる短期的、長期的影響や結果を認識し、経営陣と情報を共有しなければならない。

　更に理解を深めるため、アマンダ・サイプの例を考えなさい。アマンダは200室のフェアモント・スイート・ホテルのレベニュー・マネージャーだ。昨年、アマンダのホテルは稼働率69％、ADR 95ドルを達成した。使用客室当たりの**直接費**（Distributable expenses）は24ドル、ホテルの**間接費**（Undistributable expenses）は一部屋16ドルであった。

軟調か不況下の市場における事業の課題　451

　アマンダは彼女の地域の景気動向が下降している事を確信した。また、その状況が来年一杯継続しそうだと恐れている。現在のペースレポート（予約状況報告）から、アマンダは来年の需要が３％から６％減少すると予想している。アマンダは需要減による稼働率の減少を相殺するためには、客室レートを５ドル値下げする必要があると感じている、と仮定する。アマンダには次のふたつの選択肢がある。

　１．レートの値下げをおこない、稼働率を維持する。

　２．レートを維持し、稼働率の減少を覚悟する。

　表13.7は上記の選択肢それぞれの価格戦略がホテルの収支に与える影響を示す。表13.7を詳細に分析すると、アマンダが稼働率69％を維持するために５ドルレートを値下げした場合の客室

表13.7　稼働率維持対 ADR 維持の比較

稼働率維持を目的とする値下げ		ADR 維持	
ADR	$90.00	ADR	$95.00
客室総数	200	客室総数	200
年間客室総数	73,000	年間客室総数	73,000
年間販売客数	50,370	年間販売客数	47,719
年間客室売上	$ 4,533,300.00	年間客室売上	$ 4,533,305.00
稼働率	69.00%	稼働率	65.37%
販売客室数	50,370	販売客室数	47,719
直接事業 CPOR	$24.00	直接事業 CPOR	$24.00
年間直接事業費	$1,208,880.00	年間直接事業費	$1,145,256.00
客室当たり間接事業費	$16.00	客室当たり間接事業費	$16.00
年間客室総数	73,000	年間客室総数	73,000
年間間接事業費	$1,168,000.00	年間間接事業費	$1,168,000.00
年間客室売上	$4,533,300.00	年間客室売上	$4,533,305.00
直接事業費（－）	$1,208,880.00	直接事業費（－）	$1,145,256.00
間接事業費（－）	$1,168,000.00	間接事業費（－）	$1,168,000.00
事業利益（GOP）	$2,156,420.00	事業利益（GOP）	$2,220,049.00
GOP %	47.57%	GOP %	48.97%

❖重要な用語❖

直接事業費（Distributable expenses）　企業内の特定の部門に割当可能な経費。宿泊産業においては、一例として、客室準備に要する労働の賃金、客室のアメニティー、清掃、備品等、ホテルのハウス・キーピング部門に振り替えられる費用。

間接事業費（Undistributable expenses）　企業の特定の部門に振り分けることが出来ない費用。例として、賃貸料、広告宣伝費、税金、保険料等。

452　第13章　より良い事業の創造

売上は4,533,300ドルとなる。もし、アマンダが従来の ADR を維持した場合、稼働率は前年対比5.3% に相当する3.6% 減少する。その一方、客室売上は、値下げの場合の予想と比較して５ドルしか変わらない4,533,305ドルとなる。ところが、アマンダは ADR を維持した場合、販売する客室数が減少することから、直接費は減少し、その分 GOP と GOP の比率は増加する結果となる。

　この例は、多くの場合従来の ADR を維持した方が、従来の稼働率を維持するよりも高い利益を達成できることを示している。宿泊産業に従事するレベニュー・マネージャーはこの事実を知ることが必要で、それを企業の中の他の人々に明確に伝えることが極めて重要である。

　レベニュー・マネージャーは飲食事業においても同様な価格値下げ圧力に遭遇する。景気が悪く、来店客数が減少すると、顕著な値引きにより来店客数の増加を求める企業圧力が強まる。実務部門の管理者やマーケティング担当者は値引き対応を歓迎するが、飲食産業のレベニュー・マネージャーはその様な戦術に対して、極めて慎重に対応しなければならない。慎重に対応しなければならない理由は、来店客数には関係なく、顧客の価格に対する受け止め方にある。不況時における値引きはほとんどの場合失敗する。その理由は、長年築いた信頼や名声を著しく傷つけるからである。これを更に深く理解するために、2009年の**景気後退**の真っただ

RM の報道記事　13.3　ほとんど常に誤った考え方

　経済状況が悪化すると多くの飲食業で顧客数が減少する。一般的な顧客数の減少対応策として経営者が考えることは、売上水準を維持するための大幅な値引きである。顧客数を増加させる方策としての価格の値引きを検討する際、飲食業の経営者が自問しなければならないことは、宿泊産業の経営者が自問することと極めて酷似している。その質問は、「短期的な顧客数の増加は長期的観点で価値があるか？」と言うものだ。

　フロリダ州オーランド市にある州立大学、セントラル・フロリダ大学のクリス・マラー教授（Chris Muller）は次の通り答えた。

「その考えは、常に間違った選択だ。」

　これは、2009年の世界経済不況の底にあった時、レストラン雑誌の編集長から提起された質問に対し、マラー教授が行った回答である。マラー教授によれば、顧客数を増加させるための値引きに関し飲食業者が慎重であらねばならない理由は、宿泊産業の事業者が客室レートの値引きを慎重に考えなければならないのと同じである。例えば、午後４時から午後６時までの時間帯は飲み物１割引とか、午後10時以降は前菜半額の様な顧客が値引きの理由や合理性を明確に理解できるものでない限り、極端な値引きはブランド価値を引下げ、顧客が支払う価値の評価を下げてしまう。

　例えば12ドル95セントのメニューを２週間限定であっても５ドル99セントに値引きすると、顧客は大変良い買い物ができたと感じる。これは、顧客が以前は12ドル95セントであった事を知っていたからである。ところが、一旦５ドル99セントで購入してしまうと、不幸にも５ドル99セントが顧客の参考価格として定着してしまい、将来それより高い金額に対しては、商品の価値を認めなくなってしまう。メニューや他のほとんどの消費財について、消費者は先週５ドル99セントで買えたものに12ドル95セント支払うことは困難だ。

　飲食業者が顧客数を維持するため著しい値下げに頼ると、顧客を値下げ価格に馴らしてしまい、景気が回復しても顧客は値下げ価格を忘れないこととなる。

❖重要な用語❖

景気後退（Recession）　一般的に半年から１年程続く広範且つ著しい経済活動や雇用の低下。

軟調か不況下の市場における事業の課題　453

RM の報道記事　13.4　ケチャップ製造会社の売上最適化の教訓

　雑誌「インフォームズ」に掲載された「価格と宣伝が商品品質を特徴づける場合におけるブランド選択の力学」（A Dynamic Model of Brand Choice When Price and Advertising Signal Product Quality）の記事で、ニューヨーク大学マーケティング・サイエンスのテューリン・アーデム教授（Tülin Erdem）、オーストラリアのシドニー工科大学およびアリゾナ州立大学マイケル・P・キーン教授（Michael P. Keane）、カーネギー・メロン大学バオホン・サン教授（Baohong Sun）は価格の値引きがブランドに与える影響を研究した。

　彼らは著名なケチャップメーカーのハインツ、ハンツ、デルモンテの３社の価格戦略を調査した。そのなかで、ハインツが消費者から品質並びに価格で最高であると思われていた。彼らは最高の評価を得たハインツの値下げによる消費者評価の変化に興味を抱いた。彼らが発見したことは次の通りだ。

　繰り返される値下げ販売促進策はブランドに対する平均価格を押し下げ、品質に対する評価にも悪影響を及ぼす。一時的な値下げにより売上が25% 上昇するが、その一方で、販売促進によるブランド価値資産の流出を招き、将来の売上を先食いする結果となる。

　一時的な値引きは短期的な売上増をもたらすが、その代償はブランド価値の減少で支払われる。度重なる値引きは有名なブランド程、ブランド価値が毀損する。値引きにより、得られる一時的な売上増に支払われる代償は多大である。消費者が認めるブランド価値が高いほど、値下げの影響は大きくなる。彼らの研究によると、消費者の認めるブランド価値は４つの重要な要素で形成される。先ず(1)価格、(2)宣伝頻度、(3)宣伝内容、(4)実際に消費者が商品を利用した体験であり、ブランド品質に与える影響が最も強いのが価格である。

　最高級ホテル客室からレストランの料理、クルーズの船室、ケチャップまで、レベニュー・マネージャーが値下げを宣伝する場合は慎重に考え、対象を限定しないと、長期的な売上能力を犠牲にして目先の売上を追う危険がある。

中に行った米国消費者調査結果を参照することがよい。調査では、景気後退局面に行われるブランド各社の値下げに対してどの様に思うか質問したところ、消費者の70% が、「ブランドは日頃正常な価格より高額で販売しているためだ」と答えた。

　反対に、同じ調査において、景気後退時にブランドが値下げをしない事に対してどの様に感じるかを質問したところ、64% の回答者が「商品が極めて人気があるからだ」と回答し、65%の回答者が「商品の価値が高いからだ」と回答した。調査結果をヤンケロビッチ・モニターの社長、主任研究員のウォーカー・スミス博士（J. Walker Smith, Ph. D.）が次の様にまとめている。「景気後退局面における価格の値引きは消費者の間に疑念を巻き起こすことが明確だ。」

　人間の心理は価格の値引きに信じがたいほどの重要な影響を与える。大規模な値下げはホテルやレストラン双方にとって逆効果である。それでは、値引きは売上増に活用できないのか？　答えは「勿論出来る」である。ブランドの評価に傷を付けずに、如何にして優れたレベニュー・マネージャーが巧みに付加価値の高い商品を考案し、それを値下げして販売するかを知るには、香港のリーガル空港ホテルの例が参考となる。リーガル空港ホテルはバレンタインのディナー・ワイン・特別洗面アメニティーと室内ムービー込みのロマンス・パッケージを1,336香港ドルで販売した。ディナー他、特別サービス抜きの同じ客室レートは1,800香港ドルだ。この方法なら経済環境が改善した時点で特別パッケージを終了することができるため、ホテルの長期的な価格戦略に影響を与えずに値下げが可能となる。もしあなたが、ここで紹介し

454　第13章　より良い事業の創造

た一見すると常識的とは思えない取り組みが洞察力に富む価格戦略に合致していることを理解できれば、あなたは自分のレベニュー・マネージメント・チームを統率する準備が整ったと言ってよい。

団体予約販売

　景気後退時に個人旅客に対する値下げ圧力が強い場合、大量販売や団体予約販売に対する値下げ圧力は更に強まる。その傾向は宿泊産業にもあてはまる。何故なら、団体予約は専門企業が取り扱う場合が多く、彼らは景気動向を理由にレートの値下げを積極的に交渉する。宿泊産業のレベニュー・マネージャーにとって、会議場や団体予約の顧客の購買動機を理解し、それを企業内の同僚や各部門に伝達することが極めて重要だ。

　団体の会議場利用や団体客室販売はほとんどのホテルのセールス部門にとって重要な商談と見做されていることは言うまでもない。大型団体契約の獲得による客室、会議場、飲食施設の売上は著しい結果となる。従って景気後退局面では、会議や団体に特化したホテルは激しい値引きを行う傾向が強い。しかし、彼らが値引きの誘惑に負けないためには、レベニュー・マネージャーは値引きすべきでない理由を説明出来なければならない。

　景気後退時には全ての購買者が積極的な値引き交渉を行う傾向があるが、特定の市場分野においては価格のみが主要な購買判断材料ではないことを認識することが極めて重要である。価格が主要な判断基準となるのは、他の要素が全て同一である場合においてのみである。レベニュー・マネージャーは会議や団体予約の購買者が強く影響される５つの要素を知っておく必要がある。それらを重要な順に示す。

1．立地：仮に選定条件としてホテル近郊の夜の娯楽、ゴルフ場、空港その他の需要源が含まれていれば、ホテルの立地が会議場選定にあたり最も重要な唯一の要素となる。最近実施した調査によれば、会議企画企業の４割以上が立地を最優先要素として上げている。この場合、客室レート、会議場価格は全く問題にならない。

2．歴史、過去の実績：様々な事業において過去の実績が将来の事業を占う最適の預言者となる。会議企画企業はその事を良く理解している。過去利用した団体に対して如何に適切なサービスを提供したかにより、そのホテルの会議関連の評判を獲得できる。過去の実績が重要であり、20%以上の会議企画企業が過去の成功体験を基にホテルの選択を行う。価格の値下げは実績評価に影響を与えることはない。

3．独創的な会議施設：必要な会議場の物理的空間や特別な設備、例えば充分なコンピュータ設備、必要な電源コンセント数、天井高、等は特別な要求をもつ会議企画企業にとって重要な要素となる。会議企画企業の15%以上が施設仕様を重要な選定条件としてあげており、値下げにより解決する要素ではない。

4．評判：誰でも最初にホテルを利用する場合はホテルの評判やブランドに影響される。会議企画企業にとっては同業者からの推薦が、ホテルの評判のひとつとなる。12%の会議企画企業が紹介、推薦評判を基に会議場を選定している。評判は時間をかけて築くもので、値下げで獲得できるものではない。これまで学んだ通り、現実には著しい値下げは購買者が受け止める商品の価値を減少させる逆効果となる。

5．価格：面白いことに価格は５番目に重要な選定要素としてあげられている。会議企画企業の僅か６％が、価格を行事開催場所の選定に最も重要な条件としている。

現実には価格の値下げは10％以下の会議企画企業にしか会場選定上重要な影響を与えることはないが、景気が良くない場合、値下げに固執するレベニュー・マネージャーがいる。彼らが固執する理由は、価格の値下げのみが当面操作できる唯一の手段であるからだろう。価格は一晩で変更可能だが、立地、実績、施設、評判はそうではない。

優秀なレベニュー・マネージャーは景気後退局面においては特に商品の魅力を強化しなければならない。しかし、その事によってブランドや名声を毀損してはならない。第４章で学んだ通り、商品の加工・改造、サービス水準の強化、支払い条件の多様化の３つが、価格に敏感な団体予約企業に対して付加価値を提供し、競合環境を勝ち抜く方策である。これらの何れの売上最適化戦略を活用しても、商品価値を毀損せず、顧客の参考価格を引き下げる心配はない。

教育訓練の再査定

専門のレベニュー・マネージャーは、成功している企業は経済環境が悪化すると削減を求めるのではなく、顧客に対して従来以上のものを提供することを知っている。第５章で学んだ通り、顧客の認識する価値とは「受けとる恩恵－支払金額＝価値」と定義される。

更に多くのより良い商品やサービスを提供することにより、顧客が受け取る恩恵を増加させることは、販売価格を値下げすることよりも価値や売上を増加させることが出来る。ほとんど全てのホスピタリティー事業において、商品やサービスの強化は商品のコモディティー化と価格下落のスパイラルを回避する最良の方策である。そのため、従業員教育が商品やサービス強化の重要な鍵となる。

経済状況の悪化において、ホスピタリティー事業では単にやるべきことを正しく行うだけでは十分ではなく、より高い水準で行わなければならない。更に、彼らは普段やらない新たな仕事を行う必要がある。これを宿泊産業の例をとって説明するが、先ず新規採用フロント・デスク従業員全員が受講しなければならない極めて適切な教育を実施しているホテルを考えなさい。しかし、仮に著しく景気が下落した場合、平時の教育内容ではセールス部門とフロント・デスク部門の従業員が満足な仕事をこなすために必要とする知識や技術を習得するには不十分かも知れない。その理由は、通常の教育プログラムは特に景気が悪い場合のフロント・デスクの従業員に特化した内容として準備されたものではないからだ。不足する内容とは、経済環境が平常か又は良い場合に彼らの業務遂行能力を強化するものとは根本的に別な対応が要求されることに起因する。

第一に、景気の悪い時にホテルのセールス担当者が予約の電話に対応する場合、顧客の多くが他社の名前をあげて、低いレートを販売していることを引き合いに出す。この様な場合、レベニュー・マネージャーは従業員が適切に対応出来る様、慎重に教育されていることを確認しなければならない。例えば自社の施設の優れた特徴を強調する代りに、顧客があげた競合他社の悪口を言う様なことをさせてはならない。

第二として、同様に価格に敏感な顧客は、ホテルに電話して、ある特定のウェブサイトに掲

456　第13章　より良い事業の創造

載されているレートは電話で予約が可能か、またはインターネットで予約手続きをした方が良いかと言った質問をしてくる。事情に精通したレベニュー・マネージャーなら、「どちらでもお好きなように」が適切な対応ではないことを知っている。しかし、景気後退の状況では、ホテルが利用する様々な第三者のウェブサイトや OTA 毎のネット ADR 率（net ADR yields、サイトの予約手数料等を ADR から差引いた金額の比率）の違いをセールスやデスクの従業員に周知しておかなければならない。

　第三は、第4章で学んだ特別価格適用範囲（Price fences）に関連する問題である。景気低迷の時期に特に重要な理由は、購買者が不正に特別価格の適用資格の壁を低く広げようとするからだ。これは、レベニュー・マネージャーが適格範囲を慎重に特定の市場に拡大する時に重要である。この様な場合、特にセールスやデスクの従業員は予約を受け付ける時に、制約事項としての最低滞在日数（MLOS: Minimum length of stay）、資格、予約可能日程等を正しく説明できる様、教育されていなければならない。

　同様に販売担当（セールス・スタッフ）は、低いレートで予約をした顧客が、実際には資格を満たしていない場合、その顧客がチェック・インに訪れた際に顧客の誤解を解き、顧客をその場でまごつかせない様に取り計らわなければならない。セールス・スタッフとフロント・デスクの従業員は予約受付時において、顧客がホテルに到着した時に検証される低いレート適用基準を明確に説明できる様に教育されていれば、この様な状況に対応可能だ。この例が示す様に、レベニュー・マネージャーは効果的な従業員教育の実施に熟練していなければならない事が明らかだ。

　景気後退局面においてあなたが対応しなければならない経済環境に関する課題は、あなたがおかれた市場分野とあなたに任せられた責任範囲により様々だが、全ての場合において、現行の従業員教育を再点検する必要がある。再点検は、景気後退により最も影響を受ける分野の教育とサービス提供の強化を見据えて行うことが肝心だ。

　本章はあなたが優れたレベニュー・マネージャーの職につくための条件から開始した。もし本書に示した内容を吸収し、課題を全て完了したら、もはやその通り実行あるのみだ。これは、単に著者が示したレベニュー・マネージメントに関する全ての考えを共有しなければいけないと言う意味ではない。そうであってはならない。優れた料理長は全く同じ方法で最高のソースを作りだす訳ではない。同様に全ての優れた DOSM が全く同じ手法で彼らのホテルを販売する訳ではない。従来の概念が強化され、新たな理想が出現することは、唯一活発な論争と信念や意見の自由な交換を通じて達成される。ほとんどの場合、それらは、ある考えに遵奉することではなく、革新的なものであり、それこそがレベニュー・マネージャーの先頭に立つあなたの目標とすべき事だ。

　著者にとって大変重要な事は、あなたが如何なる企業においてもレベニュー・マネージャーとしての仕事において主導的立場をとる準備が十分整ったと認識できていることだ。あなたは既に、レベニュー・マネージャーにとって極めて重要な第2章で学んだ価格と第3章で学んだ価値に関する真の専門家である。あなたは、第4章で学んだ階層価格と第5章で学んだ顧客中心主義にもとづく倫理的活用方法について十分理解ができている。

　あなたは知識を修得し、技能をマスターした。仮に宿泊産業に従事するとすれば、第6章で学んだ需要予測の重要性を既に理解している。更に第7章で学んだ客室価格設定と在庫管理

軟調か不況下の市場における事業の課題　　457

RM のウェブサイト　13.3

　CHART はホテル・レストラン訓練協議会（Council of Hotel and Restaurant Trainers）の頭文字である。この専門機関は700人以上のホスピタリティー産業の先生で構成され、ホスピタリティー産業で働く500万人の初心者から経営トップまでの人材教育を担っている。

　CHART の目標は、教育機会、必要な道具ツール、各種資源を提供し、産業の先端の運営と改善を教育することにある。自社の成功にとって従業員教育が重要であることを認識しているレベニュー・マネージャーは、CHART の会員となることを強く考えなければならない。CHART に関する情報は www.chart.org を検索のこと。

　メンバーシップの申請と会費（Application and Fees）に参加資格が掲載されている。

に関して、周囲の人々を導く準備ができている。第 8 章で学んだ極めて変化の激しい流通経路、即ち販売チャネルに関する主な課題を認識している。また、最も重要なこととして、第 9 章では品質の評価方法とあなた自身の意思決定が及ぼす影響の検証について学んだ。

　仮にあなたが飲食サービス産業に従事する場合、あなたは伝統的なメニュー価格の設定方式と第10章で学んだ飲食サービスにおける階層価格の適用方法を理解しているため、既に飲食産業における価格の専門家である。また第11章を学んだ結果、飲食サービス関連のレベニュー・マネージメント活動を評価する準備が整っている。従ってあなたは大変競争の激しい飲食産業における優れたレベニュー・マネージャーとなるだろう。

　ホスピタリティー産業のどの企業を選択するかにかかわらず、あなたは既に第12章で学んだ階層価格と在庫管理があなたの企業の売上最適化目標達成を如何に支援するかを評価する充分な資格がある。そして、本章もほぼ完了に近づいた今、あなたは、将来直面する如何なる経済環境下においても顧客に最適なサービスを提供し、より良い事業を育て、売上を増加させるための具体的な行動と課題を認識することが重要だ。

　この問題に関する最先端の教育を受けたあなたは、最も熟達したレベニュー・マネージメントの専門家となるための王道にいる。あなたの成功は間違いない。あなたが将来対峙する多くの課題を解決し、克服する時、著者のあなたに対する最も基本的な願いは、ロビン（Christopher Robin）がクマのプーさん（Winnie-the-Pooh）に言ったことと同じだ。ロビンがクマのプーさんに言った言葉を著者のミルン（A. A. Milne）は次の様に書いた。

　　「あなたは自分が考えるより勇敢で、見た目より強く、賢いという事を絶対に忘れないと約束してください。」

　幸運を祈る。

重要な用語

■業務責任規定（Ownership of responsibility）　■ボトム・ライン、利益（Bottom line）
■レストラン会計書式（USAR）　■参入障壁（Barriers to entry）　■事業周期（Cyclical,

business）　■季節産業（Seasonal, business）　■パイプライン、開業前ホテル（Pipeline, hotel）　■絶不況（Distressed market）　■取得資産担保借入（Leveraging）　■販売先排除分析（Displacement analysis, revenue）　■離職率（Turnover rate, employee）　■スワット分析、組織の強み、弱点、期待分野、脅威を科学的に分析する手法（SWOT Analysis）　■直接事業費（Distributable, expense）　■間接事業費（Undistributable, expense）　■景気後退（Recession）

学んだ知識を応用しなさい

1. カーラ・アームブラスターは主要高速道路に近い200室のビジネスホテルのレベニュー・マネージャーだ。昨年のADRは149ドル99セントで稼働率は80%を達成した。カーラは客室レートを5%ないし10%値上げした場合の業績に与える影響を検討している。仮に5%値上げした場合、稼働率が77.5%に下がり、10%値上げした場合稼働率は70%に下がると予想している。カーラが売上分析に必要な次の表を完成し、質問に答えなさい。

200室のカーラのホテルの年間売上分析

項目	昨年実績	ADR5%値上予想	ADR10%値上予想
稼働率	80.0%	77.5%	70.0%
販売客室	58,400	56,575	51,100
ADR	$149.99	$157.49	$164.99
売上	$8,759,416.00	$8,909,996.75	$8,430,989.00
RevPAR	$43,797.08	$44,549.98	$42,154.95
RevPAR変化		101.7%	-96.3%
CPOR	$2,628,000.00	$2,545,875.00	$2,299,500.00
事業利益	$6,131,416.00	$6,364,121.75	$6,131,489.00
GOPPAR	$30,657.08	$31,820.61	$30,657.45
GOPPAR変化		103.8%	100.0%

A．昨年のRevPARはいくらですか？

B．ADRを5%値上げした場合のRevPARはいくらですか？

C．ADRを10%値上げした場合のRevPARはいくらですか？

D．昨年のGOPPARはいくらですか？

E．ADRを5%値上げした場合、GOPPARの変動はいくらですか？

F．ADRを10%値上げした場合、GOPPARの変動はいくらですか？

G．カーラにどの様な助言をするべきですか？　その理由を述べなさい。

2．ジョディー・ギルダーはコースティック・ベイ・ホテルの副支配人だ。支配人の指示に
もとづき、ジョディーは新任レベニュー・マネージャーのポコ・ニラーに過去12カ月の
STAR報告書を渡した。ジョディーは昨年のコースティック・ベイ・ホテルの実績と比
較して今年15％稼働率が減少していることに関し、地域の景気が著しく下落しているこ
とが原因だと主張している。ポコは稼働率減少の原因がジョディーの主張する通り地域経
済の下落によるものか、またはコースティック・ベイ・ホテルの不十分な運営や営業努力
不足によるものかを特定するため、具体的にSTAR報告書のどのデータを分析するべき
か、第9章を参照して述べなさい。

3．テシアは250室のスプリングウッド・スイーツ・ホテルのレベニュー・マネージャーだ。
スプリングウッドはビジネスホテルで飲食部門はサービスの朝食を提供する機能しかない。
将来のある日に関し、100室が既に予約済みの状態で、テシアは当日までに合計200室が
ADR180ドルで売上可能と予想している。
ホテルのDOSは当日この地域で大規模会議が開催され、団体予約取扱いの会社から150
ドルのレートで100室の要請があると言ってきた。DOSは団体の会員が100室全てを予約
すると確信しており、そのため、現在の予約済み100室と合わせて200室となり、更に残り
の50室はテシアが180ドルのレートで売り切れば、完売となると予想する。次の表を完成
させて、質問に答えなさい。

項目	全て個人客の場合	団体を受けた場合
客室総数	250	250
販売客室数	200	250
ADR	$180.00	$168.00
客室売上	$36,000.00	$42,000.00
稼働率	80.0%	100.0%
CPOR	$68.00	$68.00
変動費合計	$13,600.00	$17,000.00
客室当たり間接費	$28.00	$28.00
間接費合計	$7,000.00	$7,000.00
変動費差引売上	$22,400.00	$25,000.00
事業利益GOP	$15,400.00	$18,000.00
事業利益率GOP%	42.8%	42.9%

A．仮に団体予約を受け、ホテルが完売した場合の当日の客室売上合計額はいくらですか？

B．団体を受けず、全て個人旅客で200室販売した場合のGOP（事業利益）はいくらですか？

C．団体を受けて、250室完売した場合のGOP（事業利益）はいくらですか？

D．あなたはテシアに100室150ドルのレートで引き当てることを勧めますか？

E．当日の売上と関係なく、テシアに団体割引レート適用を動機づける要因は何ですか？

460　第13章　より良い事業の創造

4．アドリアンはクラリオン・カンファレンス・センターのDOSM兼レベニュー・マネージャーだ。アドリアンはホテルが地元のCVBから受けている2件の提案要請のどちらを選ぶべきか検討している。将来のある日、ふたつの医療機関団体からそれぞれ150室ずつの団体予約要請があるが、どちらか一方の団体に引き当て可能な客室在庫しかない。州の歯科医師会は150室199ドルのレートで合計29,850ドルの支払い意欲を示しているが、ホテルでの会議開催予定はない。一方で、州の医師会は客室レート139ドルを要求しているが、合計30,000ドルの食事代と7,500ドルの会議場賃貸料の支払いを提案している。アドリアンは飲食関連の事業利益を1室45ドル、会議室売上の1室当たり事業利益を25ドルと見積もっている。アドリアンがどちらの提案を選ぶべきか、次の表を完成し、質問に答えなさい。

項目	歯科医師会	医師会
要求客室数	150	150
ADR	$199.00	$139.00
販売客室数	150	150
客室売上合計	$29,850.00	$20,850.00
COPR	$75.00	$75.00
変動費合計	$11,250.00	$11,250.00
客室当たり間接費	$30.00	$30.00
間接費合計	$4,500.00	$4,500.00
客室事業利益	$14,100.00	$5,100.00
飲食事業利益		$6,750.00
会議室事業利益		$3,750.00
総事業利益GOP	$14,100.00	$15,600.00
販売客室当りGOP	$94.00	$104.00

A．歯科医師会の案件を獲得し、150室販売した場合の事業利益合計はいくらですか？

B．医師会の案件を獲得し、150室販売した場合の事業利益合計はいくらですか？

C．歯科医師会の案件を獲得し、150室販売した場合の販売客室当たり利益はいくらですか？

D．医師会の案件を獲得し、150室販売した場合の販売客室当たり利益はいくらですか？

E．もしあなたがアドリアンなら、どちらの案件を獲得したいですか？　その理由を述べなさい。

5．ダニーはフレンチレストラン「ルパ」（Repas）のオーナーだ。レストランは繁盛しているが、ダニーは地域経済の低迷を受け、来年料理・飲み物全品平均5％値下げの販売促進を検討中だ。ダニーは値下げ効果により、新規来店客を惹きつけ、従来の顧客も来店頻度が増えて現状の売上水準が維持可能だと期待している。昨年のダニーの店舗の収支報告書がある。次に示す(1)から(4)の費用想定をもとに、今年の現行価格による収支予想と来年の5％値引きの収支予想を完成させ、次の質問に答えなさい。

(1) 料理部門の原価率は現在28％で、来年は値下げにより30％となる。

(2) 飲料部門の原価率は現在20％だが、来年は22％となる。

(3) 賃金やその他の事業費に変動はない。

(4) 来店顧客数の増加により、売上の変動はない。

ルパの収支報告書比較

項目	現状（今年）	5％値下げ（来年）	変化率
売上			
料理	$3,750,000.00	$3,750,000.00	100%
飲料	$800,000.00	$800,000.00	100%
合計	$4,550,000.00	$4,550,000.00	100%
来店客数	175,000	184,210	105%
料理客単価	$21.43	$20.36	95%
飲料客単価	$4.57	$4.34	95%
販売費用			
料理	$1,050,000.00	$1,125,000.00	107%
飲料	$160,000.00	$176,000.00	110%
販売費合計	$1,210,000.00	$1,301,000.00	108%
営業利益			
料理	$2,700,000.00	$2,625,000.00	97%
飲料	$640,000.00	$624,000.00	98%
営業利益合計	$3,340,000.00	$3,249,000.00	97%
事業費用			
賃金（30%）	$1,365,000.00	$1,365,000.00	100%
従業員福利	$410,000.00	$410,000.00	100%
直接事業費	$130,000.00	$130,000.00	100%
音楽娯楽費用	$2,500.00	$2,500.00	100%
販売促進	$145,000.00	$145,000.00	100%
光熱費	$175,000.00	$175,000.00	100%
修繕・補修	$105,000.00	$105,000.00	100%
事業管理費	$169,000.00	$169,000.00	100%
賃貸料	$250,000.00	$250,000.00	100%
原価償却費	$85,000.00	$85,000.00	100%
事業費合計	$2,836,500.00	$2,836,500.00	100%
事業利益	$503,500.00	$412,500.00	82%
金利負担	$190,000.00	$190,001.00	100%
税引き前利益	$313,500.00	$222,499.00	71%
顧客当たり税引き前利益	$1.79	$1.21	67%

462 第13章 より良い事業の創造

- Ａ．今年ダニーの店舗の顧客あたり税引き前利益はいくらですか？
- Ｂ．来年５％値下げした場合、今年と同じ売上を確保するための顧客数は何名ですか？
- Ｃ．今年と来年の顧客数の変化率は何％ですか？
- Ｄ．来年の顧客あたり税引き前利益はいくらですか？
- Ｅ．今年と来年の顧客当たり税引き前利益の変化率は何％ですか？

重要な概念のケース・スタディー

「ダマリオさん、現時点で来年の抱負についてどう思いますか？」とバルセナ・リゾートの支配人のソフィア・デイヴィソンが質問した。ソフィアはリゾート・ホテルのレベニュー・マネージャーのダマリオの一年間の業績に関する最初の評価面談を行っている。過去１年間のダマリオの優れた業績に関しては一通り終了し、ソフィアとダマリオは今後１年間の計画や期待を議論している。

「はい、信じ難いかも知れませんが、私は売上最適化の観点から見ると、来年は今年の結果以上の成果を期待しています。」とダマリオが答えた。

「その理由は何ですか？」とソフィアが尋ねた。

「昨年導入した需要の予測と記録システムの効果が現れ始めるからです。今では現状の予約状況報告（ペースレポート）を昨年の実績データと比較評価できます。昨年は過去のデータを持っていなかったため、前年比較は不可能でした。」とダマリオが答えた。

「あなたが設計して導入したデータ収集システムは顧客がどこから来て、何を最も購入するかがわかり、我々が顧客と対応する上で大変役立っていると思います。」とソフィアが言った。

「はい、それが価格設定や在庫管理に役立っています。昨年導入した仕組みが現在我々の行う意思決定に大変参考となり始めました。しかし、我々が昨年システムに助けられた以上に、我々が持つ秘密兵器が今年の更なる改善を推進してくれると確信しています。」とダマリオが答えた。

「秘密兵器があるのですか？　一体どの様なものか話してください。」とソフィアが尋ねた。

「それは、戦略的価格とレベニュー・マネージメント委員会のことです。既に１年近く活動していますが、やっとあるべき姿になってきました。今では価格の議論をしても、会計部門が理由もなく一方的に値上げを騒ぎ立てることがなくなりました。そして、営業やマーケティング部門も、過去値下げによる一時的な売上に走ったことが分かり、今では利益に注目する様に変わりました。」と答えた。

「私もそう思います。我々が価格と在庫管理の決断にあたり顧客の反応を分析することに関しては、昨年に比べて格段に進歩しました。」とダマリオが言った。

「あなたの指導のお陰で様々な変化が出ました。委員会も順調になりました。私の立場も良くしてくれました。」とソフィアが言った。

「それに、顧客にも変化が認められます。我々の顧客サービスに関するガイドラインのお陰で、顧客満足度や業績が向上した事に満足しています。」とソフィアが言った。

「ありがとうございます。喜んで頂いて光栄です。そこで、次の議題は来年の私の昇給につ

いてお話することが適当なタイミングかと思いますが、如何でしょうか？」とダマリオが言った。

「そう言われると思ったわ。その通り。時宜を得ています。」とソフィアが笑った。

考慮すべき項目

1．本書で学んだことを基本として、ホスピタリティー産業の売上最適化に最も効果があるのはデータの収集と分析か、または従業員の理解と忠誠のどちらだと思いますか？
2．このケーススタディーでソフィアはダマリオが用いた顧客中心主義の売上最適化手法が顧客満足度を引き上げたことを示唆した。効果的なレベニュー・マネージメント戦略と顧客満足度の向上にどの様な関係があるか、答えなさい。
3．ダマリオは来年の業績向上に関し、彼の RM 委員会の結束が秘密兵器となることを示唆した。効果的な売上最適化の実現に企業一丸の堅い約束が重要な理由を答えなさい。また、組織の全体を一つにまとめるために、レベニュー・マネージャーが出来る具体的な行動を説明しなさい。
4．レベニュー・マネージャーという職業は比較的新しい概念で、報酬体系も発展段階にある。あなたがソフィアなら、ダマリオの報酬体系を設計する上で、どの様な要素を考慮するか答えなさい。またそれらの個々の要素に対し、貢献度をはかる尺度を示しなさい。

索引　英語（アルファベット順）

英語	日本語	章	ページ

123

28-day accounting period	28日会計期間	第11章	391

A

Accounting period	会計期間	第11章	375
Act utilitarian	功利主義	第7章	212
Agency model	代理店モデル	第8章	271
Ambiance	雰囲気	第10章	351
Ancillary revenue	付随売上	第9章	312
Antitrust legislation	独占禁止法	第5章	125
Arbitrage	裁定取引（鞘取り）	第4章	95
Attraction	アトラクション　特別行事	第12章	402
Attrition	減耗	第7章	205
Average daily rate (ADR)	平均客室単価	第1章	19

B

Banquet room	宴会場	第11章	372
Barriers to entry	参入障壁	第13章	437
Barter system	物々交換	第1章	6
Bed configuration	寝台構成	第7章	198
Blackout date	適用除外期間	第7章	208
Block(ed)	ブロック　団体引き当て客室	第6章	162
Bottom line	ボトム・ライン　利益	第13章	431
Bottom-up (selling)	ボトム・アップ	第7章	202
Brand equity	ブランド資産	第12章	416
Brand partner	ブランド商品提供協力会社	第12章	414
Branded (hotel)	ブランド・ホテル	第4章	89
Break-even point	損益分岐点	第2章	52
Bundling	包括価格	第4章	110
Buy-one, get-one (BOGO)	二つ目無料、BOGO	第12章	407

C

Call center	予約センター	第8章	262
Capital improvement	施設改善	第6章	154
Capitalism	資本主義	第5章	124
Cartel	カルテル	第5章	125
Central reservation system (CRS)	中央予約システム、CRS	第4章	103
Channel	流通経路、チャネル	第1章	11
Check average	顧客平均売上　客単価	第10章	354
Close out	販売の締め切り	第7章	195
Collusion	共謀・談合	第5章	127
Commoditization	コモディティー化	第8章	259
Communication costs (pricing-related)	価格伝達経費	第4章	106
Competitive set	競合他社グループ	第1章	20
Concierge floor	貴賓階・コンシェルジュ・フロア　VIPフロア	第7章	196
Constrained supply	供給制限	第1章	14
Consumer rationality	消費者の合理性	第2章	39

索引 英語 465

Consumer surplus	消費者余剰	第4章	91
Consumer-generated media (CGM)	消費者作成ページ、CGM	第8章	277
Contract rate (room)	契約レート	第7章	207
Contribution margin	貢献利益	第10章	332
Convention and visitors bureau (CVB)	観光振興局	第6章	173
Conversion	コンバージョン　検索から予約に変わる比率	第8章	270
Cost	費用	第2章	51
Cost accounting	原価会計	第2章	51
Cost-based pricing	費用志向価格	第2章	54
CPOR	1客室利用費用、CPOR	第8章	250
CTA	到着日制限、CTA	第7章	232
Current data	現在データ	第6章	161
Customer relations management	顧客管理	第5章	137
Customer-centric revenue management	顧客中心主義	第1章	11
Cut-off date	ブロック開放日	第7章	207
Cyclical (business)	事業周期	第13章	439

D

Day part	食事の時間帯	第10章	352
DD room	ダブル2台又はクイーン2台寝室	第7章	193
Demand	需要	第6章	153
Demand (law of)	需要の法則	第2章	46
Demand drain	需要喪失要素	第6章	172
Demand generator	需要創出要素	第6章	172
Denied (reservation)	予約拒否	第6章	157
Department of Justice	司法省	第5章	126
Destination marketing	観光地振興	第1章	26
Deuce	二人用テーブル、デュース	第10章	345
Differential pricing	階層価格	第4章	88
Direct channel	直接流通経路	第4章	104
Discount fees	割引料金	第4章	111
Displacement analysis (revenue)	販売先排除分析　ディスプレイス	第13章	442
Distressed market	絶不調	第13章	439
Distributable (expense)	直接事業費	第13章	450
DOSM	営業統括部門長	第2章	34
Dual entitlement (theory)	相互の権利	第5章	134

E

Early departure	アーリー・ディパーチャー　予約期限前出発	第6章	175
Economics	経済	第1章	9
Economy hotel	低価格帯ホテル　エコノミー・ホテル	第12章	414
Equilibrium price	均衡価格	第2章	46
Ethics	倫理	第5章	128
Executive committee	経営委員会	第6章	176
Executive housekeeper	客室担当責任者	第7章	197

F

Fade rate	フェード・レート	第8章	250
Fixed (cost)	固定費	第2章	53
Fixed average	固定平均	第6章	158
Fixed pricing	固定価格	第4章	89
Flag	商号旗　ブランド	第9章	300
Flow-through	営業利益率推移	第9章	294
FOM	フロント・オフィス・マネージャー	第4章	93
For-profit (foodservice)	飲食サービスの営利目的事業	第11章	372
Four I's of Service	サービスの4つのI	第3章	74

Franchise services representative	FRS	第12章	415
Full service hotel	フル・サービス・ホテル	第5章	140
Future (forecast) data	将来予測データ	第6章	172

G

Global distribution system (GDS)	GDS	第8章	243
GOPPAR	平均客室粗利益	第1章	19
Gross operating profit (GOP)	営業利益	第9章	292
Group history	団体履歴	第7章	205
Group room (sale)	団体客室販売	第5章	142
Group room pace report	団体予約報告書	第6章	167
Guaranteed reservation	予約保証・ギャランティー	第7章	213

H

Hard constraint	硬直的供給制限	第1章	14
Historical data	過去データ	第6章	155
Hospitality business	ホスピタリティー事業	第1章	4
Host hotel	ホスト・ホテル　会議主催ホテル	第7章	206

I

Idle production capacity	在庫の空転	第3章	75
Income statement	収支報告書　損益計算書　P&L	第9章	288
Indirect channel	間接流通経路	第4章	104
Intangible (benefit)	無形の利益	第3章	65
Interfaced	電子的接続	第7章	200
Intermediary	仲介業者	第4章	104
Internal customer	内部顧客　社内顧客	第12章	412
Internet distribution system (IDS)	IDS	第8章	245
Inventory management	在庫管理	第4章	89

L

Last room available	ラスト・ルーム　全室提供契約	第7章	208
Leveraging	取得資産担保借入金　レバレッジ	第13章	440
Limited service hotel	サービス限定ホテル　ビジネス・ホテル	第5章	140
Line-level employees	現場の第一線の社員	第5章	144
Link strategy	リンク戦略	第8章	270
Loaded (rate)	レートの登録	第8章	266

M

Market	市場	第2章	42
Marketing mix	市場構成	第9章	312
Market segment	市場区分	第1章	20
Market share	市場占有率	第9章	298
Marketing	マーケティング	第2章	42
Meeting planner	会議企画者	第3章	70
Menu mix	メニュー構成	第10章	354
Merchant model	マーチャント・モデル	第8章	272
Metropolitan Statistical Area (MSA)	大都市統計地域、MSA	第9章	299
Midscale hotel	中間価格帯ホテル	第12章	414
Minimum ADR sales point formula	最低ADR計算式	第9章	291
Minimum length of stay (MLOS)	最低滞在日数制限　ミニマム・ステイ	第6章	166
Minimum sales point (MSP)	必要最低売上	第2章	53
Money	貨幣	第1章	7

N

| Negotiated rate (room) | 協定レート | 第7章 | 207 |

Net ADR yield	ネット ADR 率	第4章	106
Net rate	ネット・レート	第8章	271
Nonprofit operaitons (foodservice)	非営利目的事業（飲食サービス）	第11章	374
No-show	ノー・ショー	第5章	131
		第6章	175

O

Occupancy percentage	稼働率	第1章	19
Occupation cost	施設維持費	第11章	381
Oenology	ワイン醸造学	第2章	43
Off-site catered event	ケイタリング　遠隔地への仕出しサービス	第11章	371
On-the-books	予約残数	第6章	164
Opaque model	オペーク・モデル	第8章	274
Other expense (foodservice)	その他費用（飲食サービス）	第11章	382
Out-of-order (OOO)	使用不可客室　OOO	第6章	163
Overbook	空売り	第1章	18
Overstay	オーバー・ステイ　予約期限超過後の出発	第6章	175
Ownership of responsibility	業務責任規定	第13章	428

P

Pace report	予約状況報告書	第1章	21
Package	パッケージ	第4章	110
Package tour	パッケージ・ツアー	第12章	402
Peak night	最多宿泊日	第7章	205
Pick up	ピック・アップ　団体客室の実予約	第6章	170
Pipeline (hotel)	パイプライン　建設中のホテル	第13章	439
Point of sale (POS) system	ポスシステム	第10章	339
Position description	職務記述書	第5章	140
Position report	団体予約簡易版	第6章	168
Predatory pricing	略奪的価格	第5章	126
Price	価格	第2章	34
Price band	価格帯	第4章	108
Price blending (foodservice)	メニュー価格調整	第10章	355
Price fence	フェンス	第4章	95
Price gouging	不当値上げ	第5章	127
Price management	価格管理	第7章	216
Price point	価格帯	第2章	43
Pricing factor (foodservice)	価格係数	第10章	330
Prime cost	主要原価	第10章	330
Prix fixe	セット・メニュー又はコース・メニュー	第4章	110
Probabilistic modeling	確率モデリング	第12章	404
Product cost percentage (pricing method)	商品原価率価格設定方式	第10章	328
Product cost plus	商品原価プラス方式	第10章	330
Profit	利益	第1章	6
Profit operations (foodservice)	営利事業（飲食サービス）	第11章	372
Property management system (PMS)	PMS　ホテル管理システム	第4章	103
Property web site (Proprietary web site)	施設独自のウェブサイト	第8章	269

Q

QSR (Quick-service restaurant)	ファスト・フード店	第1章	24
Quality	品質	第3章	72

R

Rack room rates	ラック・レート	第1章	21
Rate code	レート・コード	第7章	221
Real time (inventory update)	リアル・タイム　即時更新	第7章	200

Recession	景気後退	第13章	452
Reference price	参考価格	第5章	135
Referral site	参照サイト	第8章	273
Reimbursable expenses account	弁済補償支出	第3章	69
Reporting relationship	指示命令系統	第5章	142
Request for proposal (RFP)	提案要請	第6章	168
Restaurant row	レストラン街	第10章	352
Revenue	売上	第1章	3
Revenue management	レベニュー・マネージメント　売上管理	第4章	113
Revenue manager	レベニュー・マネージャー	第1章	11
Revenue optimization	レベニュー・オプティマイゼーション　売上最適化	第4章	114
Revenue per square foot	単位面積売上	第11章	381
Revenue source (foodservice)	収入源区分	第1章	24
RevPAR	平均客室売上	第1章	19
RevPASH	RevPASH	第1章	25
RevPOR	販売客室平均売上総収入	第1章	19
Rewards program	報奨制度	第4章	97
ROI	投資利益率、自己資本利益率	第1章	10
Rolling average	移動平均	第6章	158
Room code	ルーム・コード	第7章	196
Room night	室泊	第5章	122
Room type	ルーム・タイプ	第4章	107
Room-related occupation costs	客室使用費用　CPOR	第9章	291
Rooms inventory	客室在庫	第7章	193
Rooms manager	客室部長	第5章	143
Run of the house	ホテル裁量条項	第7章	208

S

S&P500	スタンダード＆プアーズ500銘柄指標	第5章	129
Sales volume (foodservice)	販売数	第10章	335
Same-store sales	既存店売上	第11章	380
Search engine results page (SERP)	SERP・ウェブ検索順位	第8章	269
Seasonal (business)	季節産業	第13章	439
Service	サービス	第3章	72
Service charge	サービス料金	第4章	103
Service industry	サービス産業	第12章	399
Shopper service	ショッパー・サービス　覆面調査	第8章	255
Shoulder period	ショルダー　ピークの前後	第12章	401
SMERF	スマーフ　団体属性、SMERF	第9章	312
Social network (online)	社会ネットワーク・インターネットのソーシャルネットワーク	第7章	214
Soft constraint	弾力的供給制限	第1章	14
Special event (rate)	特別行事レート	第7章	229
Statistic	統計	第9章	287
Stay restrictions	滞在制限	第7章	231
Stayover	ステイ・オーバー　予約期限を超える滞在	第6章	175
Strategic pricing	戦略的価格設定	第2章	59
Strategy meetings (Revenue Management)	戦略会議	第5章	145
Supply (law of)	供給の法則	第2章	46
SWOT analysis	スワット分析	第13章	446

T

Table service	フル・サービス・レストラン（テーブル・サービス）	第10章	327
Target market	目標市場区分	第1章	27
Tentative (sale)	仮予約	第6章	168
Third-party resellers	第3者再販業者	第7章	201
Top-down (selling)	トップ・ダウン	第7章	202

索引 英語 469

Top-line revenue	トップ・ライン　売上	第11章	378
Total RevPAR	客室当たりホテル総収入　トータル RevPAR	第 9 章	290
Track (data)	追跡データ	第 6 章	158
Trailing period	追跡期間	第 6 章	156
Transient room sale	個人対象客室販売	第 5 章	143
Travel wholesaler	旅行卸販売業者	第 8 章	243
Turn (table)	テーブル回転率	第10章	345
Turnover rate	離職率	第13章	444
Two-tiered price	二階層価格	第 2 章	38

U

Undistributable (expense)	間接事業費	第13章	450
Upgrade	アップ・グレード	第 7 章	197
Upsell	アップセル	第 7 章	202
USAR	USAR	第13章	435
User-generated content (web site)	UGC	第 1 章	20

V

Value	価値	第 2 章	39
Value based (pricing)	価値基準価格設定	第 4 章	88
Value position	価値の条件提示	第 2 章	39
Variable (cost)	変動費	第 2 章	53

W

| Walk(ed) | ウォーク　予約客を他ホテルへ送客 | 第 7 章 | 210 |
| Walk-in | 直接来店　ウォーク・イン | 第 6 章 | 157 |

Y

| Yield management | イールド・マネージメント | 第 1 章 | 16 |

索引　日本語

日本語	英語	章	ページ

ア行

日本語	英語	章	ページ
アイ・ディー・エス、IDS	Internet distribution system (IDS)	第8章	245
アップ・グレード	Upgrade	第7章	197
アップセル	Upsell	第7章	202
アトラクション　特別行事	Attraction	第12章	402
アーリー・ディパーチャー　予約期限前出発	Early departure	第6章	175
1客室使用費用	CPOR	第8章	250
イールド・マネージメント	Yield management	第1章	16
移動平均	Rolling average	第6章	158
飲食サービスの営利目的事業	For-profit (foodservice)	第11章	372
ウォーク　予約客を他ホテルへ送客	Walk(ed)	第7章	210
売上	Revenue	第1章	3
営業統括部門長	DOSM	第2章	34
営業利益	Gross operating profit (GOP)	第9章	292
営業利益率推移	Flow-through	第9章	294
営利事業（飲食サービス）	Profit operations (foodservice)	第11章	372
エフ・アール・エス、FRS	Franchise services representative	第12章	415
宴会場	Banquet room	第11章	372
オーバー・ステイ　予約期限超過後の出発	Overstay	第6章	175
オペーク・モデル	Opaque model	第8章	274

カ行

日本語	英語	章	ページ
会議企画者	Meeting planner	第3章	70
会計期間	Accounting period	第11章	375
階層価格	Differential pricing	第4章	88
価格	Price	第2章	34
価格管理	Price management	第7章	216
価格係数	Pricing factor (foodservice)	第10章	330
価格帯	Price point	第2章	43
価格帯	Price band	第4章	108
価格伝達経費	Communication costs (pricing-related)	第4章	106
確率モデリング	Probabilistic modeling	第12章	404
過去データ	Historical data	第6章	155
価値	Value	第2章	39
価値基準価格設定	Value based (pricing)	第4章	88
価値の条件提示	Value position	第2章	39
稼働率	Occupancy percentage	第1章	19
貨幣	Money	第1章	7
空売り	Overbook	第1章	18
仮予約	Tentative (sale)	第6章	168
カルテル	Cartel	第5章	125
観光地振興	Destination marketing	第1章	26
観光振興局	Convention and visitors bureau (CVB)	第6章	173
間接事業費	Undistributable (expense)	第13章	450
間接流通経路	Indirect channel	第4章	104
季節産業	Seasonal (business)	第13章	439
既存店売上	Same-store sales	第11章	380

| 索引 日本語 471 |

貴賓階・コンシェルジュ・フロア　VIP フロア	Concierge floor	第7章	196
客室当たりホテル総収入　トータル RevPAR	Total RevPAR	第9章	290
客室稼働率	Occupancy persentage	第1章	19
客室在庫	Rooms inventory	第7章	193
客室使用費用　CPOR	Room-related occupation costs	第9章	291
客室担当責任者	Executive housekeeper	第7章	197
客室部長	Rooms manager	第5章	143
供給制限	Constrained supply	第1章	14
供給の法則	Supply (law of)	第2章	46
競合他社グループ	Competitive set	第1章	20
協定レート	Negotiated rate (room)	第7章	207
共謀・談合	Collusion	第5章	127
業務責任規定	Ownership of responsibility	第13章	428
経営委員会	Executive committee	第6章	176
景気後退	Recession	第13章	452
経済	Economics	第1章	9
ケイタリング　遠隔地への仕出しサービス	Off-site catered event	第11章	371
契約レート	Contract rate (room)	第7章	207
原価会計	Cost accounting	第2章	51
現在データ	Current data	第6章	161
現場の第一線の社員	Line-level employees	第5章	144
減耗	Attrition	第7章	205
貢献利益	Contribution margin	第10章	332
硬直的供給制限	Hard constraint	第1章	14
功利主義	Act utilitarian	第7章	212
顧客管理	Customer relations management	第5章	137
顧客中心主義	Customer-centric revenue management	第1章	11
顧客平均売上　客単価	Check average	第10章	354
個人対象客室販売	Transient room sale	第5章	143
固定価格	Fixed pricing	第4章	89
固定費	Fixed (cost)	第2章	53
固定平均	Fixed average	第6章	158
コンバージョン　検索から予約に変わる比率	Conversion	第8章	270

サ行

サービス	Service	第3章	72
サービス限定ホテル　ビジネス・ホテル	Limited service hotel	第5章	140
サービス産業	Service industry	第12章	399
サービスの4つの I	Four I's of Service	第3章	74
サービス料金	Service charge	第4章	103
サープ、SERP・ウェブ検索順位	Search engine results page (SERP)	第8章	269
在庫管理	Inventory management	第4章	89
在庫の空転	Idle production capacity	第3章	75
最多宿泊日	Peak night	第7章	205
最低滞在日数制限　ミニマム・ステイ	Minimum length of stay (MLOS)	第6章	166
最低 ADR 計算式	Minimum ADR sales point formula	第9章	291
裁定取引（鞘取り）	Arbitrage	第4章	94
参考価格	Reference price	第5章	135
参照サイト	Referral site	第8章	273
参入障壁	Barriers to entry	第13章	437
事業周期	Cyclical (business)	第13章	439
指示命令系統	Reporting relationship	第5章	142
市場	Market	第2章	42
市場区分	Market segment	第1章	20
市場構成	Marketing mix	第9章	312
市場占有率	Market share	第9章	298

施設維持費	Occupation cost	第11章	381
施設改善	Capital improvement	第6章	154
施設独自のウェブサイト	Property web site (Proprietary web site)	第8章	269
室泊	Room night	第5章	122
ジー・ディー・エス、GDS	Global distribution system (GDS)	第8章	243
司法省	Department of Justice	第5章	126
資本主義	Capitalism	第5章	124
社会ネットワーク・インターネットのソーシャルネットワーク	Social network (online)	第7章	214
収入源区分	Revenue source (foodservice)	第1章	24
需給均衡価格	Equilibrium price	第2章	46
取得資産担保借入金 レバレッジ	Leveraging	第13章	440
需要	Demand	第6章	153
主要原価	Prime cost	第10章	330
需要喪失要素	Demand drain	第6章	172
需要創出要素	Demand generator	第6章	172
需要の法則	Demand (law of)	第2章	46
商号旗　ブランド	Flag	第9章	300
消費者作成ページ	Consumer-generated media (CGM)	第8章	277
消費者の合理性	Consumer rationality	第2章	39
消費者余剰	Consumer surplus	第4章	91
商品原価プラス方式	Product cost plus	第10章	330
商品原価率価格設定方式	Product cost percentage (pricing method)	第10章	328
商品のコモディティー化	Commoditization	第8章	259
使用不可客室　OOO	Out-of-order (OOO)	第6章	163
将来予測データ	Future (forecast) data	第6章	172
食事の時間帯	Day part	第10章	352
職務記述書	Position description	第5章	140
ショッパー・サービス　覆面調査	Shopper service	第8章	255
ショルダー　ピークの前後	Shoulder period	第12章	401
寝台構成	Bed configuration	第7章	198
スタンダード＆プアーズ500銘柄指標	S&P500	第5章	129
ステイ・オーバー　予約期限を超える滞在	Stayover	第6章	175
スマーフ　団体属性	SMERF	第9章	312
スワット、SWOT分析	SWOT analysis	第13章	446
セット・メニュー又はコース・メニュー	Prix fixe	第4章	110
絶不調	Distressed market	第13章	439
戦略会議	Strategy meetings (Revenue Management)	第5章	145
戦略的価格設定	Strategic pricing	第2章	59
相互の権利	Dual entitlement (theory)	第5章	134
その他費用　（飲食サービス）	Other expense (foodservice)	第11章	382
損益計算書　P&L	Income statement	第9章	288
損益分岐点	Break-even point	第2章	52

タ行

第3者再販業者	Third-party resellers	第7章	201
滞在制限	Stay restrictions	第7章	231
大都市統計地域	Metropolitan Statistical Area (MSA)	第9章	299
代理店モデル	Agency model	第8章	271
ダブル2台又はクイーン2台寝室	DD room	第7章	193
単位面積売上	Revenue per square foot	第11章	381
団体客室販売	Group room (sale)	第5章	142
団体予約簡易版	Position report	第6章	168
団体予約報告書	Group room pace report	第6章	167
団体履歴	Group history	第7章	205
弾力的供給制限	Soft constraint	第1章	14
チャネル・流通経路	Channel	第1章	11

索引　日本語　473

中央予約システム	Central reservation system (CRS)	第4章	103
仲介業者	Intermediary	第4章	104
中間価格帯ホテル	Midscale hotel	第12章	414
直接事業費	Distributable (expense)	第13章	450
直接流通経路	Direct channel	第4章	104
直接来店　ウォーク・イン	Walk-in	第6章	157
追跡期間	Trailing period	第6章	156
追跡データ	Track (data)	第6章	158
提案要請	Request for proposal (RFP)	第6章	168
低価格帯ホテル　エコノミー・ホテル	Economy hotel	第12章	414
テーブル回転率	Turn (table)	第10章	345
適用除外期間	Blackout date	第7章	208
デュース　二人用テーブル	Deuce	第10章	345
電子的接続	Interfaced	第7章	200
統計	Statistic	第9章	287
投資利益率、自己資本利益率	ROI	第1章	10
到着日制限	CTA	第7章	232
独占禁止法	Antitrust legislation	第5章	125
特別行事レート	Special event (rate)	第7章	229
トップ・ダウン	Top-down (selling)	第7章	202
トップ・ライン　売上	Top-line revenue	第11章	378

ナ行

内部顧客　社内顧客	Internal customer	第12章	412
二階層価格	Two-tiered price	第2章	38
28日会計期間	28-day accounting period	第11章	391
ネット・レート	Net rate	第8章	271
ネットADR率	Net ADR yield	第4章	106
ノー・ショー	No-show	第5章	131
		第6章	175

ハ行

パイプライン　建設中のホテル	Pipeline (hotel)	第13章	439
パッケージ	Package	第4章	110
パッケージ・ツアー	Package tour	第12章	402
販売先排除分析　ディスプレイス	Displacement analysis (revenue)	第13章	442
販売数	Sales volume (foodservice)	第10章	335
販売客室平均売上	RevPOR	第1章	19
販売の締め切り	Close out	第7章	195
非営利目的事業（飲食サービス）	Nonprofit operations (foodservice)	第11章	374
ピック・アップ　団体客室の実予約	Pick up	第6章	170
必要最低売上	Minimum sales point (MSP)	第2章	53
費用	Cost	第2章	51
費用志向価格	Cost-based pricing	第2章	54
品質	Quality	第3章	72
ファスト・フード店	QSR (Quick-service restaurant)	第1章	24
フェード・レート	Fade rate	第8章	250
フェンス	Price fence	第4章	95
付随売上	Ancillary revenue	第9章	312
二つ目無料、BOGO	Buy-one, get-one (BOGO)	第12章	407
物々交換	Barter system	第1章	6
不当値上げ	Price gouging	第5章	127
ブランド・ホテル	Branded (hotel)	第4章	89
ブランド資産	Brand equity	第12章	416
ブランド商品提供協力会社	Brand partner	第12章	414
フル・サービス・ホテル	Full service hotel	第5章	140

フルサービス・レストラン（テーブル・サービス）	Table service	第10章	327
ブロック開放日	Cut-off date	第7章	207
ブロック　団体引き当て客室	Block(ed)	第6章	162
フロント・オフィス・マネージャー	FOM	第4章	93
雰囲気	Ambiance	第10章	351
平均客室粗利益	GOPPAR	第1章	19
平均客室売上	RevPAR	第1章	19
平均客室単価	Average daily rate (ADR)	第1章	19
弁済補償支出	Reimbursable expenses account	第3章	69
変動費	Variable (cost)	第2章	53
包括価格	Bundling	第4章	110
報奨制度	Rewards program	第4章	97
ポスシステム	Point of sale (POS) system	第10章	339
ホスト・ホテル　会議主催ホテル	Host hotel	第7章	206
ホスピタリティー事業	Hospitality business	第1章	4
ホテル管理システム	Property management system (PMS)	第4章	103
ホテル裁量条項	Run of the house	第7章	208
ボトム・アップ	Bottom up (selling)	第7章	202
ボトム・ライン　利益	Bottom line	第13章	431

マ行

マーケティング	Marketing	第2章	42
マーチャント・モデル	Merchant model	第8章	272
無形の利益	Intangible (benefit)	第3章	65
メニュー価格調整	Price blending (foodservice)	第10章	355
メニュー構成	Menu mix	第10章	354
目標市場区分	Target market	第1章	27

ヤ行

ユー・エス・エー・アール、USAR	USAR	第13章	435
ユー・ジー・シー、UGC	User-generated content (web site)	第1章	20
予約拒否	Denied (reservation)	第6章	157
予約センター	Call center	第8章	262
予約残数	On-the-books	第6章	164
予約状況報告書	Pace report	第1章	21
予約保証・ギャランティー	Guaranteed reservation	第7章	213

ラ行

ラスト・ルーム　全室提供契約	Last room available	第7章	208
ラック・レート	Rack room rates	第1章	21
リアル・タイム　即時更新	Real time (inventory update)	第7章	200
利益	Profit	第1章	6
離職率	Turnover rate	第13章	444
略奪的価格	Predatory pricing	第5章	126
流通経路	Distribution channel	第1章	11
旅行卸販売業者	Travel wholesaler	第8章	243
リンク戦略	Link strategy	第8章	270
倫理	Ethics	第5章	128
ルーム・コード	Room code	第7章	196
ルーム・タイプ	Room type	第4章	107
レート・コード	Rate code	第7章	221
レートの登録	Loaded (rate)	第8章	266
レストラン街	Restaurant row	第10章	352
レブ・パッシュ、RevPASH	RevPASH	第1章	25
レベニュー・オプティマイゼーション　売上最適化	Revenue optimization	第4章	114
レベニュー・マネージメント　売上管理	Revenue management	第4章	113

| レベニュー・マネージャー | Revenue manager | 第1章 | 11 |

ワ行

| ワイン醸造学 | Oenology | 第2章 | 43 |
| 割引料金 | Discount fees | 第4章 | 111 |

ENDNOTES

CHAPTER 1

1. Paul Dittmer and Desmond *Keefe, Principles of Food, Beverage, and Labor Cost Controls*, 8th ed. (Hoboken, NJ: John Wiley and Sons, 2005), 81.
2. http://thinkexist.com/quotes/herbert_marcus/Retrieved 11/15/2007.
3. http://www.m-w.com/cgi-bin/dictionary?book = Dictionary&va=profi t. Retrieved 11/27/2007.
4. http://www.pbs.org/wgbh/amex/carnegie/peopleevents/pande01.html. Retrieved 11/30/2007.
5. Robert Reid and David Bojanic, *Hospitality Marketing Management*, 4th ed. (Hoboken, NJ: John Wiley and Sons, 2006), 561.
6. *USA Today*, August 27, 2007 (page 8B: Money section).
7. http://hnn.us/articles/1328.html. Retrieved 11/28/2007.
8. http://www.nrn.com/landingPage.aspx?menu_id=1398&coll_id=696&id=348128. Retrieved 11/27/2007.
9. Sheryl E. Kimes, Richard B. Chase, Sunmee Choi, Elizabeth N. Ngonzi, and Philip Y. Lee, "Restaurant Revenue Management," *Cornell Hotel and Restaurant Administration Quarterly*, 39 (3) (June 1998): 32–39.
10. http://www.brainyquote.com/quotes/authors/w/w_edwards_deming.html.

CHAPTER 2

1. http://www.bartleby.com/61/22/P0552200.html. Retrieved 12/18/2007.
2. http://www.ventureline.com/glossary_P.asp. Retrieved 12/18/2007.
3. Robert Reid and David Bojanic, *Hospitality Marketing Management*, 4th ed. (Hoboken, NJ: John Wiley and Sons, 2006), 17.
4. James Kotler, Philip Bowen and John Makens. *Marketing for Hospitality and Tourism*, 4th ed. (Upper Saddle River, NJ: Prentice Hall, 2005), 447.
5. http://en.proverbia.net/citastema.asp?tematica=1264. Retrieved 12/02/2007.
6. http://thinkexist.com/quotes/jonathan_swift/. Retrieved 12/18/2007.
7. http://www.debtconsolidationlowdown.com/2007/03/talking_dollars.html. Retrieved 12/21/2007.
8. http://www.marketingpower.com/content4620. php. Retrieved 12/27/2007.
9. http://www.marketingprinciples.com/articles. asp?cat=397. Retrieved 12/27/2007.
10. In 1948, James Culliton, former Dean of the Notre Dame Business College, said that a marketing decision should be a result of a "mixing" of ingredients, somewhat similar to a recipe. This idea was expanded in 1953 when Neil Borden, a Harvard Professor of Advertising, took the recipe idea one step further and coined the term marketing mix. E. Jerome McCarthy is credited with

ENDNOTES 477

organizing the ingredients into the 4 P's.

11. http://encarta.msn.com/encnet/features/dictionary/DictionaryResults.aspx?refi d=1861726142. Retrieved 8/15/2009.

12. http://en.proverbia.net/citastema.asp?tematica=1264&page=2. Retrieved 12/28/2007.

13. http://www.adamsmith.org/smith/quotes. htm#jump1. Retrieved 1/02/2008.

14. For a detailed description of the required methodology, see Lea R. Dopson and David K. Hayes, *Food and Beverage Cost Control*, 5th ed., pp. 419–420 (Hoboken, NJ: John Wiley and Sons, 2011).

15. Ibid., pp. 425–428.

16. *Hotels* magazine (August 2008), p. 22.

17. http://www.military-quotes.com/Patton.htm. Retrieved 01/02/2008.

18. www.online.wsj.com/article/SB125055615200338805. Retrieved 8/19/2009.

19. http://www.wisdomquotes.com/cat_changegrowth. html. Retrieved 1/03/2008.

20. Reid and Bojanic, 405.

21. *Ibid.*, 373.

CHAPTER 3

1. http://blog.mises.org/archives/005756.asp. Retrieved 8/15/2007.

2. Prices as of 1/1/2008 http://masanyc.com/.

3. http://en.wikipedia.org/wiki/List_of_most_expensive_paintings. Retrieved 1/20/2009.

4. Milton and Rose Friedman, *Free To Choose: A Personal Statement* (Fort Washington, PA: Harvest Books, 1990), pages 116–117.

5. http://www.sidewayswineclub.com/toasts.php. Retrieved 8/15/2008.

6. http://en.proverbia.net/citastema.asp?tematica=1264. Retrieved 2/25/2008.

7. http://www.fastcompany.com/magazine/95/design-qa.html. *Fast Times* (June 2005), page 57

8. "Would You Like a Mocha with That?" www. usatoday.com. Retrieved 1/8/2008.

9. http://www.quotationspage.com/quotes/Bertrand_Russell/. Retrieved 3/3/2009.

10. Robert L. Phillips, *Pricing and Revenue Optimization* (Stanford Business Books, 2005), from Preface.

11. Robert G. Cross, *Revenue Management: Hard-Core Tactics for Market Domination* (Broadway Books, 1997), 87.

12. http://thinkexist.com/quotations/information/. Retrieved 10/2/2008.

13. http://encarta.msn.com/encnet/features/dictionary/DictionaryResults. aspx?refid=1861621532. Retrieved 2/21/2008.

14. Kent B. Monroe, *Pricing: Making Profitable Decisions*, 3rd. ed. (New York: McGraw-Hill Irwin Books, 2002), 653.

CHAPTER 4

1. For texts related to the variously mentioned hospitality-related topics, visit: www.wiley.com/WileyCDA/Section/id-300834.html.

2. Robert Reid and David Bojanic, *Hospitality Marketing Management*, 4th ed. (Hoboken, NJ: John Wiley and Sons, 2006), 547–558.

3. YUM Brands, Pizza Hut offer. In effect 2/15/2008 shown at http://www.pizzahut.com/pizzamia/.

4. Hyatt Hotels Senior Citizen Travel rates. In effect 2/15/2008. http://www.hyatt.com/hyatt/specials/offers-details.jsp?offerId=25&category=25.

5. http://thinkexist.com/quotes/with/keyword/cheap/4.html. Retrieved 02/16/2008.

6. http://www.tia.org/express/ntlcouncil_of_attractions.html. Retrieved 5/12/2009.

7. http://www.choicehotels.com/ires/en-US/html/BestRate. Retrieved 8/18/2009.

8. http://www.ratestogo.com/RateGuarantee.asp. Retrieved 8/1/2008.

9. http://quotes-motivational-inspirational.blogspot.com/search/label/Time. Retrieved 2/23/2008.

10. Confirmed as of 2/18/2008.

11. Reed and Bojanic.

12. Kimberley Tranter, Trevor Stuart-Hill and Juston Parker, *An Introduction to Revenue Management for the Hospitality Industry: Principles and Practices for the Real World* (Upper Saddle River, NJ: Prentice Hall, 2009), 325.

13. James Kotler, Philip Bowen and John Makens. *Marketing for Hospitality and Tourism*, 4th ed. (Upper Saddle River, NJ: Prentice Hall, 2005), 918.

14. http://thinkexist.com/quotation/any_changeeven_a_change_for_the_better-is_always/220763.html. Retrieved 2/21/08.

15. Kevin Freiberg and Jackie Freiberg, *Nuts! Southwest Airline's Crazy Recipe for Business and Personal Success.* (Austin, TX: Bard Press 1996), 49.

CHAPTER 5

1. http://thinkexist.com/quotes/kenneth_minogue/. Retrieved 2/08/2008.

2. http://thinkexist.com/quotation/i_consider_ethicsas_well_as_religion-as/144509.html. Retrieved 2/08/2008.

3. For detailed information on Franklin Roosevelt's "New Deal," visit http://www.geocities.com/Athens/4545/.

4. http://en.wikipedia.org/wiki/Civil_Rights_Act_of_1964. Retrieved 3/25/2008.

5. http://www.ncsl.org/programs/energy/lawsgouging.htm. Retrieved 3/25/2008.

6. http://www.moneychimp.com/features/market_cagr.htm. Retrieved 3/25/2008.

7. http://thinkexist.com/quotations/ethics/2.html. Retrieved 4/1/2008.

8. Jack E. Miller and David V. Pavesic, *Menu Pricing and Strategy* 4th. ed. (New York: Van

ENDNOTES 479

Nostrand Reinhold, 1996), 126.

9. http://crab.rutgers.edu/~goertzel/cokeprice.htm. Retrieved 8/29/2009.

10. http://www.argmax.com/mt_blog/archive/1999_11_mean_vending_ma.php. Retrieved 3/15/2008.

11. http://www.brainyquote.com/quotes/authors/a/abraham_lincoln.html. Retrieved 3/15/2008.

12. http://thinkexist.com/quotes/john_lubbock/. Retrieved 3/20/2008.

13. http://events.eyefortravel.com/crm/past-attendees. asp. Retrieved 8/1/2008.

14. http://www.brainyquote.com/quotes/quotes/w/winstonchu144998.html. Retrieved 3/20/2008.

15. Study Results Excerpted from Press HSMAI Press Release MCLEAN, VA. Retrieved June 26, 2007.

16. http://thinkexist.com/quotation/individual_commitment_to_a_group_effort-that_is/15114. html. Retrieved 8/24/2009.

CHAPTER 6

1. Jeffery Gitomer, Customer Satisfaction Is Worthless; Customer Loyalty Is Priceless: How to Make *Customers Love You, Keep Them Coming Back, and Tell Everyone They Know* (Austin, TX: Bard Press, 1998).

2. Quote from Confucius (551 B.C.–479 B.C.) http://www.quotationspage.com/search.php3? Search=the%20past%20&Author=&page=30. Retrieved 5/5/2008.

3. Utilizing the RevPAR formula presented in Chapter 1.

4. http://www.micros-fi delio.co.uk/productinformation/opera/rms/. Retrieved 8/29/2009.

5. http://www.hotelsmag.com/article/CA6518833. html. Retrieved 7/7/2008.

6. http://thinkexist.com/quotes/charles_f._kettering/. Retrieved 5/5/2208.

7. hotelsmag.com/articleXML/LN1001935903.html?nid=3457&rid=14115930. Retrieved 7/8/2009.

8. http://query.nytimes.com/gst/fullpage.html?res=9806E0D6103DF93AA35751C1A9659C8B 63&sec=&spon=&pagewanted=all/. Retrieved 7/22/2008.

9. Robert L. Phillips, *Pricing and Revenue Optimization* (Stanford Business Books, 2005), 321.

10. http://thinkexist.com/quotation/if_we_don-t_change_our_direction_we-re_likely_to/10544. html. Retrieved 7/12/2008.

11. http://www.theaustralian.news.com.au/story/0,20867,21821573–25658,00.html. Retrieved 7/ 25/2008.

CHAPTER 7

1. http://www.quoteland.com/topic. asp?CATEGORY_ID=378. Retrieved 8/8/2008.

2. http://www.caterersearch.com/Articles/2006/11/02/309801/overbooking-a-balancing-act-for-the-budget-chains.html. Retrieved 8/13/08.

3. http://en.wikipedia.org/wiki/Lucius_Calpurnius_Piso_Caesoninus. Retrieved 8/15/2008.

4. http://thinkexist.com/quotations/thinking/. Retrieved 10/15/2008.

5. http://www.eturbonews.com/226/airline039strue-crisis-loss-reputation-warn-public-relations-experts. Retrieved 8/18/2008.

6. Warren Buffett (http://www.squarewheels.com/content/busquotes.html). Retrieved 8/18/2008.

7. For a thorough presentation of the calculations required to compute these and other well-known room rate formulas, see Lea Dopson and David Hayes, *Managerial Accounting for the Hospitality Industry* (Hoboken, NJ: John Wiley and Sons, 2010).

8. See Donald E. Lundberg, *The Hotel and Restaurant Business*, 4th. ed. (New York: Van Nostrand Reinhold, 1989).

9. Robert L. Phillips, *Pricing and Revenue Optimization* (Stanford Business Books, 2005).

10. A comparative revenue analysis of hotel yield management heuristics: http://findarticles.com/p/articles/mi_qa3713/is_199901/ai_n8828483. Retrieved 8/18/2008.

11. A comparative revenue analysis of hotel yield management heuristics: http://findarticles.com/p/articles/mi_qa3713/is_199901/ai_n8828483. Retrieved 8/18/2008.

12. Raymond S. Schmidgall, *Hospitality Industry Managerial Accounting*, 5th. ed. (The Educational Institute of the American Hotel and Lodging Association, 2002), 374.

13. http://www.caterersearch.com/Articles/2001/07/26/19931/playing-the-yield.html. Retrieved 8/18/2008.

14. http://money.cnn.com/2009/08/21/pf/starwood_stock_analysts.fortune/index.htm. Retrieved 9/1/2009.

15. Frederick Reicheld, *The Loyalty Effect: The Hidden Force Behind Growth, Profits, and Lasting Value* (Cambridge, MA: Harvard Business School Press, 2001), 144.

16. www.marriott.com. Retrieved 8/17/2008.

CHAPTER 8

1. http://thinkexist.com/quotation/simplify-simplify-/145742.html. Retrieved 9/5/2008.

2. http://www.wisdomquotes.com/cat_history.html.

3. "Are Travel Agents Making A Comeback" excerpt retrieved from Cable News Network, CNN.com on August 12, 2009.

4. http://www.worldofquotes.com/author/Paul-Eldridge/1/index.html.

5. http://www.ahla.com/content.aspx?id=4214 Retrieved. 9/10/2008.

6. Joe Griffith, *Speaker's Library of Business Stories, Anecdotes, and Humor* (Englewood Cliffs, NJ: Prentice Hall, 1990), 66.

7. http://www.asklyrics.com/display/Rush/Tom_Sawyer_Lyrics/174801.htm.

8. http://www.ihgplc.com/index.asp?pageid=373. Retrieved 9/17/2008.

9. http://traveltechnology.blogspot.com/2008/07/gnes-and-gds-bypass.html. Retrieved 9/17/2008.

10. http://www.boardofwisdom.com/default.asp?topic=1005&listname=Competition. Retrieved 9/17/2008.

ENDNOTES 481

11. http://en.wikipedia.org/wiki/Winning_isn't_everything;_it's_the_only_thing. Retrieved 9/20/2009.

12. http://thinkexist.com/quotes/michael_hugos/. Retrieved 9/19/2208.

13. Stowe Shoemaker, Robert Lewis and Peter Yesawich, *Marketing Leadership in Hospitality and Tourism*, 4th. ed. (Upper Saddle River, NJ: Pearson Prentice Hall, 2006), 527.

14. Excerpted 6/19/2009 from *Columbus Ledger-Enquirer*, "Columbus Wins Expedia Lawsuit: Georgia Supreme Court Rules: Online Travel Service Should Pay Lodging Taxes."

15. M. Scovick, "Internet Wars," *Hotels* (May 2004): 40.

16. http://www.galttech.com/research/travel/airline-reservations. php.

17. http://findarticles.com/p/articles/mi_m3072/is_4_219/ai_114717379. Retrieved 9/21/2008.

18. http://www.hospitalitynet.org/news/4037310. Retrieved 9/29/2008.

19. http://www.allbusiness.com/company-activities-management/management-personal/5438629-1.html. Retrieved 6/30/2009.

20. http://www.woopidoo.com/business_quotes/partnership-quotes.htm. Retrieved 9/30/2008.

CHAPTER 9

1. Excerpt from Accor, August 2008 Report to shareholders; at http://www.accor.com/gb/upload/pdf/CP_S1_VA.pdf.

2. Joe Griffith, *Speaker's Library of Business* (Englewood Cliffs, NJ: Prentice Hall 1990), 65.

3. http://thinkexist.com/quotes/ernest_a._fitzgerald/. Retrieved 11/25/2008.

4. http://thinkexist.com/quotes/bill_gates/4.html/. Retrieved 11/26/2008.

5. Robert Reid and David Bojanic, *Hospitality Marketing Management*, 4th ed. (Hoboken, NJ: John Wiley and Sons, 2006).

6. http://www.carolverret.net/viral/readtopic. php?id=45. Retrieved 9/25/2009.

7. http://www.quotegarden.com/gossip.html. Retrieved 11/29/2008.

8. http://thinkexist.com/quotation/common_sense_is_the_knack_of_seeing_things_as/145812.html. Retrieved 11/15/2008.

CHAPTER 10

1. Lendal Kotschevar, *Management by Menu* (National Institute for the Foodservice Industry (NIFI), Chicago, IL, 1975).

2. Jack Miller and David Pavesic, *Menu Pricing and Strategy* (New York: CBI Publishing Co., 1980).

3. George Wenzel, *Wenzel's Menu Maker* (New York: Publication Press Inc., 1947), 13.

4. James Keiser and Frederick Kallio, *Controlling and Analyzing Costs in Foodservice Operations* (New York: John Wiley & Sons, 1974).

5. http://en.wikipedia.org/wiki/Boston_Consulting_Group. Retrieved 12/5/2008.

6. Jack Ninemeier, *Menu Planning, Design, and Evaluation Managing for Appeal and Profit* (Richmond, CA: McCutchan Publishing, 2008), 291–297.

7. David Pavesic, "Cost-margin analysis: A Third Approach to Menu Pricing and Design," *International Journal of Hospitality Management* 2 (3), 1983: 127–134.

8. S. Lebruto, R. Ashley, and W. Quain, "Menu Engineering: A Model Including Labor," *FIU Hospitality Review* 13 (2), 1995: 41–50.

9. P. F. Drucker, "The Five Deadly Business Sins," *The Wall Street Journal* (1993, October 21), p. A20.

10. Lea Dopson, David Hayes, and Jack Miller, *Food and Beverage Cost Control*, 5th ed. (Hoboken, NJ: John Wiley, 2011), 5.

11. www.qsrweb.com article, "Burger King franchisees again vote down $1 dbl cheeseburger." Posted 7/14/2009.

12. "Tweaking Menus to Offer Value," *Hotels Online*; article posted 5/1/2009.

13. Michael Pollan, *The Omnivores Dilemma* (New York: Penguin Press, 2006), 244.

14. See Miller and Pavesic, Chapter 6: "Menu Pricing Strategies."

15. https://www.entrepreneur.com/magazine/entrepreneur; posted article from May 1998 issue.

16. http://www.tacobell.com/fourthmeal. Retrieved 9/1/2009.

17. http://www.brainyquote.com/quotes/quotes/w/wedwardsd131224.html.

CHAPTER 11

1. Jack Miller and David Pavesic, *Menu Pricing and Strategy*, 4th ed. (New York: John Wiley & Sons, 1996), 145–147.

2. Jack Ninemeier, *Menu Planning, Design, and Evaluation Managing for Appeal and Profit* (Richmond, CA: McCutchan Publishing, 2008), 291–297.

3. David Pavesic, "Cost-margin Analysis: A Third Approach to Menu Pricing and Design," *International Journal of Hospitality Management* 2 (3) (1983): 127–134.

4. David K. Hayes and Lynn Huffman, "Menu Analysis: A Better Way," *Cornell Hotel and Restaurant Quarterly*, 25 (4) (February 1985): 64–70.

5. http://thinkexist.com/quotes/bishop_creighton/. Retrieved 1/5/2009.

6. http://www.in-n-out.com/history.asp/. Retrieved 1/10/2008.

7. Mike Hughlett, "The Science of the Drive-Through Customer Experience," *Chicago Tribune* 12/07/2008. Retrieved 1/10/2009.

8. Julie Ross, "Domino's, Papa John's look to build clientele via text message ordering," *Nation's Restaurant News* 12/10/2007. Retrieved 1/10/2009.

9. http://www.littlecaesars.com/. Retrieved 1/12/2008.

10. http://thinkexist.com/quotation/the_improvement_of_understanding_is_for_two_ends/177056. html. Retrieved 1/11/2009.

11. http://www.woopidoo.com/business_quotes/profitquotes. htm. Retrieved 1/15/2009.

ENDNOTES 483

12. http://en.wikipedia.org/wiki/Chesty_Puller. Retrieved 1/18/2009.

13. http://www.restaurant.org/pressroom/pressrelease. cfm?ID=1725. Retrieved 12/19/2008.

14. http://wiki.answers.com /Q/What_is_the_average_sales_per_square_foot_for_a_restaurant. Retrieved 10/10/2009.

15. Sheryl E. Kimes, "Implementing Restaurant Revenue Management," *Cornell Hotel and Restaurant Administration Quarterly* (June 1999): 16–21.

16. http://thinkexist.com/quotation/those_who_attain_any_excellence_commonly_spend/149481. html. Retrieved 5/20/2009.

CHAPTER 12

1. http://www.nationsencyclopedia.com/Americas/Argentina-CLIMATE.html. Retrieved 2/2/2009.

2. "Eating Away the Innings in Baseball's Cheap Seats." *USA Today* (March 7–9, 2008), weekend edition.

3. http://thinkexist.com/search/searchquotation. asp?search=differently+. Retrieved 2/4/2009.

4. Robert L. Phillips, *Pricing and Revenue Management*, (Stanford, CA: Stanford Business Books, 2005).

5. http://mathworld.wolfram.com/OptimizationTheory. html. Retrieved 4/20/2009.

6. http://thinkexist.com/quotes/edward_de_bono/3.html. Retrieved 2/10/2008.

7. http://thinkexist.com/quotation/coaches_who_can_outline_plays_on_a_black_board/322630. html. Retrieved 2/10/2009.

8. http://www.bk.com/companyinfo/corporation/facts.aspx. Retrieved 2/10/2009.

9. http://www.bk.com/CompanyInfo/FranchiseOpps/Franchisee_FAQ_1108.pdf. Retrieved 2/10/2009.

10. http://money.howstuffworks.com/franchising1.htm. Retrieved 2/15/2009.

CHAPTER 13

1. Brother Herman Zaccarelli C.S.C., *Management Without Reservations: Leadership Principles for the Manager's Life Journey* (IUniverse, Inc., 2007), 4–5.

2. Donald E. Lundberg, The Hotel and Restaurant Business, 5th. ed. (New York: Van Nostrand Reinhold, 1989).

3. Thomas J. Peters and Robert A. Waterman, *In Search of Excellence: Lessons from America's Best-Run Companies* (New York: Harper and Row, 1982).

4. http://www.brainyquote.com/quotes/quotes/n/niccolomac131418.html. Retrieved 3/15/2009.

5. http://www.loalibrary.com/Books/365-success-quotes-silvercitizen.pdf. Retrieved 3/16/2009.

6. http://www.brainyquote.com/quotes/authors/t/theodore_roosevelt.html. Retrieved 3/15/2009.

7. http://en.wikipedia.org/wiki/Ralph_Hitz. Retrieved 2/15/2009.

8. http://www.brainyquote.com/quotes/authors/w/w_edwards_deming.html. Retrieved 3/21/2009.

9. Michael V. Marn, Eric V. Roegner, and Craig C. Zwanda, *The Price Advantage* (Hoboken, NJ: John Wiley and Sons, 2004), 5.

10. http://quote.robertgenn.com/auth_search. php?authid=966. Retrieved 3/29/2009.

11. http://www.brainyquote.com/quotes/authors/l/leonardo_da_vinci_2.html. Retrieved 5/20/2009.

12. http://www.huffingtonpost.com/2008/08/15/mrs-fields-cookie-chain-t_n_119274.html. Retrieved 3/29/2009.

13. http://www.museumofhoaxes.com/hoax/weblog/comments/1448/. Retrieved 4/3/2009.

14. http://www.htrends.com/modules.php?op=modload&name=trends&file=detail&sid=36974. Retrieved 8/8/2009.

15. http://www.hotelsmag.com/article/CA6632412. html?nid=3457&rid=499702242. Retrieved 1/27/2009.

16. http://www.irrationalexuberance.com/definition. htm. Retrieved 3/31/09.

17. http://findarticles.com/p/articles/mi_qa4037/is_200203/ai_n9048368. Retrieved 3/31/09.

18. *Nation's Restaurant News*, 5/14/ 2007 issue.

19. http://finance.aol.com/quotes/starbucks-corporation/sbux/nas. Retrieved 3/31/09.

20. http://thinkexist.com/quotation/the_manager_has_a_short-range_view-the_leader_has/252312. html. Retrieved 4/2/2009.

21. http://www.hotelnewsnow.com/Articles.aspx?Art icleId=909&ArticleType=1&PageType= Similar. Retrieved 4/6/2009.

22. www.irishtimes.com/newspaper/breaking/2009/ 0806/breaking55.htm. Retrieved 8/9/2009.

23. Mark Lomanno, "Discounting Rates Lead To Decreased Product Value," *Hotel/ Motel Management* (December 8, 2008): 11.

24. www.hotelschool.cornell.edu/research/chr/pubs/reports/2009.html. Retrieved 8/8/2009.

25. www.thefuturescompany.com. The Dollars & Consumer Sense 2009 study was an RDD telephone survey conducted in January 2009 among 1,002 adults ages 18+. The margin of error at the 95 percent confi dence level is +/–3.1%. Retrieved 4/10/2009.

26. Adam Kirby, ed., "Rather Than Slash Rates, Hotels Turn to Value-added Promos To Drive Bookings," *Hotels* magazine, Online edition (March 1, 2009). Retrieved 3/10/2009.

27. http://www.hotel-online.com/News/PR2007_4th/ Nov07_SiteSelection.html. Top Five Reasons for Meeting Planner Site Selection. Retrieved 11/4/2007.

28. A.A. Milne, quoted at http://thinkexist.com/ quotation/promise-me-you-ll-always-remember you-re-braver/357150.html. Retrieved 4/6/2009.

翻訳者　中谷 秀樹
なかたに ひでき

流通経済大学 社会学部 教授（2018年3月退任）

　2014年10月に「Revenue Management for the Hospitality Industry」を翻訳し「ホスピタリティー産業のレベニュー・マネージメント」の初版を出版し、2016年6月に改訂版として「レベニュー・マネージメント概論」―ホスピタリティー産業の経営理念―を出版する間の1年半に多くの読者から様々な評価をいただいたが、その多くが好意的なものであった。

　理由のひとつは、2014年から日本を訪れる外国人が急増し、2015年度は観光立国を推進する観光庁が目標に掲げたインバウンド（訪日外国人旅客）2,000万人を達成したことにある。その結果、首都圏のホテルの稼働率が一気に80％台に上昇し、ビジネスマンの出張の宿泊予約もままならない状況に至った劇的な変化が大きな要因と考えられる。

　リーマン・ショック以降、日本のホテルのADR（平均客室料金）は世界の主要都市と比較すると、大きく水をあけられてきた。これは需要を喚起するための典型的な手法である値下げ競争による悪循環の結果であった。ところが、インバウンドの急増により売り手市場となったことから値下げ競争に終止符が打たれ、日本のADRは上昇に転じた。この動きは需要と供給をもとに1980年代に米国ではじまった航空会社のイールド・マネージメントや、1990年代から欧米のホテルに導入されたレベニュー・マネージメントのテクニックを模倣したものである。この様な環境の変化により初版の「ホスピタリティー産業のレベニュー・マネージメント」が多くの読者を獲得し、高い評価を受けたものと思われる。

　しかし、本書は単に需要と供給の価格設定技法を紹介するものではなく、事業の本質や取引の倫理を基本とし、レベニュー・マネージメントの普遍的価値を啓蒙するものである。世界の人々に愛されるディズニーランドは来客数の増加のため、度々収容人数を超えてしまい、入場制限が日常化するに至っている。状況を改善するために敷地の拡大や、新たなアトラクションの建設等を実施する一方で、カリフォルニア州アナハイムのテーマパークでは、需要を平準化する目的で2016年2月末から三階層の新料金体系を導入した。入園料は従来一律99ドルであったが、現在では閑散日（バリュー・デイ）、平常日（レギュラー・デイ）、混雑日（ピーク・デイ）に3分類され、それぞれ95ドル、105ドル、119ドルとなった。結果としては年間を通じ値上げされる日数が多くなり、収入も拡大するが、訪問者にとっては、混雑が緩和され、入場制限やストレスが減少し、今まで以上に楽しめることになり、従来のチケットより価値が上がったと受け止めて、値上げが納得できることとなる。企業側も、売り上げが増えることにより、新しいアトラクション開発の投資を賄うことが期待できるだろう。企業と顧客の双方が利益を享受することとなる。

　ホテルをはじめとするホスピタリティー産業では、需要が強ければ値上げをし、需要が弱ければ値下げをするということでは利用者の納得は得られない。レベニュー・マネージメントの本質は、利用者が求める価値を正しく理解し、利用者が求めるサービスや商品を提供し、利用者が納得する価値に見合った価格を設定することにある。

　2020年は新型コロナウイルス感染症COVID-19の蔓延で世界が一変し、予定された東京オリンピックが延期となり、世界の人々の生命と経済がまさに天秤にかけられて議論されているなか、改めて読者がレベニュー・マネージメントの本質を理解し、明日の未来を創造することを期待して、改訂版（第3刷）を出版する。

2020年8月21日

翻訳者略歴　　　　　　　　中谷　秀樹（なかたに ひでき）埼玉県狭山市出身。
1970年3月　　　　　　　　　早稲田大学教育学部英語英文学科卒業。
1970年4月－1994年8月　　日本ユニバック株式会社（現日本ユニシス株式会社）。海外ビジネス部長。
1994年12月－1996年10月　日本ストレージ・テクノロジー株式会社 。営業本部長。
1996年10月－2000年8月　　アメリカン航空セーバー事業部（現セーバー・ホールディングス）。
1996年12月－2012年4月　　株式会社アクセス国際ネットワーク取締役。2000年6月、常務取締役。
2000年8月－2012年6月　　セーバー・ディシジョン・テクノロジーズ日本支社代表。
2009年4月－2014年3月　　東洋大学国際地域学部国際観光学科非常勤講師。
2012年4月－2014年3月　　流通経済大学社会学部国際観光学科非常勤講師。
2013年5月－2016年5月　　日本国際観光学会監事。
2014年4月－2018年3月　　流通経済大学社会学部教授。

主な著書
「21世紀の観光交通概論」（特別寄稿）21世紀ソシアル＆アーツ研究所2004年4月。
「現代の航空輸送事業」（共著）同友館2007年4月。
「観光学大辞典」（共著）木楽舎2007年11月。
「観光立国を支える航空輸送事業」（共著）同友館2010年4月。
「オープンスカイ時代の航空と情報システム」（単著）同友館2013年3月。
「ホスピタリティー産業のレベニュー・マネージメント」翻訳。流通経済大学出版会。2014年10月。
「レベニュー・マネージメント概論」（前書改訂版）流通経済大学出版会。2016年7月。
「観光と情報システム」（編著）流通経済大学出版会。2017年4月。
「観光と情報システム」【改訂版】（編著）流通経済大学出版会。2018年7月。

　早稲田大学時代はニューオルリンズ・ジャズ・クラブに所属し、水道橋「スウィング」に日参し数々の名盤を聞きました。来日を繰り返した伝説の巨人デューク・エリントン、カウント・ベイシー、オスカー・ピーターソンはじめ、ニューオルリンズ・フレンチクォーターの現役ジャズメンと交流出来たことは生涯の財産となりました。また、春休み、夏休みには日本全国を演奏旅行し、慶應義塾大学他数多くの学生バンドとの共演を通し、様々なジャンルの音楽に接したことも貴重な経験となりました。日本ユニバック株式会社米国駐在員の数年間にはコンピュータ生みの親であるエッカート博士を起用したＣＭ撮影のためワシントンＤＣスミソニアン博物館に同行し、ENIAC開発当時の話を伺ったことと、パロアルトでIBM360生みの親、トリロジーのジーン・アムダール博士から直々にパラレルプロセッサーの試作機について説明を受けたことはかけがえのない体験でした。ファジー・ロジックを生みだしたＵＣバークレーのロトフィ・Ａ・ザデー教授から自然言語に関する講義を受けて感激し、日本の大手製造業の幹部社員を招いてザデー教授のセミナーを開催しました。後に新製品開発のヒントとして役立ったとの報告を伺い、ザデー教授の偉大さを改めて認識しました。教授ご夫妻には大変お世話になり、時折バークリーのご自宅でイラン料理をご馳走になったことを懐かしく思い起こします。1970年代～1980年代のアメリカはジャズの巨匠が活躍していたため、毎晩の様にニューヨークW52丁目のジャズスポット、エディー・コンドン、ジミー・ライアンに入り浸り、ロイ・エルドリッジやヴィック・ディケンソン、テディー・バックナー、アート・ブレイキー他巨匠の演奏を直接聞くことが出来たことは幸運でした。その後縁あってアメリカン航空に入社し、民間では世界最大のオンライン・リアルタイムシステム「セーバー」とめぐり合い、株式会社アクセス国際ネットワークを通じ日本市場でGDS普及に取り組むなか、航空、旅行、ホテル、大学、専門学校他多くの観光産業の皆さんと知り合えたことを感謝しております。海外生活では1年間単身赴任したニューヨーク、5年間家族と過ごしたフィラデルフィア、ストレージ・テクノロジーで過ごしたデンバーやボールダー、アメリカン航空とセーバー時代のダラスは何れも第2の故郷となりました。将来観光産業を目指す学生に海外との交流と観光の素晴らしさを伝えることが残された使命と考えています。

レベニュー・マネージメント概論
ホスピタリティー産業の経営理念

発行日　2016年6月20日　初版発行
　　　　2018年5月16日　第2刷発行
　　　　2020年9月16日　第3刷発行
　　　　2023年3月31日　第4刷発行

著　者　DAVID K. HAYES & ALLISHA A. MILLER
訳　者　中 谷 秀 樹
発行者　上 野 裕 一
発行所　流通経済大学出版会
　　　　〒301-8555　茨城県龍ケ崎市120
　　　　電話　0297-60-1167　FAX　0297-60-1165

ⒸHideki Nakatani 2016　　　　　　　　　Printed in Japan/アベル社
ISBN　978-4-947553-69-0 C3034　¥2700E